启东年鉴

2023

启东市地方志编纂委员会办公室　编

方志出版社
Publishing House of Local Records

图书在版编目（CIP）数据

启东年鉴. 2023 / 启东市地方志编纂委员会办公室编.—北京：方志出版社, 2023.11
ISBN 978-7-5144-5960-9

Ⅰ. ①启… Ⅱ. ①启… Ⅲ. ①启东—2023—年鉴
Ⅳ. ①Z525. 34

中国国家版本馆CIP数据核字（2023）第245598号

责任编辑：李志瑜
责任校对：刘玉霞
责任印制：梅中英
出 版 者：方志出版社
地　　址：北京市朝阳区潘家园东里 9 号（国家方志馆4层）
邮　　编：100021
网　　址：http://www.zgfzcb.cn
发　　行：方志出版社图书营销中心（010-67110500）
印　　刷：南京顺和印刷有限责任公司
开　　本：889毫米 × 1194毫米 1/16
印　　张：25.25
字　　数：865千字
版　　次：2023年11月第1版
印　　次：2023年11月第1次印刷
定　　价：198.00元

编纂机构和编审人员

启东市地方志编纂委员会

总　顾　问　杨中坚

主　　　任　蔡　毅

副　主　任　崔晓勇　石光辉　郁丽春　袁圣菊　黄　健
沈衍冰　龚磊磊　郁豪杰　施元凯　金陆健

委　　　员　薛　海　陈晓燕　顾永辉　徐　霞　陆旭辉
张建昌　黄　寅　王建华　王峰华　陆海峰
赵雨玉　陶卫新　朱海荣　陆　健　姚赛花
陈　娟　苏高飞　赵　琛　印雪平　沈　波
施海彬　苏　俊　张　健　张俞华　李永生
施宇力　陆健兵　黄红春　施洲春　杨本发
梅凤清

《启东年鉴（2023）》编纂人员

主　　　编　金陆健

副　主　编　印雪平　黄亦美

编　　　辑（以姓氏笔画为序）
仇赛君　汤巍威　陆金红　陈广辉　黄亦美

编　　　务　施建平　沈千惠

封面摄影　袁小花

2022年度启东荣誉

全国综合实力百强县市　第23位

全国县域基本经济竞争力百强县市　第16位

全国投资潜力百强县市　第10位

全国科技创新百强县市　第10位

全国绿色发展百强县市　第13位

全国新型城镇化质量百强县市　第18位

赛迪投资竞争力百强县　第31位

中国县级市基本现代化指数前100名　第25位

利用外资提质增效工作获省政府表扬

第六批江苏省食品安全示范市

江苏省级生态文明建设示范市

江苏省“推进经济开发区转型升级创新发展成效明显的地区”

江苏省农村河道长效管护第一等次，农田水利工程管护、生态清洁小流域项目优秀等次

圆陀角段美丽海湾建设获评首批省级示范

现代农业产业园获批省级示范园区

2022年度启东数字

行政区域总面积	1681.29 平方千米
江海岸线总长度	185.18 千米
海岸线	115.48 千米
江岸线	47.30 千米
洲堤线	22.4 千米
户籍总人口	107.79 万人
地区生产总值	1391.14 亿元
第一产业	92.96 亿元
第二产业	685.87 亿元
第三产业	612.30 亿元

人均地区生产总值	128494 元
一般公共预算收入	67.16 亿元
农林牧渔业总产值	188.19 亿元
规模工业总产值	1249.74 亿元
社会消费品零售总额	477.24 亿元
建筑业总产值	1463.78 亿元
进出口总值	338.36 亿元
金融机构本外币存款余额	2105.27 亿元
城镇居民人均可支配收入	57106 元
农村居民人均可支配收入	32501 元

1 月 22 日，由南通市委宣传部、南通广电传媒集团、江苏长江经济带研究院联合组织的"'智'进赶考路 对话'一把手'"大型融媒体行动走进启东，市委书记李玲和江苏长江经济带研究院院长兼首席专家成长春教授及现场观众畅谈交流

市融媒体中心 供图

2022 年，南通金凤凰工艺玩具制造有限公司成为全国 3 家、江苏唯一的企业参与 2022 年北京冬奥会吉祥物"冰墩墩""雪容融"的设计制造。图为 2 月 8 日，包装车间里，工人们给"冰墩墩"穿上食品级硅胶外衣

姜新春 摄

2 月 19 日，启东市渔业商会刘金如、曹小如、刘金海、梁国荣勇救 16 名福建船员，4 人获评“江苏好人”，其中刘金如、曹小如获评“中国好人”
市融媒体中心 供图

2022 年，倪伯苍家庭获评全国最美家庭、全国五好家庭。图为 5 月 17 日，市慈善基金会、文明办、妇联慰问倪伯苍夫妇
市妇联 供图

5 月 18 日，启东市人民政府与中建华东投资有限公司合作框架协议签约仪式举行　　市融媒体中心 供图

8 月 17 日，央视新闻频道《新闻直播间》走进吕四渔港码头，现场直播渔民丰收的场景　　姜雨蒙 摄

8 月 20 日，“理响东疆” 理论宣讲品牌省级调研座谈会在启东召开　　市委宣传部 供图

“瑞俊杯” 启东市首届地域文化知识大赛总决赛。图为 8 月 28 日，颁奖典礼现场　　市融媒体中心 供图

9月28日，江苏省委、省政府和国家铁路集团以视频连线形式，共同召开北沿江高铁江苏段开工动员会议。南通在位于启东市北新镇的长江北支公铁两用桥建设现场设分会场

市融媒体中心 供图

10月，启东籍选手顾俊杰在瑞士拿下2022年世界技能大赛特别赛印刷媒体技术项目金牌，实现中国队在该项目上金牌零的突破。图为顾俊杰在比赛中

市融媒体中心 供图

启东市上下深入学习宣传贯彻中共二十大精神，全面推进中国式现代化启东新实践。图为 10 月 16 日，市四套班子领导与部门、区镇、街道等部分党员干部在市党教中心集中收看开幕会直播盛况　　市融媒体中心　供图

10 月 26 日，通州湾新出海口吕四起步港区集装箱码头正式开港，标志着新出海口这一国家战略性工程从蓝图变为现实　　姜新春　摄

11 月 19 日，2022 年中国中小城市发展高峰论坛在启东市举行　　市融媒体中心 供图

启东市充分挖掘张謇垦牧文化，旧址重建通海垦牧公司，生动展现张謇建设“桃源式垦牧乡”的艰辛历程和实践“新世界雏形”的伟大决心。图为 11 月 19 日，通海垦牧公司旧址展陈开放仪式　　市融媒体中心 供图

启东市空气质量连续 3 年位居江苏省县(市、区)第一,以生态“金边”串起“缤纷百里”,高质量打造最美江海岸线。图为圆陀角旅游度假区南侧江堤 潘杨 摄

2022 年,启东全力打造“日出江海 美丽启东”旅游品牌,创建国家全域旅游示范区。图为圆陀角旅游度假区成为长三角地区知名的江海文化休闲旅游目的地 市融媒体中心 供图

2022 年，启东市锚定向海发展目标不动摇，放大港口辐射带动效应，不断拓展对外开放空间，全力推进江海联动开发。

11 月 1 日，吕四港内河转运码头进行最后一台岸桥安装，标志着内河转运码头主体工程全部完工　　潘杨 摄

11 月 7 日，吕四港作业区东港池重装码头推进各项工程建设　　潘杨 摄

吕四港集装箱码头
市融媒体中心 供图

4月1日，吕四“2+2”码头通用泊位上，“游艇服务者”轮进行装载作业。该轮为目前世界上装载量最大的风电叶片海轮
潘杨 摄

5月9日，启东集胜造船有限公司码头，国内首艘使用单舱单泵配置的中船189成品油船完成下水试航　　叶娟 摄

7月28日，由启东中远海运海工承建的世界首艘3000吨级自升式风电安装船N966出海试航　　潘杨 摄

5 月 28 日，由我国自主设计建造的国内首批智能液化天然气动力守护船“海洋石油 542”“海洋石油 547”，在启东海工船舶工业园武船集团南通顺融重工有限公司交付　　袁竞 摄

9 月 9 日，由启东中远海运海工设计建造的世界最大天然气处理浮式储卸油平台 N999 Tortue FPSO 顺利竣工　　潘杨 摄

11 月 10 日，世界首艘 140 米级打桩船“一航津桩”在振华重工启东海洋工程码头启航　　许丛军 摄

7 月 12 日，位于启东高新区的南通(启东)万洋众创城首开区建设现场。该项目总规划用地约 1000 亩，规划总建筑面积约 150 万平方米，计划投资约 100 亿元，旨在打造集生产制造、科技研发、物流仓储、生活配套、金融服务和智慧园区管理于一体的新型制造业集聚平台　　潘杨　摄

8 月 30 日，启东生命健康科技园坚定“协同张江”定位，加快片区综合开发，首开区二、三期初具规模　　潘杨　摄

10 月 9 日，洋吕铁路 1 标上跨通吕运河 112 米钢桁梁进行浮托顶推施工，当天滑移到位，标志着全线首个钢桁梁主体工程完工
潘杨 摄

12 月 16 日，在启隆镇长江江面，沪渝蓉高铁崇启公铁大桥打下首根水下钢管桩，标志着崇启公铁大桥长江南岸的栈桥、码头进入正式施工阶段
许丛军 摄

2022年，中共启东市委深入贯彻落实中央、省委和南通市委的决策部署，突出党建引领、融合共创，高质量打造“最美江海党建带”，培育“党耀东疆”“廉润东疆”“理响东疆”“统惠东疆”“法护东疆”五大子品牌，推动党建工作与业务工作深度融合，擘画了一幅内容丰富、亮点纷呈的最美江海党建新图景。

2月9日，市人民检察院护航民企团队为参与设计制造“冰墩墩”“雪容融”的南通金凤凰工艺玩具制造有限公司送上企业法律风险防控手册等“法治大礼包”

市人民检察院 供图

6月8日，“强国复兴有我”——“理响东疆”千场宣讲活动启动暨企业专场分享会在江苏昂彼特堡能源集团举行，会上向12支宣讲队伍授旗

市委宣传部 供图

6 月 15 日，启东市举办首届少数民族运动会，聚焦少数民族群体，促进交流互动，增强外来人员的归属感和幸福感

市委统战部 供图

7 月，合作镇拍摄的廉政短片《春光红霞耀粮棉》获 “廉润东疆 礼赞典范” 启东市名人贤吏廉洁故事微视频展播特等奖

合作镇 供图

7月1日，启东市头兴港党建公园正式开放。南通市副市长、启东市委书记李玲（右二）带队参观　　市委组织部 供图

8月17日，市委统战部、东海镇党委召开"喜迎二十大 侨心永向党"座谈会，引导侨胞侨眷始终听党话、跟党走

市委统战部 供图

9 月 22 日，青年党员在田间地头聆听全国劳模于冬娟的初心故事　　北新镇 供图

9 月 29 日，南通市委组织部参观江苏昂彼特堡能源集团党建馆。该党建馆于 12 月获评南通市干部教育培训“四星”现场教学点　　江苏昂彼特堡能源集团 供图

2022 年，启东市以宜居宜业为目标，加快城乡融合。协同推进镇区改造和乡村振兴，聚焦品质提升、产业兴旺、环境整治，勾勒“都市乡村”“田园城市”。

3 月 1 日，香榭水岸社区新时代文明实践站志愿者之家揭牌成立，志愿者为辖区居民提供义诊、义务理发、磨剪刀、心理疏导等服务。这是启东市成立的首家社区志愿者之家　王海兵 摄

3 月 16 日，通海垦牧公司复建项目主体核心古建筑全部完工，建成后成为启东文旅特色品牌　潘杨 摄

5 月 19 日，市第二人民医院异地新建项目现场。该项目位于吕四港镇通港大道西侧，总投资约 10 亿元，总建筑面积近 11 万平方米

姜新春 摄

5 月 22 日，海复镇安置房（丹桂花园）加紧建设

姜新春 摄

6 月 10 日，市 5 所新建学校携手组建联盟，在学华小学举行“共生 融合 成长”首站联盟活动

市教育体育局 供图

7 月 1 日晚，“强国复兴有我”——“悦江海 爱启东”文旅活动夏季篇启动仪式暨“蝶湖夏夜”大型群众性文化活动首场演出在启东保利大剧院举行

市融媒体中心 供图

8 月 11 日，“红印范龙 桃园乡韵” 吕四港镇范龙村争创省级特色田园乡村第四届黄桃节成功举办　　吕四港镇 供图

8 月 16 日，位于合作镇新义村的十里阳光葡萄种植园内，近 1000 亩葡萄长势喜人　　姜新春 摄

9 月 27 日,滨江生态绿廊首开区全面建成

潘杨 摄

11 月 14 日，在蝶湖公园生态湖道内，市新城园林公司工作人员清洁河面的水草、杂物 王海兵 摄

2022 年，江海澜湾度假区海岸带保护修复项目通过省级验收，图为保护修复现场 潘杨 摄

2022 年，启东市严格执行国家新冠疫情防控方案和优化防控二十条“新十条”举措，建立扁平化、高效率指挥体系，因时因势优化防控措施，有效筑牢群防群控、联防联控的严密防线，最大程度保障人民群众生命安全和身体健康。

3 月 2 日，启东市开展新冠疫情社区封控实战演练，促进实战能力提升　　潘杨 摄

3 月 7 日，沪陕高速启东南收费站，市交通运输局工作人员查验来往车辆驾乘人员的二码和 48 小时核酸检测报告　　姜雨蒙 摄

3 月 16 日，主城区组织志愿者开展新冠疫情防控“敲门行动”　　王海兵 摄

3 月 17 日，市公安局数据服务中心在做数据流调研判　　市公安局 供图

3 月 22 日，医护人员使用新冠病毒抗原检测试剂，给外地来返启人员进行现场检测　　姜新春 摄

4 月 4 日，香榭水岸社区组织网格员、志愿者到辖区内建材街菜鸟驿站，定时对收发的快件进行消杀　　王海兵 摄

4 月 8 日，长航公安启东派出所民警为受困船舶送上生活物资　　市融媒体中心 供图

4 月 11 日，海工船舶工业园联合崇明海事和市第四人民医院，在海事船上设置流动核酸检测点，提供“水上核酸”送检服务　　王海兵 摄

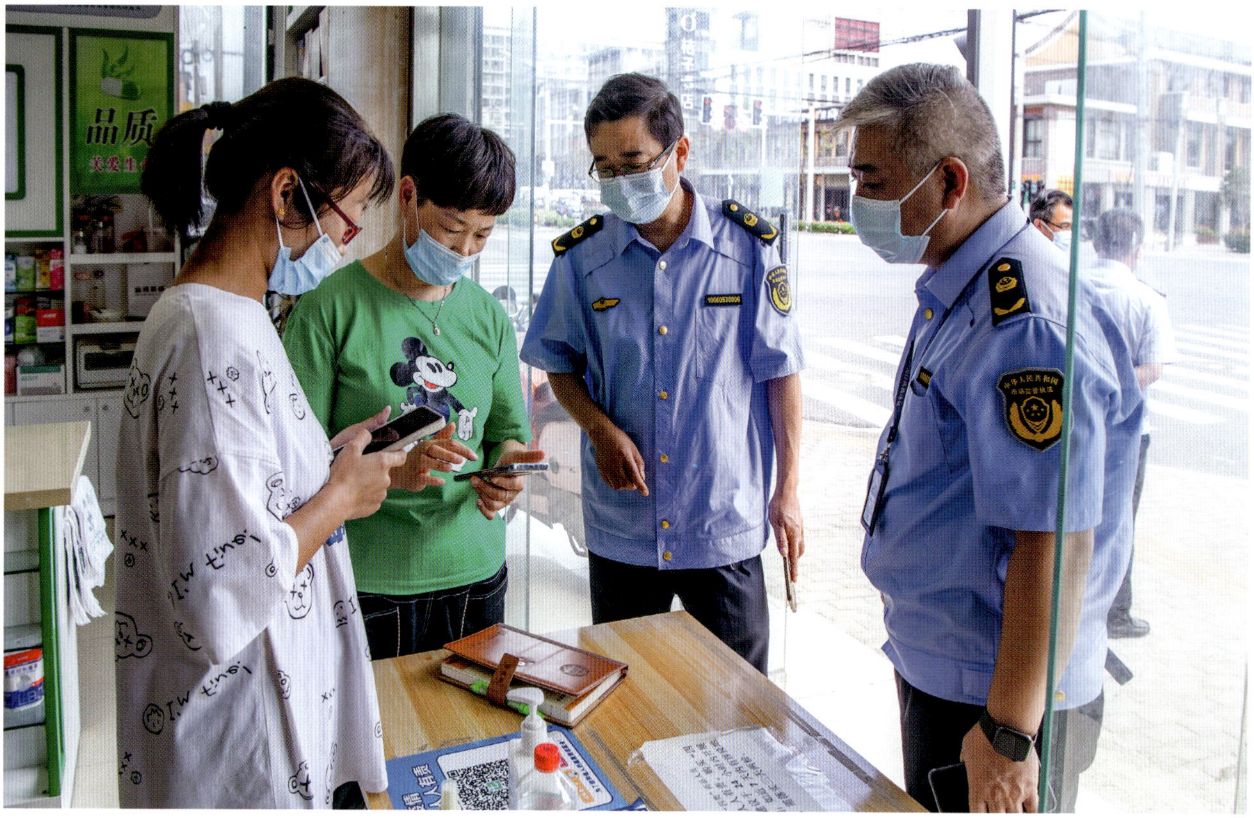

9 月 22 日，市市场监管局开展场所码专项督导检查　　市市场监管局 供图

2022 年，全市在职党员向社区报到，参与疫情防控志愿服务。图为 9 月 25 日，在社区核酸检测点，党员核验场所码　　宋健 摄

编辑说明

一、《启东年鉴》以马克思列宁主义、毛泽东思想、邓小平理论、“三个代表”重要思想、科学发展观、习近平新时代中国特色社会主义思想为指导，坚持辩证唯物主义和历史唯物主义的立场、观点和方法，全面、系统、真实地记述启东市自然、政治、经济、文化、社会和生态建设等方面基本面貌和发展情况，旨在为社会各界和海内外人士了解和研究启东提供基本资料。

二、《启东年鉴》是由中共启东市委、启东市人民政府主办，启东市地方志编纂委员会组织编纂的综合性、资料性文献。1998年创刊，2023卷为第26卷。

三、《启东年鉴(2023)》内容收录时限原则上为2022年1月1日至2022年12月31日。为保持内容资料的完整性，根据记述需要，部分资料适当上溯或下延。部分交叉和相关内容采用参见法。

四、《启东年鉴(2023)》采用分类编排法，主体内容分为类目、分目、条目3个层次，部分分目下设副分目。条目为记载的基本层次，其标题用黑体字加【】表示。全卷前设卷首彩页，后有附录、索引，主体部分设31个类目，分别为特载、大事记、市情概览、中共启东市委员会、启东市人民代表大会、启东市人民政府、政协启东市委员会、启东市纪委监委、群众团体、法治、军事、经济管理、开放型经济、园区经济、农业、工业、建筑业、服务业、城市建设与管理、乡村振兴、生态环境、科学技术、教育、文化、体育、卫生健康、社会保障、社会事务、公共安全、镇 街道、人物。与2022卷相比，在类目、分目设置上有所调整，如将市域治理现代化分目更名为数字政府建设，从法治类目移至启东市人民政府类目；将分目港澳台侨事务调整为港澳台地区统战工作、海外统战工作，作为统战工作的条目；将启东市关心下一代工作委员会从群众团体类目中移至社会事务类目，更名为关心下一代工作。全书共有216个分目，1109个条目。另有卷首专题图片60张、随文图片194张、表格31张。

五、《启东年鉴(2023)》文字资料由各部门及年鉴承编单位提供，经各部门、各单位审核，并进行保密审查。图片资料由启东市融媒体中心、启东通讯杂志社、启东市摄影家协会及各年鉴承编单位等提供。

六、《启东年鉴(2023)》数字、计量单位等用法按图书出版规定执行并保持局部统一。一次文献中人称、数字、计量单位等用法保持原状。由于来源、口径等不同，数据使用时主要以启东市统计局公布的数据为准，统计部门未提供的以相关主管部门提供的为准。部分数据因四舍五入等因素，总计和分项之间存在合理范围内的误差。

七、为方便读者检索，《启东年鉴(2023)》设有详细目录和主题索引。

总　目

目　录

特　载

大事记

市情概览

中共启东市委员会

启东市人民代表大会

启东市人民政府

政协启东市委员会

启东市纪委监委

群众团体

法　治

军　事

经济管理

开放型经济

园区经济

农　业

工　业

建筑业

服务业

城市建设与管理

乡村振兴

生态环境

科学技术

教　育

文　化

体　育

卫生健康

社会保障

社会事务

公共安全

镇 街道

人　物

附 录

索 引

特　载

启东位于长江、东海、黄海三水交汇处，三面环水，拥有江海岸线约178千米，属于淤涨型城市。独特的三水交汇地、生物多样性和生态景观资源丰富(165种鸟类、2000余种海产品)，城镇格局独特，江海交汇带来的丰富生态是启东最重要的底色和基因。近年来，基于生态优先和防洪安全的原则，启东高标准推进岸堤道路贯通、生态岸线修复、沿线景观升级，串联沿线城乡空间、文化载体和旅游资源，高质量打造最美江海岸线。

聚力向海图强　守牢生态本底
打造长江入海口最美江海岸线

总体布局

为全面贯彻落实国家、江苏省及南通市总体部署要求，启东坚持以系统思维、前瞻视野、一流标准谋划推动沿海高质量发展，遵循“先达标、相连通、高质量、成景点”的原则，按照“三年达标、五年美丽”的要求，科学制定规划，统筹协调推进，全力推动沿江沿海全域发展，确保2021年实现江海岸线全线贯通，2023年实现江海岸线全线达标，2025年初步建成最美江海岸线。具体建设中，主要分为“三段四节点五风貌”。

一、三大功能段

城镇段总长33千米，按照游人观景、亲水的要求，布局景观节点，完善配套设施，集聚高端商务、休闲、文旅等业态，建设“三生”融合、开放多元的江海风貌城镇带。农村段总长90千米，尊重自然本底，连通生态廊道，协同推进国土空间绿化、耕地资源保护、面源污染防治，打造多彩缤纷、自然野趣的田园景观。工矿企业段总长55千米，充分借助央企、国企对产业的引领带动作用，集聚一批海工及重装备、新能源、新材料、粮油食品加工、冷链物流等重大项目，提升企业自主创新能力和协同创新水平，构建沿海智造崛起、沿江高端引领的产业新版图。

二、四个示范节点

按照沿江沿海生态景观带建设要求，着力将滨江生态绿廊等重要节点串珠成链，推动沿江沿海区域整体面貌焕新和功能重塑。滨江生态绿廊，涉及江岸线9千米，总面积16500亩，按照郊野公园定位，以天然林为景观主体，规划建设生态保育区、植物展示区、中央景观区、森林客厅区等功能区，保持原有水系、植被、地形地貌，形成滨江骑行、林下穿行、湿地慢行的特色，打造城市近郊“生态绿肺”和“天然氧吧”。果园生态经济发展区，涉及江岸线4千米，约4000亩，发挥区位优势，结合乡村振兴，保留原有农村风貌肌理，以“三水一高”水梨品牌为切入点，以“特色水果+乡村旅游”产业为基础，导入文化创意、商务休闲等业态，营造远离城市喧嚣、回归自然纯真的休闲空间，打造成为上海高端科研商务人员向往想来的地方。目前，正在编制整体改造设计方案。圆陀角旅游度假区，规划面积45平方千米，以创建国家级旅游度假区为目标，做足三水交汇、咸淡分潮、江苏第一缕阳光等独特江海资源文章，发展休闲娱乐、观光度假、体育运动、会议商务等业态，全力打造长三角休闲旅游胜地。建成碧海银沙1个国家AAAA级旅游景区、黄金海滩1个国家AAA级旅游景区，五国温泉城成为网红打卡地。下一步，重点改造提升江海文化景观大道，规划建设长江文化博物廊、海派风情体验轴，着力打造展示长江文化、凸显江海特色的最美江海岸线示范段。布局环球中心度假区、风情文化游览区、艺术田园区等功能区，提升度假区的影响力和知名度。结合大洋港两侧渔港功能搬迁，建设大洋港渔人慢岛风情港区，突出滨海城镇景致，形成集海鲜美食夜市、文化艺术、渔人码头、水上休闲功能于一体的特色渔文化体验地。江海澜湾旅游度假区，规划面积39平方千米，紧扣独特韵味滨海新城的定位，借鉴欧洲沿海城市建筑风貌，坚持低密度、低高度，实施片区开发建设，集聚高端商务、会议会展、休闲度假、研学交流、海上运动等业态，全力打造魅力“蓝湾”。唐韵龙湾项目洲颐温泉酒店投入运营，游客接待中心、唐人街、龙湾塔等建筑已结构封顶；海栗湾生态文旅项目规划建设华东师大附属启东学校、世界渔村、裸心酒店、海上运动基地等功能板块。江海澜湾旅游度假区概念性规划基本完成，启动园区城市设计。传承弘扬垦牧文化，打造张謇企业家学院实训基地，加快张謇垦牧文化起源地的知识产权保护，叫响“中国垦牧”文旅品牌，重点推进海复镇1000亩的沙地圩田农业系统申遗；在原址按原有设计复建通海垦牧公司(张謇垦牧博物馆)，年底建成开馆；对现存的垦牧高等小学(抗大九分校)遗址进行提档升级。

三、五种风貌

一是古今辉映的国际港城风貌，整体形成古今港城沿海岸线南北呼应的布局，以传统中式风貌体现吕四千年古镇文化，以现代建筑风貌，体现国际港城形象。二是精致时尚的文旅小镇风貌，整体形成绿脉相间，尺度宜人的组团布局，建筑以低多层现代中式风格为主，注重第五立面的色调统一，形成错落有致的滨海天际线效果。三是开放大气的江海交汇风貌，整体形成以绿为底、疏朗大气的空间布局，建筑以中西融合的海派风格为主，控制滨海建筑高度，形成层次丰富、起伏有序的天际线效果。四是宏伟气势的工业港口风貌，整体展现大国重器的宏伟景象，工业厂房体现现代感和绿色科技感，结合崇启大桥观景效果，对厂房第五立面和厂区绿化进行提升。五是绿意盎然的森林田园风貌，整体形成林海、湿地连绵、田园村庄点缀的景观意象，绿化体现原生态景观特色，保留现状村庄肌理，塑造白墙灰瓦的美丽乡村风貌。

主要做法

一、聚焦生态美，打造江风海韵景观带

“缤纷百里”，绿色生态是最鲜明的底色。作为点亮最美江海岸线这条“金边”的重要举措，启东高标准推进岸堤道路贯通、生态岸线修复、沿线景观升级，由点及面、串珠成链，一体化推动沿江沿海区域整体面貌焕新和功能重塑，打造南通沿江沿海生态景观带的精品示范。

一是遵循自然规律修复江海岸线。牢牢把握“共抓大保护、不搞大开发”的战略导向，以长江启东段岸线生态修复工程为抓手，大力推进江堤绿化建设，跑好长江大保护“最后一公里”。深入实施海岸线修复三年行动计划，大力推进海洋生态保护修复项目，并成功获得中央财政补助资金3亿元，江海澜湾海岸带保护修复项目通过省级验收，海洋生态修复高标准推进，率先完成浒苔绿潮联防联控工作；在全面恢复海岸线自然属性的同时，形成“水清滩净、鱼鸥翔集、人海和谐”的美丽海湾。

二是大力开展沿江沿海生态环境整治。围绕沿江沿海生态景观带建设要求，近年来，启东完成整治项目197个，完成长江1千米范围内化工企业关停任务。以“江海堤绿化”“防汛通道贯通”“堤闸整修”“入江入海河道畅通”“违法建设整治”等五大工程为重点，大力整治入海排口，积极推进“散乱污”企业整治，全面清理违法占用岸线行为。2021年以来，沿江沿海累计清理混合垃圾10万吨、建筑垃圾3.7万吨、污泥0.5万吨，完成岸线绿化2851亩，主要入江河道完成疏浚整治

景色优美的江海景观大道　　（市融媒体中心/供图）

8条，入江水质全部达到优Ⅲ类，河长制工作实现南通“三连冠”，区域治水经验全省推广；2022年上半年，启东新增省生态文明建设示范镇3个、示范村4个；PM2.5浓度、优良天数比率全省第一。

三是系统推进全域美丽启东建设。启东聚力塑造全域全时全景的旅游格局，“日出江海、美丽启东”的城市美誉度不断提升。通过做靓文旅品牌，推动“全域美”，“十三五”期间，启东建成省级旅游度假区1家，3A级景区5家，省星级乡村旅游区12家，形成了以“三水交汇圆陀角、千年古镇吕四港、崇明岛飞地启隆镇”为支撑的沿江沿海旅游发展带。持续做靓碧海银沙、黄金海滩、江海文化景观大道等景点，提标打造追江赶海、文化研学、乐享美食等旅游线路，策划举办了“听长江入海　迎新年曙光——2022年第一场旅行，从启东出发”启东曙光节、“日出江海　美丽启东”启东文旅节“1+5”系列活动、启东追江赶海节、“悦江海　爱启东”文旅美食消费季、“十大最美”和旅游名小吃评选等活动，启东成为了彰显江风海韵的“诗和远方”。

四是加快构建“政府推动、公众参与、社会共治”的治理格局。构建三级联动湾长体系，印发《“湾（滩）长制”实施方案》，成立由市政府主要领导担任总湾（滩）长的工作领导小组，22家成员单位明确工作职能、落实专人负责。同时，充分发挥广大基层干部和志愿者力量，“最美江海岸线”青年志愿者服务队等志愿者组织常态化开展净滩行动。启东连续五年作为全国净滩公益行动分会场，是全国仅有的两家县级市（全省唯一县级市）活动站点之一。

二、聚焦创新美，打造沿江沿海科创带

围绕全面提升以科技创新为核心的全域创新能力总要求，启东在科创项目引培、高新技术企业培育、产业科技含量提升、创新生态优化等方面集中发力，推动创新活力更澎湃、产业结构更优化、企业集群更壮大，为高质量发展增强后劲、增添动能。

一是做好沿江科创带工作。完成沿江沿海科创带“十四五”发展规划编制。强化集聚区调研，修订完善《高企五年倍增计划实施办法》《关于进一步加强创新载体平台建设的实施细则》，确保政策奖励力度和覆盖面持续扩大，为创新发展提供更优的政策保障。构建以高新技术企业成长为主线的“科技型中小企业—高新技术企业—科技创新企业”培育链，建立高新技术企业培育库和科创项目培育库，制定培育计划，加强服务指导。2021年底全市高新技术企业达245家，与2016年末相比实现翻番。2022年科技型中小企业已入库489家，已推荐申报高新技术企业133家，进入南通科创项目培育库企业32家（其中雏鹰企业13家，瞪羚企业18家，独角兽培育企业1家）。获评首届省科技创新发展

奖2项;入选南通市研发型企业认定2家,入选数量列南通第1。

二是不断提高产业创新水平。围绕启东经济开发区的半导体及新材料、高新区的精密机械、海工船舶工业园的海洋工程装备等园区主导产业,加大高端科技成果转化项目引进力度,提高产业技术创新能力,培育壮大优势特色产业。截至目前,全市高新技术产业产值占规模工业产值比重达58.3%。紧扣"招商引资突破年"主线,把科创项目招引作为工作的重中之重,专门增设科技招商科,全面启动、全盘发力,制定出台《科创项目招引第一引荐者奖励实施办法》,协调各区镇组建科技招商队伍,紧盯重点产业,瞄准上海、苏南、北京、广州、深圳等重点区域,大力招引从事高新技术产品研发、制造、服务等创新能力强和具有高成长潜力的科技型中小企业、高新技术企业、重点产业链上下游配套科技企业。

三是推进创新平台建设。围绕主导产业和龙头企业需求,全力建设贯通创新链、衔接产业链的新型研发平台,北大生科华东产业研究院、中国科学院上海技术物理研究所启东光电遥感中心、启东张江协同创新研究院等一批平台建设加快推进。北大生科华东产业研究院在公共仪器平台、人才引进、项目孵化、成果转化、知识产权、技术研发服务等方面,均取得了实质性进展,成功获批江苏省第一批创新能力建设计划——新型研发机构建设项目,是南通市唯一通过验收的省新型研发机构。强化企业研发平台和孵化平台建设,新增省工程技术研究中心2家、省级孵化器1家、列统新型研发机构(大院大所)平台1家,加入省大仪器公共服务平台服务机构企业2家。

四是大力推进创新创业。全力支持企业进行自主创新,打造优秀创新平台和创新团队,为人才集聚、人才发展创造更好条件。积极发动组织本地企业人才参加上级部门组织的第六届"江苏智造"创新大赛、2021年江苏省工业和信息化技术技能大赛、第七届"i创杯"互联网创新创业大赛等各类比赛,充分展示人才创新能力。2022年上半年,成功举办"启创杯"创业大赛,激发各类群体的来启创业热情,出台"人才新政26条",升级"启创无忧"2.0版,引进高层次创新创业人才93人,新增高技能人才950人。

三、聚焦产业美,打造现代产业集聚带

启东统筹推进江海联动、产城融合,形成沿江沿海两大产业空间布局,加快全方位对接上海,着力打造沿海智造崛起、沿江高端引领的产业新版图,推动与上海浦东双向赋能、互相成就。

一是打造沿海智造崛起产业带。近年来,启东临港产业规模不断壮大,依托大港口、深航道、全路网的资源优势,重点发展海工船舶重装、新能源及装备、港口机械等细分产业,2021年,临港产业累计实现工业应税销售638.4亿元,同比增长59%。以"2+2"码头开港为契机,充分发挥"双港"优势(渔港和商港),加快招引产业配套和关联带动效应强、集聚和引领能力强的优质项目,确保"百亿项目年年有,十亿项目年年超10个",努力打造临港产业基地、长三角综合能源示范基地、国家级新材料产业基地。作为通州湾新出海口起步港区的吕四港于2021年12月底开港,开启了"开港即繁忙"状态,8个月的时间已迎来了50艘外轮,跑出江苏新出海口建设"加速度";卫华港机、益海嘉里两个百亿级项目全面开工;同时,利用省粮食储备体制机制改革的有利契机,密切对接南通粮食集团,加快推进吕四粮食仓储、加工、贸易等重大项目落地。

二是打造沿江高端引领产业带。发挥捷捷微电、药明康德、林洋能源等企业"领头羊"作用,集聚一批契合度高、带动性强、优势明显的产业项目。打造研发创新、科技服务、医疗健康、绿色生产等功能组团,推进整市屋顶分布式光伏开发试点,着力建设长三角绿色综合能源基地、生命科技创新基地和健康产业集聚区,形成与上海产业链协同互补、联动发展的格局。重点培育发展生物医药、新能源、电子信息、海工及重装备等高端产业。生命健康产业通过近年来的培育发展,已经初具规模,同时得益于社会对健康产业的关注,产业整体呈现加速上升态势,2021年实现工业应税销售57亿元,同比增长5%;新能源及装备产业得益于"碳中和、碳达峰"的有效推动,光伏能源领域整体回暖,在重点企业的强力拉动下,整体呈现良性发展态势,2021年实现应税销售197.9亿元,同比增长47.5%;电子信息及半导体产业得益于国家新基建发展的战略机遇,产业整体较快发展,2021年实现工业应税销售77.6亿元,同比增长9.1%;海工船舶重装产业得益于国际航运市场回暖,集装箱海运需求旺盛,同时在"碳达峰、碳中和"的影响下,风电市场持续火热,产业内重点企业发展迅猛,2021年实现工业应税销售238.9亿元,同比增长60.5%。

三是打造承接上海的补链强链产业带。"靠江靠海靠上海"是启东最大的优势,启东高度重视跨江融合发展布局谋划,抢抓长三角更高质量一体化发展战略机遇,积极承接优质溢出资源。全面提升合作共建平台,启东配套浦东产业园等平台效应不断放大;成立浦东·启东跨江融合生命健康产业联盟,构建浦东、启东两地生命健康产业要素共享、优势互补的协同发展生态。抢抓常态化疫情防控形势中上海优质企业新一轮战略转移、布局调整的机遇,持续加大上海地区招商力度,选优配强招商队伍,梳理在手在谈成熟项目,深入洽谈、务实对接,由"线上对接"逐步转变为线下招商,推动项目早签约、早落地、早见效。2021年以来,新签约引进来自上海地区产业项目150多个;在上海地区举办线上、线下等各类招商活动近60场。

四是打造重点文旅产业板块群。圆陀角旅游度假区2021年获评省美丽海湾,当前正围绕"打造缤纷百里示范段、争创国家旅游度假区",招引文旅头部企业,打造独具江海风韵的旅游胜地。目前,圆陀角旅游度假区江海文化景观大道沿线已建成碧海银沙、黄金海滩、郁金香花海三大景区,形成了一条长18千米的黄金旅游线路,成为长三角地区知名的旅游度假胜地。世界沙排巡回赛、国际铁人三项赛等国际级赛事以及一年一度的百万株郁金香花海等活动,每年都吸引着数万名周边游客。江海澜湾旅游度假区正在打造长三角高端商务、休闲、文旅等业态集聚的魅力“蓝湾”，形成与圆陀角业态互补、南北呼应、交相辉映的全域旅游重点板块，目前，已建成6千米的生态修复的示范带，预计两年内能够全部完成，对外呈现出水清、滩净、景美、海蓝的景观形象。启东滨江生态绿廊首开区于2022年7月开园，实现从老港区到“滨江阳台”的华丽转变，使城市风景延伸到江畔，让178千米秀丽江海岸线锦上添彩。启隆镇作为第十届中国花博会唯一分会场，正在围绕“策应崇明生态岛、环沪旅游新地标”，推进重点文旅项目建设，打造生态江心绿洲。

四、聚焦乡村美，打造诗意田园风光带

启东匠心勾勒“都市乡村”“田园城市”，强化规划引领、塑造滨海风貌、提升功能品质，加快构建功能完善、集聚有序、特色鲜明的诗意田园风光带。2022年上半年，建成全国休闲农业和乡村旅游星级企业8个，省级休闲农业示范村3个，省特色田园乡村1个，省级绿色优质农产品生产基地39个，南通市休闲农业精品景点近20个。

一是优化城市空间布局。启东立足长远，实事求是，制定下发《启东市“十四五”新型城镇化规划》。高质量编制区镇国土空间规划、“三区三线”划定方案，实用性村庄规划形成最终成果，不断优化区镇生产、生态、生活空间布局和功能定位。依据城镇区位与资源条件、文化特色、发展潜力，因地制宜推进城镇建设，形成“一镇一策”“一镇一方案”“一镇一计划”，在配套设施完善、资源盘活利用等方面取得积极成效。

二是打造乡村振兴启东样板。研究制定《关于做好2022年全面推进乡村振兴重点工作的实施意见》《关于2022年加快推动农业农村高质量发展的政策意见》《关于推进启东农业产业发展的实施意见》等系列文件，做到导向明确、措施扎实。聚焦乡村高质建设，打造生态宜居美丽乡村，高标准实施乡村振兴示范村培育工作。持续改善农村人居环境，开展农村人居环境整治提升五年行动，高质量推进农村生活垃圾治理、厕所粪污治理、农村生活污水治理、农村水环境治理、村容村貌提升等专项整治工作。2022年上半年，全市12个农转站全部实行规范化运营；37个农村垃圾中转点实现信息化监控；整治干道沿线破旧“三棚”3134处，破落建筑422处，拆除违章建筑330处；美丽幸福河建设完成39条，县乡级生态河道建设完成42.3千米，整治农村黑臭水体55多条，完成疏浚农村河道任务136万方。

三是加快推进农村三产融合。启东围绕全域打造“最美江海党建带”目标，积极探索党建引领共同富裕新路径，通过支部带项目、基地带农户、联盟带产业，以党建活力激发内生动力，以区域特色擦亮共富底色，实现共同富裕可观、可感、可持续。以项目农业为抓手，以省级农业产业园为平台，加强全产业链建设，重点发展农产品果蔬生产田头储藏、保鲜初加工设施，大力发展乡村旅游+农村电商，打造美丽乡村新模式。启东市现代农业产业园依托检验检测、电子商务、仓储物流等核心优势，培育出“绿皮蚕豆”“青皮长茄”等一批国家地理标志农产品品牌。全面强化特色产业与电商嫁接，加大数字基地创建力度，2022年上半年，农业网上营销销售额达2.29亿元。以“农旅特色”带动城乡建设，海复镇搬场村围绕启东沙地圩田系统这一得天独厚的历史文化和农业景观资源，重点打造农旅融合发展产业；惠萍镇围绕并整合沿江、果品、美食、绿树、名人及沙地文化等多种特色资源，不断做大做强农旅产业，先后诞生了果园生态、旅游度假、印象沙地、沈铁公故居、露宿营地等5个旅游项目，并将之串联成一条集水果采摘品尝、沙地印象观赏、海鲜河鲜汇集、江海名人故居为一体的独具沙地特色的旅游线路；合作镇新义村着力培育特色产业，重点依托十里阳光玫瑰葡萄园，打造一条以“葡萄文化”为主题、历史人文为要素、生态旅游为特色的田园乡村景观带，2021年初，成功入围省级特色田园乡村创建村名单，另外，合作镇还充分发掘红色文化资源，修缮启东首届县政府旧址、启东地区第一个中共党支部诞生地等红色基地，建成了“农旅”和“红色”两条旅游路线。

五、聚焦人文美，打造文明实践示范带

启东坚持把文化元素、文脉基因、文明创建融入城市建设，用百万人民迸发的向上力量、展现的文明素养点亮江海岸线。

一是扎实推进文明培育工作。以“启东好人”群像引领广大群众争当新时代“最美启东人”，让“最美景观”与“最美现象”相得益彰。启东始终把培育和践行社会主义核心价值观作为一条主线贯穿到各项工作中，形成道德典型培育机制，聚力建设“德润东疆·好人之城”。截至2022年上半年，省

第六批中国重要农业文化遗产——启东沙地圩田农业系统　（潘杨/摄）

级以上道德模范及提名奖7人，中国好人25组26人，其中，见义勇为道德模范和中国好人达9人，道德典型人数居南通第1、全省前茅。每年举办好人交流活动、道德模范事迹巡讲、身边好人展览，好人群体成为城市上空“最亮的星”，300多个“善行义举榜”遍布城乡，“好人公园”“好人长廊”“好人桥”成为城乡寻常风景，尊重和礼遇各级“好人”与“道德模范”，为全民育德、全城尚德、全力润德、全域弘德搭建精神平台。

二是扎实推进文明创建工作。2020年，启东以全国第七、江苏第二、南通第一的优异成绩创成全国文明城市。积极开展城市环境洁化、美化、亮化、序化行动，文明城市常态长效管理水平不断提升。按照“精品城市、精准建设、精细管理”的理念，启东各区镇部门大力开展交通秩序整治、文明素养提升、农贸市场提升等40项重点攻坚行动，创新推进路长制“六方共管”，城区91个路长单位与城管、公安、市管、住建、社区“六方共管”部门组成巡查工作小组，并组建91个“沿街商户文明创建微信群”，通过联合共管模式及时解决各类城市管理“顽疾”。推进“1549”文明创建工程，深入实施文明创建十五项提升行动，2022年上半年，获评省文明乡镇3个、文明村(社区)20个，市文化馆获评省最美公共文化空间。

三是扎实推进文明实践工作。启东以传播新思想，引领新风尚为主线，整合阵地资源，规范建设标准，健全运行机制，形成城乡一体、协同运行的1个中心、16个所、306个站、2018个点的四级新时代文明实践阵地载体，“理响东疆”理论宣讲、“共乐东疆”文体活动、“德润东疆”好人善行、“志愿东疆”公益服务等文明实践品牌活动广泛开展，有效推进全市新时代文明实践工作不断向纵深发展，新时代文明实践服务标准化试点项目获批2022年江苏省战略性新兴产业和服务业标准化试点。深入推进“每户每月奉献一小时”志愿服务项目，加快形成可推广、可复制的志愿服务“启东路径”。“守护最美江海岸线”志愿服务项目获评省志交会项目铜奖。

工作保障

一、加强组织领导

2021年2月，启东组建沿江沿海生态景观带建设领导小组；同年4月，成立市沿江沿海高质量发展指挥部，由市委市政府主要领导担任双总指挥，下设办公室和诗意田园乡村带、江海风貌城镇带等十一个推进小组，以季度例会、半年现场观摩会等形式统筹推进工作安排。截至2022年上半年，启东市委、市政府主要领导组织召开最美江海岸线建设专题会议20多场次，相关市领导牵头赴一线现场督导30余次，为高标准、高效率推进最美江海岸线建设提供了有力的组织保证。

二、编制发展规划

为做好最美江海岸线的顶层设计，按照“美丽江苏”建设要求，启东积极开展沿江沿海区域功能布局规划研究，研究编制《沿江沿海空间布局规划》《启东市最美江海岸线总体规划》《最美江海岸线方案设计》《实用性村庄规划》等，形成“一带三段多点”的空间结构，强调对接环沪产业与度假圈层，落实长江大保护与江苏沿海高质量发展要求，提出“链接上海，构建上海大都市圈协同的发展格局；产业提升，打造高质量发展经济带；特色塑造，构建江海联动的旅游体系”三大策略。

三、强化责任落实

2021年以来，启东将沿江沿海生态景观带建设纳入高质量发展考核，制定重点工作任务分解表和环境综合整治工作方案，明确15个牵头部门、共32项工作职责任务；同时，将打造最美江海岸线纳入“我为群众办实事”重点项目，把生态景观带建设重点任务纳入全市“重点工作督查系统”，按照“能量化全部量化、不能量化明确标准”的原则，细化目标任务、明确序时进度、落实工作责任，上报月度工作计划，开展线上线下全面督查。

(文章摘自《中国中小城市发展报告(2022)》)

历经3年培育打造，启东“理响东疆”理论宣讲品牌聚焦“能唱响、起回响、有影响”目标，开展丰富多彩的探索实践，取得了扎扎实实的工作成效，为研究如何推进新时代党的创新理论武装，不断加强基层理论宣传工作，提供了生动的实践样本。2022年8月18—21日，新华日报社联合省委党校、省社科院等单位组成联合调研组，对启东基层理论宣传工作进行系统深入的调研，形成调研报告。

“理响东疆”让理论在基层“响”起来

——对启东市基层理论宣讲工作的调研

基本情况与主要做法

启东位于江苏省东南端，长江入海口北岸，拥有江海岸线178千米，土地肥沃，资源丰富，素有“粮棉故里，东疆乐土”之誉。2021年，全市户籍总人口1087366人，实现地区生产总值1345.94亿元。近年来，启东积极强化顶层设计和机制建设，围绕打造“理响东疆”宣讲品牌，构建“1+X”三级理论宣讲体系，培塑政治站位高、理论功底实、宣讲本领高的“211”宣讲队伍，依托新时代文明实践中心(站、所)、镇村史馆等载体阵地，构建阵地多彩、渠道多元、形式多样、内容多态的宣讲格局，以创新理念、手段和方式推进理论实践"融"起来，线上线下"串"起来，党心民心"连"起来，把党的创新理论送到百姓家门口，取得积极成效。

一、增强从"高原"到"高峰"的自省自觉

认识是行动的先导。领导重视是做好理论宣讲的前提。老大难，老大难，老大重视就不难。认识上深化，思想上重视，行动上坚决，是启东理论宣讲风生水起、后来居上的重要原因。站在"高原"自加压。南通素有重视理论宣讲的传统，南通的"理论名嘴"群体多次被中央媒体报道，理论宣讲工作一直走在全国前列，是理论宣讲的"高原"。在强手如林的宣讲"高原"上，启东理论宣讲一度"名嘴"不多、声音不响、品牌不亮，与其经济社会发展地位不相称。有鉴于此，中共启东市委站在"高原"自加压，时刻保持自省自觉自励，瞄准全市理论宣讲先进，对表标杆、自找不足、扬长补短，大力实施"理响东疆"理论宣讲工程，扭转了启东理论宣讲"讲而不响"态势，开辟了理论宣讲新局面。瞄准"高峰"自奋蹄。取法乎上，得乎其中；取法乎中，得乎其下。身处南通这一理论宣讲高地，既是有利条件，更是有力鞭策。只有志存高远、目标远大，在"高"的基础上确立更高的目标，在"好"的基础上做得更好，才能在理论宣讲的高原上走向高峰、靠近高峰、成为高峰。中央有要求、基层有需求、自身有追求，启东市坚持目标导向、效果导向、问题导向，强化顶层设计，强化系统谋划，强化工作落实，不用扬鞭自奋蹄，带动全市上下"顶天立地讲理论、铺天盖地传理论、欢天喜地学理论"。跳出宣讲谋宣讲。理论宣讲不仅是宣传部门的中心工作，也是全市的重要工作；宣讲的是党的创新理论，推动的是全市的全面工作。启东市跳出宣讲谋宣讲，以高站位看待理论宣讲，以高定位谋划理论宣讲、以高效率推动理论宣讲、以高要求提升理论宣讲，坚持高远追求，努力实现理论宣讲"高地"向理论武装"高原"的转变。

二、构筑从"顶层"到"末梢"的体制体系

启东市坚持系统思维，立足基层实际，上接天线下接地气，构筑从"神经中枢"到"终端末梢"的工作体系，建立了一整套工作机制，有效解决"谁来讲""讲什么""在哪讲""怎么讲"的问题。构建"1+X"宣讲格局。坚持大宣讲理念，强化顶层设计和统筹规划，变"单兵作战"为"团队协作"，构建协同联动、广泛参与的工作格局，在全市打造"1+X"三级理论宣讲格局。构建了以市委组织部、市纪委等部门牵头的"干部名师大讲堂""东疆廉声"主体项目5个；以总工会、团市委、妇联、老干部局、教体局、公安局等"匠心筑梦""青启之声""藏蓝声音"等行业系统为主的重点项目10个，以区镇、街道新时代文明实践所为主的特色项目18个，逐步形成了全方位、多渠道、深层次、广覆盖的宣讲格局。完善"软激励"体制机制。强化指导督导并重，以"方向求正、内容求实、效果求真"为要求，完善组织实施、绩效评价、考核激励，实行每月点评、季度通报、半年推进、年度总结。探索建立理论宣讲巡听制度，抽调专人组建"巡听小组"，深入宣讲现场巡查指导，不断浓厚全市理论宣讲氛围。2019年以来，全市共组织开展了8000多场分众化、互动化的宣讲，覆盖全市机关、学校、企业、农村、社区等各行业，受众超过200万人次，营造了"新思想人人学""新时代行行讲"的浓厚氛围。筑牢"东疆系"品牌矩阵。启东市着力打造最美江海党建带，以"理响东疆"为抓手，实施理论宣讲品牌化战略，筑牢品牌矩阵。"理"代表党的创新理论，"响"是唱响，"东疆"代指启东。品牌logo上，由"三水交汇、日出东方"构成一个字母"Q"字，即启东首字母，蕴含理论宣讲、思想光芒等主题。各单位各乡镇因地制宜，矢志创新，培育和形成了"布谷汇声""惠声惠色""合声煦语""恳牧讲习社""海角之声"等一批富有特色的理论宣讲子品牌。

三、建设从"课堂"到"云端"的平台载体

启东市高度重视理论阵地和载体建设，围绕一个"活"字巩固壮大传统阵地，紧扣一个"新"字发掘开拓新兴阵地，聚焦一个"联"字聚力共建联合阵地，不断拓展理论宣讲的新空间，持续打通理论宣讲"最后一米"。村史馆里讲党史。村史馆是挖掘、保护、传承村落历史和文化的重要平台。2018年起，启东市在现有14个镇（区）的261个村全面启动镇村史馆建设工作，用三年左右的时间实现镇村史馆全覆盖。依托261个村史馆，启东市深入挖掘村史资源，精心打造30多个特色村史课堂，广泛开展"村史馆里讲党史"活动，积极建设"线上村史馆"，坚持"一村一品"，把乡村历史转化为可听可看可互动的"活历史"，深入开展"红色基地悟初心""镇史村史我来说"巡回宣讲，村史馆成为基层党员干部、普通群众、青年学生学理论的主阵地。云端宣讲聚流量。"让正能量产生大流量，让好声音成为最强音"。2020年以来，启东通过"理论+融合""网络+宣讲"等形式，打造"云宣讲"平台，用"屏对屏"代替"面对面"，让互联网这个"最大变量"释放出"最大能量"。把理论宣讲的"大主题"分解成"微话题"，探索建立网、微、端、屏理论传播矩阵，打造"随时随地学理论"的线上线下"共享课堂"；运用网络社交平台、短视频平台、学习平台、热门App等，打造一批吸粉引流的宣讲网红达人。加强与媒体平台合作，通过"启东融媒""启东教育"及多家自媒体视频号，使优秀作品获得倍数放大的传播效果，为全市理论宣讲工作插上数字化"翅膀"。沉浸互动更走心。启东市还深入开展"身边人讲身边事""送课到船家""理论宣讲直通车进企业、军营、商圈、海岛"等活动，注重用群众的思维方式推理，充分考虑听众的接受水平和接受方式，以"小切口"反映"大主题"，引导听众从浅层面的认知向理论深度的认识递进。注重用群众的身边事例释理，联系日常工作生活中的具体事例，印证理论观点、诠释核心要义，让听众能够代入其中，产生"沉浸式"的认同感。注重用群众的语言风格讲理，当好群众的"翻译"，将深奥的理论转化为群众感兴趣的"大白话""大实话"，用最朴实的语言阐述最深刻的道理。

四、打造从"名嘴"到"民嘴"的人才队伍

启东市把打造一支政治站位高、

6月8日,“强国复兴有我”——“理响东疆”千场宣讲活动启动暨企业专场分享会在江苏昂彼特堡能源集团有限公司举行　（姜雨蒙/摄）

理论功底实、宣讲本领强的工作队伍,作为推动理论宣讲工作的重中之重。锻造宣讲队伍“多声部”。启东在全市建立了分层次、宽领域、多元化的“211”宣讲队伍,即20名市级理论名嘴、100名镇级骨干、1000名村居宣讲员,形成多层次、全覆盖的人才梯队。突出示范引领,挂牌成立6家市级“理论名嘴工作室”,通过青蓝结对、理论沙龙、学习分享、评课说课、风采展示等活动,以赛选人,以讲练人。从基层挑选素质优、表达能力较好的“民嘴”组建“百姓宣讲团”,鼓励先进典型、返乡青年、田间秀才、乡村文艺骨干以及退休老干部、老教师等“五老”人员积极参与理论宣讲,实现渐次推进、逐步培养。壮大青年名嘴“生力军”。在推进“理响东疆”建设过程中,启东高度重视“青年名嘴”的选拔培育,通过集中培训、比赛选拔、风采展示等途径,让青年站“C位”。不定期召开宣讲座谈会,由宣讲骨干、青年志愿者、宣讲新人一起交流分享,在“传帮带”中总结提升。2020年春节,80多名青年宣讲骨干发起“战疫情——名嘴说、‘艺’起说、大家说”宣讲活动,一个月内,推出“战疫情”视频等宣讲作品400件,总点击量超过100万次。2022年北京冬奥,青年骨干开展“我在‘墩墩’家里讲冬奥”活动,从顶流“偶像”、青春风采、文化自信、科技创新等多方面,激发共鸣、引发共情,使理论宣讲又“潮”又“炫”。培塑文艺宣讲“轻骑兵”。整合宣讲力量,在各级妇联执委、最美家庭、三八红旗手、姐妹微家家长、文艺骨干中挑选政治素质好、理论水平高、宣讲能力强的宣讲团成员,初步形成了“1+3+N”三级联动组织架构,即市级层面的“巾帼领航她宣讲总队”和“政治理论宣讲分队”“典型榜样宣讲分队”“专业知识宣讲分队”3个分队,“N”则是根据实际在各村(社)、机关企事业单位、新业态领域等组建多种类型、各具特色的“巾帼领航她宣讲小组”。

主要特点与工作创新

经过几年努力,启东理论宣讲工作风生水起,焕然一新,理论宣讲员士气高涨,基层学理论氛围浓郁,“理响东疆”成为南通理论宣讲高地的著名地方品牌,不仅形成了自身的工作特点,而且在一些方面有所创新。

一、突出机制创新,实现“要我讲”与“我要讲”的有机融合

理论宣讲是一项挑战性较强的工作。强化基层理论武装,传播党的创新理论,是推进中国特色社会主义事业的需要。同时,打通理论宣讲“最后一公里”,调动基层群众讲理论、学理论、用理论的积极性,也面临诸多挑战。在推进理论宣传过程中,启东市注重突出机制创新,一是创新阵地搭建机制,抢抓机遇推动乡镇新时代文明实践中心和村史馆建设,把实践中心和村史馆建成理论宣讲的“大舞台”,让基层理论宣讲有“用武之地”;二是创新激励引导机制,通过“市里引、乡镇比、村村推”,营造“处处重宣讲、个个爱宣讲”争先恐后、你追我赶的浓厚氛围;三是创新人才培养机制,通过导师指导制、百姓名嘴孵化制、名师名嘴集训营等机制,培养宣讲队伍。一系列的机制创新,调动了各方投身理论宣讲的主动性、自觉性,对乡镇和有关单位来说,抓好理论宣讲不仅能得到上级的肯定,而且能有效凝心聚力、提振士气,促进本单位的工作,对宣讲员来说,搞好宣讲既能获得荣誉感又能得到自我实现。

二、突出内容创新,实现“必修课”与“自修课”的有机融合

抓好基层理论宣讲,内容是根本。基层理论宣讲的核心任务是宣传讲解党的创新理论。讲清楚中国共产党为什么“能”、中国特色社会主义为什么“好”、马克思主义为什么“行”,推动习近平新时代中国特色社会主义思想入耳入脑入心,是基层理论宣讲必须学好的“必修课”。在推进理论宣讲过程中,启东市坚持突出内容创新,一是把“必修课”讲得入耳入脑,通过名师授课、集体备课、个人温课等形式,组织开展“治国决定实在好”“两代党员学《决议》”“‘学习新思想’千场宣讲进基层”等宣讲活动,讲“准”讲“透”讲“活”讲“美”党的创新理论,让习近平新时代中国特色社会主义思想走进基层、走进群众;二是把“自修课”讲得绘声绘色,在讲好“必修课”的同时,积极开发一些“本土课程”,把党的创新理论与地方特点结合起来,比如在江边村子讲“保坍史”以增强百姓对“好日子不是天上掉下来的,而是来自党的领导”的认知。在果树种植乡镇讲多元经营、科普常识以增强百姓对习近平经济思想的理解。在江海交汇处圆陀角讲绿色发展以增加百姓对习近平生态文明思想的领会,因人施“讲”,因地施“讲”,既讲“普通话”又讲“启东话”,通过“必修课”与“自修课”的有机融合,把党的创新理论讲得既“高大上”又“接地气”,大大增强宣讲效果。

三、突出形式创新，实现“大套餐”与“小点心”的有机融合

理论宣讲，效果至上。基层理论宣讲的根本目的，是把党的创新理论传递给干部群众，让百姓在学理论、懂理论、用理论中增强对党的领导的政治认同、思想认同和情感认同，增强建设中国特色社会主义的信心。实现这一点，必须明晰目标、创新形式、注重效果。在基层理论宣讲中，启东市注重突出形式创新，一是创新宣讲方式，通过组织领导干部带头讲、专家学者课堂讲、理论骨干现场讲、先贤能人身边讲、党员群众自己讲、青年学生竞赛讲等多种形式，宣讲新思想，传播新思想。二是抓住重要节点，巧妙切入，以小见大。面对突发疫情，组织全市80多名宣讲骨干发起“战疫情——名嘴说、‘艺’起说、大家说”宣讲活动；巧借冬奥吉祥物“冰墩墩”在启东生产元素，推出“我在‘墩墩’家里讲冬奥”互动，用小切口解析大道理，用小故事反映大时代。三是做好“宣讲+”文章，通过理论读书会、文艺轻骑兵、理论快板书、宣讲文艺晚会等多种形式，以群众喜闻乐见的形式，寓理论宣讲于文艺活动中，在实现“大套餐”与“小点心”的有机融合中让群众学理论懂理论。

四、突出队伍创新，实现“一个人”与“一群人”的有机融合

理论宣讲，队伍是基础。如果说基层理论宣讲有难题，最大的难题是建设一支懂理论、爱理论、喜欢讲理论的宣讲员队伍。近年来，一些地方通过加大培育选拔力度，诞生了一批“理论名嘴”。独行快，众行远。一个人的力量有限，一群人的力量无穷。在推进基层理论宣讲过程中，启东市坚持突出队伍创新，既注重培育选拔理论宣讲的“领头雁”，又大力实施“群雁”工程，以专家学者、党员干部、文艺骨干、先进典型、志愿者为依托，选拔培育20名市级名嘴、100名镇级骨干、1000名村居宣讲员。在主抓“理响东疆”理论宣讲品牌时，大力推进和培育了“惠声惠色”“布谷汇声”“合声煦语”的乡镇理论宣讲品牌，形成了独具特色的理论宣讲“名嘴群”和品牌矩阵。理论宣讲既有“名嘴”又有“草根”，既有“领头雁”又有“大雁阵”，既有“主峰”又有“群峰”，成为启东理论宣讲有别于其他地方的重要特色。

宣讲成效与问题挑战

在实施“理响东疆”工程的过程中，启东坚持问题导向、效果导向和目标导向，把“能唱响、起回响、有影响”作为重要目标，大力推动宣讲员热情洋溢讲理论，各乡镇热火朝天学理论，群众紧贴实际用理论，取得了积极成效，同时也还存在一些困难和挑战，需要下力气解决。

一、唱响“主题曲”，党员群众对党的创新理论知道得多了理解深了

传播党的创新理论，引导干部群众学懂弄通做实习近平新时代中国特色社会主义思想，是基层理论宣讲必须唱好的“主题曲”，必须完成好的主任务。启东市把宣讲党的创新理论，推进习近平新时代中国特色社会主义思想进机关、进社区、进校园、进乡村作为重要目标任务，采取专家讲、名嘴说、草根演等多种方式，在全市上下营造学理论、用理论的浓郁氛围，全力唱响理论宣讲“主题曲”，把党的创新理论讲到百姓心坎上，推动习近平新时代中国特色社会主义思想入耳入脑入心。通过宣讲，干部群众对党的创新理论认知更清晰、理解更深刻、认同更自觉、运用更自如，党的创新理论打通了“最后一公里”。

二、奏好“交响乐”，党员群众对党的路线方针政策陌生少了理解多了

学习宣传党的路线方针政策，传达中央精神，阐释解读省委、市委各项重大部署，是基层理论宣讲的重要内容。启东把形势与政策的宣讲作为基层理论宣讲的重要目标任务，每逢重大会议、重要部署和重要节点，都要组织宣讲员认真学习中央最新精神和省市委重大部署，根据百姓需求，第一时间把方针政策送到工厂车间、田间地头。宣讲过程中，各乡镇各单位各部门既讲“标准课程”，又讲“特色课程”，开发区的主要讲经济形势，农业乡镇重点讲乡村振兴，各取所需、各负其责、各展所长，共同奏响形势与政策的“交响乐”。从中央精神到省委部署再到市委决策，从经济、政治、文化到社会、民生、生态，一系列基层理论宣讲，让党的路线方针政策送到了百姓的“家门口”，百姓对党的方针政策的盲区和陌生少了，理解和支持多了，干部群众对党的方针政策部署的政治认同、思想认同和情感认同大大加强。

三、谱好“协奏曲”，党员群众身边的陈规陋习少了文明新风多了

弘扬社会正气、传播文明新风、培育道德观念、推动乡风文明、促进社会和谐，是基层理论宣讲的重要目标任务。“多一个舞场就少一个赌场”“多一些和睦就少一些口角”“多一些行动就少一些埋怨”，启东市把扫除陈规陋习、倡导文明新风作为基层理论宣讲的重要目标，把基层理论宣讲与科普宣传、普法宣传、扫黄打黑、反诈宣传等有机结合起来，统筹社会各方力量共同谱好扫除陋习、移风易俗的“协奏曲”。在理论宣讲中，启东在宣讲党的创新理论的同时，采取快板书、说唱、地方曲艺等多种新式，进行科普宣传，通过搭建象棋协会、组织文体活动等，引导村民“下赌桌”“上舞台”，丰富精神生活，以达到以文化人、成风化俗的效果。启东市积极鼓励理论名嘴下基层，发动乡贤和村干部主动与村民谈心谈话，化解纠纷，调节邻里关系，倡导村民共同行动，参与基层自治，美化村容村貌，促进乡风文明和乡村振兴。如今的启东，群众身边的陈规陋习少了，文明新风多了，社会文明程度大大提升了。

四、弹好“共鸣曲”，党员干部消极躺平少了勇挑重担多了

理论宣讲必须唱响主旋律，弘扬正能量，凝聚新动能，激荡发展力。启东市把提振信心、凝聚人心、鼓舞士气、激励斗志作为基层理论宣讲的重要目标任务。在基层理论宣讲中，注重讲清楚目前启东所处的历史方位、面临的形势任务以及未来前进的方向目标，讲清楚启东今后要实现的美好愿景、所拥有的机遇与条件、面临的困难与挑战，讲清楚市委的布局谋划、方法策略、政策措施以及路线蓝图，讲清楚干部群众肩上的目标任务以及达到目标需要的精神状态，通过各单位各部门各乡镇齐心协力、同向发力，共同弹好关心关注、助力发展的“共鸣曲”。

通过宣讲,干部群众对启东市委“深入实施向海发展战略、接轨上海战略,加快建设沪苏一体融合发展窗口城市”的战略布局理解更深了,对全市上下克服新冠疫情不利影响,坚决担起“勇挑大梁”的重大责任,锚定全年主要目标任务,全力巩固经济回升向好趋势的自觉性积极性主动性更强了,对启东以新思想引领高质量发展,奋进新时代、谱写新篇章,全面推进社会主义现代化建设的信心和动力更足了。

当然,作为一项具有较强挑战性和开创性的工作,启东的基层理论宣讲也依然在探索与行进的路上,面对一些困难和挑战,存在一些共性和个性的问题。这些问题主要包括:基层理论宣讲的工作体系还有待进一步增强,激励机制还有待进一步完善,队伍建设还有待进一步加强,阵地载体还有待进一步拓展,宣讲效果还有待进一步提升。当前,农村基层的社会流动性很强,大量农村青壮年劳动力在外就业,如何实现宣讲受众的广覆盖、深层次,如何加强对流动人员的理论宣讲工作,依然是一项极大的挑战。这些问题都需要在今后的工作中创新思路、创新办法,加以解决。

在推进基层理论宣讲的过程中,启东强化品牌思维,在全市最美江海党建带五大“东疆”的基础上,推出了“理响东疆”的工作品牌,成为基层理论宣讲的重要载体。但是,由于这一品牌推出时间不长,也存在品牌内涵不够明晰、品牌建设措施不够系统、品牌推广不够有力等问题。为此,调研组也建议:一是提高政治站位,引导基层理论宣讲员加强政治学习,提升理论水平,开阔理论视野。要强化学理支撑,引导理论宣讲员加强理论积累和积淀,强化理论学习,在读原著悟原理中既学“怎么看”,又悟“怎么办”,提升宣讲能力。二是针对基层理论宣讲的机制、激励等问题,加强系统谋划,强化制度建设。在经费保障上,要针对基层理论宣讲经费来源单一且不足的问题,强化经费支持,拓展经费来源,为基层理论宣讲提供保障;在激励机制上,要建立健全基层理论宣讲员激励机制,让宣讲员既有激情也有收获。三是在人才建设上,要进一步打造“名嘴+民嘴”的多彩宣讲队伍,优化宣讲队伍的学历结构、年龄结构、知识结构。四是在工作创新上,积极推进“宣讲+实境体验”“宣讲+研究”“内培+外引”“宣讲+培训”相结合,用好张謇、“启东好人”等资源和独具特色的红色文化资源,开辟理论宣讲实境课堂,强化基层理论宣讲的理论与策略研究,用好本地宣讲队伍的同时从外地邀请一些专家前来授课,打造基层理论宣讲基地,推动启东的宣讲经验走出启东。五是对“理响东疆”理论宣讲品牌进行再设计、再包装、再提升,对理论品牌建设的内涵、载体、措施、目标等进行再思考、再明晰、再拓展,切实提升品牌建设的显示度和影响力。要通过举办理论研讨会、开展新闻宣传、加强信息报送等多种途径,总结推广可供借鉴与推广的启东经验,加强品牌推广,在全省乃至全国叫响“理响东疆”品牌。

启示与思考

抓好基层理论宣讲,打通党的创新理论传播“最后一公里”,是推进马克思主义中国化时代化大众化,建设具有强大凝聚力和引领力的社会主义意识形态的需要。在推进基层理论宣讲的过程中,启东注重创新机制、载体、形式,开展了一系列的创新探索,积累了一定的工作经验,为各地做好基层理论宣讲工作提供了有益的借鉴和思考。

一、强化政治意识,“让懂理论的人讲理论”

理论宣讲具有很强的政治性,理论宣讲工作本质上是政治工作,必须强化政治意识,旗帜鲜明讲政治,牢牢把握政治方向。基层理论宣讲的根本目的是把党的创新理论送入寻常百姓家,把牢政治方向,讲准、讲全、讲透党的创新理论。要坚持从源头上把关,注重加强对基层理论宣讲员的培训,让宣讲员“抢先一步学理论、学深一步悟理论”,真正做到“让懂理论的人讲理论”。“要给人一滴水自己必须有一桶水”,作为党的创新理论的传播者,理论宣讲员必须具备较高的理论素养、理论水平、理论功底,必须熟知党的路线方针政策,必须熟知省委、市委的重大决策部署。作为理论宣讲工作的组织者、参与者、推动者,必须牢固树立马克思主义世界观、价值观、人生观,掌握唯物主义辩证法和科学的方法论,必须学懂弄通做实习近平新时代中国特色社会主义思想,深刻理解“两个确立”的决定性意义,树牢“四个意识”,坚定“四个自信”,做到“两个维护”,确保基层理论宣讲始终坚持正确的政治方向。

二、强化把关意识,“让有信仰的人讲信仰”

理论宣讲的本质是在人的大脑里搞建设。理论宣讲的目的,是让受众接受先进的、正确的、科学的思想和理念。这就要求宣讲者必须自己有科学的思想和理念。只有让有思想的人来讲思想、有信仰的人来讲信仰,理论宣讲才能讲得深刻、讲得透彻。要“让有信仰的人讲信仰”,就要在人员选拔时注重选拔政治方向正确、理想信念坚定、自身形象优良、群众基础较好的人担任宣讲员,大力吸收革命烈士后代、先进典型、时代楷模、优秀党员退休干部等加入宣讲队伍,以增加宣讲的权威性、可信度和接受度,提高宣讲效果。推进基层理论宣讲,必须强化把关意识,严格人员挑选,严把宣讲人员的政治关、思想关、品行关、能力关,让“有信仰的人讲信仰”,以自身的“形象力”提升宣讲的影响力。

三、强化效果意识,“让有故事的人讲故事”

“空口袋立不起来”。理论宣讲是一门传播理论的艺术,目的是让受众理解并接受,衡量理论宣讲成败的标准就是群众能否听得懂、记得住、信得真。理论宣讲最忌照本宣科,最怕填鸭灌输,最需要注重效果意识。在推进宣讲过程中,各地应注重从群众身边入手,深入挖掘本地乡土资源,积极发动老村干、老教师、老党员等组成宣讲队伍,力争提高宣讲的针对性和实效性,解决基层群众坐不住、听不懂、学不进的问题,甚至达到“不仅能够震撼一瞬间、激动一阵子,而且能够铭记一辈子、影响一辈子”的效果。推进基层理论宣讲,必须强化效果意识,尊重理论传播内在规律，注重挖掘本地乡土资源，让“有故事的人讲故事”，以本地人讲本地事，以身边人讲身边事，把高深的理论知识转化为乡音土语，不断提升宣讲的接近性，让群众能够听得懂、听得进、记得住。

四、强化创新意识，“让想干事的人干成事”

理论宣讲的对象是人，核心是对人做工作，必须强化创新意识，把理念创新、手段创新、机制创新融入理论宣讲的全过程、各环节。要注重在基层理论宣讲过程中创新机制、阵地、内容和形式，以创新精神推进理论宣讲，让有激情、想干事、能干事的人加盟宣讲队伍。基层理论宣讲不能照本宣科，不能一味“填鸭”，不能有“形”无“神”。要打破传统“我讲你听”的方式，以内容鲜活、形式新颖的作品，改进基层理论宣讲，要大力强化创新意识，激发理论宣讲工作者的创新精神和创新激情，让有激情、想干事、能干事的干成事，针对百姓需求创新理论宣讲的机制、载体、渠道、内容、形式、队伍，有效化解理论与实际“两张皮”问题，有力增强理论宣讲的辐射力、感染力、影响力。

（课题组成员：尤健、陈朋、刘庆传、徐腾、王世停、陈立民、杨丽、徐超、韩宗峰）

2022年，启东市以创建国家级全域旅游示范区为引领，加快培育全域旅游亮点，推动旅游高质量发展，打造全时全景、多姿多元的乐游启东。

启东市创建国家级全域旅游示范区

加强谋划部署

2022年，启东市委、市政府把全域旅游作为推动全市经济社会高质量发展的先手棋、关键招、胜负手，强化领导顶层设计。成立由市委书记、市长任组长的旅游业发展指导委员会和创建“国家全域旅游示范区”工作领导组，各镇（园区、街道）、相关部门也建立党政主要领导牵头的创建工作领导小组，健全决策推进机制。确立“以创建国家全域旅游示范区、创建国家级旅游度假区为引领，推进规划全领域、行业全联动、资源全利用、生态全覆盖、文化全渗透、产业全链接的大旅游发展格局，树立全域旅游发展的典范与标杆，打造‘全域旅游，启东样本’成为全省乃至全国典范”的工作目标。同时，确立“一核引领：主城文旅休闲服务核（一城）；一环串联：江海百里生态环线（一线）；三极共振：圆陀角旅游发展增长极（一区）、江海澜湾旅游度假区旅游发展增长极（一湾）、启隆产业园发展增长极（一园）”的旅游空间规划，拉开全域旅游框架。

实行刚性行政推动，将国家全域旅游示范区创建纳入全市目标责任制重点经济工作考核项目。出台《启东市创建国家全域旅游示范区的实施意见》，为各区镇、相关部门制定个性考核菜单，将每一项工作任务按职责分工分解落实到部门、科室、责任人，排定工作时限要求。创建工作小组每月以书面形式向市创建工作领导组汇报进展情况及存在问题；市创建工作领导组办公室每季度召开专题会议，协调、解决创建过程中存在的困难和问题。常委会常态化部署全域旅游工作，严格按照序时目标进度，通报考核结果。整合文旅资源，组建启晟文旅集团，确保文旅项目推进的各项保障。

促进部门融合

为加快推进全域旅游发展，市出台《加快全域旅游发展的若干政策意见》，支持旅游发展规划编制、旅游市场营销、旅游基础设施建设、旅游从业人员培训、旅游新业态培育。修编《启东市全域旅游规划》《圆陀角省级旅游度假区规划》，市用地总规、相关详规积极服务全域旅游发展。

同时，将相关旅游项目交由对口部门落实推进。如工业+旅游，由市文广旅游局牵头相关部门、区镇开发米歌酒庄（省级工业旅游示范区）、中远海工、振华重工等工业旅游；农业+旅游，市文广旅游局与市农业农村局、市水务局共同培育、指导全市10多家星级乡村旅游区建设、运营，水务部门打造的缤纷百里雏形初现；体育+旅游，由市教育体育局联合知名俱乐部、公益组织，共同举办冲浪、铁人三项赛、风筝节等国际、国家级具有影响力、号召力的赛事活动；城建+旅游，由市住建局牵头塑造沿海城镇风貌、环城绿道等；交通+旅游，由市交通运输局牵头，打造江海1号旅游公路、音乐公路、旅游专线等。另有美食游、研学游、亲子游、休闲购物游等，均与相关职能部门联动推进。

优化行业服务，由民政部门负责指导督促相关商业组织，成立旅游行业协会及各专业分会。市成立旅指委，长期跟踪服务旅游工作。发挥各协会的组织、协调优势，推动旅游经营创新组团、合作共赢。

创新机制体制

市委、市政府积极创新机制体制，保障旅游项目在谋建服、运维督上“一路绿灯”。加强旅游用地保障，对重点旅游项目和利用荒地、废弃厂房开发的旅游项目，优先列入用地计划。加强资金扶持，出台《启东市旅游发展专项扶持资金实施暂行办法》等，设立

省级旅游度假区——圆陀角旅游度假区 (市融媒体中心/供图)

5000万元旅游专项扶持资金、800万元旅游营销资金、500万元文化产业发展引导资金和500万元旅游人才扶持资金;建立混合所有制旅游投资模式,落实贷款让利政策;鼓励社会资本投资旅游,严格落实旅游业用电、用水、用气、排污税费优惠政策。创新监管机制,制定出台《启东市旅游市场综合监管方案》《启东市沿江沿海旅游A级景区(点)安全生产规范》《启东市文化和旅游突发事件应急预案》,成立市文化旅游综合执法大队、旅游警察大队、旅游巡回法庭、旅游事监分局和旅游综合诉调中心。整合文化、市场监管、旅游等7个部门职责,建立综合协调、部门联动、分工协作、统一行动的旅游执法工作机制。联动市委政法委、法院等16个部门,在全省率先构建旅游全域诉调机制。组建启东首支旅游志愿服务者队伍,助力全域旅游服务质效提升。

市委、市政府还强化人才引培,出台《旅游人才发展计划实施办法》,设立旅游人才发展基金,招引专业人才,并与高等院校、科研院所及规划设计单位等专业机构合作成立旅游智库。增强基础配套,城市公交每天188班、平均每5分钟一班直达上海;开通4条旅游专线公交、4条旅游班车串联各大景区景点;城市公共自行车、共享电动车覆盖城区;建成市一级集散中心1个、二级集散中心3个、旅游驿站7个,高标准打造12个游客服务中心;全域地图、交通标识、介绍牌规范设置,65个旅游厕所完成改造升级;完成景区环境治理和品质提升工程,完成“厕所革命”;硬核修复生态,清退生命健康产业园相关化工企业,修复江海澜湾旅游度假区生态堤等,不断优化景区游客服务体验。投资500万元建立启东市全域旅游大数据中心和智慧旅游服务体系,实现启东文旅资源信息“数字化”、行业监管“智慧化”、线上服务“一键化”,与省、南通市平台数据互联互通、实时共享等功能。开创“乐游启东”微信公众号,在同程、马蜂窝、去哪儿等国内知名专业旅游网广泛推介启东旅游攻略、旅游体验等,增强旅游宣传吸引力和社会关注度。

丰富产品供给

启东市面向全域旅游发展需求,以建设长三角知名休闲旅游目的地为目标,不断扩大旅游产品供给,持续完善相关基础设施和接待服务设施建设,着力推动旅游度假区、景区、旅游重点村(镇)创建,为游客提供高标准的全域旅游环境。全市共有省级旅游度假区1个,国家AAAA级景区1个,国家AAA级景区9个,省星级乡村旅游区12个,省级工业旅游区1个,省级乡村旅游重点村2个。

结合地处江海之交这一显著地域特点,市确立“大江风光 海上风情 沙地风味”作为启东市旅游的基本着力点,并充分挖掘历史、农耕、红色等多元文化,推动旅游产品向特色化、规模化、多样化、精品化转型。相继打造文博游、亲子游、乡村游、红色游等主题旅游线路,打造全时全景、多资多元的乐游启东。加强全域旅游营销,采取线上线下相结合的方式,举办启东曙光节、三水人文评选、启东文旅节、追江赶海节、评选“十大最美”、评选“水韵启东特色美食”旅游名小吃等活动,持续推进“启东味道”“航拍季”等系列拍摄工作,“日出江海·美丽启东”的旅游影响力进一步扩大。

(周健飞)

责任编辑 黄亦美

大事记

1月

1日 蝶湖公园全面建成开放。公园总占地面积约138公顷，其中水域面积53公顷，为启东最大的公园。

7日 世界首艘140米级打桩船“一航津桩”交船仪式在振华重工启东海工码头举行。

9日 团市委联合汇龙镇南郊村举行南郊村少工委授牌仪式。这是南通市首家农村少工委。

同日 央视《新闻直播间》播出新闻《江苏启东拾荒老人拾金不昧拄拐5小时送还手机》。

10日 启东市首个以民警名字命名的工作室“老邱警务室”，在海复镇均里村公共服务中心正式启用，成为全市村级“平安前哨”样板点上的首创。

10—13日 中国人民政治协商会议启东市第十六届委员会会议召开。市十五届政协主席孙建忠代表政协启东市第十五届委员会常务委员会，向大会作工作报告。会议听取市政协十六届一次会议期间提案审查情况的报告，审议并通过《政协启东市第十六届委员会第一次会议决议》。经大会选举，邵茂华当选为政协启东市第十六届委员会主席，袁圣菊、龚建涛、徐永辉、张海荣、龚海燕当选为政协启东市第十六届委员会副主席，郁豪杰当选为政协启东市第十六届委员会秘书长。

11—14日 启东市第十八届人民代表大会第一次会议召开。大会依法定程序选举顾云峰为启东市第十八届人民代表大会常务委员会主任，选举石光辉、潘国红、潘双林、吴永东为启东市第十八届人民代表大会常务委员会副主任。选举杨中坚为启东市人民政府市长，选举蔡毅、杨斌、王春华、黄晨、秦广荣、郁丽春为启东市人民政府副市长。选举郭建为启东市监察委员会主任。

13日 南通市网络文明“一城一品”建设现场会在启东召开。

17日 省文明办召开全省文明办主任电视电话会议。会上，市委常委、宣传部部长崔晓勇作文明城市创建工作专题经验介绍。省委宣传部副部长、省文明办主任葛莱点赞启东市“每户每月奉献一小时，同创共建文明宜居好家园”志愿服务活动的成功经验。

19日 全市党史学习教育总结会议召开。

22日 由中共南通市委宣传部、南通广电传媒集团、江苏长江经济带研究院联合组织的《“智”进赶考路 对话“一把手”》大型融媒体行动走进启东。市委书记李玲和江苏长江经济带研究院院长兼首席专家成长春教授，围绕“接轨上海”“向海发展”“建设窗口城市”等话题与主持人及现场观众互动交流。

26日 省公安厅举行“人民公安为人民”——江苏最美警察、最美辅警、最美警嫂、最美基层警队揭晓暨先进事迹报告活动，启东市公安局刑侦大队综合室副主任俞海忠当选“江苏最美警察”。

是月 工信部下属研究机构赛迪顾问发布服务业百强县（2021）名单，启东位列第20位。

是月 头兴港河获评省2021年度幸福河道建设示范工程。

是月 南通圣美供应链管理有限公司运营的马来西亚海外仓被省商务厅确认为省级公共海外仓，这是启东市第一家公共海外仓。

是月 启东市首部全媒体志书《江苏名镇·吕四港镇志》出版。

2月

5日 第21届中国·启东天汾国际五金交易会在吕四港镇开幕。展会首次采用线上办展全新模式，吸引来自全国各地的近400家企业参展，展出产品达2000余种。

19日 福建闽连渔运60778船在黄海南部遇险。启东市渔业安全指挥中心指挥附近4艘启东籍渔船紧急救援。2月21日清早，历经35个小时救援接力，16名遇险船员全部获救，由市渔政部门妥善安置。中央电视台、《新华日报》、江苏卫视等中央、省级媒体予以宣传报道。3月，参与救援的刘金如、曹小如、刘金海、梁国荣4位船长获评“江苏好人”。11月，刘金如、曹小如当选“中国好人”。

20日 CCTV12《道德观察》栏目播出系列专题片《信仰与力量》，开篇讲述启东市74岁网格员倪伯苍的先进事迹。

24日 南通市第十六届人民代表大会第一次会议在南通大剧院开幕。南通市人大代表，南通市委副书记、代市长吴新明参加启东代表团审议时勉励启东市，要持之以恒做大总量、坚持不懈提升质量，以更快的发展速度、更大的工作力度、更明显的发展成效，为南通发展大局多作贡献。

是月 位于启东的南通金凤凰工艺玩具制造有限公司作为全国三家、江苏唯一的企业参与2022年北京冬奥会吉祥物“冰墩墩”“雪容融”的设计制造。冬奥会吉祥物“冰墩墩”“雪容融”火爆出圈，引发抢购热潮。企业年后复工赶制“冰墩墩”，得到中央电视台、澎湃新闻、央视英语频道、中国新闻社等多家中央、省级媒体的关注。

是月 启东市120急救指挥中心三网定位系统正式启用，系省内县级市中首家实现三网定位的120急救指挥中心。

是月 启东市区南郊家园D区安置房建筑规划方案设计项目开评标工作完成。该项目由启东市、山东省滨州市阳信县、江苏省宿迁市沭阳县两省三地公共资源交易中心共同完成，是市公共资源交易中心首个跨省远程异地评标主场项目，标志着该中心跨省远程异地评标从客场向主场转变，远程异地评标实现新突破。

是月 启东移动公司完成距离蒿枝港50千米的海上5G基站开通，实现该区域4G/5G移动信号覆盖。

3月

1日 香榭水岸社区新时代文明实践站志愿者之家揭牌成立，为启东市首家社区志愿者之家。

2日 南通市委书记王晖率队到启东，专题调研海洋渔业安全生产工作。

同日 启东市开展新冠疫情社区

封控实战演练。

4—5日 南通市委副书记、市长吴新明率队到启东，督查指导新冠疫情防控工作。

20日 2022中国·启东第七届“启创杯”创业大赛启动。11月4日，举行总决赛。大赛吸引海内外1000余个高层次人才项目，经过项目初审、4场城市赛以及淘汰赛，16个高层次人才项目进入总决赛。电子废弃物贵金属回收技术研发及产业化、一次性内窥镜的研究及产业化、高稳定性钠离子电池层状氧化物正极材料3个项目获一等奖。

21日 位于高新区的进口非冷链货物集中监管仓建成并投入使用，这是启东市首家进口非冷链货物集中监管仓。

23日 启东市发布人才新政，科学制定人才分类机制，建立A类顶尖人才到I类基础人才9个人才类别。

25日 市委发出《关于在全市党员干部中开展向倪伯苍同志学习的决定》。4月14日，学习宣传倪伯苍先进事迹座谈会召开。会上，市委常委、政法委书记唐海兵宣读省司法厅厅长张晓伟，南通市委常委、政法委书记王晓斌关于向倪伯苍学习的批示。5月13日，举行倪伯苍先进事迹宣讲报告会。

4月

1日 “游艇服务者”轮成功靠泊吕四起步港区通用码头，进行装载作业。该轮为世界上装载量最大的风电叶片海轮。这标志着吕四起步港区通用码头能满足所有风电叶片设备船舶靠泊装卸。

12日 全市创建省级生态文明建设示范市动员暨深入打好污染防治攻坚战工作推进大会召开。

22日 江苏林洋能源股份有限公司通过两化融合管理体系AAA级认证，成为南通市首家通过该级别认证的企业。

是月 启东市获评第六批江苏省食品安全示范市。

是月 工业和信息化部中国电子信息产业发展研究院直属机构赛迪顾问发布全国治理能力百强县榜单，启东市列第35位。

是月 2022全国高质量发展交流会发布2021年企业标准“领跑者”榜单，启东市德哈哈压缩机江苏有限公司的“变频螺杆空气压缩机”企业标准上榜。

是月 江苏神通阀门股份有限公司名下专利“一种球阀的阀座结构”获第二十三届中国专利优秀奖。

是月 江苏优创生物医学科技有限公司合作研发的“皮肤创面愈合新机制及转化医学研究”项目获2021年中华医学科学技术奖一等奖。

是月 南阳镇入选2022年全国农业产业强镇创建名单。

是月 启东市圆陀角江海公园(郁金香)入选江苏春季赏花胜地，为南通市唯一。

5月

1日 由爱普车辆股份有限公司设计并制造的南通首个便民核酸采样站投入使用。

7日 启东市科学技术协会第八次代表大会召开。

9日 中船189成品油船在启东集胜造船有限公司码头完成下水试航调试。该船是国内首艘使用单舱单泵配置的成品油船。

13日 全市争创全国文明典范城市推进暨“德润东疆·好人之城”建设动员大会举行。

15日 央视科教频道播出《闪亮的名字——最美家庭发布仪式》。中央宣传部、全国妇联发布10户“最美家庭”，倪伯苍家庭作为江苏唯一代表，在发布会上受到表彰。

16日 启东市举行学习贯彻习近平总书记在庆祝中国共产主义青年团成立100周年大会上的重要讲话精神座谈会。

同日 “万事好通·益启企”启东营商环境优化提升举措66条新闻发布会召开。

18日 启东市与中建华东投资有限公司举行合作框架协议签约仪式。

22日 由江苏华滋能源工程有限公司建造的1000吨/小时桥式抓斗卸船机抵达印度尼西亚。该设备是启东首台自行设计、制造、完成整机调试的桥式抓斗卸船机，也是华滋能源涉足东南亚地区港机装备市场的首个项目。

26日 南通市政协主席黄巍东率队到启东调研重点外资外贸企业、重点服务业、特级建筑业企业。

30日至6月1日 陕西省西乡县政协主席朱小平一行到启东开展“2022年西乡农特产品走进启东”活动。会上，西乡企业推荐特色农产品，市各区镇与西乡企业举行签约仪式。

是月 《2021年中国投资潜力百强县》榜单发布，启东市列第27位。

是月 上海振华重工启东海洋工程股份有限公司申报的“一种桩腿筒节对接方法”发明专利获国家知识产权局授权。

是月 启东市“新时代文明实践服务管理标准化试点”项目入选2022年江苏省战略性新兴产业和服务业标准化试点项目。

是月 中篇评弹《板凳姑娘》获江苏艺术基金2022年度资助项目立项，这是启东市评弹团首次获得省级艺术专项资金扶持项目。

6月

10日 由南通市委宣传部组织的“奋进新征程　建功新时代”媒体见面会在启东举行。《新华日报》《中国日报》、江苏广播电视总台、新华网等13家权威媒体记者，走访吕四大港、龙湾水镇、高新区、圆陀角、海工园等地。

13日 启东市在吕四港镇召开全域创建“15分钟医保服务圈”现场推进会。

14日 全市全域旅游暨文化产业工作推进会召开。

16—17日 青海省黄南州委常委、同仁市委书记旦增，同仁市委副书记、市长赵建国率党政代表团到启东交流访问。

是月 启东市创建的智慧低碳交通区域性项目以96.76分通过考核验收，在2022年全省三个绿色交通区域性项目中得分最高。

是月 江苏省启东中等专业学校入选全国“‘科创筑梦’助力‘双减’科普行动”试点单位。

7月

1日 中储粮吕四港建仓项目开工仪式在吕四作业区西港池举行。该项目总投资20亿元,占地面积约20公顷,主要建设粮油仓储项目。

同日 启东客运站至海门客运站的毗邻公交客运班车K01线开通运行。这是连接启海两地的首条快速公交线路。

5日 陕西省西乡县委书记李代斌率党政代表团到启东考察。

同日 市委网信办联合海复镇政府举办“法国番茄上云端 乡村振兴惠农户——云上助农行动”。这是启东网络公益活动中第一个以惠农为主题的公益品牌。

6—7日 由省广播电视总台联合省文明办、农业农村厅、住建厅、文旅厅共同主办的“行走新时代鱼米之乡”融媒体新闻行动走进惠萍镇东兴镇村、吕四港镇范龙村,记录启东全面推进乡村振兴,实现产业繁荣、乡亲致富的生动实践。

8日 由启东中远海运海工为马来西亚云升公司改装的浮式生产储卸油船(FPSO)Anna Nery正式交付离港。该船是长江北支航道历年来出口的最大尺寸与吨位的超大型油船,可存储100万桶原油,日最大处理约39750标准立方米气体,气体处理和运输400万标准立方米,能在海上油田连续作业25年,是一座名副其实的“海上油气工厂”。

13日 水利部农村水利水电司副司长(正司级)许德志一行到启东,调研农村安全供水、区域治水、生态河道以及美丽江海岸线建设等情况。

同日 省人大常委会副主任曲福田率调研组到启东,就《江苏省公共法律服务条例(草案修改稿)》开展立法调研。

15日 南通市“七彩的夏日”启动暨启东市“研游东疆”文明实践线路发布仪式在启东举行。

17日 “强国复兴有我——新时代颂”2022江苏省摄影采风创作暨“日出江海 美丽启东”新闻媒体摄影采风活动启动仪式在圆陀角旅游度假区碧海银沙景区举行。

23日 启东市在陕西省西乡县子午镇九年制学校举行援助西乡“梦想小屋”集中交付仪式暨结对共建活动。启东市完成10间“梦想小屋”改造建设,10名西乡关爱对象入住新屋。

25日 位于头兴港河东侧的河长制主题公园工程基本完成,这是南通市首个河长制主题公园。

是月 南通港通州湾港区吕四作业区8号~9号码头改建工程获交通运输部岸线批复。该工程建设2个10万吨级集装箱泊位,是南通港等级最高的集装箱码头。

是月 惠萍镇东兴镇村东兴二村入选第九批次江苏省特色田园乡村。

是月 海复镇搬场村、合作镇二效镇村入选启东市首批地名文化遗产保护名录。

是月 江苏东成网络科技有限公司首票跨境电商出口海外仓9810货物顺利通关,发往位于美国的海外仓。这是启东市首笔跨境电商B2B2C业务。

是月 “如此启东,怎能不爱”启东市首届地域文化知识大赛启动。8月28日,举行总决赛。

8月

2日 由中海油田服务股份有限公司自主投资建造的4000马力LNG动力守护船“海洋石油543”“海洋石油548”交付。至此,武船集团为中海油服建造的两型8艘LNG动力守护船项目全部完成交付,标志着中国建成全球最大规模LNG动力守护船队。

8日 启东市发布《关于设立启东市长江和海上交通安全专业委员会的通知》,正式设立启东市长江和海上交通安全专业委员会,这是全省首个县级长江和海上交通安全专业委员会。

12日 中共启东市委十四届四次全体会议召开。

15日 市英邦小学女子排球队在2022年全国青少年排球夏令营暨小排球锦标赛中,获女子小学乙组冠军。

18日 由启东市人民政府、启东市政务服务管理办公室组织实施的《江苏南通启东市政务服务标准化试点》获国家级社会管理和公共服务综合标准化试点项目立项,为启东市首家。

同日 省安全生产第二巡查组巡查启东市动员会暨汇报会召开。

18—20日 由新华日报社、省委党校、省社科院、省干部理论教育讲师团等部门领导和专家组成的调研组到启东,调研“理响东疆”理论宣讲品牌。

19日 祖籍吕四港镇西宁村的周霞平获第十三届“中国医师奖”。

31日 南通市委书记王晖到启东调研。

同日 崇启海生态绿色一体化发展暨毗邻共治联盟成立仪式举行。

是月 国铁集团、上海市人民政府、江苏省人民政府、安徽省人民政府正式批复新建上海至南京至合肥高速铁路初步设计。

是月 南通二建集团获评2021年度江苏建筑业“百强企业”。

是月 折桂中学学生施皓文在第六届全国青少年无人机大赛以满分获一等奖。

是月 2021年度中国乡镇卫生院500强榜单发布,汇龙镇中心卫生院和吕四港镇中心卫生院分别列全国第22名、第25名。

是月 《中国镇域高质量发展报告2022》发布高质量发展500强镇榜单,汇龙镇列第71名。

是月 第四批国家级专精特新“小巨人”企业名单公示,启东市泰胜蓝岛、久正人体工学、德威涂料3家企业入围。

9月

4日 通启运河(海门界—黄海)整治工程开工。2021年7月启东段治理工程列入全省水利重点工程。

6日 中国企业联合会发布2022中国企业500强榜单，南通二建列榜单第287位。

7—9日 2022年CBA夏季联赛暨长三角职业篮球俱乐部挑战赛（启东站）在启东举行。这是CBA夏季联赛首次落户启东，是启东历史上规格最高的一次篮球联赛。

9日 由启东中远海运海工设计建造的世界最大天然气处理浮式储卸油平台N999 Tortue FPSO举行竣工仪式。

同日 启东市道德模范与身边好人现场交流活动暨百名道德典型事迹展启动仪式举行。

15日 张謇垦牧文化建设调研座谈会在通海垦牧公司旧址召开。

16日 主题为“助力蓝色碳汇，发展蓝色经济”的青年科技人才主旨论坛在寰宇东方国际集装箱（启东）有限公司举行。

同日 2022年全国沙滩排球巡回赛（启东站）在恒大威尼斯碧海银沙举行。

17日 启东市作为主会场举办2022第六届全国净滩公益活动。

19—20日 陕西省西乡县委副书记、县长王亚珍率党政代表团到启东考察。

20日 全省工业互联网标识应用百场区县行（启东站）活动在吕四港镇举行。

21日 南通市新时代文明实践点和江海志愿服务驿站标准化建设推进会在启东召开。

26日 “e网同心 东疆同行”——市领导和网友见面会举行。网友代表和区镇、部门负责同志就交通出行、医疗卫生、养老服务、文化旅游等方面展开互动交流。南通市副市长、启东市委书记李玲回应网友提问。

27日 滨江生态绿廊首开区建成开放。总占地面积约207.8公顷，堤岸长度共计4.35千米。

28日 省委、省政府和国家铁路集团以视频连线形式，共同召开北沿江高铁江苏段开工动员会议。南通在位于启东市北新镇的长江北支公铁两用桥建设现场设分会场。

29日 推进新时代党的创新理论武装研讨会暨“理响东疆”调研成果发布会在南京举行。会议发布《“理响东疆”让理论在基层“响”起来》调研报告、启东“理响东疆”理论宣讲工作品牌logo。

是月 竞争力智库、中国发展改革报社和北京中新城市规划设计研究院等机构在北京联合发布《2021乡镇综合竞争力报告》，2021中国百强镇榜单揭晓，汇龙镇位列第87位。

10月

8日 全市高质量打造“最美江海党建带”暨基层党建工作推进会召开。

9日 洋吕铁路1标上跨通吕运河112米钢桁梁完成浮托顶推施工，标志着全线首个钢桁梁主体工程完工。

同日 省体育局局长陈少军一行到启东，调研启东市贯彻落实体育强省建设三年行动计划情况和业余训练工作。

10日 共青团启东市第十八次代表大会召开。

13日 南通市网络文明建设工作推进会在启东召开。

14日 “美丽南通行”——2022南通文艺界采风活动走进启东。

26日 通州湾新出海口吕四起步港区集装箱码头开港大会举行。

27日 挪威启东绿色海事研讨会召开，主要研讨双方携手探寻绿色海工产业创新发展路径。

30日 2022年江苏省趣味田径幼儿亲子赛（启东站）暨启东市首届少儿体适能比赛在长江小学举行。

是月 江苏捷捷微电子股份有限公司获评2022年度国家知识产权优势企业，江苏林洋能源有限公司获评2022年度国家知识产权示范企业。

是月 文化和旅游部联合共青团中央推出“稻花香里说丰年”全国乡村旅游精品线路，启东市“江天生态园”“吕四渔港”两处景点入选南通“悠然江海乐 田园乡村游”线路。

11月

2日 “汇聚德善力量 诚启美好未来”启东市道德讲堂总堂示范观摩活动在东海镇新时代文明实践所举行。

3—6日 “启东皇冠假日酒店杯”首届中国大学生沙滩足球锦标赛在启东举行。来自中南大学、上海理工大学、中国政法大学等16支高校代表队参加比赛。

3日 上海市政协副主席金兴明率队到启东调研村委会“有事好商量”协商议事室、市妇幼保健院的建设和使用情况，省政协农业和农村委员会副主任苏慧军、南通市政协主席黄巍东参加相关活动。

9日 市残疾人联合会第八次代表大会召开。

10日 2022年新时代启东产业工人队伍建设改革联席会议暨推进观摩会召开。

同日 江苏省民宗委二级巡视员李华廷率队到启东调研指导“红石榴家园”创建工作。

11日 市台胞台属联谊会第八次代表大会举行。

11—13日 “天域杯”第二届长三角围棋俱乐部擂台赛暨“启建杯”长三角围棋名人邀请赛在通海垦牧公司旧址报告厅举行。

15日 省、市示范性劳模创新工作室（党支部）授牌仪式暨启东市教育体育系统劳模创新工作室联盟启动仪式举行。

16日 启东籍选手顾俊杰在瑞士举办的2022年世界技能大赛特别赛中，获印刷媒体技术项目金牌。这是中国在世界技能大赛中获得的首个印刷媒体技术项目冠军。

19日 2022年中国中小城市发展高峰论坛在启东市举行。会议交流探讨中小城市推进高质量发展、实现乡村振兴、促进城乡融合发展道路。活动上举行《2022中国中小城市发展报告》绿皮书及《启东市高质量发展之路》新书发布仪式，表彰2022年推动中小城市高质量发展特别贡献企业。

同日 通海垦牧公司旧址展陈开放仪式举行。

21日 南通市副市长、启东市委书记李玲主持召开国家级改革试点情况汇报会。

22日 南通市网上红色展馆暨红色印迹导览电子地图上线仪式在北新镇施简烈士纪念馆举行。当天,启东市主要革命遗迹遗址和纪念设施导览电子图同步上线。

同日 启东市召开国土空间总体规划(一主两副)汇报会。

24日 “智荟滨城 智创未来”中国·启东创新创业人才环境推介会在辽宁省大连市举行。推介会上,启东市委组织部(人才办)、启东生命健康科技园分别作人才环境和生命健康产业发展情况推介。

29日 赛迪顾问正式发布《赛迪投资竞争力百强县(2022)》,启东列第31名,在南通各县市位列第一。

30日 学习贯彻中共二十大精神南通市委宣讲团在启东举行首场宣讲报告会。

是月 中国中小城市发展指数研究课题组、国信中小城市指数研究院联合发布《2022年中国中小城市高质量发展指数研究成果》。吕四港镇、汇龙镇、寅阳镇、近海镇、北新镇、惠萍镇以及南阳镇上榜2022年度全国综合实力千强镇,其中吕四港镇列第78位、汇龙镇列第81位,均为首次入选百强。

是月 圆陀角渔人码头街区入选省级旅游休闲街区。

是月 “2022美丽中国·深呼吸小城”绿色发展报告和年度入选名单公布,启东市列百名榜第31位。

是月 省水利厅、财政厅联合发文公布2021年度农村河道长效管护、农村供水保障工程和生态清洁小流域项目绩效评估结果。启东市农村河道长效管护获第一等次,农田水利工程管护获优秀等级。

是月 评弹作品《张謇垦牧歌》入围第四届“走马杯”讲好中国故事曲艺节目网络展播。

是月 启东市2020年高标准农田吕四港镇示范区建设项目入选全省首批38个高标准农田示范项目。

是月 江苏南通二建集团有限公司获评全国红十字模范单位,为全省唯一获此奖项的企业。

12月

6日 圆陀角段入选江苏第一批美丽海湾省级示范项目。

7日 国务院联防联控机制综合组公布《关于进一步优化落实新冠肺炎疫情防控措施的通知》,提出十条进一步优化落实疫情防控的措施。启东市迅速响应,积极贯彻落实“新十条”,不断调整优化差异化防控措施,以更加科学、更加精准、更加有效的手段,开展各项疫情防控工作。

10日 市委常委会召开“以案促改”专题民主生活会,剖析相关违纪违法案件,坚持以案为鉴、以案促改、警钟长鸣,从典型案件中接受警示教育,认真查摆问题、分析原因和整改落实,引导激励党员干部在“严”的氛围下勇于担当、积极作为。

12日 市文学艺术界联合会第八次代表大会召开。

14日 新时代南通产业工人队伍建设改革调研评估汇报会在启东市举行。

16日 沪渝蓉高铁崇启公铁大桥在启隆镇长江江面打下首根水下钢管桩,标志着崇启公铁大桥长江南岸的栈桥、码头进入正式施工阶段。

同日 全国县域经济研究咨询专业智库社会组织——中郡研究所完成并发布《第二十二届县域经济与县域发展监测评价报告》。在最新的县域经济基本竞争力百强县榜单中,启东位列第16位,较上年上升1个位次,在南通各县市位列第一。

18日 全国红军小学建设工程理事会一行到中国工农红军南通启东红军小学,举行红军小学授旗、授牌仪式。

20日 全球首艘3200吨级自升式风电安装船N966在启东中远海运海工码头交付启航。

同日 首届“大国重器”全国产行业摄影艺术大展在市美术馆预展。入展的作品中有23幅为启东本土摄影家作品。

26日 由振华启东海工承建的1.5万立方米舱容量LNG动力耙吸挖泥船项目正式开工。该项目是中国首艘完全自主设计的采用LNG清洁能源动力系统的大型耙吸挖泥船,也是全球最大的船型。

28日 中共启东市委十四届五次全体会议召开。

同日 吕四港镇鹤港大桥建成试通车。该桥为启东市建桥工程史上最大跨径桥梁。

28—30日 第十一届中国创新创业大赛全国总决赛在深圳举办。启东世纪新体系电池科技有限公司获初创组三等奖,系全省4家获奖企业之一。

是月 《中国城市基本现代化监测报告2022》发布,在“2022中国县级市基本现代化指数前100名”中,启东以指数80.03排名全国第25名。

是月 《启东寅阳镇:“蟹农”花式产加销 延伸宽广致富路》入选省农业农村厅60个具有代表性的农民增收典型案例。

是月 汇龙镇商会获评2021—2022年度全国“四好”商会。

(陈银银)

责任编辑 黄亦美

市情概览

地　理

【位置】　启东市南濒长江入海口北支，其中东段以江心为界，西段永隆沙与上海市崇明区接壤。东、北濒临黄海，西与南通市海门区毗邻。地理坐标为北纬31°41′06″—32°16′19″，东经121°25′40″—121°54′30″。行政区域总面积1681.29平方千米，有江海岸线185.18千米。宁启铁路使南京启东实现铁路直达；G40沪陕高速公路横贯启东，崇启大桥以及在建的沪渝蓉高铁崇启公铁大桥、上海至南京至合肥段（北沿江高铁）成为启东与上海的主要连接通道；通州湾新出海口吕四起步港区集装箱码头和通用码头建成并正式运营，成为江海联运枢纽的重要节点。

【地貌】　启东属长江口沉积平原，除通吕水脊区成陆千年以上外，大部分仅有二三百年历史。启东市境内地势平坦，沟河纵横，属沿海低平地区。微域地形略有起伏，西北向东南微倾，倒岸河为南北地貌的自然分野，河南高程（吴淞标高）3.6～4.6米，河北高程在5.1～6.1米，南北倾斜度约1/30000。东西倾斜度约1/43500。常年地下水位1.2～1.6米。

【土壤】　启东市成土母质系海相沉积物和长江冲积物，具有强石灰性。吕四地区土壤类型为壤性或沙性潮盐土；蒿枝港以南，头兴港以西，协兴河以北地区主要为黏性灰潮土；沿海、沿江地区主要为壤性或黏性潮盐土。

（启　鉴）

【气候】　2022年，启东市主要气候特征：气温异常偏高，降水正常，日照正常。

气温　2022年，启东市年平均气温17.1℃（上年17.2℃），比常年（1991—2020年，下同）高1.2℃，属异常偏高。按中国气象局2012年发布的气象行业标准《气候季节划分》统计，启东地区实际一年四季：3月7日之前（含7日）处于2021年冬季；3月8日入春；5月27日入夏（与上年相同）；9月20日入秋（创1951年有气象记录以来最迟入秋记录）；11月30日进入2022年冬季。春季80天，夏季116天，秋季71天，冬季98天（其中，2021年冬季66天、2022年冬季32天）。按月气温异常度统计，2022年气温异常偏高有1月、3月、6—8月、11月，4月属偏高，其余5个月气温属正常。

2022年气温极值：年极端最低气温-4.1℃，出现在12月18日；年极端最高气温39.2℃，有三次，分别出现在8月5日、8月11日和8月12日。全年最高气温≥35℃的高温日34天（常年7天），最高气温≥37℃的高温日14天，最长连续高温日数13天。

降水　2022年，全年降水量972.4毫米，属正常（常年1156.8毫米），年降水距平百分率达16。

2022年梅雨特征：入梅偏晚，出梅正常，梅期偏短。6月23日入梅，偏晚（常年6月18日）；7月11日出梅，正常（常年7月13日）；梅期19天，偏短（常年25天）。梅雨量分布不均，总体偏少。总降水量99.1毫米，较常年（224.5毫米）偏少，最大雨量出现在吕四，为206.8毫米。梅雨特征不典型。梅雨期出现两次较强降水过程，其中，6月23—24日出现中到大雨，局部暴雨；6月28—30日西北部地区大到暴雨，局部大暴雨。梅雨期多高温和强对流天气。梅雨期高温日数6天，出现多次短时强降水和雷暴大风过程，最大小时雨量40.1毫米（6月30日16—17时，王鲍镇聚星村），有2个站点出现10级雷暴大风（7月10日）。

全年有4个月降水量超过历史平均值，分别为1月、3月、4月和11月。降水量≥0.1毫米103天，其中，最长连续降水日数5天，出现在1月26—30

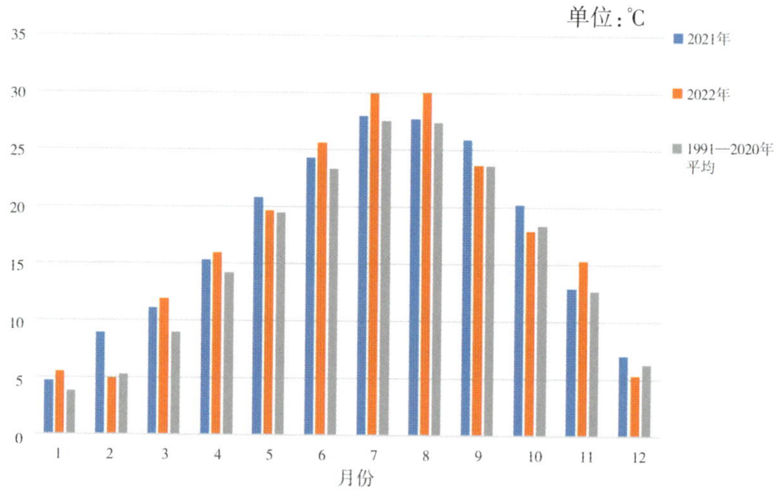

图1　2021年、2022年及多年（1991—2020年）逐月平均温度

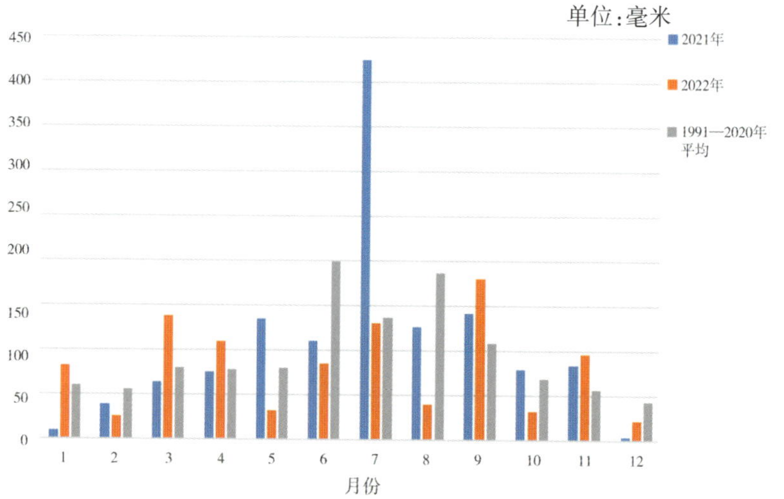

图2　2021年、2022年及多年（1991—2020年）逐月降水总量

日，其间总降水量30.4毫米。日降水量≥25毫米（大雨）11天，日降水量≥50毫米（暴雨）2天，日降水量≥100毫米（大暴雨）0天。一日最大降水量68.6毫米，出现在9月15日。最长连续无降水日数17天，出现在3月27日至4月12日。

日照　全年日照时数1907.4小时，较常年偏少1%。农业气象上，将日照时数≤3小时定义为阴天。全年阴天日数大于15天的月份为1月，出现16个阴天。

（陆鑫海　王　辉）

【水系】 启东为长江干流北支苏北沿江地区，属长江水系。中华人民共和国成立后，对境内干河有计划地进行调整布局，并港建闸、拓浚新辟、裁弯取直、连接续长，又全面整治乡村河网，使河河相连、沟沟相通，形成新的能引、排、蓄河网水系。整个水系按地形高低，以倒岸河、三和港北闸为界，分为南北两片：北片属通吕河水系，即高地水系，以通吕运河尾段为主干，由南北串场河、倒岸河向东西延伸，以总沟网覆盖全境。南片为低地水系，以新三和港、通启运河为骨干，两河一纵一横，纵向直接或间接贯穿蒿枝港、通启、塘芦港、协兴、中央、南引6条干河，横向直接或间接贯穿灯杆、聚星、三和、红阳、头兴、聚阳、三条、五效、戤效、连兴共10条干河。区内干支河纵横交错，河河相通、联网，形成竖河—横河—民沟三级引排水系。

【潮汐】 启东沿海及长江口口外潮汐属正规半日潮类型，长江口口内潮汐属非正规半日浅海潮，一个太阳日内两涨两落，日潮不等现象较为明显。高潮间隙12小时10分左右，高潮时间每天推迟45～50分钟。一个朔望月中，有两次大潮两次小潮，农历初一、月半（十五）为子午潮。吕四大洋港海潮，平均高潮位4.01米，平均大潮高潮位6.15米，平均低潮位2.39米，平均潮差3.82米。每年3月下半月至9月上半月，白天的高潮位比夜间的高潮位高。9月下半月至次年3月上半月，夜间的高潮位比白天的高潮位高。一年中，平均潮位8至9月最高，12月至翌年2月最低。长江潮汐，根据三条港长江潮位站观测，多年平均高潮位3.69米，平均低潮位0.68米，平均潮差3.01米。三条港潮位站最大潮速每秒6.95米，最小潮速每秒0.06米，平均潮速每秒3.07米。平均涨潮历时4小时54分，平均落潮历时7小时31分。

（市水务局）

资　源

【土地资源】 根据国家下发最新土地利用现状数据，启东市行政区域（含零米等深线以上滩涂）总面积为168129.30公顷（252.19万亩），其中，耕地面积为56772.33公顷（85.16万亩），基本农田面积52460.05公顷（78.69万亩）。

（钱炜灵）

【湿地资源】 启东长江口（北支）湿地省级自然保护区分南区和北区，总面积为21491公顷。南区位于长江入海口部位，西起吴仓港外，东至启兴沙东，南起崇启交界，北至长江大堤外2.4千米，保护区面积20218公顷，其中，核心区7515公顷，缓冲区7444公顷，实验区5259公顷。北区位于长江口北侧黄海部位，恒大海上威尼斯大堤外300米以东黄海潮间带，保护区面积1273公顷，全部为实验区。

江苏启东圆陀角滨海省级湿地公园地处启东市东南部，位于长江入海口处，总面积1011.60公顷，由启东市圆陀角旅游度假区管理委员会管辖。地理坐标为：北纬31°44′11″～31°45′54″，东经121°55′06″～121°57′53″。2017年获批省级湿地公园，是南通首个省级湿地公园。湿地公园根据功能进行科学合理分区，实施分区管理。共分为五个区：湿地保育区874.97公顷，主要功能是保护滨海湿地生态系统和生物多样性；恢复重建区48.21公顷，主要功能是修复、恢复受损的湿地生态系统，净化水质，为湿地保育区提供支撑屏障；宣传教育展示区54.98公顷，主要功能是湿地服务功能、湿地文化的展示及宣传教育；合理利用区27.72公顷，主要功能是开展生态旅游等不损害湿地生态系统的活动；管理服务区5.72公顷，主要功能是游客服务和集散，湿地管理和后勤服务。

（何　伟　王晶晶）

【林业资源】 2022年，启东市坚持以科学绿化为指导，以提升森林效益为重点，完成净增造林12.6公顷，低效林改造、退化林修复和更新造林266.47公顷。完成长江沿岸市域范围内造林面积20.8公顷，新建和更新完善农田林网控制面积2200公顷，新建全民义务植树基地15个，新建省级绿美村庄3个。全市森林覆盖面积达3万公顷。

（何　伟）

历史沿革与区划

【历史沿革】 唐高祖武德年间（618—626），长江口外形成江中岛屿，犯人被流放于此，从事盐业生产。与胡逗洲（今南通市区及通州平潮、西亭一带）一起同属广陵郡，隶于淮南道。五代后梁开平元年（907），长江口东洲、布洲合并为海门岛。后周显德元年（954），设政、场合一的地方管理机构吕四场，这是启东境内首次出现行政管理机构。后周显德五年（958），海门建县于东布洲，隶于通州。海门县域包括今启东中部、北部地区。至北宋至和年间（11世纪中叶），胡逗洲向东扩展，与海门岛相接，形成东西长约75千米、南北宽约20千米的"通吕水脊"（西至南通唐闸附近，东至吕四）。元末至明朝中叶（14—15世纪），长江主泓北移，海门沿江地带大面积坍塌，先后四迁县治，仅留吕四一地。由于民户所剩无几，清康熙十一年（1672）撤销海门县建置，改为海门乡，并入通州。

清康熙末年，长江口北岸开始新的淤积。在此后的200多年中，许多小的沙洲逐渐并连形成启海陆地。清乾隆三十三年（1768），划通州19个沙、崇明11个沙和新涨的10个沙，设置海门直隶厅，隶于江苏布政使司。今启东中部地区，时为海门直隶厅的东境。清雍正至光绪初年（1723—1875），长江口北岸的惠安沙、杨家沙、永丰沙等13个沙洲陆续形成并连成一片,因邻近崇明,大多为崇明人开垦,称崇明外沙(崇明岛称为内沙)。清光绪二十三年(1897),崇明县设崇海司巡检署于九龙镇(后更名为久隆镇)。崇海两县间开挖崇海界河,西起庙桥,经南阳村东流入海,南为崇明外沙,北属海门。与此同时,通海界河开挖完成,南为海门,北为通东(通州东部)。今启东地域分属三县的格局至此形成。

民国元年(1912)1月,海门废厅设县;5月,通州改称南通县。今启东中部地区属海门县,隶属于沪海道;北部地区属南通县,隶属于苏常道。民国9年(1920),崇明县在外沙惠隆镇(今汇龙镇)设行政公署。民国17年(1928)1月,应外沙民众反复要求,民国江苏省政府作出决议,“崇明外沙应即设县分治,定名‘启东’”。2月,国民政府作出“准予备案”的决议。3月1日,启东县宣告成立,县治汇龙镇,隶属于江苏省,下辖10个乡,居民33万人。民国22年(1933),启东县隶于江苏省行政第七区。民国25年(1936),第七区改为第四区,启东隶属第四区。

民国29年(1940)11月,新四军挺进启东,建立启东县抗日民主政府。16日,接管启东县政权,国民党启东县政权到此结束。启东县抗日民主政府最初设在汇龙镇,后撤到江家镇。民国30年(1941)3月,日军占领汇龙镇后,日伪炮制临时伪政府“启东地方自治会”;启东县抗日民主政府在农村流动。9月,为对付日军“扫荡”,抗日民主政府将启东、海门两县合并为海东行署。12月,改称海启行署。民国31年(1942)7月,崇明划入,改称海启崇行署;9月,通东地区划入,成立东南行署,驻地在聚星镇。民国32年(1943)4月1日,日伪正式成立伪政权“苏北清乡区启东特区公署”。其管辖范围为崇海界河以南的老启东区域。民国34年(1945)8月31日,日伪军撤逃,日伪政权垮台。

民国35年(1946)1月,国民党“还乡”,在南通城组建启东县政府;10月起,随国民党军进驻汇龙镇。辖区崇海界河以南,即原国民党启东县政府管辖区域。同年3—11月,民主政府将启东、海门两县恢复建置,隶属于苏皖边区第一行政区。12月,启东、海门两县再度合并为东南行署,隶属于苏皖边区第九行政区。民国38年(1949)1月,启东、海门全境解放。两县恢复建置,划海门的东部地区、通东的吕四地区归启东,县政府驻曹家镇。5月起,县政府迁回汇龙镇,隶属于苏北行政区南通专区。1953年,隶属江苏省南通专区,1968年隶属江苏省南通地区。

1983年3月,江苏省实行市管县新体制,启东县隶属于南通市。1989年11月,经国务院批准,民政部发文,同意撤销启东县,设立启东市(县级),12月,省政府发文决定启东市仍由南通市人民政府管理,实行计划单列。1990年2月15日,启东召开撤县建市大会,市委、市人大常委会、市人民政府、市政协挂牌,启东市正式成立。

(启　鉴)

【行政区划】 2022年,启东市有12个镇、261个村委会和54个城市社区居委会。

2022年启东市行政区划一览表

表1

单位名称(驻地)	村(居)民委员会	
	个数	名　　称
启东经济开发区	8	城西、华石、大洪、瑞章、庙效、小效、三星、新村
	5	港西、申港、富源、凯洪、善成
高新技术开发区(近海镇)	20	海丰镇、川流港、杨香圃、合兴圩、利民、黄海、塘芦港、临海、爱民、大圩、东进、小闸口、海界、协兴港、向阳、新阳、建东、向北、向西、公益村
	1	滨海新居
海工船舶工业园(寅阳镇)	26	寅中、江夏、寅北、侯字、戤效港、林启、寅南、寅西、东清河、临海桥、洪飞、庆佳、步梯、和丰、稷字、农武、裕丰、江楼、建丰、晁汀、和合镇、益成、长兴、拥政、白港、常乐
启隆生态科技产业园(启隆镇)	3	永隆、兴隆、长岛
圆陀角旅游度假区	3	圆陀角、连兴港、胜丰
	1	碧海
吕四港镇	35	秦潭、边防、海渔、石堤、垦北、海晏、三甲、十甲、十二总、东皇山、吕滨、太阳庙、菜园、念总、袁家灶、吕北、二补、如意、六斧头、念五总、西宁、范龙、闸河、念四总、洋章、元鹏、南星桥、通兴、锡康、巴西、巴掌、平东、培根、吕复、天汾镇
	5	鹤南、鹤东、晓明、公园、仙鹤
汇龙镇	27	克明、东郊、亚光、五四、台角、冬藏、正诗、光荣、圩北、爱新、万英、城北、汇龙、汇东、城河、大陆、圩南、永阳、士清、城东、合兴镇、双庆、近江、取丰、鹤群、临江、南郊

续表1

单位名称(驻地)	村(居)民委员会	
	个数	名　　称
惠萍镇	15	河湾、鸿西、鸿东、永胜、东兴镇、海鸿、惠安、惠和镇、士连、南清河、临河、公和、庙港、大兴镇、果园
	2	兴惠、红星
北新镇	24	铁昌、双仙、三和、建西、富民、光卫、介英、灯杆、北新、新桥、普东、庙南、永济、邦道、永丰、振兴、民丰、新庄、建新、安联、永安、红阳、小花漖、万安
东海镇	18	武东、丰盛、大丰镇、东安镇、丰利、仲辉、云祥、建民、锦绣、显中、兴旺、兴垦、东海镇、共乐、戴祥、德字、东余镇、星宏
南阳镇	29	南兴、南阳、秉章、佐鹤、红星、合丰、汇城角、永和、安平、中北、光明、武陵、启兴、良仁、康乐、北清河、正谊、富兴、悦兴、曦阳、新河、乐庭、永兴、东昌镇、元祥、耕南、元庆、聚阳、小塘沙
海复镇	17	季明、复南、糖坊、清虎、垦牧、北固、均里、搬场、兴益、家禄、庙基、三圩、桃洪、安东、滨海、五圩、四堤
合作镇	17	兴隆、周云、曹家镇、洋桥、达育、五星、臣义、四楼、竖海、新义、庙店、蟠龙、二效镇、竖河镇、中央镇、无畏、志良桥
王鲍镇	22	建群、安良、三岔店、中施、长安、松桥、洪桥、聚星、九令、黄英、义南、元北、二厂、新港、大生、合南、庙桥、新桥镇、久西、久隆、久东、更生
南城区街道	18	彩臣二村、彩臣三村、东洲新村、南苑一村、南苑二村、城河新村、建都新村、职工新村、华联新村、东珠新村、世纪家园、香榭水岸、汇东新村、锦绣华庭、阳光花苑、城市一品、碧桂园、翡翠苑
北城区街道	19	民乐新村、幸福一村、幸福二村、和平新村、文汇新村、长江新村、明珠新村、紫薇一村、紫薇二村、紫薇三村、长龙三村、紫薇花苑、长龙一村、长龙二村、万豪花园、绿城花园、御河湾、克明花园、长龙五村

（周　洁）

人口与民族

【人口】 2022年，启东市人口总量总体稳定。年末全市常住人口95.7万人，比上年减少0.45万人。其中，城镇人口58.71万人，城镇化率61.4%，比上年提高0.7个百分点；年末户籍人口107.79万人，比上年减少0.95万人。全年出生人口3576人，出生率3.32‰，出生婴儿男女性别比为106；全年死亡人口11354人，死亡率10.53‰，人口自然增长率−7.21‰。

（市统计局）

【民族】 2022年，全市共有45个少数民族，少数民族人口共计8998人，散居在全市各地。其中，启东户籍少数民族40个，计2475人，比上年增加105人，占全市户籍人口的0.23%。在常住少数民族人口中，苗族、壮族、土家族以393人、329人、259人分列前三。流动少数民族人口6523人，比上年增加1701人，其中人数排名前三的为彝族、苗族和土家族，分别是2485人、1279人、861人。

（杨润兰）

文化遗存

【概况】 2022年，全市共有18家文物保护单位，其中省级1家（苏北抗大九分校旧址）、南通市级3家（三清殿、通海垦牧公司挡浪墙遗址和郁寿丰墓）、启东市级14家。启东市有68个非物质文化遗产项目，其中，省级4项（吕四渔民号子、色织土布技艺、沙地灶头画、洋钎说书），南通市级5项（吕四十番、评弹北调、吕洞宾的传说、灶君菩萨的故事、启东芦编工艺）。有省级传承人1人、南通市级传承人5人。有4个传承基地、1个数字化展厅。

【苏北抗大九分校旧址】 位于海复镇东南中学内，管理单位为海复镇、东南中学。原为通州师范学校第二附属小学，由张謇创办。1938年南通师范迁至该校。1942年2月，粟裕率新四军一师师部进驻海复镇，同年5月在此创办“抗大九分校”。中华人民共和国成立后，启东一直加强对抗大九分校旧址的保护。1962年，郭沫若为该校题词“东风永健”。2014年6月，启东市人民政府完成对旧址的全面维修，2015年3月，完成抗大九分校纪念馆展陈工作并对外开放。旧址建筑面积2170平方米，占地面积4490.64平方米。坐北朝南，三进两院，东西两侧有厢房，房屋共80间。房屋、树木保存尚好。旧址内设主题馆：张謇垦牧教育纪念馆（东疆启明）、抗大九分校纪念馆(东南烽火)和东南中学校史馆(东风永健)。其中,抗大九分校纪念馆是国家AAA级旅游景区。该校多次被省委宣传部、省教育厅评为“革命传统教育基地”,2002年被江苏省人民政府公布为江苏省级文物保护单位。2021年被江苏省委党史工办命名为第三批江苏省党史教育基地。2022年6月,被省文化和旅游厅、省文物局推介为江苏省文化遗产旅游精品点。

【三清殿】 位于启东市吕四港镇环北街道,管理单位为吕四港镇。始建于元末明初,明洪武四年(1371)扩建,曾经是通东地区一处著名的道院,也是启东仅存的一处道观,有600多年的历史。史载三清殿初建时原有殿房16间,正中供奉太清天、上清天、玉清天,后又请来元始、灵宝、道德三大天尊,还供奉千手观音、温公元帅、真武大帝等圣人。清末,吕四镇大佛殿被毁,仅存的药师、释迦、弥陀三尊佛像被搬入三清殿内供奉,形成“道佛一家”的独特现象,故三清殿又被称为三圣殿。民国年间,三清殿屡遭毁坏,仅存5间旧殿房以及汉白玉石碑底座和石狮一对。1982年政府拨款重修三清殿,基本恢复原貌。1993年,因城镇建设公路用地需要,三清殿向南迁建到现址。现存正殿为主体建筑,坐北朝南。砖木结构,歇山顶,面阔五间20米,进深七檩9.5米,高6.6米。迁建后的三清殿按明代建筑样式还原历史风貌,具有一定的历史和艺术价值,对于研究启东古代的发展、民俗、宗教、艺术有十分重要的历史意义。1998年被南通市人民政府公布为南通市级文物保护单位。

【通海垦牧公司挡浪墙遗址】 位于吕四港镇秦潭村,管理单位为吕四港镇。挡浪墙为张謇创办的通海垦牧公司的重要护堤设施,位于原通海垦牧公司第一堤外,是为阻挡海潮冲击堤岸而建。1911年,张謇出资,邀请荷兰水利专家特莱克作技术指导,历时近10年修筑而成。最初是木板墙,屡建屡毁。1930年前后改用钢筋混凝土建筑。挡浪墙高3.3米,厚0.7米,墙体两侧每隔数米有斜坡支撑,全长1585米。因海浪冲积滩涂不断涨出,海岸线向外延伸,现只保留原貌约500米,已成为海堤内一处景观。2004年被南通市人民政府公布为南通市级文物保护单位。2021年,入选首批省级水利遗产名录。

【郁寿丰墓】 位于合作镇曹家镇村,管理单位为合作镇。郁寿丰(1873—1926),字芑生,原名世丰,又名鸿兴,海门县人,早年在浦东同昌纱厂谋生,粗通英文。清光绪三十二年(1906),张謇于崇明外沙筹办大生分厂,郁寿丰受张謇委派去英国采购纺纱机,后在大生分厂供职。民国2年(1913),郁寿丰在上海设立大生机器公司。他热心于教育、慈善事业,在家乡先后办了小学6所,造“寿丰”石桥11座、水泥桥3座,在上海创办圣心医院。郁寿丰墓占地面积1000平方米,墓冢圆形,坐北朝南,后有弧形护墙。墓前有一座方柱体青石墓碑,该碑碑文由清末状元刘春霖撰写,榜眼夏寿田题词,探花郑沅书丹,具有较高价值。2004年被南通市人民政府公布为南通市级文物保护单位。

6月13日,近海镇灶画艺人杨锦辉在作画　　（市融媒体中心/供图）

【吕四渔民号子】 吕四渔民号子属于中国汉民族民歌的一种,系原生态渔歌。2010年,入选第一批省级非物质文化遗产名录。主要反映吕四一带渔民出海捕鱼劳作过程,它是渔民群体劳动协作、配合过程的一种号令。共有对草、拢绳、接潮、拔篷、起锚、测水、摇橹等40多种长短不一的号子。吕四渔民夏家兄弟表演的《吕四渔民号子》曾获全国南北民歌大赛金奖、全国渔歌号子大赛金奖第一名、“江苏省五星工程奖”金奖等荣誉。省级非物质文化遗产传承人夏阿林于2022年4月去世。

【色织土布技艺】 “色织土布”即运用已经浆染上色的纱线在传统布机上进行纺织,通过不同的手法织出芦扉、囍字等花纹,这和用白纱织出白布后再进行浆染的蓝印花布是不一样的工艺。2011年,色织土布技艺入选省级非物质文化遗产名录。袁水玉为南通市级非物质文化遗产传承人。

【洋钎说书】 最早起源于唐朝和尚化缘边念边敲,随着时代变迁,到了清光绪年间启东土地面积逐渐扩大,来垦牧的人越来越多,这时起“洋钎说书”开始盛行。说书者身着长衫,一手端着圆盘一样的铜质乐器,一手持着竹棍,一阵敲击后开口就是一段妙趣横生的说书。唱词文字粗浅通俗,说唱时均用启东方言,吐字清晰,语言好上口,乡音亲切,听众易懂。2015年,“洋钎说书”入选第四批省级非物质文化遗产项目名录。王晓东为省级非物质文化遗产传承人。

【沙地灶头画】 沙地灶头画主要流传于启东南部沙地乡村。起初农民们在灶上作画,为了祭祀灶神,祈求来年风调雨顺。中华人民共和国成立后，这种祭祀功能逐渐被美化功能所取代，沙地灶头画的题材也开始丰富起来，五谷丰登、六畜兴旺、年年有余、花草山水成了常用题材，具有浓郁的江海地方特色。早期灶头画是黑白的，所用之墨就是铁锅上的"镬锈"。随着水彩油画颜料的出现，灶头画进入彩色时代。为确保色彩的耐久性，在绘制上采用了湿壁画工艺。灶头画的画师一般由泥瓦匠老师傅兼任，他们都没有受过专门训练，全是依靠天赋。随着农民生活水平的提高，砖灶逐渐退出历史舞台。没有了砖灶，灶头画就失去了赖以生存的基础，这一民间传统美术项目面临濒临消失的境地。2015年，沙地灶头画入选第四批省级非物质文化遗产名录。杨锦辉、高黄鑫为南通市级非物质文化遗产传承人。

（徐海华）

风景名胜

【圆陀角旅游度假区】 江苏省级旅游度假区，是江苏省"十二五"旅游发展规划重点项目和南通市现代服务业集聚区。位于江苏省最东部，东临黄海，西至连兴港河，南依长江，北至国道336线，规划总面积约45平方千米，下辖3个自然村。这里是万里长江的入海口，也是长江、黄海、东海三水交汇之地和长三角地区最早迎接日出的地方，旅游资源丰富，生态环境优美，区位条件优越。景区有圆陀观日、玉龙礼佛、大禹祈福、金滩拾贝、湿地畅游等景点，有恒大海上威尼斯、新湖长江公园、碧海银沙双色海、黄金海滩景区、滨江沿海景观大道、连兴港渔人码头等各类旅游项目。度假区放大三水交汇、咸淡分潮、第一缕阳光等独特资源优势，做精做美江海岸线，提升休闲娱乐、观光度假、体育运动等业态品质，积极创建国家级旅游度假区。

【碧海银沙】 国家AAAA级旅游景区，江苏省十大新景区。位于圆陀角旅游度假区东侧滨海区域，围海7.23平方千米，滤沙净水，打造华东地区独有的蔚蓝色海域和绵延3.5千米极富观赏价值的双色海奇观。移植海南原版细致柔软白沙，形成"水蓝、沙白、椰林树影"的人工沙滩。第一缕曙光、双色海、休闲沙滩形成景区的核心特色，滨海酒店、九大中心、酒吧街、美食街等设施组成景区完善的旅游服务配套，各类休闲娱乐活动丰富多彩，多次承办沙滩排球等大型国际赛事。景区建成后，吸引长三角地区大批游客到此观光度假，年接待游客超过百万人次。

【黄金海滩】 国家AAA级旅游景区，江苏省省级湿地公园。位于江苏省最东端、长江入海口北侧。景区总占地面积约180公顷，拥有丰富而独特的江海旅游资源，是一个集生态湿地、滨海沙滩、科普教育、休闲度假于一体的生态旅游景区，设有鲸鱼馆、新能源科普馆、湿地动植物教育基地、农耕文化区、滨海广场等旅游设施，可以开展科普教育、农耕文化展示、文蛤采挖、闲牛赶海、风筝冲浪等众多旅游活动。

【通海垦牧公司】 国家AAA级旅游景区。位于海复镇，在原海复棉厂即通海垦牧公司遗址复建。本着修旧如旧的原则，重现当年张謇创办的艰辛、公司发展变化的历程。建设内容包括慕畴堂、垦务厅、东西厢房、十字花园表门、慕畴堂前室晒场等，另外还包括四周绿化及恢复周边护厂河等项目。其中，四合院占地近6万平方米。

（周健飞）

地方特产

【概况】 启东地方特色产品主要有农产品和水产品两大类。农产品主要有蚕豆、大红袍赤豆、朝天小辣椒、乌皮青仁豆、香芋、芦稷、青皮长茄、洋扁豆、山药、东疆梨等，其中青皮长茄、洋扁豆、绿皮蚕豆、沙地山药、芦稷获农业部颁发的农产品地理标志登记证书。启东江海资源丰富，仅吕四渔场就有2000多种海产资源，其中有重要经济价值的300多种，主要有吕四海蜇、黄鱼、鲳鱼、梭子蟹、文蛤、紫菜、海鳗等。吕四海蜇盛产于吕四沿海，是中国"海产八珍"之一，获准实施国家地理标志产品保护。启东沙地文蛤饼、启东醉泥螺、启东油浸吕四带鱼、启东青皮茄子洋扁豆河虾汤入选江苏省百道乡土地标菜名单。

【特产选介】 大红袍红豆　沙地人称为赤豆、赤小豆，色红、粒大、皮薄、肉细、易酥，营养价值极高，有补血功效。沙里乡亲常以赤豆做成"赤豆米饭""赤豆馅圆子""赤豆红枣汤"等。

青皮长茄　为启东、海门、崇明特产。"烂茄子""蟛蜞茄子""茄块烧洋扁豆"等是沙地人家最常见又最亲切的菜肴。

朝天斑椒　因椒果朝天生长而得名。在沙地，小辣椒又称为"小红斑椒"，个小辣重。虽然沙地人不吃辣，但很多菜肴中也要有些辣味调制。比如"红烧羊肉"。冬天，沙地人家用面粉、花生、茶干、肉丁等再配以辣椒做成的"斑椒酱"温热可口，人人喜爱。

绿皮蚕豆　启东是中国乃至世界蚕豆的主产区，沙地人开发种植的"大粒绿皮蚕豆"是国内外的优良品种，畅销国内外。蚕豆既是粮食，又是小菜。每入初夏，碧绿清香的炒青蚕豆，入口软酥、沙中带糯、柔腻适宜、美味可口、营养丰富。蚕豆还可提取淀粉、加工粉条和制作酱原料，兰花豆、兰花片、速冻青豆远销海外。

洋扁豆　又叫利马豆，原产美洲，20世纪30年代引进启东种植。搭棚架栽培，是一种藤蔓类作物。荚扁平呈刀形，壳青籽白。洋扁豆糯香可口，洋扁豆炒酱瓜、洋扁豆炒茭白丁、洋扁豆炒茶干（豆腐干）是农家夏秋季家常菜肴。

香芋　香芋在启海和崇明地区有种植，其他地区则少见。香芋有球状块根，小者如算珠，大者如圆萝卜，褐皮白肉，气味清香，味如板栗。因为名字中有"芋"字，常被混同芋艿。香芋一般可蒸食或烧炖食用，香芋烧鸡、香芋炖蹄髈等，都是特色菜肴。香芋烧茶干，有"素菜之王"美誉。

芦稷　又名甜芦粟，属一年生禾本科植物，是高粱的别种。株高3米左右，茎有节，可食用，以青皮长节为佳，汁多甘甜，营养丰富，可与甘蔗媲

启东特产　　（市融媒体中心/供图）

美。叶子可喂猪羊，根皮作柴火，穗头晾干褪籽后成为扎扫帚的材料。沙地农户家家种植芦稷，是消夏休闲食品。

启东白山羊　启东白山羊是在长江口特定的条件下孕育而成的特产，属皮毛肉兼用型品种，被国家命名为“长江三角洲白山羊”。羊肉质鲜美、油而不腻，营养丰富、风味独特。脱骨制烂的羊膏，是冬季御寒助暖、抗病延年的滋补佳品。

（启　鉴）

国民经济和社会发展

【概况】 2022年，启东市经济总量稳步攀升。初步核算，全年实现地区生产总值1391.14亿元，比上年增长2.2%。第一产业增加值92.96亿元，增长3.5%；第二产业增加值685.87亿元，增长3.9%；第三产业增加值612.3亿元，增长0.1%。三次产业结构调整为6.7∶49.3∶44.0。全市人均地区生产总值145023元，增长3.1%。列全国县域基本经济竞争力百强县市第16位，比上年提升1位。在2022年度全国综合实力百强县市中，排名第23位，比上年跃升4位，吕四港镇、汇龙镇首次入选全国百强镇。吸纳就业成效明显。年末全市工商登记各类在业企业28360家，累计注册资本3256.31亿元。其中，国有及集体控股企业266户、私营企业26477户、其他内资企业1098户。全年新登记各类企业3676户，新登记企业注册资本279.41亿元。全市工商登记个体工商户90277户，新增6376户。全年城镇新增就业9800人、新增转移农村劳动力1280人、促进城镇失业人员再就业5805人。支持成功自主创业2363人，扶持农民自主创业1757人，引导大学生自主创业285人。职业技能鉴定取证9000人次，新增高级工以上1865人次、技师以上233人次。城镇登记失业率控制在4%以内。消费价格温和上涨。全年居民消费价格比上年上涨2.1%。分类别看，交通通信类上涨5.4%，医疗保健类上涨3.1%，食品烟酒类上涨2.0%，其他用品和服务类上涨2.0%，生活用品及服务类上涨1.3%，居住类上涨1.0%，教育文化和娱乐类上涨0.9%，衣着类上涨0.3%。数字赋能增添动力。年末全市数字经济核心产业企业117家，其中，工业47家、建筑业33家、批零业23家、服务业14家。数字经济核心产业增加值占GDP比重9.2%。信息传输、软件和信息技术服务业实现增加值25.63亿元，占GDP比重1.8%，比上年提升0.5个百分点。

【农业】 全年实现农林牧渔业总产值188.19亿元，比上年增长4.7%。其中，农业产值53.69亿元，下降0.8%；林业产值0.68亿元，增长9.6%；牧业产值14.60亿元，增长1.3%；渔业产值94.9亿元，增长6.7%；农林牧渔服务业产值24.32亿元，增长11.7%。全年粮食播种面积121.17万亩，比上年增长0.02%；棉花种植面积705亩，减少4270亩；油料作物种植面积22.18万亩，减少1.93万亩；全年粮食总产32.88万吨，增长0.2%。其中，夏粮总产9.97万吨，增长3.9%；秋粮总产22.91万吨，下降1.3%。全年粮食平均亩产271.3公斤，增长0.2%。全年猪牛羊禽肉产量3.5万吨，比上年下降4.1%。水产品总产量32.57万吨，增长1.4%。全年新建高标准农田2.5万亩，粮食生产全程机械化率达91%。粮油作物种植面积超130万亩，创近15年之最。建成省级绿色优质农产品生产基地39个、绿色食品生产基地47个、认证绿色食品98个。现代农业产业园获批省级示范园区，新增全国农村创业基地2家、省股交中心“农业板”挂牌企业15家。南阳镇入选全国农业产业强镇创建名单、省五星级乡镇农产品质量安全监管机构。

【工业】 全市规模以上工业企业700家，比上年增加108家。全年完成规模以上工业产值1249.74亿元，比上年增长8.4%，其中，高新技术产业产值692.88亿元，增长5%，占全市规模工业总产值的55.4%。全年规模以上工业增加值比上年增长3.5%。实现工业应税销售1308.5亿元，增长8.8%，其中，新能源装备、生命健康、电子信息及半导体产业分别增长21%、16.8%和10.4%。列入“1521”龙头企业培育的50家企业累计实现工业应税销售696.8亿元，其中，应税销售超50亿元企业4家、超10亿元企业17家。

【建筑业】 全市拥有建筑业企业838家。其中，施工总承包特级资质建筑企业2家、一级资质建筑企业13家、二级资质建筑企业42家。全年实现建筑业总产值1463.78亿元，比上年增长4.5%。建筑业企业施工面积7911万平方米，比上年下降33.3%；新开工建筑企业施工面积1595万平方米，下降69%。全年获鲁班奖1个、国优奖1个、詹天佑奖3个。

【固定资产投资】 全年固定资产投资额比上年增长3.2%。其中，第一产业投资下降33.1%，第二产业投资增长0.6%，第三产业投资增长6.4%。制造业投资占固定资产投资的比重为47.2%，比上年提升0.8个百分点。高技术产业投资占固定资产投资的比重达24.8%，比上年提升7.8个百分点；高新产业投资增长24.5%，比上年提升32.5个百分点；基础设施投资增长11.6%，比上年提升8.7个百分点。房地产开发投资下降19.5%，全年商品房销售面积185.98万平方米，比上年下降45.5%。其中，住宅销售面积185.6万平方米，下降43.9%。全年新开工制造业项目105个，其中百亿级项目2个、5亿元以上项目31个，列入省、市级制造业项目12个、专精特新项目7个、新竣工项目1个。计划总投资100亿元的卫华港机、益海嘉里项目开工建设。全年新签约亿元以上制造业项目103个，其中10亿元以上重大项目30个、"专精特新"等高质量项目62个。全流程帮办、全链条保障服务体系不断完善，21个项目实现"拿地即开工"。列全国投资潜力百强县市第10位。

【国内贸易】 全年实现社会消费品零售总额477.24亿元，比上年下降1.1%。其中，限额以上单位消费品零售额83.30亿元，下降10.6%。按消费类型统计，商品零售73.56亿元，下降12.0%；餐饮收入8.20亿元，增长6.6%。按消费品统计，家用电器和音像器材类增长21.6%、粮油食品类增长4.2%、石油及制品类增长1.1%、汽车类下降1.3%、金银珠宝类下降3.7%、日用品类下降10.3%、烟酒类下降15.7%、饮料类下降22.7%。

【旅游业】 全市共有国家AAA级以上景区10家、省级旅游度假区1家；星级旅游饭店6家、旅行社10家、分社2家，营业网点28家。全域旅游示范区加快创建，印象沙地、农道有机、通海垦牧公司创成国家AAA级景区，苏北抗大九分校旧址入选省首批文化遗产旅游精品点，希尔顿逸林通过五星级旅游饭店评定，洲瓯温泉酒店获评江苏精品休闲度假饭店，渔人码头获评省级旅游休闲街区，合作镇曹家镇村、启隆镇兴隆社区、海复镇搬场村进入南通市级旅游重点村培育名单。

【开放型经济】 全年实现进出口总额338.36亿元，比上年下降16.3%。其中，出口总额271.11亿元，增长4.3%；进口总额67.25亿元，下降53.4%。年末与启东市建立进出口贸易关系的国家和地区142个。全市有进出口业绩的企业424家，比上年下降4.7%。跨境电商交易额达2000多万元。全年新引进亿元以上产业项目103个，其中10亿元以上重大项目30个，3000万美元以上外资项目12个。全年累计新批外商投资企业15家，增资扩股企业9家。全年新批境外投资企业4家，新签对外承包劳务合同额7790万美元，比上年增长4.4%；完成对外承包劳务营业额10388万美元，比上年增长27.1%。外资到账突破4亿美元，制造业外资占比提升20个百分点，利用外资提质增效工作获省政府通报表扬。

【交通运输和邮电】 全市公路总里程2927千米，其中高速公路62千米。通州湾新出海口吕四起步港区集装箱和通用码头建成并正式运营。北沿江高铁启东段征地组卷全省率先完成，崇启公铁长江大桥、新三和港特大桥、启东客整所3个先行点开工建设。洋吕铁路启东段完成工程量的80%。433省道改造全面完工，鹤港大桥建成通车。年末全市机动车保有量28.45万辆，比上年新增2.1万辆。其中，私家车保有量23.52万辆，比上年末增加1.64万辆。全年新增智慧停车系统管理的城区公共停车泊位9071个，其中，道路临时停车泊位3871个，停车场泊位5200个。

全年邮政业完成业务总量4.75亿元，下降1.7%，实现业务收入3.7亿元，下降7.5%。电信业完成业务总量11.33亿元，增长25.2%，实现业务收入9.57亿元，增长7.8%。年末全市移动电话用户106.24万户，其中5G移动电话用户47.54万户，比上年末增加13.55万户，5G基站1686个。互联网宽带接入用户41.19万户，比上年末增加2.98万户。

全年全社会用电50.24亿千瓦时，比上年增长2.5%。其中，第一产业用电0.92亿千瓦时，增长20.8%；第二产业用电29.22亿千瓦时，下降3.4%；第三产业用电7.92亿千瓦时，增长3.5%。城乡居民生活用电12.19亿千瓦时，增长17.5%。

【财政金融】 全年完成一般公共预算收入67.15亿元，扣除留抵退税因素影响后比上年增长8.5%。全年完成一般公共预算支出126.26亿元，比上年增长6.8%。其中，科学技术支出3.36亿元，增长16.9%；卫生健康支出19.51亿元，增长26.4%；社会保障和就业支出28.81亿元，增长6.7%；住房保障支出3.33亿元，增长2.5%；交通运输支出1.68亿元，增长6.3%。

年末全市金融机构本外币存款余额2105.27亿元，比上年末增长10.2%。其中，住户存款余额1453.24亿元，增长18.1%。年末金融机构本外币贷款余额1706.73亿元，增长14.8%。按贷款期限统计，短期贷款余额574.24亿元，增长13%；中长期贷款余额1062.21亿元，增长16.3%。按贷款类别统计，消费贷款382.37亿元，下降0.8%；经营贷款218.68亿元，增长13.4%；制造业贷款189.18亿元，增长31.2%。"苏科贷""小微贷"等风险补偿基金放款规模逾14.65亿元，惠及企业368家。年末全市有保险公司28家，其中产险公司15家，寿险公司13家。全年保费总收入26.33亿元，比上年增长6.2%。其中，财产险收入8.42亿元，增长13.9%；人寿险收入17.91亿元，增长2.2%。

年末全市境内外上市公司6家，资本市场累计募集资金137亿元，总市值444亿元。"新三板"挂牌公司4家，江苏股交中心挂牌企业117家，比上年增加48家。全市上市入轨企业14家，比上年增加8家。

【科技教育】 全年发明专利授权量666件，比上年增长30.8%。全年有效发明专利4097件，增长18.8%；万人发明专利拥有量42.61件，增长19.5%，列全国科技创新百强县市第10位。全年新认定高新技术企业114家，高新技术产业产值占比达55.4%。全年实施产学研合作项目256个，获评省成果转化项目2个，新增省级企业研发机构9家。新增国家级专精特新"小巨人"企业3家，入选省创新型领军企业2家,获省科技创新发展奖2个、中国专利优秀奖1个,14家企业通过国家两化融合管理体系贯标评定。入选国家级人才计划14名、省级人才培养工程17名。研发经费占地区生产总值比重为2.6%,比上年提高0.1个百分点。

年末全市拥有各类学校153所,在校学生90231人,专任教师6986人。高考本一上线率达72.6%,比上年提升2.5个百分点。职教对口单招本科上线率达85.9%,超省平均74.4个百分点,蝉联南通第一。教育设施更加完善,全市所有中小学教室实现空调全覆盖,教育城域网成功升级为搭建数字音乐和数字书法教学平台的全光网。在各类中小学创新创业大赛中,获国际奖13项、省级奖30多项。

【文化、卫生和体育】 全市拥有文化馆1个,公共图书馆2个,24小时城市书房5个,农家书屋264个,图书总藏量达210多万册。全年举办启吾大讲堂人文讲座11场次,“如歌的行板·全国女画家版画作品邀请展”“镌刻百年·全国版画名家木版画作品展”“照见美好·启东非凡十年”等展览12次,其他各类线上、线下阅读推广活动260场次,纳凉晚会450场次。版画院30余件作品入选国际海报展。评弹小曲《张謇垦牧歌》入选第四届“走马杯”讲好中国故事曲艺节目网络展播,评歌《江海景》在新华网、“学习强国”等平台展示。文化馆入选省最美公共文化空间打造名单。

全市拥有各类医疗卫生机构449个、执业医师(助理)2706人、注册护士2909人。每千人口执业(助理)医师2.81人、每千人口注册护士3.02人,每千人口拥有床位数4.4张。人均基本公共卫生服务补助提高到105元,人均预期寿命82.80岁(男80.25岁,女85.38岁)。全市标准化儿童预防接种门诊建成率100%,65周岁以上老年人免费健康体检率达75.2%,居民电子健康档案建档率96.4%。开通医保事项“跨域通办”崇启专窗,“15分钟医保服务圈”实现全覆盖。建成长三角名医工作室31家,三级医院专科家庭医生团队63个,基层家庭医生团队260个。

全市拥有各类体育协会31个、体育健身俱乐部10个、体育场地108个。年内新增公共体育设施面积40.6万平方米,人均体育场地面积达3.6平方米。主城区、主功能区建成“10分钟健身圈”,261个行政村和54个社区的体育活动室及多功能运动场全部建成,更新室外健身路径120套。成功承办CBA夏季联赛、全国沙滩排球巡回赛等重大赛事。英邦小学女子排球队在“2022年全国青少年排球夏令营暨小排球锦标赛”中以七战七胜的战绩,问鼎女子小学乙组冠军。

【人民生活】 全年居民人均可支配收入46337元,比上年增长4.9%。其中,工资性收入29871元,增长5.0%;经营净收入6656元,增长3.5%;财产净收入3816元,增长3.6%;转移净收入5994元,增长6.5%。按常住地分,城镇居民人均可支配收入57106元,增长4.0%;农村居民人均可支配收入32501元,增长5.8%。城乡居民人均收入比为1.76∶1,比上年缩小0.03。全年居民人均生活消费支出33250元,增长4.4%。按常住地分,城镇居民人均生活消费支出41291元,增长2.8%;农村居民人均生活消费支出22918元,增长7.0%。

【社会保障】 年末,全市企业职工基本养老保险参保人数18.27万人,比上年末增加0.49万人,人均养老金增至2577元,增长4.6%。城乡居民养老保险参保人数23.67万人,比上年末减少1.07万人,基础养老金增至211元。全年全市基本医保参保人数98.27万人。其中,职工医保25.68万人,比上年末增加1.25万人,占总参保人数的26.1%;居民医保72.59万人,占总参保人数的73.9%,居民医保筹资标准提高至1400元。城乡低保标准由每人每月750元提高到780元;城镇“三无”人员供养标准由每人每月1945元提高到2025元;农村“五保”供养标准由每人每月1010元提高到1040元。全年累计发放保障资金6019万元。全市拥有养老机构50个,养老机构床位数7586张,提升改造农村敬老院3家,新增护理型床位356张。年末共有社区服务中心315个,社区服务站315个。多层住宅增设电梯25台,惠及居民250多户,增设数名列全省县级市前茅。全年为六类困难群体购买“低补保”14621份,民生投入99.98亿元,占财政支出比重达79.2%。

【城市建设】 全年新建改建镇区道路45千米,提档升级农村公路47千米,改造危桥40座。中心城区建成区面积39.9平方千米,城市道路总长276.18千米,道路总面积601.26万平方米。实施老旧小区高标准改造面积6.1万平方米。实施农村危房整治316户。滨江生态绿廊首开区建成开放,新增城市绿地15.6万平方米,建成区绿地率41%、绿化覆盖率43.9%。新增省级特色田园乡村1个、生态宜居美丽乡村11个。

【生态环境】 全年PM2.5浓度降至22.8微克/立方米,列全省第一。优良天数比率85%,位列全省前列。市考以上断面水质优Ⅲ类比例达100%。建成二、三级生态河道4条,四级生态河道200条,完成海岸带修复6千米。农村河道长效管护工作列全省第一等次。受污染地块安全利用率、建设用地安全利用率达100%。新增省级美丽海湾示范项目1个、生态文明建设示范镇村5个。新增成片造林189亩。成功创建省级生态文明建设示范市。

(市统计局)

责任编辑　黄亦美

中共启东市委员会

综　述

【概况】 2022年，中共启东市委员会面对严峻复杂的外部发展环境、超出预期的多重压力挑战，全市上下以迎接中共二十大、学习宣传贯彻中共二十大精神为主线，认真落实省市委决策部署，深入实施向海发展战略、接轨上海战略，稳进提质、奋楫争先，经济社会发展取得较好成绩，列全国综合实力百强县市第23位，比上年跃升4位。

【从严治党】 2022年，市扎实开展学习宣传贯彻中共二十大精神系列活动。"理响东疆"宣讲团获评省基层理论宣讲先进集体，蝉联省基层党员冬训工作示范市。全力推进"红网格·通通建"工作，深化网格党支部"五化"建设，全面建立"四位一体"村级组织体系。开展"双报到·通通在"活动，机关党员实现全报到。坚持"三个一线"用人导向，对在疫情防控等重点工作中表现突出的38名干部提拔重用、晋升职级。升级智慧督查平台，开展不担当不作为不落实问题专项整治，机关作风持续优化。精准有效用好监督执纪"四种形态"。人大及其常委会依法行使职权，监督更加精准有效；政府依法行政，重点工作推进有力；政协协商民主建设不断加强；统一战线、党管武装、群团、老干部等工作取得新成效。

【新型冠状病毒感染疫情防控】 2022年，市坚持"外防输入、内防反弹"总策略和"动态清零"总方针，及时有效扑灭零星散发疫情，守护群众的生活秩序和身体健康。动态优化来返启人员查验管控措施，强化重点人员"应检尽检"、一般人员"愿检尽检"、重点区域"需检尽检"，建立混管阳性病例4小时锁定机制。统筹做好生产生活保畅保供工作，解决企业和群众实际困难。新冠疫苗首针接种达100.2万人，全程免疫率达98.4%。面对疫情形势的变化，落实"二十条"优化措施、执行"新十条"要求，搭建"分级诊疗、患者分流"平台，建立家庭医生团队258个，实现由防治到救治的迅速平稳转换。

【经济发展】 2022年，市高效统筹疫情防控和经济社会发展，全力推动复工复产、挂钩帮服企业，主要经济指标企稳回升、逐月向好。全年实现地区生产总值1391.14亿元，比上年增长2.4%；完成一般公共预算收入67.16亿元。工业应税销售比上年增长8%，高于南通平均水平。实际利用外资历史性突破4亿美元，制造业外资占比提升20个百分点。建立完善政府投资基金体系，撬动社会资本投资超10亿元。完成省委涉粮问题专项巡视反馈问题整改，夏秋两季粮油作物种植总面积创15年之最，吕四港镇高标准农田建设项目成为省首批示范。村集体经济持续壮大，村营收入超百万元的达38个。吕四港集装箱码头开港运营，与上港集团、省港集团、中外运开展全方位、深层次合作，港口集聚辐射能力和产业带动优势更加凸显。深入开展招商引资突破年活动，新签约亿元以上制造业项目103个，其中10亿元以上30个、3000万美元以上外资项目12个。推行项目建设领域"一件事"改革，深化"拿地即开工"机制，新开工制造业项目105个，其中百亿级项目2个，省市重大项目全部开工。强化6个企业培育库建设，新增国家级专精特新"小巨人"企业3家、两化融合管理体系AAA级认证企业2家，招引科创项目61个，净增规模以上企业147家，净增高新技术企业51家。成立市人才学会，入选国家级人才计划14人。开展"东疆工匠"评选，新增省特级技师2名。启东市列全国科技创新百强县市第10位、投资潜力百强县市第10位。

【城市建设】 2022年，市成功举办2022中国中小城市发展高峰论坛，城市知名度、影响力显著提升。完成"三区三线"划定，城镇开发边界新增31.6平方千米。北沿江高铁启东段开工建设，S11通沪高速及北延纳入省高速路网规划。最美江海岸线五大特色风貌区加快打造，滨江生态绿廊首开区建成开放，圆陀角段美丽海湾建设获评首批省级示范。完成通海垦牧公司旧址复建，渔人码头获评省级旅游休闲街区，新增国家AAA级旅游景区3家。推进小城镇建设，启东市列全国新型城镇化质量百强县市第18位，吕四港镇、汇龙镇首次进入全国百强镇行列；启隆镇"增存挂钩"工作获省批复，为全省唯一。深化农村人居环境整治提升，干道沿线"破落建筑"和"三棚"专项整治取得显著成效。城市第二污水处理厂加快建设，农村河道长效管护获省第一等次，农田水利工程管护获省优秀等级。中央环保督察交办信访件全部办结，PM2.5浓度、优良天数比率保持全省领先，市考以上断面水质优III比例达100%。创成省生态文明建设示范市，列全国绿色发展百强县市第13位。

【社会民生】 2022年，市城乡居民人均可支配收入分别达57106元、32501元。十大类26项民生实事项目基本完成。新增城镇就业9800人。在南通率先完成2000年前老旧小区改造，城乡D级危房全部解危。"15分钟医保服务圈"示范点实现区镇全覆盖。中高考再创佳绩，学科类培训机构清零等"双减"工作走在全省前列，成立中国工农红军南通启东红军小学。成功承办2022年CBA夏季联赛、全国沙滩排球巡回赛等重大体育赛事。"中国好人"数量保持全省领先，"每户每月奉献一小时"志愿服务工作经验全省推广。获评省示范档案馆。政务服务标准化试点获批国家级社会管理和公共服务综合标准化试点项目。实施老旧小区党建引领物业试点提升工程，制定"一标准五清单"，形成"小事居民治、大事物业办、难事社区商"的社区治理新格局。深入开展社会矛盾风险隐患大排查大起底大化解活动，创新打造平安法治联盟工作站，社会大局保持和谐稳定。

（李菲菲）

重要决策

【推进党史学习教育长效机制实施】 2月7日，市委办公室印发《关于党史学习教育有关长效机制实施意见的通知》。为总结提炼好党史学习教育过程中的经验做法，进一步巩固党史学习教育成果，以实际行动实际成效捍卫“两个确立”、做到“两个维护”，坚定扛起“争当表率、争做示范、走在前列”光荣使命，谱写“强富美高”新启东现代化建设新篇章，市委制定《关于建立全市党委（党组）理论学习中心组巡学考学赛学长效机制的实施意见》《关于建立青少年党史宣传教育长效机制的实施意见》《关于建立“跑好第一棒奋进新征程”“三比三争”主题实践活动长效机制的实施意见》《关于建立“我为群众办实事”实践活动长效机制的实施意见》《关于建立志愿服务“我报到”活动长效机制的实施意见》5项长效机制实施意见。

【实施启东市对接上海工作】 5月6日，市委办、市政府办制发《2022年启东市对接上海工作实施方案的通知》，明确从强化党委政府层面协作、推动产业补链强链、深化城市功能融合、优化交通对接格局、强化生态环境互保五个方面，通过加强组织领导、强化政策对接、加大工作考核、注重宣传推介进一步推进对接上海工作。

【贯彻落实《江苏沿海地区发展规划（2021—2025年）行动计划》】 5月12日，市委办、市政府办制发《启东市关于贯彻落实〈江苏沿海地区发展规划（2021—2025年）〉行动计划》，以“全域皆沿海”的思维，深入实施向海发展战略、接轨上海战略，系统推进沿海高质量发展，充分挖掘滨江临海的自然资源和区位优势，打造成南通沿海高质量发展的前沿阵地。主要实施打造沿海产业新空间、打造江海联运新枢纽、打造滨海特色城镇带、打造绿色生态新沿海、打造双向开放重要支点五个方面重点任务。

【开展“营商环境提升年”活动】 5月13日，市委办、市政府办制发《启东市2022“营商环境提升年”实施方案》，明确着力增强城市投资吸引力、提升涉企服务水平、强化市场监管效能、提升服务满意度水平四项重点任务，提出“万事好通·益启企”启东营商环境优化提升举措66条。

【推进法治社会建设】 6月13日，市委制发《启东市法治社会建设实施方案（2022—2025年）》，提出大力培育全社会法治信仰、推进社会领域制度建设、加强社会主体权益保护、全面推进社会治理法治化四项主要举措。

（李菲菲）

重要会议

【中国共产党启东市第十四届委员会第四次全体会议】 8月12日召开。全会坚持以习近平新时代中国特色社会主义思想为指导，深刻领会习近平总书记在省部级主要领导干部专题研讨班上的重要讲话精神，按照省委工作会议、南通市委十三届四次全会的工作部署，总结上半年工作，明确下阶段任务，动员全市上下进一步坚定信心、锚定目标，稳进提质、奋楫争先，以实际行动迎接中共二十大胜利召开。会前，进行项目观摩，会议期间，对全市上半年项目建设情况进行点评，明确下阶段项目建设的重点举措。市委常委会主持会议。南通市副市长、启东市委书记李玲代表市委常委会讲话。市委副书记龚心明部署项目招引和建设及当前工作。会议审议通过全会《决议》。出席会议的有市委委员27名、候补委员6名。市纪委委员、有关方面负责人、市第十四次党代会代表中部分基层同志列席会议。

【中国共产党启东市第十四届委员会第五次全体会议】 12月28日召开。全会坚持以习近平新时代中国特色社会主义思想为指导，深入学习贯彻中共二十大和中央经济工作会议精神，按照省委十四届三次全会、省委经济工作会议、南通市委十三届五次全会的部署要求，回顾总结2022年工作，研究部署今后一个时期和2023年工作任务，动员全市上下锚定高质量发展，奋进新时代新征程，全面推进中国式现代化启东新实践。市委常委会主持会议。南通市副市长、启东市委书记李玲代表市委常委会讲话。市委副书记、市长杨中坚部署当前工作。会议审计通过全会《决议》。出席会议的有市委委员24名、候补委员3名。市纪委委员、有关方面负责人列席会议。

【市委常委会会议】 1月8日，市委常委会召开会议，传达学习习近平总书记在中央政治局党史学习教育专题民主生活会上的重要讲话精神，研究市贯彻落实工作。

2月12日，市委常委会召开会议，学习习近平总书记在中共中央政治局第三十六次集体学习时的重要讲话精神，研究市贯彻落实工作。

4月7日，市委常委会暨市疫情防

5月16日，“万事好通·益启企”启东营商环境优化提升举措66条新闻发布会召开
（市融媒体中心/供图）

控工作领导小组会议召开。会议听取市近期疫情防控工作情况汇报,部署下阶段工作。

5月9日,市委常委会召开会议,学习中央政治局常委会关于分析当前新冠疫情防控形势的会议精神,传达学习省委常委会暨疫情防控领导小组会议和南通续会精神,研究部署市贯彻落实工作。

5月28日,市委常委会召开会议,传达学习全国、省、南通稳住经济大盘电视电话会议精神,传达学习省委人大工作会议精神,听取市贯彻落实打算汇报。组织学习《习近平法治思想学习纲要》,传达学习省委全面依法治省委员会会议和南通市委全面依法治市委员会第六次会议精神;组织学习《中国共产党领导国家安全工作条例》,传达学习省委国安委会议、省委国安办主任会议和南通市委国安委会议精神,听取市贯彻落实打算汇报。

6月20日,市委常委会召开会议,深入学习习近平总书记近期重要讲话精神和上级有关会议精神,研究市贯彻落实工作。会议传达学习南通市“有事好商量”协商议事巩固提升工作推进会精神,听取市“有事好商量”协商议事工作情况汇报,研究市委关于进一步推进“有事好商量”协商议事工作常态长效提质提效意见和下阶段工作;听取市上半年水环境整治提升工作情况汇报,部署下阶段工作。

7月16日,市委常委会召开会议,学习习近平总书记近期重要讲话精神和上级有关会议精神,听取市2022年以来安全生产、半年度民生实事和城建交通项目、二季度机关作风建设暨“三不”专项整治行动推进情况、上半年党建工作等情况的汇报,研究部署相关工作。

8月4日,市委常委会召开会议,学习习近平总书记在省部级主要领导干部“学习习近平总书记重要讲话精神,迎接党的二十大”专题研讨班上的重要讲话精神,以及上级有关会议和文件精神,听取市领导挂钩联系重点项目和企业推进情况、新时代文明实践中心工作情况等汇报,研究部署相关工作。

8月26日,市委常委会召开会议,学习习近平总书记在辽宁考察调研时的重要讲话精神,学习李克强总理在经济形势专家和企业家座谈会上的讲话精神以及经济大省政府主要负责人经济形势座谈会上的讲话精神,以及南通市委十三届四次全会精神有关会议精神,研究市贯彻落实工作。

9月24日,市委常委会召开会议,传达学习省委书记吴政隆到南通调研时的讲话精神和南通市委常委会(扩大)会议精神,以及上级有关会议和文件精神,听取市疫情防控工作、“十一”假期期间安全生产、河长制工作推进、党校工作等情况汇报,研究部署相关工作。

10月28日,市委常委会召开会议,传达学习中共二十大精神和省市委有关要求,学习习近平总书记关于粮食安全的重要论述及相关文件精神,研究市贯彻落实工作。会议听取市关于全面加强新时代司法所建设、切实提升基层法治建设水平意见的汇报,学习南通市委《加强新时代专职人民武装干部队伍建设的意见》文件精神,听取市2022年征兵工作情况和基层民兵营连部规范化建设情况的汇报,部署下阶段工作。会议听取市推动党史学习教育常态化长效化实施方案的汇报。

11月15日,市委常委会召开会议,学习习近平总书记相关重要讲话精神,学习中央、省委、南通市委关于学习宣传贯彻中共二十大精神的有关文件精神,研究市贯彻落实工作。会议听取市“十四五”退役军人服务和保障规划的汇报。

12月26日,市委常委会召开会议,学习中央经济工作会议精神,研究市贯彻落实工作。会议听取安全生产工作情况的汇报,部署下阶段工作,原则通过关于加强网络文明建设的实施方案、加快推进媒体深度融合发展实施方案。

【全市党史学习教育总结会议】 1月19日召开。南通市委党史学习教育第五巡回指导组组长、南通市人大常委会二级巡视员顾宗瑜到会指导。会议深入学习贯彻习近平新时代中国特色社会主义思想,按照中央、省市委党史学习教育总结会议要求,认真总结和巩固拓展启东市党史学习教育成果,激励全市上下进一步弘扬伟大建党精神,传承红色基因,赓续红色血脉,以强烈的历史主动精神奋进新征程、建功新时代。

【全市综合表彰大会】 1月29日召开。市委副书记龚心明宣读《中共启东市委、启东市人民政府关于表彰2021年度先进集体和先进个人的决定》和《中共启东市委关于表彰2021年度党建工作先进集体的决定》。市委书记李玲在会上讲话,要求全市广大党员干部要从先进典型身上深刻汲取奋斗力量,学习先进典型“争就争当第一”的进取意识、“拼就拼出精彩”的昂扬斗志、“闯就闯出新路”的创新精神、“干就干在实处”的为民情怀、“做就做到最好”的敬业品质,内化为价值追求、外化为自觉行动,在推进“强富美高”新启东现代化建设的生动实践中再立新功、再创辉煌。

【全市创建省级生态文明建设示范市动员暨深入打好污染防治攻坚战工作推进大会】 4月12日召开。南通市副市长、启东市委书记李玲强调,要在习近平生态文明思想指引下,克难奋进、砥砺前行,高质量深入打好污染防治攻坚战,高水平推进省级生态文明建设示范城市创建,确保2022年创成省级示范城市,全力谱写“强富美高”新启东现代化篇章。

【学习宣传倪伯苍先进事迹座谈会】 4月14日召开。南通市副市长、启东市委书记李玲强调,全市上下要迅速掀起向倪伯苍学习热潮,弘扬榜样精神,汲取榜样力量,将“执着、无我、热情、创新”精神内化于心、外化于行,进一步激发干事创业的澎湃源动力,凝聚向上向善的强大正能量,努力在战疫情、促发展等各项工作中担当作为、敢为人先,奋力夺取疫情防控和经济社会发展“双胜利”,加快建设沪苏一体融合发展窗口城市。座谈会上,市市域治理现代化指挥中心、市司法局、海复镇主要负责人,政法委员代表、村干部代表、网格员代表、党员干警代表、媒体记者代表分别介绍倪伯苍事迹，并结合工作和个人实际谈学习感悟和体会。

【全市争创全国文明典范城市推进暨“德润东疆·好人之城”建设动员大会】 5月13日召开。南通市副市长、启东市委书记李玲强调，要全面深化文明创建，全面升级社会治理，全面动员道德建设，把文明镌刻在城市精神最深处、浸润于美好生活底色中，全力打造“形神兼备、内外兼修”的沪苏一体融合发展窗口城市。会上宣读2021年“启东市道德模范”评选结果。2021年“启东市道德模范特别奖”获得者倪伯苍，2021年“启东市道德模范”获奖代表、提名奖获奖代表上台领奖。

【全域旅游暨文化产业工作推进会】 6月14日召开。南通市副市长、启东市委书记李玲要求围绕“2025年创成国家全域旅游示范区”的目标，进一步提高认识，压实责任，突出重点工作，聚焦短板弱项，转变工作作风，顺应新形势，走出“舒适区”，加大招商引资力度，加快文旅项目建设，加强旅游对外宣传，全力推动市全域旅游和文化产业高质量发展。会上，市文广和旅游局汇报全域旅游及文化产业推进情况，圆陀角旅游度假区汇报园区文旅项目推进情况。市农业农村局、住建局、城投集团、启晟集团等单位就相关工作作交流。

【张謇垦牧文化建设调研座谈会】 9月15日召开。南通市副市长、启东市委书记李玲强调，要深入贯彻落实习近平总书记关于弘扬张謇企业家精神的重要指示精神，进一步统一思想、提高站位、主动作为、协调联动，强化系统思维，科学开发运营，统筹整合资源，理顺体制机制，深入学习、大力弘扬张謇垦牧文化，不断提升张謇垦牧文化影响力，推动张謇垦牧精神深入人心。座谈会上，相关单位分别汇报通海垦牧公司旧址复建展陈、张謇垦牧文化建设、抗大九分校提档升级、挡浪墙遗址公园提档升级、滨海圩田耕作系统申遗、海复镇新型城镇化建设、垦牧文化片区运行体制机制设想等工作推进情况。

【全市高质量打造“最美江海党建带”暨基层党建工作推进会】 10月8日召开。市委副书记龚心明要求，全市各级党组织要切实提高政治站位，深刻认识新时代加强和改进基层党建工作的重要意义，紧扣高质量打造“最美江海党建带”目标任务，不断增强抓基层党建工作的政治自觉、思想自觉和行动自觉；要聚焦大局大势，强化使命担当，准确把握新要求，勇于应对新挑战，奋力展现新担当，以更高站位扛起政治责任；要把握重点关键，聚力精耕细作，学深悟透中共二十大精神，深入推进抓党建促乡村振兴，着力强化党建引领基层治理，全力护航经济发展大局，持续锻造过硬先锋队伍，以更实举措推动攻坚突破；要扛起主责主业、坚持系统施策，落实责任传导、汇聚发展合力，注重精准施策、强化过程管控，树牢大局观念、防范化解风险，以更优作风提升工作成效。会前，市四套班子领导以及市委党建工作领导小组成员观看喜迎二十大·逐梦向未来——“最美江海党建带”建设成果展。会上，市委常委、组织部部长、统战部部长彭晓红解读《关于新时代加强和改进基层党建工作高质量打造“最美江海党建带”的意见（征求意见稿）》。与会人员集中观看党建引领基层治理、党建引领乡村振兴、园区党建、机关党建、农村党员创业示范等特色做法展示视频。汇龙镇党委、合作镇党委、北城区街道党工委、农业农村局党组负责人作交流发言。

【2022年中国中小城市发展高峰论坛】 11月19日在启东举行。第十二届全国政协副主席刘晓峰，中小城市论坛组委会主席、中央政策研究室原副主任郑新立，中小城市论坛组委会副主席、人民日报社原副总编辑陈俊宏，中国企业评价协会会长、国务院发展研究中心原副主任侯云春，南通市政协主席黄巍东，南通市副市长、启东市委书记李玲，以及百强县市领导、专家学者、主流媒体汇聚启东，交流探讨中小城市推进高质量发展、实现乡村振兴、促进城乡融合发展道路。论坛上，中小城市研究院执行院长张央青解读《2022中国中小城市发展报告》。中小城市研究院院长、中国社科院城市发展与环境研究所原所长牛凤瑞解读《启东市高质量发展之路》。活动还举行《2022中国中小城市发展报告》绿皮书及《启东市高质量发展之路》新书发布仪式，表彰2022年推动中小城市高质量发展特别贡献企业。

【国土空间总体规划（一主两副）汇报会】 11月22日召开。会上，江苏省规划设计集团相关负责人汇报启东市国土空间总体规划（2020—2035）。南通市副市长、启东市委书记李玲强调，要高起点规划主城区。策应上海城市总体规划和功能定位，在建筑形态、生态景观、公共服务等方面对标看齐；优化多组团空间格局，集聚科创人才和产业工人，完善生产生活配套，留足发展空间，不断提升城市品质。要高标准定位吕四港副城。按照国际港口城市定位，做精规划，优化新老城区空间布局，做大临港产业，聚集人流和物流，加快港产城融合，形成“虹吸效应”，培育新的经济增长点。要高质量建设寅阳副城。提前谋划，腾出空间，完善设施，发展文化旅游、商务服务等业态，推进乡村振兴，做好农旅融合文章；盘活存量，加快装备制造、机械产业发展，壮大延伸产业链条，不断提升岸线利用效益。要深化蝶湖片区、开发区南片等规划，加强研究，完善体系，补齐短板，提质增效，以高质量国土空间规划引领高质量发展。

（李菲菲）

巡察工作

【概况】 2022年，启东市委制订出台《2021—2025年启东市委巡察工作规划》，市委书记担任巡察工作领导小组组长，先后8次对巡察工作作出批示；市委巡察机构坚持政治巡察定位，发挥巡察工作领导小组作用，5次向书记专题会、市委常委会汇报巡察工作情况,研究解决巡察工作重要问题。全年组织开展三轮巡察,对市自然资源和规划局等30家市直部门、生命健康科技园等4家园区、城投集团等2家国企和53个村级党组织开展常规巡察,对政府职能合同外包执行情况和农村改厕项目绩效开展专项巡察,对市财政局等13家市级机关单位和汇龙镇、南阳镇下辖51个村开展巡察"回头看"。保障南通市委对启东经济开发区、吕四港镇和汇龙镇开展提级巡察,发现各类问题437个,移送问题线索126件,根据巡察移交的线索立案查处61人。

【巡察整改】 2022年,市委巡察机构全面做好巡察"后半篇文章",注重将查纠问题和服务群众结合起来,推动立行立改事项119项,《党的生活》等媒体多次报道启东巡察推动解决民生实事案例。通过"智慧平台+线下督办",加强问题整改一体监督。运用启东市委巡察整改督查系统,动态跟踪巡察整改情况,逐条把关整改问题,实现线上线下全方面会审、多方位监督、实时性交互。通过"责任清单+跟踪指导",加强专项反馈问题全程监督。围绕涉粮问题专项巡察反馈问题,牵头分解巡察反馈意见,形成《涉粮问题专项巡察整改工作责任清单》,并全周期对涉粮问题整改进行督促指导。通过"共性清单+巡察专报",加强巡察成果综合运用。总结提炼普遍性、易发性问题,印发《共性清单》;对于深层次、体制性重点问题,形成《巡察专报》,以"专报、批示、督办、反馈"闭环运行机制,实现以巡促改、以巡促建、以巡促治。

(李文号)

组织工作

【概况】 2022年,启东市深入实施十大攻坚项目、十二个创新课题,推动组织工作"五提工程"(阵地提档、干部提能、服务提质、发展提速、机制提效)再创佳绩,为加快建设沪苏一体融合发展窗口城市提供坚强组织保证。至年底,全市共有基层党组织2601个,其中,党委70个、总支353个、支部2178个。

【基层党组织建设】 品牌培育　2022年,市委组织部出台《关于新时代加强和改进基层党建工作高质量打造"最美江海党建带"的若干意见》,分类实施12个党建创新项目,以点带面建成各级党建工作示范点28个。在农村实施党建富民强村计划,培育党员示范户119个,惠萍镇东兴镇村获评省特色田园乡村。在社区开展红色物业百日攻坚行动,打造"红心嘉园"等品牌12个。在市级机关、区镇开展"机关党旗红"创建活动,培育融合党建品牌78个。

城乡治理　印发《关于推进"红网格　通通建"筑牢党建根基提升网格化服务管理工作的实施方案》,率先开展网格党支部"五化"(体系建设标准化、作用发挥示范化、服务功能可视化、联系群众常态化、责任目标清单化)建设,组建综合网格党支部1416个、微网格党小组3986个,打造网格连心站732个,配备专职网格员474名;全面推行网格党支部书记与网格长"一肩挑",为网格党支部规范运转打牢基础。深化"红管家　通通优",成立物业企业、业委会党支部99个。

行业党建　出台《关于加强行业系统党建工作的实施意见》,实施行业党建"提质、强基、铸魂、聚力、暖心"行动,组建行业党委、行动党支部14个,打造"红新驿站""好通驿站"58家。新冠疫情期间,12个行业党委、商会党支部捐赠"鲜蔬包"驰援上海。建立18项服务清单,开展"九个一"(组建一批流动支部、划拨一笔专项资金、进行一轮走访慰问、发放一套暖心礼包、畅通一条服务热线、建立一项关爱机制、实施一次容错免罚、储备一批发展对象、表彰一批先进典型)活动,赠送联"新"包、爱"新"险1400份,发放"党员IC卡"180张,引导新就业群体践行"新"风尚、融入微治理,央视《新闻直播间》专题报道。实施"强链聚势"行动,一链一策组建电动工具、海工装备等六大产业链党建联盟,推动产业发展。

队伍管育　深入推进村(社区)党组织及书记"双星联创"工作,开展"头雁领航、赛马东疆"绩效比拼活动,先后评选星级党组织书记190人,对防疫中表现优秀的315名村(社区)干部提档晋级。举办村干部暨网格党支部书记"振兴学堂",采取集中授课与特色培训相结合的方式,提升村"两委"干部、网格员队伍综合素质和履职能力,共有3189人参加培训。

3月29日,全市商会党支部捐赠的首批25吨蔬菜经过全面消杀后发往上海

(市融媒体中心/供图)

【党员队伍建设】 严把党员发展　2022年,市委组织部推进发展党员"拓源提质"行动,持续推行"1234"工作法,推动发展党员精准化。着力加强"两新"、农村以及新业态新就业群体等领域发展党员工作,培养数量充沛的入党积极分子队伍。深入实施"看、访、审"三步工作法,严格落实党

员发展对象联审制度，广泛征求执纪执法部门意见，累计发展党员435名。举办3期党员发展对象培训班，共培训700多名。完善发展党员质量评估机制，根据定期检查、随机抽查掌握的具体落实情况进行质量评估，评估结果纳入年度党建考核。

流动党员管理 出台《“心联东疆”流动党员服务站使用管理办法》《启东市流动党员“云管理”实施办法》，探索建立“四微”（搭建“微平台”，加强日常教育管理；建立“微清单”，健全常态工作机制；回应“微心愿”，强化党内激励关爱；讲好“微故事”，激发干事创业热情）“五联”（双线联系、双向联管、活动联办、情感联络、积分联用）机制。6月26日，在南京举办启东市驻宁流动党员联合党委成立仪式暨“心联东疆”流动党员服务站建设推进会，打造“心联东疆”流动党员服务站9家，得到省委组织部肯定。以村（社区）为单位建立流动党员“云上”支部微信群380个，定期开展“同步学堂”“网上会客厅”等活动，组织流动党员参与理论学习，开展互动讨论。

党员志愿活动 开展在职党员进社区“双报道 通通在”活动，推动全市在职党员到居住社区注册报到，开展志愿活动。创新实施“双报到 通通在”活动积分管理，建立积分统计、反馈和核查机制。开展“江海战疫党旗扬”行动，下发《致全市各级党组织和广大共产党员疫情防控倡议书》，实施组织工作助企发展“六大行动”（激励干部一线帮企、人才政策专项惠企、建强平台创新活企、要素保障纾困稳企、定向培育赋能强企、红色堡垒领航护企），设立党员先锋岗、责任区，6.1万名党员参与疫情防控。

6月26日，市委组织部在南京建立“心联东疆”流动党员服务站，图为市领导现场观摩南京江宁区站点 （市委组织部/供图）

【领导班子和干部队伍建设】 *加强班子建设* 2022年，市委组织部加强换届后领导班子建设，开展集中调研活动，系统掌握班子运行情况和干部现实表现，分类建立优秀市管干部、中层干部、年轻干部、党外干部4类信息库，为干部队伍梯次培养、调优配强提供基础支撑。实施区镇“五好五强”、市级机关“五优五型”、市属企事业单位“五抓五创”好班子创建工程，优化班子功能，提升整体合力，20名表现突出的干部优先晋升职级。举办“书记论坛”，提升全市各级领导班子建设的整体水平。

年轻干部培养 出台《关于年轻干部“5115”培养选拔计划实施意见》，明确未来5年年轻干部培养目标。推行年轻干部“无任用”推荐、青干专项预审、“三比”择优机制，动态建立优秀“90后优苗库”。深化“青蓝携手 接力奋进”机制，启动年轻干部“菁鹰启航”工程、新录用公务员“青苗培优”行动，选派48人赴省级机关、沪苏地区及改革发展、急难险重、服务群众“三个一线”跟班锻炼。2022年，择优提拔35岁以下年轻干部28名，其中，90后正科职1名、95后副科职2名。

党外干部选育 实施“培优工程”建强党外干部队伍，研究出台《2022—2026年启东市党外干部队伍建设规划》，健全组织、统战部门抓总，工商联、“两新”组织等部门参与的“2+N”联席会议制度。定期研判重点部门党外干部队伍配备情况，对有配备要求的政府部门，专项选配党外中层干部。2022年，提拔重用优秀党外干部12名，其中，正科职5名、副科职7名。相关做法被《中国统一战线》刊载。

干部教育培训 制订年度干部培训工作要点和重点班次计划，探索实施政治辅导员、实践指导员、心理辅导员“三导师”工作制，提升干部教育实效。构建以“人民学习”智慧教室为主导，启东党建网、“1+17”微信矩阵为辅助的线上“云课堂”，共举办干部教育名师大讲堂5期，全年线上线下累计培训干部1.2万余人次。开展干部教育“好课评选”“五星讲解员”大赛，评聘兼职讲解员53名，创成南通市级现场教学点6个，相关成果被《新华日报》、江苏卫视报道。党教片《种下一个梦》获中共中央组织部第十六届全国党员教育电视片观摩交流活动三等奖。启东昂彼特堡能源集团党建馆获评首批南通市干部教育培训“四星”现场教学点。

激励担当作为 出台《启东市关于进一步推进党政领导干部“下”的若干措施（试行）》，制订“干部‘下’评价表”，以“三查三看”（查思想看状态、查工作看执行、查日常看作风）确定“下”的干部，17名不胜任现职干部纳入“管理池”。建立半年观察期制度，期满有改观的不再“下”，无改观的直接“下”。加强“下”后干部跟踪考察、教育培养，1人因实绩突出被重新任用，《中国组织人事报》、省委办公厅《快报》、省委组织部《江苏组工信息》推介相关做法。编发“三项机制”案例4期，收录案例55个，入选上级案例3个。评选表彰“担当有为好干部”“攻

坚先锋(团队)"36个,中共中央组织部《党建研究》予以推介。

【公务员管理】 2022年,市委组织部完成年度公务员招录计划,全年新录用公务员86名。做好全市200多名公务员职级晋升后的工资兑现工作,完成3900多名人员年度考核工作。核发2021年度年终一次性奖金和考核奖、年休假补贴等待遇以及2022年公务员工资正常晋升共计2.2万人次。搭建新录用公务员"成长联盟"实践平台,开展"赋能强智练精兵"活动。健全公务员考核机制,推动年度考核、平时考核、专项考核有机统一。建优公务员工资管理系统,完善带薪休假、健康休养等关爱措施,选树先进典型,开展及时奖励申报工作。

【人才队伍建设】 完善制度保障 2022年,市委组织部研究出台"人才新政26条"及15项配套实施细则,制订9个层次人才目录,创新人才评价体系,优化政策顶层设计。增强人才发展过程支持,对人才创新创业,在原有资金资助的基础上再根据企业发展情况给予最高200万元支持。强化人才安居保障,优化购房补贴兑付方式,对35周岁以下青年人才来启3年内买房的,补贴额度上浮10%~20%。

拓宽引才渠道 建立"双招双引"联动机制,组建专职招商(招才)人员队伍,拓展驻外"双招双引"站点。以"行业赛+总决赛"模式举办第七届"启创杯"创业大赛,吸引1000多个项目参赛,35名领军人才落户。人才入选国家海外引才计划14名,省"333工程"17名,南通市"226工程"第一、第二层次27名。实施"青年人才集聚行动",举办"百校千企万岗"就业帮扶等活动,引进青年人才5000余人。

优化人才服务 推进"启创无忧"人才服务2.0版,建成人才服务"一键办"平台,推进人才服务云端办理。实施"人才金融赋能"工程,推进南通科创投等金融机构与人才企业"面对面"交流,拓展人才企业与金融资本信息互通渠道。鼓励企业自定"标尺"选才育才,企业自主评价特级技师、高级技师等各类人才2300余名。

(蔡　杰)

【机关党建】 2022年,启东市委市级机关工委把党建工作放在全市发展大局中谋划、推进、落实,重点在"夯基础、强队伍、建机制、促发展"上下功夫,着力打造模范机关。开展"喜迎二十大、机关建新功"微党课竞赛等系列活动276场,南通市委市级机关工委主要负责人现场观摩有关活动并给予充分肯定,省机关党建网、江海先锋等媒体广泛报道。部署机关部门学习宣传贯彻中共二十大精神工作,邀请央视特约评论员杨禹作中共二十大精神专题视频讲座,各直属党组织累计开展学习活动252场次。严肃党内组织生活,围绕组织设置、主题党日、述职评议等内容,编制《启东市机关党支部工作记事》《机关党组织建设标准化实用指南》,指导机关党组织按照规定时间、规定程序、规定方式完成"既定动作"。围绕提升机关党支部组织力,实施党务干部素能提升工程,调优配强直属党组织书记11人、副书记10人,举办党建品牌创建专题培训、机关党务干部能力素质提升等培训班18场次。开展机关党员"五带头五提升"(带头深入学习提升政治站位,带头履职尽责提升工作质效,带头扶危济困提升为民情怀,带头遵章守纪提升党员形象,带头转变作风提升党性修养)"机关干部话担当"等主题实践活动,评选"三比三争"先进党组织12个、先进个人96名。严格执行发展党员程序规定,全年发展机关党员38人。构建"季度调研+年中点评+年度考核"的考核推进体系,开展3轮全覆盖调研式考核,召开机关党建推进会、半年度点评会,通报问题227个,并下达整改通知单限时整改,整改率达100%。持续发挥"党建共同体"效能,建立"五联"(会议联席、队伍联育、服务联动、品牌联创、指导联系)工作机制,全年以党建共同体为单位开展主题党日活动、交流研讨、气排球比赛、趣味运动会等近百场,相关经验被《江苏组工信息》推广。深入实施组织生活"巡学旁听"制度,相关做法在《党的生活》、省机关党建网等媒体宣传推介。机关各级党组织和党员干部历时318天累计出动10万余人次分赴村居、企业、核酸检测点、交通卡口,参与疫情防控、复工复产等工作。以"机关进百企联百村(社区)"、在职党员"双报到·通通在"等活动为抓手,建立常态化结对村居企业工作机制,帮助协调解决问题近百个,开展志愿服务3500多人次,相关做法在省机关党建网、交汇点宣传推介。创新打造融合党建服务品牌,印发《关于开展市级机关融合党建服务品牌创建活动的通知》,指导推动党建与业务深度融合,全市建立涵盖58家直属党组织的融合党建服务品牌矩阵。

(江　南)

【学习宣传贯彻党的二十大精神】 2022年,启东市研究出台《市委组织部机关学习宣传贯彻党的二十大精神实施方案》,通过建优微阵地、抓实微研讨、提效微服务,推动中共二十大精神宣传贯彻。面向全市党员干部开展"学习二十大　奋进新征程""七学七争"主题活动,相关经验被中组部《组工信息》推介。11月9日,第五期全市干部教育名师大讲堂,中国发展改革报社副社长、中央广播电视总台特约评论员杨禹作题为《向着伟大复兴知重负重再出发》中共二十大精神专题视频讲座,全市约1500名党员干部收听收看。

(蔡　杰)

宣传工作

【理论宣讲】 2022年,启东市成功承办江苏省推进新时代党的创新理论武装研讨会暨"理响东疆"调研成果发布会,蝉联全省冬训工作示范县(市、区)。市委理论学习中心组获南通市理论学习示范中心组,"理响东疆"宣讲团获评全省基层理论宣讲先进集体。相关工作经验被省委办公厅政务信息录用,获《新华日报》、交汇点、"学习强国"学习平台等媒体宣传报道。高质量打造"211"宣讲队伍,组织"线上连线下　理论进万家"党员冬训活动，开设理论宣讲骨干“青训营”，培树不同门类的“理论名嘴”以及“宣讲尖兵”。围绕学习宣传贯彻中共二十大精神，在全市开展“七进七讲”（“七进”即进机关、企事业单位、城乡社区、校园、军营、各类新经济组织和新社会组织、网站；“七讲”即领导干部带头讲、理论大咖示范讲、青年骨干专题讲、百姓名嘴村村讲、志愿队伍网格讲、文艺队伍巡回讲、网络名人线上讲）系列活动，受众近20万人次。构建“匠心筑梦”“青启之声”等32个宣讲品牌矩阵，推出领导干部带头讲、理论大咖示范讲、青年骨干现场讲、百姓名嘴村村讲、乡土民嘴网格讲，提升“理响东疆”知名度、影响力。

11月2日，启东市道德讲堂总堂举办“汇聚德善力量　诚启美好未来”示范观摩活动　　（东海镇/供图）

【新闻宣传】 2022年，启东市加强媒体深度融合发展，全景展现启东十年沧桑巨变，讴歌新时代，提振精气神。疫情期间策划推出“文明健康益启行”系列报道；多个工作、领域在央媒、省媒等重要媒体亮相，全年在国家级媒体刊发稿件529篇，其中央视23条、新华网百万以上点击量视频12条；在省级媒体刊发稿件1175篇。在江苏省县级融媒好新闻评选中，1篇稿件获一等奖，2篇稿件获二等奖，1篇稿件获三等奖。在南通市新闻界“岗位大练兵、技能大比武”中有1篇稿件获一等奖，1篇稿件获二等奖，2篇稿件获三等奖。全年开展“‘智’进赶考路 对话‘一把手’”大型融媒体行动、“奋进新征程 建功新时代”媒体见面会、“行走新时代鱼米之乡”融媒体新闻行动、“强国复兴有我——新时代颂”2022江苏省摄影采风创作暨“日出江海 美丽启东”新闻媒体摄影采风活动等媒体宣传活动。

【网络文明】 2022年，启东市创新打造云端宣讲育红心、互联网党建守正心、网络治理养清心、传统文化润童心、“互联网+公益”献爱心的网络文明“五心融合”品牌，相关信息被省委办公厅录用。承办南通市网络文明建设推进会、南通市网络文明“一城一品”建设现场会，推进全市“一镇一品”网络文明建设。持续开展“江风海韵·点赞启东”网友采风行等线上线下网络文化活动，举办南通网络人士生态行走进启东活动。组织开展“爱在启东　e启防疫”抖音公益挑战赛和公益广告设计大赛，防疫改编歌曲、方言快板、段子等30多个作品点击量超500万。建成“e企同心”互联网企业党建示范点，牵头成立抖音联盟、无人机航拍联盟，以党建带团建，启东市互联网行业党委获评南通市互联网行业党建工作先进单位。举办市领导与网友见面会，建立部门和网民常态化见面机制。推进“网下网上一体化”综合治理体系建设，部署开展“清朗2022”专项行动，严格落实属地平台各项管理措施。承办南通市“携手护网行·共治E空间”网络举报宣传活动，网络辟谣作品《为驱虫喷农药？启东海鲜：这个锅不背！》获评全省年度十大优秀网络辟谣作品和南通市网络辟谣优秀作品，入围第五届中国互联网辟谣优秀作品候选作品。高标准建成启东市网络安全应急指挥中心，全面提升技术治网能力和水平。

（袁嘉璟）

【文明城市创建】 2022年，启东市开展全国文明典范城市创建工作，成立创建指挥部，共召开全市文明创建工作点调会议8次。实施文明创建“1549”工程，常态化推进文明创建十五项提升行动、市政府分管领导任四大攻坚行动专班组长、市委常委挂钩九大重点片区机制。制订印发《2022年争创全国文明典范城市重点工作及材料申报任务分工》，细化分解现场实地考察、网上材料申报、市民问卷调查等任务。接受文明城市国测省测，南通市测成绩名列前茅。《江苏精神文明建设简报》对启东市推动更高水平文明城市创建作专题介绍。

【道德建设】 2022年，启东市全面推进“德润东疆·好人之城”建设，3组6人当选“江苏好人”，1组2人当选“中国好人”，道德典型数量全省领先。健全落实好人礼遇制度，授牌“郭中良道德模范工作室”“苏晓琳道德模范工作室”。央视、《新华日报》、江苏卫视等对启东市好人现象作专题报道。开展“强国复兴有我”群众性主题宣传教育活动，全年开展八大类100项活动，累计开展“理响东疆云宣讲”“悦江海　爱启东”蝶湖夏夜等活动5000余场，覆盖群众100万人次。承办南通市网上红色展馆暨红色印迹导览电子地图上线仪式，启东市主要革命遗迹遗址和纪念设施导览电子图同步上线。推进未成年人思想道德建设工作，承办2022年南通市“七彩的夏日”未成年人暑期系列活动启动仪式。

【文明实践】 2022年，市委宣传部制订《启东市2022年深化拓展新时代文明实践中心建设实施方案》，并明确三级书记重点任务清单。发挥文明实践

2月7日，在紫薇二村社区新时代文明实践站，志愿者正在辅导小朋友们阅读、作业
（王海兵/摄）

"五大平台"作用，组织开展各类文明实践活动2.5万余次，线上线下参与达200万人次。启东市新时代文明实践服务标准化试点获批江苏省战略性新兴产业和服务业标准化试点项目。制订《启东市"德润东疆"志愿服务驿站建设标准》，推进全市六大类384个志愿服务驿站建设，形成1个市级总队、16个区镇支队和50个专业服务队的志愿服务体系。9月21日，南通市新时代文明实践点和江海志愿服务驿站标准化建设推进会在启东召开。在全省文明办主任会议上，启东市"每户每月奉献一小时"志愿服务品牌工作作经验交流。央视《新闻直播间》和《江苏精神文明建设简报》分别对启东市打造"家门口的文明实践点"进行专题介绍。创新开展"美丽海湾　书香岸线"阅读空间建设，创新实施"文明+阅读"阅读空间结对共建活动，提升特色阅读空间9个。入选江苏省农家书屋创新示范案例2个，获评江苏省"扫黄打非"进基层示范点1个。

【新时代文明实践服务标准化省级试点启动】 7月12日，启东市新时代文明实践服务标准化省级试点启动暨标准化建设业务专题培训会召开。作为全省首个新时代文明实践服务标准化试点，启东市通过建立规范高效的服务标准体系、建立灵活多变的服务标准化改进机制、建设高素质的服务标准化人才队伍、构建具有品牌影响力的新时代文明实践体系，提高市新时代文明实践服务工作规范化、高效化和精细化水平。会上，上海海洋大学新时代文明实践与志愿服务研究中心张祖平教授作《新时代文明实践中心建设方法》专题培训。

（袁雨澄）

【"理响东疆"调研成果发布会在南京举行】 9月29日，推进新时代党的创新理论武装研讨会暨"理响东疆"调研成果发布会在南京举行，该活动由江苏省习近平新时代中国特色社会主义思想研究中心新华报业传媒基地和启东市委共同主办。会议发布《"理响东疆"让理论在基层"响"起来》调研报告、启东"理响东疆"理论宣讲工作品牌logo，专家学者围绕推进新时代党的创新理论武装、做好基层理论宣讲进行深入研讨。8月18—21日，新华日报社联合省委党校、省社科院等单位组成联合调研组，对启东基层理论宣传工作进行系统深入的调研，形成调研报告。研讨会上，与会专家对启东"理响东疆"基层理论宣讲工作品牌给予高度评价。省社科院党委书记、院长夏锦文认为，启东基层理论宣讲贯通理论创新、理论传播、理论落地全过程，构建了党的创新理论传播链条，值得肯定。上海市委党校原副校长朱亮高表示，"理响东疆"成为理论宣讲"南通现象"的典型样本，值得深入研讨和深度总结。来自北京、上海、南京、南通的专家学者和部分理论工作者参加研讨会和发布会。

（袁嘉璟）

统战工作

【概况】 2022年，启东统一战线坚持大团结、大联合主题，深入实施"六大行动"（"筑同心·凝共识"行动、"筑同心·共发展"行动、"筑同心·促和谐"行动、"筑同心·联四海"行动、"筑同心·育品牌"行动、"筑同心·强队伍"行动），以"八大创新"（实施"聚贤达·促发展"行动、"知新惠启"品牌培育行动、"党外干部选育赋能"计划，高质量打造华创苑平台、"启台无忧"服务品牌，构建民族团结"六纳入"治理体系，打造"同心圆梦·和融共享"宗教文化基地，建立启东市商会之家和商会、民营企业服务中心）为抓手，不断开创新时代统战工作新局面。全面完成"华创苑""一苑五基地"建设。建成全省首家县级侨台医疗中心和南通首家侨台综合服务中心，建成启东市海内外警侨联动服务分中心阿联酋工作站和警企联动服务中心台商工作站。

【党对统战工作的领导】 2022年，市委贯彻落实党管统战责任，召开全市统战、对台、民宗工作会议，传达上级精神，部署各领域统战工作。健全对台、民宗、民营经济等领域横向协作机制，深化各区镇、街道纵向管理，狠抓工作贯彻落实，促进各项任务落地见效。围绕"喜迎二十大·同心建新业"主题开展系列宣传教育活动，组织各领域统战成员开展政治学习、理论研讨、宣传教育等活动。

【党外代表人士和新的社会阶层人士统战】 2022年，市委统战部定期召开经济社会发展情况通报会和党外人士座谈会。成立启东统一战线新智库，组建党外代表人士调研队伍，围绕多党合作、生态保护、产才融合等高质量发展重点课题深入研究、建言献策。在沈铁公故居筹建统一战线爱国主义教育基地，启东版画院获评省华侨文化交流基地。在完成市级党外知识分子联谊会换届的基础上，城投集团、启晟集团2个国有企业成立启东市党外知识分子联谊会分会。健全完善市镇两级新的社会阶层人士联谊会组织网络，积极引导新阶层人士开展公益净滩、普法直播、助农带货、企业互访等活动。6月16日，2022年新的社会阶层人士“寻美·江苏南通”视频号开通仪式暨“‘寻美·江苏南通’——走进启东”活动在启东版画院举行。在启东市蓝印花布艺术馆建立新阶层非物质文化遗产传习基地。

【非公有制经济领域统战】 2022年，市委统战部统筹开展“万家民企大走访”活动，发动市镇两级统战干部深入企业，收集意见建议百余条，协调相关部门共同解决。每季度召开“服务企业畅聊会”，市委、市政府主要领导倾听企业诉求，开门问策，畅通渠道。出台《启东市民营经济“两个健康”提升三年行动计划(2022—2024)》。成立启东市在外企业家联谊会南京分会、上海市启东商会。市内外各警企联动服务中心高效运行，为230余家企业提供“清单式”服务，相关做法被全国工商联、公安部表彰，市工商联、市公安局获评全省沟通联系合作机制建设示范单位。引导民营企业家参与“东西部扶贫协作”，为陕西西乡、青海同仁累计捐款70万元。

【民族宗教工作】 2022年，市委统战部建成民族阵地20余个，成立志愿服务队16支。培育“红领巾话团结”“我们的节日”民族工作品牌，举办各类民族团结活动近50场次。6月15日，在东海镇举办首届少数民族运动会，受到国家体育总局、省民宗委关注。与市慈善总会合作设立“情暖红石榴”项目基金。加强和改进国旗、宪法和法律法规、社会主义核心价值观、中华优秀传统文化“四进”宗教活动场所工作，全面落实宗教领域安全专项整治三年行动，相关工作获省民宗委肯定，南通市宗教领域安全工作现场会连续两年在启东召开。与吕四港镇党委联合建设吕祖文化主题公园。曹家镇天主教堂主任司铎丁祖耀获评全国宗教界先进个人。

（李朱雳）

【港澳台地区统战工作】 2022年，启东市有台商台干36人、香港同胞17人。全年新增港澳台企业12家，总投资超2.5亿美元。港资企业韩华新能源获评南通市2022年度税收贡献超亿元制造业企业和稳外贸工作先进企业。3家港资企业分别获评启东市2022年度银牌、铜牌企业。市委统战部组织“明月千里寄相思 家和国盛共筑梦”中秋联谊会，邀请南通市委统战部和台办有关领导与全市近百名港澳台同胞参加。依托“启吾·同心荟”统战实践基地，以“文字+图片+视频”三位一体的方式，全面总结回顾启东港澳台工作发展历程，展示港澳台同胞为启东市发展做出的贡献。邀请泰林建设、极冠智能、佳佰味、乾励食品等港澳资企业参与《江苏省保护和促进香港澳门同胞投资条例》立法修订调查，提升港澳同胞对国家大事的参与感和满足感。香港疫情持续爆发期间，紧急筹集价值3万元的药品和口罩等防疫物资支援启东籍香港同胞。发挥桥梁纽带作用，助力欣联壁纸“拿地扩产”，服务台资企业发展。与上海市台协黄浦区工委会签订合作框架协议，开展对台交流活动。

【海外统战工作】 2022年，启东市有归侨5人、旅外侨胞1万人左右，其中，海外重点人士近400人、海外重点侨领8人。全年共举办各类招商联谊活动10余次，新增侨资企业6家，总投资超11亿美元。市委统战部策划开展“喜迎二十大 侨心永向党”等主题活动，带领侨界人士深入学习中共二十大和中央统战工作会议精神，确保市侨务工作始终沿着正确方向不断前进。打磨华侨展示馆设计方案，力求全面展示启东籍华侨“艰苦创业、矢志报国”的事迹。研究出台《关于高质量推进华创苑平台建设和运行的通知》，打造全省首家县级华创苑，为海外人才提供创新创业新平台。利用中秋、春节等重要传统

圆陀角旅游度假区打造“江海同心荟”“碧海新艺荟”“红石榴家园”“连兴港村乡贤馆”等统战阵地，为统战成员提供活动场所，开展特色学习交流联谊活动

（圆陀角旅游度假区/供图）

节日契机,组织在启侨商侨领联谊座谈;鼓励他们当好启东招商引资"宣传员"。在加拿大著名华文纸媒《加中时报》推出启东专版,全面宣传启东市优越的人文环境和优良的营商环境。助力解决益海嘉里能评审批问题,保障重点侨资项目建设高效推进。组织启东籍侨胞在首届阿联酋华侨华人中华美食大赛上宣传展示启东特色菜肴,让启东传统美食文化走向世界。为缅甸华校送去一批优质学习用品,丰富当地学校华文教育资源。深入挖掘启东市传统文化,支持并帮助启东版画院成功获评江苏省华侨文化交流基地。通过线上直播方式,面向全球200多所华校宣传展示启东非遗文化,累计收看量达15万人次。聘请成富强、施坤等海外侨领担任中医惠侨海外推广大使,让中医药更多地惠及海外侨胞。

(陈文浩)

【统战品牌创树】 2022年,市委统战部持续拓展"启吾·同心荟"品牌内涵外延,打造1400平方米的"启吾·同心荟"市级统一战线实践基地和1000平方米的启东市商会之家,以华创苑、红石榴家园、宗教文化基地、新阶层文化交流基地、侨台之家、党外知识分子之家等市级阵地为引领,建成镇村级阵地54个,形成"各区镇有品牌、各领域有亮点"的多元化统战阵地集群。持续擦亮乡贤品牌,实施"聚贤达·促发展"创新项目,全市镇级乡贤联谊组织实现全覆盖,建立村级组织90余个,组建1000余人的乡贤库,实施助力产业兴旺、助力乡村治理、助力生态宜居、助力文化建设、助力公益慈善"五大行动",进一步盘活新乡贤资源,助力乡村振兴。

(李朱霁)

【启东市台胞台属联谊会第八次代表大会】 11月11日召开。会议审议并通过市台谊会《第七届理事会工作报告》《第八届理事会选举办法(草案)》《第八届理事会理事候选人建议名单》,选举产生市台谊会第八届理事会,并为新聘请顾问、荣誉会长,新当选会长、副会长、秘书长颁发聘书。

(陈文浩)

老干部工作

【概况】 2022年,启东市共有离休干部153人,其中,1945年9月2日前参加革命工作离休干部13人,享受副(县)处级及以上待遇52人;市管退休干部有1318人,其中,副(县)处级及以上76人、正乡科级524人。外省市易地安置在启东离休干部5人。"坚持'勤务''小棉袄'工作定位做细做实老干部工作"的经验做法被中共中央组织部老干部局《老干部工作情况交流》刊发。1人被省委组织部、省委老干部局、省人力资源和社会保障厅授予"先进老干部工作者"称号。

【离退休干部思想建设】 2022年,市委老干部局拓展教育阵地,建筑面积2300平方米的启东市老干部党校揭牌成立。用活用好办学阵地,挂牌"启东市银领云党校",搭建线上网络直播教育平台,通过"钉钉"课堂实现云端学习,全年共培训老干部3000多人次。组织老干部学习党的创新理论,开展各类专题讲座、心得交流20多次。开展"我看中国特色社会主义新时代"老干部征文活动,组织参与南通市"喜迎二十大'离退休干部工作'知识竞答活动",市委老干部局获优秀组织奖。推出《学习宣传贯彻党的二十大精神——银领先锋谈感悟》专栏,引导老干部热学热议中共二十大报告。发挥新媒体平台宣传引导作用,推出《银发讲堂之空中课堂》栏目,制作9期"银发微党课"进行展播。培育创建36个离退休干部党员教育实境课堂,6个入选南通市实境课堂。

【离退休干部党建】 2022年,全市新增成立2个非建制性、6个建制性离退休干部党组织,指导16个支部按期换届。将调研指导和集中培训相结合,召开支部书记座谈会3场、重点工作推进会1场、支部书记培训会1场,提升骨干队伍工作能力,评选表彰9名优秀离退休干部党组织书记。开展基层党建示范点和"六好"示范党支部建设,培育省级示范党组织1个(东海镇新安离退休干部党总支)、南通市"六好"示范党支部3个、启东市示范党组织9个。组织基层老干部党支部开展"迎接二十大,学习二十大,当好新征程银发先锋"主题党日活动,汇龙镇汇龙离退休干部党总支主题党日案例被省委老干部局评为优秀案例。运用离退休干部党员之家政治生活馆,抓好离退休干部党员党性锻炼。开展党建品牌创建评选活动,优选13个党建品牌参与南通评比,其中,市委离退休干部工委"东疆银发先锋"获评南通十佳,市人民检察院"心系检察 情暖东疆"等6个党建品牌获评南通优秀。

【离退休干部作用发挥】 2022年,市委老干部局建立银发人才库,吸纳170多名老干部入库,邀请专业教师作专题讲座。发挥"东疆银发志愿服务联盟"作用,以86支老干部支部志愿服务团队和6支涉老志愿服务团队为根基,深入实施"银发生辉·银龄引领"行动。打造平台载体,建设银发先锋驿站8个。开展"我为二十大建言献策"系列活动,80余名老干部提出建议130多条,5次受到市委、市政府主要领导批示。开展"银发宣讲进基层"活动,586名老干部宣讲130余场,惠及8万多名听众。推进"银发农技助力'1351提质增效工程'示范推广""东疆银话筒唱响科普好声音"2个志愿服务项目品牌化建设,获南通市立项。强化示范引领作用。拍摄"银发农技践初心 服务三农洒余晖"实践活动视频,作为南通老干部形象宣传片之一进行展播。开展"最美"系列评选,评选出10名启东市"最美老干部",2人获评南通市"最美老干部"志愿者,"银发税官"志愿服务队获评南通市"最美老干部"志愿服务团队，启豆产业化科技服务工程志愿服务项目获评南通市“最佳老干部”志愿服务项目。开展老干部工作先进老干部工作者、老干部先进个人评选，29名老干部工作者和109名老干部受表彰。

【离退休干部精准服务】 2022年，市委老干部局加强离休干部待遇落实情况专项督查，对全市离休干部、易地安置在启离休干部和居住在外离休干部进行全面走访了解。联合市卫健委落实落细离休干部一站式导医服务，强化离休干部家庭医生服务月度考核，完善170多名离休干部健康服务档案。牵头召开离休干部待遇落实工作联席会议，建立离退休干部待遇工作对接协调机制、高龄老人享受普惠性待遇等制度。联合市医保局落实提高离休干部医疗报销待遇，明确规定制度范围内的医药费实报实销，自费金额超过3000元部分按照职务职级分比例报销。细化离退休干部困难帮扶基金使用办法，全年补助10名老干部共计2.3万元。为123名已故离休干部配偶购买医疗保险附加险“医惠保”1号共计19434元。

【离退休干部文化生活】 2022年，依托老干部中心活动室，市委老干部局开展“闹元宵、猜灯谜”、党史知识竞答等活动。组织老干部书画协会会员赴空军驻启某部、武警启东中队、公安局等单位开展文化拥军活动。组织老干部文艺队走进市社会福利中心开展“庆国庆　迎重阳”慰问演出。举办启东市老干部“喜迎党的二十大”书画摄影展，展出54幅书画作品、18组摄影作品。编排的主题诵读《青春筑梦　赓续荣光》参加南通市老干部和老干部工作者喜迎党的二十大暨干部离退休制度建立40周年风采展示活动。节目《南湖的船　党的摇篮》《我们的中国梦》在“喜庆二十大　颂歌献给党”南通市老干部红歌联唱展播活动中分别获最佳歌曲奖和优秀歌曲奖。

（袁晓燕）

党校工作

【概况】 2022年，启东市委党校在党建引领、干部培训、科研咨政、队伍建设、后勤保障等方面均取得较好成绩。打造“党校姓党　铸心铸造”机关党建服务品牌、“党校公开课”理论宣讲品牌、“红色讲堂”志愿服务品牌，组建“党小青”青年理论学习小组。与结对的城投公司、启东经济开发区、紫薇花苑基层党组织开展党建共建活动。在2022年度南通市党校系统评估考核中，市委党校获评高质量办学先进单位。

【干部培训】 2022年，市委党校共举办主体班12期，培训轮训干部1300多人次。举办各类部门培训班60期，培训9000多人次。组织开展全市副科职以上领导干部跟班选学听课活动，选课内容包含17门课程。承办张謇企业家学院培训班。围绕“喜迎二十大”“学习宣传贯彻二十大精神”等专题，实施“精品课高质量提升工程”，5人入选“党的二十大精神”市委宣讲团，并通过进机关、进医院、进学校、进区镇等开展系列理论宣讲，全年共开展宣讲90多场次，受众4000多人次。

【教学教研】 2022年，市委党校有1门课程入选南通市首批干部教育培训名师名课；在“紫琅新锐杯”南通党校系统第一届教学能力大赛中，2位教师分别获三等奖、优秀奖。新招聘和选调教师5人，推进“青蓝”工程，加大对教研骨干和青年教师的培养，分10批次选派教师到上级党校（行政学院）跟班脱产学习。1名教师作为启东代表参加南通百姓名嘴比赛，并在南通春季和秋季主体班授课。全校教师论文共有14篇获奖。

【科研咨政】 2022年，市委党校与相关部门开发合作平台，跨部门、跨学科成立4个课题调研小组，联合开展科研咨政。全年共立项课题21项，其中，省委党校2项、南通市社科联1项、南通市委党校9项、启东市社科联9项；发表论文12篇，其中，1篇论文入围第十一届江苏党建高层论坛；编发《市情调研参考》11期，咨政报告获市委、市政府领导批示11人次，其中《我市社区工作者职业倦怠问题研究》《启东市基层理论宣讲需求调查》获南通市副市长、启东市委书记李玲肯定性批示。

（施承明）

7月29日，市委老干部局组织老干部书画协会进军营开展文化拥军活动
（市委老干部局/供图）

机构编制管理

【综合行政执法体制改革】 2022年，启东市委机构编制委员会办公室印发《关于进一步深化行政执法体制改革有关事项的通知》，从执法人员配备、执法管理责任、下沉力量管理、执法考核考评等方面，强化工作责任落实，提升基层综合执法工作水平。会同市应急管理局深化应急管理综合行政执法改革，统筹执法资源、强化执法力量、完善执法体系，着力提升应急管理体系和能力现代化水平。在市级层面，对城市管理、文化体育、市场监管3个跨部门综合执法领域开展赋权事项实施情况评估；在镇级层面，对全市12个镇执法机构设置、职能配置和执法人员力量配备情况开展专项督查，推动基层综合执法规范化建设。围绕“职能、情报、指挥、队伍、制度”五大体系建设，将“大数据+指挥中心+综合执法队伍”新模式向纵深推进，提升大数据、云计算、人工智能等信息技术与综合执法融合度，提高综合执法效能。市委编办、汇龙镇分别获评全省综合行政执法改革暨指挥中心建设先进单位、南通市综合行政执法改革暨指挥中心建设示范镇。

【基层整合审批服务执法力量改革】 2022年，市委编办围绕深化基层体制机制改革工作部署，进一步巩固基层“三整合”改革成果、提高改革质效，指导汇龙镇成功创建南通市“三整合”改革先进镇。会同市发展改革委等11个部门，研究制定《启东市关于吕四港镇的配套支持政策》，在机构编制、科创发展、财政补助等方面制定17条支持政策，突出赋权赋能，强化资源保障。优化全市12个镇基层安全生产监管机构设置和职能配置，在原镇安监局基础上，整合应急管理、安全生产和防灾减灾救灾等相关职能，并将汇龙、吕四2个重点镇安监局调整为单独设置。强化安委办工作力量，全市12个镇分别核增安委办专职副主任职数。

【行政机构编制管理】 2022年，市委编办突出科技创新引领作用，为市科技局重构内设机构；设立启东市人才工作办公室；按照公安边防部队转改工作要求，核增海防大队领导职数，明确海防大队及7个海防派出所具体职责和内设机构设置；设立新时代文明实践服务中心，组建市国有企业发展服务中心；重新组建应急管理综合行政执法大队，整合水务局堤闸管理所和水利规划设计室；更名互联网新闻中心并提升机构规格，社会调解服务中心主管部门由市委政法委调整为市司法局，完善渔政监督大队内设机构设置。进一步理顺乡镇事业单位管理体制，调整12个镇综合服务中心为相当副科级建制。保障教育编制需求，综合考虑“双减”“心理健康”等教育教学工作，核批教职工编制使用计划；服务教育优质均衡，推动学段间和学校间教师流动，对教师编制进行动态调整，增加农村定向师范生培养计划近百名；整合职业教育资源，将2所中专合并为江苏省启东中等专业学校。通过卫生系统内部调剂、统筹盘活的方式核增二院、近海镇卫生院2所医院事业编制100名。调整城市管理综合执法大队内设机构及其职能，推动城市执法力量向基层倾斜；在事业人员公开招聘、退役士官安置、在启服务满1年优秀青年人才落编上优先向区镇倾斜，充实区镇力量。重新制定医疗保险基金管理中心等单位“三定”规定；为新设立的学华小学、城南小学等5所学校制定“三定”规定。

【权责清单管理】 2022年，市委编办完善镇级权力清单体系，在各镇权力清单基础上，编制公布《启东市各镇综合执法事项目录清单》，明确吕四港镇1049项，北新、近海、寅阳、南阳镇299项，其他镇298项综合执法事项。制定《权责清单执行情况监督评估工作实施方案》，选取市水务局、文广和旅游局、退役军人局等3家部门作为评估对象，聚焦清单编制、线上公开、动态管理、应用执行和运行监督等5项内容，全方位评估清单建立和应用情况，提升部门履职质效。按照省委编办、南通市委编办部署，会同市司法局协调25个市级相关部门对536项权力事项进行动态调整，并在江苏政务服务网同步更新。开展相对集中行政许可权运行专项调研，全面梳理改革相关配套政策执行和审管衔接情况。

【事业单位监管】 2022年，市委编办着力推动公立中小学校信用等级评价试点工作，完善机构编制、教体、信用等14家部门联合参与的信用等级评价联席会议制度，构建“1+6”公立中小学校信用等级评价体系。出台评价试点工作实施方案和评价办法，开展全市76家学校评价工作，相关做法得到省委编办、南通市委编办领导的充分肯定。开展全市15家医疗机构及190家一般事业单位2021年度信用等级评价工作。按照南通市级抽查比例提高至10%的要求，分两批次对11家医疗卫生机构和23家一般事业单位进行“双随机、一公开”抽查，并通过“信用启东”等渠道对外公示。按时完成全市318家事业单位法人年度报告对外公示。开展第二批次异常名录事业单位清理规范工作，并分批次完成89家异常名录事业单位整改。结合省事业单位登记管理培训要求，开展2022年度事业单位法定代表人培训。

（毛颖弘）

责任编辑　陈广辉

启东市人民代表大会

综　述

【概况】 2022年,启东市人大常委会召开常委会会议9次、主任会议12次,听取和审议"一府一委两院"专项工作报告58个,组织重点执法检查2次,开展专题调研和视察56次,作出决议、决定13项,形成审议意见问题清单38类106项,任免"一府一委两院"工作人员88人次。研究制定《启东市十八届人大五年工作规划》,形成五年规划与年度、季度、月度计划紧密衔接的目标任务体系。推进人大信息化建设,形成"一套平台、两端运用、三大体系、九个系统"的线上履职格局。建成一个市级"数字人大"数据库、16个区镇街道网络集群、N个特色应用场景的"1+16+N"智治框架。《新华日报》分别于2022年9月13日头版和9月28日专版刊登市人大工作特色亮点。报送的多篇研究论文和宣传稿件获评省、南通市人大优秀调研论文和年度好稿件。

【重大事项决定】 2022年,市人大常委会把握新时代人大工作新任务,作出《以党的二十大精神指引人大工作高质量发展的决议》《全面建强"四个机关"的决定》。围绕市十八届人大一次会议议案,作出《关于加快发展先进制造业的决议》,号召全市上下把建设先进制造业强市放到更加突出的位置,推动"启东制造"向高端化、智能化、绿色化转型。

【财政绩效审查】 2022年,市人大常委会出台《部门预算初步审查办法》,明确审查目的、原则、范围和工作程序,形成"参与全方位、监督全过程"的预算初步审查体系,对市民政局、教育体育局、应急管理局、供销总社4个部门2023年的预算开展初审。对近三年来财政资金使用绩效和政策实施效果展开"回头看"。在全市民生外包服务项目中,选择代表意见比较集中的虚拟养老院、居家养老、生活垃圾分类、食品安全监管4个项目进行绩效考评,以项目责任单位自评价、第三方机构再评估、人大代表和社会公众参与评议的方式,督促政府及其相关部门树立"花钱必问效,无效必问责"的绩效理念。

【重点行政执法部门专项工作评议】 2022年,市人大常委会对市自然资源和规划局、生态环境局、城市管理局、市场监管局、农业农村局、文化广电和旅游局、应急管理局、交通运输局8个重点行政执法机关近两年的行政执法工作开展专项评议。采取座谈、问卷、暗访、测评等方式,开展调查研究,汇集服务对象、人民群众意见建议。邀请法律专家从业务角度对行政执法案件卷宗进行检查,分别形成调查报告,整理116条整改清单向被评部门交办。制订《关于全面提高行政执法能力和水平的决定》,推动被评部门深入查找行政执法工作中的短板弱项。

【民生实事项目"节点"督查】 2022年,市人大常委会对人代会票决产生的10个大项26个子项民生实事项目加大督查频率,实行"领导领衔、委室督办、代表监督"的工作模式,根据项目推进的各个节点,检查序时进度,交办问题、督促整改。从中期、末期"双评价"转为每月"盯进度"、季度"问成效",发现问题"即整改",预判脱幅"早介入",推动民生实事项目按时高质量完成。

【法官、检察官履职评议】 2022年,市人大常委会制定法官、检察官履职评议办法,明确工作流程,排出十八届人大对全市91名法官、检察官的"全覆盖"评议计划。通过召开评议动员大会、公告征求意见、抽查调阅案卷、走访案件当事人、个别谈话、旁听庭审、民主测评等形式,对12名法官、检察官履职情况开展立体式考察,并在人大常委会会议上进行评议。"两官"履职评议工作得到省人大常委会党组副书记、副主任王燕文批示肯定。

【履职能力提升】 2022年,市人大常委会及时总结实践经验,修订《启东市人大常委会议事规则》等十几项规章制度,提升人大常委会工作的程序性和规范性。强化"一月一法"学法制度,结合《中华人民共和国地方各级人民代表大会和地方各级人民政府组织法》学习和《中华人民共和国道路交通安全法》《宗教事务条例》等法律法规贯彻实施情况调研,组织专题法制讲座3次、部门长讲法7次。

(张碧霄)

重要会议

【市十八届人大一次会议】 1月11—14日召开。大会应到代表359名,实到346名。会议听取和审议市人民政府工作报告、市人大常委会工作报告、市人民法院工作报告、市人民检察院工作报告,作出相关决议;审查和批准启东市2021年国民经济社会发展计划执行情况的报告和2022年国民经济社会发展计划、启东市2021

7月,市人大常委会组织人大代表旁听庭审　　(市人大办/供图)

年财政预算执行情况的报告和2022年财政预算；依法选举顾云峰为启东市第十八届人民代表大会常务委员会主任，石光辉、潘国红、潘双林、吴永东为启东市第十八届人民代表大会常务委员会副主任，杨中坚为启东市人民政府市长，蔡毅、杨斌、王春华、黄晨、秦广荣、郁丽春为启东市人民政府副市长，郭建为启东市监察委员会主任，吴勇军为启东市人民法院院长，何玮为启东市人民检察院检察长；依法选举启东市第十八届人民代表大会常务委员会委员36名，出席南通市第十六届人民代表大会代表70名，表决通过启东市第十八届人民代表大会4个专门委员会组成人员名单。会议将邓卫星等代表提出的《关于大力发展先进制造业的议案》列为大会议案，并收到代表建议、批评和意见390件。会议票决产生2022年政府民生实事项目10个。

【人大常委会会议】 市十八届人大常委会第一次会议　2月17日召开。会议审议通过市人大常委会2022年工作要点、市人大常委会对部分行政执法机关开展关于行政执法质量专项评议工作方案。会议决定设立市十八届人大常委会代表资格审查委员会，还表决通过新一届市政府各组成部门主要负责同志的任命。

市十八届人大常委会第二次会议　3月31日召开。会议听取和审议市政府《关于大力发展先进制造业的议案》的办理工作方案并作出相关决议；审议关于市镇人大换届选举工作情况、规范性文件备案审查工作情况的报告。会议还表决通过有关人事任命事项。

市十八届人大常委会第三次会议　6月8日召开。会议听取和审议市监察委员会关于群众关注热点问题专项整治工作情况的报告；听取和审议市政府关于2021年度环境状况和环境保护目标完成情况、公共文化服务场所运行情况的报告。会议传达学习省委、南通市委人大工作会议精神，表决通过市人大常委会关于开展人大代表积分制管理活跃度排名实施办法（试行），作出关于确定市人民法院人民陪审员名额的决定，通过有关人事任免和辞职案。会议还举行《中华人民共和国产品质量法》法制讲座。

市十八届人大常委会第四次会议　7月8日召开。会议通过有关市人民政府副市长、市监察委员会副主任的任职事项。会议还通过有关免职事项。

市十八届人大常委会第五次会议　8月3—4日召开。会议听取和审议市政府关于2022年上半年国民经济社会发展计划执行情况的报告、2021年财政决算和2022年上半年财政预算执行情况的报告、2021年度市本级预算执行和其他财政收支的审计工作报告，听取市政府关于2022年上半年国民经济运行情况的报告、市人大财政经济委员会关于2021年市本级财政决算和同级审计工作及2022年上半年计划和预算执行情况的初审意见；听取和审议市政府关于《产品质量法》执行情况的报告，听取市人大常委会执法检查组关于检查《产品质量法》执行情况的报告；听取和审议关于市社会救助工作情况的报告，听取市人大社会建设委员会关于市社会救助工作情况的调查报告；听取和审议市政府关于市最美江海岸线建设情况的报告，听取市人大常委会农业和农村工作委员会关于市最美江海岸线建设情况的调查报告；听取和审议市人民法院、市人民检察院2022年上半年工作报告，听取市人大常委会任命的部分工作人员履职情况的报告、有关人事任免议案和部分任职人员供职发言。市人大常委会部分委员围绕《中华人民共和国产品质量法》贯彻实施，就品牌创建工作、加强产品质量监督抽查、加大不合格产品处置力度等问题向市场监管局进行专题询问。会议对市政府有关专项工作报告和市人民法院、市人民检察院2022年上半年工作报告进行满意度测评，表决通过市人大常委会决议和审议意见以及有关人事任免案。

市十八届人大常委会第六次会议　9月24日、28日，分两个阶段召开。会议听取和审议市政府关于政府债务管理情况的报告，听取市人大常委会财经工委关于市政府债务管理情况的调查报告；听取和审议市政府关于长江保护“一法一条例”执行情况的报告，听取市人大常委会执法检查组关于检查长江保护“一法一条例”执行情况的报告；听取和审议部分行政执法机关专项工作评议整改落实情况的报告，作出《启东市人大常委会关于全面提高行政执法能力和水平的决定》。会议还举行《中华人民共和国地方组织法》专题讲座；听取和审议市人民法院、市人民检察院部分工作人员履职情况的报告；通过《启东市人民代表大会常务委员会人事任免办法（修订案）》。会议还表决通过有关人事任免和辞职案。

市十八届人大常委会第七次会议　11月29日召开。会议听取和审议市政府关于办理加快发展先进制造业议案的报告、办理市十八届人大一次会议建议情况的报告、国有自然资源资产管理情况的报告、2022年审计工作报告中指出问题整改情况的报告；听取和审议市人民检察院关于审判监督工作情况的报告；审议通过《启东市人民代表大会常务委员会关于以党的二十大精神指引人大工作高质量发展的决议》《启东市第十八届人大五年工作规划》《启东市人民代表大会议事规则（修订草案）》《启东市人民代表大会常务委员会议事规则》《启东市人大常委会部门预算初步审查办法》。市人大常委会委员围绕加快市制造业智能化改造、数字化转型，促进专精特新“小巨人”做大做优等方面开展专题询问。会议还表决通过有关人事任免案，任命123名人民陪审员。

市十八届人大常委会第八次会议　12月13日召开。会议审议通过有关辞职案和市十八届人大二次会议有关事项，补选一位南通市第十六届人大代表。

市十八届人大常委会第九次会议　12月30日召开。会议听取和审议市政府关于启东市2022年市级财政预算调整方案（草案）的报告；听取和审议市发展改革委、教育体育局、应急管理局、供销总社关于2022年财政预算执行情况和2023年度财政预算（草案）的报告及修编情况说明；听取和审议市政府关于2022年度民生

9月，市人大常委会开展PPP项目推进情况专题调研　（市人大办/供图）

实事项目完成情况和2023年度民生实事候选项目情况的报告；审议市人大常委会关于2022年度政府民生实事项目实施情况的评价报告。会议还审议市十八届人大二次会议有关事项，通过2022年度市人大代表优秀议案、建议名单、履职先进个人名单和《启东市人大常委会司法监督工作办法》。

（张碧霄）

人大监督

【经济工作监督】 2022年，市人大常委会审查批准年度国民经济和社会发展计划，促进高效统筹疫情防控和经济社会发展，全力以赴保主体、稳大盘。审查批准财政决算、预算执行及调整，听取和审议政府债务管理、审计工作、审计查出问题整改、国有自然资源资产管理等情况的报告，推动提高财政运行管理水平。首次对政府投资基本建设项目计划编制、政府和社会资本合作(PPP)项目实施情况开展专项监督，助力提高政府重大投资项目决策的科学化和民主化水平。组织《中华人民共和国产品质量法》执法检查，促进产品质量工作再上新台阶。听取高质量产学研合作情况报告，推动产学研合作及科技成果转化，不断释放创新发展新动能。对新型城镇化、土地三项、减税降费、企业上市、科技型中小企业入库评价、涉侨涉台经济工作等情况开展调研，为经济发展夯基础、强支撑、增动能。

【法治建设监督】 2022年，市人大常委会首次听取和审议市监察委员会专项工作报告，确保群众反映强烈的突出问题得到有效整治。听取和审议市人民法院、市人民检察院2022年上半年工作，市人民检察院关于审判监督工作开展情况的报告，推动“两院”忠实履行司法审判和法律监督职能。发挥基层立法联系点作用，全年组织代表参与省市现场立法调研3次、书面立法调研2次，关于制定《江苏省公共法律服务条例》的建议得到省人大常委会副主任曲福田批示肯定。出台《规范性文件备案审查衔接联动办法》《法律咨询专家组管理办法》，健全规范性文件备案审查工作规程。首次听取和审议规范性文件备案审查工作情况报告，全年审查“一府一委两院”规范性文件5件，向上级人大报备市人大常委会决议、决定3件。制定《人大代表旁听庭审活动实施办法》，组织近百名代表参与旁听庭审11次。建立办案质量评查报告制度，抽查调阅60件已办结生效的公检法案件卷宗，提出相关意见并及时交办整改。

【“三农”工作监督】 2022年，市人大常委会开展《中华人民共和国农产品质量安全法》《江苏省农产品质量安全条例》贯彻实施情况调研，促进农产品质量检测水平和监管服务能力进一步提升。听取乡村振兴示范村先进村建设情况报告，推动更好发挥示范村带动和辐射作用。听取重大动物畜禽疫病防控工作情况报告，开展水产养殖业发展情况调研，促进水产渔业稳面积、提产能、增效益。对农药零差价配送体系构建和运营管理情况进行调

7月，市人大常委会财经工委在餐饮企业开展执法检查　（市人大办/供图）

研，推动发挥农资供应网络优势，不断提升为农服务水平。

【民生事业监督】 2022年，市人大常委会听取和审议社会救助工作情况报告，开展《中华人民共和国退役军人保障法》《中华人民共和国残疾人保障法》《江苏省残疾人保障条例》贯彻实施情况调研，推动织密特殊群体权益保障“关爱网”。听取和审议公共文化服务场所运行情况报告，让文化“软实力”成为发展“硬支撑”。听取“双减”背景下义务教育质量提升工作情况报告，推进学生健康成长全面发展、学校优质均衡特色发展。听取城乡公交一体化情况报告，助推更好发展公交事业。听取民族团结进步创建工作情况报告，开展宗教场所安全情况调研，促进形成民族交流交融、宗教和谐稳定的良好局面。对社保扩面提标、房地产市场监管、消防安全等民生热点开展监督，推动政府精准对接群众需求，积极解决民生关切问题。

【生态环境监督】 2022年，市人大常委会听取和审议年度环境状况和环境保护目标完成情况报告，持续推进环境质量改善。听取和审议最美江海岸线建设情况报告，要求强化顶层设计、深掘资源禀赋、优化建管体制。组织《中华人民共和国长江保护法》《江苏省长江水污染防治条例》执法检查，切实把“共抓大保护，不搞大开发”理念和行动落到实处，凝聚保护长江的整体合力。开展城镇排水与污水处理情况调研，助推区镇和相关职能部门采取有效举措提高污水集中处置率。

（张碧霄）

人大代表工作

【概况】 2022年，市人大常委会探索加强和改进代表工作的新思路新途径，结合“知民情、解民忧、聚民心、促民富”代表主题实践活动，全面推进“市人大常委会组成人员联系代表、代表联系选民”与“轮值方式到点面访、议题方式重点走访、预约方式定点接访”相结合的“双联三访”机制，更好地吸纳民意、汇集民智。“双联三访”工作入选2022年度全省“市县人大十大新闻”。

【“代表微家”创建】 2022年，市人大常委会在人大代表之家、人大代表联络工作站建设提档升级的基础上，把代表履职平台向网格延伸，设立人大代表联系点，搭建代表履职微平台，共建成“代表微家”1237个，覆盖全市1407个网格。

【代表履职积分制管理】 2022年，市人大常委会制定代表履职积分排名办法，从定性和定量两个维度，对代表在大会期间、闭会期间的各类履职活动提出要求。建立代表履职电子档案，动态反映、实时统计、同步公示代表履职情况，打造“管、考、评、用”代表履职管理闭环体系，着力破解代表“重当选、轻履职”问题。

（张碧霄）

人大任免

【概况】 2022年，市人大常委会依法行使人事任免权，先后任免启东市政府组成人员36人次，启东市监察委员会工作人员4人次，启东市人民法院工作人员32人次，启东市检察院工作人员18人次，并对相关拟任命人员进行任前法律知识考试。开展任后监督，专题听取部分工作人员履职情况报告，进行评议测评，推动任免权与监督权有机结合。

【人员任免】 2022年，市第十八届人大常委会第一次会议决定任命曹阳、李昌浩为启东市人民政府副市长；决定任命张海荣为启东市人民政府办公室主任，王峰华为启东市发展和改革委员会主任，陆海峰为启东市教育体育局局长，黄坤为启东市科学技术局局长，杨斌为启东市公安局局长，虞星为启东市民政局局长，郭海健为启东市司法局局长，陶卫新为启东市财政局局长，杨海燕为启东市人力资源和社会保障局局长，朱海荣为启东市住房和城乡建设局局长，黄海荣为启东市城市管理局局长，龚磊磊为启东市交通运输局局长，宋亚昌为启东市水务局局长，陆健为启东市农业农村局局长，姚赛花为启东市商务局局长，陈娟为启东市文化广电和旅游局局长，陆健泉为启东市卫生健康委员会主任，沈裕辉为启东市退役军人事务局局长，施伯新为启东市应急管理局局长，陈阳为启东市审计局局长，陈卫丰为启东市行政审批局局长，陈玲为启东市市场监督管理局局长，赵琛为启东市统计局局长，倪凯权为启东市医疗保障局局长，王兴建为启东市信访局局长，张笑慰为启东市地方金融监督管理局局长。上届政府组成人员未被任命的，自然免职。

市第十八届人大常委会第二次会议，决定任命羊改吉为启东市人民政府副市长。免去樊涛启东市人民法院副院长职务，陈杰启东市人民法院开发区人民法庭庭长职务，蔡卫忠启东市人民法院审判员职务，李斌启东市人民检察院检察委员会委员职务，顾菊启东市人民检察院检察委员会委员、检察员职务，翟曙平启东市人民检察院检察员职务，葛辉启东市人民检察院检察员职务。

市第十八届人大常委会第三次会议，决定任命赵雨玉为启东市民政局局长，沈红华为启东市城市管理局局长，苏高飞为启东市卫生健康委员会主任；任命陈南松为启东市人民法院副院长，陈杰为启东市人民法院审判委员会委员，张艳为启东市人民法院民事审判第二庭（执行裁判庭）庭长，姚桢荣为启东市人民法院开发区人民法庭庭长，王麒锟为启东市人民法院审判委员会委员、刑事审判庭（少年案件审判庭）庭长，张媛媛为启东市人民法院久隆人民法庭庭长，吴燕燕为启东市人民法院民事审判第二庭（执行裁判庭）副庭长，张红丽为启东市人民法院立案庭（诉讼服务中心）副庭长，王珊珊为启东市人民法院民事审判第一庭（家事审判庭）副庭长，金鑫为启东市人民法院清算与破产审判庭副庭长，陈中兵为启东市人民法院吕四人民法庭副庭长，万志伟为启东市人民法院立案庭（诉讼服务中心）副庭长，顾佳庆为启东市人民法院高新技术开发区人民法庭副庭长；任命陆健辉为启东市人民检察院检察委员会委员，崔达华为启东市人民检察院检察委员会委员，杨海柳为启东市人民检察院检察员。免去虞星启东市民政局局长职务，黄海荣启东市城市管理局局长职务，陆健泉启东市卫生健康委员会主任职务，樊涛启东市人民法院副院长职务，陈杰启东市人民法院开发区人民法庭庭长职务，蔡卫忠启东市人民法院审判员职务，陆涛启东市人民法院民事审判第二庭（执行裁判庭）庭长职务，张艳启东市人民法院审判监督庭庭长职务，姚桢荣启东市人民法院久隆人民法庭庭长职务，张媛媛启东市人民法院民事审判第二庭（执行裁判庭）副庭长职务，吴燕燕启东市人民法院立案庭副庭长职务，李斌启东市人民检察院检察委员会委员职务，顾菊启东市人民检察院检察委员会委员、检察员职务，翟曙平启东市人民检察院检察员职务，葛辉启东市人民检察院检察员职务，吴晓飞启东市人民检察院检察员职务。接受周红丹辞去启东市第十八届人大常委会委员职务。

市第十八届人大常委会第四次会议，决定任命崔生林为启东市人民政府副市长，任命薛海为启东市监察委员会副主任。免去王峰华启东市监察委员会副主任职务。

市第十八届人大常委会第五次会议，决定任命谢石磊为启东市人大常委会汇龙镇南城区街道工作委员会主任，任命姜莉莉为启东市人民检察院副检察长，任命张兴为启东市监察委员会委员。免去沈晓宏启东市人大常委会农业和农村工作委员会副主任职务，朱咏梅启东市人大常委会汇龙镇南城区街道工作委员主任职务，柏永辉启东市监察委员会委员职务，沈红华启东市人民检察院副检察长、检察委员会委员、检察员职务。

市第十八届人大常委会第六次会议，决定任命孙驾飞为启东市人民法院审判监督庭庭长，潘小维为启东市人民法院审判员；任命陈艳为启东市人民检察院检察委员会委员，张国礼为启东市人民检察院检察委员会委员，何杰为启东市人民检察院检察员。免去孙驾飞启东市人民法院立案庭庭长职务，王圣飞启东市人民法院审判员职务，张军启东市人民法院审判员职务，陆建中启东市人民检察院检察员职务。接受陈仲刘辞去启东市第十八届人大常委会委员职务。

市第十八届人大常委会第七次会议，决定任命滑雪为启东市人大常委会农业和农村工作委员会副主任，刘宏杰为启东市人大常委会研究室副主任；任命王晓龙为启东市人民法院审判员；任命朱海慧等123人为启东市人民法院人民陪审员。免去李兴冲启东市人民法院审判员职务，陈庄启东市人民法院审判员职务。

市第十八届人大常委会第八次会议，接受邱少华辞去南通市第十六届人大代表、启东市第十八届人大常委会委员和人大代表职务，刘锦华辞去启东市第十八届人大常委会委员和人大代表职务。

（张碧霄）

议案和建议办理

【概况】 2022年，市人大常委会完善代表建议办理"十步工作法"，规范建议提出、交办、答复、评价等环节，形成完整有效的建议督办系统。实行议案建议全流程网上办理，通过线上交办、答复，让代表实时查看进度，反馈办理效果。听取和审议市政府办理代表建议情况的专项报告，对重点建议逐条进行满意度测评，满意度低于三分之二的建议进行二次办理，督促职能部门压实责任、全力承办。市十八届人大一次会议上，代表们围绕全市经济社会发展大局和人民群众关心的热点难点问题，积极建言献策。会后，经市人大人事代表工作委员会整理并移交市政府及各职能部门办理的大会议案1件，建议、批评、意见（以下简称建议）389件。其中，经济发展方面30件，城市建设管理方面117件，农业和农村工作方面83件，科教文化卫生方面80件，社会事业和民生保障方面44件，社会治安稳定方面18件，依法行政方面8件，其他方面9件。所有代表议案和建议均办理答复。从建议办理情况看，所提建议已经解决或基本解决的146件，占37.53%；所提建议正在解决或已列入计划准备解决的214件，占55.01%；所提建议因受条件限制或其他原因只能以后研究解决的29件，占7.46%。从反馈意见看，代表们对市政府及各承办单位办理工作的过程和结果给予充分肯定，初次答复满意率达95.38%，二次答复满意率达100%。

【议案办理】 市人大十八届一次会议上，邓卫星等代表提出的《关于大力发展先进制造业的议案》被列为大会议案。市政府成立《关于大力发展先进制造业的议案》办理工作领导小组，由市政府相关领导任组长，市发展改革委、商务局、科技局、地方金融监管局、人社局、大项目办等部门和各镇、园区主要负责人任成员，负责议案办理工作的协调与督导，领导小组办公室设在市发展改革委，牵头负责议案的落实推进工作。2022年，全市产业体系持续优化，临港产业、特色产业、战略性新兴产业三大主导产业累计实现工业应税销售1060.6亿元，占全市制造业总量的82%；神通阀门获评省级"两业融合"深度融合试点单位，启东市获评南通市"两业融合"重点区域。科技服务业累计实现应税销售49.48亿元，比上年增长31.1%。创新主体加快培育，科技型中小企业入库593家，其中，高新技术企业167家，南通科创项目培育库企业34家；完成产学研合作项目256个；全市认定科创类项目61个，完成研发投入39.4亿元；共引进培育硕士以上创新创业人才428名、高技能人才1550名、青年人才3815名。智能制造体系逐步形成，新签约制造业项目103个，其中，10亿元以上重大内资项目25个、"专精特新"等高质量项目62个、3000万美元以上外资项目12个、1亿美元以上外资项目5个；新开工制造业项目105个，其中，5亿元以上重特大项目31个；新竣工5亿元以上制造业项目7.5个，转化达产5亿元以上项目7个；完成智改数转项目329个，序时完成率达160.5%，列南通第一。市场主体培育体系日趋完善，列入"1521"工业龙头企业培育库的企业累计完成应税销售696.8亿元；新认定国家级专精特新"小巨人"企业3家、省级专精特新中小企业37家，新认定数超过市历年认定数总和。

【重点建议办理】《关于提高基层综合行政执法能力建设的建议》

政府办理情况：出台《启东市各镇行政权力事项清单》，梳理明确吕四港镇1188项，北新镇、近海镇、寅阳镇416项，南阳镇422项，其他镇390项行政权力事项。按照“地理布局、任务相当、方便管理、界定清晰”的原则，将原有16个网格合并升级为8个，以“2+1+N”的模式配置管理队伍，全面构建“分片包干、全面覆盖、分级管理、层层履责、网格到底”的长效管理体系。挑选44名业务骨干派驻至各区镇，纳入区镇统一指挥协调体系，配齐配强镇域综合行政执法队伍。邀请专家为全市执法人员集中授课，出台《关于建立市镇综合行政执法协调协作机制的实施意见》《启东市行政执法辅助人员管理办法（试行）》等文件，规范市执法主体、执法权限、执法程序等内容，明确执法协作配合方式，规范行政执法辅助人员行为。

《关于大力推进技能型人才队伍建设　服务我市高质量发展的建议》

政府办理情况：研究制定关于加强新时代高技能人才队伍建设政策措施，全面推行企业职业技能等级自主认定，对具有专业技术职称并从事技能岗位的人员进行相应工种的职业技能等级认定。实施中职学业水平考试及“1+X”证书制度，做好“学历证书+若干职业技能等级证书”制度试点工作，提高企业对人才需求的匹配度。推动校企联合招生、联合培养、一体化育人的现代学徒制试点，加强与林洋能源、南方润滑、柳工建机等企业在发展规划、专业建设、实践教学等方面的合作。推动启东中专与启东建筑集团完成校企合作签约并正式开班，组织中职学校安排学生进入林洋能源等企业开展顶岗实习、毕业实习和跟岗实习。至年底，与神农机械、美通重工、中吕齿轮等25家企业签署校企合作协议。出台《关于进一步提升人才发展竞争力的意见》，着重保障技能人才的经济待遇。授予中华技能大奖、全国技术能手获得者等相同层次人才连续三年每年7.2万元安居补贴和一次性80万元购房补贴。编制高层次人才服务“一本通”，对于技能人才各类事项申报实行“一站式”服务。

《关于加强我市新型农业经营主体建设的建议》

政府办理情况：利用上级扶持资金，支持烘干设备、农机车库、节水灌溉设备等项目建设，全面提升主体生产能力。加强市本级财政支持，出台相关政策文件鼓励新型农业经营主体规范化建设，对获得相关荣誉称号的家庭农场、合作社以及参加各类展销活动的企业，给予相应补助。全年累计发放补助资金29.3万元。科学评定信用等级，精准识别经营主体信用状况，以“信用”换“信贷”方式，为诚实守信的经营主体提供低成本的纯信用贷款。全年为7户金牌信用户、30户银牌信用户、60户铜牌信用户预授信3860万元，实际用信2380万元，用信率达61.66%。引导法人机构累计为39户新型农业经营主体提供1950万元信贷资金支持，加权平均利率约4.65%，较全市普惠小微贷款利率降低0.29个百分点。围绕稻麦高产、生态健康养殖、设施园艺等专业，分期分批组织新型农业经营主体参加省、部级高素质农民培训班。全年共举办省级高素质农民培训班26期，培训农民2710人。

《关于加快推进我市快速路网规划建设的建议》

政府办理情况：将该建议办理工作列入2022年交通建设计划，明确由市交通运输部门牵头负责对全市域路网进行快速化规划研究。组织相关部门人员赴昆山、常熟等地学习考察。从服务区域一体化、突出时效性、提升通行效率三个方面分别就对外、市域和城区三个层次快速路网构建进行系统深入研究，形成构建“一环、两轴、四射”快速路网格局的研究成果。加强与江苏省城市规划设计研究院和苏交科集团等国内一流设计研究院的合作，统筹规划设计战略决策和战术部署。对外，在配合南通开展S11通沪高速工程可行性研究的基础上，加快通沪高速北延纳规研究工作，强化与长三角龙头城市上海和苏南之间的跨江融合发展，支撑通州湾新出海口吕四起步港区建设，进一步将启东打造成为沪苏通交汇强支点城市；市域，强化主城区与吕四港镇、高新区、寅阳镇、北新镇方向的港产城和城乡互动；城区，对345国道、228国道、356省道和丁仓港路部分路段进行快速化改造，形成城区外环。同时，通过改造部分道口，减少红绿灯数量，建设部分准快速路，提升出行效率。至年底，完成规划成果编制，待最终审查。

《关于进一步提升公共文化场所运行水平的建议》

政府办理情况：调整完善城乡公共文化设施建设规划，全市261个行政村、51个社区基层综合文化服务中心实现全覆盖，并常态化免费开放。改造提升瀛东书厅书场和陈列室，在各区镇增设戏曲小舞台，推进“中国曲艺之乡”建设。市文化馆等4家单位获评南通市级以上最美公共文化空间。文化馆剧场获评南通市示范小剧场，瀛东书厅入选南通市示范小剧场年度培育对象。市版画院被授予“江苏省华侨文化交流基地”称号。打造“文化在校园”“幸福365”文化活动品牌，采取文化服务清单化配送、“文艺轻骑兵”等方式，完成送戏199场、送展览122场、送培训246场，举办阅读推广及公教活动500余场，举办国家级、省级版画展10余场。举办百姓自助舞台等主题活动近200场。打造全市文化服务“一月一张图”，定期对外公示。实施市级文化骨干下沉基层指导活动，扶持社会文艺团队建设，广场舞协会等3个社团获评省级优秀群众文化团队。公布第四批启东市级非物质文化遗产项目12个，完成7位省市级非物质文化遗产传承人考核。引进专业人才10名，招录戏曲演员22名。探索评弹团、越剧团、江海戏曲团融合运作机制，实施院校委托培养工程，推进传统文化传承。

《关于进一步完善我市建设工程招投标工作的建议》

政府办理情况：出台建筑企业信用分考核办法，对建筑企业产值、本地纳税额度加以考核，提升本土优质建筑企业的市场竞争力。研究制定《企业优选库管理办法（试行）》，优化小型工程施工企业的选择。制定相关文件明确启东市港口航道、桥梁等大型基础设施建设，须采取联合体投标方式，帮助本土建筑企业获得业绩，提升资质。起草《启东市建设工程项目招标投标评定分离管理办法（试行）》，推动

“评定分离”评定方式，逐步改变以价格决定中标的招投标模式。2022年，对13个项目涉嫌串通投标、骗取中标的行为予以移交处罚，对9家企业11个项目“无正当理由放弃中标”违规失信行为进行通报，将3家有骗取中标行为的企业移除出“企业优选库”。全年房建本地企业中标率53.33%，中标金额占比70.23%；市政本地企业中标率58.06%，中标金额占比44.87%，均比往年有大幅度提升。

《关于加强政府专职消防救援队伍建设的建议》

政府办理情况：参照国家综合性消防救援队伍管理要求，加强政府专职队伍正规化建设，从营区营貌、内务规范、队容风纪等方面着手，严格落实各项规章制度。坚持常态化督导，及时发现和纠正队伍管理中存在的问题。继续加大政府专职消防队员的征召，根据人员结构需求、优化队伍梯次，拓宽招录渠道，加大人员政审、体检等力度。加强专职消防员职业技能鉴定，落实专职消防员等级评定制度，做到职业等级与岗位要求相适应。对政府专职消防队员经费保障、工资组成等进行分析，并赴周边县(市、区)开展调研。根据调研情况，最终确定保障标准由9.24万元/年提升至10.94万元/年。按照上级相关文件精神，围绕医疗、出行、住房、子女入托入学等方面，出台相关优抚政策。

《关于高质量推进老小区综合改造工作的建议》

政府办理情况：2022年，启东市确定高标准改造精品小区思路，紫薇一村小区在原有屋面平改坡、外墙出新、雨污分流、管线入地等基础上，进一步提高改造标准。比如外墙由涂料改为真石漆，提高防水效果；在屋顶统一安装光伏太阳能，倡导绿色能源；在小区增设老年活动用房，满足老年人日常活动需求；增设车辆道闸、人脸识别、单元门禁、道路监控等，对供水、供电实行远程抄表，实现小区智慧化管理。在改造现场成立临时党支部，每周召开例会，及时解决矛盾与问题。深入改造小区，与社区群众采取拉家常、召开“小板凳”议事会等方式，听取群众意见，采取个性化方案解决居民诉求。精选施工队伍，选取信用良好的企业参与老旧小区改造。强化现场管理，加大工程质量、安全文明施工检查力度，打造精品工程。通过召开居委会座谈会、车库畅谈会等方式与居民加强沟通，通过媒体宣传、公众号发布等方式，宣传老旧小区改造，争取群众的理解与支持。

《关于启东地区青毛豆发展的建议》

政府办理情况：出台《启东市现代农业发展项目申报指南》，支持新型经营主体引进青毛豆田头储藏、保鲜加工设施装备，支持农业企业发展青毛豆精深加工及综合利用加工。鼓励青毛豆特色农产品优势区发展，对相对连片50亩以上适度规模种植青毛豆的主体，纳入国家耕地轮作试点范围，每亩给予150元种植补助。依托省农科院、沿江地区农科所等科研单位协作攻关、共同实施，开展鲜食大豆品种引进鉴定、试验示范及绿色优质高产技术、模式的推广示范，组织农技人员深入田间地头，对农户进行生产技术指导。全年开展品比试验、展示示范大豆新品种16个，推广种植鲜食大豆面积超16万亩。组织开展各类培训10余期，培训种植户2600多人次，发放各类技术资料5100余份。推广青毛豆品牌，组织参加各类展示展销会，拓宽销售渠道；申报省级品牌目录，提高品牌知名度。加强大数据及“互联网+”技术应用，建成青毛豆大数据平台。加快推进产业融合工作，苏沪现代农业发展有限公司成功创建省级四青作物产业技术创新战略联盟，恒昌隆、康成等4个四青作物产业化联合体被认定为农业产业化省级示范联合体，辐射带动农户近6万户，年销售额达6.17亿元。

小区设置电动自行车集中充电设施　　（市住建局/供图）

《关于缓解城区停车难问题的建议》

政府办理情况：编印《启东市城区停车专项规划(2020—2035)》，并将其纳入国土空间总体规划；研究制订建筑物停车配建标准，明确配建要求。新建蝶湖地下停车库、南苑中学东侧停车场等5处社会停车场，增加停车位2000多个。增加重点地区停车位设置，增划1.1万个路面公共停车泊位。根据实际情况，采取中小学周边路段限时段停放、30分钟限停、部分路段夜间临时停放等措施，提升城市停车容量。推进夜间便民停车场对外开放，开放市教育体育局、实验小学等4处潮汐式停车场。持续完善智慧停车系统的平台融合，推进智慧停车全域覆盖共联共享工作。经常性开展违章停车专项整治，加大执法力度，净化停车环境；组织开展占道经营专项整治、“僵尸车”清理专项行动等，全年共查处机动车违停2.45万余起，清除违规占道经营车辆1350车次，清理“僵尸车”56辆。

《关于加快解决电动自行车集中停放及充电问题的建议》

政府办理情况：对城区所有建成小区开展调查，共排查5000幢房屋，预计需建800多个点位，计划再分两年完成改造。通过财政资金投入与引进社会资本相结合的方式参与投资建设，补齐小区基础设施配套方面的短板。加大新建小区充电桩规划建设，在项目立项、规划时，加强调研、充分论证、科学实施，确保按标准建设到位，2021年后新建居住小区实现充电桩配建全覆盖。2020—2022年，启东市在52个小区增设173个电动自行车充电点位，有效解决居民充电难的问题。2023年，将对全市高层小区全面进行改造，实施改造不少于300个点位；在10个高层小区增设400只电梯T控装置，有效解决高层小区电动自行车上楼充电问题。2024年，将对全市多层小区进行改造，确保所有小区“应改尽改”。结合老旧小区改造，先后对幸福一村、城河新村、职工新村等31个小区进行整治，对外设车库拉接专线，彻底解决飞线问题。同时，要求街道和社区、物业服务企业对小区内电线私搭乱接情况进行全面排查，建立问题隐患清单，开展全覆盖专项整治。

《关于提高小区物业管理水平的建议》

政府办理情况：高标准改造老旧小区，2022年在基本完成全市老旧小区改造的基础上，对紫薇一村小区实施高标准改造。开展提质增效达标区建设，对主城区小区进行雨污分流改造，累计完成45个小区，面积达5.72平方千米。推进小区电动自行车充电装置建设，完成7个小区，惠及居民8000多户。加快推进既有住宅电梯加装，至2022年，有59台电梯投入运行，惠及居民600多户，增设数量位居南通第一。推进“智慧小区”建设，投资800多万元对全市30个小区进行智慧化建设，完善视频监控、车辆抓拍、人像抓拍等设施，提升改造小区智慧化管理水平。选取汇龙镇、启东经济开发区、南北城区街道的7个老旧小区和安置房小区进行试点，着力实现物业服务“群众满意度、物业费标准、物业费收缴率”三提高。完成和平一村、东洲新村2个开放式小区物业服务提档、物业费提标工作，居民满意度显著提高。通过物业服务收费专项整治、小区消防设施整治、公共收益专项清查、推进管家式服务等举措，促进全市物业服务业持续健康发展。组织开展联合执法，对全市15个小区、11家物业企业的质价相符及物业信息公示情况进行检查，对存在问题的物业企业要求限期整改，处罚9家整改不到位的物业服务企业。围绕“组织体系健全、运行机制科学、党员作用彰显、党建阵地规范、管理服务高效和民主监督有力”，加强党建引领提升物业服务管理水平。至年底，全市有9家物业服务企业成立党支部，其中1家物业服务企业党支部获评江苏省党建引领示范点，3家物业服务企业党支部获评南通党建引领示范点。采取银行存款招投标方式选定银行，年利率由1.5%提高至3.8%，三年利息收入累计1.27亿元，实现维修资金的增值保值。2022年，维修资金使用项目共1244个，实施渗漏水、电梯故障、消防安全等应急维修990个，占比80%。

2022年启东市人大代表优秀议案建议一览表

表2

建议号	建　议　内　容	建议人
001号	关于大力发展先进制造业的议案	邓卫星等
288号	关于高标准、高质量、高速度建好以高铁小镇为主的西部发展的建议	杨健能
074号	关于如何做好秸秆禁烧工作的建议	朱伟杰
069号	关于生命健康科技城二期安置房尽快落实开工建设的建议	陆　娟
073号	关于加强我市新型农业经营主体建设的建议	张海兵
358号	关于规范芦笋种植及秸秆处理的建议	朱　静
055号	关于推进农业废弃物综合利用的建议	陆　健
087号	关于大力推进技能型人才队伍建设服务我市高质量发展的建议	陈张贤
006号	关于进一步提升公共文化场所运行水平的建议	郁锦标
008号	关于加强对沿江公路、农贸市场周边流动摊贩管理的建议	顾明霞
080号	关于进一步加强学前教育师资队伍建设的建议	王　蓓
190号	关于加强启东学生餐食品安全的建议	杨凯华
016号	关于加快家庭医生签约服务的建议	施卫东
155号	关于协兴港并港建设的建议	顾邦祥

续表2

建议号	建 议 内 容	建议人
196号	关于加快解决电动自行车集中停放及充电问题的建议	沈琦博
002号	关于进一步加强新时代老龄工作的建议	施仲元
194号	关于提升高新区电力系统水平的建议	施灵马
231号	关于启东地区青毛豆发展的建议	沈剑刚
004号	关于加快打造城区“文化旅游新圈”的建议	姚锦涛
124号	关于沿江公路安全问题的建议	朱佳慧
367号	关于切实解决丁仓港北路沿线交通噪音给永和小学带来困扰的建议	季红兵
355号	关于提升职业技术教育质量,提高技术工人待遇的建议	薛　松
252号	关于加强乡村小学基础设施建设的建议	黄新忠
314号	关于为村干部减负问题的建议	葛祥辉
135号	关于完善农村生产垃圾处理的建议	沈　辉
111号	关于加快推进我市快速路网规划建设的建议	陈　飞
134号	关于加强政府专职消防救援队伍建设的建议	沈衍冰
120号	关于提高我市家庭医生签约服务质量的建议	杨军华
098号	关于加快启东乡村文化振兴与全域旅游开展的建议	郭琪华
267号	关于提高基层综合行政执法能力建设的建议	杜国华
388号	关于加快我市电力网络发展规划和建设的建议	王裕兵
138号	关于减少海上风电项目对渔船航行安全影响的建议	李国强
108号	关于农村闲置宅基地合理利用的建议	杨小华
214号	关于构建0~3岁婴幼儿托育公共服务体系的建议	刘　东
370号	关于加快推进启东经济开发区水环境治理的建议	龚海勇
292号	关于缓解城区停车难问题的建议	朱咏梅
136号	关于提高小区物业管理水平的建议	季　青
213号	关于高质量推进老小区综合改造工作的建议	吴凤云
215号	关于加强小区物业联动管理提升居民幸福指数的建议	冰　青
241号	关于进一步完善我市建设工程招投标工作的建议	陈向阳

(张碧霄)

责任编辑　陈广辉

启东市人民政府

综 述

3月22日,位于吕四港经济开发区的金丝楠新型功能薄膜项目建设现场（潘杨/摄）

【概况】 2022年,启东市人民政府围绕“建设沪苏一体融合发展窗口城市”目标定位,全面落实“疫情要防住、经济要稳住、发展要安全”重大要求,坚定实施向海发展战略、接轨上海战略,高效统筹疫情防控和经济社会发展,统筹发展和安全,实现新一届政府的良好开局。全年实现地区生产总值1391.14亿元,比上年增长2.2%。完成同口径一般公共预算收入67.15亿元,比上年增长8.5%。完成全社会固定资产投资580亿元,实现社会消费品零售总额477.24亿元,完成进出口总额338.36亿元。城乡居民人均可支配收入分别达57106元、32501元,分别比上年增长4%、5.8%。启东市列全国综合实力百强县市第23位,较上年跃升4位。

严格执行国家第九版防控方案和优化防控“二十条”“新十条”举措,建立扁平化、高效率指挥体系,因时因势优化防控措施,健全平急转换机制,以最小范围、最短时间、最低成本控制住突发疫情,最大程度保障人民群众生命安全和身体健康。发动3000多名机关党员干部、11000多名微网格员奋战一线,开展“敲门”“巡街”行动,有效筑牢群防群控、联防联控的严密防线。统筹做好生产生活保畅保供,动态优化交通卡口查验措施,“1234复式车辆分流法”全省推广。支援上海、天津、新疆以及省内兄弟城市抗击疫情,医护人员累计驰援外地880多人次。加快构建免疫屏障,新冠疫苗首针接种100.2万人,全程免疫率达98.4%。加强核酸检测、物资储备、医疗救治等能力建设,建成便民核酸采样服务圈,方舱医院和3家健康驿站投入使用,中心卫生院以上医疗机构发热门诊实现全覆盖,建立家庭医生团队258个,实现从防控感染到医疗救治的平稳转变。

产业质态得到新提升 全年实现规模工业应税销售1308.5亿元,比上年增长8.8%;临港产业、特色产业、战略性新兴产业占比达83.5%。工业龙头、规模以上工业企业实现超10亿元企业21家、超50亿元企业4家,新增规模以上工业企业129家,新认定国家两化融合贯标企业14家。建筑业完成总产值1463.78亿元,比上年增长4.5%,获鲁班奖1个、国优奖1个、詹天佑奖3个。现代服务业完成应税销售604.9亿元,新增规上服务业企业62家。创成国家AAA级旅游景区3家,抗大九分校入选省首批文化遗产旅游精品点,渔人码头获评省级旅游休闲街区,通海垦牧公司完成原址复建。

4月27日,“相约云端、共话未来”启东市与重点企业视频连线活动举行,南通市副市长、启东市委书记李玲通过视频连线的方式,与中储粮、中信重工、上海普利特等企业负责人沟通交流（市融媒体中心/供图）

招商引资实现新突破 全年举办专题招商推介活动105场次,新签约亿元以上制造业项目103个,其中,10亿元以上重大项目30个、“专精特新”等高质量项目62个。外资到账历史性突破4亿美元,引进3000万美元以上外资项目12个,制造业外资占比提升20个百分点。利用外资提质增效工作获省政府通报表扬。

项目建设取得新成效 全年新开工制造业项目105个,其中,百亿元级2个、5亿元以上31个,20个省市重大项目全部开工,高技术产业投资占比达20%,21个项目实现“拿地即开工”。卫华港机、药明康德研发中心二期等项目开工建设;宇盛电缆、易事特储能等项目加快推进;亿纬林洋、金丝楠膜等项目竣工投产。

创新驱动不断发力 全社会研发

投入占比达2.7%，高新技术产业产值占比达56%，万人发明专利拥有量41件，列全国科技创新百强县市第10位。招引科创项目61个，新认定高新技术企业114家，新增国家级专精特新“小巨人”企业3家，入选省创新型领军企业2家，获省科技创新发展奖2个、中国专利优秀奖1个。实施产学研合作项目256个，完成技术合同成交额128亿元，获评省成果转化项目2个，新增省级企业研发机构8家。出台“人才新政26条”，做优“东疆英才计划”品牌，入选国家级人才计划14名、省级人才培养工程17名。建成人才公寓342套。

开放合作不断深入　通州湾新出海口吕四起步港区集装箱码头开港运营，通用码头吞吐量达185万立方米。港口集疏运体系和功能配套不断完善，重装码头、内河转运码头、港口支持系统即将投入使用。北沿江高铁启东段征地组卷全省率先完成，长江北支大桥、新三和港特大桥、启东客整所3个先行点开工建设；洋吕铁路启东段完成工程量的75%。433省道改造全面完工，鹤港大桥建成通车。更深层次对接上海、融入苏南，积极承接优质企业转移和产业溢出，引进上海、苏南亿元以上项目72个；全方位深化共建平台建设，启东·吴江高端制造产业园首开区开工。开通医保事项“跨域通办”崇启专窗，建成长三角名医工作室14家。

营商环境不断优化　开展“千人千企”挂钩帮服行动，出台营商环境优化提升举措66条，列全国投资潜力百强县市第10位。深化“一件事一次办”改革，101个事项平均办结时长缩减60%。推行“住所登记”“集群注册”改革，政务服务标准化项目获国家级试点。实现减税降费47.7亿元，新增制造业贷款38.5亿元。探索集体经营性建设用地租赁利用新模式，盘活低效用地320公顷。

城市建管有序推进　城建交通指挥部实体化运行，“三区三线”划定成果获批，“一主两副”国土空间总体规划、市域快速路网专项规划完成编制。滨江生态绿廊首开区建成开放，城市绿道贯通工程二期完工，新增城市绿地70万平方米。高标准完成紫薇一村老旧小区改造，多层住宅加装电梯数量居全省前列。推进征地拆迁，签约腾房2260户，交净地16块，新开项目拆迁完成率达95.2%。深化全国文明典范城市创建，开展扬尘管控、机动车尾气治理等行动，拆除违章建筑2.2万平方米、违规广告牌1.3万平方米，建筑垃圾处置中心投入运营。

乡村振兴有力实施　新建高标准农田2.5万亩，粮食生产全程机械化率达91%。坚决遏制耕地“非农化”、防止“非粮化”，粮油种植面积突破130万亩。现代农业产业园获批省级示范园区，新增全国农村创业基地2家、省股交中心“农业板”挂牌企业15家。农村人居环境持续优化，干道沿线破落建筑和“三棚”专项整治成效明显，河道长效管护获评全省第一等次，建成村庄污水处理设施1.9万户，新增省级特色田园乡村1个、生态宜居美丽乡村14个。新型城镇化建设扎实推进，城乡基础设施不断完善，农村公路提档升级45千米，改造危桥40座；吕四港镇、汇龙镇首次入选全国百强镇。村级集体经济持续壮大，实现村营总收入2.1亿元；集体产权流转市场不断规范，交易总额9339万元。

生态环境有效改善　第二轮中央环保督察信访交办问题全部销号，PM2.5浓度降至22.9微克/立方米，列全省第一。市考以上断面水质优Ⅲ类比例达100%，第二污水处理厂、江海澜湾海洋生态保护修复工程开工建设，江海污水处理厂尾水生态缓冲区投入使用，建成二三级生态河道4条、四级生态河道200条，完成海岸带修复6千米。强化土壤污染风险管控，受污染地块安全利用率达100%。成功创建省级生态文明建设示范市，新增省级美丽海湾示范项目1个、绿色发展领军企业2家、生态文明建设示范镇村7个。

民生保障更有温度　全年民生投入占财政支出比重达80%，发放就业补贴1.98亿元，新增城镇就业9800人。社会保障体系不断完善，基础养老金、低保标准分别提高至211元、780元，居民医保筹资标准提高至1400元，为六类困难群体购买“低补保”1.5万份。深入开展特殊困难群体救助帮扶专项排查整治，救助低保、特困、困境儿童等对象6883人。完成农房改善提升1000户，D级危房全部解危。

公共服务更趋均衡　学华小学二期建成投用，蝶湖中学、蝶湖小学、少年宫新校区结构封顶。学科类培训机构实现清零，获评省教学改革实验项目1个。“健康启东”加快建设，县域紧密型医疗集团实现同质化管理，人均基本公共卫生服务补助提高至105元。开展老年人社区助餐服务试点，提升改造农村敬老院3家，新增护理型床位120张。“15分钟医保服务圈”实现全覆盖，示范点建设南通领先。文体事业蓬勃发展，承办CBA夏季联赛、全国沙滩排球巡回赛等重大赛事；开展文化惠民活动，保利大剧院高质量承办各类演出50余场，市文化馆获

4月，市区江海南路绿化景观带绿树成荫、花团锦簇　（郁卫兵/摄）

评省最美公共文化空间，建成省示范档案馆。

社会治理更富成效　全面推进“德润东疆·好人之城”建设，市民文明素养和城市文明程度持续提升，获评全国最美家庭1户、中国好人1组、江苏好人3组。市、镇两级社会治理现代化指挥中心实现规范化、标准化运行，“红网格·通通建”工作深入开展。平安法治联盟工作站建设扎实推进，获评全国平安卫士1人。引导群众有序参与村居公共事务，“有事好商量”协商议事品牌不断擦亮。信访突出问题攻坚化解成效显著，信访事项及时受理率、按期办结率均达100%。社会治安防控体系不断完善，群众安全感持续提升。

安全底线更加稳固　做好省安全生产巡查反馈问题整改，深入开展安全生产“百日攻坚”、公共安全重大隐患“三清”等专项行动，安全生产专项整治三年行动顺利收官，事故起数和死亡人数实现“双降”。南通首个县级消防训练保障基地启动建设，综合应急救援能力有效提升。刚性落实政府债务管控，防范涉众金融风险专项行动纵深推进，金融生态环境不断优化。食品药品安全监管体系持续完善，创成省食品安全示范市。

【十大民生实事项目】　教育供给扩容提质项目　建新中学二期、蝶湖中学项目主体结构封顶；全市73所中小学1380台空调完成改造并投入使用。

医疗卫生服务提升项目　市第二人民医院项目住院楼、医技楼和门诊楼二次结构均完成工程量的85%；区域临检系统构建项目完成全流程测试，正式投入使用，实现区域内公立医院全覆盖；名医工作室扩面提质工程建成长三角名医工作室14家、基层名医工作室9家；重点人群“五免”筛查提质增效工程完成“两癌筛查”共计63577人，完成率达100%；产前筛查率96.67%、新生儿遗传代谢病筛查率99.8%、新生儿听力筛查率99.96%、新生儿先天性心脏病筛查率99.8%。

便民服务提升项目　市区完成投放共享电动自行车3000辆，累计服务市民群众40000人次；2月，完成老年人优惠乘坐公交范围扩大项目，并持续实施。

农村环境综合整治提升项目　县级以上干道沿线农村人居环境整治项目全部完成，共整治破落建筑903处、破旧“三棚”5093处，对个别点位的“三棚”回潮现象进行重新排查整治，实现动态清零；农村生态河道新建100条(段)任务全部完成。

安置房建设项目　钱塘佳苑一期安置房项目装饰装修工程完成工程量的90%，脚手架全部拆除；桂林苑安置房项目完成地下室结构施工，各栋楼主体结构封顶，二次结构完成工程量的50%；渔港嘉苑渔民安置区项目因地块开发方式调整，完成施工、监理单位招标，桩机进场，较年度目标有所脱幅。

老旧小区改造提升项目　老旧小区示范点提升改造完工；老旧小区、镇区健身路径改造全部完工并交付使用；43个电动自行车集中充电点位新建完成。

城乡出行条件改善项目　城区广汇人才公寓东侧道路建设完工；农村公路提档升级，农村改造危桥，农村公路安防工程，乡、村道路域环境治理项目全部竣工验收。

燃气安全、排水提升项目　特困家庭燃气安全保护提升项目完成用户安装调试并交付正常使用；城区雨污水管网检测修复全部完工。

城市公园建设优化项目　森林公园(首开区工程)项目二道堤道路施工基本完成，停车场建设全部完工。

资源化利用建设项目　建筑垃圾处置中心建设竣工交付。

(黄　健)

重要会议

【市政府全体(扩大)会议】　8月27日，市政府召开全体(扩大)会议，会议坚持以习近平新时代中国特色社会主义思想为指导，深入学习贯彻习近平总书记在省部级主要领导干部专题研讨班和中央政治局会议上的重要讲话精神，全面落实省委工作会议、南通市委十三届四次全会、南通市政府全体(扩大)会议和市委十四届四次全会部署要求，总结2022年以来工作，部署下阶段重点任务，动员全市政府系统以决战决胜的精神状态和目标必成的信心决心，坚决落实“疫情要防住、经济要稳住、发展要安全”的重大要求，坚定扛起“勇挑重担、多作贡献”的政治责任，稳进提质、奋楫争先，确保圆满完成全年各项目标任务。

市长杨中坚要求，要顶住压力、克难奋进，拼尽全力完成全年各项目标任务，以一域之发展为省和南通勇挑重担、多作贡献。要“防在前”“早发现”“快处置”，全力以赴打好疫情防控阻击战；要全力稳住市场主体，努力提升投资质效，大力挖掘消费潜力，着力稳住外资外贸，全力以赴打好经济大盘保卫战；要紧抓项目招引建设，推动产业扩量提质，加快科技创新赋能，全力以赴打好转型升级主动战；要发挥规划引领作用，加速城市有机更新，加快乡村振兴步伐，擦亮生态环境底色，全力以赴打好城乡环境攻坚战；要扎实办好民生实事项目，突出抓好保就业稳物价，着力做好基本公共服务，全力以赴打好民生改善持久战；要全力抓好安全生产，全力防范重大风险，全力保障社会稳定，全力以赴打好安全稳定整体战。

【市政府常务会议】　2022年，市政府共召开常务会议11次。

市政府第1次常务会议　1月20日召开，讨论并原则同意《启东市“三线一单”生态环境分区管控实施方案》《关于进一步推进网格化服务管理高质量发展的实施意见》、2021年度金银铜牌企业(工业、服务业、建筑业、房地产业)、工业百强企业、服务业十强企业和服务业行业三强企业名单、《国有建设用地使用权收回补偿协议书》《关于启东崇和置业有限公司土地收回补偿有关事宜的备忘录》《外来投资项目第一引荐者奖励实施办法(试行)》《关于引进央企总部工作方案》《启东市人民政府工作规则(修订稿)》以及市长、副市长工作分工，听取关于调整完善区镇财政管理体制、分解落实2022年度重点工作任务及民生实事项目情况汇报。

市政府第2次常务会议　3月1日召开，学习贯彻全省树木保护管理电视电话会议精神、全省对口支援协作合作工作电视电话会议精神，听取关于全市安全生产工作、省委第九巡视组涉粮问题专项巡视反馈意见整改方案以及2021年度启东市市长质量奖评选情况汇报，讨论并原则同意《关于进一步加强城镇燃气安全监管工作的实施意见》《启东市工业企业资源集约利用综合评价办法》《关于进一步完善〈启东市“1521”工业龙头企业三年双倍增计划（2021—2023年）〉政策的意见》《启东市规模工业企业培育“提转升级”三年行动方案（2022—2024年）》《启东市制造业智能化改造和数字化转型三年行动计划（2022—2024）》《全市重点工业企业“百强企业评选”和“争先进位”竞赛活动考评办法》《全市重点科技型企业“三十强科创企业评选”和“争先进位”竞赛活动考评办法》《关于进一步提升人才发展竞争力的意见》《关于进一步推进企业上市挂牌工作的若干政策意见》以及博融全钒液流电池储能项目投资协议与补充协议、苏州欧圣电气项目投资协议与补充协议。

市政府第3次常务会议　3月30日召开，讨论并原则同意《启东市危险化学品安全风险集中治理实施方案》《启东市2021年度耕地流失问题专项整治实施方案》《关于进一步加强政府性债务管理实施债务“瘦身”三年攻坚计划的意见》《关于进一步加强国有企业经营性债务和大额资金管控的实施意见》《全市重点服务业企业“十强企业评选”和“争先进位”等竞赛活动考评办法》《关于促进启东市服务业繁荣发展的若干政策意见》《启东市“十四五”新型城镇化规划》《关于积极引导城乡居民参加企业职工基本养老保险的实施意见》《市政府领导班子成员食品安全工作责任清单》，听取关于启东生命健康产业园产业发展规划（2021—2035）方案汇报。

市政府第4次常务会议　5月5日召开，讨论并原则同意《关于加快推动农业农村高质量发展的政策意见》《关于帮助因疫情影响的市场主体纾困解难的若干政策》《启东市2022“营商环境提升年”实施意见》《关于在全市全面推进“制度化管理、实时化监控、自动化阻隔、现代化救援”四项举措提升本质安全水平的实施意见》《启东市公共安全重大隐患“三清”专项行动方案及其配套方案》《2022年度全市新型城镇化建设考核办法》，学习解读《信访工作条例》。

市政府第5次常务会议　5月27日召开，讨论并原则同意《落实健康中国行动推进健康启东建设实施方案》《启东市贯彻落实〈法治政府建设实施纲要（2021—2025年）〉实施方案》《启东市整市屋顶分布式光伏开发试点实施意见》《启东市整市屋顶分布式光伏开发试点考核方案》《启东市推进重点行业绿色发展实施方案》《关于加快推进集成电路产业发展若干政策（试行）》，学习《关于更加有效发挥统计监督职能作用的意见》，听取关于调整市城乡居民基础养老金标准情况汇报。

市政府第6次常务会议　7月2日召开，听取关于全市安全生产工作、地方政府债务风险防范和化解工作、2021年度部分涉企奖励相关情况、实施塘芦港水利枢纽工程、直接划转市税务局待报解户专项用于启东崇和置业缴纳税款相关方案以及终止履行圆陀角旅游度假区1741、1743两宗国有建设用地使用权出让合同情况汇报，学习《中华人民共和国市场主体登记管理条例》。

市政府第7次常务会议　8月2日召开，学习《中华人民共和国乡村振兴促进法》，听取关于2022年城建交通项目及政府投资项目中期调整情况汇报，讨论并原则同意《启东市“十四五”应急管理体系和能力建设规划》《启东市“十四五”安全生产规划》《启东市“十四五”综合防灾减灾规划》《启东市“十四五”生态环境保护规划》《启东市生态文明建设规划（2021—2025）》《启东市市本级政府投资项目财政承受能力论证办法》。

市政府第8次常务会议　9月8日召开，听取关于当前全市信访工作情况汇报，讨论并原则同意《关于进一步压实河长制责任推进水质量提升的实施意见》《启东市放宽市场主体住所（经营场所）登记规定》《启东市行政执法辅助人员管理办法（试行）》《启东市全民科学素质行动规划（2021—2035年）》以及2022年启东市“东疆英才计划”资助对象建议名单。

市政府第9次常务会议　10月2日召开，学习省《关于更加有效发挥统计监督职能作用的实施意见》《统计造假不收手不收敛问题专项纠治工作方案》，听取关于建筑施工、既有房屋、城镇燃气安全生产工作开展情况、2021年度市发展改革委第二批涉企奖补相关情况、2022年度市级科技项目奖补配套资金情况汇报，讨论并原则同意《启东市城乡生活垃圾分类工作实施方案》《关于全面加强新时代司法所建设切实提升基层法治建设水平的意见》《启东市工业企业资源集约利用差别化政策实施意见（试行）》《启东市加快推进工业经济高质量发展若干政策意见》《启东市严重精神障碍患者服务管理工作实施意见》《启东生命健康科技城片区开发项目实施方案和综合开发方案》。

市政府第10次常务会议　12月2日召开，传达学习习近平总书记关于粮食安全的重要论述及相关文件精神，听取全市粮食安全和流通工作、食品安全、道路交通、群租房安全工作、2020年疫情期间电动工具产业发展涉企补贴，以及部分退役士兵社会保险补缴情况汇报，讨论并原则同意《启东市集体土地上房屋搬迁选购商品房实施意见（试行）》《启东市消防救援队伍执勤车辆器材装备配置方案》《启东市水环境区域生态补偿办法（试行）》《启东市人民政府关于禁止燃放烟花爆竹的通告》《关于促进建筑业持续高质量发展的意见》。

市政府第11次常务会议　12月30日召开，学习《习近平法治思想学习纲要》以及中共二十大报告中法治建设内容（书面），听取关于全市地方政府债务风险防范和化解工作、信访工作情况汇报，讨论并原则同意《启东市重大行政决策程序实施细则》《政府工作报告》《关于启东市2022年国民经济和社会发展计划执行情况与2023年国民经济和社会发展计划草案的报告》（书面）、《启东市2022年财政预算执行情况和2023年财政预算草案的报告》(书面)以及2023年城建和交通工程计划安排、政府投资项目编制情况和民生实事项目计划安排。

(黄　健)

数字政府建设

【概况】 2022年,启东市市域社会治理现代化指挥中心制定《启东市"十四五"数字政府规划(征求意见稿)》和《启东数字政府建设实施方案(征求意见稿)》,形成具有启东特色、适应财政收支紧平衡环境、聚焦便民惠企、市域治理和政府数字化转型的科学规划,推动启东构建数字治理体系,搭建均等普惠的数字服务体系,建立科学高效的数字决策体系,提高启东数字政府建设水平。出台《政府信息化项目管理办法》,会同市财政局等部门扎口管理全市信息化项目建设,提高信息化项目建设合理性和经济性。各区镇在政务信息共享网站开放数据。全年归集74个部门数据2.93亿条,推动上级回流数据146项5890万条,向24个部门反哺数据7134.9万条,累计数据交换110.91亿次。

【联动指挥体系完善】 2022年,中心在市公安局、应急局、交通局、气象局、人社局等14个部门成立分指挥中心,构建"1+20+14"市镇、部门协同指挥体系,即1个市级指挥中心、20个区镇级指挥中心和14个部门分指挥中心,初步形成市级实战指挥、镇级一线处置、部门高效协同工作格局。全年实行"战时"状态管理91天。与市网络安全应急指挥中心一体化办公、实时化互动,创新实施"双网两中心"(网格+网络,市域社会治理现代化指挥中心、网络安全应急指挥中心)融合发展。

【营商环境优化】 2022年,中心进一步完善"一企来"12345热线服务专线工作机制,累计受理企业各类诉求3020件,及时答复率、及时办理率、企业满意率均达100%。依托"南通百通"App启东频道,做好"惠启通"平台落地技术支撑,整合市行政审批局"e启办"特色服务,为企业、群众提供代办服务。对全市电子证照供需情况摸底调研,归集全市50个部门电子证照供需情况8344条。对接南通大数据局,调研启东本级证照签发情况,对接20家发证部门,搭建电子证照管理系统,加快推进电子证照归集共享。针对开办企业"全程无纸化不见面"、营业执照"自助办""掌上办"等营商环境提升措施,对接市自然资源和规划局、行政审批局、供电公司等单位,完成房屋产权所有证、房地产权证等数据的归集,并向南通数据共享交换平台申请商品房销售合同、企业当月用电量等数据。开通"尚贤人才"专席,实现人才诉求统一接听、专席处理、立体服务。启东频道获评南通百通优秀区县频道。

11月,数字政府建设重点部门举行座谈会

(市市域社会治理现代化指挥中心/供图)

【应用场景创新】 2022年,中心创新开发综合执法"一张图"、社会治理智能化综合平台、内河航道智慧监管、港口综合治理等大数据应用场景。完成江海堤防综合治理智慧工程二期开发,新增街景地图场景应用、视频质量自动巡检等功能。指导汇龙镇、吕四港镇等开发节约型、实战化创新应用。与市教育体育局、城投公司等单位合作,开发查学区、找车位特色服务,在"交汇点"等媒体上发文宣传,用户访问量长期居南通各县(市、区)前列。找车位特色服务获评南通百通十佳区县特色应用。组织开展大数据创新应用评选,20个区镇(街道)、9个部门的31个创新应用参加评选,最终评选出吕四港镇智慧城镇管理云图系统、智慧文旅平台等13个创新应用。利用3877个地磁水位传感器和关键点位的高清探头,开发"城市内涝预警系统",联合市住建局,建立"物联+互联""人防+技防""指挥+预警"的工作体系。该平台获首届《新京报》数字政府论坛"2022数字政府建设实践领航案例"奖项。与市委编办、市司法局联合开发建设"综合执法新模式一张图",获评2022年南通市"市域治理现代化创新应用评选"十佳案例。

【预警预判机制创新】 2022年,中心制定《全市预警预判工作机制建设实施方案》,召开专题推进会,研发市情大数据预警分析平台,瞄准潜在性、苗头性、规律性风险隐患,深挖数据信息,搭建预警模型,推动形成"敏锐感知、敏慧预警、敏捷响应"的预警预判体系。建立"风险提示函"制度,第一时间向部门、区镇发出风险提示函51张,推动及时处置多起舆情事件和潜在风险隐患。全市编撰各类研判报告208篇,比上年增长65.1%。

【行政问效功能提升】 2022年,中心深化与市纪委监委协调联动,健全完善"信息联通、工作联动、问题联督"工作机制,12345热线数据全量推送市纪委监委电子监察平台,联合市效能办、市司法局会商会办、现场督办复杂疑难问题42件。建立督查督办"三函"制度，共发出提示函88张、催办函7张、督办函4张。推行"提级办理"机制，共收到市住建局、圆陀角旅游度假区等7个部门、区镇提级办理申请9件，形成中心与区镇、部门之间的良性互动。创新"有事好商量+12345热线"工作机制，探索"线上诉求、线下协商"工作模式。

【网格化服务管理】 2022年，中心推动出台推进网格化服务管理高质量发展意见，同步制定7个配套文件，形成"1+7"工作体系。健全网格员考核、奖惩机制，培育一批"倪伯苍式"网格员。健全完善防疫"微网格"协防联动机制，发挥微网格联络员"铁脚板"作用，协助开展宣传引导、"敲门行动"和管控服务等工作，探索新型社会动员体系，中央电视台专题报道市"微网格"防疫模式。会同市委组织部，深入推进"红网格·通通建"工作，强化党建引领，推动基层党建与网格化治理同频共振，推动网格化服务管理从2.0版向3.0版转型。

【网络信息安全】 2022年，启东市全网信息安全设备设施基本满足新时期信息安全防护的需求。在电子政务外网、政务云平台、协同办公、12345、数据共享交换平台5个重要信息系统等保定级和测评中，所有等保系统均以较高分值通过第三方等保测评。启东市电子政务机房网络安全态势平稳，未发生重大安全事件，各系统运作顺畅，保障全市各单位业务正常运作。

（董飞男）

政务服务

【概况】 2022年，启东市行政审批局（政务服务管理办公室）共办理各类行政许可和其他公共服务事项70余万件，工作日日均办件量超过2000件，人均办事等待时长10分钟，群众满意率达99.6%。全年共完成公共资源交易项目1042个，其中，工程建设、政府采购项目合计893个，交易额227.16亿元，节约资金17.85亿元；产权交易、土地出让交易项目合计149个，交易额145.47亿元，溢价资金0.43亿元。市行政审批局获评江苏省文明单位、全国数字政务年会"2022政务服务和优化营商环境先进单位"和"2022政务服务三化建设示范单位"、2021—2022年度全国公共资源交易综合竞争力百强机构，获2021—2022公共资源交易科技创新成果奖。

3月22日，捷捷微电子"拿地即开工"发证仪式举行，该公司功率半导体"车规级"产业化建设项目成为市首个"拿地即开工"的工业项目　（姜新春/摄）

【工程建设项目审批】 交地即发证　在项目用地预审环节或建设用地供应环节，同步开展不动产地籍调查，实现交地确认书、土地出让合同、建设用地规划许可证、不动产权证书等同时发放，全年完成60个"交地即发证"项目。

拿地即开工　在南通率先实行"拿地即开工"改革，牵头出台《启东市建设项目"拿地即开工"实施方案》《关于建立重大项目管家制度的实施方案》，在项目用地挂牌出让的同时，同步开展项目从立项至施工许可的全链模拟审批，在相应建设工程用地批准手续完成后，3个工作日内实现"多证齐发"，确保项目拿到土地即可以开工建设。全年累计完成"拿地即开工"项目21个，其中，20亿元以上项目7个，南通市级重大项目11个，省级"专精特新"企业项目1个，发放桩基施工许可证10张，总投资额300.45亿元。"拿地即开工"工作在数量和质量上列南通地区前茅，优秀经验成果被新华网、中国政府网转发。

优先实施水电气联合报装模式　实现"一张蓝图、一网办理、一体踏勘、一并答复、一同验收"服务模式，成为南通首个完成该项工作的县（市、区），改革提速60%，全年完成3个水电气联合报装项目。

探索推行低风险项目"极简审批"　开发"社会投资简易低风险项目"专项审批服务模块，保留9个必办事项、4个可选事项，畅通简易审批办理渠道。

牵头试行"竣工即交付"改革　建立"牵头单位+验收部门+公共服务单位+中介服务"多层次的协同工作机制。通过提前介入、融合监管、并联推进、分阶段验收、告知承诺等，确保项目工程边建边验、边验边改，最大限度降低"返工率"。

【三级政务服务体系建设】 2022年，"启东市政务服务标准化"获批第八批国家级社会管理和公共服务综合标准化试点。市行政审批局以提升启东政务服务标准化品牌在全国影响力为目标，持续推进政务服务便利化、规范化、标准化。创建24个"一门受理、一站式服务、全科社工"村（社区）便民服务站示范点；发展汇龙镇"汇心办"、海

5月11日，市民张女士到汇龙镇为民服务中心便利店开办“一件事”专窗，领取食品经营许可证、烟草专卖零售许可证，成为市便利店开办“一件事”系统上线后，首位领取“双证”的市民　　（市融媒体中心/供图）

复镇“垦为民”、南阳镇“阳光办”和寅阳镇“寅小二”等一批政务服务品牌；完善政务服务事项清单，66项村(社区)公共服务事项和36项村(社区)代办帮办事项清单被列为示范样本在全省推广；培养全市专兼职代办员1524人，为群众提供“上门办、延时办、假日办”等帮办代办服务43000余人次。推进市镇村三级政务服务事项一窗办理、一站式服务、一平台共享和全流程效能监督。开展政务服务领域突出问题专项整治，在13个镇(园区)、261个村服务窗口完成“好差评”推广工作。对发现问题及时交办，100%实行人工回访，限期督促整改。

【营商环境改革】 “一件事”改革　深化“一件事”改革，营造启东优质营商环境。以群众需求为导向，推动事项线上线下融合，协同全市30多个部门，实现101个“一件事”常态化办理。重点推出“结婚、军人退伍、开办便利店、二手房交易、道口审批、商场超市、开办餐饮店”7个高频“一件事”。实现企业群众办成“一件事”平均少跑3.5次，平均缩短15个工作日，平均精简材料6份。

一网通办　依托长三角一网通办平台，与上海市、浙江省、安徽省实现63项事项全流程“一窗”通办。在江苏政务服务网启东旗舰店上线“区域通办”服务专栏，推动88项跨省通办事项全面在线运行。2022年门诊费用跨省直接结算、首次申领居民身份证、出具贷款职工住房公积金缴存使用证明、长三角新生儿落户等事项办理量超60万件，群众满意度达98%以上。

市场准入微改革　在企业开办上减环节、强服务，深化“住所登记”“一址多照”“一照多址”“集群注册”等改革，2022年成功签约16家集群注册托管机构，全年共有28家企业办理集群注册登记，降低创业成本。构建线上线下一体的跨层级式证照“套餐式”办理服务，实现市场主体“准入即准营”，全年办理证照套餐25件。推行企业变更一件事、企业简易注销等企业全生命周期商事登记服务，全年共办理股权变更“一件事”369件；办理简易注销1369家，配合法院“公益清算”注销178家，占注销总量的71.19%。

智慧政务　优化江苏政务服务网启东旗舰店版面布局，专设“大众版”和“老年版”两个界面，完成政务地图、区域通办、e启办、“启晓百”智能问答、套餐式联办、制发证中心和中介超市等功能的开发，打造“一张清单告知、一张地图导览，一套流程办事”透明公开的“指尖办事”服务。统一制作全市41家单位的88枚电子印章，实现营业执照、身份证等高频电子证照的共享调用。全年实现可调用省平台电子证照19类，用于315个事项办理，累计调用电子证照6291次，有效避免群众重复提交材料，提高审批效率。

【公共资源交易服务】　2022年，市行政审批局对全市各区镇的高标准农田建设项目进行摸底，提供政策咨询、业务辅导等标前指导服务。为市重点民生实事项目开辟绿色通道，实施容缺受理，助力早开工早建设。全年完成建新中学二期工程建设项目、启东市教育体育局学校空调项目等重大民生实事项目93个。2月起免收建设工程交易服务费，10月起取消工程建设项目招标投标电子文件费用，为交易主体减少负担322.81万元。7月底调低大、中型工程项目投标保证金缴纳比例，累计为投标人减少2.27亿元投标保证金。在工程建设项目投标保证金和政府采购项目履约保证金缴纳中推广使用电子保函服务，减轻企业资金压力14.71亿元。充分发挥政府采购政策功能，增强中小企业在政府采购领域的竞争力。依托“互联网+公共资源交易”技术，实现限额以下平台电子化交易、跨省远程异地评标、不见面开标、智能化评标、中标通知书在线发放。建立远程异地评标常态化开展机制，与浙江、山东、四川等地达成跨省远程异地评标合作协议。2月，启东市区南郊家园D区安置房建筑规划方案设计项目开评标工作完成。该项目由启东市、山东省滨州市阳信县、江苏省宿迁市沭阳县两省三地公共资源交易中心共同完成，是市公共资源交易中心首个跨省远程异地评标主场项目，标志着该中心跨省远程异地评标从客场向主场转变，远程异地评标实现新突破。全年交易中心作为副场配合省内外远程异地评标项目257场次，提供评委资源491人次，同时开展主场评标129场次，使用省内外异地评标专家516人次。修订完善《启东市必须招标限额以下项目全流程电子化招投标实施意见》，扩大限额以下交易平台使用范围，完善平台功能。至年底，市限额以下平台成功交易项目1586个，成交金额8.80亿元，为政府节约投资资金3.33亿元，为投标人节约成本2659.88万元。

【新市民服务中心建设】 2022年，市行政审批局以打造长三角一流政务服务大厅为目标，推进新市民服务中心项目建设。服务中心位于启东经济开发区金桥路199号，总建筑面积11万余平方米，整体室内空间布局以政务服务、公共资源交易、重大项目服务、效能监督、电子监察、图审中心、档案中心为主。年底进入调试和试运行阶段。

【市政务服务标准化建设获批立项国家级试点项目】 8月18日，国家标准化管理委员会下发《关于第八批社会管理和公共服务综合标准化试点项目的通知》，由启东市人民政府、启东市政务服务管理办公室组织实施的《江苏南通启东市政务服务标准化试点》获批立项。这是启东市首家获批的国家级社会管理和公共服务综合标准化试点项目。启东市起草《关于开展启东市政务服务标准化建设的实施方案》，自2022年8月开始至2024年8月结束，分筹备动员阶段、标准体系制定阶段、标准体系运行阶段、总结验收阶段四个阶段序时推进该项目建设。2018年起，启东市连续5年将政务服务综合标准化建设工作列为年度重点工作。2019年，启东市政务服务综合标准化获批江苏省标准化试点项目。2021年，启东市政务服务综合标准化试点项目以高分通过江苏省市场监督管理局考核验收，并被评为优秀试点项目。至2022年年底，启东市政务服务标准共有各类标准774个，其中，自订标准728个、引用国家标准41个、行业标准3个、地方标准2个，标准自订率达94.1%。

（李　倩）

11月15日，启东市新市民服务中心进入精装修收尾阶段　（姜新春/摄）

人力资源管理

【事业单位人事管理】 2022年，启东市人力资源和社会保障局做好事业单位公开招聘工作，全年共组织9批次招聘，为168家事业单位招聘325人。与市委组织部、党校共同举办全市59名新聘用事业单位工作人员岗前培训班。推进事业单位岗位设置和聘用管理，完成对24个事业单位岗位设置变更方案审核工作。做好2021年度2383名事业人员奖励审核备案和奖励证书发放。选派教育、卫生、农业系统21名专技人员赴陕西西乡、佛坪开展对口帮扶工作。

【专业技术人员管理】 2022年，市人社局完成审核各系列中高级职称材料1145份，其中，正高级职称材料58份、副高级职称材料476份、中级职称材料611份。组织完成南通启东市综合工程中级专业技术资格自主评审工作，145人通过专家评审，参评通过率87.9%。至年底，全市有正高级职称42人、副高级职称245人、中级职称458人。南通二建集团建设工程中级职称评审通过49人，参评通过率92.5%。推动实施订单班、定向培养等校地、校企合作模式，壮大技能人才队伍。大中专毕业生初级专业技术资格通过考核认定884人，完全实现初定职称电子证书自行下载、“不见面”审批等流程。

【招才引智】 2022年，市人社局与各大高校通过“云平台”开展人才交流对接，组织300家重点企业参与60场高校毕业生网络招聘会。全面贯彻实施“百校千企万岗”青年人才招引工程，共组织220多家企业赴20多所高校开展“逐梦江海　才聚启东”招聘服务活动89场次。筹划举办第七届“启创杯”创业大赛武汉城市赛。全年引进高校毕业生5009人，新录用优秀青年人才15人，落编至各事业单位共18人。

【人才培育】 2022年，市人社局完善《启东市企业引进人才综合补贴实施细则》《启东市企业引进人才综合补贴实施细则修订内容》。全年共发放各类人才津贴、补贴1488.38万元，同比增长48.6%，惠及158家企业2322人；发放购房补贴1222.5万元，惠及11家企业67名高层次人才。围绕《启东市“乡土人才培育计划”实施办法（试行）》，通过资金支持、荣誉激励、培养扶持等举措，培育乡土人才，助推乡村振兴。于冬娟乡土人才大师工作室获评江苏省乡土人才大师工作室，倪忠辉乡土人才大师工作室获评江苏省乡土人才示范工作室。制订《关于进一步加大技能人才引进培育激励的实施细则》《启东市“东疆工匠”评选办法（试行）》等文件，牵头举办“东疆工匠”评选活动，表彰“东疆工匠”3人、“东疆工匠”提名奖3人。

【平台建设】 2022年，清华大学博士研究生社会实践基地继续保持五星级基地称号。新申报成功国家博士后工作站1家（南通泰胜蓝岛海洋工程有限公司），江苏海四达电源股份有限公司国家博士后工作站、南通泰胜蓝岛海洋工程有限公司博士后创新实践基地分别引进博士1人。全市共有见习基地33家,其中,规模工业企业26家、建筑业企业4家、服务业企业3家。全年开发见习岗位681个,累计发放就业见习补贴116.65万元。探索技能人才培养新模式,依托市公共实训基地和高技能培养基地,开展技能培训。鼓励市行业龙头企业设立企业培训中心,增强企业自主培训力量。推进企业技能人才自主评价,12家企业获企业技能人才自主评价资质。寰宇东方国际集装箱(启东)有限公司钳工高级技师陈峰技能大师工作室获评南通市技能大师工作室,启东建筑集团有限公司、江苏神通阀门股份有限公司获评南通市高技能人才培养示范基地,江苏启安建设集团获评南通市高技能人才培养基地。全市累计有南通市技能大师工作室6家,南通市高技能人才培养示范基地2个,南通市高技能人才培养基地1个。

【人事代理】 2022年,市人社局接收高校毕业生档案5866份,转出2176份。办理档案查询、存档证明、政审、借阅党员资料、取得新学历及职称合并档案、窗口咨询等档案业务10230人次。

(张明维)

政府投资项目工程建设

【概况】 2022年,启东市政府投资项目工程建设中心推进政府投资项目工程建设,全年在建的房屋建筑类和市政水利代建项目25个,总建筑面积179961平方米,总投资额17.09亿元。其中涉及多个重大民生实事项目,如启东市蝶湖小学、启东市少年宫新校区、启东市蝶湖中学、启东市建新中学二期新建工程等。

【重点工程】 启东市蝶湖中学　该项目是市政府重点工程、民生实事项目,于2022年4月开工建设。位于启东市新城区,南至黄浦江路,西至和平南路,北至世纪大道,东至衡山路。新校区规模为20轨60班初中及2轨6班少体校,计划容纳在校生3300人、教职工250人。项目总占地面积104581平方米,约156.87亩;总建筑面积72566平方米,其中,地上建筑面积62750平方米,地下建筑面积9816平方米。

启东市看守所、拘留所业务用房　该项目使用单位是启东市公安局,由信金泰建设管理(苏州)有限公司监理,启东建筑设计院有限公司设计、勘察,启东建筑安装集团有限公司承建。项目占地面积4.62万平方米,总建筑面积约2.86万平方米,其中,监区建筑面积为1.22万平方米,总投资14888万元。

启东市少年宫新校区　该项目是市政府重点工程、民生实事项目,于2021年12月开工建设。位于启东市新城区,南至黄浦江路,西至华山路,北至乌江路,东侧与蝶湖小学毗邻,占地面积约3万平方米。总建筑面积2.5万平方米,其中,地上建筑面积21150平方米,地下建筑面积3850平方米。建有1栋综合楼、1栋综合馆以及1栋剧场。设置近50个教室,包括各类专业功能教室、科技活动中心、未成年人成长指导中心、课外实验培训中心等,可同时容纳1000多人,弥补启东市科技类基地的空缺。

(黄凯华)

11月8日,市少年宫新校区项目加紧建设　(王海兵/摄)

信访工作

【概况】 2022年,启东市信访局开展“信访突出问题攻坚化解年”专项行动,健全完善体制机制,强化矛盾风险防范,合力攻坚信访积案,全市信访工作绩效考核列全省前20名。市信访部门共接待群众来市上访422批2606人次,全年无集体上访、无非正常上访。办理群众来信3270件、市人民政府信访复查件39件。市领导接访下访128批134人次,化解100件次,化解率78.13%,接访任务完成率100%。各区镇、街道党政领导接访群众2804人次。启东市获评全省信访工作示范县、全省治理重复信访化解信访积案专项工作先进单位。

【网上信访工作】 2022年,市信访局抓实网上信访“人民满意窗口”建设,创新推行“四化”(服务便民化、运行规范化、化解多样化、督导精准化)网上信访工作法,突出线上录入程序规范倒逼线下处置实体规范,信访事项及时受理率、按期答复率均为100%,群众满意率98.56%,一次性化解率91.89%。做实“启信服”网上信访工作品牌,5月新冠疫情期间,7小时内完成与属地、部门的“工作接力”,解决群众滞留高速服务区网上涉疫投诉问题,得到国务院副秘书长、国家信访局局长李文章的批示肯定。

【信访突出问题攻坚化解】 2022年,市信访局推进化解各级交办信访事项。中联办交办的第一批、第二批国治件报结率100%;省交办9件攻坚件化解率100%;南通市交办12件攻坚件化解率100%。全市信访总量、重复信访量同比分别下降9.18%、13.6%。

（杨凯峰）

外事工作

【概况】 2022年，启东市外事办贯彻落实中央、省市委外事工作委员会各项部署，统筹推进昆山接驳转运、涉外协调、APEC商务旅行卡管理、邀请外国人来华、因公临时出国（境）、人民对外友好协会等各项工作任务。召开启东市境外公民和机构安全保护工作机制第一次全体会议，推动落实境外安保各方责任，完善海外领事保护机制。出台《启东市涉外突发事件应急预案》，进一步健全涉外安全网格化体系。全年协调完成396名昆山接驳来通外籍人员的接收管理，有204名外籍人士完成新冠疫苗加强接种，361名接种完第二剂，363名接种完第一剂。

【外事政策宣传】 2022年，市外事办组织开展“海外领事保护进港区”宣传月活动，深入港区一线，向涉外渔民宣传普及海外领事保护、疫情防控等知识，培训引导渔民加强出海安全防范。设计、制作APEC商务旅行卡宣传手册，面向“走出去”企业、商务和公安出入境等部门进行推广普及，筹划“外事服务进厂区”系列宣传活动，到开发区、王鲍镇、海复镇和吕四港镇等地的重点“走出去”企业开展外事政策业务和境外安保知识宣讲。

【服务发展】 2022年，市外事办高效快捷提供“一站式”服务。为企业申办APEC商务旅行卡和邀请外籍人士来华洽谈、验货等提供“一站式”服务，开通“绿色通道”，助推企业“走出去”“请进来”拓业务、抢订单。全年为好收成、林洋能源等企业申办APEC商务旅行卡8张；为极丹德、弗林特、力邦等企业办理邀请外国人来华业务9人次。助推企业参与南通市外事办组织的APEC商务旅行卡诚信企业回头看和“白名单”企业评选等活动。林洋能源、诚信药业、龙擎动力、安捷机械、海四达、南通二建、美通重工、迪皮茜、千鹤食品等企业成功保留诚信企业资格，享有自行保管APEC卡资格；迪皮茜、南通二建2家企业入选“白名单”企业，南通市外事办为其开通APEC卡申办直送通道，不再需要县（市、区）外事办初审，缩短申办时间。协助商务等部门促成挪威驻上海总领事馆总领事丽莎（Lise Nordgaard）女士一行到启东参观考察海工船舶工业园和通州湾新出海口吕四起步港区“2+2”码头，并举办挪威启东海工产业发展研讨会。市多家海工装备、风电产业企业与挪威船级社、康斯伯格海事公司、佐敦涂料、Passer集团等挪威企业形成更加紧密的联系。为市外籍人士出境所需新冠核酸双采双检以及双语版检测报告进行协调服务；对接公安出入境、交通等部门为外籍人士提供签证延期申办、来启信息网上登记指引以及常态化新冠疫情防控下跨市出行等多类事项的定向服务，提升外国专家在启工作获得感和满意度。

7月17日，“强国复兴有我——新时代颂”2022江苏省摄影采风创作暨“日出江海 美丽启东”新闻媒体摄影采风活动在启东市举行，图为外国友人和孩子们在启东版画院体验版画制作 （潘杨/摄）

【友好交往】 2022年，市外事办利用市人民对外友好协会，做好新冠疫情大背景下的启东常住外籍人士友好交流工作。举办“爱上南通·追江赶海”——“外国友人看启东”中外文化交流活动，邀请来自日本、意大利、印度尼西亚等国家的10位外国友人参加。与韩国巨济市继续保持书信和邮件联系，互相交流最新的城市概况、风景图文和视频材料等；双方在本地媒体、政府官网和SNS社交平台等平台上互相宣传推介，推动城市优势互补，促进民间交流合作。成功推荐圆陀角旅游度假区、抗大九分校纪念馆、生命健康科技园、通远港口有限公司4家单位入选南通首批“外事交流点”，并列入南通外事接待重点参观考察对象。发动外国友人参与“南通这十年”外国友人摄影大赛，市外事办获优秀组织奖。

（张婧婧）

对口帮扶支援与合作

【概况】 2022年，启东市制定印发《2022年启东市对口支援协作合作工作要点》，与青海省同仁市签署对口帮扶协议，与陕西省西乡县签订《2022年度启东西乡苏陕协作与经济合作协议》，持续助力协作地区守住不发生规模性返贫底线，有效巩固拓展脱贫攻坚成果，确保下达启东市的各项对口支援协作合作指标任务圆满完成。全年，启东市与西乡县党政主要领导之间互访交流3次，联合召开苏陕协作联席会议3次；与同仁市党政主要领导之间互访交流2次，联合召开苏青

6月12—13日，江苏神通阀门股份有限公司携手市足球协会在西乡县，开展爱心捐赠和体育交流活动　　（市融媒体中心/供图）

协作联席会议2次，对苏陕和苏青协作工作进行专题研究部署。

【结对帮扶】　2022年，启东市精选经济实力较强的镇、村、企业和西乡县6个镇6个村形成一对一的帮扶格局，结对双方因地制宜开展互访交流、帮扶采购、捐款捐物等活动。与西乡县互派干部人才，加强交流学习；与同仁市建立东西部医院、学校、村企协作结对关系，其中，市工商联（总商会）向结对村捐款捐物。

【消费帮扶】　2022年，启东市挖掘西乡、同仁农畜牧产品和特色手工艺产品，对接江苏省内外需求，结合消费帮扶机制，制订工作方案，解决西乡县、同仁市农特产品"卖难"问题。全年对西乡县的消费帮扶任务为1100万元，采购、帮助销售西乡县的农副产品和特色手工艺产品总额1648万元，较上年增长9.3%。对同仁市的消费帮扶任务为50万元，采购同仁市农副产品55万余元。

【招商引资】　2022年，启东市助力西乡县多措并举优化营商环境，落实招商引资优惠政策，为企业提供保障服务，新增引导落地投产企业4家，实际到位投资额2.72亿元，吸纳农村劳动力就业305人，其中脱贫劳动力48人。共建产业园区1个，引导入驻园区企业3家，入园企业实际到位投资额2.65亿元，吸纳农村劳动力就业290人，其中脱贫劳动力46人。

【劳务协作】　2022年，启东市与西乡县签订《人力资源和社会保障工作全面协作协议》，通过定期发布就业岗位信息、举办劳务培训班，帮助西乡县农村劳动力就业。助力同仁市组织乡（镇）精准摸排，动态管理务工就业信息，持续跟踪、管理脱贫劳动力、农村劳动力外出务工状况，精准掌握全市脱贫人口务工情况，计划外出就业意愿等基础信息。

（左玲玲）

7月21日，启东—西乡劳务协作座谈会在西乡县召开　（市人社局/供图）

责任编辑　陈广辉

政协启东市委员会

综　述

【概况】 2022年，启东市有省在启政协委员1人，南通市在启政协委员25人。全市政协委员320人，分布在17个界别。新聘委员16人，解聘委员11人。全年召开全体会议1次、常委会会议4次、主席会议13次；开展各项专项视察调研47次，提交意见建议54份223条。市政协委员、政协各参加单位和政协各专门委员会提交意见、建议421件，立案审查372件，均在规定时间内办结。9月，启东市政协在全省政协系统先进集体和先进工作者表彰会上作经验交流。

【文史编研】 2022年，市政协抓住启东分治设县100周年的重要历史节点，制定文史资料编撰五年规划，明确重点任务、原则要求、主要措施，深度解读启东百年历史，努力用高质量的文史资料服务启东经济社会高质量发展，切实发挥政协文史资料存史、资政、团结、育人作用。围绕编撰《张謇垦牧手碟校注》，加强和市档案馆、南通大学、南通高等师范专科学校等相关部门、高校在信息交流、资源共享、优势互补等方面的联系，深度协作，合力打造文史成果精品。

【长三角“六市一区”政协主席第四次联席会议到启东考察】 11月19日，长三角“六市一区”政协主席第四次联席会议到启东考察。上海市徐汇区政协、浙江省宁波市政协、安徽省合肥市政协、江苏省盐城市政协、浙江省湖州市政协、浙江省绍兴市政协、江苏省南通市政协主席、副主席、秘书长、相关委室主任、政协委员代表等参加考察。在黄金海滩景区，考察团一行听取最美江海岸线的相关介绍；在连兴港村党群服务中心，实地了解“有事好商量”协商议事工作。考察团一行表示，启东在城市建设、基层治理、环境保护等方面有很多可学可用的好经验、好做法，希望继续深化“六市一区”政协协作机制，发挥政协优势，为助力扩大长三角地区合作交流贡献智慧和力量。

（陆飞飞）

重要会议

【政协启东市第十六届委员会第一次会议】 1月10—13日召开。会议学习和讨论市委书记李玲在大会开幕时所作的讲话。会议听取和讨论市长杨中坚代表市政府在市第十八届人民代表大会第一次会议上所作政府工作报告、市人民法院工作报告、市人民检察院工作报告及其他相关报告。会议审议并一致同意主席孙建忠代表政协启东市第十五届委员会常务委员会所作工作报告和副主席蔡建平所作提案工作情况报告，通过关于市政协十六届一次会议期间提案审查情况的报告。会议选举产生政协启东市第十六届委员会主席邵茂华，副主席袁圣菊、龚建涛、徐永辉、张海荣、龚海燕，秘书长郁豪杰，丁祖耀等56名常务委员。会议期间，委员们通过分组讨论、提交提案等方式参政议政。

【市政协常委会会议】 2022年，市政协召开4次常委会会议，即政协启东市第十六届委员会第一次至第四次常委会会议。

市政协十六届一次常委会会议　1月13日召开。市政协主席会议成员为常务委员颁发当选证书，会议协商决定市政协副秘书长和办公室、各专门委员会主任、副主任，审议通过市政协提案和委员工作委员会组成人员名单。

市政协十六届二次常委会会议　9月7日召开。会议听取全市经济社会发展情况通报，市政府办理《关于实施乡村振兴战略的建议案》《关于园区高质量发展的建议案》情况报告；听取市住建局关于新型城镇化建设情况报告、市政协常委会调研组关于新型城镇化建设调研报告；审议通过《关于新型城镇化建设的建议案》《中国人民政治协商会议启东市委员会全体会议工作规则》、有关人事事项和政协委员调整事项。

市政协十六届三次常委会会议　11月24日召开。会议听取市发展改革委关于加快沿海特色新兴产业带建设情况报告、市政协常委会调研组关于加快沿海特色新兴产业带建设调研报告；听取市政府办公室关于市政协十六届一次会议以来提案办理情况报告；审议通过《关于加快沿海特色新兴产业带建设的建议案》。

市政协十六届四次常委会会议　12月29日召开。会议学习中共二十大精神，审议通过《中国人民政治协商会议启东市第十六届委员会常务委员会关于学习贯彻中国共产党第二十次全国代表大会精神的决议》；学习启东市委十四届五次全体会议精神。会议审议通过《关于召开政协启东市第十六届委员会第二次会议的决定》。会议决定政协启东市第十六届委员会第二次会议于2023年1月9—12日举行，会期3天半。会议审议通过政协启东市第十六届委员会第二次会议议程（草案）、日程；审议通过政协启东市第十六届委员会常务委员会工作报告；审议通过政协启东市第十六届委员会常务委员会关于一次会议以来提案工作情况的报告；审议通过关于政协启东市第十六届委员会常务委员会工作报告、提案工作情况报告报告人的决定；审议通过政协启东市第十六届委员会第二次会议秘书长、副秘书长建议名单；审议通过政协启东市第十六届委员会第二次会议邀请上主席台人员建议名单；审议通过政协启东市第十六届委员会第二次会议列席人员建议名单；审议通过政协委员调整名单和政协委员界别调整名单；审议通过《政协启东市委员会协商工作规则》。

（陆飞飞）

协商建言

【新型城镇化建设调研】 2022年，市政协常委会组织3个子课题调研组，分别围绕“规划引领、产业支撑、机制创新”开展工作，充分听取和吸收委员、专家们的意见建议。调研组先后赴常州、镇江、苏州、淮安等地学习调研，借鉴先进经验。立足破解启东市新型城镇化发展瓶颈，从城镇空间布局规划、城乡产业融合发展、管理体制机制创新等方面，提出以城镇规划为引领，坚持系统思维，不断优化城镇空间格局；以现代产业为支撑，立足功能定位，持续激发城镇发展动力；以机制创新为突破，拓展思路举措，稳步增强城镇承载能力等建议意见。

【沿海特色新兴产业带建设调研】 2022年，市政协常委会组织三个子课题调研组，分别围绕“高质量发展临港产业、科技创新赋能产业发展、做强做优特色文旅产业”开展工作，对启东市沿海特色新兴产业带建设工作进行深入调研，通过视察现场、召开座谈会，全面了解情况，广泛听取意见，学习外地先进经验，提出聚焦产业发展，打造临港产业新高地；聚焦科技核心，打造创新资源新磁场；聚焦文旅资源，打造全域旅游新热土等建议意见，为市委、市政府加快推进沿海特色新兴产业带建设提供决策参考。

（陆飞飞）

6月14日，市政协副主席龚建涛赴溧阳市天目湖镇调研新型城镇化建设

（市政协办/供图）

民主监督

【新型城镇化、乡村振兴、土地三项督查工作】 2022年，市政协推进新型城镇化、乡村振兴、土地三项督查工作，坚持在协商中监督、在监督中协商，推动市委、市政府重大决策部署落地见效。建立兼顾全面与突出重点相统一、齐抓共管与分工负责相结合的督查工作体系，实施“五查五看”工作法（即一查组织领导，看力量配备是否到位；二查思路目标，看任务安排是否科学；三查工作作风，看相互配合是否顺畅；四查精神状态，看矛盾问题是否化解；五查工作绩效，看任务完成是否达序），抓实、抓准工作中的关键性、苗头性、源头性问题。在新型城镇化督查工作中，坚持将民主监督与实绩考核相结合，每季度向市委、市政府汇报监督和考评情况；在乡村振兴督查工作中，坚持将民主监督与专题调研相结合，对“四好农村路”建设提升工程、高标准农田高质量建管用等进行深入调研、精准分析；在土地三项督查工作中，坚持将民主监督与双向推动相结合。提出的61条相关建议意见，均转化为区镇、部门工作中的具体措施，相关创新做法被省政协专题推荐。

【“有事好商量”协商议事工作】 2022年，市政协协助市委出台《关于进一步推进“有事好商量”协商议事工作常态长效提质提效的意见》，开好全市“有事好商量”协商议事巩固提升工作推进会。以全市346家协商议事室为基础，推动党支部活动室、委员工作室、政协书房、社情民意联系点与协商议事室一体化建设、融合式发展，建设平台共建、信息共通、资源共享的集成体系。完善“1+7”制度体系、质效评估实施细则、委员履职考核办法，创新实施“黑白清单”制度，编制有关学习手册，提升协商议事工作制度化、程序化、规范化水平。创新“搭建平台、确定议题、明确主体、商前调研、开展协商、报送成果、转化落实、评估质效”工作闭环机制。市政协主席会议成员常态化带领指导组采取“四不两直”等方式，深入基层协商议事室，指导工作、推动实践，指出问题、推动整改。深化政协委员挂钩联系村（社区）协商议事室制度，新一届启东市政协委员、南通市政协在启委员全部下沉一线。常态化开展“村村到、人人议”“有事好商量·民生专题协商议事月”等活动。创新实施“有事好商量+12345热线”工作机制，运用分析筛选、定期推送、结果应用“三步法”，推动集贸市场交通拥堵、“一条龙”食品安全等问题找到化解路径。

（陆飞飞）

参政议政

【提案办理】 2022年，市政协修订完善《政协启东市委员会提案工作条例》，构建“提、立、办、督、评”闭环机制。强化“先协商后选题、先协商后审查、先协商后立案”理念，引导委员围绕高质量发展、高品质生活等关键环节、重点领域，深入调研，提出建议。十六届一次会议以来，经审查立案提案372件，立案率达93.3%。创新提案督办方式，探索实行重点提案单独协商、专题提案集中协商等方式，推动一次办理满意率达99.2%，5位副市长领办的10件重点提案全部高质量办结。创新评议方式，推动实施以政协委员为主体，邀请党代表、人大代表、界别群众代表共同参与“面对面”评议，提升提案整体办理质量。

2022年启东市政协优秀提案一览表

表3

序号	提案号	标　　题	提案人
1	102	关于加快推进我市企业上市挂牌工作的建议	朱卫强
2	103	关于成立海工船舶及重装备产业协同创新功能平台的建议	袁雪松
3	67	关于尽快出台国家级中心渔港吕四渔港船闸渔船进出港管理规定的建议	曹国安
4	95	关于探索我市前列腺癌早筛早诊早治的建议	龚海燕(人民医院)
5	100	关于进一步提高我市公共文化场馆利用率的建议	陈晓燕
6	160	关于推动非学科类校外培训机构参加校内课后服务的建议	胡程博
7	105	关于加强市政道路养护管理,提升城市道路的畅通率的建议	王　忠
8	237	关于增设乡镇公交站台信息屏的建议	倪炜炜
9	245	关于建设城区生活垃圾清运点的建议	李　斌
10	368	关于推动在城市社区开展助餐服务的建议	台　界
11	13	关于进一步加强中小学生心理健康教育的建议	赵雨玉
12	108	关于优化设置交通信号灯的建议	徐　霞
13	305	关于建立“妇女儿童关爱”联动机制的建议	妇女界
14	173	关于加强儿童近视眼预防的建议	陈　松
15	208	关于高质量助力启东全域旅游发展的建议	顾海健
16	212	关于进一步优化启东教育师资结构的建议	汤倩倩
17	326	关于坚持多措并举、高质量推进养老服务体系建设的建议	周　兵
18	126	关于进一步发挥桥港优势,以重大项目推动制造业持续高质量发展的建议	丁尹霞
19	134	关于推进名医工作室建设,进一步提升县域医疗服务能力的建议	徐建军
20	163	关于整合规范国、省、县交通干道环境保洁管理,提升我市高等级道路路域环境质量的建议	黄　宇
21	180	关于加大财政投入力度,提升普惠托育服务供给水平的建议	陆健泉
22	311	关于稳步推进农村改厕实施工作的建议	王蕻冰
23	344	关于盘活闲置厂房　优化营商环境的建议	周晓宇
24	137	关于推进我市宠物尸体无害化处理的建议	戴　宏
25	129	关于加强人才引进、建设培养的建议	曹金花
26	135	关于加大新老小区各类违章拆除力度的建议	唐　俊
27	188	关于深化“太阳花”四位一体关爱工程的建议	张卫华
28	12	关于尽快实现全市医疗影像数据共享的建议	陆建新
29	28	关于优化营商环境发展科技型中小企业的建议	黄　坤
30	45	关于建议加强沪启合作,加速打造沿海一流港口的建议	郭建辉

续表3

序号	提案号	标　　题	提案人
31	75	关于加快生产性服务业发展的建议	陈　飞
32	269	关于扶持和培育专精特新中小企业发展的建议	陈　宇(艾特机械)
33	364	关于扶持启东市教学仪器行业发展的建议	工商联界
34	40	关于加强生物医药产教融合的建议	张　泳
35	258	关于鼓励启东市区分布式光伏发展的建议	施　雯
36	187	关于合理保护和使用启东红色资源的建议	陆海峰
37	172	关于培育乡村振兴示范村、先进村的建议	江陈华
38	254	关于实施农村水面综合开发和有效管护的建议	张旦前
39	36	关于拓宽水果小镇果农销售渠道和发展深加工产业的建议	殷　荣
40	38	关于加快实施启东地标农产品保护工程的建议	林焱尧
41	44	关于大力发展农村电商,助力乡村振兴的建议	顾东磊
42	88	关于大力培育新型职业农民,推动乡村人才振兴的建议	茅东华
43	285	关于对我市既有公共建筑加强绿色运维管理助力节能减碳的建议	樊红燕
44	308	关于加大对农村地区通信线缆乱搭、乱捆、乱断及管理不到位现象进行整治的建议	车红兵
45	273	关于升级城市休闲空间,打造城市景观水环的建议	朱海荣
46	276	关于注重点线旅游规划,尽显江海特色风貌的建议	周敏华
47	304	关于加强村卫生室人才队伍建设的建议	施殿刚
48	49	关于加强物业服务行业建设的建议	虞祖伟
49	280	关于智能化适老科技改造老旧小区,让居家养老更便捷更舒适更安全的建议	樊　健
50	73	关于进一步完善我市新型城镇化工作机制的建议	陈　樊
51	57	关于进一步规范寄递行业管理促进寄递行业高质量发展的建议	张利国
52	345	关于尽快启用惠港码头供沿江企业租用的建议	倪蔡辉
53	202	关于加快高铁小镇规划建设的建议	陆　敏
54	24	关于扶持本地装配式建筑企业发展的建议	高建忠
55	310	关于整治启东火车站和启东汽车客运站站外乘车秩序的建议	李云松
56	5	关于加强老年人消费权益保障,形成常态化防诈机制的建议	沙赛峰
57	11	关于优化我市营商环境,助力启东高质量发展的建议	赵凯旋
58	29	关于规范“老年代步车”的建议	姜莉莉
59	183	关于未成年人社会化帮教体系的有效构建的建议	沈红华
60	147	关于巩固有事好商量成果,促进协商议事提质增效的建议	张燕峰

10月19日，市政协主席会议成员在启东实验小学专题调研“课后延时服务”
（市政协办/供图）

【视察调研】 6月，市政协主席会议围绕“全力推进高标准农田高质量建设、管理和使用”组织专题调研。主席会议成员实地视察吕鲜人家米业有限公司粮食生产基地，听取市农业农村局关于高标准农田建设、管理和使用工作情况。会议提出持续推进高标准农田高质量建设、持续推进高标准农田高效率管理、持续推进高标准农田高水平利用等建议。10月，市政协主席会议专题协商“提升全市小学‘5+2’课后服务水平，确保教育‘双减’优质高效”。主席会议成员视察启东实验小学、南苑小学，现场观摩“课后延时服务”开展情况。协商会上，市教育体育局汇报交流“课后延时服务”开展情况，市政协委员代表就提升全市小学课后服务水平作点评交流，并提出建议意见。专题协商“打造‘有事好商量+12345热线’工作机制”。主席会议成员视察汇龙镇镇域治理现代化指挥中心、市市域治理现代化指挥中心。会议强调，议题协商要更加精准，成果成效要更加突出，联系群众要更加紧密，推动“有事好商量+12345热线”工作机制更有特色、更有成效。11月，市政协主席会议专题协商“培育壮大全市生产性服务业”。主席会议成员实地察看驿同电商产业园、生命健康科技园金达威生物技术（江苏）有限公司和米欧米光学科技（江苏）有限公司等生产性服务企业，现场听取区镇和企业负责人相关情况介绍。专题视察“推进婴幼儿照护服务扩面提质工作”。主席会议成员到市妇幼保健院托育园和尚德幼儿园，实地了解情况。会议提出注重规划，加强托育服务顶层设计；调整结构，推进多元灵活、普惠为主的托育机构建设；提高质量，强化婴幼儿照护服务协调配合的建议。

（陆飞飞）

委员工作

【委员履职管理】 2022年，市政协制定完善《关于强化政协委员责任担当的意见》《委员履职评价办法》等规章制度，开展政协常委提交履职报告、委员分批次列席常委会会议、委员界别小组述职等工作，加强委员履职考核和服务管理。相关经验做法入选全省“强化委员责任担当和协商能力建设”理论研讨暨经验交流会典型案例。

【委员读书活动】 2022年，市政协以深入学习中共二十大精神为主线，制定完善“书香政协·同心筑梦”委员读书活动实施方案，推进“书香阵地、书香委员、书香机关、书香史志”建设，开展“喜迎二十大”委员读书活动、学习宣传贯彻中共二十大“六个一”（开展一次专题学习、组织一次交流活动、提交一件提案、反映一条社情民意信息、参加一次调研或视察、参加一次协商议事）委员读书活动。全年累计开展委员读书活动60多场次，委员分享读书心得近300人次，参与群众超1000人次。

【委员培训】 12月，市政协委员培训班在南通举行，近60名委员参加。培训班上，委员们学习中共二十大精神、《实践论》《矛盾论》，学习习近平关于社会主义民主政治建设的重要论述以及张謇企业家精神，强调委员的政治责任和履职担当，持续提升新时代政协委员能力素质。

（陆飞飞）

8月20日，市政协副主席袁圣菊（左二）参加高新区（近海镇）委员读书活动
（市政协办/供图）

责任编辑 陈广辉

启东市纪委监委

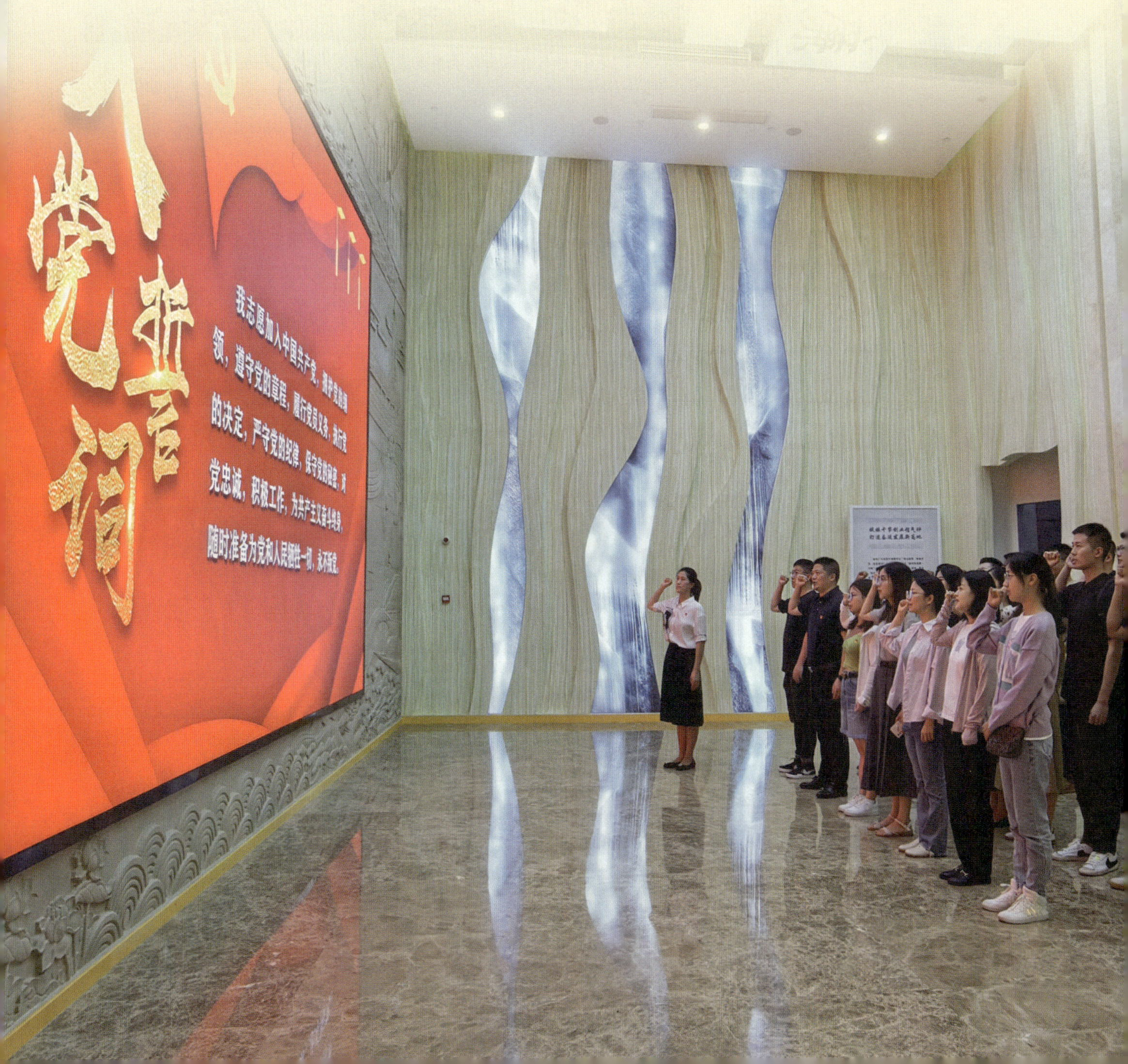
我志愿加入中国共产党，拥护党的纲
领，遵守党的章程，履行党员义务，执行党
的决定，严守党的纪律，保守党的秘密，对
党忠诚，积极工作，为共产主义奋斗终身，
随时准备为党和人民牺牲一切，永不叛党。

综　述

【概况】 2022年,启东市纪委监委围绕中心,服务大局,精准发力强化政治监督,持之以恒正风肃纪,旗帜鲜明惩治腐败,启东党风廉政建设和反腐败工作取得新进展、新成效。

6月17日,市纪委监委召开启东市"大督查平台"系统完善座谈会
(市纪委监委/供图)

【"智慧纪委监委"建设】 2022年,市纪委监委加快推进"智慧纪委监委"建设,以信息化赋能精准高效监督办案。深化推进限额以下招投标全流程电子化交易平台建设,在2021年将30万~400万元的工程建设项目全部纳入平台的基础上,增加预选招标和直接发包模块,将30万元限额以下的小型工程建设项目全部纳入平台,确保交易项目"应进必进"、监管无盲区。全年平台完成招标项目1586个,成交金额12.09亿元,累计节约政府投资资金3.33亿元,为投标人节约制度性交易成本2659.88万元。中央纪委专门到启东调研相关工作。深化电子监察平台应用,拓展查询专线,加快数据归集汇聚,聚焦重点领域、关键环节,排查全市56家职能部门的行政权力事项,梳理汇聚119个行政收费、185个专项资金发放、77个惠民补贴、288个重点城建项目、173个服务外包项目相关数据,夯实行政权力运行监督基础数据库。开发应用"智慧案管"程序,整合审查调查数据资源,推动各类平台、系统协同化,实现一键搜索查询多元信息,通过数据比对发现线索618条,立案353件。推进基层小微权力"监督一点通"平台应用,共受理群众投诉716件,办结716件,满意率95.3%。建成"启东智慧督查平台",将重大项目、重点工作、沿江沿海高质量发展等八大类819个项目纳入督查平台,通过线上自动分析研判和线下实地调查、交办开单、督促整改、回访问效等全流程督查模式,发现问题51个,运用第一种形态处置5人,督促完善工作机制2条,并在市委常委会上对督查发现的问题集中通报,推动解决农村改厕漏水、公交站台设置、退役军人权益保障等民生事项10余件,监督保障市第二污水处理厂、吕四港港口支持系统综合楼项目开工建设。《南通日报》头版专题报道启东升级"智慧督查平台"全面提高监督质效相关做法。
(李文号)

8月31日,市纪委监委联合倪伯苍工作室开展"监督一点通"线下宣传推广活动
(市纪委监委/供图)

重要会议

【中国共产党启东市第十四届纪律检查委员会第二次全体会议】 3月2日召开。出席会议市纪委委员14人,列席会议331人。市纪委常委会主持会议。市委书记李玲出席会议并讲话,要求把政治建设摆在首位,优化政治生态;把纪律建设挺在前面,推进铁腕反腐;把作风建设抓在日常,弘扬清风正气;把制度建设落在实处,提升监督效能。全会审议通过市委常委、纪委书记、监委主任郭建代表市纪委常委会所作的题为《推动纪检监察工作高

质量发展，以优异成绩迎接党的二十大胜利召开》的工作报告。全会总结过去一年的工作体会，深刻分析纪检监察工作和干部队伍建设中存在的问题，要求高度重视、认真研究解决。全会强调，2022年主要抓好六个方面的工作任务：坚持服务大局，以更强担当开展政治监督；保持战略定力，以更实举措推进“三不”建设；紧盯“四风”顽疾，以更足韧劲深化作风建设；强化政治体检，以更高站位推动巡察监督；突出创新引领，以更优机制提升监督效能；围绕自身过硬，以更严标准铸造铁军队伍。

【全市机关作风建设大会】 1月3日召开。会上，市委书记李玲对机关作风建设进行全面部署。李玲要求，全市广大党员干部把“国之大者”放在首位，全力干事创业；把“担当作为”付诸行动，全力争先进位；把“锐意创新”贯穿始终，全力攻坚突破；把“履职尽责”作为根本，全力抓好落实；把“团结协作”落到实处，全力服务发展；把“清正廉明”铭记于心，全力守牢底线。市委副书记、市长杨中坚主持会议，并就贯彻落实会议精神提出要求。市委常委、纪委书记、监委主任郭建通报2021年全市机关作风建设情况。与会人员观看机关作风建设专题片。

【全市领导干部警示教育大会】 1月21日召开。会上，市委书记李玲要求广大党员干部深刻汲取反面案例的惨痛教训，始终绷紧纪律规矩之弦，做到拒腐蚀、永不沾，不断夯实廉洁从政、廉洁用权、廉洁干事的坚固防线。市委副书记、市长杨中坚主持会议。

12月29日召开。会上，南通市副市长、启东市委书记李玲强调，全市党员干部要以忠诚之心拥护“两个确立”，要以敬畏之心守好权力边界，要以赤诚之心站稳人民立场，要以律己之心筑牢廉洁堤坝。全市各级党组织要坚决扛起全面从严治党政治责任，对发现的苗头性、倾向性问题早提醒、早处理。主要负责同志既要带头勤政廉政，又要从严管党治党，带好管好班子和队伍。市纪委监委要突出问题导向，强化监督执纪，以“全周期管理”一体推进“三不腐”，把惩治的威慑力、制度的约束力、教育的感染力有机统一起来，为全市经济社会高质量发展保驾护航。市委副书记、市长杨中坚主持会议。

（李文号）

党风廉政建设

【夯实“两个责任”】 2022年，市纪委监委坚决扛起管党治党政治责任，协助市委制订《2022年度启东市落实全面从严治党责任对照清单》，督促全市及时修订“两个责任”清单，做好履责记实工作。对全市20个镇、园区、街道，62家市级机关部门、市属国有企事业单位开展“两个责任”全覆盖督查，及时向市委常委会汇报督查情况，督促相关单位落实问题整改，对同类问题多次出现或问题较严重的单位，区镇街道党（工）委、纪检监察组织约谈直接责任人16人次。

【日常督查】 2022年，市纪委监委紧扣“疫情要防住，经济要稳住，发展要安全”总要求，跟进监督、精准监督。针对周边多点散发和局部爆发的新冠疫情，第一时间成立监督工作领导小组，组织全委力量参与防控督查，根据形势变化先后19次调整工作方案，发现问题4017个，编发督查工作通报165期，对落实防控不力的典型问题公开通报3批次，责任追究101人，相关工作被南通市纪委监委信息专刊推介。紧盯涉疫信访举报和相关舆情，办理涉疫信访件11件，立案18人，运用第一种形态处置13人。聚焦复工复产、助企纾困，走访企业1156家，组织监督检查68批次，发现并交办问题195个；加强对领导干部“千人千企”挂钩服务落实情况监督，收集企业反馈问题672条，第一时间督促解决。统筹发展与安全，深化开展安全生产专项整治三年行动，立案12人，运用第一种形态处置3人。

【通报曝光】 2022年，市纪委监委紧盯“四风”反弹回潮，组织党风政风监督员开展年节假期和日常作风督查，查处“四风”问题61起，处分81人。发挥典型案例的警示教育作用，对查处的31起形式主义、官僚主义问题，9起违反中央八项规定精神问题，9起群众身边不正之风和腐败问题公开通报。

【宣传教育】 2022年，市纪委监委协助召开全市领导干部警示教育大会，拍摄专题片《微权力下的贪婪》，教育引导广大党员干部以案为鉴、警钟长鸣。发挥家属助廉作用，组织开展“涵养良好家风、建设廉洁家庭”家庭助廉活动，开通“廉洁家风直通车”，培育廉洁好家风。组织开展“5·10”思廉日、算账教育月、“12·9”国际反

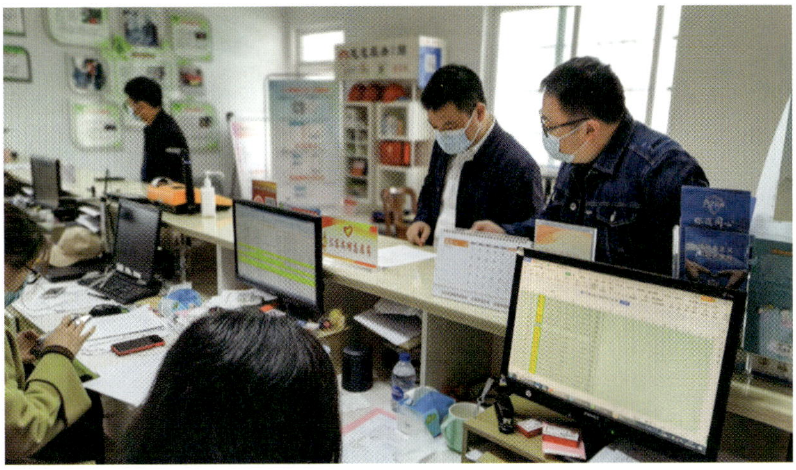

3月中旬，市委常委、纪委书记、监委主任郭建（右二）深入市区社区、企业、超市、酒店等地督查督导防疫工作　（市纪委监委/供图）

4月,市纪委监委联合市教育体育局举办“廉洁在我心,笔墨扬清风”主题书画作品大赛（市纪委监委/供图）

腐败日等活动,党员干部主动上缴礼金、礼券、购物卡价值合计29.75万元。

（李文号）

执纪问责

【作风纠治】 2022年,市纪委监委开展“机关作风建设提升年”活动,并结合“激扬狼性精神,整治‘不担当、不作为、不落实’专项行动”,持续加强监督检查,发现问题715个,发出告知单274张,对157个存在典型问题的单位予以效能考核扣分,运用第一种形态处置374人,立案77人,相关工作被省纪委监委信息专刊推介。协助市委召开机关作风建设大会2次,制作专题片《正风肃纪新征程》,曝光各类问题34个,严格督促整改落实。

【专项治理】 2022年,市纪委监委聚焦群众“急难愁盼”问题,由党风室牵头,监督检查室、派驻机构、基层纪检组织参与,“室组地”联动开展营造良好营商环境、村集体资金使用管理、农村危房改造等专项治理,开展上级纪委部署的粮食购销领域腐败问题等专项整治,运用第一种形态处置40人,立案146人,向职能单位发送纪检监察建议4份,挽回经济损失47.4万余元。

（李文号）

案件查办

【概况】 2022年,市纪委监委受理群众检举控告285件次,处置问题线索1101件,运用监督执纪“四种形态”处置1365人次,立案511件,涉及副科以上干部30人,移送司法机关12人。严肃查处群众反映强烈的拆迁领域系列腐败案件,5人被留置并移送司法机关,另有9人被给予党纪政务处分,挽回经济损失1500余万元。强化党内问责工作,问责党组织10个、党员干部82人。

【以案促改】 2022年,市纪委监委以查办案件为介,运用“全周期管理”方式一体推进“三不腐”,遏制增量,有效清除存量。剖析汇龙镇拆迁领域窝案的案件特点、原因分析,形成《启东市拆迁领域系列案件剖析报告》,推动拆迁领域问题系统治理。以村集体资金使用管理等领域典型案件破题,开展专项治理,推动完善相关领域关键环节监督机制,规范权力运行。全年发出纪检监察建议10份。

（李文号）

责任编辑　陈广辉

群众团体

启东市总工会

【概况】 2022年，启东市基层工会涵盖单位总数达1676家，职工总数185186人，工会会员175283人，其中，农民工108960人。工会组建率72.71%，职工入会率94.7%。启东市总工会获江苏省县以上工会财务会计工作竞赛评比一等奖、江苏省化工行业网上安全知识竞赛先进集体、南通市工会劳动领域维护政治安全工作优秀等次、南通市集体协商竞赛二等奖等荣誉。

【职工思想政治引领】 2022年，市总工会围绕中共二十大组织开展“中国梦·劳动美”、“强国复兴有我”主题宣传教育活动，举办党的理论知识职工讲堂、“学习二十大”网上知识竞赛、“阅读经典好书，争做中国好网民”微视频大赛等全市职工“永远跟党走”系列活动。推荐产生江苏省、南通市五一劳动奖章获得者7名，举办“劳模工匠进校园，思政教师进企业”宣讲活动235场次。召开2022年庆祝“五一”国际劳动节表彰大会，表彰各级各类先进集体和先进个人295个，在《启东日报》开设《劳模故事》专栏，集中报道20名劳模的典型事迹。开展职工文化塑造活动，新建全国职工书屋示范点1家、南通市职工书屋示范点2家，全市累计有全国职工书屋示范点7家、省级职工书屋示范点9家、南通市职工书屋示范点45家。举办“乘风新时代·奋进新征程”诵读比赛、“劳动最光荣，奋斗最美丽”主题演讲等活动30场次。

【产业工人队伍建设】 2022年，市总工会出台《启东产业工人队伍建设改革试点工作方案及任务清单》《启东产业工人队伍建设改革工作考核办法》，推进产改工作纳入全市国民经济和社会发展第十四个五年规划、高质量考核体系以及党建工作要点。打造海工装备、电动工具、建筑三大行业和启东经济开发区四大产改特色阵地，形成“三大行业一大园区”带动全市89家试点企业，共同推进产改工作的局面。实施产业工人素质提升工程，开展第十八届“为劳动者喝彩”职工劳动和技能竞赛活动，完成邮政、卫生、教育、供电等10多个行业40多个工种市级比武。镇、园区、企业三级工会累计完成职工劳动和技能竞赛70余场次。承办2022年度南通市第三届“柳工杯”机械行业全市技能大赛，在洋吕铁路等全市重点项目、重点工程中开展劳动技能竞赛。推行社会化职业技能等级认定，发放1100名新增高技能人才取证补贴金额近70万元。深化劳模创新工作室示范引领作用，全年全市24家劳模创新工作室新建创新项目142个，提出合理化建议400多条，培训职工3200多人，其中20多名职工在劳模创新工作室的培养带领下走上技术岗位。

11月15日，省、市示范性劳模创新工作室（党支部）授牌仪式暨启东市教育体育系统劳模创新工作室联盟启动仪式举行 （市总工会/供图）

【职工法律援助】 2022年，市总工会组织开展“尊法守法·携手筑梦”服务农民工公益法律服务行动、“五一劳动法治宣传月”“民法典宣传月”以及“12·4”宪法宣传周活动，全年共开展集中法治宣传活动5场，发放宣传资料4300余份，提供法律咨询42人次，送法进企业18次，开展志愿服务146场，服务职工4563人。市总工会获评启东市“七五”普法工作优秀集体。建立健全“10100”职工法律援助服务体系，全年接待职工来访413人、职工网上信访495人、职工来电284次，为职工群众提供法律援助代理45件，帮助158名职工追索劳动报酬、工伤社会保险672万余元。案例《外来务工人员维权难 工会及时伸出援助之手》入选全省工会信访处理十大典型案例。持续开展“工会在身边·法律锦囊送百企”企业劳动用工巡回监督评估服务行动，对328家企业进行企业劳动用工监督评估，开展监督活动47场。部署集体协商春秋季“要约月”行动和星级评定工作，督促企业签订集体合同、工资专项集体合同。全年有9家企业获评南通市集体协商三星级企业（行业），至年底，全市共有南通市集体协商三星级企业107家。市总工会获南通市总工会兴办的第二届集体协商竞赛活动第二名。

【职工实事项目】 2022年，市总工会确定全国级特困职工6人、市级特困职工18人、市级困难职工9人，每季度发放生活费补助29700元、水电气补助2525元，全年全市发放生活费补助16.34万元、水电气补助1.34万元；开展免费体检，支出费用0.81万元；对符合条件的24名学生发放助学金，共计9.8万元；对符合条件的17户职工家庭发放大病援助金12.86万元。实施元旦、春节、国庆慰问困难职工、一线职工温暖关爱行动，惠及7000多名职工，发放慰问金62.1万元。开展线上送岗“春风行动”，提供59家用工企业就业岗位321个。落实小微企业工会经费支持政策，惠及小微企业3096家，涉及金额1551.7万元。举办“缘企新时代”单身青年职工婚恋交友服务活动8场，组织4批155名一线优秀职工参加疗养休养。做好“职工服务站”质效评价和验收授牌工作，全年共有12家女职工康乃馨服务站和5家爱心驿站挂牌上线。加强工会劳动保护工作，236家单位参加“安康杯”竞赛。

【省、市示范性劳模创新工作室(党支部)授牌仪式】 11月15日，省、市示范性劳模创新工作室(党支部)授牌仪式暨启东市教育体育系统劳模创新工作室联盟启动仪式举行。2021年12月，市教育体育系统“文云全劳模创新工作室”入选第四批江苏省教科系统示范性劳模和工匠人才创新工作室；2022年10月，“王晓东劳模创新工作室党支部”被南通市总工会评为南通市示范性劳模创新工作室党支部。仪式现场，2家工作室(党支部)获得授牌，并举行市教育体育系统5家劳模创新工作室联盟启动仪式。

(钱 瑾)

共青团启东市委员会

【概况】 2022年，启东市有基层团(工)委138个、团员30158人，新发展团员1046人，其中，学生团员916人，社会领域团员130人。召开中国共产主义青年团启东市第十八次代表大会，选优配强团干部，巩固深化基层团组织团建工作。启东市入选江苏省青年发展型城市(县域)试点名单。

【共青团启东市第十八次代表大会】 10月10日召开。会议要求，全市各级团组织要发挥党委政府联系青年的桥梁纽带作用，依托人才荟萃、智力密集、联系广泛、朝气蓬勃的特点优势，始终聚焦市委、市政府中心工作，持续做好青年商会壮大、乡土青年人才汇聚、“梦想改造+”关爱计划等特色工作，不断提升共青团组织的引领力、组织力、服务力和大局贡献度，奋力开创启东共青团工作新局面。

【政治引领】 2022年，团市委深入开展“学习二十大、永远跟党走、奋进新征程”主题教育实践活动，丰富共青团员、少先队员主题团日、队日活动。深入学习习近平总书记在庆祝中国共产主义青年团成立100周年大会上的重要讲话精神，市委召开座谈会，要求全市广大团员青年奋斗青春、逐梦江海。开展中共二十大精神学习宣讲活动，严格执行学习习近平新时代中国特色社会主义思想“第一议题”制度，开设“青马工程”培训班、“青马大讲堂”，把学习中共二十大精神作为必修课。建成青年之家旗舰店、青年书吧、“青春·印记”青年学习社、“缤纷百里”青年学习社线路，举办“青春礼赞新时代、青年追梦复兴路”青年宣讲大赛。发布《奋斗青春向未来》主题宣传片，被南通市委网信办录用推送。

【青春建功】 2022年，团市委推进经济发展、全域创新、乡村振兴、美丽启东青年建功高质量发展“四大行动”。实施“薪火相传　启企与共”新生代企业家领航工程，完成新一届青年商会换届，会员数达129人。全年为全市招引各类青年人才391人，提供项目、金融等有效信息30余条。实施“青春留启　青雁归巢”共青团促进青年人才就业计划，建成青年人才驿站3家，连续3年举办“创青春”大赛，选送的“智能探测与成像”项目获“创青春”国家级大赛金奖，为南通唯一获奖项目。连续8年举办“东疆学子家乡行”大学生社会实践活动，全年组织317名启东籍大学生开展社会实践锻炼。开展江苏“百校千企万岗”大学生就业帮扶行动、“夏日送岗筑梦青春”招聘会等，帮助80余家企业招聘青年人才582人。实施大学生志愿服务乡村振兴计划，13名大学生分赴区镇(街道)开展社会实践锻炼。实施“四进四促”乡村振兴青春行动，组建3支金融下乡“青年突击队”，举办南通市乡村振兴青年先锋青享会暨青农学堂现场观摩会、高素质青年农民专题班暨新农菁英训练营。开展“青力助农”直播活动4场次。首次以全国主会场资格承办净滩公益活动，“守护最美江海岸线”志愿服务项目获全省青年志愿服务项目大赛二等奖。组建青年突击队、团员先锋岗、疫情防控青年志愿服务队等投身新冠疫情防控第一线，相关工作在新华网报道。

【服务青少年】 2022年，团市委深入实施“梦想改造+”关爱计划，在南通率先完成32间“梦想小屋”建设任务；在启东对口帮扶协作过程中，市青商会援建陕西西乡10间“梦想小屋”，结对资助西乡60名学生。相关工作信息被《江苏共青团信息》录用，《新华日报》以“共青团启东市委：‘梦想改造+’助力困境青少年筑梦启航”为题进行报道。6月1日，南通市2022年度“梦想小屋”集中交付仪式在启东市举办。开展青少年普法教育，创新实施重点青少年群体服务管理和预防犯罪工作“五大行动”。实施青少年心理健康“心”关爱计划，制度化开展平安自护教育。每月制度化开展“联青服务”活动，全年开展暖冬行动、七彩志愿社区行、爱心暑托班等活动。举办“情暖江海　爱在通城”青年人才联谊交友活动，全年举办11场次，参与青年500人次。

【创新发展】 2022年，团市委项目化推进启东市青年发展规划，相关工作在团中央专题调研座谈会作经验交流。推进县域共青团基层组织改革工作，改革实施方案在全省率先出台并首家以市委名义发文。启东市入选江苏省青年发展型城市(县域)建设试点，实施“优智、优创、优居、优享、优越”五大行动。完成市青年联合会换届，优化设置10个界别，举办“爱国志　青春说”青联大讲堂等活动。成立海工船舶、外卖、金融行业团工委，开展新业态新就业群体“团聚青蜂·

1月9日,团市委联合汇龙镇南郊村举行南郊村少工委授牌仪式

(王海兵/摄)

'启'新聚力"行动。在全省率先出台《市委关于全面加强新时代少先队工作的实施意见》,成立汇龙镇南郊村少工委,为南通首家农村少工委,并在南通首家发布"少先队校外实践地图"。杨杰名辅工作室创成南通市级名辅工作室,实现启东市零的突破。

(黄凌燕)

启东市妇女联合会

【概况】 2022年,启东市有区镇、街道妇联16个,村(社区)妇联313个。通过妇联改革"回头看",全市有区镇、街道妇联执委445个,村(社区)妇联执委5297个。有团体会员14个、机关妇联54个、新兴领域妇联20个。新增省级先进荣誉9项、国家级先进荣誉4项。

【妇女思想引领】 2022年,启东市妇女联合会深化"巾帼领航'她'宣讲"品牌,形成"1+3+N"的三级联动组织架构,728名各级巾帼宣讲员开展宣讲活动超过5000场。该宣讲品牌入选"最美江海党建带"建设成果展,参加"理响东疆"理论宣讲品牌省级调研座谈会。在"启东妇联"微信公众号开设《巾帼大学习 今天我来读》专栏,28名妇女儿童工作者以视频形式接力领读领学习近平总书记关于妇女儿童和妇联工作的重要论述。组织全市各级妇联组织发动广大妇女和家庭收看收听中共二十大开幕式,第一时间推出"启东各界妇女热议党的二十大"系列推文6期,全市各级妇联执委、妇女先进典型、家庭代表等52人分享学习感悟和对下阶段工作的谋划。开展"寻找巾帼她力量 致敬了不起的她"巾帼风采作品征集活动,征集各类作品221件,择优展示。实施"伊启学习向未来——学习强国进家庭"项目,近2000个家庭每周参与打卡。走进中远海工、蓝印花布艺术馆、施简烈士纪念馆等,打造"走启读村"研学线路。评选表彰各类先进妇女典型125人,以"巾帼风采 奋进未来"为主题,运用广播访谈的形式,宣传优秀妇女典型事迹。举办"巾帼心向党 喜迎二十大——我奋斗 家国美"主题宣讲会,150人参与。新建5家"三八红旗手(集体)工作室",发挥工作室职能优势,用榜样力量引领广大妇女奋勇争先。

【服务中心大局】 2022年,市妇联开展南通市科技创新巾帼行动试点工作摸排,成立女科技工作者联盟。发挥女企业家协会作用,召开女企业家协会理事会,开展"赋能蓄力 创梦启航"女企业家赋能行动、"党建引领,科技赋能"主题党建日等活动。开展"千人千企"挂钩服务工作,举办春风行动招聘会6场。深化巾帼建功系列活动,市人民检察院未检团队获评江苏省巾帼文明岗,10家单位获评南通市巾帼文明岗。联合市农业农村局开展"美丽庭院"评选活动,建成省级"美丽家园"示范点1个、南通市级示范点2个,45个"美丽庭院"参与南通市网络评选展示活动。举办妇女素质提升班7期,赴东海、近海等8个区镇、街道开展送教下乡活动,受益妇女超过1500人。现代服务业、先进制造业、高新技术和新兴产业领域就业的女性比例明显增加,摸排巾帼示范家庭农场、巾帼现代农业科技示范基地、巾帼示范电商服务基地等各类基地26个,8个基地被评为南通市级示范,3个基地被评为省级示范。

6月24日,市首个女科技工作者联盟成立 (市妇联/供图)

【妇女儿童权益维护】 2022年，市妇联出台《启东市妇女儿童发展规划（2021—2025年）》，组织召开相关重点指标和项目论证会。完善妇女儿童合法权益联席会议制度，联合市人民调解委员会（市社会调解服务中心）成立妇女儿童权益纠纷人民调解委员会，调解婚姻家庭类矛盾纠纷197件。联合市司法局援助中心成立妇联援助工作站，为324名妇女儿童提供司法援助。联合市人民法院召开“维护妇女权益”线上专题新闻发布会。开展妇女儿童权益维护“三进三访”行动（进全部家庭专题访、进重点家庭经常访、进特殊家庭联合访），做好涉及妇女儿童权益保障风险隐患排查，1562名各级妇联执委排查重点家庭2420户。做好侵害妇女儿童权益问题排查整治专项行动工作专班相关工作，走访排查涉及侵害妇女儿童权益案件线索18条，查否2条。开展男女平等基本国策进党校专题宣讲，组织法治宣传活动15场，发放宣传品6000余份。

【妇女儿童民生实事】 2022年，市妇联落实2022年政府民生实事项目“医疗卫生服务提升项目——重点人群‘五免’筛查提质增效工程”，配合市卫健委完成35～64岁妇女调查摸底，共计29327人。开展“把爱带回家 情暖千万家”“微心愿·暖全城”“点亮微心愿·共享幸福城”等关爱活动，走访慰问264名困难群众。举办“爱伴童行”圆梦志愿服务活动，组织50名流动儿童、困境儿童参观美术馆、蓝印花布艺术馆和保利大剧院。开展“99公益日”活动，争取各方捐款26.26万元。实施“在你身边”文明实践巾帼志愿阳光行动，东海镇“东疆海韵”巾帼志愿服务站获评省级示范。成立公益红娘联盟，分层次分需求建立单身青年动态数据库，举办相约心时代单身青年联谊会18场。

【家庭文明建设】 内容参见《社会事务·人口家庭》

【家庭教育指导】 内容参见《社会事务·人口家庭》

【倪伯苍家庭获评全国“最美家庭”、全国五好家庭】 倪伯苍是海复镇庙基村第一网格网格员，妻子陈玉兰是第一网格的妇情信息员。第一网格有1条街道、1家银行、2所学校和8个村民组，共363户、1500多人。倪伯苍当好义务法治宣传员、社会矛盾调解员和妇女儿童守护员。倪伯苍夫妻和睦，老伴陈玉兰是他的得力助手，原本存在矛盾隔阂的家庭，在他们的调解下冰释前嫌，和好如初。他们夫唱妇随，几十年如一日，成为村里的“金婚”楷模，其家庭被评为2020年度江苏省“最美家庭”。2021年7月，市妇联在他家设立的“家长学吧”获评首批“启东市示范性家长学吧”。身教重于言传，倪伯苍的女儿、女婿在企业担任中层干部，十分支持父母的公益事业。10年来，倪伯苍写了约80万字民情日记，记满39本笔记本，成功调解矛盾纠纷1000多件，处理重大、恶性事件和矛盾20余次，开展志愿帮扶活动500余次。他先后获评2021年度全国法治人物、全国模范人民调解员、江苏省最美网格员。5月15日是国际家庭日，当晚8点10分，中央电视台科教频道播出《闪亮的名字——最美家庭发布仪式》。中央宣传部、全国妇联在发布仪式上发布10户“最美家庭”。倪伯苍家庭作为江苏唯一代表，在发布会上受到表彰。2022年，倪伯苍家庭又被全国妇联授予“全国五好家庭”称号。

【杨凌捷家庭获评全国五好家庭】 杨凌捷、顾赛金夫妇爱国守法、敬业诚信。作为税务工作者，杨凌捷始终坚持为国聚财、为民执法，赢得纳税人的好评。顾赛金是银行职员，她崇法守纪，热情服务，业务精湛。夫妇俩孝敬老人，信守承诺，十多年如一日，照顾同学姜海华父母，给予老人温暖的晚年；家风优良，经常带着女儿参加志愿服务，在他们言传身教下，10岁女儿从小知道分享与担当；崇尚节约、勤俭持家，把积蓄用于扶贫帮困。同时，杨凌捷积极响应号召，做节能环保“领跑者”，用一言一行影响身边人，秉承环保理念，遵守节能制度。2022年，杨凌捷家庭被全国妇联授予“全国五好家庭”称号。

（黄丽佳）

启东市科学技术协会

【概况】 2022年，启东市科学技术协会完善党建带群建、党群共建工作机制，拓展提升科协工作，履行“四服务一加强”（服务科技工作者、服务创新驱动发展战略、服务公民科学素质提高、服务党委政府科学决策，加强自身建设）职责，团结带领全市科技工作者积极创新，服务全市高质量发展。市科协获评2022年江苏省“全国科普日”优秀组织单位、江苏省全国农民科学素质网络知识竞赛县区级优秀组织单位、南通市科协工作2017—2021年度先进集体、南通市第三十三届青少年科技创新大赛优秀组织单位、南通市2022年科普宣传周活动优秀组织单位、南通市2022年“全国科普日”活动优秀组织单位。

【启东市科学技术协会第八次代表大会】 5月7日召开。大会选举袁素群为启东市科协第八届委员会主席，黄永琴、葛明泉当选为副主席，张佳新当选为副主席（挂职），华富刚、倪东华、宋健、丁尹霞、袁飞天、苏高飞、王小军、杨芳、龚华、李卫卫当选为兼职副主席。丁尹霞等27人当选为启东市科协第八届常务委员会委员，葛明泉当选为启东市科协第八届委员会秘书长。

【全民科学素质行动规划编制】 2022年，市科协在国务院、省政府和南通市政府颁布印发《全民科学素质行动规划》的框架基础上，牵头起草《启东市全民科学素质行动规划（2021—2035年）》（以下简称《规划》），对启东市全民科学素质工作进行全面部署和系统安排。《规划》总体设置与省、南通全民科学素质规划基本保持一致，重点任务部署针对青少年、农民、产业工人、老年人以及领导干部和公务员五大重点人群的科学素质提升行动和科技资源科普化、智慧科普、科普基础设施提质、基层科普能力提升、科学素质促进融合五大重点工程。《规划》经第十八届启东市政府第8次常务会议审议通过,于2022年9月14日印发。

【服务高质量发展】 2022年,市科协贯彻落实全市"千人千企"工作部署,定期走访挂钩企业,听取挂钩企业科技发展、成果转化、人才引育等方面情况。定期走访市科协引进的朔韦茨环保科技企业,听取企业发展的现状及规划,为企业做好政策服务、人才对接、专利资质申报等服务工作。走访东之杰智能装备有限公司等3家企业,听取企业发展与管理、企业文化建设等情况,解读企业科协组织成立条件,加强企业科协建设。

【科技人才服务】 2022年,市科协建立与院士专家的联系沟通制度,优化提升院士专家服务保障水平。拜访启东籍院士沈洪兵、顾东风等,做好"院士专家启东行"相关准备。邀请企业科协负责人与院士专家交流,搭建惠企服务平台。通过党建引领科建,组织发动以"四长"[基层医院负责人、中小学校负责人、农技推广(服务)部门负责人和科技型企业负责人四类人群]为代表的科技工作者开展活动5场次,服务全市经济发展。

【青少年科创】 2022年,市科协举办以"智学智造 逐梦江海"为主题的2022年启东市"全国科技活动周"第34届科普宣传周青少年科技节活动启动仪式暨启东市第四届"林洋杯"青少年科技创新优秀项目颁奖活动,共表彰10个青少年科技创新项目。启东市在江苏省第三十三届青少年科技创新大赛中获7个奖项,市科协获评优秀组织单位。

【科普宣传教育】 2022年,启东科普讲师团成立,聘任35名科普讲师,围绕"列好科普菜单,只等你来点单",通过"列单、点单、派单、评单"一链条组织管理服务模式,进行科普宣传。开展"百名小记者讲述百名科学家的故事"演讲比赛,举办全市"喜迎二十大、童享科技梦"主题演讲比赛决赛,共征集9件科创成果作品、461幅科幻主题书画;组织主题征文暨演讲大赛,征集主题征文69篇,23人报名演讲初赛,评选优秀征文17篇;举办"争做创新典范 唱响科学强音"——科技工作者主题演讲比赛,11人参与,其中,2人入选东疆宣讲团,2人代表南通参加省科协组织的演讲比赛;举办"喜迎二十大、共筑科技梦"科普知识网络竞赛,累计5135人参赛,17227人次答题;组织全国农民科学素质网络知识竞赛和江苏省全民科学素质大赛,市科协获评江苏省全民科学素质大赛网络赛优秀单位。组织参加南通市农业科技创新产品(鲜食葡萄)鉴尝现场评比,启东市选送的产品获1个银奖、2个铜奖。开展送科技下乡暨送优质种子等活动,受惠群众近千户。组织市人民医院、中医院等医疗机构开展健康生活科普宣传主题活动,走进学校、社区、村居,受益群众近3000人。开展"云科普"暑期线上活动,共计27所中小学1045人次青少年参与,线上课程浏览量达15.18万人次。开展科普教育基地申报工作,启东中学、市第一中学、百杏中学、紫薇小学4家单位获评南通市科普教育基地。启东中等专业学校入选全国"'科创筑梦'助力'双减'科普行动"试点单位。

(黄永琴)

5月18日,市科协会同市教育体育局、市科技局举办第四届"林洋杯"青少年科技创新优秀项目评选活动,图为表彰奖励优秀项目 (市科协/供图)

启东市归国华侨联合会

【概况】 2022年,启东市归国华侨联合会围绕服务发展大局、服务归侨侨眷两大主题,在思想政治引领、服务经济发展、团结凝聚侨界力量、弘扬中华文化、培植侨界典型等方面取得一定的成效。全市建成基层侨胞之家19家,获评江苏省华侨文化交流基地1个、江苏省新侨创新创业基地1个,1人获评全省归侨侨眷先进个人。

【思想引领】 2022年,市侨联举办"迎端午,感受民俗文化"侨界主题活动,参观版画院和蓝印花布艺术馆。开展"同心庆七一"主题党日活动,组织"学抗疫英雄,寻红色初心"《你是我的春天》观影活动。举办"同心印记·记录最美新东疆"书画摄影展,原创节目《两地书 游子吟》参加南通侨界诗歌朗诵会。在《启东日报》和"南通市侨联"网站、"南通市侨联"公众号等宣传一批优秀典型。筹建华侨展示馆,完成展馆设计,开展展品征集等工作。

【服务发展】 2022年,市侨联通过线上线下相结合的方式,举办"凝心聚力引侨智,寅虎献瑞话未来"启东市侨商侨领座谈会。开展"喜迎二十大 同心向未来"主题活动暨侨台界代表座谈会，听取侨界代表对侨务工作以及启东经济社会发展的意见建议。指导归国留学人员联合会举办“学长帮学长，一会帮一企”畅聊会，成立启东市学长志愿服务队。做好侨资企业的走访服务工作，帮助企业纾困解难。做好侨界志愿服务工作，全市组建8支侨界志愿者队伍，有成员169名，在疫情防控、助老爱老、关爱青少年、政策宣传等工作中发挥作用。组织发起向南通大学杏林学院定向爱心捐助的倡议，侨资企业、侨胞侨眷界代表，捐赠防疫物资价值近3万元。组织侨界政协委员参政议政，提出集体提案1个、个人提案19个。

【侨界联谊】 2022年，市侨联继续收集汇总侨情信息，丰富侨情信息库。侨情数据库建设工作在全省县级市中领先。举行启东籍海外侨胞和留学人员联络站——缅甸站、南非站、加拿大站授牌仪式。举办“明月千里寄相思　家和国盛共筑梦”全市港澳台侨界人士中秋联谊活动，全市50多名港澳台侨界的代表人士参加。加强与海外侨胞的沟通联系，在微信群经常宣传家乡的重大活动和发展变化，与海外侨胞交流互动。对侨商侨领参与支持公益活动等进行宣传报道，征集海外侨胞感言。参与南通市侨联举办的中秋南通特色中餐线上推广活动，报送“黄海第一刀”“葱油蚕豆”“红膏蟹”3个微视频展示启东的特色美食。

【为侨服务】 2022年，市侨联组织开展第五届侨法宣传月活动，举办侨法知识网上挑战赛、侨法宣传进社区、侨界群众维权情况问卷调查、图片展览等宣传活动。对侨胞侨眷遇到的涉及征地拆迁、子女入学、房屋修缮等相关问题认真对待，帮助解决具体困难，维护侨胞侨眷的合法权益。形成重大节日走访慰问归侨侨眷制度，在春节期间走访慰问重点归侨侨眷、空巢侨眷家庭、患病住院侨眷200多名，端午节走访重点侨眷30名，在新冠疫情期间，慰问参与疫情防控一线的侨眷志愿者12名，中秋国庆期间走访慰问重点侨眷24名，重阳节期间走访老年侨眷17名。对在启港澳侨人士重新核发新的就诊卡，在市中医院设立启东市侨台医疗中心。成立侨台综合服务中心，为在启港澳台同胞、海外侨胞及其眷属在行政服务中心办事提供“一对一”“一站式”服务。

（仇英莺）

6月16日，启东市侨台医疗中心成立　（市侨联/供图）

启东市工商业联合会（总商会）

【概况】 2022年，启东市工商业联合会（总商会）围绕促进“两个健康”（即非公有制经济健康发展和非公有制经济人士健康成长）总目标，强化非公经济人士思想引领，推进商会组织建设，抓好为非公企业服务工作，发挥工商联桥梁、纽带作用。至年底，全市共有基层商会12家，筹备组建1家省级开发区商会，即启东经济开发区商会，指导王鲍镇商会、寅阳镇商会、南阳镇商会完成换届工作；有行业商会5家，其中新建1家，即启东教学仪器商会，完成民政部门的依法登记；有在外启东商会10家，其中新建1家，即南京启东商会，持续推进西宁、广州、常州、西安等在外商会组建，排摸各地启商底数，做好各项筹建工作；有异地商会1家，筹备组建1家，即启东市河北商会，各项筹备工作准备就绪。汇龙镇商会获评2021—2022年度全国“四好”商会，惠萍镇商会、寅阳镇商会、市渔业商会获评2021—2022年度江苏省“四好”商会。12月14日，南通市镇街商会工作交流座谈会在启东市召开。会上，汇龙镇商会介绍创建全国“四好”商会的经验和做法。市工商联（总商会）与市公安局共建沟通联系合作机制做法入选全国“工商联与公安机关沟通联系合作机制典型事例”；打造“警企联动服务中心”助力民营经济健康发展获评2022年度南通市工商联创新工作优秀案例。市工商联（总商会）被确定为全省工商联与公安机关沟通联系合作机制建设示范单位，获评2022年度南通市工商联综合先进单位。打造“共统惠企”机关融合党建服务品牌，建立市工商联（总商会）与商会、民营企业共商共建共促机制。至年底，总商会党委直属商会党支部成立13家。

【非公人士政治素质提升】 2022年，市工商联（总商会）注重对非公人士的组织引导，推进理想信念教育。召开全市民营经济“两个健康”推进会，研究部署全市民营经济“两个健康”重点工作，制定出台《启东市民营经济“两个健康”提升三年行动计划(2022—2024年)》，激发民营经济活力。在张謇企业家学院举办南通市民营经济人士培训班(启东专场)，工商联常执委近50人参加。在通海垦牧公司旧址举办民营企业家“喜迎二十大”读书活动，20余位民营企业家代表参加活动；指导全市各级各类商会通过座谈会、联谊会、会员大会、主题党日等形式，组织开展“喜迎二十大”主题活动；邀请南通大学陈晓峰教授为工商联常委作题为《深刻把握二十大关于促进民营经济发展壮大的重要论述》的讲座。

【服务非公经济】 2022年，市工商联(总商会)打造“服务企业畅聊会”工作品牌，每季度召开由市委、市政府主要领导参加的企业家畅聊会。四个季度分别举办上市企业、建筑业企业、科创企业、新生代企业家专场畅聊会，有40名企业家参加，市委、市政府主要领导全程参与，并与企业家代表沟通交流。持续跟踪畅聊会建议办理进度，督促提高建议办理质量，做好建议办理满意度调查。做好“服务企业畅聊会”外延工作，联合市政协、市交通运输局召集相关纯货运企业开展专题座谈会，掌握启东市物流运输成本高的原因，并形成报告《我市企业物流运输成本高原因分析》，提交市委、市政府相关领导参考。围绕“营商环境提升年”“招商引资突破年”，研究出台专门行动方案，推动优化营商环境各项重点工作落地落实。全市各级各类警企联动服务中心高效运行，总计为230余家企业860余人次提供“清单式”服务。商会商事调解中心正式运营，受理咨询200余件，成功调解案件180余起。会同市人民检察院建立涉案企业合规第三方监督评估机制，根据工作需要定期或不定期召开联席会议，研究相关案件，对相关案件进行讨论确定。会同市司法局建立“万所联万会”机制，组建联络机制，设立服务平台，联合开展活动，深化党建交流。与启东农商银行签订战略合作框架协议，开展党建结对共建，加强在民营企业金融服务领域的合作，实施银企精准对接。结合“千人千企”“万家民企大走访”活动，围绕商会和企业发展中存在的突出问题深入调查研究，积极建言献策，强化协调解决。新冠疫情期间，指导饭店与餐饮业商会开展线上培训。

【招商引智】 2022年，市工商联(总商会)依托启东市在外企业家联谊会南京分会成立大会，配合市委、市政府举办启东招商引资推介南京专场活动，全市20余家商会参加活动。依托启东教学仪器商会平台，赴西安举办2022启东(西安)产业发展合作恳谈会暨招商引资推介会。开展“引老乡、回故乡、建家乡”活动，举办南京市南通商会赴启考察投资交流会，引导在外企业家为家乡招商引资多做贡献。依托异地商会平台，邀请启东籍在外企业家回乡考察，并通过他们邀请外地客商到启东考察、投资兴业。启东教学仪器商会提供北京钢铁侠公司到启东投资信息，推动相关企业、乡镇展开对接工作。

6月20—21日，启东工商联组织部分商会到陕西西乡县开展教育帮扶活动
(市工商联/供图)

【公益活动】 2022年，市工商联(总商会)组织民营企业家参与“光彩事业”，苏州启东商会、无锡启东商会、饭店与餐饮业商会向城西中学贫困学生捐资6万元。引导民营企业家参与东西部协作扶贫工作，组织商会、企业赴陕西西乡、青海同仁开展扶贫助困活动，共捐款35万元。在新冠疫情防控期间，发出“捐蔬援沪”倡议，共向上海捐赠各类蔬菜76吨；为上海浦东新区打通保供渠道，协助其向启东当地企业订购蔬菜包18000份，总计90吨。央视新闻、交汇点、新华网等各大主流媒体予以报道。上海市静安区区委、区政府，上海市浦东新区商务委员会发出感谢信。动员会员企业捐资捐物，派员参与新冠疫情防控志愿服务，各基层商会采购慰问品对一线抗疫人员进行慰问。启东市渔业商会下属4位英雄船长勇救16名福建渔民，获评“江苏好人”，其中刘金如、曹小如获评“中国好人”，省渔业互保协会给予4人8万元现金奖励。

【启东“商会之家”建设】 2022年，市工商联(总商会)在生命健康科技园建设1000平方米的启东“商会之家”，为所属商会提供展示、交流、活动平台。制订优化“商会之家”实体化运作方案，至年底，“商会之家”室内装修布展基本完成。

(张裕群)

启东市文学艺术界联合会

【概况】 2022年，启东市文学艺术界联合会所属作家协会、美术家协会、曲艺家协会等10个协会和16个区镇、街道文联活动丰富，会员数量增加。全年新增中国舞蹈家协会1人、中国摄影家协会1人、中国曲艺家协会2人，全市有国家级会员43人、省级会员146人。蓝印花布作品《靛蓝之韵》获第六届东方工艺美术之都博览会优秀作品奖，少儿群舞《梦想翅膀》获第九届江苏省少儿舞蹈展演十佳作品奖。

【启东市文学艺术界联合会第八次代表大会】 12月12日召开，来自全市文学艺术界的120多名代表参加。会议审议通过市文联第七届委员会工作报告和修改章程的决议；选举产生启东市文联第八届委员会。经第八届委员会第一次全体会议选举产生新一届启东市文联领导机构，倪东华当选为文联主席。

【文艺创作成果】 内容参见《文化·文学艺术》

【抗疫艺启行】 2022年年初，市文联组织各协会、分文联及全市文艺工作者用文字、书画、影像、音乐、戏曲等载体记录全市新冠疫情防控时刻。自3月初起，收到各类作品投稿逾千件，市作协、美协、书协、摄协共编辑推出抗疫主题作品网络展23期，展示原创作品500余件，并在《启东日报》推出防疫主题作品专版2期。文艺家们创作短视频作品，投入全市各新媒体平台，传播防疫知识。市文联印制《防疫小知识 健康每一天》青少年防疫知识宣传折页，向全市中小学发放。

（王思林 陆炫君）

启东市残疾人联合会

【概况】 2022年，启东市残疾人联合会以完善残疾人服务保障机制为抓手，做好残疾人福利、残疾人培训、残疾人文体活动等方面工作。至年底，全市共有持证残疾人23217人。1人获评2022年“南通好人”。

6月5日，市残联联合今启网、今启公益协会、青蓝艺术等机构，在市区吾悦广场举办“我是你的眼”关爱眼疾儿童公益志愿活动 （王海兵/摄）

【启东市残疾人联合会第八次代表大会】 11月9日召开。市残联理事长薛峰在会上作题为《助残惠残办实事 保障民生增福祉 谱写残疾人事业高质量发展新篇章》的工作报告。市科协主席袁素群代表群团部门向大会致贺词。会议选举产生市残联第八届主席团委员。市残联第八届主席团第一次会议选举郁丽春为主席团主席，推举薛峰为市残联执行理事会理事长。

【残疾人福利】 内容参见《社会保障·社会福利》

【培训就业】 2022年，市残联推进残疾人创业就业孵化基地建设。打造残疾人实训就业孵化基地1家，实现残疾人培训、岗前指导、上岗工作全流程服务，帮助120名残疾人实现创业就业。丰富升级点单式培训。在全市范围内开展残疾人培训需求调查，有针对性地开设培训班；拓宽培训对象范围，让重度残疾人直系亲属参加培训。利用“互联网+”平台，扶持残疾人实现网络和居家就业创业。开展残疾人技能培训班，全年举办技能培训班15场，参培人数达458人。至年底，全市新增残疾人实名制就业201人，实名制培训413人。

【残疾人文体活动】 2022年，市残联联合今启网、今启公益协会、青蓝艺术等机构，举办“我是你的眼”关爱眼疾儿童公益志愿活动，线上征集50幅儿童绘画或儿童摄影作品，后期进行公益认购，并将所得款项捐助3名困难眼疾儿童。举办“读书迎盛会 一起向未来”残疾人读书沙龙活动，6名残疾人代表交流读书心得体会，并结合自身实际分享各自的人生经历。承办南通市第八届残疾人运动会聋人篮球比赛，组织残疾人运动员参加南通市第八届残疾人运动会羽毛球决赛、南通市第八届残疾人运动会田径比赛。

（沈超林）

启东市红十字会

【概况】 2022年，启东市红十字会新建红十字“博爱家园”12个，实现镇（区、街道）博爱家园全覆盖；健全各中小学校红十字会组织机构，实现全市中小学红十字组织全覆盖。助力新冠疫情防控，落实“健康启东”行动，关爱“一老一小”，红十字事业持续高质量

9月23日，红十字"小星星"关爱基金启动仪式举行　(市红十字会/供图)

发展。筹资项目"启东市救在身边"获评江苏省红十字会"5·8人道公益日"星光项目。南通二建红十字会被中国红十字会表彰为全国红十字模范单位，为全省唯一一个获此奖项的企业。

【基层阵地建设】 2022年，市红十字会指导"博爱家园"常态化开展救护培训、养老照护、防灾减灾宣传、义诊咨询、爱心洗衣等特色服务，同时根据各自村情，在每个"博爱家园"设计不同的红十字重点服务项目。新义村博爱家园、东洲新村博爱家园获评江苏省优秀博爱家园，南通仅7家。将红十字工作有机融入学校德育工作，支持红十字学校开展各类红十字主题活动，第一中学、合作小学成功创建南通市红十字达标学校，启东中学、汇龙中学通过江苏省红十字示范学校复查。

【"健康启东"行动】 2022年，市红十字会持续打造"红十字救在身边"特色品牌，通过推动机关干部"带头"学急救，与市教育体育局联合开展教育系统公益性应急救护知识技能培训，上门为企业开展救护培训，加强对客运交通、文体场馆、大型商超、旅游景区从业人员应急救护培训等举措，推动应急救护培训工作高质量发展。全年开展应急救护培训100余场，培训1.5万余人。在全市人流密集的公共场所设立22个"救护E站"，配备AED导航地图。

【红十会救助】 内容参见《社会保障·社会救助》

【筹资工作】 2022年，市红十字会筹集款物303万元。5月，参与红十字总会在腾讯公益平台设立"5·8人道公益日"众筹项目子项目"启东市救在身边"项目，共有963人次参与，筹集资金58779元。9月，"启东AED苏护行动"和"启东博爱光明行"两个项目参与腾讯"99公益日"活动，线上募捐善款9.32万元，获腾讯配捐3706.61元，线下募捐善款57494元，共计15.44万元，完成筹款目标。

【红十字会应急救援】 内容参见《公共安全·应急管理》

【助力疫情防控】 2022年，市红十字会组织红十字养老照护队、红十字赈济救援队、"博爱家园"志愿者参与防疫志愿服务，累计服务时长超5000小时。助力疫情防控物资保障，共向防疫一线送出防疫物资累计折合人民币48.9万元；会同爱心企业定向捐赠隔离衣，爱心面包等。快速协调，将爱心企业、爱心人士定向捐赠的33.9万元物资及时运往上海及南通大学。

【宣传教育】 2022年，市红十字会优化"博爱启东"微信公众号功能板块，设置"微服务""微捐赠""微捐献"3个模块，分别下设相关子菜单，实现红十字"三救三献"主要业务线上全流程办理。开展红十字知识网上有奖竞答活动，共有7653人登记参赛，累计21737人次答题。围绕疫情防控中的感人事迹、"5·8"世界红十字日和红十字会"三救三献"核心业务等开展宣传服务工作，在各类媒体上刊发信息100多篇，其中《让好项目"发力"又"出彩"——浅谈人道救助项目的谋划与管理》《厚植民生情怀，呵护一老一小——江苏省启东市红十字会救助困难群体工作侧记》在《中国红十字报》刊登，《25吨新鲜蔬菜即将赴沪》被江苏卫视、南通电视台报道。

(张倩倩)

责任编辑　陈广辉

法　治

综　述

【概况】 2022年,全市政法系统围绕为中共二十大胜利召开创造安全稳定政治社会环境主题主线,在防风险、保稳定、护发展、促法治、强治理中取得明显成效,政法绩效考核位列南通第三,法治建设综合满意度位居南通第一、全省第二,市域社会治理现代化建设、重点信访事项攻坚化解率等指标在南通高质量发展绩效评价考核中均位列南通第一,矛盾解决率、夜间安全感、网格知晓率等重要指标均位列南通前三名。

【安全维稳】 2022年,市委常委会、市政府常务会每季度专题研究安全和信访工作,市委主要领导每月审阅安全和信访形势分析报告,召开5次部署会、推进会,中共二十大安保期间成立市委、市政府分管领导挂帅的联合指挥部,加强统筹谋划、组织推动和指挥调度。推进社会矛盾隐患拉网式大排查大起底大化解活动,建立每日"一研判、一点调、一动态"工作机制和"红、橙、蓝"三色预警交办机制,圆满完成中共二十大等重大活动、重要时点安保任务。优化重大决策社会稳定风险评估制度机制,全年有备案稳评项目88个。深入开展"信访突出问题攻坚化解年"行动,成功承办南通市信访工作现场会,启东市获评全省信访工作示范县(市)。新冠疫情期间高效解决群众滞留高速服务区问题,得到国务院副秘书长、国家信访局李文章局长批示肯定。全市平安稳定指数持续获评五星,列南通首位。

【社会治理】 2022年,市委政法委按照"六个一"(1份汇报材料、1部专题片、1套工作资料、1套创新项目集成、1条现场参观路线、1个智能化综合平台)部署要求做好市域社会治理现代化试点建设工作。推动实施"红网格　通通建"党建引领网格治理工作,完善"1+7"["1"指《关于推进"红网格·通通建"筑牢党建根基提升网格化服务管理工作的实施方案》,"7"指《关于深化"精网微格"工作完善基层社会治理体系的指导意见》《关于进一步推进网格化服务管理高质量发展的实施意见》《关于建立"网格吹哨、部门报到"工作机制的实施意见(暂行)》《关于加强全市城乡社区网格联络员队伍建设的指导意见》《关于城乡社区网格工作站标准化建设的指导意见》《全市网格重要价值信息"一事(案)一奖"工作指导意见(试行)》《关于健全完善网格微信工作群管理使用机制》7个文件]配套措施。牵头开展新冠疫情防控"微网格"建设,在中央电视台报道。创新打造平安法治联盟工作站,获南通市委主要领导肯定,被评为2022年度南通市政法工作十大创新成果,被《法治日报》、"江苏交汇点"等媒体报道推介。制订出台加强重点旅游度假区域社会治理的实施意见,有效提升社会治理水平和能力。实施城区老旧小区物业试点提升工程,推动老旧小区智能化技防建设。

4月29日,反诈联盟之"网V抖音团"志愿服务启动仪式举行

(市委政法委/供图)

【专项工作】 2022年,市委政法委开展特殊困难群体救助帮扶和妇女儿童权益保障问题专项排查整治工作,实行清单化推进、动态化监测、制度化管理、长效化服务,在南通率先出台严重精神障碍患者服务管理工作实施意见等长效机制,获省专项督导组肯定。严惩养老诈骗违法犯罪,共侦破涉养老诈骗案件13起,抓获犯罪嫌疑人26名,涉案资金600余万元,在南通专项考核中名列第二。聚焦立体宣传、打防并举、综合治理,统筹开展反诈信息集中推送行动,创新建立"网V抖音团",万人发案率实现全省低位、南通最低。构建"一键联动、一图展示、一屏指挥"现代化铁路沿线综合治理新模式,工作经验在《江苏政法》刊登推广。

【政法领域改革】 2022年,市委政法委以全省"民事案件万人起诉率"通报督导试点为契机,多渠道抓征地拆迁等领域矛盾纠纷源头预防,在全省行政行为自我纠正制度工作推进会上作经验交流。创新构建"三位一体"执法司法制约监督体系,推动案件评查、执法评议、执法检查常态化开展。出台《法治服务保障启东建筑业高质量发展八项举措》,健全落实重大疑难纠纷协调机制,相关经验获省委政法委肯定推广。在南通地区率先建立公安机关协助法院查人扣车执行联动机制,查控到位17辆,涉案标的460余万元。组建市法学会法律咨询专家库,实现区镇(街道)法学会工作站建设全覆盖。

【政法队伍建设】 2022年,市委政法委开展政法系统"献礼二十大、政法建新功"主题教育活动,组织实施覆盖全警的政治轮训18场;举办政法领导干部加强政治建设研讨班，邀请市委书记讲专题党课、纪委书记作廉政报告。出台政法系统加强政治建设实施意见，配合南通市委政法委对市公安局开展政治督察。严格执行巩固政法队伍教育整顿成果、推进全面从严管党治警实施意见，多种形式学习贯彻新时代政法干警“十个严禁”，精准排查廉政风险点，对基层政法单位开展纪律作风督查巡查。举办“启东政法讲堂”“政法融学堂”等讲座12期，累计培训近1700人次。推进政法系统“双先双新”（全市政法系统先进集体、先进个人和创新工作、创新举措的典型选树工作机制）典型选树活动，倪伯苍获评全国平安之星，先进事迹在中央电视台播出，《法治日报》专程到启东采访，相关报道得到省司法厅和南通市委政法委主要领导批示。3月25日，市委发出《关于在全市党员干部中开展向倪伯苍同志学习的决定》。

（谢良汇）

依法治市

【概况】 2022年，启东市制定法治建设“一规划两方案”（《法治启东建设规划（2021—2025）》《启东市法治政府建设实施方案（2021—2025年）》《启东市法治社会建设实施方案（2021—2025年）》），一体推进法治启东建设。在深入推进政府职能转变、加大依法行政制度供给、打造严格规范公正文明执法、加强行政权力制约监督、深化矛盾纠纷多元化解等方面采取创造性、针对性工作举措，持续推动启东法治建设各项工作提速换挡、提质增效。在2022年度江苏省法治建设满意度调查中，启东市名列南通第一，全省前列。启东市司法局被省政府表彰为全省“七五”普法先进集体、“法律明白人”培育工作先进集体，倪伯苍获“全国平安之星”“全省首批百佳‘法律明白人’”“2022年江苏最美法治人物”等称号。

【责任落实】 2022年，市落实法治建设第一责任人职责，进一步完善领导干部述法制度，不断强化各级党委、政府及其工作部门法治建设责任制落到实处，召开党政主要负责人履行推进法治建设第一责任人职责现场述职会议，市市场监督管理局、汇龙镇、高新区（近海镇）、海复镇4家单位党政主要负责人现场述职，市委书记李玲逐一点评，其余45家单位作书面述职。全面提升法治督察工作力度，做好中央依法治国办第三督察组、省法治建设督察第二督察组到启东开展市县法治建设情况督察迎查工作。加强本级督察工作，对市级单位、镇、园区（街道）围绕职责和法治建设情况分别开展书面和实地督察，共对全市27家单位发出73份法治建设提示函。

【理论学习】 2022年，市通过专题讲座、研讨轮训、诵读展播、主题征文、答题比赛等形式，深入学习习近平法治思想。在“启东司法行政”公众号开辟《学“习”深一度》专栏，摘登全市区镇、部门党政主要负责人《习近平法治思想学习纲要》学习体会15篇、诵读音频15份。举办学习习近平法治思想暨法治能力提升培训班，全市100多名法治工作者参加培训。

【依法行政】 2022年，全市开展“厚植为民情怀、提高执法水平”主题教育，发放各类法律法规、执法工具书3000余本，组织撰写心得体会3493篇，形成典型案例60篇，开展各类交流研讨121次。注重提升基层执法队伍依法行政能力。线下组织开展基层综合行政执法技能大比武活动，线上组织执法人员、辅助人员开展公共法律知识培训及年度考核，全市1390名行政执法人员参加考试，合格率99.6%。深入推进行政指导，加大柔性执法力度。印发《关于实施涉企免罚轻罚清单和不予实施行政强制措施清单的通知》，通过建议、指导、约谈、教育、告诫、回访等方式引导市场主体依法依规开展生产经营活动。全年不予处罚约3003件，涉及金额约2451.31万元；从轻、减轻处罚约310件，涉及金额约1620.91万元。综合运用季度通报、书面提示、案例指导等方式，做好法制审核和清理评估工作，加强动态管理，全面提升规范性文件的法治化规范化水平。全年共计清理文件126件，继续有效106件，待修改1件，失效3件，废止16件。畅通法治民意直通车的运行机制，实现立法民意征集工作的市域全覆盖。全年向南通反馈意见建议150余条。健全政府依法决策机制，发挥市委法律顾问团和市政府法律顾问团作用，全年全市各级政府法律顾问（不含公职律师）出具书面意见58份，协同参加会议15次。深化行政复议体制改革，在各区镇、街道设立14个行政复议联系点。全年市政府共收到行政复议申请122件，直接纠错18件，直接纠错率达14.75%。

【全民普法】 2022年，市司法局严格落实“谁执法谁普法”责任制，开展“谁执法谁普法履职评议”，对全市40多家“谁执法谁普法”责任制评议单位进行书面评议，市农业农村局、人社局、地方金融监管局3家单位参与现场评议。组织30多家单位联动普法，线上线下累计开展法律法规宣传1000多次，普法名嘴进镇（社区）宣讲300多场次，发放各类宣传资料50万余份。开设“云课堂”集中系统培训，深化“法律明白人”培育工作，创新实施法律明白人“青蓝工程”，优先选拔网格员、农村党员、致富能手、退伍军人、人民调解员、社会工作者等，全年培育“法律明白人”2831人和学法用法示范户1493户。

【法治惠民】 2022年，市构建基层社会治理“三治融合”（自治、法治、德治融合）工作格局。法治文化阵地实现镇村全覆盖，市法治宣传教育中心获评省第九批法治文化建设示范点，全年接待1500多人次。开展民主法治示范村动态管理，全市有省级民主法治示范村（社区）154个，占比为48.8%。开展“弘扬法治精神·共享美好生活”为主题的法治文化润万家活动50多场。开展乡村中小企业“法治体检”活动，指导企业依法合规经营，防范化解风险,持续推进法治营商环境优化。

(杨青青)

公 安

【概况】 2022年,全市公安机关以中共二十大安保维稳为主线,做好战疫情、防风险、保安全、护稳定、促发展等各项工作。启东市公安局被南通市公安局评为综合考核“优胜公安局”、执法质量考评“优秀单位”。法治建设满意度、执法办案满意度、服务群众满意度均列南通第一。“苏安”“百日行动”专项考核均列南通第一,重大安保考核连续4年位列第一。18个集体和个人获评部、省级突出集体和先进个人,408名个人获南通市级以上表彰奖励。吕四港海防所获评江苏最美警队,指挥中心获评全省优秀公安基层单位。袁华健获评全国公安机关昆仑专项行动成绩突出个人,2人获评全省优秀人民警察,1人获评江苏最美警察,1人获评首届“江苏公安优秀青年卫士”等。

【安全保卫】 2022年,市公安局做好重大节庆、进博会等安保工作。中共二十大期间,启动最高等级勤务,实现群体聚集、安全事故、极端事件“零发生”的目标。抓好新型冠状病毒感染疫情防控,做好宣传教育、信息研判、人员核查、社区防控、强制隔离、通道查控、入境人员转运等工作,确保疫情无蔓延、无反弹,防控整体工作在南通领先。

【打击犯罪】 2022年,市公安局持续保持对九类涉黑涉恶案件的侦办打击力度,强化涉网黑恶犯罪和行业整治,共抓获九类涉黑犯罪人员209名,逮捕84名,移送起诉64名。成功抓获恶势力犯罪集团20名首要及骨干分子,带破15起涉黑案件。坚决打击突出犯罪,连续25年实现命案全破,“八类”案件破案率达100%。破获“0421”特大组织卖淫案、“0720”特大跨境网络赌博案等一批有影响的案件。共破获刑事案件1309起,抓获各类刑事作案成员3329人。查办民生案件。持续强化对电信网络诈骗、经济犯罪的预防和打击,电信网络诈骗案件比上年下降23.9%,精准劝阻1237人次,避免群众损失1000余万元,成功破获一起涉及全国500多名受害人的冒充中医重大诈骗案,及南通唯一省厅督办的养老诈骗案。全年全市社会面案(事)件数比上年下降13%。

【公共安全监管】 2022年,市公安局全面开展安全生产三年专项整治,推进“三清”专项行动,抓好道路交通、群租房和出租厂房、基层消防三大领域安全隐患专项整治,推动重大隐患动态清零。持续排查整治安全隐患3969处;交通事故总数、亡人事故数、事故亡人数分别下降22.17%、12.01%、12.01%;群租房、危化品、基层消防等领域重大隐患整改率达100%。开展技防升级,升级改造智能感知网6.8万路,建成拥有上百类近30亿条数据的公安数据中心,完善开发超融合智慧平台2.0版,相关数字化转型建设应用成果获南通市委政法委高度肯定。全市公共安全监管形势持续平稳。

【海防警务】 2022年,市公安局开展涉海要素信息采集和公安海防管理领域风险隐患排查整治行动,将港口码头、下海卡口、停泊点、冷僻地段等供给服务型涉海企业作为排查整治主攻方向,摸排大型港口码头2个、出海渔港4个、闸口8座、渔业服务有限公司7家、沿海养殖公司8家、修造船厂7家,其他卡口、下海通道12个。按照“应采尽采、全面覆盖”的原则,动态采集辖区内出海船舶信息,累计完成620艘启东籍渔船3846名出海船民信息的动态更新,实现启东当地船舶登记注册“动态清零”。妥善处置劝返涉疫盐城籍渔船及浙江籍渔船搭载密接人员靠岸等事件,办理涉疫案件3起,治安处罚11人,行政拘留2人。结合“两会”安保、海洋伏季休渔专项执法、反走私综合治理、中共二十大安保等工作,部署开展“净海1号”“守卫一号”反走私专项行动等系列行动,办理涉海案件25起,抓获犯罪嫌疑人30人。主动走访渔政、烟草等部门,签订执法协作协议,研究制订情报信息共享、重大事项通报、定期召开联席会议等工作机制,强化在船舶基础信息互通、涉海违法案件物品鉴定方面的交流合作。联合涉海职能部门拆解“三无”船舶57艘,接收渔政部门移交涉海刑事案件4起。

【政务服务优化】 2022年,市公安局深度推进“一件事”审批改革、“一窗通办”综合服务窗口建设和“减跑动”“减材料”事项清单优化措施落地落实。七大警种59项业务进驻市级政务中心公安窗口,在南通地区率先完成派

9月16日,全市首家反诈普法宣传教育基地揭牌暨反诈金点子颁奖仪式在启东农商银行北上海花园支行举行 (市公安局/供图)

出所综窗全覆盖，公安窗口满意度、接处警规范度保持南通第一。累积办理户口迁移审批2952起、车驾管业务194017起，全面开通省内、省外异地办理身份证业务，在全省无户口人员落户挂牌攻坚工作中，在南通率先摘牌。累计办理中国公民出入境证件3028件，其中，护照426人次，往来港澳通行证2594人次，往来台湾通行证8人次。为境外人员签发签证433人次。

【改革创新】 2022年，市公安局实施执法监督机制改革，推进法制员派驻、专职制度实体化、规范化运行，推动法制审核、监督、服务、指导职能纵向延伸和一线嵌入，全面推动执法规范化建设高质量发展。15名派驻法制员入职基层派出所全面开展执法监督工作，各警种大队也同时配备专职法制员。派驻法制员实体化运行在南通属创新。《公安内参》《人民公安报》《江苏法治报》等刊发启东经验。“巡处一体”改革成效显著，街面防控和快速反应能力明显提升。骑行卫士模型得到南通市公安局主要领导肯定，恒大数字CT、1234复式车辆分流查控法等模型、战法在南通市推广。所有30个条线的工作任务，有26个进入南通前三，55%的条线工作名列第一。沿海岸线船舶治安清查等多个专项行动考核列南通市第一。创新组建平安法治联盟，首创经侦警务站，获南通市委、市政府主要领导高度肯定，共化解矛盾纠纷1.8万余起。成功发起“2·16”伪造金融票证案全国集群战役（全国仅15起，江苏省唯一），破获部督系列“三电”设施被盗案，得到公安部贺电慰问。推出特色警企联动举措，被省工商联和省公安厅授予沟通联系合作机制建设示范单位称号，相关做法被全国工商联、公安部通报表扬并推广。

【见义勇为基金会】 2022年，市见义勇为基金会授予“0219”海上救援人员“启东市见义勇为先进群体”称号，授予2名群众“启东市见义勇为先进个人”称号，发放奖金6万元。对具有见义勇为行为但不足以授予先进个人荣誉称号的6名群众，予以数额不等的奖励，共发放奖金1.8万元。以中共二十大安保维稳为主线，组织开展“喜迎二十大、忠诚报平安”专项表彰奖励，共奖励市公安局辅警保安队员50名、反诈骗有功人员7名，发放奖金5.7万元。组织各基层工作站到见义勇为先进人员家中看望慰问，向126名各级见义勇为人员发放慰问金26.9万元。开展见义勇为人员夏季慰问，共发放慰问金7.6万元。了解全市见义勇为困难人员家庭情况，共上门慰问15户困难家庭，发放慰问金3万元。

（王健永）

检　察

【概况】 2022年，启东市人民检察院共办理刑事检察、民事检察、行政检察、公益诉讼检察等各类案件1236件。办理的1起案件获评江苏检察机关惩治和预防新型毒品犯罪典型案例，1起案件入选全省职务犯罪精品案例，3份检察建议被评为省市检察机关优秀检察建议。全年获南通市级以上集体荣誉28项，97人次受到表彰。市人民检察院获评全国检察宣传先进单位、江苏省文明单位、全省检察机关扫黑除恶先进集体。

【刑事检察】 2022年，市人民检察院共决定逮捕犯罪嫌疑人178人，起诉668件930人。维护国家政治安全，依法办理公安部督办的境外非法组织成员利用迷信破坏法律实施案件。常态化开展扫黑除恶斗争，批捕涉黑涉恶犯罪15人，起诉2件19人。对严重暴力、毒品等犯罪，起诉31件32人，办理的朱某某贩卖毒品违法所得没收案，被评为江苏检察机关惩治和预防新型毒品犯罪典型案例。与市公安局联合设立侦查监督与协作配合办公室，共同促进办案规范，提前介入侦查160件，自行补充侦查18件，办理的朱某聚众斗殴案、陈某盗窃案被评为南通市检察机关“两项监督”优秀案件。进一步优化刑事审判监督，建立起诉意见书、起诉书、刑事判决书“三书会审”工作机制，提出二审抗诉2件。加强刑事执行监督，提出指定居所监视居住检察意见11件，保障被监视居住人员合法权益。深化落实认罪认罚从宽制度，全年适用率超过90%。贯彻“少捕慎诉慎押”刑事司法政策，对犯罪情节轻微的，依法不批捕57人，不起诉60人。

【民事行政检察】 2022年，市人民检察院办理民事监督案件75件，提出再审检察建议6件。对法院裁判正确的案件，做好息诉服判，办理终结审查、不支持监督案件18件。坚持实体监督和程序监督并重，提出民事审判活动监督检察建议7件。办理民事执行监督案件11件，依法支持起诉残疾人维权、农民工讨薪等案件32件，帮助追回工资52万元。通过刑民衔接、大数据比对，审查出“格式借据”“阴阳利息”等违法行为，办结虚假诉讼案件6件，起诉拒不执行判决、裁定犯罪12件13人。办理的民间借贷领域虚假诉讼监督案件，被江苏电视台专题报道。根据行政审判不在启东，原告、被告行政机关讼争属地在启东的情况，延伸检察职能，促进行政检察工作创新发展。开展土地领域行政检察监督，办理行政非诉执行监督案件8件，助力新型城镇化建设。综合运用监督纠正、公开听证等多种方式，办理行政争议实质性化解案件19件。

【公益诉讼检察】 2022年，市人民检察院办理生态环境资源保护、食品药品安全、公共安全等领域公益诉讼案件95件，提起刑事附带民事公益诉讼18件，起诉追偿应急处置、生态环境损害等各类赔偿金879万元。起诉制售假药劣药、有毒有害食品犯罪3件12人，开展散装食品、“消”字号产品非法添加药物公益诉讼。关注出行安全，依法惩治高空抛物犯罪行为；推动主管部门处理减速带磨损、路钉残留等隐患300余处；通过诉前磋商，规范无障碍设施设置与维护。探索建立人大代表建议与公益诉讼衔接转化机制，对人大代表提出的限高杆整治建议，采用“大数据检索+外脑助力+网格参与”多维调查模式，会同主管部门、属地乡镇召开磋商及听证会，明确设置要求和整改方案，工作成效被《检察日报》报道。与上海崇明、苏州太仓等地检察院建立“三警联动”协作保障机制，形成公益保护合力，工作经验被省委信息转发。强化寄递安全，推动快递企业落实实名收寄、开箱验视、过机安检等制度，相关经验做法被“最高人民检察院”公众号推广。

2月28日，启东市人民检察院就两起涉及通信行业安全隐患的案件召开特殊的听证会
（/供图）

【未成年人权益保障】 2022年，市人民检察院对侵害未成年人犯罪“零容忍”，批捕23人，起诉24件31人；对涉罪未成年人严而有度、宽而不纵，依法附条件不起诉15人，未成年检察办案团队被评为江苏省“巾帼文明岗”。打造“东疆暖阳”品牌，因案施策、因人施教，通过持续跟踪观护帮教，涉案“问题少年”，均顺利回到校园、回归正道。开展法治进校园活动29次，建立家庭教育指导工作站，发出责令接受家庭教育指导通知书、督促监护令15份，开展家庭教育指导26人次。针对部分商家违规向未成年人销售电子烟、娱乐场所违规接纳未成年人等问题，联合开展“三类场所”（宾馆、酒吧、网吧）专项整治“净土”行动，未成年人成长环境持续向好，该经验做法被省人民检察院主要领导批示肯定。

【反腐败斗争】 2022年，市人民检察院优化监检衔接机制，落实案件会商，实现提前介入全覆盖，在案件办理、线索移送、强制措施执行等方面形成合力。全年共受理监察机关移送职务犯罪案件13件15人，决定逮捕10人，提起公诉11件11人，依法办理南通市人力资源和社会保障局原副局长朱某某受贿等系列职务犯罪案件，办理的黄某挪用公款案入选全省职务犯罪精品案例。

9月26日，“检格+网格”联系点在王鲍镇久西村揭牌
（市人民检察院/供图）

【营商环境法治化】 2022年，市人民检察院依法平等保护各类市场主体，起诉职务侵占、挪用资金等侵犯企业权益犯罪5件9人。推进企业合规改革试点，对2家涉案企业适用第三方监督评估机制开展合规审查，探索提前介入阶段合规、边建设边合规、设立合规考察期等做法，其经验做法被省人民检察院关注转发。结合办案优化法律“体检”，走访联系企业31家，开展犯罪预防讲座40余次，发出法律风险提示函5份。开展“冰盾行动”，为“冰墩墩”制造企业送上“法治大礼包”，相关做法得到最高人民检察院主要领导批示肯定。

【金融风险隐患化解】 2022年，市人民检察院维护金融安全，从严追诉集资诈骗、非法吸收公众存款等涉众型经济犯罪，起诉9件35人，检察环节追赃挽损557万元。联合市纪委监委、法院、公安等部门建立反洗钱协作机制，办理南通市首例自洗钱案件。严厉打击电信诈骗、网络赌博、买卖电话卡银行卡等帮助信息网络犯罪行为，起诉47件169人。

【助力市域社会治理现代化】 2022年，市人民检察院将检察职能与网格工作有机结合，在合作、王鲍、海复等镇设立公益诉讼、未成年人保护等“检格+网格”联系点，收集案件线索170余条，解决群众实际问题50余个，化解矛盾纠纷30余起，工作成效被《法治日报》报道。坚持个案办理向深层治理延伸，针对办案中发现的管理漏洞、风险隐患等问题，发出加强社会治理类检察建议，3份检察建议被评为省市检察机关优秀检察建议。

（朱殊敏）

法　院

【概况】 2022年，启东市人民法院共受理案件23344件，办结21340件，比上年分别上升8.62%和9.43%，法官人均办案271件。市人民法院获一星级全国青年文明号、全省法院优秀党支部品牌、南通市“七五”普法工作优秀集体、南通中院集体三等功等各类集体荣誉33项，125人次受到上级表彰。打击养老诈骗、诉源治理、优化营商环境等工作经验被江苏省高级人民法院信息简报、“学习强国”学习平台推介。

【民商事审判】 2022年，市人民法院依法妥善审理各类民事案件9748件。审理票据纠纷案件884件，对规避监管、违规套利等行为依法不予支持。审结劳动争议、劳务合同、追索劳动报酬等案件594件，审结一起发布侮辱视频侵犯他人名誉权案件后，就短视频平台未能及时履行管理义务发出司法建议。重视农药产品安全，依法办理销售假农药致农作物减产引发的产品责任纠纷案件，判决经销商赔偿96万余元。该案件入选南通市人民法院服务保障乡村振兴典型案例。合理规制相邻关系的容忍义务，办理的一起因空调外机噪音引发的相邻权纠纷案件被《人民法院报》等媒体，江苏省、山东省、湖南省高级人民法院等法院官方微信公众号、微博宣传转载。

【刑事审判】 2022年，市人民法院依法审结各类刑事案件665件831人。推进常态化扫黑除恶，审结寻衅滋事、聚众斗殴、强迫交易等九类罪名案件81件143人。完善刑事诉讼与监察程序衔接机制，审结职务犯罪案件5件5人，没收违法所得580余万元，收缴罚金135万余元。对暴力犯罪保持高压态势，审结故意杀人、故意伤害、强奸等案件61件81人。开展防范非法集资和打击整治养老诈骗专项行动，审结集资诈骗、非法吸收公众存款、电信诈骗等案件29件102人，为群众追回经济损失2000余万元。

【执行工作】 2022年，市人民法院受理执行案件9879件，执结案件9873件，执行到位金额15.81亿元，占南通两级法院总金额五分之一，到位率位居南通第一。综合治理执行工作持续保持领先优势，执结率93.57%，终本合格率、信访办结率均达100%，列南通第一。推行执行全流程无纸化，装备便携式执行办公设备，执行实施团队外出在线制作文书千余次，移动收款250次130.65万元。开展清晨和夜间专项执行行动13场，共出动干警720余人次，警车近70台次。组织拍品司法拍卖，共新挂拍品270件，成交179件（含以物抵债），成交金额3.34亿元。

【诉讼服务】 2022年，市人民法院加强多元纠纷解决和诉讼服务体系建设。依托人民法院律师服务平台、江苏微解纷、移动微法院、南通法院电子诉讼平台等在线诉讼方式，打造线上与线下相融合的诉讼服务模式，共开展网上立案9304件，跨域立案9件，线上调解8544件，提供跨域查档和“e查档”等服务352次。加大“支云e站”建设力度，在各人民法庭、江海明珠律师事务所等地设立站点，实现就地网上立案118件，同步完成调解、阅卷、庭审、退费、打印等事项。推行“不见面”办案模式，建成30个“支云法庭”，设立“支云送达分中心”，共通过“支云庭审系统”开庭1006次，线上调解130次，电子送达87974人次。

【诉源治理】 2022年，市人民法院探索“非诉纠纷解决”新机制，通过“靠前介入、靠前调解、靠前沟通”，凝聚社会力量将矛盾纠纷高效便捷化解于诉前。联合市住建局、信访局、人社局和属地镇政府，成功化解涉81名农民工近300万元的欠薪纠纷，联合市教育体育局、卫健委、公安局等部门妥善处理某游泳馆经营者失联、某早教机构关停等导致200余名家长群体维权纠纷；会同市税务局、金融监管局等部门稳妥化解涉1000多户居民的手机融资租赁纠纷，相关工作经验被南通市中级人民法院信息简报推广。发挥人民法庭化解矛盾纠纷前沿阵地作用，吕四法庭与海复镇庙基村倪伯苍网格工作室共建启东市首个“网格法治驿站”，高新区法庭与辖区司法所建成法治共建联盟，和合法庭在黄金海滩游客服务中心设立巡回审判点，久隆法庭推行“巡回审判+”模式。

【诚信建设】 2022年，市人民法院加大失信惩戒力度，公布失信被执行人2296人次，限制高消费3377人次，搜查53次，促使652名被执行人主动履行义务。保持打击拒执犯罪高压态势，共审结拒执案件17件17人，位列南通第一，市人民法院被南通市中级人民法院评为打击“拒执罪”推进有力法院。在南通率先推行公安机关协助查人扣车机制，8月起成功协助查扣车辆18辆，得到南通市副市长、启东市委书记李玲批示肯定。严厉打击“套路贷”等非法金融活动，严格落实民间借贷案件强制检索制度，共向公安机关移送线索31条，制裁虚假诉讼9件9人。

【服务发展】 2022年，市人民法院出台《优化营商环境实施细则》，助力“万事好通·益启企”营商环境品牌建设。发挥破产审判促进产业转型、产能转换作用，审结破产清算、重整等案件74件，化解债务20.23亿元，盘活土地、厂房15.73万平方米，妥善安置职工1500余人。克服新冠疫情对破产企业重整带来的影响，采用“合并预重整+出售式重整”新举措，助力龙腾鹏达等4家企业重生，解决近千名员工的继续就业问题。注重中小微企业的合法权益保护，审理的某实业公司与某置业公司买卖合同纠纷案件入选江苏法院助力中小微企业发展优化营商环境首批典型案例。深入推进“千人千企”“百千活动”等挂钩服务企业工作,精准对接企业需求,为企业提供优质高效服务。

【为民服务】 2022年,市人民法院强化妇女儿童权益保护,联合市妇联、教育体育局、团市委、关工委等部门成立启东市东疆法暖家庭教育指导工作站,共发出家庭教育责任告知书112份、家庭教育指导令4份。加大司法救助力度,为经济困难当事人发放救助资金50万余元,缓减免诉讼费18万余元。拓展司法救助资金来源,联合市慈善总会成立“天平慈爱·法润东疆”救助基金,为全省首创。

【司法改革】 2022年,市人民法院建立健全诉前分流、立案分流和繁简转换的“三级分流”工作机制,共分流诉前调解案件15073件,民商事案件诉前分流率位列南通第二。抽调青年骨干成立速裁快审团队,并将驻院调解员编入速裁团队,强化审判团队对人民调解员的指导,民商事案件速裁分流率达75.68%。探索简单案件集中审理新模式,5月,市人民法院院长、人民检察院检察长同堂履职,仅用1小时集中审结5起交通肇事罪刑事案件,打造“类案集审速判”示范课堂。

(王俊博)

司法行政

【概况】 2022年,启东市司法局下辖14家司法所、9家律师事务所、18家基层法律服务所。全市有执业律师223人,其中,专职律师102人、公职律师112人、公司律师7人、兼职律师1人、法援律师1人,基层法律工作者76人。建成省级法治文化建设示范点5个、南通市级法治文化建设示范点31个。启东市获评全省“法律明白人”培育工作成绩突出集体、全省“七五”普法工作先进单位。市司法局获2022年度全省司法行政系统“高质量发展争先进位奖”。

【特殊人群管理】 2022年,市司法局加强“智慧矫正中心”平台建设,完善新时期安置帮教工作运行体系和机制,推动全市重点人群管理工作。社区矫正安置帮教工作共接收社区矫正对象786人,按期解矫672人,至年底共有在册社区矫正对象435人,社区矫正对象重新犯罪率始终保持较低水平。新接收安置帮教对象438人,全市刑满释放人员重新犯罪率控制在1.5‰以下。加强与公检法联动合作,对涉罪青少年实施精准帮扶,全年组织帮扶活动2场,捐赠学习用品价值6400元,发放助学金4000元。全年帮助社区矫正对象落实低保2人次,落实临时性救助8人次,指导就业或就学21人次。

5月,市人民法院院长、市人民检察院检察长同堂履职,审结案件

(市人民法院/供图)

【公共法律服务】 2022年,市司法局加强公共法律服务平台建设,市、镇、村三级实体平台建设实现全覆盖,12348热线接待咨询3040人次,群众满意率99.6%。新增6个法律援助工作站,全年法律援助工作站受理法律援助案件1702件,比上年增长12.86%。调整优化法律顾问队伍,全市村(社区)法律顾问163人,其中,执业律师85人、公职律师23人、基层法律服务工作者55人,参与帮助村(社区)化解矛盾纠纷849起,提供法律咨询6752人次,解答法律问题4890件,举办法治讲座568场。组建公共法律服务团,分成12个小分队,结对77家企业;组织8家律师事务所16名执业律师与26家启东商会建立联系合作机制,结合“产业链+法律服务”专项行动,开展法律咨询、风险排查、纠纷化解、疫情防控等工作,助力企业复工复产。

【公证便民服务】 2022年,市公证处开展上门公证、省内联办、预约公证、延时公证等服务,推行远程视频公证。全年共办理各类公证事项4091件。其中,国内公证3330件(包括涉台6件、涉港澳8件),涉外公证761件。全年共办理远程视频公证366件。

(吴雅菁)

责任编辑 黄亦美

军 事

人民武装

【概况】 2022年，启东市人民武装部紧盯“听党指挥、能打胜仗、作风优良”强军目标，聚焦军事斗争准备主线，以战备规范化建设、民兵军事训练、征兵质量提升、单位安全稳定等重点工作为抓手，狠抓各项工作落实，较好地完成年度各项任务。

【思想政治建设】 2022年，市人武部持续深化学习中共中央总书记、国家主席、中央军委主席习近平系列重要讲话精神，落实周四“小夜校”和周五党日活动，系统研读《习近平在宁德》等书籍，专题学习中共二十大报告和党章修正案等重要文件，组织全体官兵撰写心得体会、发言交流。将中共二十大精神传达到民兵和专武干部。学习贯彻上级主题教育和专题教育方案，结合市人武部实际科学筹划主题教育计划，组织干部文员职工学习规定内容。观看庆祝中国共产主义青年团成立100周年大会，开展集体政治生日活动。严格落实双向兼职、党委议军、第一书记述职讲评等制度。在2次启东市委常委会、1次第一书记现场办公会上，专题研究专武干部队伍建设、督促推进两季征兵、规范化建设；推动民兵基地提升改造项目建设；与市委办联合发文，加强党管武装建设。

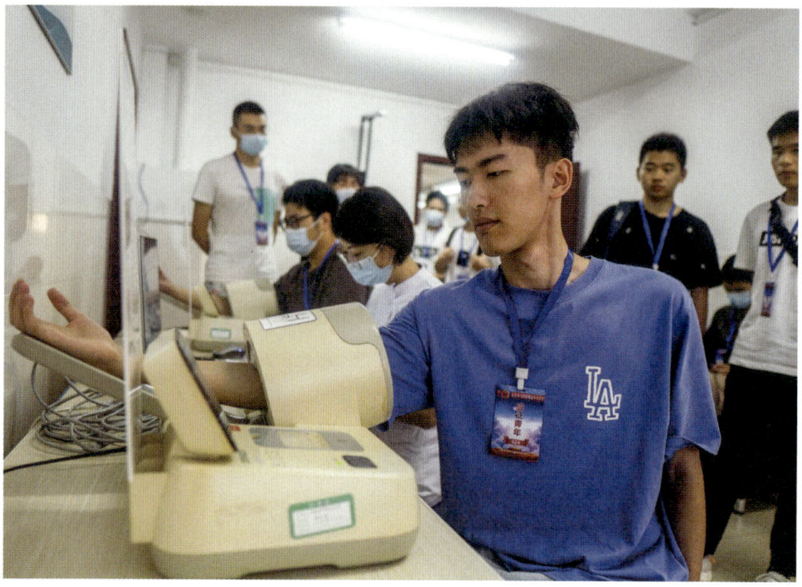

7月28日至8月2日，市人武部组织开展2022年秋季征兵应征青年集中体检工作
（姜新春/摄）

【军事训练】 2022年，市人武部坚持季度专题议战议训。完善海上民兵值班备勤方案，有针对性地加强海上民兵分队编建，提高海上民兵分队遂行任务能力。抓战备执勤。严格落实战备值班规定，组织开展形势战备教育，汇龙镇、合作镇、东海镇等9个镇的应急排先后担负全市节前战备拉动演练和节日战备任务。圆陀角旅游度假区发挥连兴港民兵海防哨所执勤职能作用，受到省军区首长高度肯定。召开海上民兵报情表彰大会，组织沿海乡镇从事远洋商货船工作人员召开报情工作座谈会，实现商货船报情零突破。吕四港镇结合渔港优势，突出海上民兵分队建设，海上民兵随遇侦查报情多次受上级肯定。抓任务练兵，1人参加全市比武考核获第三名。

1月13日，市人武部组织召开连兴港哨所信息共享军地联席会议
（市人武部/供图）

【国防动员】 2022年，市人武部做好民兵整组工作，抓牢任务部署、业务培训、数据审核、档案整理、检查验收等关键环节，编实配强基干民兵队伍；指导乡镇落实全分队点验，6月接受军分区整组点验。积极适应征兵工作新形势，规范征兵领导小组运行机制，以量化考评为抓手，提高兵员整体质量。多渠道开展征兵宣传，下发宣传册1万余份。推行积分选向，按标准逐人赋分，并进行积分排序和公示，征兵工作更公平透明。破解适龄青年逐年减少、参军热情不高难题，完成新兵征集任务，大学毕业生征集完成预定目标。参加军分区基层武装规范化建设推进会，召开全市专武干部例会，专题听取基层规范化建设进展，针对性解决建设资金争取难、村域抓建标准不统一等实际困难。辖区基层连（营）部规范化建设全部完成。

【部队建设管理】 2022年，市人武部开展“学法规、用法规、守法规”活动。邀请市公安局网监和消防救援大队，针对网络安全和消防常识作授课辅导和现场演示，提高安全意识。优化廉洁征兵监督员队伍，函商人大、政协、退役军人事务局等单位推选合适人选；与市纪委监委联合下发《关于做好廉洁征兵工作的通知》，落实廉洁征兵“零报告”、信息公开公示制度。从严落实防控措施，滚动修订防控预案，按照防控要求落实防疫各项举措。指导推动基层武装部装备管理平台部署运营，推进装备管理提档升级；台风后抢修机关、仓库以及民兵海防哨所多处设施设备和强弱电线路；完成民兵仓库防雷和机关用电安全监测以及民兵装备仓库电子围栏安装。

（储建龙）

武警启东中队

【概况】　2022年，武警启东中队以“培养四有精神，锻造四铁部队，坚持稳中求进，努力再创标兵”为总体目标，抓好工作落实，圆满完成上级赋予的各项任务。

【思想政治建设】　2022年，武警启东中队以《习近平谈治国理政（第三卷）》《习近平论强军兴军》《关于深化军委主席负责制贯彻落实的若干意见》等为基本教材，把握政治建队方向。常态化开展“读习主席的书、听习主席的话、做习主席好战士”活动，用好“五个一”载体（网络、教育平台、微信群、警营广播、应知应会手册）。开展“传承红色基因，担当强军重任”主题教育，实施六类配合活动（观看红色经典影视、关注红色微信公众号、热读红色经典书籍、组织读书体会交流、开办强军故事会）。开展“读雷锋日记、看雷锋影片、唱雷锋歌曲”和评选学雷锋标兵、捐资助学、与驻地孤寡老人结成帮扶对子等活动，把雷锋精神与常规工作有机结合。做细官兵思想工作，启发官兵自我教育，推进政治文化环境建设。

【军事训练】　2022年，武警启东中队灵活运用小场地，坚持科学组训、按纲施训，有效提升中队军事训练水平，并多次在支队比武竞赛中取得优异成绩。5月，支队选派人员参加总队教练员比武集训。11月，参加总队年度军事训练考核总评优秀。

【执勤战备工作】　2022年，武警启东中队抓好执勤制度落实和执勤隐患治理，严密组织专勤专训，有效提升完成任务质量。严格落实干部每周一哨，加大查勤力度，不断规范执勤秩序，在高温季节常态化深入哨位开展送清凉活动。会同目标单位对执勤设施不定期检查维护，排查出围墙刀刺网锈蚀、钢围墙倾斜倒塌等隐患，并及时整改落实。设置一哨多情、一情多案，狠抓哨兵情况处置、执勤设施使用、观察潜听、出入监门验证、“三员一兵一组一班”联动处置等专勤专训，圆满完成27起临时押解勤务。投入46万余元，推进“智慧磐石”简易工程建设，实现语音通话、智能报警、枪弹管控、视频通话、调阅视频等功能。

【后勤建设】　2022年，武警启东中队抓好枪弹管控，开展枪弹安全教育，训练中严格武器操作使用规程，正规训练场秩序。投入3000余元购买各类防控物资，圆满完成新冠疫情防控工作，部队整体安全稳定。

（周　立）

人民防空

【概况】　2022年，启东市人防工程立项21个，竣工23个。收缴人防易地建设费1011.8万元。

【人防工程管理】　2022年，启东市加大人防在建工程质量检查。突出隐蔽阶段检查和治理力度，全年共检查在建工程500多次。完成全市2013年以前人防工程标识标牌制作44个。牵头协调供电局、物业公司等单位，完成市首例人防工程区域内充电桩安装工作。

【人防指挥通信】　2022年，启东市坚持人防指挥所机动指挥车每周必外出自主拉练，每周必对车上各系统反复检测，确保人防系统在遂行战时防空袭和平时应急支援等任务时能“拉得出、联得通、用得上”。与南通市人防机动指挥所赴圆陀角沿海区域开展野外联合拉动训练，迅速完成机动指挥所的互联互通，并交流分享人防指挥通信保障工作经验。参加全省人防机动指挥所暨五大防护区联演联训活动，首次采用无脚本模式，着力演练通信保障、信息采集、消除空袭后果等科目。落实人员编制，完成452人的专业队整组工作任务。选派业务骨干，参加南通市人防办组织的全市人防机

8月7日，武警启东中队开展夏季大练兵活动　（姜新春/摄）

动指挥所集训暨人防指挥所维护管理人员培训和人防系统准军事化培训。

【人防宣传教育】 2022年,启东市全面加强人防工作的宣传引导,强化人防意识。组织人员对全市所有防空警报终端及控制系统设备进行巡检和维护。与惠萍初级中学联合开展“9·18”防空警报试鸣暨师生防空袭应急疏散演练活动,指挥车准时拉响车载防空警报器,并利用车载视频会议系统将整个过程实时传输至南通市人防指挥中心,圆满完成试鸣任务。参演百杏中学组织的防灾减灾演练暨人防教育活动,利用车载视频会议系统,将整个过程实时传输至人防基本指挥所,圆满完成任务。利用电视台、报纸等宣传媒介向市民宣传防空警报试鸣活动的意义。全市防空警报器鸣放率100%、市区覆盖率均达100%,完成全省统一组织的“9·18”防空警报试鸣任务。

(姚　辉)

双拥工作

【概况】 2022年,启东市制订下发《关于扎实推进2022—2024年度军民结对共建活动的意见》《关于开展2022—2024年度结对帮扶退役军人及优抚对象活动的通知》《关于印发2022年度启东市机关双拥工作评分办法的通知》《关于印发2022年军地互办实事双清单的通知》等文件,将双拥工作列入全市经济社会发展规划和各单位年度工作计划。双拥公园、双拥示范街、烈士陵园的提档升级改造,乡镇五星级服务站的打造及社会人士拥军工作室创建等工作获好评,市双拥工作在央视七套国防军事频道宣传报道2次。

(茅金如)

【拥政爱民】 2022年,市人武部秉承拥军优属、拥政爱民的优良传统,保持同人民群众的血肉联系。开展军地联合送喜报,会同市退役军人事务局为获二等功和三等功的启东籍官兵登门送喜报。开展“七一”走访慰问,为3名生活困难老党员送慰问金。“八一”前夕,会同市退役军人事务局及汇龙镇、吕四港镇、寅阳镇、海复镇、南阳镇慰问在边境执勤的启东籍官兵家属。组织全员捐款,为结对帮扶患癌学生送去爱心捐款6340元和单位慰问金1万元。协助解决军属实际需求和困难,协调现役军人子女入学入托。组织国防教育。参与地方军训,遴选民兵教员担任教官,圆满完成军训任务。近海镇组织学生参观红色展览馆、老兵宣讲队定期进校园等活动,激发学生爱党爱国爱军热情。

(储建龙)

1月28日,市人武部、市退役军人事务局为荣立二等功的茅卫东家庭送喜报
(市退役军人事务局/供图)

【拥军褒扬】 2022年,市退役军人事务局进一步完善拥军政策,申请财政预算50万元用于拥军实事。“八一”期间,市政府、结对共建单位、社会各界共计慰问驻启部队42批次,投入慰问金40万余元。全市市、镇、村三级和志愿者、企业共慰问退役军人、优抚对象等5400人次,发放慰问金280万元。全年发放义务兵家庭优待金和现役军人立功奖励金2050万元。联合市人武部为二等功和三等功启东籍官兵登门送喜报。加强烈士纪念设施管护,全市新建、改扩建各类烈士纪念设施18处,原址修缮维护烈士纪念设施11处,全面完成县级及以下烈士纪念设施整修工程。为全市702处烈士纪念设施逐一建档立卡,实现动态管理,常态管护。结合“清明祭英烈”“9·30”烈士纪念日等纪念活动,共接待现场祭扫232批7370人次。开展第三次商贸企业拥军优属优惠服务活动,200家单位参与。推进双拥主题公园、双拥示范街建设,组织培育双拥示范单位。

(茅金如)

责任编辑　黄亦美

经济管理

国有资产投资管理

【概况】 2022年，启东市加强国有企业产权管理，梳理各级企业业务职能、股权与管理权归属，结合市属企业战略发展定位，对企业股权关系和级次进行划转调整。全年共无偿划转企业股权15家。强化国企投融资和大额资金管控，出台《关于进一步加强国有企业经营性债务和大额资金管控的实施意见》《市属企业全面预算管理指引》，引导国企规范投融资行为，科学审慎对待国企经营性债务。完善投融资和大额资金预算。加强预算审核，压减非必要投资项目。通过对国有资产的专业整合及再挖掘再利用，提升资产运行效益，增强企业资信实力。启东城投集团有限公司下属企业启东市新城建设投资发展有限公司获AA+资信评级。至年底，全市共有AA+企业4家，AA企业2家。推进信息化与监管业务深度融合，建设“智慧国资”监管平台，将国有企业投融资和大额资金管理、“三重一大”事项、经营性资产、人员管理纳入在线监管。

（王　雷）

【启东城投集团有限公司】 2022年，启东城投集团有限公司有总资产670亿元，净资产295亿元，资产负债率56%。有AA+资信评级企业2家，房地产开发一级资质企业1家，实体化运作的全资子公司20家，混合所有制控股子公司5家。全年集团公司实现营业收入35.82亿元。

市场拓展　集团公司市场化业务（代建业务收入除外）营业收入占比为82%。房地产业务新增储备商住用地26.4公顷，投资总额46.32亿元；健康体检管理中心10月正式营业，扩充医养服务内容，打造一站式医疗康养综合体；新设光伏发电企业，第一期项目正式实施；开展保理业务，全年完成保理业务发生额8.48亿元，其中小微企业业务8920万元，实现营业收入1000万元；引入智慧照明、文化创意等产业链扩展业务。

企业混改　集团公司推进混合所有制合作。5家混合所有制控股企业，全年合计贡献营业收入2.70亿元。其中，新城农业公司由集团公司与启东苏合农产品销售合作联合社合资，打造一站式生鲜配送平台，全年营业额突破8000万元，比上年增长50%；新城热力公司由集团公司与省国信控股所属子公司合资，全年实现营业收入1.36亿元；新越文化传媒公司发展成为市内主流文化传媒企业，全年实现产值3200万元。6月，与启安集团合资成立城安新能源公司，共同开发光伏发电产业。

项目建设　全年集团公司共实施工程建设项目42个，涉及老旧小区、市政道路、园林绿化、保障房、雨污分流、水务等方面。其中，3月，完成方舱医院建设任务；6月，三美街安置区完工；7月，沿江生态绿道走廊首开区工程开园；10月，安置房东郊二期交付；承担3号、7号提质增效达标区近63个小区及49条市政雨污水管网疏通检测及3号达标区内雨污分流改造等民生工程。

7月30日至8月7日，启晟集团文旅公司在渔人码头举办七夕古风市集活动

（启晟集团/供图）

资金筹措　全年新增融资150亿元（含借新还旧），完成目标的136%，平均融资成本4.28%，同比降低0.04个百分点，融资成本在全国AA+资信国有企业中名列前茅。其中，资本市场直接融资76.6亿元，占51.1%；政策性银行贷款10.04亿元，占6.7%；商业银行贷款57.44亿元，占38.3%；其他渠道融资5.9亿元，占3.9%。完成财政专项债9.7亿元，综合成本3.17%。通过资产租售的方式回笼资金2.65亿元。

对外投资　集团公司有衡盛股权投资和疌泉凯通智能制造2只存续基金。衡盛基金出资991万元参与投资上海稷以科技公司，至年底，股权估值达投资额的6.23倍；出资1425万元投资北京忆芯电子科技公司，至年底，股权估值达投资额的1.65倍。疌泉凯通智能制造基金（江苏省投资基金，主要聚焦智能制造类行业）城投出资1350万元，占股10%。该基金累计投资10家企业，其中，1家在科创板上市，1家在江苏股权交易中心挂牌，1家进入上市辅导期。

（陆　星）

【江苏启晟集团有限公司】 江苏启晟集团有限公司是市属一类国有企业，注册资本为25亿元，企业信用评级为AA+。2022年，启晟集团发展为集片区开发、文化旅游、金融服务于一体的现代综合性产业集团。年末，集团资产总额为637亿元，实现营业收入30亿元，实现利润总额4.2亿元。

项目建设　鹤港大桥、天汾大桥等道路交通基础设施完工，惠萍家园三期、南阳、海复等安置房推进建设，通海垦牧公司复建项目正式对外营业，电动自行车集中充电设施投入使用。

金融服务　集团支持中小微企业发展，下属启东国投融资担保有限公司通过开辟绿色通道、放宽反担保措施、降低担保费率等措施，全年担保发生额18.5亿元；下属启东邦盛企业转贷服务有限公司助力企业降低融资成本，全年累计转贷服务金额达56.95

亿元。

文化旅游　通海垦牧公司获评国家AAA级旅游景区，圆陀角渔人码头街区成功创建省级旅游休闲街区；位于渔人码头街区的市二级游客集散中心正式对外运营，房车露营基地实现提档升级。全年举办有影响力品牌活动4场，吸引《江海晚报》《南通日报》、腾讯新闻等媒体报道。

市场转型　集团加快市场转型，发展新能源产业，推进光伏项目和风电项目建设，与华能江苏公司签订战略合作协议；盘活存量资产，世纪大道北侧55亩地块、南通大学北侧地块房地产开发项目有序推进；组建资源型、营利型公司，晟昊物业公司、晟境体育公司、江韵文化创意公司、长江疏浚公司逐步组建，集团造血功能、盈利能力全面增强。

（陈春华）

【江苏吕四港集团有限公司】　2022年，江苏吕四港集团有限公司深入实施向海发展战略，强化项目管理，提高经济效益，通过创新举措、强化建设效能，统筹推进国有企业改革、项目建设、国有资产增效、运营质量改善、经营风险防控等方面工作。年末，吕四港集团（全口径）资产总额为402.32亿，企业信用评级为AA+。

港口运营　内河转运码头项目通过竣工验收；港口支持系统项目、东港池建材码头及重装码头配套工程项目全面完成工程建设；内河转运码头、港口支持系统获评2022年度江苏省公路水运工程平安工地建设省级示范工地；推进综合物流服务中心项目，至年底，项目完成总工程量的15%，停车场全面完成建设；合资公司江苏中外运吕四港重装物流发展有限公司运营首年完成业务量累计6.75万计费吨，总营业收入达3026.46万元；合资公司南通洋港口有限公司深耕货源市场、深化港航合作，开辟吕四至东北亚、巴新南太平洋等地区多条工程机械班轮航线，风电叶片、管道模块、机电设备等货物的出口航线远达欧、美、非等六大洲28个国家和地区，完成作业船舶94艘次，实现运营收入9181万元，完成吞吐量185万立方米。

吕四港港口支持系统项目　（吕四港集团/供图）

项目建设　全市第一条带高架桥的市政道路项目西港西路开工；集团在吕四片区首个商品房开发项目金港华府开工建设；推进吕四新城首开区CBD项目、中国吕四电动工具发展中心项目建设；民生实事项目鹤南苑及海港花苑交付，桂林苑项目主体结构封顶并被评为2022年度下半年南通市建筑施工标准化星级工地，渔港嘉苑开工建设。

产业发展　屋顶光伏项目完成战略协议签订，推进合作协议签订、项目公司成立等工作；吕四港集团混合所有制改革探索的第一个项目——高新区新材料产业园定制厂房交付；顺利入股南大环规院南通公司；全国规模最大、集团公司首个生产型企业制冰厂建成投产运营，全年累计销售冰块29661吨，服务1755船次；推进燃气综合能源、港区保税仓库、绿岛等项目建设；渔港码头拍租完成。

文旅融合　张謇挡浪墙遗址公园文化展览馆按期交付。仙渔小镇招揽餐饮、住宿、酒吧多业态投资者，签约面积44281.63平方米，占可租赁面积的58.62%，资产闲置率比上年下降35.68%；投资运营华住品牌酒店（星程酒店）项目。实施渔港区域环境整治和亮化项目，完成渔民风情展示馆、晒盐场、渔网雕塑等景观设施搭建和基础设施提升。

（吴燕华）

【江苏锦汇集团有限公司】　2022年，江苏锦汇集团有限公司在园区开发、股权投资、园区服务三大业务板块上取得实质性进展。至年底，集团总资产为219.88亿元，实现收入6.9亿元。

园区开发　集团与启东经济开发区、启东生命健康科技城加强沟通，对接2个园区三年行动计划，明确三年重点工作任务。围绕民生实事、城市配套、产业配套等板块，参与空间重构、基础设施、标准厂房、商业配套等建设项目。合理安排建设项目19个，其中，房建项目8个、市政项目11个。打破原有建设模式，改为项目代建，实现项目统筹，进行园区空间打造。至年底，房建项目竣工3个，市政项目竣工8个。

股权投资　集团共投资3只基金和1家医药企业，总投资规模5575万元。除其中1只基金处于退出期，另2只基金为2022年新设基金，分别完成一期投资1200万元、1000万元，主要投向半导体及其上下游和前沿科技创新产业。

融资工作　全年集团融资规模为68.94亿元，其中，借新还旧40.46亿元，实际新增融资28.48亿元。新增融资平均综合成本4.65%。其中，银行贷款52.54亿元，融资成本为4.91%，占比76.21%；债券类贷款16.10亿元，占比23.35%，融资成本为3.78%；慈善基金会及其他借款等0.30亿元，占比0.44%，融资成本为4.86%。至年末，集团总融资规模平均综合成本为5.02%，较2021年末降低0.37%。

园区服务　集团通过商铺租赁、厂房出租、生活服务（商超、餐饮、物流)、体育文化等板块资源的整合,以智慧园区管理为目标,为园区招商引资搭建平台,培育良好营商环境。

(侯钦椿)

财 政

【一般公共预算收支】 2022年,启东市同口径一般公共预算收入84.4亿元,比上年增长8.5%。扣除留抵退税后,一般公共预算收入67.15亿元,完成调整预算的100%。其中,税收收入48.32亿元,非税收入18.83亿元。一般公共预算支出126.26亿元(含上级转移支付支出),完成总支出预算的96.5%,比上年增长6.8%。一般公共预算总财力来源139.46亿元,其中,一般公共预算收入67.15亿元,上级补助收入38.93亿元,上年结转4.07亿元,调入资金28.24亿元,地方政府一般债务转贷收入1.07亿元。一般公共预算总支出139.46亿元,其中,一般公共预算支出126.26亿元,上解上级支出9.31亿元,地方政府一般债务还本支出0.05亿元,结转下年支出3.84亿元。

【债务化解】 2022年,全市地方政府债务限额为276.56亿元,地方政府债务实际余额为250.16亿元。省下达市地方政府新增债券29.76亿元,其中,一般债券1.07亿元,主要用于中央河贯通、三条港治理及实验小学新城校区建设等7个项目;专项债券28.69亿元,主要用于棚户区和老旧小区改造、港口、排水、高标准农田建设等17个项目。加大财政资金化债力度,多渠道筹措化债资金,超额完成全年化债任务。加大融资成本压降、存量高成本债务与非标产品清退力度,不断压降债务成本。完成所有启东当地银行机构6.5%以上高成本债务清退工作,债务平均综合成本得到持续压降。全年新增专项债券28.69亿元,比上年增长11.7%,债券发行额度位列南通各县(市、区)第一。

【助力经济发展】 2022年,市组合实施助企纾困政策,大力扶持实体经济健康发展。全市全年留抵退税规模达34.78亿元,受惠企业1346家。研究制定《启东市加快推进工业经济高质量发展若干政策意见》《关于促进建筑业持续高质量发展的意见》等各类扶持政策,不断完善市级产业扶持资金管理。全年共兑现科技类、金融类、工业服务业、建筑业质量奖补等各类产业扶持专项资金3.83亿元。出台《启东市普惠金融发展风险补偿基金项下融资产品实施方案》,支持“小微贷”“苏科贷”等业务开展,全年共支持各类金融机构发放贷款逾14.5亿元,惠及企业367家。推行融资“白名单”制度,94家企业获得3.33亿元纯信用预授信额度。初步建立产业母基金(母基金+子基金)和创业(天使)投资基金的政府投资基金体系,向金北翼母基金、皓玺创投基金实缴3.68亿元,撬动社会资本逾16亿元,招引投资规模超40亿元的S基金、半导体、新材料、大健康等领域的十多个项目落地。支持房地产业稳定健康发展,全年受理新建商品房和二手房住房补贴申请2222份,发放一次性住房补贴1664.62万元。

【民生保障】 2022年,市财政支持教育优质均衡发展,全年预算安排23.16亿元,健全各阶段教育经费保障机制,提升教育设备设施质量,提高教师收入待遇。实施保障就业优先战略,全年预算安排9861万元,统筹用于就业补助、职业技能提升、社保补贴、创业扶持等稳就业保就业政策的实施。促进卫生健康服务能力提升,全年预算安排20.31亿元,保障基层卫生机构健康运转,落实医保基金财政补助,提高基本公共卫生服务质量;预算安排4.92亿元,专项用于新冠疫情防控。强化老年人和困难群体基本生活兜底保障,全年预算安排基础养老金7.53亿元,支持基础养老金提标、扩面;预算安排1.89亿元,专项用于提高城乡居民最低生活保障、散居孤儿、城市“三无”、农村“五保”等困难群体补助标准。推动养老服务新发展,全年预算安排4119.56万元用于养老机构扶持、适老化改造、养老服务站建设、政府购买居家养老服务等,全面助力“链式养老”服务模式发展。

【财政监管】 2022年,市财政部门实施预算绩效全过程管理,要求预算单位明确预算支出整体及项目绩效目标,细化设置、加强论证。将13个重大项目,列为2022年度财政重点再评价项目,对4个列入2022年度市人大监督的民生外包服务项目进行重点评价,确保财政资金效益实现最大化。加强财政资金统筹利用,开展往来款清理工作,清理市本级预算单位往来资金759笔,共9325.65万元,其中近2000万元回收财政统筹使用。对超过1000万元的大额支出,加大支出审核力度,严格按照轻重缓急要求下达财政资金。加强施工图预算评审,严格控制工程服务类、货物类招标限价。水环境综合整治PPP项目核减2.94亿元;完成政府投资项目施工图预算评审594个,核减2.74亿元;完成工程服务类、货物类限价备案199个,核减0.79亿元。市获评全省“2022年度财政重点工作绩效考核先进市县”(三等奖)、南通市“2022年度财政重点工作绩效考核优秀单位”(第二名)。

(王 雷)

税 务

【概况】 2022年,启东市税务系统共组织入库全口径税收收入(还原后)120.22亿元,比上年下降0.96%。其中,国内增值税入库18.8亿元,比上年下降56.52%;企业所得税入库35.5亿元,比上年下降3.9%;个人所得税入库7.6亿元,比上年增长19.2%;“地方十税”入库21.9亿元,比上年下降13.21%;契税入库8.52亿元,比上年下降16.08%。组织入库地方一般预算收入65.71亿元(还原后),比上年下降2.75%。完成社保费收入48.16亿元,比上年增长12.03%;土地出让金收入125.76亿元,其他非税收入4.33亿元。

【税收征管】 2022年,市税务局落实落细省税务局“50条”改革措施,梳理解决税费服务、税务执法、税务监管、协同共治四个体系中的问题,完成发票增版增量等3个高频事项涉及的调查职能前移,避免纳税人多头跑的现象。建立健全出口退税"一口进,一口出"机制,将出口退税全面纳入一体化税费服务体系。灵活就业人员社保费以及土地出让金、海域使用金收入等多个费种顺利划转。搭建"1+7+7"(1个综合管理团队、7个专业监管团队、7个属地税源监管团队)监管模式,全年精准监管成效3000多万元。利用"BIEE"智能分析工具开发数据产品"度电销售和亩产税收分析和运用",形成34户涉税风险名单,责成纳税人自查补缴税款600余万元,开发的数据产品被南通市税务局评为三等奖。加强国际税收风险应对,全年入库税收956.99万元,有效避免国家税款的外流。编制《启东市税务局欠税管理操作规程(2022版)》,明确各类追征操作程序,指导基层开展规范化欠税追征,全年清欠税款4.32亿元。建立行政争议排查调处机制,依法及时化解矛盾纠纷,未发生行政复议和行政诉讼。梳理代开发票、注销登记等税收执法事项70多条,夯实专业化职能监督机制。推动建立社会保险费争议处理工作机制,形成社保征缴的共治合力。

【减税降费】 2022年,市税务局持续推进落实各项税费优惠政策,税收优惠累计惠及1.02万多个市场主体,共计69亿元。退还增值税留抵税额33.3亿元;小型微利企业所得税减免5405万元;扩大"六税两费"优惠享受范围,免税1.01亿元;小规模纳税人免征增值税4498万元;减免、缓缴企业社保费、医保费2.6亿元。

【纳税服务】 2022年,市税务局建立全市适用政策企业标签库,通过42个"税莫愁"征纳平台群、12个税企微信群等渠道推送政策宣传链接356个,引导收看"税莫愁·云课堂"等各类线上直播课堂计1.28万人次,短信分类分策批量发送减税、缓税、退税等各主题140批次,计31.58万人次。走访企业,为挂钩企业定制"个性化服务建议书",通过电子税务局、智能外呼等功能个性化提醒1980户次,让纳税人第一时间掌握税收优惠政策并足额享受红利。畅通"线上办""零跑动"渠道,非接触式办理率居南通六县(市、区)第一方阵。

(徐坚笙)

地方金融监督管理

【概况】 2022年,启东市地方金融监管局围绕服务实体经济、服务全市经济高质量发展,不断建立健全地方金融监管体系,做好地方金融监管和服务工作,防范和化解地方金融行业风险,各项工作取得新的成绩。制定《启东市金融机构支持高质量发展考核办法》,重点考核金融机构提升服务实体经济能力。督促银行机构严格落实人民银行关于低成本专项再贷款资金的发放要求,不缩减原有信贷规模,通过增加信用贷款和中长期贷款方式支持企业发展。全市有银行业金融机构21家,截至12月末,全市银行业金融机构本外币各项存款余额2105.27亿元,比年初增加195.62亿元,同比增幅10.24%;各项贷款余额1706.73亿元,比年初增加220.23亿元,同比增幅14.82%。至12月末,全市制造业贷款余额189.18亿元,较年初增加44.98亿元,制造业贷款增幅31.19%。引导新设地方金融从业机构2家:启东市国投科技小额贷款有限公司、江苏省农业融资担保有限责任公司启东分公司。引导注销地方金融牌照机构1家:启东市银洲融资担保有限公司,变更为启东市银洲贸易有限公司,不再从事担保业务。有保险公司28家,实现保费收入增速为7.27%;有小额贷款公司7家,年末贷款余额5.55亿元,较年初上升3.09%;有典当公司3家,年末典当余额0.41亿元,较年初上升26.95%;有融资担保公司2家,年末在保余额16.42亿元,较年初上升44.41%;有商业保理公司1家,发放保理融资款3.18亿元,较年初下降25.57%;有转贷公司1家,完成转贷金额56.95亿元,较年初上升52%;有融资租赁公司3家,累计投放贷款980万元,比上年增加109万元;有证券经营机构3家,实现证券交易金额1249.71亿元,比上年减少107.76亿元。

【地方金融从业机构监管】 2022年,市地方金融监管局实行现场监管与非现场监管双管齐下,督促机构持续合规经营,开展半年度现场检查2次、"双随机、一公开"抽查1次、专项现场检查5次,共下发整改通知书(监管意见函)19份,列入非正常经营机构2家。对小额贷款、典当等7家机构开展年审评级工作,获评A类机构5家、B类机构2家。全市16家地方金融从业机构和1家转贷公司投入75.4亿元,服务中小微企业、"三农"客户1476户,实现税收1893.5万元。

(邵凯捷)

【综合金融服务】 2022年,市地方金融监管局推进江苏省综合金融服务平台建设。积极引导中小微企业通过平台获得信贷支持,提高平台企业获得率和活跃度。督促平台接入银行机构,加大对平台注册企业融资服务力度,做好企业融资服务;鼓励金融机构创新信贷产品、创优金融服务。全年全市在江苏省综合金融服务平台新增注册1673家,累计注册8532家;发布融资需求2041笔,解决融资需求1677笔,实现授信金额106.66亿元。

【普惠金融】 2022年,市地方金融监管局会同市财政局研究出台《启东市普惠金融发展风险补偿基金项下融资产品实施方案》,引导金融机构为符合条件的中小微企业发放低成本、高效率的信用贷款。"小微贷"等放款规模约14.62亿元,惠及企业364家;加权平均利率约4.33%,涉及首贷78家。为16家小微企业提供无抵押(质押)、纯信用贷款4305万元。

【企业上市】 加强政策供给 2022年,市地方金融监管局制定《启东市上市挂牌企业倍增行动计划(2022—2025年)》《关于进一步推进企业上市挂牌工作的若干政策意见》;健全制度体系,建立企业上市及新三板挂牌联席会议制度、市领导挂钩联系拟上市企业制度、拟上市挂牌企业"白名单"制度,为企业上市创造最佳的外部环境;将推动企业上市纳入区镇经济发展考核。

强化协调服务 常态化开展拟上

8月16日,市召开推进企业挂牌上市工作例会　（市融媒体中心/供图）

市企业走访调研,举办企业上市专题培训活动,组织辖内企业参加南通市“江海创投行”线上路演活动,线下邀请爱普车辆、北新新能等拟上市企业参加南通组织的上交所、深交所、北交所专题培训活动。协同市住建局、自然资源和规划局等部门,为有关企业按时办结合规性证明30余次。

推进上市进程　久正工学申请材料通过全国股转中心审核。新增入轨企业8家,重点后备企业中,和和新材料于6月进入新三板创新层。至年底,全市共有上市后备入库企业53家、入轨企业14家、重点后备企业10家、上市储备企业29家。

（陈　玲）

【政府性融资担保】　2022年,市政府性融资担保作用持续放大,市国投公司出资成立的国投融资担保公司新增担保总额17.92亿元,同比增长48.47%,其中新增低于500万元小微企业和“三农”金额占比为38.59%,新增低于1000万元小微企业和“三农”金额占比为81.43%;平均担保费率0.74%,低于省要求的政府性融资担保公司担保费率低于1%的要求。全年实现担保费收入1290.58万元。

【转贷业务】　2022年,市转贷业务持续增长,市财政出资成立的邦盛转贷公司为全市888家中小微企业提供转贷服务1106笔,实现转贷金额56.95亿元,全年转贷额和转贷笔数的同比增量均列南通第一。

（邵凯捷）

审计管理

【概况】　2022年,启东市审计局实施完成审计项目18个,查出违规资金1.95亿元,管理不规范资金19.1亿元,促进增收节支92.05万元,提出审计建议并被采纳63条。移送已查实的3个问题,涉及金额23.38万元,涉案4人受到党纪政务处分。支持配合市委3轮例行巡察和国有企业专项巡察工作,全年选派审计干部11人次参加。

【预算执行审计】　2022年,市审计局对启东市2021年度本级预算执行和决算草案情况实施审计,重点关注预算执行、政府专项债券发行使用、被征地农民保障政策贯彻落实、农业支持保护补贴(耕地地力保护)管理发放、新冠疫情防控资金支出等。指出预算管理中少部分政府性基金预算编制不精细;财政管理中有6.42亿元土地出让收入未及时解缴国库;个别项目2.15亿元债券资金闲置3年多;17家单位553.94万元非税收入未及时上缴,少数专项资金被挤占;为加强新冠疫情常态化防控采购移动CT预算控制价不合理;镇村对耕保补贴发放审核把关不严,自查流于形式,存在虚报补贴面积、多发放、超范围、向死亡人员发放补贴等问题。审计针对查出问题分别提出意见建议,督促并跟踪相关部门单位落实整改。

【经济责任审计】　2022年,市审计局实施完成10名领导干部经济责任审计,查出被审计单位违规和管理不规范金额5795万元。审计指出相关单位会计核算、工程管理不规范,固定资产管理、内部审计工作制度建立执行不到位,超范围发放考核奖励,违规购买商业保险等问题。提出审计建议30条并被采纳。

【政府投资审计】　2022年,市审计局持续推进政府投资审计改革,促进各建设单位履行主体责任,所有建设项目均由建设单位自行组织竣工结算审计,彻底杜绝“以审代结”做法,严格要求决算审计接受审计监督。规范中介机构参与政府投资建设项目审计执业行为,提高审计质量和效率,防范审计风险。对南通大学杏林学院(启东校区)、渔人码头等5个项目开展竣工决算审计,指出建设单位建设程序执行不规范、中介机构审计质量不高等问题,促进相关单位履职尽责,提升投资绩效。组织实施水环境综合整治工程PPP项目专项审计调查,指出项目审批前期工作不充分,存在超概风险,实施方案质量不高;项目管理未严格履行基本建设程序,建设进度滞后;项目运营内容与备案信息不一致等9个问题,审计建议相关部门加强前期研究,提高投资决策水平,完善管理办法,促进主体责任落实,加快推进项目建设。

【民生审计】　2022年,市审计局组织实施全市困难群众救助补助资金审计,查出相关部门重复发放特困供养和残疾人两项补贴,向已死亡对象发放低保金,就诊对象信息审核不严谨,导致非救助对象以死亡人员名义享受医疗救助待遇等4个问题,其中3个问题移送并查实。审计促进市医保中心建章立制,防范参保人员死亡后继续有医保基金支出的违规行为发生。组织实施启东市养老服务体系建设政策措施落实情况专项审计调查。指出居家养老政府购买服务项目存在招投标不规范、结算审核不严等问题,向市委、市政府上报《关于居家养老政府购买服务项目招投标不规范的审计专报》,提出“结合前期运行绩效,充分评估老年人实际需求,科学制定服务内容,优化调整合同条款,增强操作实效”等审计建议，获市委主要领导批示。

【上级统一安排实施项目】 2022年，根据上级审计机关统一部署，市审计局共组织实施苏州相城区地方隐性债务化解情况及政府融资平台公司经营管理、风险防范审计，如东省级开发园区专项审计调查及通州区耕地占补平衡专项审计调查3个异地交叉审计项目。苏州相城区债务审计全面核查地方政府隐性债务化解工作的真实性、合规性，摸清融资平台公司经营状况和融资管理情况，揭示存在的突出问题和风险隐患，深入分析原因，提出意见建议。如东省级开发园区专项审计查出问题42个，提出审计建议并被审计单位采纳6条，向南通市纪委移送问题线索1条。通州耕地占补平衡专项审计指出资金投入使用、项目建设管理不规范等问题，向南通市纪委移送问题线索1条。

【自然资源资产离任审计】 2022年，市审计局实施完成2名领导干部自然资源资产离任审计，指出某镇违法用地整改不到位、被征地农民保障政策未及时执行、多申领绿化造林补助资金等20个问题，涉及问题金额93.52万元，出具审计意见书2份，要求被审计单位在规定时限落实整改，切实推动领导干部落实自然资源资产管理和生态环境保护责任。

【内部审计】 2022年，全市59个内审机构共完成审计项目292个，发现问题金额5826.93万元，提出建议意见被采纳153条。市审计局2篇内审理论研讨论文获江苏省内审协会二等奖、3篇获优秀奖；指导市公安局开展的内审项目获南通市优秀内部审计项目一等奖，农商银行内审项目获三等奖；促进2家国有企业制订内审制度6个；推进“以审代训”工程，提升内审部门业务能力。

【审计整改】 2022年，市审计局制订《市委审计委员会成员单位工作协调推进机制》，推动审计结果运用和审计查出问题整改工作。强化与审计委员会成员单位的沟通协作，加强权力运行监督，抓好会议部署的重点任务落实。全年审计工作报告中指出6个方面36项问题，其中16项问题完成或基本完成整改，促进整改问题金额59977.07万元，促进完善制度13项；针对预算编制不精细、预算执行率偏低和“三公”经费支出管理不规范等11个问题，采取有效整改措施，并持续推进；个别项目债券资金闲置等9个问题进一步加快整改工作进程。

（施　思）

统计管理

【概况】 2022年，启东市统计部门围绕全市经济社会发展主要目标任务，聚焦市委、市政府的决策部署、重点工作和主要领域，完善统计监测、核算体系，为启东市高质量发展提供统计保障。市统计局每季度牵头召开GDP部门联席会议，共同制订争先进位措施；安排工业、服务业、投资专业人员深入区镇，实施精准业务辅导；加大监测力度，每月及时测算GDP增速，撰写GDP预警监测分析，及时向市委、市政府领导汇报GDP核算指标监测情况及下阶段走势情况。全年GDP增速始终保持南通第一方阵。加强与发改、科技、商务、住建等行业主管部门沟通，在“四上”企业挖掘、培育、申报、审核、培训等方面加大协作力度，确保符合标准的“四上”企业应统尽统。全年全市新增“四上”企业307家，新增规模以上工业107家、资质以上建筑业12家、限额以上批发零售业76家、限额以上住餐业44家、规模以上服务业61家、房地产业7家。完成2021年度社会经济基本情况年报、GDP核算年(季)报工作。

（茅凯博）

【统计调查】 住户调查及大样本轮换　2022年，市政府印发《关于做好住户调查及大样本轮换工作的通知》，确保大样本轮换工作高质量开展。启东调查队参与“国家统计局征集住户调查宣传标语和口号”和“住户大样本轮换宣传海报设计”活动，通过传统媒体与新媒体平台宣传并行、绘制“住户调查到您家，请您配合”宣传漫画等方式，加强大样本轮换工作宣传。邀请参加过上轮大样本轮换工作的辅助调查员分享经验，通过对新辅调员传帮带，提高工作质量与效率。严格执行三级劝说，在上门面访时分类施策、有的放矢，确保最终落实样本的随机性和代表性。

劳动力调查　启东调查队定期开展业务轮训；每月选取至少2个调查点入户陪访，在陪访过程中及时发现问题、解决问题，保证调查数据的及时性和准确度；把握人机结合，抓好数据采集、人工编码、汇总审核和问题反馈四项工作。

消价调查　启东调查队做好CPI年度初始化工作，专业人员与采价员利用空余时间采集新增规格品信息，为规格品确定、价格补录等工作做好准备；实行AB角制度，做好新冠疫情期间基础工作；以数据核查为关键点，严格要求采价员建立规格品图片库，对价格有异动的商品进行拍照存档。

农业调查　启东调查队采用讲解与实操相结合的模式，对辅调员进行实地教学；开展秋冬播无人机遥感调查工作，通过业务学习、开展飞行、落实数据审核等流程，保障调查数据的精确性。配合江苏调查总队开展专题调研，搜集“三农”信息。

（陈菁菁）

【统计督查】 2022年，在省统计局对南通开展统计督察并延伸督察2个县(市、区)工作中，启东被延伸督察。市统计局成立工作专班，对照督察内容清单，进行全覆盖自查梳理，形成阅文资料，得到督察组肯定。省督察组抽取市30家企业开展统计执法检查，其中，工业10家、服务业10家，批零住餐业10家，全部通过检查。

【统计普法宣传】 2022年，市统计局通过统计法律法规进党校、党委(党组)中心组专题学法等，推动各级领导干部学习统计法律法规。指导推进全市统计法治宣传规划的落实和普法活动的开展，通过业务培训、企业调研、核查检查等方式送法进企业。制作的

“统计普法小课堂”动漫视频,被省法润江苏普法平台录用。创新方式向群众播放统计法治宣传素材,统计普法宣传的群众知晓率和参与度不断提升,良好的统计生态逐步形成。

【第五次全国经济普查筹备】 2022年,市统计局推进第五次全国经济普查筹备工作,组建领导小组及办公室,多次向市领导汇报普查工作目标、问题和建议。完成南通市统计局布置的“研究市场监管、民政、编办等部门在向普查机构提供单位行政登记资料前,对本部门数据审核、清理注销单位、标注经营状态异常单位的可行性;协调税务部门提供纳税额、营业收入等单位具体纳税记录的可行性”课题。研究试点开展“个转企”工作,以吕四港镇为试点镇,完成试点任务。

(茅凯博)

物价管理

【概况】 2022年,启东市贯彻落实省、市出台的系列价费政策,进一步加强价费调控政策执行情况的跟踪督查,确保各项价费政策落到实处。出台《启东市热电联产企业煤热价格联动办法》,进一步优化营商环境,规范企业价格行为。明确符合条件的托育机构水、电、气价格执行居民生活类价格,水资源费按现行标准的94.6%征收。根据南通启东生态环境局提供的环保信用评价失信企业名单,对“红”“黑”企业在其用水价格现行污水处理费标准上加收污水处理费。出台东南中学住宿费、民办非营利性幼儿园相关教育收费、危险废物处置收费等相关调价文件。规范供电接入工程,提升“获得电力”服务水平,出台《启东市电力接入工程政企共担工作机制实施办法(试行)》。开展商品住房销售价格行政指导,严格落实商品房价格备案制、“一价清”等各项制度。对24个批次的商品房住房、车位销售价格进行备案管理,总计6631套,审核备案面积75.18万平方米、车位8839个。对14个住宅小区前期物业收费备案,16个住宅小区临时停车收费备案,10个政府定价管理的机动车停放服务收费备案,2个市场调节价的机动车停放服务收费备案。做好对困难群众一次性补贴发放工作,总计14212人,发放金额284.24万元;做好中共二十大前后储备猪肉投放等工作,经第三方机构审计,总计6个投放超市共投放8138.62千克,各养老机构总计投放714千克。

【价格指数】 2022年,启东市居民消费价格总指数为102.1%,涨幅较2021年提高0.8个百分点;商品零售价格总指数为102.9%,涨幅较2021年提高0.4个百分点。其中,食品烟酒类102.0%,医疗保健类103.1%,教育文化和娱乐类100.9%,居住类101.0%,衣着类100.3%,生活用品及服务类101.3%,交通和通信类105.4%。食品类中食用油108.4%,粮食类103.8%,蛋类105.2%,水产品类97.2%,鲜菜类101.7%,干菜干菌及制品类106.4%,畜肉类97.1%,禽肉类102.9%,其他畜肉及副产品96.1%,其他禽肉及制品102.8%。

【价格监测】 2022年,市发展改革委做好对省、市常规报表规定品种的价格监测工作。对农贸市场价格实行五日一监测,随时掌握市场价格变化动态。开展对生猪、液化气、农资、主副食品等市场价格以及棉花收购、秋茧收购等价格的监测分析,并做好市特色海鲜专项价格监测。全年上报相关价格监测分析45篇。

【成本监审】 2022年,市发展改革委加强对农调户数据填报培训工作;完成对大豆、玉米、棉花的数据上报,及调查品种的成本、收益情况的报告;开展农本调查70周年活动,现场查看农户生产种植情况等。对供热定价成本和黄金海滩景区门票收费及停车场停车收费进行成本监审,对生猪屠宰收费、启迪外国语学校高中教育收费及住宿费成本、东南中学住宿费成本及3个小区的前期物业进行成本调查。

【价格认证】 2022年,启东市价格认定中心共办理涉刑事案件价格认定371件,认定金额1529.7万元。办理涉税房地产价格认定166件,认定金额16.41亿元,其中,企业股权和资产转让等个案82件,认定金额11.24亿元;营业办公用房转让个案84件,认定金额5.17亿元。新增存量房9个小区11个物业类型信息和基准价格。配合纪检部门办理涉纪房地产、香烟、酒价格认定7件,认定金额3335.9万元。受理政府各行政执法机关价格认定案件5件,认定金额21.41万元。

(陈赛群)

市场监督管理

【概况】 2022年,启东市市场监督管理局(以下简称市市场监管局)深入推进“服务提质年”“能力突破年”“作风提升年”三大主题年建设,发挥市场监管稳企强链、稳基惠民作用,全年全市安全态势基本平稳。市场主体达11.85万户,同比增长9.2%,高于南通全市平均4个百分点。

【市场综合监管】 2022年,市市场监管局探索农贸市场常态化、综合化、清单化“三化”管理,实施信用评级、红黑榜、分级分类监管。维护良好市场秩序,强化市场价格监管,开展“市监护企”涉企收费专项行动,减轻企业不合理负担,查出全市水气暖行业违规收费1938万元,为290家用水用气用暖企业追回经济损失936.21万元;对3起拒不整改行为立案查处。“转供电”环节立案查处违法收取费用行为2起,责令清退电费33.98万元。加大商业秘密保护力度,推进启东生命健康产业园创建省级商业秘密保护创新试点基地,培育创建商业秘密保护示范企业39家。新冠疫情防控期间,牵头对全市重点公共场所“场所码”落实情况进行检查,发布警示案例111例;对外卖平台、冷链生产经营等重点行业9600多名从业人员持续开展健康监测。全年查办涉疫案件5件,曝光疫情防控典型案例19批次68例。政府采购、招投标领域公平竞争审查实现全覆盖,市场环境安全稳定、活而有序。

【食品安全监管】 内容参见《公共安全·食品药品安全》

【药品安全监管】 内容参见《公共安全·食品药品安全》

【特种设备监管】 2022年，市市场监管局牵头全市特种设备安全监管工作，全面实施特种设备不见面审批和检查记录、监察指令书的无纸化运行，全市98%以上特种设备使用单位通过南通市特种设备云平台完成备案；“智慧叉车监管”试点覆盖261辆叉车；全市11295台电梯纳入96333电梯应急处置平台管理，在用电梯安全责任保险、气瓶安全保险覆盖率均达100%。特种设备本质安全水平持续提升。

3月1日，南通、启东两级市场监管局与企业开展“旗舰领航”行动三年共建协议签约仪式 （市市场监管局/供图）

【“双随机、一公开”监管】 2022年，市市场监管局牵头全市“双随机、一公开”跨部门联合监管工作，全市实施“双随机”任务663项，部门覆盖率、任务完成率、结果公示率均达100%，涉企检查频次下降39.8%，其中重点企业下降68.3%。启东市率先出台剧本娱乐联合监管相关标准文件，江苏省“双随机、一公开”部门联合监管在启东试点创新案例获省市场监督管理局认可，在营商环境考核中获加分。

【质量强市建设】 2022年，市市场监管局围绕产业倍增三年计划，深入实施质量提升“强基工程”，通过质量提升、标准先行、认证背书、检测支撑推进“质量强市”建设。全市新增3家企业通过“江苏精品”标准先进性评价，1家企业通过“江苏精品”认证；1家企业进入“南通市市长质量奖”现场评审环节。新培育首席质量官350名，总数达885人，实现规模以上企业全覆盖。新增认证证书322张；发布实施国家标准4项、行业标准9项、全国性团体标准9项。市文明办获批新时代文明实践服务省级标准化试点，市行政审批中心获批政务服务国家级标准化试点。《小微企业质量管理体系认证提升行动实施方案》出台实施。市综合检验检测中心完成资质机构评审，扩项粮食及粮食制品参数21个、农产品参数54个，全市检验检测质量水平有效提升。

【“旗舰领航”行动】 3月1日，南通、启东两级市场监督管理局与江苏海四达电源股份有限公司、江苏捷捷微电子股份有限公司、南通泰胜蓝岛海洋工程有限公司和江苏神通阀门股份有限公司4家企业签订“旗舰领航”行动三年共建协议，发挥质量管理、标准计量、认证认可、检验检测、品牌建设、知识产权等市场监管职能在企业转型升级中的引领和支撑作用。至年底，市市场监管局为9家“旗舰领航”重点培育企业开展质量体检活动，共为企业查找质量安全隐患23项，提出质量改进建议20项。

【外商投资企业登记注册】 2022年，市市场监管局加强外资窗口工作，全市新设外资企业21家，变更104家，备案29家，迁入迁出9家，注销14家。

【消费维权】 2022年，市市场监管局处置各类消费诉求8832件，为消费者挽回经济损失308.52万元。全市新增线下无理由退货承诺单位153家、省级放心消费创建示范单位7家、南通市放心消费创建先进单位14家，ODR企业（在县区市场监管部门指导监督下，通过全国12315平台ODR系统提供消费纠纷在线解决服务的企业）16家，消费者满意度达98%。

【信用体系建设】 2022年，市市场监管局强化信用监管，实施信用分级，对诚信守法企业“非必要不干扰”，持续降低市场主体经营成本。启东市在南通地区率先开展“长期处于吊销未注销状态企业”公益强制清算，全年列入公益清算企业281家，有效降低企业退出成本。全年全市企业年报率98.1%，市场主体列入经营异常名录1423家，清理吊销企业312家。企业信用“云修复”形成常态，全年全市企业通过“掌上办”修复信用407次，线上办理占比达98.91%。

【服务生物医药产业】 2022年，市市场监管局挂钩服务全市生物医药产业发展，牵头实施生物医药产业链“提升工程”，完善《启东市加快生物医药与生命健康产业发展实施意见》，出台《关于医药制造业项目审批的会议记录》，首次明确生物医药非化工定位，4个项目获得审批。筹建江苏省药监局南通检查分局启东工作站，形成绿色审批通道，为岩峰鑫科等企业提供生产管理指导。挂钩服务和保障指导帮助25家生物医药

11月29日，市市场监管、公安、城管、住建、农业农村、消防、发改委等部门联合对主城区4个农贸市场及周边开展执法专项行动　　（王海兵/摄）

企业解决14个问题。全市30家重点生物医药企业累计实现应税销售收入69.1亿元，同比增长20.5%；实现工业产值53亿元，同比增长35.3%。市市场监管局“挂钩重点产业，为生物医药产业转型升级按下加速键”案例获评2022年度南通市“三服务”大走访活动优秀服务案例。

【行政执法】 2022年，市市场监管局持续打击市场监管领域违法违规行为，开展民生领域“铁拳”行动、“零号行动”“雳剑2022”等执法行动，全年立案760件，结案670件，罚没款入库1070万元。结合新法新规、新消费热点及时开展“雪糕刺客”“天价月饼”“6·18”“双11”等专项整治行动，成功查办未成年食品无底线营销、网络刷单虚假交易、非法添加金银粉蛋糕、危化品虚假宣传、诋毁商誉等新型案件。

【营商环境优化】 2022年，市市场监管局积极优化政务服务环境，10条举措纳入“万事好通·益启企”营商环境举措66条，质量、知识产权、标准化、生物医药四大领域持续发力，重点培育企业成功完成产业倍增三年行动年度目标。强化包容审慎监管，对市场监管11个领域85项轻微违法行为实行免罚轻罚，共依法办理免罚轻罚案件516例，减免罚款5475万余元。“启东市市场监管局对某公司广告轻微违法行为不予处罚”实例入选江苏省市场监管系统助企纾困稳企强链措施落地实例。

【市海工船舶业质量合作社成立】 12月8日，启东市海工船舶业质量合作社正式成立。合作社由市市场监管局、海工园（寅阳镇）、市综合检验检测中心、华滋检测科技（南通）有限公司四方共同发起，实施统一产品标准和标识、统一产品检验检测、统一实行首席质量官制度、统一品牌发展建设、统一执法监督“六统一”质量提升方法，在质量信息、检验检测、认证认可等10个方面开展多联合作，推动市海工船舶产业质量提升，打造市海工船舶产业区域特色品牌。首批吸纳11家企业入社。

（陈率芸）

知识产权管理

【概况】 2022年，启东市新增发明专利授权666件，万人发明专利拥有量达42.6件。江苏神通阀门股份有限公司名下专利“一种球阀的阀座结构”获第二十三届中国专利优秀奖。新增国家知识产权优势企业1家（江苏捷捷微电子股份有限公司），累计有4家，新增国家知识产权示范企业1家（江苏林洋能源有限公司），累计有2家。江苏神通阀门股份有限公司获省高价值专利培育示范中心升级项目1项。

【知识产权量质齐升】 2022年，市市场监管局牵头推进全市知识产权培育、保护和转化工作，深入实施“知识产权强市”战略，推进知识产权“创新工程”。全市商标申请3232件，商标注册1921件；高维持发明专利1025件，列南通地区第三；在南通保护中心授权发明专利472件，列南通地区第一。办理专利商标案件66件，2起入选南通市典型案例。

【知识产权质押融资】 2022年，市市场监管局将促进企业知识产权转化运用作为服务企业的重要内容。深入园区、企业，开展知识产权质押融资需求摸排，调查了解企业经营状况、资金需求，梳理出300多家拥有有效发明和商标等自主知识产权的中小企业名单，并给予重点关注。与银行签订共建协议，探索建立知识产权质押融资合作新模式。实现知识产权质押融资服务“点对点”联动，为知识产权质押融资企业提供“一条龙”服务。实行知识产权质押融资备案登记24小时完结制，实现快速备案、快速放款、快速融资。全年帮助全市51家企业完成知识产权质押融资6.5亿元。

（陈率芸）

责任编辑　黄亦美

开放型经济

接轨上海

【概况】 2022年,启东市进一步加强与上海的合作交流,推进与上海在产业、城市、交通、生态等领域协同发展,跑好对接浦东第一棒,加快建设沪苏一体融合发展窗口城市。印发《2022年启东对接上海工作实施方案》,明确各部门职责,分解对接上海重点工作,排出对各区镇2022年接轨上海考评指标。

【产业补链强链】 先进制造业协同发展 2022年,启东市新签约引进来自上海地区产业项目47个,项目总投资210亿元,占签约项目总数的53%。区镇主要领导赴上海考察项目431个,邀请市领导赴上海考察项目89个。各区镇针对上海地区举办线上、线下等各类招商活动78场。通过"现场介绍+视频连线"方式,精准对接上海优质客商资源。

现代服务业融合发展 2022年,启东市修订完善《促进启东市服务业繁荣发展的若干政策意见》,启东市获评南通市先进制造业和现代服务业深度融合重点区域;圆陀角旅游度假区被认定为省级现代服务业高质量发展集聚示范区,启东科创园、天汾电动工具城、圆陀角旅游度假区3个区域获评南通市现代服务业高质量发展集聚示范区;广汇能源获评江苏省重点物流企业;江苏神通阀门获评江苏省先进制造业和现代服务业深度融合试点单位。药明康德研发中心一期项目完成土建工程,进入机电装修阶段,全年药明康德累计实现应税销售7.87亿元,比上年增长57.9%。

优质农业对接 2022年,启东市加大对蔬菜生产技术指导力度,确保直供上海蔬菜基地面积稳定在5000亩。引进蔬菜新品种10个,新吸引千万元以上沪资投入规模农业项目13个。4—6月新冠疫情期间,启东市共为上海提供蔬菜4557吨、水产384.5吨、肉类2吨、禽蛋1吨。

重大项目建设 2022年,13个新开工制造业项目列入省、市级重大项目库,其中来自上海项目3个。昭晟高精度锂电生箔一体机项目实施主体工程建设,部分单体封顶,开展设备采购;联风环保设备实施主体工程建设,部分设备实施采购;磊菱半导体设备项目土建竣工,实施设备采购,部分设备进行进场安装调试。

科技人才对接 2022年,市科技局以促进上海科技成果到启东产业化和利用上海科技资源突破产业技术瓶颈为重点,举办"沪联科技·启创未来"科技招商恳谈会,主动承接上海科技资源的"溢出效应",发挥启东区位的"磁吸效应",全方位、深层次推进科技接轨上海工作。全年新增引进上海高层次创新创业人才41人。

位于南阳镇武陵村的上海市外蔬菜主供应基地　（市融媒体中心/供图）

【城市功能融合】 政务服务一体化建设 2022年,启东市推进实体驻沪办事点建设,实施"万事好通"南通营商环境优化提升举措66条,推进重大项目"拿地即开工"常态化实施。建立市、镇、村三级政务服务标准化,健全村级(社区)帮办代办政务服务事项36项,打破区域限制,推进通办模式。285个事项在南通市域内落地实现"通城通办",推动136个事项在年底前实现通办。

金融服务合作 2022年,市地方金融监管局常态化开展企业融资对接活动,助力企业股权融资。带领中银证券、中国银行走访高新区南通天地和环保科技有限公司,对接企业融资需求,做好上市前金融服务工作。

医疗卫生合作 2022年,建立上海名医专家驻启工作室37个,除新冠疫情期间,每个月上海专家到启东坐诊会诊并开展教学查房,市多家医院选派医生到上海各大医院进修培训学习,并与上海各大医院开展建设合作。

教育领域合作 2022年,上海电子信息职业技术学院领导及上海市相关行业负责人对市两所中职学校进行实地考察调研,并开展交流。上海融合教育专家采取线上方式对市部分教师开展教育活动,市教育体育局邀请上海教育科学研究院资深教育专家,通过视频方式对市两所中专学校教师进行线上培训;与上海电子信息职业技术学院协商拟定《启东市教育体育局上海电子信息职业技术学院合作协议》,委托上海电子信息职业技术学院开展启东市中专学校中层以上干部管理能力提升培训,共同研制培训方案;推荐启东中专协同上海电子信息技术学院完成国家级"双师型"教师培训基地(2023—2025年)申报工作。

【交通对接】 新出海口吕四起步港区建设 吕四港作业区内河转运码头一期工程各专项验收工作全部完成;东港池一期码头工程(建材码头工程)主

体完工，综合楼进入内部装修阶段；港区支持系统主体工程完成，进行附属设施等项目施工；卫华港机码头工程取得岸线批复。

优化交通格局 加速疏港航道通吕运河整治，配合南通江海河建设指挥部做好护岸工程施工，督促吕四港镇政府加快征拆让地工作。至年底，现场疏浚土方完成总工作量的84%，DD型插板桩护岸413米和启东锚地护岸295米全部完成，重力式护岸完成18%，灌注桩护岸完成42%，老驳岸加固完成47%。推进通吕运河航道整治配套项目建设，天汾大桥和鹤港大桥完成交工验收并通车，S335大洋港大桥协助征拆单位对接前期工作，完成大洋港桥防撞墩拆除设计变更的申报，混凝土施工原材料开始进场。崇启公铁大桥开工建设。北沿江高铁拆迁签约工作基本完成，征地组卷报批工作在全省各县区中率先完成。洋吕铁路下部基础工程建设基本完成，并推进上部架梁工程施工。召开新建沪崇启城际铁路启东站至裕安站段规划方案咨询会，形成专家咨询意见，并优化完善规划方案。

12月12日，沪渝蓉高速铁路崇启公铁大桥首根钻孔桩正式开钻，标志着该桥正式开工建设 （市融媒体中心/供图）

【生态环境互保】 4月，南通市生态环境局印发《崇苏通生态环境系统毗邻党建联盟实施方案》，启东生态环境局同步拟定2022年工作计划。制订《启东市创建省级生态文明建设示范区工作实施方案》，编制《启东市生态岛试验区建设实施方案》，全面打造全省生物多样性保护示范区、生态质量改善先行区和生态产品价值实现创新区。全面完成405个入海排污口和212个长江入河排污口排查整治。完成启隆镇兴隆社区高标准农田排灌系统生态化改造。启隆镇抓住长三角区域一体化发展战略，响应"共抓大保护、不搞大开发"，策应上海崇明建设世界级生态岛。

沿江沿海空间布局优化 开展《启东市国土空间总体规划（2021—2035年）》编制工作，结合南通市"三生"（生产、生活、生态）岸线比例的要求，对沿江沿海的用地功能进行调整，岸线进行优化。城市段沿江整体谋划，明确总体空间结构、交通组织、优化用地布局及岸线利用；乡村段对接镇村布局规划和实用性村庄规划，切合村庄实际发展需求，进一步完善各类设施。该规划通过论证。最美江海岸线景观设计高新区段10千米海堤完成达标工程施工图评审。

沿江沿海生态走廊建设 沿江生态绿道走廊首开区完成园建、亮化智能化、地被植物种植等工程，二道堤道路和停车场完成建设，7月1日开园；8月2日，省住建厅组织专家对沿海沿江特色风貌塑造设计方案进行讨论，并提出修改意见。

（*左玲玲*）

对外贸易

【概况】 2022年，启东市实现外贸进出口总额338.36亿元，比上年减少16.3%；进口额67.26亿元，比上年减少53.4%；出口额271.11亿元，比上年增长4.3%。全年外贸吞吐量363.45万吨，比上年减少19.89%。其中，进口吞吐量332.58万吨，出口吞吐量30.87万吨。

【跨境电商】 2022年，市商务局对接环太汉默、山东玉龙黄金和国贸等大型平台企业入驻启东，促进启东外贸数据的提升和跨境电商的发展。启东经济开发区、吕四港镇引入其他跨境电商平台公司，东成机电、阿梅达、力神工具等21家企业在海关完成跨境电商的备案工作。7月，江苏东成网络科技有限公司首票跨境电商出口海外仓9810货物顺利通关，发往位于美国的海外仓。这是启东市首笔跨境电商B2B2C业务。全年实现跨境电商交易额2138万元。

【企业服务】 2022年，市商务局为企业谋划广交会、南丰展、浙江义乌国际智能装备博览会、2022中国南通跨境电商选品博览会、越南国际五金工具展览会等展会平台的组展参展工作，组织49家企业参加第131届线上广交会，获线上订单超1.5亿元。组织企业申报省切块、开放型经济、进口贴息等省市级扶持资金。开展外贸企业大走访活动，了解企业经营状况和市场等情况，协调解决面临的困难，全年共走访外贸企业百余家次。指导并督促企业强化新冠疫情防控，建立南通首家进口非冷链集装箱货物集中监管仓，总面积约5700平方米。发放通行证，保障外贸产业供应链稳定畅通。

（*陈幸琛*）

利用外资

【概况】 2022年，市商务局开展"招商引资突破年"活动，从扩大高水平对外开放、加强外资企业和项目服务保障、优化外商投资环境等方面入手，推动稳总量、优结构、提质量，更加积极有效利用外资。外资到账突破4亿美元,利用外资提质增效工作获省政府通报表扬。

【项目招引】 2022年,启东市通过视频会议、云签约等方式,实现招商引资。全方位梳理拟落户的重点外资项目,加强跟踪推进,明确项目推进时间节点、制约因素和任务目标,加速项目签约注册。全年新签约并注册(含增资)总投资3000万美元以上重大外资项目12个,其中超亿美元5个。聚焦电子信息及半导体、生物医药、新能源等重点产业,对接重点区域、重点行业、重大项目,与中介机构、商协会、乡贤等建立常态联系,大范围收集外商投资信息,密切开展招商合作。把制造业项目作为利用外资的主攻方向,大力引进现代服务业项目。全年制造业实际利用外资2.77亿美元,占全市利用外资总额的68%。总投资超3000万美元的港跃新能源、丰树集团、耀洋光伏、永庆储能等现代服务业项目落户启东。

【外资项目增资扩股】 2022年,市商务局开展重点外资企业大走访活动,全年累计走访超30家。对经营状况较好、有扩大生产规模意向的企业,引导其充分利用"递延纳税"政策增资扩股,做好增资扩产项目库建设和动态管理,做到常年筛选,滚动储备。全年日立金属、药明康德、中集太平洋、泰林建设、耀洋光伏、爱可乐旅游累计增资到账8121万美元。

(倪苗苗)

对外经济技术合作

【概况】 2022年,市商务局加强与相关区镇、境外投资企业、重点外贸企业联系,深入调研、持续排摸优质企业,分解镇区考核任务,召开全市境外投资动员会、推进会,推进境外投资工作。全市完成对外承包劳务营业额10388万美元,同比增长27.05%;新派劳务人员274人;期末在外人员584人,同比增长5.23%;新批境外投资企业3家,减资1家。全年实现境外投资直接投资额762万美元。

【对外投资】 2022年,全市获批境外投资项目3个,减资1个。分别是江苏南通二建集团有限公司在迪拜成立新公司,中方协议投资额30万美元;江苏联风新能源科技有限公司在新加坡和越南分别建立能源科技公司,2家企业中方协议投资额各50万美元。南通二建集团有限公司以色列项目减资160万美元。

【对外承包工程】 南通二建集团是启东市唯一有对外承包工程业绩的企业,承建项目逐渐从劳务分包向总包项目过渡,进入良性循环,产值不断增长,承包工程营业额首年突破1亿美元,外派人数稳步增加。2022年,南通二建集团在以色列新增项目6个,在马来西亚新增2个项目,合同额7612万美元。

【对外劳务合作】 2022年,启东市有3家企业拥有对外承包劳务经营资格。分别是南通二建集团有限公司、江苏启安建设集团有限公司、启东市对外经济技术合作有限公司。市商务局指导劳务合作企业克服新冠疫情影响,确保海外项目顺利推进,全年共审核工程劳务项目26批次,办理劳务人员备案13批次,涉及劳务人员205人。

(黄东辉)

招商引资

【概况】 2022年,启东市创新招商方式,向"线上""云上"转型,统筹全市招商资源,开展"云对接"、产业合作发展恳谈会等"线上+线下"各类招商活动100余场,全市新增项目信息505个,比上年增长70%。全年新签约产业项目103个,其中10亿元(1亿美元)以上重大项目30个。新签约并注册5亿元以上内资项目47个,3000万美元以上外资项目14个,合计61个,在南通各县(市、区)目标完成率排名中,四个季度排名均为第一。从企业投资方来看,有世界500强、央企国企投资项目8个,上市公司投资项目19个,"专精特新"等高质量企业投资项目62个;从产业集聚看,超过95%的项目为临港重装备、生命健康、电子信息半导体、新材料、新能源、智能制造等主导产业;从项目来源地看,有72个项目来自于上海和苏南地区,占比达69.9%。

【招商活动开展】 2022年,启东市建立招商引资工作周报制度,每周统计并通报区镇招商动态。全市配备专职招商人员106名,常驻上海、苏南、广深、北京等重点区域招商,围绕招商政策、产业、平台等领域开展专题培训,提升队伍专业化招商水平。全年区镇主要领导外出考察项目696个,与上年基本持平。各区镇累计开展电子信息半导体、生命健康、临港高端装备制造等线下产业专题招商活动105场,有效精准推介启东投资环境。

(徐锦模)

口　岸

【概况】 2022年,启东市共有各类开放码头7座,开放泊位15个(包括1座海工坞),均为业主码头。全年启东水运口岸完成外贸货运量363.45万吨,比上年下降19.89%;国际航行船舶进出启东港口岸406艘次,比上年增长25.70%。

【口岸扩大开放】 2022年年初,市商务局(口岸办)向省商务厅申请将启东港水运口岸扩大开放列入2022年度口岸开放审理计划。6月,国家口岸管理办公室印发《国家口岸管理办公室关于印发2021/2022年度口岸开放审理计划的通知》,启东港水运口岸吕四港区和启海港区被列入其中。9月,启东市政府正式向南通市政府申请口岸扩大开放。10月,南通市政府向省政府申报。12月,江苏省政府将审理计划上报国务院。

【吕四起步港区"2+2"码头口岸开放】 2021年12月15日,吕四起步港区"2+2"码头获批临时启用。2022

年，市商务局(口岸办)开展临时启用申报工作，完成“2+2”码头口岸开放临时启用延期报批工作，并开展正式开放申报工作。指导企业完善竣工验收、口岸查验设施建设、口岸运行管理制度设立等工作。多次赴南通、南京与上级口岸主管部门协调，争取省、市各级口岸查验部门的支持和指导。按照码头泊位开放申报程序，协调南通海事局、启东边检站和启东海关对“2+2”码头正式开放实施初验收，10月，预验收通过，向南通市政府正式申报。11月，协调南通市政府向省政府正式申报码头开放。

（蒋青云）

【启东海关】 2022年，启东海关全业务领域一体化改革稳步推进，“两步申报”“提前申报”应用比率逐步提升，属地查检业务改革落地。制定智慧监管实施规划，推进监管场所可视化信息化建设，推动“智慧海关”建设。采用“科技+制度”智慧监管措施，协调解决青山集团监管堆场空箱组货、件杂货与集装箱“集约配载”“同船运输”等问题，节约企业物流、堆场费用500余万元。梳理启东当地轻纺、化工等重点领域企业名单65家，“线上云服务+线下一对一”提供享惠规划指导，推行无纸化申报、智能审核及自助打印等措施，助力企业畅享RCEP签证红利，共签发RCEP原产地证书740份，签证金额约3亿元。开展线上线下信用培育，完成对药明康德海关AEO实地认证工作。全年启东海关监管进出口货运量410.6万吨、进出境货物总值34.9亿美元，监管国际航行船舶400艘次，税收入库69422.11万元。

国门安全维护　加强水运口岸新冠疫情防控，组建水运专班，完成修船、换班采样950人次、船员换班842人次；全面加强内部管理，强化共同居住人管理，实施离启返启“双报备”制度；持续推进疫苗接种，接种完成率97.6%。正面监管效能全方位强化，开展“国门绿盾2022”行动，强化加拿大一枝黄花、桔小实蝇等外来入侵物种口岸防控；持续开展进口食品“国门守护”行动，严把进出口商品质量安全关，盯紧重点商品质量监管，检出不合格商品22批次。

经济发展服务　保产业链、供应链稳定，积极推送寰宇东方、中集太平洋、药明康德等13家企业进入重点产业链、供应链白名单行列，发挥长三角海关保通保畅机制作用，加快物资在长三角地区通关流转速度；持续优化口岸营商环境，压缩整体通关时间，平均进出口整体通关时间分别为21.86小时和0.73小时。保市场主体稳定，根据海工船舶行业特性制定“一企一策”，通过分析不同类型的保税加工业务，提供集中内销、报核前申报等便利措施，助力企业向生产超大型油气平台等高技术、高附加值船转型；了解掌握辖区重点大型海工装备制造企业订单情况，对加工贸易内销企业免征缓息税，纾解企业担保资金压力约3000万元。指导东成网络科技公司进行海外仓备案，实现启东首家跨境电商海外仓落地，全市通过跨境电商B2B方式出口货物1771万元。保能源供应稳定，推动“船边直提、抵港直装”等便利措施落地见效，优化服务助力LNG等能源进口，共监管进口LNG77.9万吨。助力通州湾新出海口吕四起步港区“2+2”码头运营，统筹运用“提前申报”“两步申报”等通关便利措施，释放“汇总征税”等改革红利，保障货物通关速度，共监管进出吕四港码头国际航行船舶287艘次，进出口货物350.33万吨。

（陈　凯）

【启东边检站】 2022年，启东出入境边防检查站主要担负中远海工、华滋奔腾、大唐电厂、广汇能源等9个码头17个泊位共35千米江海岸线出入境船舶、人员的边防检查任务，严防境外疫情输入。全年共查验出入境(港)船舶361艘次，比上年上升11%；办理出入境(港)7347人次，办理各类行政许可10610份。

口岸管控　统筹推进集中打击妨害国(边)境管理犯罪、跨境赌博、“三非”外籍人员治理“三大攻坚战”，部署开展情报攻坚“百日会战”行动，细化推进口岸限定区安全隐患大排查、夏季治安打击整治“百日行动”、中共二十大安保等活动，查处违法违规案件3起，协助南通边检站处置1起船员以其他方式非法入境案。开展“国门铸盾—2022”应急演练，完善本级预案库，建强应急处突分队，组织“红蓝”对抗，开展“滤网”报警事件核查处置等演练6次，与海关、长航公安等部门开展协作联动3次。推进沿海感知预警系统建设，新增雷达、高清监控云台、AIS接收器等设施设备，沿江沿海感知区域雷达信号实现全覆盖。全年通过“滤网”系统深度核查疑似套牌船舶

10月9日，启东边检站组织召开党的二十大安保口岸联席会暨联勤协作协议签订仪式，分析口岸管控形势，就推动警务创新、强化协作交流、促进融合发展等方面达成共识

（启东边检站/供图）

8月18日，启东海事处保障超大型LNG运输船靠泊广汇LNG分销转运站码头
(启东海事处/供图)

20艘次。组建专班建设启海港区和吕四港区2个警务室，推进中远、通洋等7个民警工作室升级改造，协调市域社会治理现代化指挥中心警地共治，合理布局配备18名企业专属网格员和码头综合网格员。

地方经济服务　靠前服务吕四起步港区“2+2”码头临时开放，与市政府签订《关于推动启东沿江沿海高质量发展战略合作备忘录》。全面助力港口企业发展，高效办理长三角地区能源保供船舶入境通关手续，完成30万吨级浮式生产储卸油船首航出港和吕四起步港区集装箱码头试运行等重大勤务。

(陈万茜)

【南通启东海事处】 2022年，南通启东海事处服务口岸发展，建立重点企业帮扶制度、助力航运企业管理降本增效、保障重要物资水路运输通畅，统筹做好安全生产、新冠疫情防控和保畅保通工作。加强新造船(海工产品)涉水作业现场监管与服务，保障新造船(海工产品)涉水作业安全。全年辖区包括中远启东海工大型浮式生产储油船FPSO Anna Nery、全球首艘第四代自升式风电安装船N966、武船4000马力LNG动力守护船、振华启东海工4000吨级全回转起重船等在内的22艘新造船舶、高端海工产品，在海事部门的监管维护下，完成重要日期确认、下水、试航、拖带等作业。保障沿海大唐电厂煤炭类、广汇液化天然气燃气等重点物资供应链稳定畅通。安排专人密切跟踪电煤运输船舶、LNG船动态，统筹协调靠泊计划，实现电煤运输船和LNG船舶“零等待”，提高船舶周转与运行效率。全年保障吕四大唐电厂电煤运输船舶进出港靠泊126艘次，卸载煤炭545.85万吨；广汇能源接靠LNG船11艘次，接卸液化天然气约79.3万吨，约179.9万立方米。促进辖区中集太平洋码头、大唐电厂码头对外预验收，加大吕四起步港区“2+2”码头临时开放指导力度。全年累计保障辖区进出港船舶1.53万艘次，货物装卸量963.86万吨。其中，保障国际航行船舶进出口岸196艘次，外贸货物吞吐量345.11万吨。服务吕四起步港区“2+2”码头145艘次国际航行船舶、47艘次内贸船，保障装卸件杂货187万立方米/24.58万吨、集装箱14927 TEU。针对海力风电、江苏华兴、南通赛尔特、海龙风电、卫华港机、益海嘉里等一批重大项目，做好跟踪服务工作，支持吕四作业区临港产业尽快落地。高效联动保障北沿江高铁建设。督促企业落实新冠疫情防控主体责任，及时将防控要求和规定宣传贯彻至船舶、船员。加强与海关、边检及商务(口岸办)、卫健委等单位的联系与合作，平衡好新冠疫情防控和生产的关系。疫情期间，对出口国外和国外进口货物免征港口建设费；疫情缓解后，为企业开辟绿色通道，第一时间办理船舶进出港手续，提升办事效率。

(彭玉章)

责任编辑　汤巍威

园区经济

江苏省启东经济开发区

【概况】 2022年,江苏省启东经济开发区行政区域面积27.73平方千米,有户籍人口3.05万人,常住人口7.5万人,下辖8个代管村、5个居委会。全年完成一般公共预算收入5.88亿元,同比增长8.4%;完成规模以上工业企业产值295.6亿元,同比增长24.2%,占全市份额为23.7%,份额比上年提高8.9个百分点;完成规模以上工业企业累计应税销售282.5亿元,同比增长15.4%,占全市份额为24.6%,份额比上年提高8个百分点;规模以上工业企业月度新增5家,年度净增18家;完成服务业应税销售98.5亿元,同比增长39.5%;规模以上服务业企业月度新增3家,年度净增5家;完成全社会固定资产投入70.3亿元。

【产业发展】 2022年,开发区聚焦新能源、半导体装备及材料、生物医药三大主导产业发展,调结构、促转型,三大产业呈现迅猛增长态势。全年三大主导产业实现应税销售211.6亿元,占规模企业总量的75%,较上年末提升6.7个百分点。新能源产业完成应税销售132.1亿元,比上年增长31.9%;半导体及电子信息产业完成应税销售65.6亿元,与上年持平;生物医药产业完成应税销售13.9亿元,比上年增长47.2%。海四达电源获评江苏省质量信用AA级企业、"江苏精品"认证企业。

【项目建设】 2022年,开发区实施驻点推进制度,对10亿元以上项目安排专人驻点服务。新开工项目32个,其中,5亿元以上项目9个。推进落地项目建设、竣工、投产等环节,亿纬林洋10吉瓦时储能电池项目、海四达二期项目试生产,推进捷捷微"车规级"产业化项目、药明康德研发中心一期、吉莱功率半导体器件产业化建设研发中心、沃太能源一期等项目建设。

【招商引资】 2022年,开发区开展招商队伍改革,将驻外招商队伍调整为苏南招商分局、上海招商分局、北京招商分局、深圳招商分局及国际招商部,制订定新的招商考核细则。开展中介招商、委托招商,加强世邦魏理仕、仲量联行、识局等中介机构的外资项目招引,与苏州宏谋、上海筑令、上海驭泽等专业中介机构建立合作关系。举办招商活动10场,招引并签约1亿元以上项目38个,其中,10亿元以上项目7个、5亿~10亿元项目9个、1亿~5亿元项目18个、3000万美元以上项目4个;招引并注册1亿元以上项目36个,其中,10亿元以上项目6个、5亿~10亿元项目10个、1亿~5亿元项目16个,3000万美元以上项目4个。实际到账外资及港澳台资4330万美元。

4月24日,启东经济开发区工业综合体项目建设现场　　(潘杨/摄)

【科技创新】 2022年,开发区引进科创项目14个,新增高新技术企业20家,市外高新技术企业整体搬迁1家,完成技术合同金额超24亿元,产学研项目合作完成率达111%,完成企业研发投入8.15亿元;专利申请430件,授权131件;引进海外人才129人,占全市海外人才的33.5%。林洋能源入选国家知识产权示范企业;久正人体工学获评国家级专精特新"小巨人"企业,锦桥轴承、碧松照明、和晖电动工具等8家企业获评省级专精特新"小巨人"企业;海四达动力科技获评省级智能制造示范工厂,捷捷微电子获评省级智能示范车间。

【空间重构】 2022年,开发区坚持内挖潜力,和平工业区涉及14家工业企业全部完成清点评估工作,9家货币化安置企业完成签约215亩,推进腾房、拆旧工作;完成锦绣申江项目51亩、盖天力医药项目112亩土地收回工作;华泰陶瓷172.25亩、永安纺织167.6亩完成签约,共计717.85亩,其中,工业用地451亩。加快推进韩华闲置地块55亩、奇达大数据地块69亩的收回工作。加大低效用地处置力度,柏通通讯、沃钛思生物、意芯微电半导体材料、维骑动力电池、云帆新材料、光柏新材料等12个落户项目租赁低效企业的闲置厂房,盘活存量厂房累计5万多平方米。

【基础设施建设】 2022年,开发区坚持民生配套规划优先,钱塘佳苑一期装饰工程完成80%;富南小区结构封顶;推进老旧小区改造,香榭水岸西区改造工程完成。海洪南路完工通车;金桥路、科创路改造主体工程完成;钱塘江路蒸汽管道、110伏汇川线搬迁改造工程均完成施工。牡丹江路、华石路绿化工程全部完成。17个小区和11个公共建筑全部完成改造,集贤路雨污管道改造工程完成80%,南苑路雨污管道改造工程完成40%。

【亿纬林洋10吉瓦时储能电池项目投产】 11月18日，亿纬林洋一期10吉瓦时储能电池项目投产仪式举行。亿纬林洋10吉瓦时储能电池项目由惠州亿纬锂能股份有限公司的下属企业和江苏林洋能源股份有限公司投资建设，一期总投资30亿元，其中设备投资10亿元，占地203亩，建筑面积17.5万平方米，年产10吉瓦时磷酸铁锂电池。项目于2022年1月开工建设，11月18日建成投产。

（陈浩洋）

3月19日，广汇能源LNG接收站5#6#20万立方米储罐建设现场

（潘杨/摄）

江苏启东吕四港经济开发区

【概况】 2022年，江苏启东吕四港经济开发区实现一般公共预算收入5.05亿元，比上年减少20%；固定资产投资104.2亿元，比上年增长3%，其中，制造业投资34.37亿元；高技术产业投资19.26亿元，比上年增长123%；规模工业应税销售125.22亿元，比上年增长12%；规模工业产值128.33亿元，比上年增长24%；服务业应税销售232.57亿元，比上年增长88%。完成进出口总额52.84亿元，比上年减少46%。

【项目建设】 2022年，开发区实施领导挂钩服务重大项目工作制度，班子成员分别挂钩联系10个主要产业项目，解决项目建设难题；建立健全"日收集、周点评、月汇总"的协调调度体系，举办项目建设现场推进会、重大项目建设月度例会12场。紧盯通过上级认定项目的进度节点，对各重大项目的前期工作建立清单化管理制度，逐一列出重大项目尚未完成的开工前置手续，明确完成时间、责任部门，提高项目落地效率和建设速度，全年累计开工亿元以上项目5个。全年园区四大工业企业中，广汇天然气实现应税销售41.48亿元，比上年增长8%；华峰超纤实现应税销售33.41亿元，比上年增长9%；大唐电厂实现应税销售48.63亿元，比上年增长14%；金丝楠膜实现应税销售1.7亿元，比上年增长507%。

【招商引资】 2022年，开发区出台《吕四港经济开发区关于进一步加强招商引资工作的实施意见》，成立以党工委书记为组长的招商工作小组，建立"全员招商+专业招商+第三方招商"机制。利用资本、中介、协会、银行等机构，拓展项目信息渠道，与6家中介机构建立合作关系。拓展招商渠道，聘请北京石油与化学工业规划院院长、中国重型工业机械行业协会秘书长为园区招商顾问，加大高端装备制造、新材料、新能源、食品及冷链等项目招引，兼顾招引港口贸易进出口类企业，在上海、北京、苏州等地举办专业招商恳谈会10多场。新增5亿元以上有效项目信息67个，其中，制造业项目占67%，新材料新能源项目占12%，食品及物流项目占21%。签约落户10亿元以上项目9个，签约额超200亿元。

【科技创新】 2022年，开发区加强产学研合作，推动科技创新高质量发展，东方雨虹与江苏科技大学、华峰超纤与上海交通大学、湖南工业大学分别签订产学研协议。强化人才保障，制订港口开发、产业发展亟需的高级人才清单目录，招引1名博士全职落户融科钒液电池项目。

【港口建设】 2022年，吕四港经济开发区推动"铁路进堆场、内河连码头、海港通大洋"多式联运体系建设，六大工程收官。"2+2"码头和进港航道建成投运，其中通用码头营业收入超9000万元；内河转运区14个千吨级泊位全部完工；疏港公路、港区道路建成投运；洋吕铁路吕四进港区段加快施工。完善港区功能配套，吕四港作业区西港池8号~9号码头改建工程完成竣工验收，2个10万吨级集装箱码头泊位正式启用，标志着通州湾新出海口吕四起步港区"2+2"码头全面开港运营，并相继提供"沪通快航"服务，开通"吕四—日本"首条外贸航线，该泊位由江苏沪通集装箱码头有限公司运营。西港池12号~13号通用码头工程、14号~16号泊位粮油码头工程、东港池华兴码头工程推进岸线申报工作。东港池一期码头工程（建材码头工程）建设完成主体工程。江苏卫华海洋重工码头工程3个5万吨级通用泊位获岸线批文。内河转运码头一期工程部分泊位完成竣工验收并投入运营。吕四港作业区港区支持系统工程完成主体水工结构建设。提升口岸综合服务功能，保税物流中心（B型）完成可研报告，并获南京海关支持。

【港口运营】 2022年，吕四港港口"2+2"码头全面开放运营。10号、11

号通用泊位启用后，共作业外贸船舶80余艘次，吞吐量达150万立方米，出口货物以叶片、管道模块、机械设备等为主，出口目的地涵盖欧洲、美洲、亚洲、澳洲四大洲，航线通达荷兰、瑞典、俄罗斯、美国、印度尼西亚、澳大利亚等多个国家，经营收入突破8000万元。开展入境粮食指定监管场申报工作，进一步完善口岸功能。

【基础设施建设】 2022年，开发区强化土地保障，推进围填海历史遗留问题处置，完成备案区域内益海嘉里粮油加工项目等7个项目海域证申领，总面积154.87公顷；3个填海项目竣工验收，144.57公顷区域海域证转换为土地证；3个项目通过评审，总面积78.43公顷；10个项目开展工可、用海等前提报告编制；有9个项目获用海批复，其中，泰润粮油加工项目、益海嘉里粮油加工项目、吕通电缆生产项目、卫华海洋重工码头工程、麦博大功率海上风电叶片生产项目、新越建筑科技项目和吕四港环抱式港池西港南路工程7个项目用海获省自然资源厅审批，2个通过启东市级审批。聘请10名国土空间规划专家参与园区规划。

【通州湾新出海口吕四起步港区集装箱码头开港】 10月26日，通州湾新出海口吕四起步港区集装箱码头开港大会举行。省政府副秘书长刘世虎，省交通运输厅、江苏海事局、上港集团、江苏省港口集团、上海市交通委领导，南通市委书记王晖、市长吴新明、市政协主席黄巍东、市人大常委会常务副主任庄中秋等出席大会。通州湾新出海口吕四起步港区8号、9号泊位是港区首批建成的两座10万吨级现代化集装箱码头，设计年通过能力140万标箱，由南通港口集团与上港集团、江苏省港口集团合资运营。集装箱码头具有江海联运的显著优势，货物经江海一次转运即可进入国际物流体系，也可直达长江中上游，将助力新出海口发展成为共建"一带一路"对外开放新门户、长江经济带江海联运新枢纽、江苏沿海高质量发展新样板。

【吕四港内河转运码头工程竣工】 12月9日，吕四港内河转运码头工程竣工验收会举行。会上，内河转运码头顺利通过竣工验收。内河转运区位于环抱式港池西港池和渔港连接段，采用挖入式平面布置，一期规划建设码头泊位长1500米，14个1000吨级泊位，其中，11个装卸泊位、3个待泊泊位，年通过能力约750万吨，总投资约15亿元。内河转运码头投入运营后，与海港码头形成江海联运功能，通过通吕运河和新江海河，到达通海港区进入长江，提升吕四起步港区的水水中转能力，是新出海口吕四起步港区"公铁水、江海河"联运的重要一环。

【全市2022年一季度项目开工暨卫华高端智能港口装备项目开工仪式举行】 2月16日，全市2022年一季度项目开工暨卫华高端智能港口装备项目开工仪式在吕四港经济开发区卫华高端智能港口装备项目现场举行。一季度开工项目包含重型装备、现代物流、能源储运、粮油食品和农产品加工等产业项目。卫华高端智能港口装备项目总投资100亿元，主要产品包括港口起重机、桥门式起重机、皮带输送机、散料装卸机械等，配套建设3个5万吨级码头。

（沈威宇）

江苏省启东圆陀角旅游度假区

【概况】 江苏省启东圆陀角旅游度假区位于江苏省最东部，东临黄海，西至连兴港河，南依长江，北至G336线，规划总面积约45平方千米。这里是万里长江的入海口，也是长江、黄海、东海三水交汇之地和长三角地区最早迎接日出的地方，旅游资源丰富，生态环境优美，区位条件优越。2022年，园区获评江苏省现代服务业高质量发展集聚示范区、南通市放心消费创建先进区域。园区有户籍人口11718人，下辖3个自然村和1个社区。全年共完成全社会固定资产投资9.9亿元；实现服务业应税销售9.78亿元，增幅达135%；实现营利性行业营业收入5424万元，比上年增长120%；实现社会消费品零售总额17047万元，比上年增长25%；实现社会消费品销售额34104万元，比上年增长22%；新增规模以上服务业企业5家、限额以上服务业企业4家。紧扣"保交楼、保民生、保稳定"要求，有效化解启东恒大项目系统型风险，实现恒大保交楼项目如期完成。红帆生态服务驿站成为启东志愿服务驿站标准化示范点；"守护最美江海岸线"等五大特色志愿项目，入选江苏省志愿服务项目大赛。碧海社区被评为南通市五星级社区党组织。高质量打造最美书香岸线，推进"阅享汇"品牌建设，成功创建南通市最美公共文化空间1家。

【项目招引】 2022年，园区重点对接上海长峰集团、广东长隆集团、恒大旅游集团、新湖中宝集团、常州恐龙园集团等文旅企业，持续推进龙之梦、滨海商业街等在手在谈项目；总投资10亿元的万豪酒店主体结构完工，外立面施工完成，进入室内装饰工程阶段；总投资2.9亿元的新湖商业中心室内外装饰完成80%左右，超市、健身中心、邻里食堂等业态进场；江海文化景观通道提档升级，沿线新增露营基地、海角电台、激光音乐水舞秀、水上研学基地等旅游设施。

【旅游品牌创建】 2022年，园区瞄准创建国家级旅游度假区的总体目标，按照创建标准和实施方案，有序展开旅游交通体系、核心服务设施、旅游导视系统及度假氛围提升等重点项目的规划设计及建设工作。旅游集散中心及旅游驿站全面建成，运营管理队伍进驻；丰富慢行交通设施，开通运营旅游观光电瓶车、共享单车、共享电瓶车等交通工具，旅游观光巴士常态化运行；渔人码头商业街品质持续提升，新增儿童游乐、休闲咖啡等业态，开业商户达30余家，并于11月成功获评省级旅游休闲街区；成功举办郁金香花博会、中国沙滩排球巡回赛、古风市集等旅游节庆活动。

【最美江海岸线建设】 2022年，园区围绕生态优先、绿色引领的发展思路，将水系、绿化、景点等有机整合，依托三水交汇和第一缕曙光的独特景观，形成一条长达18千米、融旅游观光、娱乐体验、休闲度假为一体的最美岸线景观带。推进生态修复，通过实施长江禁捕、建立“湾（滩）长制”、组织发起“净滩行动”等，生态环境质量持续改善。12月，启东圆陀角段成功获评江苏省美丽海湾示范项目，并被推荐申报国家级美丽海湾。

【社区治理】 2022年，园区思考研究超大型社区治理模式，委托专业机构设计新型智慧城市管理平台。壮大社区治理队伍，推行精细化网格管理，划分16个网格、199个微网格，建立一户一档。全年给5279户建档，9856人登记信息。

【圆陀角渔人码头街区入选省级旅游休闲街区】 2022年，省文化和旅游厅网站公布第二批省级旅游休闲街区和省级旅游休闲街区培育单位名单。圆陀角渔人码头街区入选省级旅游休闲街区。圆陀角渔人码头街区是圆陀角旅游度假区七大名片之一，是最美江海岸线圆陀角段的起点，也是圆陀角旅游度假区首站景点，紧临长江和省重点渔港——连兴渔港。项目于2017年3月开工建设，全长1.1千米，总建筑面积约5万平方米，总占地面积约220亩，总投资约11亿元，是集旅游、住宿、餐饮、休闲、娱乐、民俗文化体验于一体的江海特色文旅商业街。

（冒玉婷）

圆陀角渔人码头街区　　（市融媒体中心/供图）

启东海工船舶工业园（寅阳镇）

【概况】 启东海工船舶工业园（寅阳镇）位于万里长江入海口，西邻崇启大桥，东依圆陀角旅游度假区，规划面积35.8平方千米，岸线总长18.8千米。区镇行政区域面积106.6平方千米，总人口11万人，下辖26个行政村。2022年，区镇完成一般公共预算收入3.8亿元，比上年下降7.32%；实现规模工业总产值245.6亿元，与上年基本持平。实现固定资产投资37亿元，比上年增长16%，其中，制造业投资36.7亿元，比上年增长26.7%，服务业投资0.4亿元，比上年下降86%。实现规模以上工业应税销售211亿元，比上年下降13%，其中，沿江规模以上工业应税销售187亿元，比上年下降12%。到账外资1000万美元，比上年下降66.7%。区镇获2022年度“全国综合实力千强镇”称号，位列第381名。园区现代化集装箱研发制造企业寰宇东方获评2022年推动中小城市高质量发展特别贡献企业，上海振华重工启东海洋工程股份有限公司的“天鲲号”大型自航绞吸挖泥船建造关键技术获2021年度江苏省科学技术奖三等奖。《启东寅阳镇：“蟹农”花式产加销　延伸宽广致富路》入选江苏省农业农村厅具有代表性的农民增收典型案例，为启东市唯一入选案例。《人民日报》、中央广电总台中文国际频道《远方的家》系列节目《行走海岸线》等媒体报道区镇发展成果。

12月13日，落户于吕四港经济开发区东港区的宇盛特种光电复合海底电缆基地项目进行钢结构安装　　（潘杨/摄）

【项目建设】 2022年，启东海工船舶工业园完成新开工亿元以上重大项目7个，其中，10亿元以上项目3个，分别是京沪年产25万吨智能绿色特大跨径桥梁生产基地扩建项目、寰宇冷藏集装箱智造项目和落户于吕四港经济开发区的宇盛特种光电复合海底电缆项目。完成亿元项目4个,分别是寰宇生产线技术改造项目、振华码头设施升级改造工程项目、中远海洋工程装备及模块智能化生产线综合技改项目和润邦海上风电装备综合技改项目。完成新竣工产业项目2个,为中远海工平台及模块制造项目和寰宇冷藏集装箱智造项目。完成转化项目3个,为中远海工平台及模块制造项目、卓铭传感器制造项目和落户于高新区的青轩小型农业机械(旋耕机)生产项目。

【招商引资】 2022年,区镇签约项目10个,总投资额68亿元,分别是总投资20亿元的江苏华兴压力容器有限公司高端装备制造项目、总投资10亿元的浙江宏盛造船有限公司船舶配套制造项目、总投资10亿元的美钻能源科技(上海)有限公司水下石油开采设备生产项目、总投资5000万美元的中国三峡新能源(集团)股份有限公司新能源开发项目、总投资10亿元的深圳市顺言发展责任有限公司船舶配套设备制造项目、总投资5亿元的上海迪鸿钢结构有限公司钢结构制造项目、总投资10亿元的中国东方电气集团有限公司成立华东地区总部项目、总投资1亿元的苏州佛果生物科技有限公司食用菌提取物生产基地项目、总投资5000万元的苏州烯时代材料科技有限公司石墨烯加热膜制造项目、总投资1亿美元的南通中集太平洋海洋工程有限公司高技术船舶及清洁能源装备制造项目。有落户项目5个,分别为江苏华兴高端装备制造项目、浙江宏盛船舶配套设备制造项目、中国三峡新能源(集团)新能源开发项目、上海迪鸿钢结构制造项目、启东超正船舶工程有限公司船舶配套设备制造项目。有盘活存量工业项目5个。

【科技创新】 2022年,区镇有12家企业设有南通市级以上科技创新平台。有高新技术企业19家,新增入库高新技术企业2家。南通泰胜蓝岛海洋工程有限公司与浙江大学、同济大学,南通中集太平洋海洋工程有限公司与华中大学、江苏科技大学,江苏京沪重工有限公司和江苏大学均签订新一轮产学研合作协议。江苏华滋能源有限公司被认定为省企业技术中心,中交三航(南通)海洋工程有限公司被认定为省工程技术中心。中集太平洋"绿色高效多功能LNG加注船关键技术研发及产业化"项目获省成果转化项目立项。

【镇村建设】 2022年,区镇新镇区南部区域初具雏形,完成和景路、兴和路等道路新建改造项目,完成新镇区道路沿线绿化、老寅阳镇绿化提标等绿化节点项目,新实施和合农贸市场、寅北小区等重点区域污水收集工程,江景壹号、镇综合服务中心、边检大楼等项目竣工投入使用,101亩城市综合体项目挂牌出让。布局建设5个沿江功能配套区,与和合镇区、老寅阳镇区互为补充。完成白港村(宋石小区村)实施室外动线提标工程,实施长兴村、益成村等规划自然村绿化环境、基础设施等建设,完成12个村6723户农村生活污水片区化治理项目,修缮危房1户。推进农村重大建设项目8个,总投资2.73亿元。横河疏浚2条,疏浚土方6683立方米;泯沟疏浚210条,疏浚土方21.03万立方米;泯沟填埋219条,填埋长度33660米;完成拆坝建桥2座,高标准打造建设生态河道15条;治理黑臭水体沟4条。推进"河长制",落实河道长效管护,专人定时巡查,全年镇级应巡河528次,实际巡河565次,完成率达107%;村级应巡河936次,实际巡河912次,完成率达97%。实行垃圾分类处理,生活垃圾日产日清,生产垃圾和建筑垃圾处置到位,全年累计处理生活垃圾约2.19万吨。

【民生事业】 2022年,区镇优化7个新型合作农场的运营,加大高标准农田的流转力度,通过拆旧、占补、引进农业项目12个,盘活资产存量等方式增加集体收入。实现村营总收入3602.45万元,26个村集体经济收入2245.07万元。全年累计发放低保补助金、大病医疗、临时救济及各类优抚资金379.12万元。完成新一轮农村户厕改造和修缮提升330座(农业),完成1户危房户的修缮工作。

【社会治理】 2022年,区镇高标准建设镇域治理现代化指挥中心,上报问题事件5112件,接收社情民意1272条,完成两级联动处置事件440件,处理矛盾纠纷1728件。开展打击治理电信网络诈骗违法犯罪活动,发放宣传折页2万余份、海报1.5万份、横幅50条,制作反诈宣传视频11个。全年召集信访联席会议27次,推进解决初信初访事项16件,有效防范苗头性问题4件。各类调解组织共接待来访群众187批次,接待452人次;开展矛盾纠纷排查365次,共受理矛盾纠纷104件,调处成功104件,调解成功率100%。开展各类安全生产大检查,对船舶企业与一般工贸企业共计93家单位开展执法检查,开具执法文书197份,发现隐患1155个,全部整改完成。对因安全生产台账不全、特种作业人员无证上岗等问题进行立案处罚28起,处罚金额41.19万元。

(季雨雯)

启东高新技术产业开发区(近海镇)

【概况】 启东高新技术产业开发区(近海镇)由原滨海工业园与近海镇合并组建而成。其中,原滨海工业园于2005年3月开工建设,总规划面积30平方千米;近海镇人民政府于2008年9月,由原近海镇人民政府与原向阳镇人民政府合并组建而成;2013年底,园区与近海镇实现"区镇合一"。2017年年初,启东滨海工业园正式更名为启东高新技术产业开发区。区镇总面积达109.6平方千米,其中园区面积30平方千米,总人口7万人,户籍人口5.8万人,下辖20个行政村、1个居委会。2022年,区镇完成地区生产总值69亿元,比上年增长4%;完成一般公共预算收入3.97亿元,比上年增长12.1%;完成全社会固定资产投资73.2

亿元，比上年增长19.7%；完成制造业投资68亿元，比上年增长18.5%；有规模工业企业227家，占全市规模工业企业总数的三分之一；实现规模以上工业产值200亿元，比上年增长13%。区镇首次获评全国综合实力千强镇，获江苏省健康镇、江苏省双拥模范单位和南通市平安法治乡镇等称号。

【空间再造】 2022年，区镇制订《启东高新区（近海镇）推进空间再造三年行动方案》，明确资产转让、政府回购、司法拍卖、股权转让、升级改造"五个一批"工作路径，实体化推进运作。完成空间再造面积500亩，引进新项目15个。全面排摸存量厂房资源，强化招商对接，累计盘活存量项目29个，盘活利用存量厂房6万平方米。针对启东市级下达的62家低效企业，围绕亩均销售、亩均税收两大核心指标，通过挂钩帮扶，全年共有12家退出低效企业库。

【项目建设】 2022年，区镇强化重大项目全生命周期管理，实施项目推进周例会制度，推进效率不断提升，新开工亿元以上项目24个，其中，5亿元以上重大项目7个，占全市开工总数的30.4%。昭晟机电、万洋众创城等重大项目高效推进，连续三个季度区镇获评启东市项目建设流动红旗单位，摘得年度项目建设银杯。

【招商引资】 2022年，区镇加强与五大行国际机构、招商中介公司、社会资本交流合作，加大对投资体量大、科技含量高、专精特新等项目的招引力度，以"一主两优"（"精密机械、高端装备"为主导产业，"生命健康、新材料"为优势产业）产业为导向组建产业招商分局，举办招商推介活动10场，签约1亿元以上项目28个，其中，3000万美元以上项目3个、10亿元以上项目4个、5亿~10亿元项目8个。制造业实际到账外资及港澳台资4523万美元。

【科技创新】 2022年，区镇新认定省级专精特新企业13家，占全市省级专精特新企业总数的35%；新增南通市级专精特新企业54家，占全市南通市级总数的近三分之一；完成智改数转项目120个，超额完成全年目标任务。新增上市入轨企业3家，完成股改企业2家；新增省股交中心挂牌企业10家，12家企业入围上市（挂牌）后备企业。入选国家级重点人才计划3人、招引符合省"双创计划"条件人才10.5个。招引落地科创项目11个、新培育入库科创项目8个、入选"东疆科技计划"项目5个。

【城镇建设】 2022年，区镇委托中国城市规划设计研究院编制《区镇品质提升概念规划》和《启东高新区（近海镇）区镇融合发展规划》，提升空间、服务、交通三大领域品质，打造滨海风情科技园。完成金属表面处理中心排口论证，规划环评获批通过。消防站新址前期工作基本完成，便民服务中心建成投用，高新区医院建至地面四层，推进滨州大道便民市场建设，生态停车场基本完工。

【乡村振兴】 2022年，区镇申报重大农业项目6个，涉及投资金额2.6亿元。高标准农田建设项目面积达1800亩，项目总投资约720万元。新阳村、协兴港村分别入选2022—2023年度南通市乡村振兴示范村、南通市治理有效先进村培育单位。新阳村被评为江苏省生态宜居美丽示范村，创成启东市农村人居环境三星级行政村。加强农村生态河道规划、建设和管护工作，完成建设15条农村生态河道。实施农村生活污水片区化治理，完成治理近海、向阳片区3200户。

【民生实事】 2022年，区镇发放各类对象补贴1500多万元。向残疾人发放家电40件，辅具适配125件，安排22人完成白内障体检和手术。农保累计参保人数达1.1万人次，全年参保完成率在98%以上，创建"15分钟医保服务圈"省级示范点。在小学毕业素质测试中，3所小学全部进入全市前十，近海镇列乡镇组第一。

（冯旌弛）

启隆生态科技产业园（启隆镇）

【概况】 启隆生态科技产业园（启隆镇）位于中国第三大岛崇明岛的中北部，是启东在崇明岛上的一块飞地，与启东本土隔江相望，区域呈狭长型，东西长22.5千米，南北平均宽2.2千米，陆域面积48.31平方千米，耕地面积1736.67公顷，户籍人口5541人，下辖3个社区。2022年，区镇实现地区生产总值10.02亿元，比上年增长3.6%；完成一般公共预算收入880万元，比上年减少80%；完成全社会固定资产投资6.27亿元，比上年增长11.37%。实现服务业应税销售1.78亿元，比上年增长110.2%；规模以上服务业重点

10月17日，位于启东高新区的上海昭晟机电一体化项目建设现场

（潘杨/摄）

启隆镇大爱城农道有机公园 （启隆镇/供图）

行业营业收入1242万元，比上年增长147.7%。8月17日，《新华日报》刊发《一个“不开发镇”的“金山银山”》一文，报道启隆镇抓住长三角区域一体化发展战略，响应“共抓大保护、不搞大开发”，策应崇明建设世界级生态岛，既守住绿水青山，又赢得“金山银山”的生动实践。

【文旅融合发展】 2022年，区镇聚焦省级旅游度假区创建，探索文旅融合发展新路径。突出文化内涵、市场主导、产业集聚和主题特色，度假区创建红线范围划定，为全域旅游谋篇布局、立梁架柱做好顶层设计。委托上海城规院及南京中陆必得规划设计院分别系统编制《启隆镇总体规划》及《启隆省级旅游度假区总体规划》，完成初步成果。提升功能配套，“启隆客厅”开业运营；文体中心完成初步装修，旅游标识标牌、自行车慢行系统、旅游公厕等旅游公共服务建设与提档稳步进行；推进核心区建筑改造和最美江海岸线建设。运用“田、林、花、村、河、滩”的原生态资源，依托文旅产业和景区景点，打造特色“四季旅游线路”；组建专业团队，打造江堤、梦幻长岛、粉黛乱子草等一批具有江岛特色的打卡点；谋划打造“星空旅行目的地”，制订“星空绿岛”品牌方案，招引优质星空项目，组织房车巡游露营、星空露营等活动。策划“活力启隆”江海生态马拉松大赛、“峥嵘岁月”启隆知青文化旅游节、“丰收硕果”启隆有机农业嘉年华等节庆活动，宣传启隆旅游资源。

【项目建设】 2022年，区镇招商工作从制造业招商向文旅招商全面转变。出台全员招商方案，召开招商引资动员大会，累计开展各类招商引资交流活动28场次，拜访企业50余家，拜访客商80余人次，组织各类招商推介会10场次，签约玲珑源二期、兴隆沙生态文化园、东方旅游总部迁建、途远民宿等项目6个，总投资金额约6亿元。长岛安鑫度假酒店正式营业，家链温泉度假酒店完成营业前相关准备工作。农道有机公园创成国家AAA级景区，兴隆社区创成南通乡村旅游重点村。

【城镇建设】 2022年，区镇加快推进新村沙退地和配套移交工作，完成2个批次4240亩增存挂钩，该项工作全省率先；完成3809亩耕地占补平衡入库工作，相关地块土壤改良方案完成，水系改良完成方案设计。完成城乡建设用地增减挂钩和工矿废弃地复垦217.8亩，完成率超150%。存量盘活工缝厂、北窑厂、场东大队等地块约90亩，为项目建设腾出空间。开展全域绿化景观提升工作，落实长效养护队伍，完成蔚林路、永兴路、新河港和公租房区域绿化种植，新增绿化面积约15.5万平方米；完成绿地长岛绿化补种及移交，“启隆客厅”实现提档升级；高标准农田项目一标段完成镇级验收。

【民生实事】 2022年，区镇打通利民路和隆海二路，提档升级江申路，形成镇域“三纵三横”道路框架；完成为民服务中心和消防站建设并投入使用；提档升级全镇电力线路，基本实现镇区亮化全覆盖。完成永隆社区一大队楼房区域整体提升改造、水站东侧大楼试点改造、农行大楼改造，改造面积约9180平方米。完成全镇15个住宅区中13个住宅区的房屋搬迁安置，共安置544户558套房。北沿江高铁建设涉拆3家企业完成资产清点核对，按时完成搬迁区域签约。优化为民服务中心窗口功能，完善功能和规范制度建设，累计办件2500余件。打造“启心办”帮办代办服务品牌，累计为群众企业代办500多件。全年发放慰问金和慰问品价值15万元，惠及失独家庭、低保户、困难党员、残疾人等对象300余人。

【社会治理】 2022年，区镇推动化解房地产领域农民工欠薪问题，合计代发工人工资2000万元。推进历史遗留问题化解工作，成功化解信访积案2个。推动重点旅游度假区社会治理工作，根据各小区体量、入住率、区位等情况，成立9个社区工作站。严格落实企业安全生产主体责任，共检查企业和单位221家，查出隐患637个，全部完成整改，全年未发生安全生产事故。妥善处置各类违建，共拆除存量违章38宗，面积2045平方米，完成拆除存量违建总数的47%。拆除新增违建7宗，面积849.6平方米。集中整治店外店、流摊30余次，清理流摊82宗；集中整治拆除广告牌23宗，面积179平方米。

（沈灵卫）

启东江海澜湾旅游度假区

【概况】 启东江海澜湾旅游度假区位于328国道附近，西至临海高等级公路，东临黄海，北至吕四港经济开发区，南至启东高新区，总规划面积约39平方千米，其中，陆地面积约20平方千米，海域约19平方千米。2022年，园区按照市委、市政府创建国家全域旅游示范城市、打造“缤纷百里”最美江海岸线总体要求，依托滨海优势，以江海文化为底蕴、新唐韵为风格基调，紧抓项目建设，实现提档升级。园区主要经济指标平稳增长，规模以上服务业企业、规模以上文化企业、规模以上数字企业均实现大幅度增长。其中，完成全社会固定资产投资9.2亿元，完成民间投资4.6亿元；建筑安装工程投资占全社会固定资产投资比重及规模以上数字经济核心产业企业发展均超额完成目标任务；新增规模以上服务业企业5家，实现园区规模以上服务业零的突破；新增限额以上住宿餐饮业企业同比增长300%；南通综合金融服务平台新增企业完成率100%。洲颐酒店获评江苏精品休闲度假饭店。中央财政奖补海洋生态保护修复项目于5月获初设批复，11月开工建设。加快蓝色海湾建设，完成潜堤工程建设9374米，总投资约4.6亿元，建成后与达标堤环抱形成约14平方千米的海湾。园区建设发展成果多次获《中国自然资源报》、网易网等媒体和各级领导点赞。

【海岸带修复】 2022年，海岸带修复工程作为江苏省首个海岸带保护修复工程项目，全年完成加固海堤15.68千米、海堤生态化建设6千米、向海侧试验段150米、湿地修复100公顷等指标任务。8月，工程通过江苏省自然资源厅、省财政厅组织的专家验收。

【招商引智】 2022年，园区先后组织举办招商推荐活动4场。其中，在龙湾水镇项目推荐会上，与12家民宿、酒店等签订框架合作协议。全年完成签约项目4个，分别为龙源风电集团总投资10亿元的东元风电风机更新升级开发项目、德汇集团与裸心集团合作开发总投资10亿元的德汇裸心度假村项目、长甲集团总投资10亿元的滨海高端度假酒店和主题民宿项目、成都魔豆文化传媒公司总投资2亿元的启唐沉浸式游戏剧场项目。另有在手在谈项目4个。推进人才创新工作，组织人才政策推介活动7场，完成海外人才有效申报4个，不断加大人才开发与引进力度，持续优化营商环境。

【龙湾水镇项目建设】 2022年，龙湾水镇主体结构基本建设完成，50亩首开区对外展示，景观湖面注水成形。与12家特色民宿、温泉酒店、餐饮等签订框架合作协议，整个龙湾水镇65%的区域完成招商。一尺花园正式运营，启唐沉浸式游戏剧场、华住花间堂、涟泉小町温泉公汤等特色主题民宿、温泉公汤馆、精品酒店项目完成签约。

【社会治理】 2022年，园区全力维护社会稳定，切实保障园区民生工程顺利实施。成立在建项目建设运行和农民工工资保障工作专班，定期了解在建项目运行情况，及时协调处理农民工欠薪问题，有效化解欠薪案件60多起，化解欠薪金额700多万元。落实江海堤防工作责任，多部门协同，积极解决历史遗留问题。清理违法占用海域围海养殖户14户，收回海域面积近100亩，328国道周边环境有效改善。

（梁馨丹）

启东生命健康科技园

【概况】 启东生命健康科技园总规划面积6.7平方千米，成立于2019年10月，是紧靠上海张江药谷的生命健康科技产业基地。园区坚持“科创引领，协同张江，产城融合”的发展思路，围绕产业集聚、科创驱动、优良生态三个方面，聚焦高端医疗器械、生物制剂、医药研发、高端医用耗材等细分领域，形成研发、孵化、加速产业化等全链条服务。

【项目招引与建设】 2022年，园区通过浦东·启东生命健康产业联盟，在上海、深圳、苏州等地举办生命健康产业活动7场，招引产业项目15个，其中，总投资额10亿元抗体药物产业化项目1个。推进首开区开业运营，出台《启东生命健康科技园关于2022年度促进企业发展的奖励办法（试行）》，鼓励企业快装修、早投产，13个科技型项目完成装修，2家企业入规。全年工业企业产值约4830万元。绿地首开区一、二期产业去化率约75%，中城一期产业去化率约

12月14日，位于江海澜湾旅游度假区内的龙湾水镇加快道路、绿化等扫尾工程建设 （潘杨/摄）

60%。注册落户产业类项目30余个(不含第三方服务和注册型企业),大分子制药领域实现突破,安源医药抗体药物产业化项目一期开工建设。完成市外整体搬迁高新技术企业1家。

【科技创新】 2022年,北京大学生命科学华东产业研究院开工建设,启东复旦医学创新研究院等平台建设有序推进。省首家获批医疗器械生产许可证的跨集团CDMO(合同研发生产)平台苏州东劢医疗签署合作协议,全流程服务园区医疗器械企业需求。出台《关于引育创业创新人才与优化科技创新生态的若干意见(试行)》,在科技创新、人才引育等方面给予补助,全年引进国家级高新技术企业9家、省级"专精特新"企业5家,新增入库科技型中小企业8家,获医疗器械相关证书10张。新增省"双创"人才申报7人,入选市"江海英才"计划2人、市"226高层次人才培养工程"第一层次培养对象1人。

【基础设施建设】 2022年,园区商业服务设施逐步健全,读书小站、菜鸟驿站、餐厅、便利店、咖啡店等正常营业。金科路运动中心公园、沿江公路园区侧绿化提升、华石路东侧绿化改造3个工程收尾。首开区一期13条道路全部竣工,二期7条道路开展前期工作。

(朱文君)

启东生命健康产业园

【概况】 2022年7月,《启东生命健康产业园发展规划(2021—2030)》获批,园区按照产业高端化、布局合理化、生产安全化、产品绿色化、管理规范化的新要求,全面激发生命健康和新材料两大主体产业的创新创业活力。全年园区完成一般公共预算收入23347万元,同比增长17.8%;存留25家规模工业企业,完成规模工业产值123亿元,同比增长29%;完成规模工业应税销售104亿元;有高新技术企业13家,规模企业中有研发投入的16家,涉及研发经费投入3亿元,占主营业务收入的3%;申请发明专利105个,获发明专利授权28个;新增产学研合同11件,新增省企业技术研究中心3家、省研究生工作站1家。

【项目招引】 2022年,园区聚焦产业发展方向,优化引资结构,突出重点招商,围绕新医药、新材料两大产业,持续强力推进项目招引。坚持线上线下一体化招商策略,赴上海、苏州、南京、宁夏、合肥等地30余次,同时,重点借助互联网开展线上办公,通过电话、微信、视频会议等形式开展"云招商",先后与22家企业进行25次线上对接,在线推介投资环境,洽谈项目合作,汇总整理投资信息。全年园区完成签约投资项目12个,注册项目8个,在手在谈项目34个,开展招商活动3场,邀请客商百余人次;实现外资到账1890万美元。

【生态环保】 2022年,园区对大气质量、河道水质等重点环节严格把控。全年共发放整改通知单7份,向市环保二分局发放联系单7次,集中约谈企业12家。发挥环境预警平台功能,落实运维人员专人维护。发挥移动走航监测车作用,除每日巡查园区检测挥发性有机物数据外,针对重点企业不定期入厂监测,配合巡查人员对厂区内情况进行检查。完成12个大气污染项目、11个入江排污口整治项目以及18家企业土壤污染状况现状调查。全面排查企业废弃危险化学品等危险废物风险集中治理工作情况,共涉及15家企业,在企业自查整改的基础上全部完成现场核查工作。

【安全监管】 2022年,园区完成未来5年的区域安全评价,梳理园区安全生产风险点,科学制订对策方法,切实管控安全风险,确保园区安全稳定。加大对重点企业、重点行业、重点领域的检查力度,强化问题跟踪导向,督促企业杜绝隐患回潮,落实主体责任。全年共检查出问题隐患430条,全部完成隐患闭环。立案16起,处罚金额59.69万元,其中,5万元以上重大处罚5起,对3家存在重大隐患的企业开具现场处理措施决定书。为消防站增配各类应急救援装备31项593件,增加储备抗溶性泡沫10吨,新建训练设施2处,提升园区应急处置能力。

(杨云凤)

责任编辑 汤巍威

农 业

综　述

【概况】 2022年，启东市粮食生产面积121.20万亩，其中，大豆玉米带状复合种植面积2万亩，粮食总产32.88万吨；夏秋两季粮油作物种植总面积超130万亩，启东市成为全省后来居上的粮油生产强市和稻麦输出重点县(市)。启东市蔬菜(含四青作物)播种面积约68.73万亩，总产量约121.01万吨，总产值约26.06亿元。生猪存栏15.87万头，出栏32.07万头。水产养殖面积稳定在33.9万亩左右，渔业总产量32.56万吨，其中，海洋捕捞16.04万吨，海水养殖12.47万吨，淡水渔业4.05万吨。全市农机购置补贴使用资金640.29万元，补贴农业经营主体898个，补贴机具1985台套，农作物耕、种、收综合机械化率达90%以上。实施新一轮高标准农田建设，健全农田管护体制机制，筑牢高效农业发展基础，推动藏粮于地、藏粮于技，全年新建高标准农田2.5万亩。全市建成省级绿色优质农产品生产基地39个，面积60万亩；绿色食品生产基地47个，认证绿色食品98个，面积11.4万亩；建设全国绿色食品原料标准化生产基地1个，面积25万亩。新增农产品质量安全入网追溯主体927家，累计3084家，农产品质量安全追溯率达90%以上。启东现代农业产业园获批省级现代农业产业示范园，南阳镇入选全国农业产业强镇创建名单，为南通唯一。全市新增全国农村创业园区(基地)2家。

(江骐骥)

【25万亩“国绿标”大豆生产基地创建】 2022年，启东市25万亩“全国绿色食品原料(大豆)标准化生产基地”(以下简称“国绿标”)创建工作正式启动。全市建立11个镇级基地建设单元计238个村级基地，涉及4150余名大豆种植主体，市农业农村局出台对应的建设、管理、奖扶办法，制订大豆“统一种植品种、培管要点、议价收购、病虫害防治、零差价农资供应及使用‘国绿标’基地产品标识”的规范化产销流程，明确从品种选择、种子处理、整地施肥、田间管理、病虫害防治到采收、储藏、废弃物处理的“一条龙”操作规范，保证大豆从落种到收获的全程可控与质量安全。以高标准农田为载体，全面推广适宜在启东种植且产量稳定、品质上乘的“开科源12号”“通豆6号”“小寒黄”3个大豆良种，通过大豆“干收”变“鲜收”、手工采摘变机械采收以及精深加工，实现大豆产业水平及农田产出效益的大幅提升。全市10家农业龙头企业与“国绿标”大豆种植大户订立为期3年的保护价包销合同，覆盖率达100%。全年“国绿标”大豆产量20万吨，实现产值4.8亿元。

(董友磊)

王鲍镇“国标绿”大豆生产基地　　(市融媒体中心/供图)

种植业

【概况】 2022年，启东市坚持以绿色发展为导向、以改革创新为动力、以种植结构调整为重点，精准发力，强化措施，推动种植业高质量发展。贯彻落实各项强农、惠农政策，稳定粮食面积，扩种大豆，推广大豆玉米带状复合种植。全年粮食播种面积121.20万亩，总产量32.88万吨。大豆播种面积34.16万亩，扩种面积1.31万亩，其中大豆玉米带状复合种植面积2万亩。启东市获全省夏粮生产特别贡献奖，获评全省推广大豆和推广大豆玉米带状复合种植成绩突出县。成功发布农业主推技术10项，新建农业科技示范基地13个；水稻绿色高质高效创建示范面积1.18万亩，实现优质食味稻米品种全覆盖；培育省级示范家庭农场2家；新建省级绿色防控示范区4个；入选江苏省“菜篮子”工程绿色蔬菜保供基地名录库10家，面积9646亩。

(高　雪)

【粮棉油生产】 2022年，农作物生产形势总体平稳，油菜亩产227公斤，比上年增长2.4%；小麦亩产340.1公斤，比上年增长1.22%；水稻亩产510.5公斤，比上年减少1.51%；玉米亩产420.1公斤，比上年增长0.6%；大豆亩产141.6公斤，比上年减少0.98%；棉花亩产64公斤，比上年减少0.74%。

(董芙荣)

【蔬菜生产】 2022年，启东市蔬菜(含四青作物)播种面积为68.73万亩左右，产量约121.01万吨，产值约26.06亿元，播种面积、产值、产值基本保持稳定。蔬菜整体行情有涨有跌，虽不同品类存在数量、涨幅空间上的差异，但整体行情好，可以满足市场需求。

(陈思思)

4月4日，惠萍镇果园村果农对桃树进行剪枝授粉　（王海兵/摄）

【果树种植】 2022年，全市克服夏季台风、持续高温干旱等不利天气影响，产销形势与往年相比稳中向好，水果种植面积、产量、产值总体上稳中有增，桃、梨、葡萄等果树作为主要常规树种分别占全市种植总面积的27.06%、28.99%、20.76%。全年果树种植总面积15801亩，总产量17261吨，总产值2.06亿元。组织经营主体、种植农户参加省市果品评比活动，获省级银奖1个、南通市级银奖4个、铜奖2个。开展园艺作物标准园创建、验收工作，累计申报创建果树省级园艺作物标准园2个。

（董友磊）

畜牧业

【概况】 2022年，全市生猪存栏15.87万头，年出栏32.07万头，市级以上生猪规模养殖场有134户；肉禽年出栏795.27万羽（其中规模出栏635.41万羽），市级以上家禽规模养殖场43户；蛋禽养殖存栏164.71万羽（其中市级规模养殖存栏153.54万羽）；山羊养殖以小散户养殖为主，有规模养殖户223户，山羊存栏34.88万头；有奶牛场2家，存栏1520头。

（王　岳）

【动物疫病防控】 2022年，市农业农村局制订有关主要动物疫病免疫计划（2022—2025年）以及春夏秋集中防疫行动方案，持续抓好高致病性禽流感、牲畜口蹄疫、小反刍兽疫、高致病性猪繁殖与呼吸综合征、猪瘟等重大动物疫病强制免疫。全年使用生猪免疫口蹄疫疫苗37.88万头次，免疫高致病性蓝耳病疫苗28.52万头次，免疫猪瘟疫苗38.57万头次，羊免疫口蹄疫疫苗75.52万头次，免疫小反刍兽疫疫苗37.24万头次，家禽免疫禽流感疫苗1106.68万羽次，免疫新城疫疫苗824.3万羽次，保证免疫密度和免疫效果双达标。指导做好牛结节性皮肤病免疫，按照相关要求在春季、秋季各免疫1次；加强对“先打后补”养殖场（户）的指导，实现养殖场（户）自主规范实施免疫，确保重大动物疫病强制免疫质量。指导做好“三灭四消”（灭蚊灭蝇灭鼠，日常消毒、重要时点消毒、突击消毒、应急消毒）工作，每两个月的第一周组织对养殖场、农贸市场、屠宰场点等重要场所进行集中大扫除、大清洗、大消毒。全年行动期间，共消毒面积179.33万平方米，使用消毒药27.015吨，消毒场（点）2991个。对重点环节和运输车辆进行有效洗消，从源头减少病原微生物影响，为非洲猪瘟等重大动物疫病防控提供保障。

（吴辛民）

【畜禽产品质量监督】 2022年，市农业农村局加强产地检疫，规范产地检疫现场出证行为，全年共开具产地检疫证明10434张，检疫出证动物超660万头（羽），全部实行电子化信息系统出证。加强对规模养殖场的防疫监督和畜产品质量监管，开展畜禽产品质量安全监督抽检抽样工作，畜禽产品共抽样129批次，其中，启东市级75批次、南通市级45批次、江苏省级9批次，全部送交有资质的第三方检测机构检测，发现一起鸡蛋药残超标并立案查处；畜禽投入品共抽样兽药10批次、饲料6批次，送交江苏省兽药饲料质量检验所检测，送交产品检测均合格。开展安全生产检查工作，对全市10家饲料生产企业、2家兽药生产企业

位于汇龙镇近江村的规模羊场　（市融媒体中心/供图）

实施检查,全年未发生一起安全生产事故。开展"瘦肉精"检测工作,全市"瘦肉精"快速检测2232头份,其中,猪尿1326头份,羊尿838头份,牛尿68头份,未发现"瘦肉精"阳性反应。

(顾胜杰)

【畜禽粪污资源化利用】 2022年,市农业农村局继续开展畜禽养殖废弃物资源化利用巩固提升行动,推进畜禽养殖粪污资源化利用工作。专门召开会议部署落实相关工作,印发《关于做好2022年畜禽粪污资源化利用工作的通知》。发挥省财政资金引导作用,提升畜禽粪污资源化利用质量和水平,推动建立资源化利用长效机制,推动"鸡粪智能发酵罐""猪粪发酵床""污水风屏酵解"等新技术运用。全年安排省级资金561万多元,组织实施畜禽粪污资源利用项目7个,支持养殖场新建粪污处理和资源化利用配套设施设备。加强对第三方社会化服务组织运行情况的考核,督促区镇利用好田间蓄粪池等配套设施,解决畜禽粪污返田问题。东海镇粪污处理中心运行正常,年处理粪污1.2万吨。实行养殖场"一场一档"制度,指导养殖户记录好畜禽粪污利用台账。继续开展生态健康养殖示范创建,191家规模养殖场完成生态健康养殖示范创建,倡导绿色健康养殖。建立健全巡查指导常态化机制,实现规模养殖巡查指导全覆盖。全年畜禽粪便综合利用率保持在96%以上。

(王　岳)

蚕桑业

【概况】 2022年,市农业农村局通过抓好小蚕安全共育、大蚕饲喂等生产技术贯彻落实,做好桑园病虫测报预警信息发布,尽管蚕桑生产规模继续萎缩,但秋蚕产销形势好于往年。全年全市发种346张,全年蚕茧产量16吨,实现蚕桑总产值118.3万元。秋蚕期克服台风"梅花"对小蚕共育的不利影响,确保小蚕饲育质量,秋蚕平均张单产在48千克左右,每千克茧价约52元,总体上产销形势好于往年。

【产业拓展】 2022年,市农业农村局通过在不同农时借助桑园开展间作套种(蔬菜)、桑葚休闲采摘、果酒制作销售等方式增加蚕农收入;针对桑叶探索开发茶饮、饲料等,提高桑园综合利用效率;开展以蚕桑生产、蚕茧手绘、蚕桑文化传承为主题的亲子研学体验,推动文旅融合发展。

(董友磊)

11月2日,惠萍镇东兴镇村养殖户在进行捕捞作业。该村有鱼塘500亩,主要养殖青鱼、草鱼、鲢鱼、鳙鱼四大家鱼,亩产4000斤左右,主要供应本地及上海市场 (姜新春/摄)

渔　业

【概况】 2022年,启东市下辖渔业镇1个、渔业村8个、渔业服务有限公司7家,有渔业户31960户,渔业人口48025人,其中,专业渔民16152人。全年渔民人均收入30510元。全年渔业总产量32.56万吨,渔业总产值94.9亿元;主要有中国吕四盈港水产品市场、江苏吕四港水产品批发市场和中国吕四国际水产品交易中心3家专业市场。实施"紫菜产业技术体系启东推广示范基地"工程,培训50人次。打造基础设施一流、养殖方式一流、组织方式一流、综合效益一流、示范作用一流的乡村振兴渔业示范区,完成黄海滩涂开发有限公司中心路道路改造、沿线渔业用房更新改造、道路两侧美化亮化以及池塘生态化改造。吕四仙渔小镇是江苏省第一批建设的25个特色小镇之一,吕四港镇是全国"最美渔村",黄金海滩景区是全国休闲渔业示范基地。

【海洋捕捞】 2022年,全市拥有海洋捕捞渔船(苏启渔)628艘,总功率10.39万千瓦,总吨位9.19万吨。其中,张网457艘、拖网42艘、刺网107艘。有渔获物辅助船45艘,养殖渔船23艘。渔获物资源特征为鲳鱼、带鱼、小黄鱼、梭子蟹、金钩虾、黄姑鱼、鮸鱼、鮟鱇等经济鱼虾蟹类,全年海洋捕捞总渔获量为15.4万吨,与上年持平,其中,鲳鱼1.5万吨、带鱼2.5万吨、小黄鱼1.1万吨,小杂鱼等次生资源产量为4万吨。江苏源友远洋渔业公司6艘金枪鱼延绳钓渔船全年捕捞总产量2400吨,实现产值5300余万元。主要捕捞品种为黄鳍金枪鱼、大目金枪鱼、长鳍金枪鱼、剑鱼等,兼捕乌鲂、沙低刺鲅等。

【水产养殖】 2022年,启东水产养殖总面积33.9万亩,水产养殖总产量15.69万吨,水产养殖总产值40亿元。

主要养殖品种为紫菜、文蛤、西施舌、四角蛤蜊、花蛤、梭子蟹、脊尾白虾、青蟹、扣蟹、鳗鱼、南美白对虾、克氏原螯虾、四大家鱼等，特种水产品占养殖总产量80%。其中，紫菜养殖面积0.26万亩，贝类养殖面积20万亩，三疣梭子蟹、脊尾白虾混养面积2.2万亩，扣蟹养殖面积2万亩。

【水产品加工】 2022年，全市共有水产冷冻加工厂157家，冷库117座，冷冻能力18万吨。全年实现水产品加工产值25亿元。水产品加工企业中获ISO质量体系认证企业9家，获HACCP认证的企业11家，获有机食品认证企业1家及各类获奖企业11家。有20多个产品获国家级、部级、省级博览会金奖、银奖。吕四水产品加工园区分别被国家、省认定为国家级水产品加工基地和省级水产品集中加工区。启东水产品加工主要有鲜品冷冻、鲜品腌制糟制、风味食品、紫菜一次加工、紫菜二次加工、以低值水产品为原料进行深加工、小包装速食水产品、水产品预制菜、海洋生物制药等。全市共有紫菜一次加工企业21家，加工机组28台，年产干紫菜1.2万箱。启东水产品深加工以紫菜为主，有紫菜二次加工企业12家、加工机组29套，紫菜二次加工总产值约2.5亿元。紫菜出口品种主要为烤紫菜、调味紫菜、干紫菜三大系列并延伸至棒棒卷、夹心、甜点、油炸等50多个品种，产品主要销往美国、俄罗斯、乌克兰、英国、德国、以色列、加拿大、巴西、泰国、波兰等60多个国家和地区。其他加工类水产品出口以切块梭子蟹、鮟鱇鱼块、鮟鱇鱼肝为主，主要销往韩国、日本。

（刘俊杰）

渔政管理

【长江禁渔】 内容参见《生态环境·长江大保护》

【海洋伏季休渔管理】 2022年，市农业农村局贯彻落实农业农村部关于调整海洋伏季休渔制度相关精神，及时部署工作、强化渔船管理、强化异地监管、组织教育培训，提高伏季休渔管理成效。伏季休渔期间，开展执法行动33次，渔政船出航12航次3917海里，出动执法人员570余人次，查处各类违规捕捞案件30起，实施“两法衔接”案件7起，移送司法机关11人；组织“海上清网”行动5个航次、清理滩涂地笼专项行动10次，共清理各类网具2200多口。

【内河渔业管理】 2022年，渔政和水务、公安等相关部门及属地政府在加强日常巡查的基础上，加大对内河重点水域的突击检查，重点查处电毒炸鱼，使用拦河网、密眼网等违规渔具进行捕捞的行为，有效地保护内河渔业资源，维护渔民的合法利益。全年查处电捕鱼、非法捕螺等案件20多起，没收电捕器具10多套，拆除非法螺蛳收购点6个，清理各类违规渔具1000口。

【浮子筏专项整治】 2022年，市农业农村局构建涉渔“三无”船筏清理整治联防联控机制，保持打击非法渔船高压态势，采取“海上查、港口堵、岸上管”的方式，发现一艘，处理一艘，实现高频次动态清零。全年开展专项执法行动66次，出动执法人员813人次、执法车辆95车次，执法船艇64艘次，清理取缔非法船舶292艘。

【渔港综合管理】 2022年，市农业农村局科学整合涉渔涉港部门和沿海区镇渔业管理力量，调配渔政大队骨干充实港口一线，形成信息共享、执法联动的监管合力，推动驻港监管和管理重心下移。依托渔港“港长制”组成部门工作职责，开展渔业安全宣传教育、安全隐患排查、伏季休渔管理、在海渔船监管等工作，常态化开展整治清理“三无船舶”，实行沿海24小时巡防。加强港区公共设施建设与维护，提升渔港避风防灾能力，落实好渔港消防安全责任。加大渔港污染防治力度，发现问题及时整改到位。

（冯　琪）

农业机械化

【概况】 2022年，启东市以实现乡村振兴为目标，推动农业机械化向智能化、绿色化、信息化转型升级，推进巩固全国主要农作物全程机械化示范县创建成果。全市农机装备总量持续增长，农机总动力达69.92万千瓦。出台《2022年启东市级农机购置补贴实施方案》，全市发放农机购置补贴资金640.29万元，补贴农业经营主体898个，补贴机具1985台套。

（徐　荣）

【农机机械化还田】 2022年，市农业农村局宣传农作物秸秆还田对农忙时

4月26日，吕四渔港码头渔民在整理渔船、修补渔网，准备进入伏季休渔期
（王海兵/摄）

5月16日，在冬娟家庭农场高标准农田基地，工人们使用机械设备撒播稻种
（郁卫兵/摄）

抢收抢种、提高耕地地力、提高粮食生产高产稳产以及改善农村生态环境的重要意义。通过“给农民朋友的一封信”、全国农业公益服务系统“12316”、镇村培训会、培育示范基地等途径，宣传秸秆机械化还田。夏季秸秆机械化还田面积共计18.62万亩，秸秆机械化还田率达91.15%；秋季秸秆机械化还田面积7.85万亩，秸秆机械化还田率达96.63%。

（龚　飙）

【农机安全生产管理】 2022年，全市参加农机政策保险农机共450台，新增发放农机驾驶证71本。检验手扶拖拉机及运输机组61台、大中型拖拉机391台、联合收割机83台。注销手扶拖拉机及运输机组7台、手扶和小型拖拉机1台、大中型拖拉机33台、联合收割机19台。

（黄丽婧）

高标准农田建设

【概况】 2022年，全市建设高标准农田2.5万亩，涉及6个区镇。项目财政总投资10080万元，其中争取上级财政资金4548万元。市2020年高标准农田吕四港镇示范区建设项目成功入选全省首批38个高标准农田示范项目。

【国家高标准农田建设项目】 2022年，全市有国家高标准农田建设项目6个，建设总面积2.5万亩，其中，高效节水灌溉0.08万亩，财政投资10080万元。启隆镇0.9万亩，涉及兴隆社区，财政投资3600万元；东海镇0.3万亩，其中，高效节水灌溉0.03万亩，涉及显中村、德字村、东海镇村、星宏村4个村，财政投资1230万元；北新镇0.3万亩，其中，高效节水灌溉0.05万亩，涉及轶昌村、永安村、建西村、富民村4个村，财政投资1250万元；寅阳镇0.77万亩，涉及戤效港村、和丰村、和合镇村、候字村、江楼村、江夏村、益成村、寅北村、寅南村、寅中村、拥政村、裕丰村12个村，财政投资3080万元；近海镇0.18万亩，涉及近农村，财政投资720万元；汇龙镇0.05万亩，涉及亚光村，财政投资200万元。项目主要新建灌溉泵站10座、低压管道8.18千米、变压器及输电线路7套、排水涵625座、岸坡防护37.05千米、机耕桥9座、机耕路59.84千米、烘干房855平方米、仓库972平方米、防护林14956株等。

【吕四港镇示范区建设项目入选全省首批高标准农田示范项目】 2022年，经县级自主申报、市级审核推荐、省级审核评审，市2020年高标准农田吕四港镇示范区建设项目成功入选全省首批38个高标准农田示范项目。2020年，吕四港镇对照省《高标准农田建设标准》，新建连片5000亩示范区，引进6个家庭农场（合作社）、1个稻米加工企业。示范区延伸产业链呈现出“产销融合”“资源共享”“农资集采”“品种统一”“打响品牌”及“公园迎客”“生态洁净”等显著综合效应，促成粮食生产优质高产，产销效益不断向好。2022年，该示范区出产粮食4800多吨，产值1350万元；接待游客5500多人次；给付农户租金350万元、工资72万元；向周边农户提供优质大米55吨，让利20多万元；年上交项目村积累资金50万元。

（龚伟杰）

责任编辑　黄亦美

工 业

综　述

8月13日，寰宇东方智能化改造项目竣工投产运营。该项目总投资2.5亿元（潘杨/摄）

【概况】 2022年，启东市共有工业企业5582家（税务部门一般纳税人口径），累计实现应税销售1308.5亿元，同比增长8.8%；共有规模以上工业企业700家，实现规模工业增加值增幅3.5%，累计完成规模工业产值1249.7亿元，同比增长8.4%。完成工业用电量28亿千瓦时，同比下降3.7%。全年完成全社会固定资产投资592.46亿元，同比增长3.2%，其中完成工业投资325.55亿元，同比增长0.6%。新开工制造业项目105个，其中，5亿元以上重大制造业项目31个，2000万元以上设备投入的制造业项目47个，500万元以上设备投入的制造业项目27个。全市达到应税销售净增2000万元的企业有164家，较上年同期减少76家，实现工业应税销售增量192.3亿元，拉动全市工业应税销售增幅13.8个百分点。其中，增量超亿元的企业45家，超5亿元的企业11家，超10亿元的企业1家。全年工业百强企业累计实现工业应税销售763.9亿元，累计实缴税金16.9亿元。拜耳医药亩均销售达3034.9万元，排名第一；亩均税收达196.9万元，排名第一。百强企业中应税销售超亿元的企业76家，实现应税销售747.2亿元，占全市应税销售的57.1%；超10亿元企业16家，超20亿元企业10家，超50亿元企业4家。全市临港产业、特色产业、战略性新兴产业等重点产业全年累计实现工业应税销售1060.6亿元，同比下降1.6%，占全市工业应税销售的81.1%；完成规模工业产值1086.7亿元，同比增长7.5%，占全市规模工业产值的87%。全市累计获评省级专精特新中小企业46家，其中国家级专精特新“小巨人”企业5家。全市通过“智改数转”诊断服务，完成智能化技改项目50个，新增省级示范智能车间（工厂）2家，新增市级示范智能车间8家，新增市级以上首台（套）重大智能装备3个，贯标通过企业14家，标杆工厂1家，星级上云企业102家（其中，五星级1家、四星级9家、三星级92家），数字化优秀案例和场景4个，工业互联网融合创新试点示范6个。江苏林洋能源股份有限公司入选2022年度省工业互联网示范工程(工业互联网标杆工厂类)名单。东成电动工具、神通阀门、寰宇东方3家企业获评2020—2021年度江苏省先锋企业，东成电动工具董事长顾志平获评2021年江苏省优秀企业家。

2022年启东市各产业实现工业应税销售收入一览表

表4

产业名称	工业应税销售(亿元)	增长速度(%)
临港产业	615.4	-2.4
新能源及装备	246.6	21.0
海工船舶重装	190.2	-21.1
港口机械	78.6	-13.6
其他产业	100.0	6.1
特色产业	291.4	-6.6
电动工具	120.8	-14.5
高端机械装备	170.6	0.0
战略性新兴产业	153.7	13.1

续表 4

产业名称	工业应税销售(亿元)	增长速度(%)
生命健康	66.9	16.8
电子信息及半导体	86.8	10.4

注：表内数据为2022年申报期数据

7月12日，启东市高端机械装备产业专题研讨会召开
（市发展改革委/供图）

【产业政策支持】 2022年，启东市出台《启东市制造业智能化改造和数字化转型三年行动计划（2022—2024年）》《启东市规模工业企业培育“提转升级”三年行动方案（2022—2024年）》《启东市加快推进工业经济高质量发展若干政策意见》等政策，进一步加强对工业经济高质量发展的全面引领。强化“一企一策”工作力度，帮助企业解决困难，支持企业做大做强。

【产业平台建设】 2022年，启东市不断探索建立完善各产业发展平台载体的运行模式，通过产业资源整合，创建产业创新中心，培育企业研究中心，为关键核心技术创新供给、系统性技术解决方案研发、高成长型科技企业孵化提供重要支撑。以共建共享为目标，发展提升工业互联网、检验检测、工业设计等公共服务平台，不断提升市公共平台的服务能力。

【重点产业研究服务】 2022年，启东市持续做好部门挂钩重点产业发展研究服务工作，对海工船舶重装产业、新能源及装备产业、港口机械、电动工具等6个产业，进一步强化部门联动，汇聚创新要素。联合各挂钩部门围绕重点产业发展目标，做好产业发展研究，优化产业发展政策，解决企业发展要素瓶颈，推进重点产业服务平台建设。定期召开部门挂钩重点产业研究服务工作联席会，及时汇总挂钩工作开展情况，提炼挂钩部门工作亮点，编制挂钩服务工作简报，做好产业发展研究服务工作。

【全省工业互联网标识应用百场区县行（启东站）活动在启东举行】 9月20日，全省工业互联网标识应用百场区县行（启东站）活动在吕四港镇举行。100多家电动工具企业、行业专家等参加活动。活动通过应用宣讲、政策宣传贯彻、主题演讲、案例分享等形式，全方位宣传贯彻工业互联网政策法规，加快推进工业互联网标识解析节点建设和应用，推动标识解析体系建设和集成应用创新，加快培育标识解析产业应用生态，为市电动工具行业转型升级赋能。

（朱荣华　凌　霄）

临港产业

【概况】 2022年，启东市依托大港口、深航道、全路网的资源优势，重点发展海工船舶重装、新能源及装备、港口机械等细分产业，一批带动性强、支撑性强的重特大项目，如卫华港机、红通重工等持续转化发展，地标性、航母型的先进产业集群初具规模。全年累计实现工业应税销售615.4亿元，同比下降2.4%。产业主要分布在市沿海沿江区域，启东经济开发区、海工船舶工业园、吕四港经济开发区等园区是产业发展的主阵地。

【海工船舶重装产业】 海工船舶重装产业着力做优做强海洋油气、特种船舶、海工重装备及配套产业，推动产业向海洋高端装备制造升级，建造更多“国之重器”，打造国内知名的地标性先进制造业集群。有寰宇东方、中远海运、振华重工等45家重点工业企业，以海工装备、特种船舶、风能装备、钢结构等领域为主攻方向。2022年，受国际形势和新冠疫情等外部因素影响，产业生产发展速度有所下降，但重点企业发展势头依然可观。世界首艘140米级打桩船“一航津桩”、全球首艘3200吨级自升式风电安装船竣工。全年累计实现应税销售190.2亿元，同比下降21.1%。启东中远海运海洋工程天然气处理浮式储卸油平台GTA Tortue FPSO、3200吨第四代自升式风电安装船获评中国船协“2022年度船舶工业十大创新产品”。

【新能源及装备产业】 新能源及装备产业有韩华、林洋、海四达等30家重点工业企业，在光电、风电、高性能储能和电力配套等领域迎来多个技改投资项目，发展势头强劲。重点推进超超临界火力发电系统、LNG分销转运站等项目建设；积极研究新一代光伏核心技术及产品，突破集中监控、微电网、光伏储能等光伏发电应用、并网技术；发展新一代风电整机及碳纤维风机叶片、关键铸件、大型塔架、高性能复合材料等风电产品。得益于“碳中和、碳达峰”的有效推动，光伏能源领域整体回暖，在重点企业的拉动下，整体呈现良性发展态势。2022年，累计实现应税销售246.6亿元，同比增长21%。

【港口机械产业】 港口机械产业有获捷工业成套等32家工业企业，依托吕四港环抱式港池的良好条件，港口机械产业重点面向临港重大技术装备，发展大型石化成套设备、港口重型机械、海洋环保设备、大型环保设备、海水淡化等资源综合利用设备和大型基础施工设备。2022年，累计实现工业应税销售78.6亿元，同比下降13.6%。

【世界首艘140米级打桩船“一航津桩”竣工】 11月10日，世界首艘140米级打桩船“一航津桩”在振华重工启东海洋工程码头启航，赴浙江舟山参与大桥建设。“一航津桩”打桩船是全球桩架最高、吊桩能力最大、施打桩长最长、抗风浪能力最强的专用打桩船。该船桩架高142米、最大作业桩重达700吨、最大作业桩长达118米+水深、最大作业桩径达6米，拥有专门研发的施工管理控制系统，实现数字化管理、智能化施工、绿色化运行。

【全球首艘3200吨级自升式风电安装船交付】 12月20日，全球首艘3200吨级自升式风电安装船在启东中远海运海工码头交付启航。该船船长181米、船宽60米、型深14.6米、桩腿高度131.94米，主吊起重能力超过3200吨，是迄今为止该类船型的最大起重吨位，最大吊高达325米。项目设计4条桩腿，配DP2动力定位系统，适用于18～20兆瓦海上风机安装。项目甲板有效载荷约14000吨，生活区可容纳110人居住，桩腿高度130米，最大作业水深超过80米。

【中国首艘完全自主设计LNG动力耙吸挖泥船项目开工】 12月26日，振华启东海工承建的“1.5万立方米舱容量LNG动力耙吸挖泥船项目”正式开工。该项目是振华启东海工继“天鲲号”“一航津桩”等大国重器后，建造的又一个标志性产品。LNG动力耙吸挖泥船具有绿色环保、营运安全性高、智能高效等特点。此次建造的1.5万立方米舱容量挖泥船项目采用双桨、双导流管、双机一拖二复合驱动、双耙、双燃料（轻柴油和LNG）、全通甲板、艏楼、球鼻艏、双艉鳍钢质焊接流线型船体，总长约155.7米，船宽32米，挖泥吃水9.9米。泥舱最大舱容约1.7万立方米。该项目是中国首艘完全自主设计的采用LNG清洁能源动力系统的大型耙吸挖泥船，也是全球最大的船型，其相关技术有效填补中国清洁能源动力在疏浚船舶应用方面的空白，建成后可用于长江口区域和沿海港口、航道的疏浚、吹填工程，并兼作沿海维护工程使用。

启东中远海运海洋工程3200吨第四代自升式风电安装船入选“2022年度船舶工业十大创新产品”

（市融媒体中心/供图）

【整县屋顶分布式光伏开发试点】 2021年9月，国家能源局综合司发布《关于公布整县（市、区）屋顶分布式光伏开发试点名单的通知》，启东市列入整县（市、区）屋顶分布式光伏开发试点。2022年，启东市研究出台《启东市整市屋顶分布式光伏开发试点实施意见》《关于印发启东市整市屋顶分布式光伏开发试点考核方案的通知》等文件，开展整县屋顶分布式光伏调查，摸排工商业屋顶总体情况，组织各区镇及相关企事业单位推进全市党政机关、学校医院、工商业、居民屋顶光伏安装工作，推动清洁能源消纳利用。全年全市新增屋顶分布式光伏装机容量9.97万千瓦。

【林洋能源“五河项目”被纳入安徽省多能互补试点项目】 安徽省能源局发布《安徽省能源局关于印发安徽省电力源网荷储一体化和多能互补试点项目清单的通知》，市林洋能源股份有限公司投资的“蚌埠市五河县风光储一体化试点项目”（简称“五河项目”）被纳入此次多能互补“一体化”试点项目。林洋能源与安徽省五河县人民政府签订投资合作协议，通过“风光储+”模式与地方特色相结合的方式，在五河县投资建设风光储一体化项目，总投资108亿元。项目规划风电光伏发电装机容量200万千瓦，配套储能54万千瓦/108万千瓦时，

2022—2024年计划风电光伏发电装机容量120万千瓦，配套储能32.4万千瓦/64.8万千瓦时。该项目是林洋集团第一个超吉瓦的单体项目，首次用50万线路工程来并网，也是第一个大型投资的风光储一体化项目。“五河项目”被纳入安徽“一体化”试点项目，体现林洋能源在“新能源+储能”领域的综合实力。

※重点企业选介※

【启东中远海运海洋工程有限公司】 公司隶属于中国远洋海运集团旗下中远海运重工的现代化大型国有企业，中国乃至世界海洋工程装备技术设计的领跑者，国家首批“海工白名单”企业，全国唯一通过壳牌绿牌认证的海工企业。拥有岸线2030米，占地约100万平方米，总体布局“一坞二滑道七泊位”，400米×120米海工坞一座。产品覆盖从浅海到超深海、从油气平台到海洋工程船的各个类型，包括国内首个圆筒型浮式生产储油船FPSO总包项目DANA、世界最先进的首座圆筒型超深水海洋钻探储油平台SEVAN DRILLER、全球首艘具有自航能力的SUPER M2自升式钻井平台、全球首艘3200吨级自升式风电安装船等一大批高端海工产品。公司曾获国家科技进步一等奖、中国专利金奖。2022年，公司实现应税销售25.7亿元，同比增长2.6%。

【南通润邦海洋工程装备有限公司】 公司是由江苏润邦重工股份有限公司在启东市海工船舶工业园设立的全内资有限责任公司。公司先后交付海上风电作业平台3艘、风场运维船1艘、4000吨浮吊船1艘、海洋石油平台支持船2艘、多用途工作辅助船3艘、3700立方米耙吸式挖泥船1艘等海洋工程高端装备；以及海上风电单桩基础、群桩基础、吸力筒式基础、导管架基础等800余套海上风电配套装备。2022年，企业实现应税销售12.8亿元，同比增长20.3%。

【江苏林洋能源股份有限公司】 公司是在上海主板上市的国家级高新技术企业，业务涵盖智能、储能、新能源三大领域，产品包含智能电表、用电信息管理系统解决方案，锂离子电池储能系统解决方案，投资、建设、运营光伏电站，光伏EPC和运维服务，智慧能效管理云平台及一站式综合能源服务等。公司聚焦“智慧分布式能源管理”核心技术，打造具有双向互动特性的可再生能源生产及用户侧能源高效利用系统平台，其中包含“林洋智慧光伏云平台”“林洋智慧能效管理云平台”。公司建有国家企业技术中心、江苏省电力电子应用工程技术研究中心等科研中心；先后承担36项省级以上科技计划项目，领衔参与和制订34项国家或行业标准，获得各种专利授权229项。2022年，公司实现应税销售65.8亿元，同比增长27.1%。

【江苏海四达集团有限公司】 中国电子元件百强企业、中国电池行业百强企业，是一家集研发、生产、经营为一体的国家级高新技术企业，产品涵盖新能源电池、化工、机电、特种气体、包装材料等五大领域，应用于航天、军事、交通、邮电、农业等多个领域，畅销欧美及东南亚几十个国家和地区。位于启东经济开发区的海四达电源是全国领先的高能二次化学电池生产企业之一，主要生产高功率动力型电池和高温、低温、标准能量型电池等系列产品，产品质量、技术水平、市场竞争力在全国同行业中名列第一。电源公司与上海空间电源研究所合作制作的航天电池成功应用于“神舟八号”“天宫一号”和“神舟九号”。2022年，公司实现应税销售35.8亿元，同比增长24.8%。

【启东荻捷工业成套设备有限公司】 公司是上海无声机电于2012年在高新区建立的企业，是一家在自动化分拣行业中为客户提供项目规划、细化设计、加工制造、装配、电气控制、信息对接等服务的系统集成商。其产品在物流、汽车、电子、食品行业得到广泛应用。2022年，公司实现应税销售4.2亿元，同比增长0.8%。

【美通重工有限公司】 美通重工有限公司是一家面向国际市场以研发、生产、销售、租赁为一体的高空作业设备国际性生产企业，公司对产品设计及技术研发精益求精，使产品设计符合欧美最高标准，2010年开始美通产品进入国际高端市场，主要销往美国、加拿大、德国、意大利、巴西、阿根廷、印度尼西亚、俄罗斯、土耳其、新加坡等国家，产品

2月23日，江苏海四达电源股份有限公司圆柱锂电装配自动线车间，工人正在加紧生产　（王海兵/摄）

遍布世界各地。2022年,公司实现应税销售2.1亿元,同比增长24.9%。

(朱荣华 凌 霄)

特色产业

【概况】 启东市以高端化、智能化、绿色化为发展导向,加快精密机械、电动工具等传统优势、特色产业迭代升级,培育壮大东成电动工具、神通阀门等一批骨干企业,推动产品多元化、高端化、品牌化发展,建设电动工具产业集聚区,打造国内最大的电动工具制造中心、具有国际影响力的销售中心和研发基地。2022年,受国际形势及新冠疫情等不可控因素影响,市特色产业发展受到一定阻力,全年累计实现应税销售291.4亿元,同比下降6.6%。

【电动工具产业】 电动工具产业重点以锂电池、无刷电机、新能源电子、新材料在电动工具生产制造中的应用为主攻方向,开发人性化环保型电动工具、机电一体化的智能工具。2022年,电动工具产业受建筑、装修等行业开工不足的影响,国内外终端市场需求减少,订单下滑严重,销售量下降明显。全年累计实现工业应税销售120.8亿元,同比下降14.5%。

【高端机械装备产业】 高端机械装备产业以核电阀门为重点,加快发展大型核电机组配套设备,打造新一代核电设备相关配套产品;加快推动节能装备、环保机械向高端化、系列化、配套化方向发展,突破润滑设备、油泵阀门、智能数控等关键共性技术及关键零部件,达到国内一流、世界先进水平。2022年,累计实现工业应税销售170.6亿元,同比持平。

【天汾国际五金交易会首次线上办展】 2月5日,第21届中国·启东天汾国际五金交易会在吕四港镇开幕,展会首次采用线上办展全新模式,吸引全国各地近400家企业参展。线上展除传统的电动工具外,另有锂电工具、喷涂机、水平仪、焊接机、发电机、空压机、气动工具及园林工具等展品,共展出产品2000余种。无刷电机、锂电工具技术方案供应商亮相展会。

※重点企业选介※

【江苏东成电动工具有限公司】 公司是国内专业电动工具制造重点骨干企业之一,为中国电器工业协会电动工具分会副理事长单位。公司主要生产各类电动工具产品及转子、定子等零配件,产品远销东南亚、南亚及中东等60多个国家和地区。"东成"商标被认定为江苏省著名商标、中国驰名商标,"东成"电动工具产品被评为江苏省名牌产品、江苏"双百品牌"产品,"东成"品牌被评为江苏省重点培育和发展的国际知名品牌。2022年,公司实现应税销售94.6亿元,同比下降4.5%。

5月31日,吕四港镇举办电动工具产业电商培训 (吕四港镇/供图)

【江苏国强工具有限公司】 公司位于电动工具之乡启东市天汾镇,是美国史丹利百得集团Stanley Black & Decke在华全资子公司。美国史丹利百得集团由拥有170多年历史的史丹利公司和拥有100年历史的百得公司合并组建而成,是世界上具备核心竞争力的手动工具及电动工具制造商和经销商。国强旗下产品包含钻孔紧固、金属加工、混凝土、木工等大类,广泛应用于工业、建筑和公众生活等各个领域。企业拥有自营进出口经营权,且配有十多条生产流水线和一流的检测仪器。2022年,公司实现应税销售3.0亿元,同比下降41.9%。

【江苏神通阀门股份有限公司】 公司是国家级高新技术企业、中国阀门协会理事长单位、工信部单项冠军培育企业、国家知识产权示范单位,公司产品主要有应用于冶金领域的高炉煤气全干法除尘系统、转炉煤气除尘与回收系统、焦炉烟气除尘系统、煤气管网系统的特种阀门,应用于核电站的核电蝶阀、球阀、地坑过滤器及其配套设备,以及应用于煤化工、超(超)临界火电、LNG超低温阀门和石油石化专用阀门,应用于石化及核电领域的法兰及锻件。公司拥有授权专利331件,其中,发明专利61件,"蝶球"商标被认定为国家驰名商标,"神通"牌产品享誉核电、冶金、能源、石化等行业。公司于2010年6月在深交所上市,成为启东市首家A股上市公司。2022年,公司实现应税销售12.8亿元,同比增长15.5%。

4月17日，在南通市久正人体工学股份有限公司生产车间内，工人们在落实各项防疫措施的同时，加紧生产　（叶娟/摄）

【南通市久正人体工学股份有限公司】 公司是专业从事人体工学线性驱动应用和健康办公整体解决方案的国家级高新技术企业。企业注册资本5018万元，主营业务是以机、电、软一体化的线性驱动为核心，健康和智慧办公、家居产品的研发、生产及销售为主体，形成完整的健康办公、家居解决方案。产品应用于办公、IT互联网、金融证券、教育培训等多个领域，并与多个电视、电脑品牌建立战略合作关系，产品与境内京东、天猫和境外亚马逊、欧迪办公等知名渠道经销商长期合作，产品深受客户欢迎。多个产品通过美国FCC、BIFMA、德国GS、瑞士SGS、欧盟CE等多个认证。2022年，公司获评国家级专精特新"小巨人"企业，实现应税销售3.8亿元，同比增长15.7%。

（朱荣华　凌　霄）

战略性新兴产业

【概况】 启东市聚焦半导体装备及零部件加工、功率半导体器件、第三代半导体材料等领域，完善半导体产业园功能配套，支持捷捷微电子、吉莱微电子、启微半导体等企业加快发展，加快产业集聚，打造长三角地区半导体装备及材料产业发展新秀。按照"协同张江"的发展定位，聚焦高端医疗器械、医药服务外包、生物制药、健康服务等重点领域，加快集聚一批高成长性优质企业，构建集研发创新、绿色生产、综合服务、健康管理等于一体的生命健康产业链。启东经济开发区、生命健康产业园、高新技术产业开发区是产业发展的前沿区。2022年，战略性新兴产业累计实现工业应税销售153.7亿元，同比增长13.1%。

【电子信息及半导体】 2022年，启东市有电子信息及半导体研发、生产及相关规模以上企业51家，优先发展大数据、5G等新一代信息技术领域，重点发展大面积宽带隙半导体材料与器件、大功率LED芯片及其封装模块、大尺寸晶圆等集成电路的关键材料和零部件，着力发展集成光电子与微纳电子封装用高分子材料等重点产业，打造在全国有影响力的第二代及三代半导体全产业链产业基地。2022年，得益于国家新基建发展的战略机遇，电子信息及半导体产业整体较快发展，累计实现工业应税销售86.8亿元，同比增长10.4%。

【生命健康产业】 启东市聚焦高端医疗器械、医药服务外包、生物制药、健康服务等重点领域，加快集聚一批高成长性优质企业，构建集研发创新、绿色生产、综合服务、健康管理等于一体的生命健康产业链。依托生命健康科技园发展构建以"生命信息+"为先导的智能生命健康产业生态，形成生命数字、高端医药、健康服务三大产业生态圈。2022年，产业整体呈现加速上升态势，全市共有以原料药和医疗机械等为主体的生命健康产业相关企业约30家，全年累计实现工业应税销售66.9亿元，同比增长16.8%。4月，江苏优创生物医学科技有限公司参与合作研发的"皮肤创面愈合新机制及转化医学研究"项目获2021年中华医学科学技术奖一等奖。

【"粤港澳大湾区半导体装备及零部件产业技术创新联盟长三角工作站"揭

生命健康科技园首开区二、三期初具规模　（市融媒体中心/供图）

8月11日,捷捷微电子二期项目建设现场,主体工程加紧推进 (潘杨/摄)

牌】 2022年,启东市打造长三角地区半导体装备及材料产业发展新秀,集聚产业资源和创新要素,培育半导体装备及材料产业。6月10日,“2022江苏·启东(深圳)新一代信息技术产业发展恳谈会”在深圳市举行,“粤港澳大湾区半导体装备及零部件产业技术创新联盟长三角工作站”揭牌,8个重点项目集中签约,总投资额60亿元。易事特集团、粤港澳大湾区半导体装备及零部件产业技术创新联盟、佛仪科技有限公司等企业负责人40余人参加。

※重点企业选介※

【启东乾朔电子有限公司】 由国内最大的手机连接器生产企业——深圳市乾德电子投资建设,占地200亩,总投资6.5亿元。主要从事新型电子元器件、电子连接器、电声元件成品及其相关零部件生产,产品在全国手机连接器市场占有率达70%。公司先后被授予江苏省企业技术中心、江苏省两化融合试点企业、江苏省精密连接器工程技术研究中心等称号。2022年,虽然外销订单有所减少,但新承接国内市场部分订单,内销订单较为充足,全年实现应税销售21.9亿元,同比增长8.2%。

【江苏捷捷微电子股份有限公司】 公司是专业从事半导体分立器件、电力电子元器件研发、制造和销售的高新技术企业,国内最早生产方片式单向、双向可控硅且品种最齐全的厂家之一,国内电力半导体器件领域晶闸管器件芯片方片化细分行业的龙头企业。企业总资产24.55亿元,共获得授权专利53项,拥有江苏省高新技术产品19项。先后被评为江苏省创新型企业、中国半导体协会会员单位。2022年,公司产销两旺,完成应税销售8.4亿元,同比增长3%。

【拜耳医药保健有限公司启东分公司】 公司作为一家跨国企业,是拜耳健康消费品在中国最大的非处方药和营养补充剂生产基地,主要产品包括爱乐维、达喜、开瑞坦、白加黑等,并建有拜耳健康消费品中国研发中心,是唯一位于亚太地区的研发中心。2022年,公司加大数字化转型力度,各类产品产能进一步释放,全年累计实现应税销售13.4亿元,同比增长9.0%。

【启东盖天力药业有限公司】 公司专业从事中成药固体制剂研发、制造和销售,主要产品有槐耳菌质(原料药)、槐耳颗粒、槐杞黄颗粒等,其中,槐耳颗粒为国家一类新药,槐耳颗粒注册商标“金克”为江苏省著名商标。公司获得国家多项发明专利、国家科技进步三等奖和中医药科技二等奖。2022年,公司实现应税销售8.4亿元,同比增长22.9%。

(朱荣华 凌 霄)

责任编辑 汤巍威

建筑业

综　述

【概况】 2022年,启东市建筑业企业完成建筑业总产值1463.78亿元,比上年增长4.46%。实现境外产值5.71亿元,比上年下降74%;实现建筑业税收13.13亿元,比上年下降16.69%。第十一次包揽鲁班奖、国家优质工程奖、詹天佑奖三项国家优质工程大奖。全年获中国建设工程鲁班奖1个、国家优质工程奖1个、詹天佑奖3个,有江苏省优质工程奖"扬子杯"获奖项目4个。南通二建、建筑集团、启安集团获评2021年度江苏省建筑业竞争力百强企业。

【资质建筑企业】 2022年,全市共有各类建筑企业838家,比上年增加174家。其中,总承包企业216家,专业承包企业265家,其他企业357家。有总承包特级企业2家、一级企业13家、二级企业42家、三级企业159家;专业承包一级企业24家、二级企业162家、三级企业76家,特种工程(建筑物纠偏和平移)企业3家;混凝土企业25家,模板脚手架企业88家,施工劳务企业244家。受理403家企业申办资质事项,其中,首次申请140家,增项申请39家,升级申请3家,资质平移进启5家。

2022年启东市十强建筑企业一览表

表5

序号	企业名称	建筑业总产值(亿元)
1	江苏南通二建集团有限公司	891.93
2	启东建筑集团有限公司	219.44
3	江苏启安建设集团有限公司	143.22
4	江苏银洲建设集团有限公司	60.63
5	江苏中润建设集团有限公司	61.12
6	南通江洲建设工程有限公司	7.09
7	江苏恒绿建设工程有限公司	16.46
8	江苏安邦建筑安装工程有限公司	7.74
9	江苏银海建设工程有限公司	20.44
10	南通市通启公路工程有限公司	33.88

【建筑人才队伍建设】 2022年,启东市建筑工程学校创新培训方式,组织开发和采用优质网上资源开展教育,运用线上线下并行、学员自主选择的继续教育模式,开展建造师、安管人员、特种作业、职业技能培训等教育培训9109人,安管人员新证考前培训690人,安管人员继续教育7500人;一级建造师和二级建造师考前培训16人,一级建造师继续教育56人,二级建造师继续教育543人;特种作业新证、复审304人。全市建筑企业新增中高级职称人员252人。全市有一级注册建造师1502人,二级注册建造师4632人;新录用大学毕业生500多人。

启东市建筑业产改工作展示馆　　（市住建局/供图）

【启东建筑业产业工人队伍建设改革】 2022年,市住建局根据《2022年启东产业工人队伍建设改革试点工作方案及任务清单》要求,开展产业工人队伍建设改革试点工作,走访调研全市二级及以上建筑企业40多家,了解各企业在产业工人改革工作中的亮点,展示启东建筑业工人的风采。9月,启东市建筑业产改工作展示馆完成建设,10月正式开馆。该展示馆以声光影的手法,结合建筑模型重现、优质工程图片展示、生动故事讲述等形式,全面展现启东建筑业从探索形成到壮大发展的历程,集中展示启东建筑业产改工作的优秀成果,以及启东建筑"铁军"的良好形象。

（姚　辉）

产业发展

【市场拓展】 2022年，启东市扩展国内业务领域。南通、苏州、南京、京津、东北等市场占据当地建筑企业排头兵位置。其中，南通市场完成施工产值262.68亿元，苏州市场完成施工产值123.64亿元，南京市场完成施工产值143.83亿元，京津市场完成施工产值66.44亿元，东北市场完成施工产值74.88亿元。南通二建长三角沪宁线规模持续扩大，完成产值占集团总量的68%，新签合同额占集团总量的73.4%。启安集团发展机电、医药、外资项目，其中，外资项目新签合同额占全公司新签合同总额三分之一。拓展境外市场，南通二建全年完成境外施工产值5.71亿元，在建施工面积57.31万平方米，新签合同额1.07亿元。

【名优工程】 2022年，启东建筑企业承建或参建的工程获中国建设工程鲁班奖1个（参建），为高邮市人民医院东区医院（二期）综合病房楼工程。获国家优质工程奖1个（承建），为苏州市友谊时光大厦研发办公楼及门卫施工总承包工程。获詹天佑奖3个（承建），分别是石家庄市荣盛华府二期项目、辽阳京都城二期项目、济南融创东山府项目。

2022年启东市建筑企业获奖项目一览表

表6

奖项名称	工程名称	承建（参建）单位
鲁班奖	高邮市人民医院东区医院（二期）综合病房楼工程	江苏启安建设集团有限公司（参建）
国家优质工程奖	苏州市友谊时光大厦研发办公楼及门卫	江苏南通二建集团有限公司（承建）
中国土木工程詹天佑奖（优秀住宅小区金奖）	石家庄市荣盛华府二期项目	江苏南通二建集团有限公司（承建）
	辽阳京都城项目	江苏南通二建集团有限公司（承建）
	济南市融创·东山府项目	江苏南通二建集团有限公司（承建）
中国安装之星	新疆医科大学新校区——图文信息中心机电安装工程	江苏南通二建集团有限公司（承建）
		江苏启安建设集团有限公司（参建）
	常州市诺贝丽斯（中国）铝制品有限公司二期厂房工艺设备安装项目	江苏启安建设集团有限公司（承建）
	常州市中简科技股份有限公司年产1000吨国产T700级碳纤维扩建项目	江苏启安建设集团有限公司（承建）

【转型升级】 2022年，启东建筑业发展调优内部结构，着力推进转型升级，加快产业现代化和信息化建设步伐，有效提升竞争力和管理水平。启东建筑集团转向以公建、保障房、市政项目及国有投资项目为主，工程承包方式逐步从施工总承包升级为设计、施工一体化的工程总承包。启东建筑集团旗下的总投资10.8亿元的现代建筑产业基地（启东市筑城装配式建筑有限公司）经营市场辐射长三角周边城市，年产量7.2万立方米；印象沙地获评AAA级旅游景区，为全市旅游业发展作出贡献，在新冠疫情期间作为江苏援沪医疗队启东运输专班隔离点。启安集团调整以往土建和安装项目各占一半产值的产业结构，全年新接项目石化与机电安装占比达35%，新能源项目占比达15%，外资比例在新接项目中的份额达40%；医疗制药、化工、电子芯片、光伏发电等方面均有发展。江苏恒绿注重公建市政项目的拓展，跨省与优秀企业形成长期合作关系。

【创新创优】 2022年，全市建筑企业获得国家发明专利2项、国家级实用新型专利39项、省级工法13项；国家级质量控制成果16项、省级质量控制成果104项；省级优质工程33项。江苏银洲建设集团有限公司获省级建筑业企业技术中心认定。

2022年启东市建筑企业获国家级专利一览表

表7

序号	奖　项	专利名称	专利单位
1	国家发明专利	一种建筑工地用增压过滤装置	启东市建筑机械厂有限公司
2		一种装配式钢结构建筑主体连接结构及其安装方法	启东市筑城装配式建筑有限公司

续表7

序号	奖　项	专利名称	专利单位
3	国家实用新型专利	一种工民建施工的喷涂抹灰装置	启东建筑集团有限公司
4		一种工民建用建筑边角打磨装置	启东建筑集团有限公司
5		一种轨道交通通风设备风管支架	江苏启安建设集团有限公司
6		一种土建测量绳束固定装置	江苏启安建设集团有限公司
7		一种土建施工用围挡	江苏启安建设集团有限公司
8		一种土建机械用防震底座	江苏启安建设集团有限公司
9		一种可调工字钢专用安全装置	江苏启安建设集团有限公司
10		一种预埋双轨组合振动钢梁现浇结构	江苏启安建设集团有限公司
11		一种大口径管道对口调整的工装	江苏启安建设集团有限公司
12		一种土建施工用承重挂架	江苏启安建设集团有限公司
13		一种土建工程用混凝土建筑模板	江苏启安建设集团有限公司
14		一种盐碱地土壤改良用排盐管	江苏恒绿建设集团有限公司
15		一种提高盐水利用率的盐碱地改良系统	江苏恒绿建设集团有限公司
16		一种钢结构减震支座	南通鼎峰钢结构有限公司
17		一种钢结构房屋拼装连接部件	南通鼎峰钢结构有限公司
18		一种钢结构部件转运装置	南通鼎峰钢结构有限公司
19		一种钢结构焊接用支架	南通鼎峰钢结构有限公司
20		一种耐腐蚀的建筑钢结构	南通鼎峰钢结构有限公司
21		一种建筑用防火钢结构	南通鼎峰钢结构有限公司
22		一种钢结构除锈装置	南通鼎峰钢结构有限公司
23		一种钢结构连接板钻孔夹具	南通鼎峰钢结构有限公司
24		一种隔音钢结构墙体	南通鼎峰钢结构有限公司
25		一种钢结构切割装置	南通鼎峰钢结构有限公司
26		一种地脚螺栓预埋定位装置	启东市建筑机械厂有限公司
27		一种隔音效果好的预制墙板	启东市筑城装配式建筑有限公司
28		一种预制墙板连接加固结构	启东市筑城装配式建筑有限公司
29		一种预制墙板加固结构	启东市筑城装配式建筑有限公司
30		一种预制墙板吊装用辅助安装工具	启东市筑城装配式建筑有限公司
31		一种结构强度高的预制墙板	启东市筑城装配式建筑有限公司
32		一种建筑施工用磁吸式预制墙板	启东市筑城装配式建筑有限公司
33		一种防开裂预制墙板	启东市筑城装配式建筑有限公司
34		一种方便拆装的预制墙板生产模具	启东市筑城装配式建筑有限公司
35		一种带有L型连接节点的预制墙板	启东市筑城装配式建筑有限公司
36		一种可折叠的预制墙板	启东市筑城装配式建筑有限公司
37		一种预制墙板夹持装置	启东市筑城装配式建筑有限公司

续表7

序号	奖　项	专利名称	专利单位
38	国家实用新型专利	一种用于预制墙板生产的预埋线盒定位结构	启东市筑城装配式建筑有限公司
39		一种预制墙板生产滑动调节式工装	启东市筑城装配式建筑有限公司
40		一种装配式建筑隔音隔热预制墙板	启东市筑城装配式建筑有限公司
41		一种快速安装的预制墙板	启东市筑城装配式建筑有限公司

（姚　辉）

建筑行业管理

【概况】 2022年，市住建局全面落实《市政府关于印发促进建筑业持续高质量发展意见的通知》，从发展壮大建筑企业规模、支持企业创新发展、鼓励企业创优创牌、加强企业人才培养、营造企业发展环境、优化企业服务效能等方面进行政策扶持，推动建筑业高质量发展。组织建筑企业信用考核活动，将考核结果应用于政府项目招投标，并根据考核结果和备案情况，建立企业优选库，健全市场进入和退出机制，规范企业市场行为、促进企业诚信经营、营造建筑市场优良的发展环境。鼓励企业做大规模、创优夺杯，全年核发建筑业地方财政贡献奖金323万元，其中，启安集团283万元、江洲建设29万元、市政园林11万元；核发创优夺杯奖、科技创新奖、晋升资质等各项奖金400万元。加强预拌混凝土行业监管工作。全市共有24家有资质的预拌混凝土企业，全部通过市住建局组织的绿色生产验收，全市取得绿色建材标识三星级证书企业达5家。完善信用考评机制，对全市范围内有在建项目并具有建筑工程、市政公用工程施工总承包资质的505家启东本地及外地企业进行信用考核。

【工程质量监督管理】 2022年，市住建局共受理土建项目报监项目单体640个，建筑面积376万平方米。576个竣工单体项目验收合格率100%。开展质量监督抽查巡查331次、监督抽测108次，发现结构隐患32起，发出整改通知书72份、局部停工通知书23份，对发现的项目中严重影响结构安全的质量问题，均及时予以查处。严格执行住宅工程质量通病控制标准，对常见的、易发的质量问题开工前进行监督告知，引导建设单位、监理单位、施工单位按规范标准施工，对工程实体的粉刷砂浆强度列为必检项。对违法违规的责任主体进行查处，全年总共对14家总承包企业、3家监理企业、7家建设单位的违规行为进行移交处罚。每周对老旧小区改造开展专项检查，共下发质量整改通知书3份、巡查记录2份。

【工程施工图审查】 2022年，市住建局完成施工图设计审查项目98个，施工图审查面积118万平方米，发放施工图审查合格证98份；完成特殊建设项目消防专项审查55个、新建住宅小区配套工程审查7个、市重点工程容缺审批项目施工图技术性审查25个、小区旧楼加装电梯施工图审查29个。完成施工图审查收费220万元。做好绿色建筑、抗震、防雷、消防、新建住宅小区精装设计及配套设计专项审查工作和新建项目推广应用“三板”（预制楼梯板、预制楼板、预制内外墙板）工作，在省“三板”应用项目实施范围内把好“三板”的施工图审查关。共发现违反工程建设强制性条文195条、违反工程建设强制性标准385条，责成勘察、设计单位完成勘察设计整改工作。完善“启东市建设工程施工图数字化联合审查系统”，整合施工图设计、消防、气象防雷、抗震等专项审查为一体化审查。实现“启东市建设工程施工图数字化联合审查系统”与“江苏政务服务系统”“江苏省施工图数字化审查一体化监管系统”数据推送同时受理，同时审查，同时发证。在施工图数字化联合审查系统中增设“桩基专项”审查模块，针对市重大民生服务和工业产业项目提前开展桩基技术性审查服务，缩短项目建设周期。

【工程造价管理】 2022年，市住建局在造价管理方面加强咨询市场监管，规范市场秩序。全年造价咨询企业、招标代理企业招标控制价备案371个项目。9次发布调整部分主要材料指导价，完善启东市建设工程建材信息发布机制，控制主要建材信息价对工程造价的影响。调研新材料、新技术在建筑市场的应用，完成灌入式半柔性路面（SFP-13）、DN1200不锈钢内衬修复一次性补充定额的编制与发布。出具《关于明确我市新冠肺炎疫情期间应急工程价款调整方法的通知》，缓解新冠疫情期间应急工程建设各方主体压力。发布《启东建设工程造价信息》6期、信息增刊6期、信息指标数6期、价格趋势走势图4期。全年审核安全文明施工措施费项目795个。

【建筑安全监督】 2022年，市住建局有在监项目234个，项目总建筑面积约1427万平方米。开展各项安监检查项目抽查476项次，开具隐患限期整改通知书和抽查记录342份，开具隐患停工整改通知书14份；检查大型起重机械624台（塔吊181台、施工升降机99台、吊篮284台、桩机52台、爬架8台），依法提请移交处罚违法违规行为46起，提请暂扣企业安全生产许可证1起。加快安全监管信息化建设，向各镇、各园区建管人员和各项目管理人员推广运用“云智建”应用程序,推进智慧监管在属地、企业、项目的实施。“云智建”应用程序共注册使用人员1630人,其中镇、园区建管人员95人,实名制考勤人员日均1.9万余人。依托“智慧工地”平台高效开展监管工作。发挥“启智建”应用程序的数据支撑作用,核查关键岗位人员考勤情况。全年共抽查项目285项次,开具建筑市场行为不规范整改通知书72份,移交14起,提升在建项目关键岗位管理人员到岗履职率。

【招投标监督】 2022年,全市有房建市政类招标项目共117个,其中,房建58个、市政59个。房建本地企业中标35个,中标率达60.34%;市政本地企业中标34个,中标率达57.63%。房建本地企业中标金额38.13亿元,中标金额占比70.69%;市政本地企业中标金额2.51亿元,中标金额占比44.11%。与2021年相比,房建项目中标金额占比由55.63%提高到70.69%。完成332个招投标工程备案,无正当理由放弃中标资格9个单位11个项目。受理投诉处理7起,查处涉嫌串投标、骗取中标项目9起18个项目,移送相关单位进行处罚。

【房屋安全整治】 2022年,市住建局加强既有房屋安全整治,全市累计排查发现城镇隐患建筑60栋,全年完成整治14栋,其余均编入三年整治工作计划;团结新村门面成功解危,共涉及门面房80间、商户48家;累计排查农村自建房29.8万户,经鉴定存在风险316户,全部完成解危。加强城镇燃气安全整治,出台《启东市城镇燃气安全排查整治工作实施方案》,巩固拓展市“一年小灶”成果,推动“三年大灶”持续开展,全年15个小区完成燃气管道更新改造。提升燃气安全监管智慧化、信息化水平,落实钢瓶“最终用户信息、入户安检合格、人脸拍照”闭环管理,实现“来源可查、去向可追、责任可究”的瓶装液化气全链条安全监管体系。对全市11家液化石油气企业场(站)实现24小时在线监管。推进“瓶改管”工作,全年市区餐饮场所完成“瓶改管”150家。

【建设工程消防审验】 2022年,市住建局开展纸质材料流转、网上系统使用、工程档案管理培训,加强科室及窗口工作能力,采取“行政人员+专家”的模式进行消防验收。在药明康德、广汇能源等重大项目、重点工程的建设过程中,召集高水平专家成立专家组主动靠前服务,关键节点全程跟踪指导。住建驻政务服务中心窗口共受理消防设计审查项目54个、消防验收项目79个、消防验收备案项目245个,所有审查、验收、备案项目受理均通过江苏省建设工程消防审查验收管理系统实施。

【行业服务】 2022年,市住建局受理403家企业申办资质事项,其中,首次申请140家,增项申请39家,升级申请3家,资质平移进启5家。完成审核、接收单体工程竣工档案539个,市政基础设施工程竣工档案72个。出具建设工程档案接收凭证214份;接待查阅来访1052人次,提供档案2999卷,出具文字材料复印凭证75349份、图纸复印凭证17493张;拍摄、收集市政、绿化、老旧小区改造项目的原貌和现状照片资料352张;发出建设工程档案报送责任书签订函94份。汇编《档案为凭 用心利民——2020年至2021年城建档案利用事例汇编》宣传册发放给服务对象。开展建设工程和村镇建设档案业务指导55次,对6个省特级村镇建设档案室进行复查评估迎检业务培训,均通过复查评估。推进不动产登记“一窗办结”服务,房产交易中心驻政务服务大厅窗口调整设置,与不动产、税务部门合并形成联办窗口。全年完成存量房网签备案4513件。

【法制服务】 2022年,市住建局共处理行政诉讼案件9件,出庭应诉率达100%;收到信息公开申请225件,其中,当面申请69件、网络申请39件、信函申请117件,均在20个工作日内依法依规答复办结。12345电话工单系统、微信工单系统共处理群众诉求10349件。成立城建和房地产领域信访问题处置化解专项组,全年化解信访件问题525件,接待群体来访26余批次400余人次,均妥善处理。移交违法案件101件。

【农民工工资保障】 2022年,市住建局落实保障农民工工资支付长效机制,做好农民工工资保障工作。全市共有187个在建项目安装实名制系统和开设农民工工资专户,实名制考勤14.1万人次,代发工资21.14亿元,其中,在建房地产项目累计打款5.21亿元,总承包单位通过银行专户代发农民工工资4.98亿元。将11家企业纳入全省限制市场准入黑名单。妥善解决恒大农民工欠薪问题,市住建局牵头成立恒大农民工欠薪工作专班,筹措保障农民工资金,至年底,恒大完成集中支付农民工工资4378万元,涉及58家施工单位1169名农民工,基本完成恒大项目农民工工资清欠工作。

(姚 辉)

获奖工程选介

【高邮市人民医院东区医院(二期)综合病房楼工程】 项目位于高邮市,是高邮市十大民生工程之一。项目暖通造价5835万元,包括地源热泵系统、冷却水系统、地源冷却水系统、新风系统、机械排风等系统,空调热冷源选用地源热泵系统,配备螺杆式水冷机组,地源热泵冷却水系统采用地埋管换热系统及冷却塔散热系统,地下车库等区域设置送风系统,病房及通道、大厅等设置新风送风系统,排风全部采用机械排风系统。工程于2017年10月开工,2021年5月竣工。由江苏启安建设集团有限公司参建。一种暖通施工提升装置获2020年国家新型实用专利。工程获评2020年扬州市建筑施工文明工地,并获2022—2023年度中国建设工程鲁班奖。

【苏州市友谊时光大厦研发办公楼及门卫】 项目位于苏州市工业园区,由一栋17层的主楼和一栋5层的裙房组成,建筑功能包括商务办公、科技研发等。总建筑面积50339.09平方米,工程于2018年3月开工,2021年3月竣工。由江苏南通二建集团有限公司承建。一种伸缩缝防水钢板橡胶换闭止水带获2019年国家新型实用专利；提高高层钢结构楼层板混凝土一次成型合格率被评为2022年江苏省工程建设质量管理小组活动成果评价Ⅲ类成果。工程获2022—2023年度中国施工企业管理协会国家优质工程奖。

【石家庄市荣盛华府二期项目】 项目位于石家庄市长安区，建筑面积16.91万平方米，由6栋多层住宅、2栋二层商业楼和地下车库组成。容纳住户855户，总共905个机动车停车位，小区地下设非机动车停车位1680个。1号～6号住宅楼主楼采用剪力墙结构体系，基础形式为现浇钢筋混凝土筏形基础；商业、地下车库结构体系为框架结构，基础形式为柱下独立基础、墙下条形基础；防火设计建筑分类为一类高层住宅；耐火等级地上二级、地下一级；建筑设计使用年限为50年；屋面防水一级、商业二级；地下工程防水二级、局部一级；抗震设防烈度按7度设防。工程于2017年4月开工，2019年5月竣工。由江苏南通二建集团有限公司承建。钢梁紧固用梁夹获2019年国家新型实用专利；提高回填土地面一次合格率、提高地下室种植顶板防水一次施工合格率被评为2020年江苏省工程建设质量管理小组活动Ⅲ类成果。工程获2022年中国土木工程詹天佑奖优秀住宅小区金奖。

【辽阳京都城项目】 项目位于辽阳市文圣区，总建筑面积21.7万平方米，居住户数1572户，容积率1.7，绿地率38%，建筑密度18%。在传统住宅技术措施的基础上，结合住宅产业化技术，应用创新科技成果，建立住宅的技术标准并推广用于工程实践，形成具有现代化功能的高品质生态居住区，通过应用新技术新材料设计、施工，节约造价600多万元，占总投资额的1.5%。工程于2014年8月开工，2019年9月竣工，被推荐为"辽阳市观摩工地"。由江苏南通二建集团有限公司承建。锥形固定穿墙杆获2020年国家新型实用专利；电梯防坠落安全防护栏杆获2021年国家新型实用专利；剪力墙模板加固方法创新与应用被评为2021年辽宁省工程建设质量管理小组活动成果。工程获2022年中国土木工程詹天佑奖优秀住宅小区金奖。

苏州市友谊时光大厦　（市住建局/供图）

辽阳京都城项目　（市住建局/供图）

济南市融创东山府项目　（市住建局/供图）

【济南市融创·东山府项目】 项目位于济南市历城区彩石片区，总建筑面积75400平方米，由11栋多层住宅、2

栋九层小高层住宅及1层地下车库组成。项目住宅地下筏板(桩)基础、幼儿园桩筏基础、车库独立基础加防水板,住宅为剪力墙结构,幼儿园和车库为框架结构。在推广住房和城乡建设部发布的建筑业十项新技术(2017)基础上,不断进行自主创新,共推出30项微创新成果,在第三方过程评估中,多次名列融创集团北京区域第一名,获融创集团"优秀合作供应商奖""最佳品质奖"等奖项。工程于2019年7月开工,2021年6月竣工。由江苏南通二建集团有限公司承建。可调试梁夹具、电梯井口防护门固定卡件均获2021年国家新型实用专利;提高内墙轻质石膏抹灰一次验收合格率被评为2021年北京市工程建设质量管理小组Ⅰ类成果。工程获2022年中国土木工程詹天佑奖优秀住宅小区金奖。

(姚　辉)

企业选介

【江苏南通二建集团有限公司】 集团具有国家房屋建筑工程施工总承包特级资质,市政公用工程施工总承包一级和机电设备安装、建筑装饰装修、钢结构及地基基础工程4个专业承包一级资质,拥有水利水电、隧道、环保、铁路、公路、桥梁等12个关联资质,是一个跨行业、跨地区、多元化经营的大型建筑企业集团。共创鲁班奖24项、国家优质工程奖25项、詹天佑奖24项、"白玉兰杯""扬子杯""长城杯"等省市级优质工程奖468项。主编国家标准和行业标准3项,创6项国家级工法、43项发明专利、170项实用新型专利,获国家级科技进步奖1项、省级科技进步奖3项。集团获江苏省建筑业综合实力百强企业、中国企业500强、中国民营企业500强、中国承包商80强、全国"重合同、守信用"企业等荣誉。项目公司化管理模式在全国工程建设领域有名。南通二建注册商标获评中国驰名商标。2022年,集团有中高级职称人员2157人,其中一级注册建造师637人,下属单位(公司)44个,省级技术中心1个。完成建筑业总产值891.93亿元,承建施工面积4727.46万平方米。

【启东建筑集团有限公司】 集团拥有房屋建筑工程施工总承包特级资质,具有市政公用工程施工总承包一级及建筑机电安装、消防设施等专业承包一级资质,建筑装修装饰、防水防腐保温、起重设备安装等专业承包二级资质,建筑装饰工程设计专项甲级资质及石油化工、地基基础、钢结构等专项资质。是一家以建筑施工总承包为主业,集房地产开发、建筑装饰、建筑机械制造、装配式建筑生产、酒店服务业、金融及职业技能教育等于一体的综合型现代企业集团。先后创国家优质工程奖7项,以及"长城杯""白玉兰杯""扬子杯""长安杯""西夏杯"等省(市、自治区)优质工程100余项。集团获全国工程建设诚信典型企业、全国建筑业AAA级信用企业、中国民营企业500强、江苏省建筑业综合实力百强企业、江苏省建筑业企业安全生产先进单位、南通市建筑业竞争力三十强企业、启东市金牌企业等荣誉。2022年,集团有中高级职称人员469人,其中,一级注册建造师212人,下属单位(公司)68个。完成建筑业总产值219.44亿元,建筑施工面积1600万平方米,新签合同额104亿元。

【江苏启安建设集团有限公司】 集团拥有国家机电、建筑、石油化工、市政公用工程施工总承包一级和钢结构、机电、装修装饰、消防等多项专业承包等级资质,集科研、设计、施工、投资于一体,拥有40余家分公司和八大区域公司,施工地域遍布海内外。与十一科技、中铁二十五局等央企、国企深化战略合作。"十二五"以来,共创获包括鲁班奖、国家优质工程奖、中国安装之星等在内的省部级及以上优质工程100多项,并获一大批国家实用新型专利、QC成果、工法和国家级科技进步奖。连续13年获评江苏省百强建筑企业安装类第一名。2022年,集团有中高级职称人员390人,其中,一级注册建造师238人,下属单位(公司)41个。完成建筑业产值143.22亿元,完成税收2.51亿元,新签合同额95亿元。

【江苏银洲建设集团有限公司】 集团业务立足启东当地,辐射上海、天津、浙江、山东等省市。承建的多项工程获江苏省文明工地、天津市建设工程"海河杯"、浙江省建设工程"钱江杯"、南通"紫琅杯"等奖项,其中希尔顿酒店、金融中心三期项目均获南通市优质结构工程奖,金融中心三期获评南通市星级工地、"陶桂林杯"优质工程奖,希尔顿酒店获评江苏省星级工地、"紫琅杯"优质工程奖。集团曾获评江苏省"重合同、守信用"单位、南通市建筑业优秀企业、启东市建筑业十强企业、启东市金牌企业等荣誉。2022年,集团有中高级职称人员58人,其中,一级注册建造师88人。完成建筑业总产值60.63亿元,涨幅20%;新签合同额38.6亿元。成立江苏省建筑业技术中心,获省级工法5项、QC成果8项。

(姚　辉)

责任编辑　黄亦美

服务业

综　述

【概况】 2022年，启东市服务业经济困中求进，全年累计实现应税销售773.73亿元；实现规模以上服务业重点行业营业收入59.1亿元，同比增长20.0%；新增规模以上服务业企业62家，其中月度新增45家。全市服务业九大行业中有2个行业为正增长：科学研究、技术服务业，信息传输、计算机服务和软件业增速较快，分别实现应税销售49.5亿元和24.4亿元，分别比上年增长31.1%和37.8%；房地产行业实现应税销售238.3亿元，比上年下降20.1%，占全市服务业应税销售额的30.8%，占比和上年持平；批发和零售业实现应税销售228.5亿元，比上年下降15.0%，占全市服务业应税销售额的29.5%，占比比上年同期提高1.9个百分点；租赁和商务服务业实现应税销售29.1亿元，比上年下降4.0%；交通运输、仓储和邮政业实现应税销售19.1亿元，比上年下降14.7%。圆陀角旅游度假区获评江苏省现代服务业高质量发展集聚示范区，获省发展改革委100万元资金扶持；圆陀角旅游度假区、启东科创园、天汾电动工具城获评南通市现代服务业高质量发展集聚示范区。江苏神通获评江苏省两业融合试点示范企业，广汇综合物流获评江苏省重点物流企业，润启环保和林洋光伏运维获评南通市现代服务业高质量发展领军企业，广汇综合物流薛小春获评江苏省物流行业先进个人。

【项目建设】 2022年，全市新增南通市级服务业重点项目9个，新增江苏省级服务业重点项目1个，为新湖太阳湖文旅项目。牵头行业主管部门上报参加南通市产业项目考核项目101个，其中，现代商贸项目56个，文化和旅游业态项目5个，现代物流业项目11个，数字文化产业项目14个，服务外包项目13个，软件信息与技术服务项目2个。重点项目建设进展迅速，新湖太阳湖文旅项目太阳湖景观工程及水系工程基本完工，太阳湖“水舞秀”投入运营，水上研学基地设施基本到位，皮划艇等水上游乐项目对游客开放。南通市级服务业重点项目中新湖万豪德尔塔酒店主体结构完工，室内外配套工程有序推进，展开运营筹备工作，其余项目均推进顺利。渔人码头竣工、龙湾水镇实施内外装修、广汇综合物流5号20万立方米LNG储罐投入试运行、吕四港集装箱码头正式开港、中储粮吕四港建仓项目正式开工。

【规模企业培育】 2022年，全市持续加强新增规模以上服务业企业的培育工作，新培育规模以上服务业企业62家，比上年增加2家，全市累计有规模以上服务业企业185家。推进企业培育库建设，建立规模企业培育库，全年共有入库拟培育企业79家，培育转化率达78.5%，组织区镇月月更新拟培育企业动态，实时掌握企业运营情况。对物业行业开展入规专项调研，排出各类物业企业109家，挑选最具入规潜力的物业管理企业12家，列入服务业培育企业库进行培育。组织市委宣传部、市教育体育局、市统计局及各区镇，对文化体育行业进行重点突破，全市新培育文化体育规模以上企业16家。

【重点企业发展】 2022年，全市完成应税销售超10亿元企业有10家、超亿元企业有81家，超亿元企业比上年同期减少12家，共计完成应税销售604.9亿元，同比下降12.6%。全市新增应税销售增量超2000万元服务业企业106家，共计实现应税销售287.3亿元，占全市应税销售总量的47.5%，其中，江苏东成机电新增应税销售22.9亿元，华尔锐风电科技新增5.0亿元。广汇能源启东公司累计完成应税销售再次突破百亿元，达140.5亿元，同比增长2.0%；南通允正供应链管理有限公司完成应税销售11.8亿元，同比增长1.5%；药明康德完成应税销售7.9亿元，同比增长57.9%；钢企管家科技有限公司完成应税销售3.0亿元，同比增长3136.3%。

【营商环境优化】 2022年，市发展改革委强化政策扶持，修订出台《关于促进启东市服务业繁荣发展的若干政策意见》，增加现代商贸、软件信息等产业专项扶持条款，增强市服务业综合能力，加快实现服务业发展；收集、汇总、审核、发放2021年服务业涉企奖补资金，共计奖励资金超1700万元，惠及企业超170家次。

（朱鑫海）

2月6日，顾客在超市选购商品　　（王海兵/摄）

商贸流通业

综　述

【概况】 2022年，启东市实现社会消费品零售总额477.24亿元，同比减少1.1%；实现限额以上单位消费品零售额83.30亿元，同比减少10.6%；限额以上企业消费品零售额75.21亿元，同比减少4.46%。全市城镇市场实现消费品零售额405.20亿元，同比减少1.1%，城镇社会消费品零售额占全市社会消费品零售总额的比重为84.9%，与2021年持平。全市乡村市场实现消费品零售额72.04亿元，同比减少1.1%，乡村社会消费品零售额占全市社会消费品零售总额的比重为15.1%。全市新增限额以上企业116家。

【商贸流通项目发展】 2022年，罗森、7-ELEVEN等便利店品牌入驻启东，开设门店；喜茶、就是拧、霸王茶姬等网红奶茶店，哥老官、肖四女、迷你椰等网红餐饮店均在启东市快速布局；上海一尺之间文化传播有限公司旗下知名网红品牌一尺花园江海澜湾店正式对外营业，共有咖啡馆和民宿33栋木屋，总占地约15000平方米；启东市欧伟仕连锁超市有限公司拥有子公司20余家，员工千余人，是启东连锁品牌超市。

【市场运行监测预警】 2022年，市商务局对2022年主要生活必需品、生产资料、重点流通企业和汽车销售企业进行监控，全市网上直报企业共有16家，全年报送月度(专题)分析12篇、周分析46篇、商务信息30条，先后完成药品流通统计、商务服务业、商务流通业等统计工作。

【商贸流通安全监管】 2022年，市商务局开展商场超市等行业风险排查工作，上门了解企业的运营模式，确保企业依法经营。在全市商贸领域常态化开展安全生产和消防检查，加强对商贸流通领域安全生产的监管，组织开展“安全生产月”活动，聘请第三方安全专家，对餐饮燃气、重点商场超市等开展常态化安全生产检查，共检查餐饮商户639家、商场超市68家，完成区镇(街道)全覆盖督查。

(王　华)

供销合作

【概况】 2022年，启东市供销合作总社坚持走生态优先、绿色发展道路，保障优质农资供应，致力绿色惠农服务；积极顺应市场需求，打造电商交易平台，加快电子商务发展，搭建产销对接桥梁；强化品牌宣传推广，推进农村现代流通体系建设，多渠道推介启东特色农产品，拓宽优质农产品上行渠道；发挥供销流通优势，开展惠农助销活动，抗疫保供服务民生；统筹盘活、规范管理社有资产，实施基层网点赋能工程，提升为农服务综合能力。

4月19日，启东禾盛农资(连锁)有限公司位于惠萍镇惠和集镇的仓库内，工人将各类农资装车，准备运往各区镇经销点、农场、农业合作社　(王海兵/摄)

【绿色农资服务】 2022年，市供销合作总社常态化推进农药零差率配供和农业废弃物回收处置工作。全市共设置农药配送网点105个，农药配送品种52个，比上年减少23个，农药适用面积比上年增加10%，项目适用范围进一步扩大；全年累计发生农药销售额1246.3万元，比上年下降4%；配供服务面积50万亩，面积没有变化。回收农药包装废弃物745.64万件，比上年增加11.8%；回收农膜1192.73吨，比上年下降4%。累计无害化处置农药包装废弃物142.01吨，比上年增加12.4%，实现处置率、回收覆盖率均达100%。9月，召开专题业务培训会，邀请南通市供销总社对12个区镇、45个农资网点负责人及实施企业方代表近100人进行培训。

【产销服务平台建设】 2022年，市供销合作总社持续优化电商平台服务功能。依托新城农业建立的农产品配送中心，与全市多家农产品基地及企事业单位、部队、大中餐饮企业形成合作关系，建立农产品种植基地6个，总面积超1万亩，成为市农产品配送行业龙头企业，全年农产品销售总额达8173.6万元。高标准建成1家智慧生活集市，同步“启东优莱网”“优莱鲜配”两大电商平台，实现联动销售。投放13辆冷链运输车，完善农产品冷链物流网络；建设20套社区恒温智能云柜。“启东优莱网”企业及个人用户超过7万人，全年实现销售额6220.2万元。社区智能云柜运行良好，新冠疫情期间提供零接触配送。

【农产品展促销】 2022年，市供销合作总社持续推动启东特色农产品展销推介和品牌宣传。成功举办第三届农产品年货节，组织多家企业参加“当燃南通·美好生活”直播季文旅消费促进系列活动，推荐恒富隆等3家企业参加长三角供销社名优农产品展销会，为优质农产品上行拓宽渠道。开展抗疫助农惠民系列活动，新冠疫情期间通过“供销村村通”平台帮助农业企业和农户销售优质农产品60多吨。开展“供销为民·爱心助农”优质农产品进机关活动，3天活动吸引800多名机关干部参与，为机关干部了解支持、宣传推广启东本地农产品搭建平台。

【中国农批启东农产品批发市场】 中国农批启东农产品批发市场是中国供销农产品批发市场控股有限公司在华东地区重点战略部署，与南通市供销合作总社联合投资兴建，覆盖水果、蔬菜、肉类、冻品、水产海鲜、副食品、日杂百货、冷库物流等业态,是启东最大的农产品一站式采购交易中心。市场一期建筑面积53937.91平方米,于2019年10月开业;二期建筑面积50557.28平方米,于2021年底完成竣工验收,2022年1月1日开业。原位于城区的城东蔬菜批发市场、果品批发市场、水产品批发市场整体搬迁至此。2022年,实现交易量9.68万吨,实现交易额11.43亿元。公司实现(合并报表)营业收入7.67亿元,产生净利润156.6万元;资产总额达6.59亿元,负债3.50亿元,资产负债率为52.5%。

(陆天意)

粮食流通

【概况】 2022年,启东市粮食系统在常态化实施新冠疫情防控情况下,完成国有粮食企业政策性购销3.07万吨,其中,小麦1.47万吨、稻谷1.6万吨。根据市城镇人口情况,增加原粮储备2000吨、应急成品粮500吨,提升市粮食应急保障能力。出台《关于加强全市粮食安全保障的实施意见》,为市粮食产业的发展、粮食储备宏观调控、收储保供安全提供政策性支持。完成涉粮巡视问题整改,推进粮食仓储和流通加工设施项目建设,加强政策性粮食粮油数量及质量监管,落实粮食安全生产,依法加强粮食流通监管和粮食流通政策法规宣传,开展2022年"世界粮食日"和"粮食安全宣传周"活动,利用宣传展板和横幅向群众展示粮食节约减损、营养健康等内容,接受咨询100余人次,发放宣传材料100余份。

【粮食流通监管】 2022年,市发展改革委做好全市粮食工作,加强政策性粮食监管,保障地方粮油市场供应有序。制订年度监管计划,开展夏秋粮收购检查、库存检查、出库检查、成品粮油检查等专项检查,先后15次对启东市地方粮食储备库和成品粮油储备点储备粮油的数量、质量开展监督检查,并形成整改闭环。加强粮油市场监管,按照年初计划完成100余批次大米、小麦、油等样品抽检,检测结果反馈全部合格。

【地方储备粮管理】 2022年,市发展改革委建立健全全市地方储备粮体系,制定《启东市地方储备粮轮换管理暂行办法》《启东市地方储备粮补贴资金管理实施办法》为储备粮管理提供制度保障,完善储备粮油保管、轮换和质量监管等管理制度。严格落实政府储备粮质量安全管理规定,执行储备粮出入库、验收、储存检验制度,明确必检项目。遵循"有仓必到、有粮必查、有账必核、查必彻底"原则,对全市储备粮进行逐仓逐卡清查和检测,在储储备粮质量各项指标达到国家标准,数量真实。

【仓储设施建设】 9月,粮食安全和物资储备库项目在日新河库开工建设,建设内容为4万吨仓容、4×30吨/批次粮食烘干系统及相关设施,计划总投资6154万元。

(茅巍巍)

专营专卖

【食盐专营】 2022年,启东市盐业有限公司规范经营行为,防范经营风险,积极应对因新冠疫情封控、物流不畅、市民囤购的市场不利影响,保障全市食盐市场供应。全年实现各类盐品销售5600吨。

(唐红星)

【烟草专卖】 2022年,启东市烟草专卖局(分公司)做好卷烟营销工作。"金丝利·通家号"建设有新提升,"金丝利零售"加盟终端新建成10户,"金丝利通"新上线运行73台,"金丝利"公众号注册会员人数占启东常驻人口的9.38%。全年共完成销售3.21万箱,重点品牌销售3.1万箱,销售结构193.9元/条,比上年上升6.87%。共查处违法违规案件262起,查获卷烟545.28万支,总案值588.10万元。新办证件299份。行政处罚、行政许可均无行政复议、行政诉讼,群众服务满意度100%。坚持严格监管市场,以快递查处、物流监管、道路运输、公开摆卖为查案重点,全年共完成违规客户上报治理414户,累计对336户进行停供货源处理。与其他部门协同开展电子烟专项检查联合行动,逐户清点排摸,依法依规查处违规行为。开展中小学、幼儿园周边许可证清理工作,排查整顿学校周边200米内零售户201户,清理61户。

(江佳玲)

【石油经营】 2022年,中国石化销售股份有限公司江苏南通启东石油分公司完成石油销售总量10.1万吨,其中,零售经营7.7万吨(汽油5.7万吨,柴油2.0万吨),直分销经营1.3万吨。实现非油销售4066万元;IC卡充值1.54亿元,发卡5399张。成品油销售受大环境、新冠疫情及大力开发轻资产加油站的影响,自有站的零售销售比上年下降13.4%;批发业务稳中有小量上升;易捷便利店非油业绩比上年上升12.4%。有17座加油站销售98号汽油,其中,自有站12座,轻资产站5座。60%以上的站点实现24小时营业。有轻资产站11座,原启东民主加油站完成异地重建。

(钱玉红)

旅游业

【概况】 2022年,启东市围绕创建全域旅游示范区目标,全面聚焦"缤纷百里",全力打造最美江海岸线,按照全域景区化、景区精品化、文旅一体化、业态多样化的标准,大力发展江风海韵文旅产业,不断打响"日出江海、美丽启东"旅游品牌。至年底,全市共有省级旅游度假区1家,国家AAAA级景区1家,国家AAA级景区9家,省星级乡村旅游区12家,省级工业旅游区1家;星级酒店6家,星级酒店拥有床位1292张、餐位2475个;旅行社11家、分社2家。印象沙地、农道有机、通海垦牧公司创成国家AAA级旅游景区,启东A级景区数量位列南通市第一;希尔顿逸林通过五星级旅游饭店评定,圆陀角渔人码头街区创成省级旅游休闲街区,合作镇曹家镇村、启隆镇兴隆社区、海复镇搬场村入选南通市级旅游重点村培育名单。圆陀角江海公园(郁金香)入选省文化和旅游厅江苏春季赏花胜地,是南通市唯一入选胜地。文化和旅游部联合共青团中央推出“稻花香里说丰年”全国乡村旅游精品线路，启东市两处景点“江天生态园”“吕四渔港”入选南通“悠然江海乐 田园乡村游”线路。抗大九分校入选省首批文化遗产旅游精品点。市文化旅游投资集团有限公司被评为南通市第一批文明旅游示范单位。

【规划编制】 2022年，启东市按照“一核一环三级”即“113”（以城区为依托的主城文旅休闲服务核；依托沿江沿海生态景观带形成的“缤纷百里”最美江海岸线、吕北公路沿线形成的最美乡村生态景观环线；圆陀角旅游发展增长极、江海澜湾旅游发展增长极、启隆旅游发展增长极）的全域旅游发展总体布局谋划全市旅游发展。《启东市全域旅游发展规划（2019—2030）》启动修编，旅游发展纳入《美丽启东建设总体规划（2021—2035）》《启东市沿江沿海空间布局规划》《启东市海岸带综合保护与利用规划》《启东市“十四五”新型城镇化规划》《启东市“十四五”水利发展规划》《启东市“十四五”生态环境保护规划》。文旅重点板块总体规划阶段成果向省、南通专题汇报，获得省文旅厅肯定，规划成果纳入相关省、南通市规划体系。

【国家级全域旅游示范区创建】 内容参见《特载·启东市创建国家级全域旅游示范区》

【项目建设】 2022年，龙湾水镇、协兴港文旅综合开发、通海垦牧公司等13个文旅重点项目进入南通文旅产业重点项目库，年度总投资额38.64亿元，位列南通第一。龙湾水镇首期区域对外展示；协兴港文旅项目核心商业街区封顶；通海垦牧公司正式运营；江海景观大道围绕旅游咨询服务、驿站、观光交通方式等提升旅游公共服务配套。

【配套设施建设】 2022年，城区一级集散中心、圆陀角二级集散中心完成建设，正式对外试运营；江海澜湾、启隆镇2个二级集散中心完成建设。城区至圆陀角的旅游专线公交实现常态化运营。全域全景图、景区导览图、标识标牌等启动设计。两大高速服务区完成方案设计，四个主干道沿线驿站完成提档升级。圆陀角花儿营地投入运营。

【宣传推介】 2022年，启东市以“乐游启东”等作为主阵地，借助“携程”“驴妈妈”“启东发布”、融媒体中心、文旅集团等平台不断推介启东文旅产品。成功举办江海文旅节、启东海鲜节、“悦江海 爱启东”2022启东文旅美食促消费、江海国际文旅节启东专场等推介活动，成功举办CBA夏季联赛（启东站）、沙滩排球巡回赛等高级别赛事。

【长三角度假美学高峰论坛在龙湾温泉度假区举行】 7月30日，长三角度假美学高峰论坛暨龙湾温泉度假区资源推介会在龙湾温泉度假区举行。龙湾温泉度假区依托滨海优势，以江海文化为底蕴、新唐风为建筑基调、深海温泉为特色，打造集居住、文化旅游、健康颐养、科技教育、创新投资等于一体的滨海度假胜地，为最美江海沿线带来独特风景。论坛上，与会者对长三角地区度假产品及运营内容作深入剖析和展望；行业相关嘉宾开展圆桌论坛，对多元度假新场景新方式展开深入探讨。

【景区景点】 圆陀角旅游度假区 内容参见《启东概览·风景名胜》

碧海银沙 内容参见《启东概览·风景名胜》

黄金海滩 内容参见《启东概览·风景名胜》

通海垦牧公司 内容参见《启东概览·风景名胜》

梦幻长岛 国家AAA级旅游景区。位于启隆镇绿地长岛内。梦幻长岛景区面积约17万平方米，于2016年建成。景区包括骑士公园、花海、萌宠乐园、儿童无动力设施乐一园、乡村俱乐部、游艇码头等部分，设有游客中心、停车场、全景导览图、游览指示牌等配套设施。

大爱城农道有机公园 国家AAA级旅游景区。位于崇明岛北端，紧邻国家AAAA级景区东平森林公园及第十届花博会主会场。景区占地约10公顷，设施齐全，景色优美，包括商业街、景观公园、有机公园、共享菜园。以自然教育为主题，在突出生态农业、自然田园景观的同时，融入创意农业元素，打造研学、乐园、农事体验等多个特色项目。可同时接待300人以上团体活动、研学、会议及就餐，满足周末、节假日休闲度假需求。

江天生态园 国家AAA级旅游景区、全国五星级休闲农业与乡村旅游企业、全国首批农村创业创新园区、江苏省五星级乡村旅游区。位于汇龙镇鹤群村。园区占地40公顷，总投资1.2亿元，是全市首家以生态开发为宗旨，集绿色餐饮、生态居住度假、农事劳作体验、娱乐活动体验、农业文化展示、乡村休闲游乐等功能于一体的绿色创意农业园区。江天生态园以农业发展休闲旅游为重点，以“农文化展示、民俗风情体验、农业休闲娱乐、现代农业知识普及”为特色，打造“渔”文化创意农业休闲体验园。该项目曾获首届“江苏省创意休闲农业设计大赛”——农园与景观类创意银奖，并成功入选江苏100个主题创意农园。生态园另获全国群众性体育先进单位、江苏省巾帼农家乐示范基地、江苏省青少年农业科普示范基地、南通市十佳乡村旅游点、“我喜爱的长三角休闲农业与乡村旅游景点”等称号。

印象沙地 国家AAA级旅游景区、江苏省三星级乡村旅游区。位于惠萍镇。园内主体建筑为徽派苏式风格，配套设施一应俱全，设有餐饮区、住宿区、垂钓区、养殖区、酿酒区，总占地面积20公顷，总投资逾1.5亿元。餐饮区分金色大厅、梦里沙地、皖风苏韵3个区域，可同时提供千余个餐位。住宿区有中式客房、特色民宿（央视《味道》栏目取景地）、湖景休闲木屋、别墅等可供游客选择，共有床位100多个。垂钓区总水上面积2公顷。养殖区出产纯粮食喂养的家禽家畜以及有机绿色蔬菜。沙地酒坊自酿各类米酒。

渔人码头　位于长江入海口北侧，紧依江苏省重点渔港——连兴渔港，总占地面积近12.4公顷，总建筑面积约4.2万平方米，是一条集餐饮、娱乐、休闲、文化、旅游于一体的特色文旅商业街区。2022年创成省级旅游休闲街区。项目整体建筑为新中式风格，建有扬帆广场、圆陀广场、演艺广场、巨蟹广场、球幕电影等旅游设施。万达海底小纵队、暴风卡丁、球幕电影、盛世豪廷KTV、海景一号餐厅等主力店进驻开业。

江海文化景观大道　依长江、临黄海，串联圆陀角旅游度假区滨江沿海旅游资源，沿线拥有碧海银沙、黄金海滩、郁金香花海三大景区景点，并建成五大观景平台、五座旅游驿站、4.5千米彩色跑道、18千米彩虹路，形成一条展示长江文化、凸显江海特色的观江望海旅游线路和最美江海岸线。

五国温泉城　位于恒大海上威尼斯北侧地块，总占地面积约13.33公顷，规划建筑面积43000平方米，建设泰国、日本、土耳其、芬兰、意大利5个国家不同风格的温泉场馆。利用地下3200米天然温泉，使游客一站式体验泰式风情浴、日本樱花浴、芬兰冰火浴、土耳其泥土浴、意式风情浴。同时，配套建设温泉别墅、儿童游乐园。

仙渔小镇　位于吕四港镇。吕四仙渔小镇经省发改委报请省委、省政府批准，成为江苏省第一批建设的25个特色小镇之一。仙渔小镇以吕四国家中心渔港为依托，以海洋渔业产业为主导，以海洋文化体验为特色，采用“海洋健康产业+”的创新发展模式，通过产业、旅游、文化三位一体和生产、生活、生态三生合一的有机融合，重点打造集海洋捕捞、综合物流、加工研发、生产销售、休闲旅游、养生文化于一体的海洋综合产业体，形成以江海美食为特色的江苏省渔业转型旅游示范区和国家文化产业与渔业结合示范基地。

滨江绿廊　入口位于江海南路南侧，范围内堤岸长度共计4.35千米。以“重塑江水堤岸，打造滨江阳台”为主题，打造与江海共生的生态修复示范区，与城市共融的森林绿廊。依托沿江资源优势，结合“游、乐、赏、文、氧”五大设计策略，打造“一廊、三环、三片、六点”的沿江生态构架，即以“日出江海”观江廊道为景观核心轴，“中心环、车行环、堤顶路环”构成绿廊主要框架，森林氧吧区、核心休闲区、湿地涵养区构成三大主题特色片区，“日出江海、长江画廊、湿地画廊、望江台、醉莲香里、沙洲风情”6个景观点，形成滨江骑行、林下穿行、湿地慢行的绿廊特色。

龙湾水镇　江苏省重点文旅项目，总占地面积约33.33公顷。项目集温泉、唐韵、生态、蓝海四大特色于一体，打造唐人街、民康物阜、万国来朝、诗意唐韵、江山如画、盛世雄风六大主题板块，建有游客接待中心、唐文化风情体验街、龙湾大戏台、主题客栈、唐秀剧院等文化旅游相关配套。

郁金香公园　(潘杨/摄)

十里海湾　位于东海镇，由招商局集团和碧桂园集团共同注资，计划总投资12亿元，总规划建筑面积约9万平方米。十里海湾(协兴港文旅项目)定位加勒比航海主题的特色文旅小镇，一期引入招商健康、慢姑娘轰趴馆等品牌方，并打造蓝鲸餐厅、烘焙馆、便利店、颐乐中心等旅游基础配套，改造生态沙滩。二期为核心商业区，纯文旅商业业态，包含特技演艺秀、国际知名IP亲子主题乐园、营地乐园、沉浸式互动航海科技馆、加勒比主题飞翔影院、80米看海摩天轮、鲸鱼艺术中心、贝壳剧场等文旅项目，并配套建设加勒比风情商业街以及酒店设施。

郁金香公园　位于圆陀角旅游度假区南部沿江地块。总占地面积约26.67公顷，花卉种植面积达3万多平方米，种植各类郁金香花卉约120万株，包括“狂人诗”“小黑人”等珍贵品种，更有荷兰园艺师培育而成的新湖专属品种、被誉为“新湖之花”的“羞涩阿波罗”。郁金香公园配套建设江海观光平台、景观湖、风车长廊、荷兰风车等景观设施。

米歌酒庄　江苏省工业旅游项目。由大富豪啤酒品牌创始人及中国酿酒大师等为主要投资人投资兴建，由世界著名的阿特金斯、中国著名的轻工设计院，以及中国黄酒界的一批优秀管理者、专家共同设计。占地10公顷，总投资5亿元，有18幢独栋别墅组成，设黄酒文化品鉴体验区、近10万平方米的欧式景观工厂、10万平方米的现代生态农业展览区，致力于打造集现代化黄酒酿造及品评、工业旅游于一体的综合性黄酒庄园。

大自然度假村　全国四星级休闲农业与乡村旅游区、江苏省四星级乡村旅游点。位于惠萍镇大兴镇村。占地面积20多公顷，建筑面积2.3万平方米，有高效养殖水面、高效优质采摘果园、优良苗圃及楼顶4000多平方米智能化有机蔬菜园，总投资超过1.2亿元。大自然度假村有餐饮面积9000多平方米，可同时容纳1500人用餐；

有豪华包间38间和宴会大厅1个，可设宴50多桌；2个多功能厅分别可设宴30多桌、50多桌。有客房面积8000多平方米，设103个豪华间和14幢独幢别墅，均为水上建筑。建有农副产品展示销售中心。度假村获评中国特色农庄、2014年南通餐饮业十大农家乐品牌、南通市农业产业化重点龙头企业。

2022年启东市旅游景区、景点一览表

表8

景区类别	景区名称	级　别	地　　址
旅游度假区	圆陀角旅游度假区	省级	圆陀角旅游度假区
旅游景区	碧海银沙	AAAA	圆陀角旅游度假区恒大海上威尼斯内
	MOUMOU农场	AAA	江海澜湾旅游度假区长泰海滨城往里
	黄金海滩	AAA	圆陀角旅游度假区省道336线最东端
	抗大九分校	AAA	海复镇清虎村
	呆住·番茄俱乐部	AAA	王鲍镇中施村
	江天生态园	AAA	汇龙镇鹤群村
	梦幻长岛	AAA	启隆镇绿地长岛内
	通海垦牧公司	AAA	海复镇搬场村
	印象沙地	AAA	惠萍镇大兴镇村
	农道有机公园	AAA	启隆镇永兴东路208号
省星级乡村旅游区	大自然度假村	四星	惠萍镇大兴镇村
	金港农庄	四星	汇龙镇江海北路
	田仓农庄	三星	汇龙镇光荣村
	滨海村渔家乐	三星	海复镇滨海村
	渔家风情	三星	海复镇家禄村
	如意农庄	三星	吕四港镇如意大道68号
	盈康农庄	三星	寅阳镇戤效港1号
	目田农场	三星	北新镇红阳村
	果园生态经济区	三星	惠萍镇果园村
工业旅游区	米歌酒庄	省级	汇龙镇华石北路108号
旅游休闲街区	渔人码头	省级	圆陀角旅游度假区江枫路

【旅游线路】 追江赶海之旅　吕四渔港（赶海拾贝、海鲜排挡、渔家风情体验）—鹤城余韵（鹤城公园、集庆庵、三清殿、慕仙楼、千年银杏）—垦牧故里（抗大九分校纪念馆、通海垦牧公司）—圆陀角风景区、黄金海滩、恒大世纪旅游城（碧海银沙、双色海、五国温泉城）—欣赏启东夜景。

人文探索之旅　文博蝶湖—公园道明清古建—沈铁公故居（沙地传统民居）—沙地民宿—抗大九分校旧址—通海垦牧公司—启东县首届人民政府旧址—德勒撒堂旧址。

东疆行摄之旅　蝶湖—法音寺、公园道明清古建—果园生态区—崇启大桥、江滩湿地—江海文化景观大道—新湖郁金香花海—圆陀角风景区、黄金海滩、碧海银沙—沿海湿地、风电—抗大九分校旧址—通海垦牧公司—吕四渔港。

休闲自驾之旅　沪陕高速启东南—沿江公路—圆陀角旅游度假区—江海文化景观大道—恒大世纪旅游城（碧海银沙、双色海、五国温泉城）—黄金海滩。

乐享美食之旅　美食街区（幸福岛、华山路、申港城美食街区）—乡村旅游区（江天生态园、盈康农庄等乡村旅游区）—吕四渔港（杏花村大酒店、海鲜排挡）—圆陀角旅游度假区（恒大美食街、渔人码头美食街）。

亲子乐活之旅　江天生态园（农耕体验、捞鱼摸蟹）—恒大碧海银沙（沙滩风筝、沙滩游乐）—花儿营地—乐世界儿童王国—黄金海滩（金滩拾贝、乐踩文蛤）—呆住番茄俱乐部（亲自体验、悠然乡野)。

沪陕高速启东东—大自然度假村—印象沙地—果园生态区—沈铁公故居—江天生态园—沪陕高速启东北—启东市区—启东历史名人园—法音寺、公园道明清古建、灵秀公园。

沪陕高速启东西—呆住番茄俱乐部—吕四海洋风情区(仙渔小镇、吕四渔港、盈港海鲜市场)。

(周健飞)

金融业

银行业

【概况】 2022年,启东市本外币各项存款余额2105.27亿元,比年初增加195.62亿元,增幅10.24%;各项贷款余额1706.73亿元,比年初增加220.23亿元,增幅14.82%。中国人民银行启东市支行累计向2家法人银行业金融机构发放支农、支小再贷款资金23.1亿元,同比增加1.43亿元,累计支持2665户经营主体,累计办理再贴现资金0.48亿元,惠及18家中小微企业。

【经理国库建设】 2022年,中国人民银行启东市支行开展"点对点"拨付工作,为大唐电厂、艾德旺化工等企业拨付专项资金合计3772万元。常态化做好新冠疫情防控资金的拨付工作,全年共完成拨付1000余笔,金额近4亿元。配合财税部门做好个税汇算清缴退库和增值税留抵退税等工作,全年累计办理个税汇算清缴退库8.16万笔,金额5355.87万元;增值税留抵退税1854笔,金额33.30亿元。引导15家国债承销机构在全市150余家普惠金融服务点设立国债下乡宣传阵地,直接或带动销售国债534.89万元。及时提醒国债投资者办理到期储蓄国债兑付,全年兑付国债955.88万元。

【金融生态创建】 2022年,中国人民银行启东市支行实施"金融支持制造业提档升级工程",出台《金融支持制造业高质量发展专项行动方案》,引导辖内银行机构持续扩大对制造业企业的信贷供给,组织银行机构开展摸排融资需求、深化金融服务、扩大信贷投放等工作。年末,全市制造业贷款余额189.18亿元,比年初增加44.98亿元。加强与市发改、科技、税务、供电等部门沟通协作,推动建立"1521"工业龙头企业、百强企业、规模以上工业企业、高新技术企业、"智改数转"企业等八类制造业企业重点培育库,加快"专精特新"企业应税销售、信贷、用电等信用信息共享。至年末,全市"专精特新"企业贷款余额42.35亿元,比年初增加19.72亿元;户均贷款0.86亿元,比年初增加0.4亿元。

8月4日,中国人民银行启东市支行、启东农商银行联合市地方金融监督管理局、市农业农村局和市财政局举行市整村授信暨金融惠万家活动启动仪式

(市融媒体中心/供图)

【惠农便民工程】 2022年,中国人民银行启东市支行实施"手机号码支付场景推广工程",在吕四港镇东皇山村打造首个手机号码支付示范涉农场景。至年末,"渔民付"共惠及8900户渔民,累计交易金额9208万元。加快农村普惠金融服务设施建设,重点向常住人口多、投资需求大的农村深度倾斜,农村地区百姓小额取现难、生活类缴费难等问题得到持续缓解。引导辖内银行机构落实减费让利政策,共为小微企业和个体工商户减免支付费用817.58万元。推进"线上+线下"的金融国民教育模式,全市57所小学的6633名学生接受金融知识线上教育。

【现金服务】 2022年,中国人民银行启东市支行建立拒收人民币现金专项整治网格化管理体系,辖区建成网格120个,开展入户现金服务宣传、整治商户拒收现金、残币兑换、假币收缴等工作,为老百姓提供规范化、标准化的现金服务。全年组织对辖内35家金融机构网点开展现金服务暗访,妥善处理客户来电投诉7次。新冠疫情期间,及时掌握并督促辖内银行优化现金库存,制订应急预案,保证现金供应不受影响。

【农村信用体系建设】 2022年,中国人民银行启东市支行在新型农业经营主体信用体系建设中,通过优化信用评定的指标权重、扩大评定主体的覆盖面、强化评定结果的运用等举措,实现农信体系的提档升级。打造农户整村授信2.0版本,联合市地方金融监管局、农业农村局、财政局和启东农商行出台《启东市整村授信金融惠万家活动实施方案》,建立常态化信息采集机制,使农户信息采集更加精准。至年末,评选出97户金银铜牌信用户,实际用信2380万元。

【跨境金融服务】 2022年,中国人民银行启东市支行通过实地走访"一对一"、现场座谈"面对面"、调查研究"点对点"等方式,向跨境主体宣讲外汇政策,进一步了解企业在经营发展、外汇服务、进出口贸易等方面需求,助推辖区外向型经济发展。实施"外汇收支便利化工程",通过窗口指导、宣传引导、现场督导等形式，外汇收支业务便利化水平不断提升，7家企业通过国家外汇管理局江苏省分局贸易外汇收支便利化试点备案。实施"跨境人民币业务推进工程"，培育市场主体"本币优先"理念，人民币跨境收支结算规模稳步扩大。全年辖内跨境人民币收支合计87.2亿元，同比上升8.17%。

2022年启东市金融机构本外币信贷余额一览表

表9　　单位：万元

指标名称	年末余额	比年初
各项存款	21052699	1956241
境内存款	21043837	1954177
住户存款	14532399	2222230
活期存款	1902526	238690
定期及其他存款	12629872	1983540
非金融企业存款	4293787	-61516
活期存款	1628651	-326757
定期及其他存款	2665136	265241
财政性存款	262601	-88522
机关团体存款	1853357	-118517
非银行业金融机构存款	101693	503
境外存款	8861	2064
各项贷款	17067309	2202327
境内贷款	17066111	2201843
住户贷款	6010486	229222
短期贷款	1755368	131297
消费贷款	229613	35105
经营贷款	1525755	96192
中长期贷款	4255118	97925
消费贷款	3594088	-64801
经营贷款	661030	162726
非金融企业及机关团体贷款	11055625	1972621
短期贷款	3987012	530957
中长期贷款	6367014	1392583
票据融资	700387	47868
各项垫款	1213	1213
境外贷款	1198	483

（江霜铭）

※银行选介※

【中国工商银行启东支行】 2022年，中国工商银行启东支行实现本外币各项存款余额235.69亿元，较年初新增47.78亿元；本外币各项贷款余额154.86亿元，较年初新增16.67亿元。坚持"第一个人金融银行"战略，建立健全分层服务营销机制，加强储蓄存款的日常监测和督导，抓好代发工资客户拓展。年末，本外币储蓄存款余额127.22亿元，较年初新增22.70亿元。加强上市公司、拟上市公司的服务维护，紧盯存量有贷户，强化重点项目资金营销，持续推进对公存款稳存增存。年末，本外币对公存款余额108.47亿元，较年初增加25.08亿元。拓展优质信贷市场,支持重大项目建设,全年累计投放贷款14.14亿元。持续扩大普惠贷款市场,年末,普惠贷款余额20.21亿元,较年初增加6.31亿元。立足"商行+投行"客户服务策略,全年落地城投债券投资业务1笔,金额1.5亿元。立足"股权+债券"策略外延,拓展某企业激励解禁三方存管业务,解禁资金近3000万元。加强个金基保理产品销售,全年销售趸交保险1.16亿元、期缴保险4216万元、重点首发和持营基金1.02亿元。做大信用卡分期业务市场,年末完成分期交易额2.21亿元,分期余额3.02亿元;完成直客式汽车分期交易额1.04亿元。

(曹丽丽)

【中国银行启东支行】 2022年,中国银行启东支行本外币各项存款余额165.56亿元,比年初增加22.94亿元,其中,公司存款余额69.26亿元,比年初增加6.23亿元;个人存款余额96.29亿元,比年初增加16.71亿元。人民币各项贷款余额162.11亿元,比年初增加20.79亿元,其中,公司贷款余额109.39亿元,比年初增加17.98亿元;零售贷款余额52.72亿元,比年初增加2.82亿元;实现营业净收入4.68亿元,中间业务收入0.75亿元,拨备前利润3.94亿元。

服务地方经济 参与综合金融服务平台建设,全年平台新增企业注册65家;参与重大项目建设,全年投放资金16.04亿元。优化金融服务,全年普惠金融贷款余额22.61亿元,比年初增加6.94亿元,其中,线上普惠贷款余额4.72亿元,比年初增加2.86亿元。

跨境金融 协同市外汇管理局举办助企纾困银企座谈会,与同业交流做好外汇业务服务,推进外汇贸易便利化试点工作。全年为外贸企业累计叙做远期业务25亿元。加大中行电子交易平台宣传,为外贸企业进行现场安装及指导,实现线上全流程办理。全年支行国际结算交易量29.43亿美元,较上年同期增长91%;叙做跨境人民币业务量49.91亿元,较上年同期增长43%。

场景建设 深耕"建筑场景",为第二污水处理厂、吕四港镇港城国际、中央储备粮上海直属油库建仓项目、江洲富源小区等多个项目提供金融服务;服务"教培场景",与市教育体育局、文广和旅游局、科技局对接,协助开立"双减"教培资金监管账户,发展教管委行业码;拓展"社保场景",与市机关事业单位社会保险管理处签署合作协议,取得社保机关养老代发资质;搭建"党建场景",协助全市机关单位上线"复兴壹号"平台,智慧党建惠及全市逾万名党员。

(沈春伶)

【中国农业银行启东市支行】 2022年,中国农业银行启东市支行本外币各项存款余额291.59亿元,比年初增加35.7亿元。其中,本外币个人存款248.71亿元,比年初增加36.47亿元。本外币各项贷款余额152.93亿元,比年初增加20.14亿元。实现中间业务收入1.09亿元、营业收入6.39亿元,实现拨备前利润5.16亿元。全年获批项目10个,获批金额64.2亿元,实现投放16.2亿元;拓展大优客户11户,新增授信5.9亿元;制造业贷款较年初增加3.8亿元。新增"一项目一方案一授权"项目5个,授信2.05亿元。新增普惠贷款7.8亿元、按揭贷款2.65亿元。加大重点产品、重点区域的特色化营销,累计发放渔船捕捞贷款51笔,金额5581万元;发放小微贷款40笔,金额2.17亿元。数字化转型成效明显,至年末,新增掌银注册客户5万户,掌银月活客户4.9万户;净增有效场景40个,场景月活客户达3.3万户。实现基金销售5.3亿元、贵金属业务收入63.2万元;实现金融市场交易11.3亿元,其中,利率债分销8.7亿元;实现国际收支25.47亿美元、结售汇4.43亿美元;实现代理保险销量2.79亿元、中间业务收入1196万元。重要账户营销进一步突破,通过财政直接支付项目沉淀资金2.76亿元。改扩建网点2家,新设二级支行1家。

(范佳裕)

【中国建设银行启东支行】 2022年,中国建设银行启东支行完成一般性存款时点余额234亿元,比年初新增19亿元;一般性存款日均余额230亿元,比年初新增19亿元。其中,对公存款日均余额70亿元,个人核心存款日均新增23.4亿元。各项贷款余额185亿元,比年初新增25亿元,均列同业第一。其中,对公贷款余额103亿元,比年初新增24亿元;个人贷款余额82亿元,比年初新增1亿元。全年实现中间业务净收入1.07亿元,实现主营业务收入6.27亿元,实现拨备前利润5.01亿元。对接市农业农村局,实现城乡融合贷投放3.0亿元。全年实现国际结算量6.66亿美元,比上年增长10%;实现结售汇业务量5.04亿美元,比上年增加1.01亿美元;实现代客衍生交易量2.37亿美元。全年累计销售趸交保险3.39亿元,销售期交保险4228万元。全年新增私行客户37人,私行客户AUM值比年初新增4.51亿元;全行加权前晋升个人客户6024人,加权后3.26万人。全年实现普惠金融贷款余额28.69亿元,客户数2477户。全年拓展18个建行生活智慧食堂项目,总注册人数4586户,平均日活数约2000人,活跃率稳定在40%以上,其中乾朔电子智慧食堂为重点拓展项目,拓展人数超2000人,且保持长期稳定使用率。与启东麦香人家、Xian果颂等商户开展权益互动,与启东麦香人家、启东文峰千家惠达成积分商户合作,拓展建行综合积分的线下使用场景。认定公租房管理系统代收付,SAAS平台商户上线1户,建融家园新增获客完成1300户,住房租赁贷款折算后投放1.05亿元,折合房源数201户。

(王丹凤)

【江苏启东农村商业银行】 2022年末,江苏启东农村商业银行资产总额652.99亿元,比年初增长66.17亿元,增幅11.28%;各项存款余额

535.39亿元，比年初增加44.08亿元，增幅8.97%。各项贷款余额411.29亿元，比年初净增40.89亿元，增幅11.04%，其中，实体经济贷款349.79亿元，比年初净增41.37亿元，增幅13.41%；涉农及小微企业贷款388.05亿元，占比94.35%；普惠小微企业贷款127.82亿元，比年初净增19.02亿元，增速17.48%。五级分类不良贷款余额4.95亿元，比年初减少0.04亿元；不良贷款占比1.2%，比年初下降0.15个百分点。实现营业收入28.12亿元，营业支出23.13亿元，净利润4.99亿元。

推进普惠金融 全年走访“百行进万企”名单客户2647户，走访“三年未续贷”名单客户33887户，走访省级信贷产品名录客户623户，完成率均达100%。获取全市553户规模以上企业信息，累计走访规模以上企业320家，成功营销贷款4.87亿元，拓展代发工资491户。联合市农业农村局、地方金融监管局、财政局、人民银行启东市支行开展全市“整村授信·金融惠万家”活动。至12月末，为全市23.87万户家庭授信436.56亿元，累计用信11.76万笔，用信余额9.72亿元。推进普惠小微贷款投放。完成普惠小微企业贷款127.82亿元，较年初净增19.02亿元，增速17.48%；普惠农户及小微贷款166.39亿元，较年初净增23.78亿元，增速16.67%；普惠涉农贷款142.49亿元，较年初净增18.06亿元，增速14.51%。

智慧转型驱动发展 与市中医院和市第二人民医院合作“银医通”项目，与市城建交通工程总指挥部合作“智慧食堂”项目，联合启东文旅集团打造圆陀角旅游度假区“智慧旅游”项目，与启东中学、折桂中学、百杏中学、吕四中学和开发区实验小学合作“智慧校园”项目，实现资金统一归集，方便数据统计。改造升级农村普惠金融服务点236家，至12月末累计交易117.8万笔，交易金额9.29亿元。开展各种金融知识下乡活动1869次。上线企业微信自主应用、存量房系统和预售房托管资金系统、智慧大屏实时存贷款系统、贷款提前还款预约系统、阳光E贷失效重访登记等。

（高小行）

保险证券业

【保险】 2022年，启东市有保险公司分支机构28家（含营销服务部7家），其中，财险15家、寿险13家。市地方金融监管局加强跟市各大保险公司的沟通联系，鼓励保险机构参与社会管理，拓展业务，寻找新的保费增长点，积极创新险种，提升保险服务质量，促进启东市保险业高质量发展。全市保险机构保费收入增速为7.27%，位列南通各县（市、区）第三，处于南通第一方阵。

※保险公司选介※

【人保财险启东支公司】 2022年，人保财险启东支公司累计实现全险种保费收入33229万元，比上年增长25.49%，全险种市场份额占比为39.46%；实收保费33238万元，比上年上升26.5%。理赔支出18989万元，比上年上升4.6%。明确“车险强管控、非车险促发展、农险抓稳定”的指导方针，全年完成车险业务20011万元，增速15.37%，市场份额占比为38.03%；实行小额事故快速处理，深化全员协赔；小额人伤快速调解处理，大额人伤及时拜访提前调解，调解率达56%；根据不同险种成立项目团队，制订团队建设与大项目跟踪制度，同时严格控制承保条件，在源头上有效控制风险，全年实现非车险保费收入7989万元，增速63.06%；实现农业险保费收入5229万元，增速23.45%。

【人保寿险启东支公司】 2022年，人保寿险启东支公司实现总保费收入9.05亿元，增长率0.26%。其中，首年保费收入18964万元，比上年增长12.60%；首年期交保费15841万元，比上年减少5.93%；长险首年标准保费收入4716万元，比上年减少28.77%；政策性健康保险收入1252万元，比上年增长23.36%。全年理赔给付5796万元。公司开展“安康关爱行动”，为全市老年人提供意外伤害综合保险，累计参保人数达15.13万人次，累计实现保费1512.5万元。公司提供计生健康家庭保险保障，全年累计承保人数达4.5万人次，累计保费96.4万元。参与国家第三支柱养老体系建设，推进第三支柱商业养老保险业务发展，共销售专属商业养老保险161份，实现总保费收入179万元。在启东推动“爱军保”项目，为市退役军人和配偶提供综合医疗保险保障。与南阳镇结对帮扶，全年为南阳镇20762人次老年人、958人次计划生育妇女、397位失独人员、196位村干部网格员提供意外伤害保险服务，合计保费222万元。

（陈　玲）

【证券】 2022年，全市有证券经营机构3家，共有证券账户14.80万户、资金账户6.66万户。托管市值（不含限售）154.31亿元，较年初减少42.76亿元，降幅21.7%；托管市值（限售流通股）30.07亿元，较年初减少35.06亿元，降幅53.83%。证券交易金额1249.71亿元，比上年减少107.76亿元，降幅7.94%；实现营业收入2962.74万元，较上年减少689.62万元，降幅18.88%，其中，佣金及手续费收入2923.46万元，较上年减少724.07万元，降幅19.85%。

※证券公司简介※

【中信证券启东营业部】 2022年，中信证券启东营业部有托管资产158亿元，全年实现股基交易量542亿元，营业收入1808万元。全年新增客户1860户，新增客户资产5.4亿元；实现产品销售约3.5亿元。

【华泰证券启东营业部】 2022年，华泰证券启东营业部有托管资产41.11亿元。全年实现股基净佣金668.78万元，股基净佣金收入完成率80.13%。新开客户515户，其中，个人客户503户、机构客户12户；新开有效户210户，存量新达标有效户555户,累计新增有效户765户。新增融资融券客户87,融资融券日均余额1.27亿元。全年实现金融产品销售总额21.55亿元。引入机构及私募产品托管12户,托管规模3.2亿元。围绕存量低资产客户,发起存量盘活专项活动,共计盘活740户;向客户推荐配置优质的产品,完成非货销量33065万元;配置私募产品616万元。

【南京证券启东营业部】 2022年,南京证券启东营业部累计创收43.66万元,新增有效客户118户,新增流通资产4413万元。全年拜访企业逾50家,成功推荐22家企业在江苏股交中心挂牌,其中,科创板7家,成长板15家(含1家农业龙头企业)。开发2名私募产品户,引进交易资产逾1000万元。

(朱亚萍)

房地产业

【概况】 2022年,市住建局加强房地产市场监管,围绕"稳投资、去库存、控风险"等方面,精准施策,减轻企业负担,改善营商环境,支持合理购房需求,释放明确信号,加强预期引导,增强市场信心。出台新的《启东市商品房预售资金监管银行考核办法》《关于促进房地产业良性循环和平稳健康发展的若干措施(试行)》,制订居民购房优惠补贴细则。全市范围内全面实行商品住房最高备案价及片区指导价制度,根据启东一城一策方案、商品房价格备案指导工作细则、片区设置及指导价方案,确保市房地产市场健康平稳发展。组织开展对全市在建在售房地产项目违法违规行为的专项检查,重点整治老百姓投诉比较集中的预订(定)金的退还、商品房"一房一价"、"一价清"、捆绑销售等违法违规行为,对检查中发现的问题现场要求开发企业限期整改完成,整改不完成的采取关闭网签、暂停预售资金拨付等措施以严肃销售行为。协调恒大、绿地奥莱、绿地生命健康城、融创、文澜府等逾期交付问题,并对交付过程中的舆情信息及时处置。跟踪6个逾期交付商品住房项目,列入"保交付"重点项目,采取组建专班督导、压实主体责任、严格资金管控、主动服务引导、协调处理矛盾等措施,做好"保交楼"工作。

全年共批准商品房网上预售许可37个,批准网签面积204.57万平方米;批准商品房现售备案36个,批准现售备案面积216.07万平方米。商品房预售资金托管完成资金归集16.27亿元,拨付11.94亿元;商品房预售资金监管完成资金归集48.75亿元,拨付重点23.84亿元,拨付非重点43.76亿元。累计销售商品房10022套,销售面积104.36万平方米,销售金额86.75亿元;二手房累计交易5809套,交易面积78.25万平方米。共计受理新建商品住宅购房补贴申请613份,发放补贴57.11万元;二手住宅购房补贴申请1782份,发放补贴1606.37万元,并移交市财政局。办理商品房网上合同变更、撤销246份。受理一级资质2家,核准二级资质89家,事项变更5家。完成单位自建房实测绘148宗,地上测绘面积169万平方米,地下测绘面积3.4万平方米;完成商品房实测绘49宗,地上测绘面积286.9万平方米,地下测绘面积112.7万平方米,均出具测绘报告。

【房屋产权交易】 2022年,全市共完成存量房交易网签4513件,其中驻政务中心窗口受理网签2396件,中介门店客户端提交网签2030件,由监管银行端上传网签87件,"不见面"网签预审量占比为46.9%。完成商品房网签备案10678件,其中,拆迁安置4171套,商品住宅5337套,商业536套,其他634套。为方便因新冠疫情防控限制无法现场办理的群众办事,窗口工作人员协助办事人通过网络传送申请材料,并线上办理存量房网签备案。实施商品住宅预售资金托管工作,完成14家银行托管账户开立、17家房地产开发企业托管系统开通、1121份托管三方协议签订。商品房预售资金托管审核工作共完成7份资金拨付、3份资金退款申请、10份资金冲正申请。商品房预售资金监管审核工作共完成176份重点资金拨付、312份非重点资金拨付、82份退款申请、151份资金冲正申请、10个项目解除监管。施行存量房交易资金监管,完成"启东市存量房综合管理系统"搭建,与不动产、税务、银行进行系统对接,印发《启东市存量房交易资金监管办法》《启东市存量房交易资金监管实施细则》,共办理存量房交易资金监管184件,其中,"带抵押转让"29件。

【房地产中介机构监管】 2022年,市住建局加强房地产中介机构和从业人员执业规范,促进行业健康发展。落实中介机构备案制度,房地产经纪机构新增备案24家,有效期内已备案机构210家,营业执照经营范围包含房地产经纪服务内容的房地产经纪机构共有193家。实行诚信档案管理制度,存在违法违规行为的中介机构和从业人员,其失信行为记入诚信档案并在启东房地产热线网上公示;对3家违规发布期房房源广告的中介机构进行约谈,采取关闭网签资格、计入2022年信用档案的处罚。推行商品房代理机构备案执业制度,新增备案代理机构1家,至年底,有备案代理机构6家,其中,外地到启东市从事代理业务的机构2家,备案信息在启东房地产热线网上公示。联合市市场监督管理局对市区30家房产中介开展执业行为检查,受检查中介机构均能做到备案资料齐全、公示内容规范。

(姚　辉)

邮政服务

【概况】 2022年,启东市实现邮政业务收入2.66亿元,同比增幅5.59%。实现非寄递业务收入2.18亿元,同比增幅5.76%,其中,金融业务收入1.85亿元,增幅6.3%;实现寄递业务收入4734万元,同比增幅4.83%。在南通市率先实现快递行业工会、快递行业妇联等群团组织建立全覆盖。中国邮政集团有限公司江苏省启东市分公司获评2019—2022年度南通市文明单位,公司工会被评为江苏省模范职工之家。

【邮政机构设施】 2022年，启东邮政有营业网点50处，其中，金融类服务网点44处，均配备齐补登折机、ATM(CRS)自助机具；纯邮政服务网点6处，平均每一处营业网点服务人口为1.92万人。建成具备“销售+邮件自提功能”的邮乐购站点470个；有各类服务用车74辆；有计算机(在用)202台，终端机302台。

【邮政通信网络】 2022年，全市有汽车邮路38条，投递段道113条。其中，农村投递线路94条，农村投递线路长度(单程)7877千米；城市投递线路19条，有汽车和电动自行车，城市投递线路长度(单程)645千米。邮政城区投递无休，每日平均投递2次，农村快递包裹投递无休，每日投递2次。

【政企融合】 2022年，启东邮政分公司主动联系市红十字会、新冠疫情防控指挥部等单位，为防疫物资开通专属运输通道，连夜为南通大学输送生活物资；4月开通上海保供专线，一个月内累计运输保供邮件3785件。加强与市委宣传部沟通，助力全民阅读，打造“邮”其系列品牌，与26家幼儿园、小学开展“线下+线上”阅读作品展播以及评选活动。此项目被南通市全民阅读活动领导小组办公室评为南通市阅读推广项目。

【合作共建】 2022年，启东邮政分公司与政府、企事业单位主动沟通，累计与10家单位签订战略合作。其中，与市人社局、红十字会、邮政管理局等单位签订战略协议，促进人才引进；与移动、电信、科信技工等企业签订战略协议，打造智慧校园、智慧企业，为金融、寄递、邮务进行综合引流。

【服务乡村振兴】 2022年4月初，启东邮政分公司成立助农专项小组，助力启东腾益农业合作社、启东加发农业合作社发展。市邮政管理局联合团市委、市委网信办、今启网等单位，组织开展“暖心助农，‘疫’路‘邮’我”“‘团’聚网络，‘青’力助农”“‘邮’你‘政’好”等社区团购、直播、金融特惠购等活动。8月29日，启东市恒富隆农产品专业合作社被中国邮政集团公司认定为“区域级中邮惠农示范社”，为全省第26个，标志着启东邮政服务现代农业合作社取得新突破。启东邮政分公司与恒富隆、忠辉果蔬、吕鲜人家、九蕃农业等11家农村合作社、5家家庭农场合作，打造具有启东本地特色的农产品品牌6个，上线“邮乐网”平台产品60余种，开展助农直播8场，全年线上线下助力农产品销售总额突破1000万元。

（石佳艳）

【快递行业市场监管】 2022年，市邮政管理局开展快递市场清理整顿。全年依法核查、查处快递企业末端网点未备案及备案不合格8起。督促快递企业严格落实“三项制度”(实名收寄、收寄验视、过机安检制度)，严格执行《禁止寄递物品管理规定》及其指导目录。每月开展快递企业处理场所和营业网点的安全监督检查，及时做好安全隐患的排查整治工作。全年共检查邮政快递企业、直营网点、末端网点213家，下发责令整改通知书43份，行政处罚11.9万元，快递企业及营业网点在规定时限内都完成整改闭环。在冬奥会、冬残奥会、全国“两会”、中共二十大期间，与公安、国安、应急、交通等寄递渠道安全领导小组成员单位进行多次联合执法检查，加强“三项制度”监督检查。主动对接，联合相关部门严厉打击跨区揽件、危化品和烟草寄递等其他违法行为。

【邮政普遍服务监督检查】 2022年，市邮政管理局共检查邮政普遍服务网点50家，普遍服务网点均能按要求开办四项法定业务，“三项制度”执行情况较好。对市邮政分公司机要通信监督检查4次，各项环节落实较好。对《壬寅年》《第24届冬季奥林匹克运动开幕纪念》《中国共产党第二十次全国代表大会》邮票发行进行专项监督检查，未发现市邮政分公司有违规销售、损害消费者权益等违法行为。

【三级物流体系建设】 2022年，市邮政管理局会同市交通运输局研究构建三级物流体系网络，完成市级供配中心建设，推进镇、村级农村物流站(点)建设；启隆镇交邮融合线路试点运行良好。7月15日，启东邮政分公司、驿同供应链、市邮政管理局三方签订邮政快递合作下乡进村战略框架协议，争取实现“村村通快递”目标。

【“七号检察建议”落实】 2022年，市邮政管理局与市人民检察院强化协作，形成监督合力，共护寄递安全。合作机制自2021年12月13日建立至2022年，双方召开联席会议4次，开展联合执法检查3场，组织寄递行业员工法治培训4场。

【智能信包箱建设推广】 2022年，市邮政管理局加强与市住建局、行政审批局等部门沟通协作，推广新建小区智能信包箱建设。全年推进融创和恒大2个地产新建住宅小区安装5组智能信包箱，共计1340格口。

【关爱快递小哥“暖蜂行动”】 1月下旬，联合市委组织部、市总工会开展春节慰问活动，为快递小哥发放“暖蜂礼包”300份，走访2名困难快递小哥；6月中旬向468名快递小哥赠送每份45元的新就业形态劳动者专项意外伤害保险；6月下旬免费为14名优秀快递小哥提供疗休养服务。

（袁宁峰）

通信服务业

【概况】 2022年，启东市通信业完成业务总量11.33亿元，比上年增长25.2%；实现业务收入9.57亿元，比上年增长7.8%。年末全市移动电话用户106.24万户，其中，5G移动电话用户47.54万户，比上年末增加13.55万户，有5G基站1686个。互联网宽带接入用户41.19万户，比上年末增加2.98万户。

【电信】 2022年，中国电信股份有限公司启东分公司积极落实集团云改数转战略，加快实施新型智能通信网络的升级换代，全面实现全业务高质量规模发展经营目标。投身启东行业智能化、农村信息化、家庭智慧化建设,业务涵盖4G/5G移动、宽带接入、电信电视、固定电话、网元出租以及各种行业信息化服务。开展“开门红”“宽带大会战”“金秋大促”“拔旗行动”等系列活动,提升智家产品规模;提升支局、门店、直销、装维销售和客户维系能力,全面完成南通分公司下达的主营收入预算指标。持续开展光网质量提升,增强网络承载能力和安全保障能力。组织开展10GPON设备扩容、高带宽用户提速割接、老旧设备退网、双路由整治等网络优化工作。开展无线网络建设,高质量开展5G和云网建设,优化电信网络覆盖质量。全面完成5G站点的组网和开通,开展1.8G网络深耕,加快室分系统建设,新增LTE扇区。配合政府及相关部门,有效应对两次台风恶劣天气,防止机房大面积掉电故障。完成多家政企客户单位的室内分布建设,实现南通大学启东校区以及科信技工学校的5G室内分布全覆盖。加强服务申诉管控,重点保障5G、携号转网、智慧家庭、云网融合服务感知,建立服务长效机制。提高首次见面交付合规性,全面使用智呼鉴权,加快推广电子填单、装维电子交付单,规范服务流程。公司获南通分公司“市场经营贡献奖金奖”“规模发展先锋奖金奖”等荣誉。

(陆玲玲)

【中广有线】 2022年,中广有线信息网络有限公司启东分公司确保广播电视节目安全传输,完成传统节日及冬奥会、全国“两会”、中国共产主义青年团成立100周年、中共二十大等重要保障期的安全播出工作。全面发展互动电视、高清电视、宽带数据业务、广电5G、付费业务和本地信息化服务,基本实现全市农村区域的FTTH网络全覆盖,支撑高清业务、双向业务、智慧业务落地。落实城区老旧小区网络升级改造工作,推动广电基础设施改造与市委、市政府实施的老旧小区整体改造工程同步实施。汇聚江苏有线、华数集团等优势资源,深挖智慧化项目、新媒体应用等方面的潜力,全面拓展视频监控、数据专线和信息化项目等市场,完成教育网、市政府1号视频会议等数据专线的维保工作,保障各类数据专线的通畅运行。完成2022年度启东市智慧广电示范乡镇(寅阳镇、近海镇、海复镇、启隆镇)项目建设,提升广电高清和4K超高清终端普及率,区域电视门户与“平安乡村”“在线教育”“智慧党建”等各类平台资源的有机融合,丰富服务业态,有效促进基层社会文化服务提质增效。

(黄　丹)

【移动】 2022年,中国移动启东分公司规范运营“网、端、微、屏”线上阵地,梳理确定22项推进清单,明确具体举措、预期效果,以“红黄蓝”三色督导机制推进项目实施。加强5G建设,以“一站一表”清单式管理为保障,从方案、建设、优化和评估全方位组织落实,快速提升5G网络覆盖能力。全年共开通302个5G基站。成立投诉处理“阳光团队”,执行“1+7+30”投诉解决时限,投诉处理完成率93.98%。开展需求闭环管理,实行“结单制”,每周反馈支撑需求落实情况,直至问题彻底解决。全年搜集一线支撑需求155条,结单率97%。深度覆盖家宽网络,全年共完成行政村网络资源整治26个村。发展信息化收入,企业上云、云桌面、信息安全等级保护等场景均成功运用。

(卞红华)

【联通】 2022年,中国联通启东分公司抢抓产业数字化转型机遇,全力推进5G网络覆盖、数据中心建设,助力区域经济发展,服务民生。至年底,全市有联通营业厅26个,各类服务人员135人,有移动电话用户12万户,家庭宽带用户2万户。全年新增L900站点70个,解决翡翠花苑、生命健康城等难点覆盖区域9处,新增宽带覆盖9.5万户。参与城区老旧小区改造、宽带筑网行动、“数字乡村”等民生工程,在反诈专项行动、打击公民信息侵害等方面作出突出贡献。拜访规模以上企业,推动工业互联网标识、企业上云的普及和“智改数转”企业的储备,通过排污监控项目、养老机构食堂监控项目树立部分细分领域的应用标杆。作为南通标准化教务系统的服务供应商,为全市中高考等考试提供保障十余次。在中共二十大期间,圆满完成上级下达的重保任务。

(蔡咏梅)

【首个海上5G基站建成】 2022年,启东移动公司开通距离蒿枝港50千米的海上5G基站,实现该区域4G/5G移动信号覆盖,为后续的5G+航线对比、锚点通信、海上搜救提供部署能力,为近海海域的渔民海上作业、往来船只提供优质网络保障。该基站安装在海上升压站楼顶,安装高度约25米,网速达到400兆每秒。

(卞红华)

责任编辑　汤巍威

城市建设与管理

国土空间规划

【规划编制和研究】 2022年，启东市自然资源和规划局推进启东市国土空间总体规划编制，完成国土空间“三区三线”(农业、生态、城镇三个功能区；永久基本农田、生态保护红线和城镇开发边界)划定、预支国土空间规模指标落地上图方案和沿江沿海空间布局规划编制等工作。10月14日，“三区三线”划定成果获自然资源部批准并正式启用。“三区三线”划定优化永久基本农田和生态保护红线布局，最大限度争取城镇开发边界规模，有力保障重点板块和重要基础设施项目的建设空间。加快推进村庄规划编制工作，全市所有村庄实用性村庄规划阶段性成果基本完成。

(黄天送)

【规划审批与管理】 2022年，市自然资源和规划局严格规范规划审批程序，按照省政务公开工作要点，公开办事流程，推动审批透明化。全年完成用地红线技术性审查121宗、规划条件意见书135份、建设工程设计方案电子审查151份、规划指标核定63份；完成规划验线项目131个。开展建设项目事中监管和违法建筑认定，全年认定违法事项70个。

(周晓茹)

土地资源管理

【土地利用现状】 根据国家下发最新土地利用现状数据，启东市行政区控制总面积为168129.30公顷，其中，农用地89766.46公顷(包括耕地56772.33公顷，园地1707.25公顷，林地7381.33公顷，其他农用地23905.55公顷)，建设用地36613.24公顷(包括城镇村及工矿用地31741.78公顷，交通运输用地3592.31公顷，水域及水利设施用地1279.15公顷)，未利用地41749.6公顷(包括草地1464.46公顷，河流水面20105.95公顷，滩涂17312.07公顷，盐碱地2867.12公顷)。

(钱炜灵)

【用地保障】 2022年，市自然资源和规划局重点服务保障重大项目。年初成立产业项目资源保障工作专班，逐个项目细化成12个节点，落实环节责任，挂图作战。全年保障78个工业项目用地用海需求，报批土地313.27公顷，获省级用海审批8宗201.47公顷，完成海域使用权证换发不动产权证6宗144.57公顷。出让土地77宗430.87公顷，合同出让金总额125亿元。挖掘存量资源，全年处置征而未供土地78.2公顷、供而未建土地379公顷、低效用地320公顷。创新征而未供土地处置思路，通过增存挂钩方式将原来征而未供地块60.6公顷退出批文，既完成启东年度任务，又支援南通整体征而未供处置量的完成。

(蔡　敏　张红花)

【地籍测绘】 2022年，市自然资源和规划局预编宗地号834个；完成5个单独选址项目、18个村镇建设用地批次、220个拟征地地块以及北沿江高铁等重大项目权属地类分析、现状上图和勘界报告审核工作；完成115宗出让、划拨、收回、临时用地等用地勘界报告审核工作；完成农村集体土地所有权和农房确权登记数据成果汇交工作；完成串场河、新港河等17条河流自然资源统一确权登记主体性工作；完成城镇规划区范围内全要素地形图编制、城区图编制、辅助决策地图联动更新、天地图、测绘标志普查、时空信息云平台更新维护、城市空间监测第一阶段任务等基础测绘项目；完成城区、海工园、恒大区域约70平方千米三维倾斜摄影和单体化模型建设；完成对全市测绘单位涉密地理信息数据安全保密专项检查工作。

(钱炜灵)

【不动产登记】 2022年，市自然资源和规划局聚焦数字化建设，在电子证照、数据共享、场景应用等领域，持续创新“互联网+不动产登记”惠民举措。依托“江苏政务服务网启东旗舰店”“南通百通”App，实现多事项“跨省通办”、多业务“不见面办理”、线上“7×24小时不打烊”。“网上一窗”延伸至全市银行网点，全程网办业务量占银行抵押业务的88%。实现“拿地即开工”“交房即发证”，助力企业发展。持续优化营商环境，围绕助企纾困，推进工业厂房分幢分层登记，并实行“快受理、快审批、快发证”。开通企业财产登记专窗，对涉企不动产登记业务践行“一窗受理，即时办结”。全力化解不动产登记历史遗留问题。全年共办理不动产登记业务57177件。

(沈滢滢)

【改革创新】 2022年，市自然资源和规划局联合市大项目、行政审批、税务等多个部门探索行政审批新模式，在项目用地挂牌出让时，同步开展规划条件研究与产业发展协议制订，前置权籍调查等工作，进行项目立项至施工许可的全链模拟审批，推出土地成交后的“五证”(建设用地规划许可证、不动产权证、工程规划许可证、审图合格证、施工许可证)齐发。提高审批效率，原本3～5个月的审批时间压缩至3个工作日，21家工业企业实现“拿地即开工”。集体经营性建设用地入市获初步成效，完成交易10宗，租赁面积29.27公顷，入市收益517万元。

(蔡　敏)

城市建设

【概况】 2022年，启东市住房和城乡建设局加快老城区更新改造，推进新城区建设，提升城市品质，促进城乡融合；加强道路、绿化、燃气、供水等市政公用事业建设，实施老旧小区高标准改造，推进安置房、保障房建设，稳定房地产市场，深化新型城镇化建设和乡村振兴，打好防污攻坚战。全年有城建项目40个，总投资46.88亿元。

【市政道路】 2022年，城市路网不断畅通，全年新建广汇人才公寓东侧道路、华山路等4条城市道路，长度1.74千米，完成公园路—长江路等3个路口渠化改造，延伸城市主干道，建设交通环线，打通瓶颈节点。城区共有主次干道75条，城市道路总长276.18千米，道路总面积601.26万平方米。

【城市绿化亮化】 2022年，市住建局推进沿江沿海特色风貌塑造，围绕“缤纷百里、江海画卷”主题定位，成立启东沿海特色风貌管理委员会，初步完成沿江沿海特色风貌塑造暨总体城市设计方案。滨江生态绿廊首开区正式开园，打造与江海共生的生态修复示范区。完成城市绿道二期贯通工程团结闸—中央河、庙港河—头兴港河、头兴港河西岸（广电广场—世纪大道），总长9.5千米。实施版画院西侧绿化项目（民胜路西侧、黄浦江路北侧）；完成紫薇东路（民胜路—惠阳路）、瀛东巷（灵秀路—河南路）、建设中路西侧（民乐路—泾河路）、制药厂东巷（民乐路—长江路）4条道路绿化工程。全市建成区园林绿地面积达1468.77公顷，绿地率为41.02%；绿化覆盖面积达1571.58公顷，绿化覆盖率为43.89%。

【文明城市长效管理】 2022年，市住建局助力全国文明典范城市创建，养护道路1.6万平方米，修复侧石、沥青路面40多千米，养护路灯168套，维修电缆故障短路1.8千米；开展专项风险普查行动，完成调查道路89条、桥梁92座，录入“全国房屋建筑和市政设施调查系统”，完善市政设施基础数据。整治地下管线，完成井盖排查2.3万个，修复问题井盖435个。组织对燃气、供电、给排水等地下管线安全生产检查4次，整改问题45个。开展“拔杆行动”，协调电力、通信等相关企业清除乱搭“飞线”，集中拔除市区181根无用、弃用电线杆。在城区小区新建30个电动自行车集中充电设施。

【老旧小区改造】 2022年，市住建局对紫薇一村实施老旧小区高标准改造，形成老旧小区改造的样板工程、精品工程。成立改造现场临时党支部，通过与社区群众拉家常、召开“小板凳”议事会等方式，听取群众意见，采取个性化方案解决居民诉求。选取信用良好的企业参与老旧小区改造，强化现场管理。全年共完成改造36栋，受益居民737户。鼓励支持多层住宅加装电梯，累计发放94份规划许可证、93份施工许可手续，有59台电梯投入运行，惠及居民600多户，增设数量位居南通第一，在全省县级市中名列前茅。12月，南苑二村、紫薇二村北区被评为江苏2021年度省级宜居示范居住区项目。

11月16日，城市第二污水处理厂湿地工程进行基础结构施工 （潘杨/摄）

【水环境整治】 2022年，市住建局攻坚整治城乡污水，开展管网建设修复工程，检测修复城区雨污水管网200千米。实施中央大道、惠阳南路、华山南路等污水管网建设工程，新建污水管道长度约3.5千米。开工建设城市第二污水处理厂工程，计划建设规模近期5万吨/日，预留远期扩建至9.8万吨/日空间。完成2个合计5.72平方千米城镇污水处理提质增效达标区建设，共涉及小区53个、道路29条，实现该区域雨污分流。对紫薇东路河、灵秀路河、江海南路河等5条河道开展活水、景观提升等工程，提升河道水动力。按照行政村治理“双60%标准”，完成农村生活污水片区化治理1.9万户。组织南城区街道、城投集团对南城河周边区域进行排查，第一时间对破损截流井进行修复，提升南城河水质。和平南桥考核断面氨氮指标持续提升，南通市抽检达标率100%。

（姚　辉）

城市管理

【概况】 2022年，启东市城市管理局综合运用“大数据+网格化+铁脚板”等方式，开展巡查监管，建立扬尘问题快速发现、快速整改、严格执法体系；印发《关于进一步明确生活垃圾分类工作相关职能部门工作职责的通知》《启东市生活垃圾清运点专项整治方案》，构建垃圾分类管理制度；督促各区镇建立人员考核办法、长效管理机制，推进环境综合整治。优化执法体制机制，完成第二批执法人员下沉工作，配齐配强镇域综合行政执法队伍；以市委办、市政府办名义印发《关于进一步优化城镇管理执法体制机制的通知》，从完善城镇管理执法监督体系、强化基层综合执法队伍管理、健全城镇管理执法保障机制三个方面着手，提升城市治理和公共服务能力；开展基层综合执法赋权事项专项评估，提高赋权的针对性和实效性。完善网格管理机制，将市区原有16个网格合并升级为8个，以“2+1+N”（执法人员+副网格长+城管辅助人员）的模式配置市容管理队伍，全面构建市容长效管理体系。全年发出各类交办、督办、提醒等通知、函件共29份，发布工作简报16期。

【市容管理】 2022年，市城管局成立流动摊贩专项整治领导小组，联合公安、市管、街道、区镇等单位开展市容环境集中整治专项工作，对学校、商场超市等重点路段形成排查整治清单。开发完善“智慧市容”管理系统，及时发现纠正流动摊贩、占道经营等市容违规行为。签订市容环卫责任制7300余份，用好“三色”管理，实时排查门店信息，按周更新“三色”清单。

4月22日，市区世纪家园社区新时代文明实践站组织开展以“参与垃圾分类 保护地球家园”为主题的地球日宣传活动 （王海兵/摄）

全年劝离流摊1.2万余处，处理乱堆放4781处、超门窗7021处、乱吊晒2067处，整改非机动车乱停2.9万余辆。规范户外广告管理，《启东市城区户外广告设施设置专项规划及部分道路详细规划》进入重大行政决策稳评程序，修订《启东市户外广告和招牌设施设置管理办法》，印发《户外广告和店招标牌设施安全应急预案》，推进城区违法违规户外广告拆除工作，共拆除楼顶镂空字广告150余处，城区29处跨街广告全部拆除。推进违建整治。至年底，改造小区紫薇一村楼顶违建69户全部拆除并清理完毕，东方维也纳、世纪家园、瀛东新村、职工新村等小区拆违工作有序推进。全市共拆除新增违建57起1049.39平方米、存量违建45起6037.295平方米，实现存量违建减量化、新增违建零增长。

【环境卫生管理】 2022年，市城管局致力防污攻坚治理，牵头市扬尘办，对六类现场扬尘污染整治活动进行督查，共检查点位114个，发出交办单25份，发布扬尘治理督查通报3期。严查建设领域扬尘管控，加大管控力度，全市80个项目对接扬尘在线监测，立案查处建筑工地3起，处罚7.5万元；立案查处渣土运输车未密闭或抛洒滴漏15起，处罚2.63万元；约谈提醒工地周边管理不到位、未采取密闭措施5起。城区86条主要道路580.45万平方米路面实现全覆盖、无缝隙保洁，机械化清扫率达95%，主要道路保洁时间不低于16小时。持续推行生活垃圾“三定一督”（垃圾投放定时、定点、定人、跟踪督导）四分类管理，分批次在城区40个小区改建生活垃圾清运点141个，至年底，基础建设完成118个，分类房落地97座，水电接通工作全面开展。强化餐饮油烟管控，完善数据库，实现24小时在线监测，发放宣传手册1000余份，踏勘370多家，发放超排提示函65份，抽测餐饮场所31家，开具责令整改通知书100多份。推进餐厨废弃物全域全量收运，与建成区304家餐饮单位、机关单位食堂、商业综合体等签订收运协议，配置5辆密闭运输收运车辆，并向汇龙、近海、东海等区镇部分企业食堂、餐饮单位延伸收运工作，平均日收运量达25吨。依托智能环卫平台开发餐厨废弃物自动称重系统，在113家餐饮单位开展试运行。专管职能中队严格控制餐厨废弃物流向，开具整改通知书7份、执法提示书4份。严抓建筑垃圾运处，建立城管环卫联动机制，联合公安部门定期开展联合执法，共查处各类案件92起。加快建筑垃圾资源化利用项目规划建设，项目投资约2.5亿元，规划用地4.33公顷，设置处置能力30万吨/年，11月投入试运行。

【惠民实事】 2022年，市城管局在欣乐城、吾悦广场、亿丰商城、团结闸、紫薇三村等6处设置便民疏导点，提供摊位130余个，并加强疏导点软硬件设施维护；完善动静交通网络，加强公共自行车系统运维服务，全年骑行突破35万人次；推进共享电动自行车项目建设，10月正式建成运营，共投放符合最新国家标准的电动自行车3000辆，设置停车点位400余个；完善智慧停车系统，新增停车泊位1420个，推出4个潮汐式开放停车场；在城区重要路段、重点区域划设非机动车停车线1.5万余米；助力夜市经济，共受理49起关于摊位摆放、场所搭建等行为的行政许可申请，城管执法中队每天出动150余人次对吾悦广场、欣乐城等商业综合体实施夜间巡查，提供执法保障。

（仇春花）

公共事业

【电力供应】 2022年，启东市共有35千伏及以上变电站36座，其中，220千伏变电站5座，110千伏变电站16座，35千伏变电站15座；变电容量362.14万千伏安；35千伏及以上输电线路79条，总长1193.4千米。全社会用电量50.2亿千瓦时，同比增长2.5%。启东电网调度最高用电负荷首次突破百万千瓦，达103.1万千瓦，比上年最高纪录增长13.1%。序时建成110千伏港口变、志良至天汾35千伏线路改造等4项工程，大电网供电能力显著增强。统筹完成全市7个供电网格规划，编制启隆、海永区域全电压等级电网规划，推进全省首个全电智慧港口吕四港建设。高效应对台风“梅花”等极端恶劣天气，全年变电设备保持零跳闸，配网线路故障跳闸次数同比下降51%。开展“我为群众办实事”“亲情服务进万家”等优质服务再提升活动，全年投诉意见同比下降45%。促成市政府出台《启东市推行电水气通信有线联合办理实施方案》，完成南通地区首例水电联办业务。全面推进“开门接电”示范区建设，主动跟踪30项省、市重大项目。推动出台《启东市居民区电动汽车充电设施建设安装实施办法》，解决老旧小区电动汽车充电难题。

（龚臻琰）

【燃气供应】 2022年，全市共有液化石油气充装企业11家、管道天然气企业3家、天然气加气站4家。全年共供应天然气1亿立方米、液化石油气1.9万吨。天然气管道新增243千米（中低压），总计1734.5千米。供应管道气用户16.3万户、液化气用户28万户，城区燃气气化率和用户普及率均达100%。为5000户特困低保户、80岁以上老年人安装燃气泄漏安全保护装置和免费更换金属软管、减压阀，解决贫困家庭燃气安全问题。推进居民用户自闭阀、报警切断安装，自闭阀累计推广16210户，报警切断累计推广8088户。市住建局不断完善制度规范，强化安全保供，加大市场监管，出台《启东市城镇燃气安全排查整治工作实施方案》，巩固拓展市“一年小灶”成果，推动“三年大灶”持续开展。加快推进城市燃气管道等老化更新改造，全年完成整改15个小区207处管道安全隐患。提升燃气安全监管智慧化、信息化水平，组织配送公司全面升级现有配送系统，申领的钢瓶严格落实“最终用户信息、入户安检合格、人脸拍照”闭环管理，建立瓶装液化气全链条安全监管体系。全市11家液化石油气企业场站实现24小时在线监管。推进“瓶改管”工作，通过降低收费标准，缩短施工期等措施，市区餐饮场所“瓶改管”完成150家。

【安全供水】 2022年，市住建局全面保障城市供水能力和供水安全，推进实施区域供水工作；完成区域供水通汇线42千米修复工程、东环线21千米建设以及启隆增压泵站、常乐增压泵站建设；实施供水设施提升改造，完成城河新村等11个老旧小区供水管网改造和紫园路（紫薇路—长龙路）、海洪南路、林洋路（紫薇路—人民路）等道路水泥管改造，共新建管网15千米，改造旧管网10千米。供水公司配合市住建局实施老旧小区改造，完成2021年遗留的7个老旧小区供水管网改造项目，实施3个老旧小区供水管网改造工程，新增紫薇一村智能化旧改项目；实施28个房地产项目给水工程，完成21个；完成新建道路配套给水工程4个；全年完成新建供水管网DN50以上约126.54千米，改造旧管网DN50以上10.58千米；全年共接报修6905次，报修处理完结率100%。供水公司实现营业收入3亿多元，较上年略有增长。其中，水费收入2.05亿元，比上年下降2%；涉水工程施工安装收入9516万元，比上年增长5%。全年销售水量7239.88万吨，比上年下降4%。全市有自来水用户55.39万户，其中，城区用户19.16万户（居民用户18.33万户）、乡镇用户36.23万户。

（姚　辉　陆　星）

【污水处理】 2022年，水处理公司共有水处理厂11个，全年污水总处理量3851万吨，比上年增长15%；完成污水处理费收入4911.5万元，比上年下降1.74%；污水收集率从上年的65%提升至80.4%。完成工艺技改29项；接受各级环保取样40次，达标率100%。加强控污溯源，全年签订纳管协议201份，监测采样377次，发现企业超标66次；安装干网沿线监控装置39台。

（陆　星）

【白蚁防治】 2022年，市住建局及时跟踪、做好新建房屋白蚁预防施药工作，重点实施全市工业产业园区厂房建设和安置房的白蚁防治。制订《2022年安全生产工作措施》《药物危害治理计划方案和实施方法》。在《启东日报》刊登白蚁预防宣传文章，在北新镇白蚁重灾区、小区公园开展白蚁科普讲解，对受白蚁危害的楼道开展“敲门行动”，全年共计发放宣传资料、宣传品近1000份。全年房屋竣工面积超400万平方米，竣工房屋692幢，施药面积超125万平方米。完成2010年、2014年、2018年白蚁预防竣工项目的回访复查工作。开展白蚁危害上门鉴定103户，灭治施药21户，灭治处理面积2890平方米，下乡112次。

（姚　辉）

交　通

综　述

【概况】 2022年，启东市公路总里程2988.809千米，其中，高速公路62千米，国省道252.427千米，县乡村道2674.382千米。全年完成公路货运量552万吨，比上年减少6.9%；实现铁路客运量52.9万人次；实现公路客运量58万人次，比上年下降68.5%。优化新增14条公交线路。吕四作业区西港池8号~9号码头改建工程完成竣工验收，10万吨级集装箱泊位正式启用。吕四港作业区内河转运码头一期工程部分泊位完成竣工验收并投入运营。9月28日，江苏省委、省政府召开北沿江高铁开工动员会，启东市第一时间组织征拆工作，征地组卷工作在南通市乃至全省率先完成。洋吕铁路完成80%工程量，崇启铁路形成规划咨询稿并通过专家咨询论证。省交通运输厅公布“2021年度全省公路水运平安百年品质工程创建示范”达标项目，南通港吕四作业区西港池8号~11号码头工程（“2+2”码头）获评全省第三，在全省水运创建示范达标项目中名列第一。

（杨　阳）

【规划编制】 2022年，启东市交通运输局做好规划研究，编制《228国道启东段工程可行性研究》《启东市市域快速路网规划研究》《农村公路规划研究》和《等级航道调整规划研究》文本，为建设互联畅通的交通体系提供支持。

（施静怡）

【交通基础设施投入】 2022年，全市公铁水交通基础设施建设完成投资9亿元，由于财政投资建设资金紧张，与上年相比资金减少三分之一。其中，公路建设完成投资2.14亿元，航道建设完成投资1.14亿元，农村公路建设完成投资1.58亿元，基础设施维护完成投资1.61亿元，解缴铁路资本金2.3亿元，投入研究设计费用2500万元。

（杨　阳）

【全省首个县级长江和海上交通安全专委会设立】 2022年,启东市发布《关于设立启东市长江和海上交通安全专业委员会的通知》,正式设立启东市长江和海上交通安全专业委员会,这是全省首个县级长江和海上交通安全专业委员会。该专委会负责综合研判水上交通安全形势,研究部署和督促指导水上交通安全工作,统筹协调解决水上交通安全生产中的重大问题,建立健全水上交通安全责任体系和长效管理机制,全面推进长江水上交通安全和污染防治工作。

【市智慧低碳交通区域性项目通过省级考核验收】 5月27日,启东市智慧低碳交通区域性项目接受省市交通主管部门组织的考核验收。专家组实地核查大唐国际吕四港煤场全封闭改造项目、大唐吕四港光伏发电项目、南通港通州湾吕四作业区西港池8号~9号自动化码头建设项目等,听取项目陈述汇报,审核项目材料,一致同意通过考核。项目获96.76分,在2022年全省3个绿色交通区域性项目中得分最高,将获得省交通运输厅节能减排专项资金补助300万元。项目具有系统性、示范性、创新性特点,涉及绿色低碳港口、海河联运、绿色出行、绿色智慧交通四大主题,包含10个子项目。项目应用自动化技术、光伏发电、粉尘防治、信息化系统、新能源等节能环保技术,可实现年节能3.51万吨标准煤,年替代燃料2325.7吨标准油。

(范　荣)

公　路

【概况】 至2022年年底,全市公路总里程2988.809千米。其中,高速公路62千米,国道111.717千米,省道140.71千米,县道388.868千米,乡道918.625千米,村道1366.889千米,构成城乡贯通、纵横交错、四通八达的农村路网体系。有公路客运站场4个,其中,一级站1个,三级站3个。全市境内公路客运量58万人次,旅客周转量6151万人千米;货运量552万吨,货物周转量109958万吨千米。

(陈　健)

【干线公路建设与养护】 2022年,省道433按照“畅安舒美智”的要求,完成路面改造,同时归并部分中分带,全面提升道路交通安全,同步开展智慧公路研究设计,为群众提供有体验感的智慧交通服务。G345启东段改扩建工程有序推进,其中,华石路隧道完成施工,头兴港大桥完成主体施工。

(施静怡)

【农村公路建设与养护】 2022年,启东市继续推进“建好、管好、护好、运营好”农村公路建设,以“四好农村路”省级示范县创建为抓手,以各镇循环线为载体,进一步规范“启明江海　行吾东疆”品牌名称、标识、宣传口号等要素在路域、公交、服务等设施的应用。提升品牌的知名度,在合作镇府前路入口和交叉口处喷绘“启明江海,行吾东疆”品牌logo,在安全教育宣传牌和农路宣传展板上、合作驿站里,多方位展示品牌形象。省交通运输厅公路事业发展中心公布2022年度农村公路品牌提升成效评选结果,府前路入选2022年度江苏“美丽农村路”样板路。巩固“四好农村路”省级示范县创建成果,推进示范创建活动由县向镇延伸,共创成吕四港镇、合作镇、海复镇、寅阳镇、惠萍镇5个市级示范镇。全年完成农村公路提档升级47千米,改造危旧农桥40座,实施农村公路安防工程163千米,路域环境整治50千米。建设市县一体化智慧农路管理系统应用,集基础地理信息和农村公路路网基础数据为一体,通过数字地图,把人员监管、公路信息、桥梁信息、村镇信息均纳入其中。推动农村地区精准地图导航,利用大数据服务群众。全年乡村公路养护总里程2281.12千米。启东市获评全省“农村公路建设示范县”,获奖补资金2.5亿元。

(林　忠)

铁　路

【概况】 2022年,启东市境内有运营铁路1条,即宁启铁路,启东境内总长度39.45千米;规划建设铁路2条,即北沿江高铁、洋吕铁路。年内,宁启铁路客运发送旅客27.55万人次,到达旅客25.35万人次。

【北沿江高铁】 北沿江高铁起自上海市,经崇明岛至南通站、泰州站、扬州站、南京北站至合肥站,设计时速350千米,南通境内设置如皋西站、南通站、海门北站、启东西站。线路全长554.6千米,其中,新建铁路519.9千米,在启东境内里程约20.75千米,涉及启隆、王鲍和北新3个乡镇。根据规划,启东西站位于北新镇、王鲍镇境内,东距启东市区11.8千米,西距海门临江镇13.1千米,南跨沿江公路,北距沪陕高速7千米、紧邻336省道。启东市涉及长江北支大桥、新三河特大桥、启东客整所3个先行用地点。2022年,市交通运输局配合完成项目立项批复工作,做好征拆安置工作,推进服务保障工作。7月15日,率先完成用地组卷上报工作,并配合沪杭公司开展大临用地的踏勘选址工作。9月28日,北沿江高铁江苏段开工动员会议南通分会场在启东召开。北沿江高铁主线途经启隆镇、北新镇、王鲍镇,涉拆736户。12月12日,沪渝蓉高速铁路崇启公铁大桥首根钻孔桩正式开钻,标志着沪渝蓉高速铁路上海至南京至合肥段正式进入全面建设阶段。12月14日,启东市完成征地组卷并上报,征拆工作在南通乃至全省位居前列。

【洋吕铁路】 洋吕铁路是通州湾港区规划的“铁路连港区,内河到码头,港口通大洋”现代集疏运体系的重要铁路货运通道,是国家《中长期铁路网规划》中普速铁路网“三门峡经禹州至江苏沿海港口铁路”的最后一段。先导段主线西起东灶港站,东至吕四站,启东境内20.091千米,新建吕四港南站,改建既有吕四站2座车站、通吕运河特大桥和三甲特大桥2座特大桥;进港支线7.1千米,新建吕四港站。2022年,启东市发挥市镇联动效应,征地拆迁、提供临时用地等各项工作走在沿线县(市、区)前列,征地组卷上报任务率先完成。成立攻坚小组,化解排除施工堵点近20个。至年底，洋吕铁路工程量完成设计量的80%。其中，2座特大桥桥梁结构基本完成，梁体施工进入收尾阶段。

（黄赛健）

【铁路管理维护】 2022年，市护路办每季度召开铁路护路联防工作联席会议，从严落实铁路护路联防各项工作措施。推进铁路沿线安全环境综合治理智慧工程，与市公安局、市域治理现代化指挥中心协调对接研究，补盲织密重点部位的视频监控185个，建设"75个巡更点位+6架无人机+18辆智能巡查电瓶车"的三位一体智能化巡防设备。提档升级"护路平安小站"，北新、王鲍、汇龙、南阳、吕四、海复各建成护路小站1个，提升综合治理水平与应急处置能力。围绕建设"隐患查改""重点人员""护路宣传"三张清单，排查清除各类风险隐患。发挥"双段长"工作机制优势，指导区镇铁路护路巡防队伍开展铁路沿线安全环境整治工作，协调路、地双方开展工作。9月，成立平安启东建设领导小组铁路护路联防工作协调小组，办公室设在市公安局治安大队。11月，市委政法委与市公安局完成工作交接。研究制定有关火车站进出站的新冠疫情防控方案，开展疫情防控工作。

（谢良汇　黄赛健）

港　口

【概况】 2022年，通州湾港区吕四作业区规划岸线14.8千米，通海港区启海作业区寅阳码头区规划岸线20.6千米。全市共有码头泊位139个，全年新增内河转运码头5个1000吨级泊位。全年完成港口货物吞吐量1082.1万吨，其中，内贸722.6万吨，外贸359.5万吨。通州湾新出海口吕四起步港区开港入选中交发展研究院发布的《2022年全球集装箱港口十大建设发展事件回顾》。

【港口建设】 内容参见《园区经济·江苏启东吕四港经济开发区》

（施春艳）

8月19日，铁路民警开展铁路巡线　（姜新春/摄）

【岸线环境整治】 2022年，根据《南通港总体规划》新修编和规划的内容对已调整的3.2千米通用岸线充分利用，推进东恒盛舾装码头、连兴港材料码头、京沪重工舾装码头工程改造为通用码头项目研究，促进港口岸线高效利用。3个改扩建项目编制工程可行性研究报告。推进实施沿海船舶污染防治及岸电使用工作。启东中远海运海工获评2022年度江苏省绿色港口，是全省船舶企业中唯一获此荣誉的单位。

（施春艳　范　荣）

【通州湾新出海口吕四起步港区集装箱码头开港】 内容参见《园区经济·江苏启东吕四港经济开发区》

【启东中远海运海工获评江苏省绿色港口】 2022年，启东中远海运海工获评2022年度江苏省星级绿色港口，全省共评选29家，启东中远海运海工是全省船舶企业中唯一获此荣誉的单位。为落实"绿色化生产、数字化运营、智能化制造"的战略部署，启东中远海运海工成立绿色化生产与能源管理委员会，企业万元产值综合能耗下降32%，碳排放量下降37%，绿色发展成效显著。在绿色化生产方面，先后实现通过高压变频电源，把岸电变频变压后供海工项目调试使用；增设一级能效变频螺杆空压机，以提高气电比；购置数字型逆变焊机、激光切割机等节能型设备；光伏、储能的应用比例达到企业总用电量的12%；能源管理平台建设使厂区能耗情况可以直观呈现；码头初期雨水收集系统，厂区废水、废气、烟尘处理系统等环保设施配置良好；绿色产品建造绩效国内领先。

（施春艳）

内河航道

【概况】 2022年，全市有内河航道总里程649.3千米，等外级433.88千米，等级215.42千米，其中，五级航道53.85千米，六级航道88.15千米，七级航道73.42千米，通航船闸1座。沿江沿海港区2个。

（邵世平）

【航道建设】 通吕运河作为吕四起步港区重要的疏港航道，2022年加快实施通吕运河航道整治工程，累计完成疏浚土方90万立方米、重力式护岸643米、灌注桩护岸725米、DD型插板桩护岸413米、锚地护岸295米、老驳岸加固1240米。疏港航道配套工程天汾大桥、鹤港大桥分别于6月和10月建成通车，省道335大洋港桥开展施工前准备工作。对全市通航水域桥梁开展防撞措施项目施工，新三和港航道护岸按三级标准实施6千米提档升级，完成8座交通危桥的拆除重建。

（陈　健）

【航道管理】 2022年,市交通运输局实施汇吕线航道6千米护岸工程(新三和港北新桥至通启河中间段空缺部位),与省港航事业发展中心合作建设。该工程共投资3839万元,其中,省港航事业发展中心补贴600万元。加强航道巡查,全年共巡航31次,巡航航道里程2500千米。全年对辖区等级航道扫床2次,等外级可通航航道扫床1次,共计扫床里程402.86千米,对扫床发现的4处航道碍航物进行清理,共清理沉石50余吨。对辖区航道228.94千米进行测量,共测量断面4027个。

(邵世平)

【天汾大桥建成通车】 8月18日,天汾大桥建成通车。大桥位于吕四港镇。天汾老桥始建于1969年,2021年3月老桥拆除改建。新建的天汾大桥位于老桥上游104米处,总长341.32米,总跨径335米,主跨达95米,为市首座下承式钢管混凝土系杆拱桥。

【鹤港大桥建成试通车】 12月28日,鹤港大桥建成试通车。该桥为市建桥工程史上最大跨径桥梁。大桥位于吕四港镇,横跨通吕运河吕四段,东起延寿路、西接富港路,全长1561米,设计标准为城市主干道,设计速度50千米/小时。其中,桥梁为三级航道标准桥梁,桥宽25米,主跨长120米。2020年10月开工建设,2022年10月全部竣工。

(施静怡)

交通运输管理

【概况】 2022年,市交通运输局继续贯彻公交优先发展战略,整合公共交通资源,完善配套设施建设,以更好地服务民生。新增113路城市公交,优化111、206、229路公交,开通237路公交及夜间公交和K01路启东客运总站至海门客运总站快速公交。扩大老年人乘坐公交免费范围,完善基础设施,方便群众候车。新建30个公交候车亭,20个电子站牌建设实施招投标。海复、向阳公交回车场建设充电桩,推进绿色交通。城乡交通一体化继续获省AAAAA级评价。在新冠疫情防控期间完成33139人次转运任务。全年春运、黄金周、中高考运输、新兵运输、交通战备、防汛防台等重点运输保障无差错、无事故。

【农村物流发展】 2022年,启东市启动“农村物流达标县”创建工作,推进城乡物流服务一体化发展。完成具有启东特色的创建方案设计,落实任务分解。推动交邮融合,降低物流成本。坚持资源整合,优势互补,依托各行业在物流体系中的基础条件和优势,形成“场站共享、服务同网、货源集中,信息互通”的农村物流发展新格局。依托启东驿同供应链管理有限公司、启东新城农业发展有限公司、中国供销·供天下农产品国际物流港、启东邮件处理中心升级打造4个县级农村物流中心并投入运营。在239路公交代送邮件的合作基础上,将高新区客运站、江海交管所提升为综合运输服务站,12个乡镇实现农村物流服务站全覆盖。村级农村物流服务点覆盖全部涉农建制村(居)。

【安全监管】 2022年,市交通运输局履行安全生产监管职责,实施“安全生产大检查”“百日攻坚”等专项整治,开展“地毯式”巡查和“专家式”体检,全年监督检查发现隐患847条,整改完成率100%。坚持科技兴安,打造启东智慧交通平台、内河智能监控平台和铁路“一张图”平台,推动安全生产工作逐步实现从“事后处置”向“事前预防”转变。严格把握“两客一危”企业的资质审查,参与执法大队的安全检查。组织对“两客一危一货”企业进行安全生产主体责任履行情况大排查。组织开展道路运输企业安全生产经验交流座谈会及组织开展道路运输企业负责人、安全管理人员、营运驾驶员安全文明驾驶教育专项行动,“两客一危”两员考核完成率100%。逐步扩大考核范围,通过书面通知和集中布置,开展落实5辆车以上的普货运输企业进行两员考核。组织“两客一危”、港口码头企业开展落实主体责任先进企业经验交流活动,发掘“党建+安全”模式,成立货车司机流动党员党支部,向党员货车司机发放安全生产方面宣传手册,发挥货车司机流动党员辐射效应。

(陆健健 陈 旦 彭启博)

【环保政策落实】 2022年,市交通运输局开展国Ⅲ及以下排放标准柴油车提前淘汰报废工作,淘汰国Ⅲ以下柴油货车982辆。优化运输结构,引导货运企业向规模化、集约化经营。发展甩挂运输,10辆车以上普货运输企业增加至40家。

(陆健健)

海事监管

【概况】 2022年,南通启东海事处全面履行海事职责,在服务发展大局、保障水上交通安全、坚持依法行政、防治船舶污染、维护船员利益、水上应急搜救中发挥应有的作用,保障辖区水上安全形势稳定,服务港口企业发展,助推启东沿江沿海开发。推进设立启东市长江和海上交通安全专业委员会,为全省首个县级长江和海上交通安全专业委员会。

【水上安全专项整治】 2022年,启东海事处通过水陆域巡查、电子巡查、驻点检查、船舶进出港报告核查等方式,加强涉水工程、码头和江海河海交汇水域等重点水域检查。其间,共出动执法人员2000余人次,出动执法车船900余次,水域、陆域巡查1200余小时;使用“智慧长江”、闭路电视、船舶自动识别系统等方式,对辖区水域、码头、船舶开展电子巡航、船舶进出港报告核查4200余艘次。推动多部门联合行动,开展长江北支启东北新镇段万安港非法码头专项整治,虽然万安港非法码头所在水域不在启东海事处管辖水域,但启东海事处主动发挥海事优势,在市有关部门厘清万安港非法码头管理职责之前,主动调查摸清所有因海关扣押相关船舶,并逐条船舶做动员工作。6月底至7月初,该非法码头所有因海关扣押船舶驶离现场。

【风电交通运维船专项整治】 2022年，启东海事处针对启东海上风电场项目进入风电运维期的实际，加强对风电交通运维船舶及登乘点建设的检查，持续做好风电交通运维船监管、商渔船防碰撞、“三无船”（无船名船号、无船舶证、无船籍港的船舶）专项治理等工作，开展现场宣传45次，发放宣传资料1200多份。加强与市农业农村（渔政）、交通、公安、水务等部门的信息共享和联动执法，开展日常巡查、联合巡查，合力打击非法船舶违法行为。全年开展联合执法24次，巡查港口（河口）120次，共发放通告120份，驱离非法船舶40余艘次，查处“三无船”11艘，其中，浮子筏9艘，查处内河船舶涉海运输4艘，推动自主拆解内河自卸式砂船“长鼻王”1艘。

【内港池水域示范点建设】 2022年，启东海事处探索“企业自治+属地主管+海事监管”协同治理内港池新模式，推进吕四环抱式港池内港池水域示范点建设。推动地方政府出台江苏沿海首个内港池水域渔船禁航规定，将渔船疏导至吕四新渔港进行生产和避风等相关活动。通过推动建设专门的生活垃圾接收、生活污水回收新流程，增配防污染设备等举措，实现内港池码头船舶污染物自主接收设施全覆盖。运用“智慧+信用”手段，推进诚信港池建设，建立规范诚信的经营作业秩序，推进内港池船舶“全过程不违规不违法”。

【协助打击走私】 2022年，启东海事处将水上交通安全监管中心工作与打击走私工作有机结合，强化联合巡查、联合执法与源头管控，加大现场宣传力度，提高船员抵制走私、打击走私的自觉性。加强与海警、长航公安、海关、边检及码头所在地政府的联系与合作，强化进出港船舶的电子巡查和现场检查，重点检查船舶的AIS轨迹、进出港报告等情况，强化船员身份的识别与审核，发挥海事在打击走私工作中的职能作用。

【船舶污染防治】 内容参见《生态环境·污染防治》

【服务口岸发展】 内容参见《开放型经济·口岸·启东海事处》

（彭玉章）

水　利

【概况】 2022年，启东市围绕“水利工程补短板、水利行业强监管”水利建设新要求，高质量推进水利建设各项重点工作，清水、兴水、治水、节水、管水、护水“六水行动”取得阶段性成效。争取省以上水利建设补助资金9529.1万元，加大水利基础设施建设。其中，省水利重点工程6423万元，省级水利工程维修养护费181万元，农村水利与水土保持642万元，三峡移民项目资金和直补资金903.5万元，农业水价改革补助152万元，河湖管理与保护694万元，生态修复资金474万元，水资源节约与保护资金25万元，河湖采砂执法资金25万元，物资储备管理费6.6万元，水利伤残民工补助3万元。全年水利建设总投入2.67亿元，用于涵闸拆建工程、江堤（段）提标工程、区域治水、三峡移民后期扶持项目、农田水利工程、防汛防旱工程、水利维修项目、长江岸线生态修复工程及河道保洁等。农村河道长效管护连续四年获全省第一等次，农田水利工程管护获全省“四连优”，启东市水务局获“省级节水型机关”称号。最美江海岸线建设成果连续被央视新闻频道《朝闻天下》《新闻直播间》报道。

【“智慧水利”建设】 2022年，市水务局通过新建网络系统，整合既有资源，在启东政务云上搭建“1+1+1+2”智慧水利总体框架，旨在建立一朵政务云、一张物联网、一个数据仓、两个支撑平台，推进全域治水标准化、长效化、现代化。“智慧水利”建设涵盖水利物联网、智慧水利数据仓、智慧水利基础支撑平台、智慧水利综合应用平台、标准规范体系和安全保障体系六大配套工程。“智慧水利”建设项目总投资约2600万元，分两期规划。至年底，启东市水系连通及水环境整治工程自动化监控系统（智慧水利）一期项目投资880万元，共完成17座闸站的自动控制系统开发建设，其中包括闸泵远程控制柜18套、雷达水位计39套、视频摄像机60台、海塘渗压计18台、GNSS测站7台；开发完成一套智慧水利系统，其中包含综合门户、精细化预报降雨分析、智慧闸门调度及管理、堤防安全监测、统一用户管理、水利数据资源管理、水利地理信息服务等模块。经过一期项目的试运行，实现启东市防洪治涝、活水调度、工程管理的多元监控、智能诊断、科学决策、智慧管理，全面提升启东市水利管理现代化能力，为南通市智慧水利建设打造“启东样板”，为江苏省、全国智慧水利建设提供“启东方案”。

9月13日，市水务局依托智慧水利系统，开展防御台风“梅花”远程水情调度工作　（王海兵/摄）

【区域治水】 2022年,启东市围绕“区域治水启东先行”目标,实施“1+3”区域治水工程,即以城市建成区东片、西片为试点,后以寅阳、启西、吕四3个农村片区为重点,基本完成450平方千米区域治水任务。采用套闸、钢坝闸、橡胶坝、小型涵闸、简易钢木排架束水、过水景观堰等控导设施,建成南通第一条水下立交——260米三星河地涵,实行控导工程运维、整治、绿化、控制“四位一体”精细化管理。巩固提升建成区东片、三和港西片120平方千米活水运行;完成建成区西片、寅阳片区活水任务,寅阳片区活水工程试运行到四级河道;基本完成吕四片区活水工程,陶家沟泵闸一体化工程、念总村河道连通工程完工,串场河水系连通工程进入收尾阶段。

【农村水利】 2022年,启东市以二三级河道为主,以村庄河塘为辅,以畅通河道为主任务,推进农村河道疏浚整治。完成疏浚三级河道2条、四级河道46条、五级河道1651条,累计完成疏浚土方100万立方米;完成拆坝建桥(涵)47座。

【水政执法】 2022年,市水务局严格生产建设项目水土保持制度,对98个国家级、省级图斑进行现场认定,查处认定违规项目88个,完成水土保持行政许可审批41个,共征收水土保持补偿费218余万元。在全市全面开展南美白对虾养殖取水核查工作,现场封填取水井140余口,立案查处非法取水企业1家,有效遏制养殖企业(户)非法取用地下水的现象。立案处罚2起擅自清淤行为,对2起未经批准擅自修建水工程行为责令限期整改。

【水利服务】 2022年,市水务局建立巡堤巡查、抢险抢修、岸线环境整治3支专业队伍,全覆盖发现和排除险情、全天候监控和保洁岸线、全方位维修和保养水闸。推进“智慧水利”一期工程,逐步实现水资源管理、水环境管护、水工程维护、水灾害防治、水文管理自动化。强化生态补水调水,全年共计排涝626闸潮次,排水量69204.25万立方米;大洋港闸引江调水19潮次,排水量12412.61万立方米;节制闸引水4092.27小时,引水量23079.34万立方米,完成排涝调水任务。

【水利部农村水利水电司领导到启东调研】 7月13日,水利部农村水利水电司副司长(正司级)许德志一行,到启东调研农村安全供水、区域治水、生态河道以及美丽江海岸线建设等情况。许德志一行实地考察区域供水王鲍升压站、丁仓港公园区域治水控导运行、三条港生态河道、南阳镇元祥村水美乡村、圆陀角美丽江海岸线等农村水利建设设施。许德志充分肯定启东市水利建设取得的显著成效,希望启东市不断创新治水机制,打造更多更好的治水样板,供江海平原地区学习借鉴。

【省水利重点工程通启运河(海门界—黄海)整治工程建设】 9月4日,通启运河(海门界—黄海)整治工程开工。通启运河在启东市境内全长32.7千米,流经王鲍、合作、南阳、近海4个区镇,承担着530平方千米的排涝任务,灌溉面积103.5万亩,不仅承担两岸农田抗旱防涝的职能,也为航运、工商业发展提供良好的基础条件。由于多年未整治、航道使用频繁,通启运河启东段河坡坍塌、水土流失、河道淤积、岸线后退,严重影响运河引排及防洪功能的发挥。2021年7月,启东段治理工程被列入全省水利重点工程。该工程总投资1.45亿元,按照20年一遇的防涝标准实施整治,主要建设内容为疏浚河道10.85千米,新建护岸52.244千米,拆建下河踏步59座,接长现状排水口39座等。总工期13个月。至2022年年底,先行开展的护岸工程完成木桩施工7.7千米,完成预制桩沉桩10055根,完成预制板安装3402块。

【南通首个河长制主题公园建成】 2022年,位于头兴港河东侧的河长制主题公园建成开放。作为南通市首个河长制主题公园,园内共分趣味知识、长江大保护、治水历史名人、涉水法规四个板块,利用宣传标语、展板、小品、景观雕塑等全面展示市水资源与水利知识、宣传河长制文化。

(史　璐)

9月4日,市举行通启运河整治工程开工仪式　　(市水务局/供图)

责任编辑　黄亦美

乡村振兴

综　述

【概况】 2022年,启东市围绕“农业必须强、农村必须美、农民必须富”的目标要求,大力实施乡村振兴战略,推动农业产业增产增效、人居环境焕然一新、乡村治理井然有序、农民增收稳中有进。全市新增全国农村创业园区(基地)2家,累计2家;启东市获评全省粮油生产强市和稻麦输出重点县(市);南阳镇是南通市唯一入选全国农业产业强镇创建名单的镇;启东现代农业产业园获批省级现代农业产业示范园;农村河道长效管护获全省第一等次,农田水利工程管护获全省优秀等级,河长制工作专项考核实现南通“三连冠”。全市粮食生产面积121.20万亩,总产量32.88万吨,比上年增长0.2%,夏粮生产获省通报表彰;蔬菜(含四青作物)播种面积68.73万亩,总产量121.01万吨;实现生猪存栏15.87万头,出栏32.07万头;水产养殖面积稳定在33.9万亩左右。渔业总产量约32.56万吨,实现渔业总产值94.9亿元。省农业农村厅公布60个具有代表性的农民增收典型案例,《启东寅阳镇:“蟹农”花式产加销　延伸宽广致富路》入选。创建省级生态宜居美丽示范镇1个、省级生态宜居美丽乡村11个、南通市级生态宜居美丽乡村8个;推进2022—2023年23个乡村振兴示范村、先进村建设培育工作;成功创建省级特色田园乡村1个。注重道德实践,夯实乡镇新时代文明实践所(站)阵地建设,建成城乡一体、协同运行的1中心、16所、306站、2018点的“四级阵地载体”。聚焦网格化服务管理,全面打造具有启东特色的“微网格”模式,全市共设置“微网格”11983个。拓展村集体收入来源,变补贴式“输血”为多渠道“造血”,推动村集体经济可持续发展,全市村均经营性收入达85.34万元。

【规划政策编制】 2022年,启东市为全方位推动农业农村高质量发展目标,全面推进乡村振兴战略,走好稳农与强农相辅相成的特色发展之路,促进农业全面升级、农村全面进步、农民全面发展,市农业农村局起草《启东市“十四五”农业农村现代化发展规划》(以下简称《规划》)。《规划》重点聚焦“农业高质高效、乡村宜居宜业、农民富裕富足”发展目标,突出加快推进农业强市建设,深入剖析启东市农业农村发展不平衡不充分各项短板,厘清发展思路、明确发展定位、优化发展布局、制定重点任务、强化执行保障,形成规划整体框架。《规划》分为1个总规、5个子规。总规主要包括“十四五”发展形势、“十四五”发展总体思路和要求、重点任务、重点工作、保障措施等。子规主要包括农村产业融合发展规划、种植业发展规划、渔业发展规划、畜牧业发展规划、农业机械化发展规划。根据《规划》和相关文件精神,不断加大强农惠农力度,推动现代农业精致高效发展,进一步增强发展活力,发挥农业政策的导向和扶持作用,围绕市委、市政府中心工作和重大决策,形成较完善、可预期的财政资金政策支撑体系,出台《关于做好2022年全面推进乡村振兴重点工作的实施意见》《关于2022年加快推动农业农村高质量发展的政策意见》《关于推进启东农业产业发展的实施意见》等政策文件,为乡村振兴战略实施提供保障。

(潘玲玲)

【村级集体经济发展】 2022年,全市261个村实现村级经营性收入2.23亿元,村均85.34万元,其中,房屋等资产出租收入1517万元,土地等资源发包收入2288万元,投资收益1234万元,去除土地三项整治收入后的持续稳定性收入占比提升至50%,村级集体经济不平衡性有所改善。

【农村“三资”管理】 2022年,启东市就农村“三资”(农村集体经济中的资金、资产、资源)管理中出现的新情况新问题,制定《启东市村级财务公开暂行办法》等文件,健全农村集体“三资”管理制度,确保农村集体“三资”在制度约束下有序运行。所有村级财务进入南通市农村集体“三资”管理监督系统,实现实时传递、数据分析、业务处理、查询汇总、监督指导、网络预警一体化,形成市、镇、村三级联网的农村集体“三资”网络化监管平台。在村集体经济组织“三年一轮审”的基础上,探索开展村级财务第三方审计,送第三方审计的村和新型合作农场数量不少于10个。实践中做到“三个必审”:基层群众反映问题较多的村必审、巡察检查发现问题较多的村必审、集体资产数量较大的村必审。抓好第三方审计发现问题的整改,并督促镇、村举一反三,完善制度,强化管理,提高第三方审计的权威性。

(邱红燕)

【脱贫攻坚成果巩固】 2022年,启东市保持帮扶政策稳定,对2021年度在南通市内定点医疗机构住院个人自付医药费用超过2000元的原建档立卡低收入人口进行保险二次赔偿和慈善基金补助,补助319人,补助134.93万元,有效防止因病返贫、因病致贫。免除10847人次低收入人口基本医疗保险和大病医疗保险个人自缴部分574.89万元。做好控辍保学工作,全市义务制学校入学率达100%。通过免缴学费、发放生活费等方式资助低收入户子女371人次,发放教育助学金38.03万元。在东海镇、圆陀角旅游度假区开展乡村公益医疗互助项目试点,通过村民自愿出一点、镇村集体资助一点、社会慈善赞助一点等方式筹集资金。全年全市12个试点村共有15360人参与,共筹资医疗互助资金153.6万元。

【第二轮土地承包到期后再延长30年试点】 启东市为全国第一批试点单位,参与试点的有2个镇、7个村、24个村民小组,涉及农户754户,土地承包面积2340.17亩,2022年完成试点工作。通过此次试点,24个组内因婚娶生育等原因新增人口后人均承包地偏少的167户,共分配到承包地187.567亩,其中13户因为各种原因造成的第二轮承包整户无地,共分配到承包地19.37亩,一定程度地缓解人地矛盾。市农业农村局总结试点工作经验,梳理问题清单,为后期全面推开第二轮土地承包到期后再延长30年工作打下基础。

【全国农民合作社质量提升整县推进】 启东市作为全国农民合作社质量提升整县推进试点单位，坚持发展与规范并举、数量和质量并重，加大政策扶持，强化指导服务，促进农民合作社发展。市农业农村局建立健全辅导员队伍，27人参与辅导员名录库试用工作；加大示范社创建力度，2022年，有5家合作社被评定为省级农民合作社示范社，2家被评为南通市级农民合作社示范社。至年底，全市农民合作社累计工商注册登记948家。累计建成国家级示范社4家、省级示范社30家、南通市级示范社22家、县级示范社122家，109家农民合作社列入省级优先扶持名录库。

（盛家艳）

2月23日，江天蔬果种植专业合作社的社员们平整土地、挖洞，准备种植桃树

（叶娟/摄）

乡村产业

【农村三产融合】 2022年，启东市以项目农业为抓手，以省级农业产业园为平台，加强全产业链建设。重点发展农产品果蔬生产田头储藏、保鲜初加工设施，大力发展“乡村旅游+农村电商”，打造美丽乡村新模式。出台《关于加快推动农业农村高质量发展的政策意见》，鼓励发展休闲创意农业，对被评为中国美丽休闲乡村的行政村，给予8万元补助；对被评为省级创意休闲农业系列乡村的行政村，给予5万元补助；对被评为全国休闲农业和乡村旅游三星至五星级企业，分别给予3万元、4万元、5万元补助。全市共有全国休闲农业与乡村旅游五星级企业1家、四星级企业6家、三星级企业1家，省级休闲农业示范村3个，省休闲农业主题创意农园6个，南通市休闲农业精品景点近20个。启东市春季赏花农耕体验两日游被推荐为省（区、市）休闲农业和乡村旅游精品景点线路，启东泊仙居休闲农业有限公司成功申报省乡村休闲旅游农业特色模式（项目），推荐的启东赶海踏浪两日游线路被农业部网站录用。全年乡村旅游接待游客超430万人次，实现营业收入12.4亿元，较上年增长超10.6%，带动农户增收约3万户。

（唐凯健）

【农业园区建设】 2022年，启东市坚持因地制宜、突出特色，高质量建设启东市现代农业产业园。该示范园横跨南阳、海复2个镇，致力于设施农业项目招引与建设，坚持一、二、三产业融合发展，涵盖生产、加工、销售、流通等环节，以设施蔬菜与四青作物为主导产业，规划总面积5.4万亩，核心区域1.2万亩，土地流转4.21万亩，共投资28393万元，有接入国家可追溯平台企业104家。全年园区总产值为39715万元，主导产业总产值为28128.2万元，园区主导产业产值占园区总产值的70.82%。主导产业以青毛豆、青蚕豆、番茄三类为主，其中，青毛豆产值为8676.1万元，青蚕豆产值为5072.4万元，番茄产值为4004.6万元。依托园区现代农业展示中心，打造农业基础数据展示、农业指挥调度、远程监管、农产品质量安全、专家服务于一体的智慧农业大数据中心。园区建有秸秆综合回收利用中心、“四新”（新品种、新技术、新装备、新模式）展示基地，配套生态循环型规模生猪养殖场。园区与江苏省农科院合作共建启东经济作物研究院，开展产学研事宜。通过青毛豆、设施叶菜全程机械化生产试点等示范推广工作，打造“四青作物产业”“设施蔬菜产业”“农机联盟”等亮点工程。启东市现代农业产业示范园通过省级现代农业产业示范园认定，并获“全国农村创业创新园区”“上海市蔬菜供应基地”“江苏省永久性菜篮子工程基地”等称号。

（高　雪）

【农业数字建设】 2022年，市农业农村局建设启东市农业农村大数据平台，服务农业生产监管。开展农业物联网技术应用推广，全市新增接入省物联网平台的应用主体达41家，物联网平台数据量达130万条，年新增量为上年的两倍。新建江苏九番农业、启东铭境设施农业2家农业物联网创新应用基地。

（唐凯健）

【农村电商发展】 2022年，市农业网上营销销售额达6.54亿元，比上年增长12.7%。举办全市农业电子商务培训班，培训275人，超额完成省下达的培训任务，进一步强化农产品电商人才队伍建设。中国邮政集团有限公司江苏省启东市分公司成功入选全省“互联网+”帮促助农活动典型案例。

【新型经营主体培育】 2022年，启东市始终把培育大型农业龙头企业作为推进农业化经营、促进农业和农村经济结构战略性调整、全面提高农业整体效益和农民增收致富的重要措施来抓。成功申报南通市级农业龙头企业3家，6家企业通过南通市级复审。至年底，全市共有南通市级以上农业龙头企业30家，其中，国家级农业龙头企业1家，省级农业龙头企业9家，南通市级农业龙头企业20家。15家企业在江苏股权交易中心“农业板”成功挂牌；有省级农业产业化联合体4家。全市拥有登记认定的家庭农场3475家，其中，获评县级以上示范家庭农场347家，有农民专业合作社948家。

（唐凯健）

【绿色农产品发展】 2022年，启东市大力发展绿色优质农产品。开展“二品一标二基地”建设，建成绿色食品生产基地47个，面积11.4万亩，认证绿色食品98个；获国家农产品地理标志保护产品6件，注册农产品地理标志证明商标6件、农产品集体商标1件；建设省级绿色优质农产品生产基地39个、全国绿色食品原料标准化生产基1个；“启东绿皮蚕豆”地理标志保护工程项目推进实施。至年底，全市绿色优质农产品比重达82.32%，进入省第一方阵。

【寅阳镇扣蟹养殖入选省农民增收典型案例】 2022年，启东市紧扣自身实际，通过发展乡村特色产业、推动产业融合发展、建立联农带农机制、鼓励农村创业创新、深化农村改革等，积极探索促进农民增收实践路径。《启东寅阳镇：“蟹农”花式产加销 延伸宽广致富路》入选省农业农村厅农民增收典型案例。寅阳镇是市扣蟹养殖重点镇。寅阳镇的养殖户不断探索养殖、销售新模式，采取的立体增氧、水草遮掩、水质调节、科学喂养、智能管护等生态高密度养殖方式，实现扣蟹亩产提升。将俗称“豆蟹”的五龄幼蟹蟹种销售到新疆，将俗称“热水蟹”的较大规格扣蟹（一龄蟹种）畅销长江中下游两岸地区，并提取“小老蟹”蟹黄进行加工，增加经营收入。

（顾洪生）

乡村建设

【概况】 2022年，启东市按照“产业兴旺、生态宜居、乡风文明、治理有效、生活富裕”总要求，持续改善农村人居环境、建立乡村建设评价机制、探索乡村发展路径，邀请江苏省城市规划设计院对各区镇进行现场调研，指导特色田园乡村的规划建设。推进23个南通市2022—2023年度示范村、先进村建设培育工作，培育特色田园乡村候选村8个。新增生态宜居美丽乡村19个，其中，省级生态宜居美丽乡村11个、南通市级生态宜居美丽乡村示范村8个；新增省特色田园乡村1个，新增省生态文明建设示范乡镇3个、示范村4个；新增省级生态宜居美丽示范乡镇1个、农村人居环境三星级行政村18个。

（潘玲玲）

【新型城镇化建设】 2022年，市住建局牵头制定《2022年新型城镇化考核方案》，指导区镇以完善城镇功能、做优空间形态、提升城镇风貌为重点，结合各区镇自身资源禀赋、产业特点和文化底蕴，因地制宜、系统化谋划、精准化施策，形成“一镇一策”“一镇一方案”“一镇一计划”的建设思路，不断完善镇区道路、管网管线、园林绿化等基础设施，健全学校、医疗、文化等功能配套，改善城镇面貌。至年底，全市新建改建镇区道路34.2千米、污水管网16千米；新增修复绿化面积40.2公顷；完成10个被撤并镇的基础设施、环境等综合整治；启动5个地块商品房开发；完成镇区范围内违建清零工作；建成学校、医院、农贸市场、便民中心等公共服务设施项目8个，启动开工建设项目7个。

（姚　辉）

【乡村振兴示范村、先进村建设】 2022年，全市有南通市级乡村振兴示范村3个，分别为东海镇兴旺村、近海镇新阳村、吕四港镇垦北村；持续打造示范村5个，分别为东海镇云祥村、惠萍镇东兴镇村、吕四港镇如意村、王鲍镇中施村、合作镇新义村。有南通市乡村振兴先进村15个，分别为产业兴旺类3个，即惠萍镇海鸿村、北新镇普东村、南阳镇小塘沙村；生态宜居类3个，即吕四港镇范龙村、合作镇洋桥村、寅阳镇寅北村；乡风文明类3个，即合作镇曹家镇村、寅阳镇白港村、汇龙镇鹤群村；治理有效类3个，即近海镇协兴港村、惠萍镇南清河村、北新镇邦道村；生活富裕类3个，即吕四港镇闸河村、惠萍镇永胜村、王鲍镇久西村。从2022年开始，南通市级示范村、先进村培育期调整为2年，至12月底，100个创建项目中竣工率达35%，各个项目建设有序推进。

（倪韩燕）

5月8日，由市农业农村局举办的蚕豆品种观摩推介活动在汇龙镇光荣村祖平家庭农场举行　（市融媒体中心/供图）

【农村人居环境整治】 2022年，启东市对标广大农民群众对美好生活的期盼向往，持续深化农村人居环境整治提升行动。印发《启东市人居环境三星级行政村评价实施办法》《2022年启东市农村人居环境整治提升工作要点》《2022年启东农村人居环境提升行动评估办法》等文件，全面提升农村人居环境面貌。农村生活垃圾集中收运率达100%；自然村组道路硬化水平达99.55%；畜禽粪便综合利用率保持在99%以上；回收废旧农膜1192.73吨，回收率达90.37%；回收农药包装废弃物746万件，处置率达100%。全年完成改厕4036座，其中，新建无害化卫生厕所3067座，修缮提升及填埋室外旱厕969座，22个村完成整村推进；建成农村生态河道204条，其中，二级河道1条，三级河道3条，四级河道200条；完成农村生活污水片区化治理8个片区1.9万户。开展各级干道沿线违法破落建筑和“三棚”整治，共整治破落建筑903处、破旧“三棚”5093处。

（李　健）

【农村房屋安全隐患排查整治】 2022年，市住建局组织各区镇、街道和相关部门召开关于开展自建房等既有建筑安全隐患再排查、再整治工作部署会，组织开展经营性农村自建房安全隐患再排查、再整治工作，对自建房进行拉网排查和整治。再排查、再整治期间，召开自建房安全整治培训会、推进会以及部署会11次，累计排查农村自建房29.8万户，经鉴定存在风险316户，其中，160户为D级危房，156户为C级危房，全部完成解危。在农村经营性自建房“回头看”工作中，新增农村经营性自建房396户，认定存在安全隐患房屋3户，均拆除到位。

（姚　辉）

【东兴镇村东兴二村获评江苏省特色田园乡村】 2022年，第九批次江苏省特色田园乡村名单公布，东兴镇村东兴二村成功入选。东兴二村以农地稻麦、水产养殖、桃林果园等特色产业为依托，推进产业发展，带动村民致富；以沟河整治、田园景观生态创建为引领，成功创建省级特色田园乡村。东兴镇村拥有省级扣蟹推广示范基地，水产养殖业总占地面积1400多亩，总产值近2500万元。打造蟹黄深加工及存储基地，吸纳本村劳动力，带领村民共同致富。村中心路沿线有近7000平方米的纯手绘墙画，形成独特的乡村文化。东兴镇村曾获评江苏省“一村一品一店”示范村，国家、江苏省、南通市以及启东市文明村。2021年入选南通市乡村振兴示范村培育名单，并通过审核验收。

（王丹旎）

【范龙村创建江苏省特色田园乡村】 6月22日，吕四港镇范龙村争创“红印范龙　桃源乡韵”省级特色田园乡村发布会举行。范龙村主要种植黄桃、水蜜桃、翠冠梨等多种经济作物。依托黄桃产业、范龙黄桃品牌，村新建采摘长廊、观景台，改造农副产品交易展厅，发展以采摘、农副产品交易为主线的乡村旅游。村内设有网络直播间，进行电商直播，探索“线上线下网络助农，干部示范党员带头，群众参与共同致富”新模式。发布会上，南通、启东市住建局及省城市规划设计院等领导、专家针对范龙村创建优势、创建进度、创建成效作相关点评。与会人员观摩村史馆、乡村振兴大讲堂、电商直播平台以及范龙村特色田园节点。2022年，全村有黄桃果园基地1020亩，占总耕地面积的34%；年销售黄桃120万斤，年产值约800万元；实现土地流转1500亩。

（彭焕倩）

乡风文明

【移风易俗】 2022年，市委宣传部、市文明办专题召开全市移风易俗工作座谈会，各界人士就“摒弃陈风陋习，倡树文明新风”的话题展开讨论。市商务局向社会发布“反对浪费、崇尚节约”文明行为倡议书。通过树立勤俭节约理念、培育文明用餐文化、完善激励惩戒机制，倡导文明节俭新风。惠萍镇鸿西村举办第四季度道德讲堂——“‘移’除旧观念‘易’得新风来”主题活动。志愿者们通过向群众发放《移风易俗倡议书》、面对面宣传讲解等形式，宣讲移风易俗政策。

【镇村史馆建设利用】 启东市14个区镇、261个村全部建成镇村史馆。2022年，市委党史办对全市镇村史馆建设和利用情况进行回头看，推进吕四港镇、启隆镇镇史馆提档升级改造工程，指导镇村开展红色图书、地情书籍阅读、主题图片展览、专题报告讲座等宣传教育活动。各镇村以镇村史馆为载体，开展新时代文明实践活动。市委宣传部、市委党史办在全市范围组织开展“强国复兴有我——村史馆里讲党史”微视频大赛，36件短视频作品在“爱启东”App获得逾10万人次的阅读流量；市委党史办、市融媒体中心等联合录制“村史馆里

6月22日，吕四港镇范龙村直播间，两位主播正在线介绍范龙黄桃特色，开展网络直播预订　（市融媒体中心/供图）

9月18日，近海镇合兴圩村村民在村史馆回忆历史 （市融媒体中心/供图）

讲党史”短视频100辑，通过“爱启东”App等融媒体平台集中展播，访问量超50万人次；组织开展“镇村史馆话发展”活动，吸引人们参与党史宣讲；组织青少年学生开展村史馆“云参观”线上活动、“有风景的思政课”主题活动，受众超10万人次。《江苏地方志》第四期专题介绍启东镇村史馆建设全覆盖的经验。

（陈广辉）

乡村治理

【概况】 2022年，市委政法委牵头，联合市委组织部、市委宣传部（文明办）、市市域社会治理现代化指挥中心（网格化服务管理中心）、市司法局、市民政局等职能部门围绕基层党的建设、平安建设工作、法治建设工作、基层自治工作、基层基础工作等方面，部署指导推进治理有效先进村培育工作以及乡村振兴示范村社会治理工作。全年成功培育南通市治理有效先进村2个，分别为东海镇兴旺村和吕四港镇六斧头村。其中，东海镇兴旺村以党建为引领，以“治理有效”为目标，积极构筑“党建红、警务蓝、生态绿、应急黄、文明橙”的五色网格，创新推动基层治理方式，被授予“第二批全国乡村治理示范村”称号。新增惠萍镇红星、兴惠2个社区。全市有3个社区服务中心改扩建项目被列入江苏省为民办实事项目，其中，吕四港镇范龙村和海渔村社区服务中心投入使用，菜园村社区服务中心完成项目主体建设。全市315个村（居）党群综合服务设施面积达省级标准的占比为97.7%。全市接收新建社区管理服务用房面积8167.41平方米。

（谢良汇）

【基层自治】 2022年，市民政局推进全省城乡基层自治乏力问题排查整顿工作，排查发现的8条自治乏力问题全部完成整改，提升城乡社区治理水平。11个村参与新型农村治理“一村一品”创建工作，占25个新型农村社区的56%。在南通市第一个完成全国基层政权建设和社区治理信息系统中村（居）民会议统计、村（居）事务公开统计数据的录入和更新工作，信息填报完善率均达100%。全年发放村民小组长补贴908.168万元。

【社工服务站建设】 2022年，汇龙镇、北城区街道、圆陀角旅游度假区管理委员会3个区镇（街道）和南郊村、碧海社区2个村（居）社会工作服务站分别创建镇级、村级品牌社工服务站。汇龙镇社会工作服务站、北城区街道社会工作服务站、圆陀角旅游度假区管理委员会碧海社区社会工作服务室获评南通市首批“社联江海”社会工作服务品牌站点，圆陀角旅游度假区管理委员会社会工作服务站获评南通市首批“社联江海”社会工作服务品牌提名站点。通过政府购买社会组织公益项目，带动市—街（镇）两级合力推进社区、社会组织、社工及志愿者等多元力量协同开展社会工作服务。全年新增持证社工师162名，发放一次性奖励金18.6万元，全市共有持证社工师1138名。14名社区工作者被评为南通市“最美”社区工作者。

（陆柳赛）

责任编辑　黄亦美

生态环境

环境质量

【大气环境】 2022年,启东市市区共设置2个省控大气自动监测站点,分别为长江新村站和南苑小学站。全年共获有效监测数据365天。对照《环境空气质量标准》(GB3095—2012)标准,日综合评价达标天数为309天,达标率为84.7%,同比下降8.5个百分点,其中,优125天、良184天、轻度污染47天、中度污染9天。各组分超标天数分别为臭氧44天、细颗粒物13天、可吸入颗粒物1天,影响市环境空气质量的首要污染物为臭氧。二氧化硫年均值为8微克/立方米,24小时平均第98百分位数为13微克/立方米,均达到年均值和日均值一级标准,日评价达标天数365天,达标率100%;二氧化氮年均值为15微克/立方米,24小时平均第98百分位数为37微克/立方米,均达到年均值和日均值一级标准,日评价达标天数365天,达标率100%。可吸入颗粒物年均值为40微克/立方米,24小时平均第95百分位数为92微克/立方米,均达到年均值和日均值二级标准,日评价达标天数364天,达标率99.7%。细颗粒物年均值为22.8微克/立方米,达到年均值二级标准,24小时平均第95百分位数为56微克/立方米,均达到年均值和日均值二级标准,日评价达标天数353天,达标率96.7%。一氧化碳24小时平均第95百分位数为0.9毫克/立方米,达到日均值一级标准,日评价达标天数365天,达标率100%。臭氧日最大8小时滑动平均值的第90百分位数为173微克/立方米,未达到日均值二级标准,日评价达标天数321天,达标率87.9%。市区自然降尘平均值为2.2吨/平方千米·月,比参照标准(8.0吨/平方千米·月)低5.8吨/平方千米·月。全年共收集降水样品52个,降水量为863毫米。pH值范围为5.53～7.05,年平均值为6.20。2022年,酸雨出现频率为1.92%,比上年下降9.58个百分点。

【水环境】 水源水 饮用水源地南通洪港水厂取水口、备用水源地汇龙地面水厂取水口水质均达到Ⅲ类水质标准,全年12次监测Ⅲ类水质的达标率为100%。

地表水 4个国控断面、7个省控断面、6个市控断面总体水质符合Ⅲ类标准,水质为良。

入海河流 全市共3个入海河流监测断面,分别为老塘芦港的老塘芦港闸断面、串场河的茅家港闸、新港河的新港闸。监测结果显示,老塘芦港闸达到Ⅳ类水质标准,主要污染物为化学需氧量(0.3)、高锰酸盐指数(0.1)、总磷(0.06);茅家港闸达到Ⅳ类水质标准,主要污染物为总磷(0.3)、化学需氧量(0.1);新港闸达到Ⅴ类水质标准,主要污染物为总磷(0.6)、化学需氧量(0.5)、高锰酸盐指数(0.2)。

地下水 全市共6个地下水监测井,其中,第三承压层设5个测点:启东市新人民武装部大楼对面电信基站(国控)、东元水厂深井(省控)、吕四(市控)、东海镇(市控)、好收成金纺织公司(市控);潜水层设1个测点:永阳村70号(省控)。监测结果表明,6个地下水监测井的水质均满足Ⅳ类标准。

【声环境】 功能区噪声 市区共设7个功能区噪声测点,其中,居民文教区3个测点、混杂区2个测点、工业区1个测点、交通干线两侧1个测点。监测结果表明,各个功能区环境噪声年均值均符合《声环境质量标准》(GB3096—2008)中的相应标准,各测点季度的测定结果也均符合相应标准;和上年同期相比,功能区噪声质量等级没有变化。

交通噪声 市区主干道昼间交通噪声平均值67.2分贝,符合《声环境质量标准》(GB3096—2008)中4类区昼间标准,道路交通噪声质量等级为好,噪声值达标的监测路段占比为100%,与上年相比,交通噪声质量等级无变化。

区域环境噪声 市区设置128个区域环境噪声监测点,覆盖面积18.0平方千米。昼间等效声级平均值为53.7分贝,噪声质量等级为较好,与上年相比,区域环境噪声质量等级没有变化。声源构成以生活源为主,占58.6%,其次是交通源占21.9%,工业源占11.7%,施工声源为7.8%。

【海洋环境】 启东市近岸海域面积共计3422.5平方千米,2022年春季海域一类水质占比为6.9%,二类水质占比为38.2%,三类水质占比为17%,四类水质占比为10.6%,劣四类水质占比为27.3%,优良水质占比为45.1%;夏季海域一类水质占比为46.5%,二类水质占比为46%,三类水质占比为3.3%,四类水质占比为0.4%,劣四类水质占比为3.8%,优良水质占比为92.5%;秋季海域一类水质占比为35.2%,二类水质占比为60.4%,三类水质占比为0.1%,四类水质占比为2.6%,劣四类水质占比为1.7%,优良水质占比为95.6%。

(茅文湖)

节能减排

【概况】 2022年,启东市单位GDP能耗同比下降0.1%,华峰超纤获2022年度国家级绿色工厂认定,9个重大项目通过省发展改革委节能审查;整市屋顶光伏试点开发新增光伏装机容量9.97万千瓦,5个光伏电站项目获省发展改革委批复,燃煤机组开展煤电节能降碳改造、灵活性改造、供热改造“三改联动”,助力节能降碳。

【省级节能审查项目】 2022年,卫华港机、金丝楠膜、易事特、亿纬林洋、益海嘉里、华峰超纤、吉莱微电、药明康德研发中心二期项目、海四达储能9个超5000吨以上报省节能审查项目通过省发展改革委节能审查。9个重大项目总投资208.65亿元,年综合能耗39.29万吨标准煤(等价值)。

【屋顶分布式光伏开发】 9月,国家能源局综合司发布《关于公布整县

（市、区）屋顶分布式光伏开发试点名单的通知》，启东市列入试点名单。市研究出台《启东市整市屋顶分布式光伏开发试点实施意见》《关于印发启东市整市屋顶分布式光伏开发试点考核方案的通知》等文件，开展整县屋顶分布式光伏调查，摸排工商业屋顶总体情况，组织各区镇及相关企事业单位推进全市党政机关、学校医院、工商业、居民屋顶光伏安装工作，推动清洁能源消纳利用。全年全市新增屋顶分布式光伏装机容量9.97万千瓦。

【可再生能源项目审批】 2022年，启东市永威新能源电力有限公司王鲍镇20兆瓦农光互补光伏发电项目、70兆瓦大唐吕四港光伏三期项目、32兆瓦华能启东东海镇光伏发电项目、50兆瓦大唐启东南阳镇渔光互补项目、启东市吕四海域1.35吉瓦滩涂渔光互补光伏发电项目一期400兆瓦5个光伏发电项目进入省发展改革委实施库，大唐启东滩涂光伏项目（一期）400兆瓦进入省发展改革委储备库，进一步提升启东市可再生能源比重。

【煤电机组“三改联动”】 2022年，大唐吕四港电厂4台66万千瓦煤电机组实施“三改联动”，完成高低压工业供热改造，单机低压供热105吨/小时，高压供热50吨/小时，完成30%深调峰灵活性改造，3号机组完成汽机通流节能改造，每年可减少燃煤量5.09万吨，烟尘减排4.6吨/年，二氧化硫减排16.3吨，氮氧化物减排23.3吨/年。

【国家级绿色工厂节能减排】 2022年，启东中远海运海洋工程有限公司成功申报江苏省三星级绿色港口，获评江苏省绿色发展领军企业。公司完成泵房节能改造，采用高能效电机替换普通电机，同时对泵体进行升级，类比同类设备节能30%以上；数控激光切割机、数控条材倒棱机、三维调整机、350台逆变焊机等高效节能设备

7月7日，江苏大唐国际吕四港发电有限责任公司煤场全封闭改造项目主体工程施工全部完成 （潘杨/摄）

投入使用；移动式漆雾处理装置、涂装房及预处理VOCS装置、焊接烟尘处理装置、切割设备烟尘收集装置等减排设施投入使用，大幅改善公司排放指标。江苏华峰超纤材料有限公司获评2022年度国家级绿色工厂，通过能源管理体系（ISO 50001:2018）监督审核，建设公司能源管理平台，完善计量体系，对生产过程中的资源、能源进行有效的跟踪和监控。公司于2022年8月开始投用15兆瓦屋顶光伏，全年绿电产出达558万千瓦时。自主完成危废及固废焚烧处理，全年处理工业危废、固废2780吨，预热产生蒸汽7900吨，降低能源消耗。引入水性工艺，降低化学溶剂使用，提升环保效益，降低环境排放。原材料引入生物基原料和可回收原料，从源头降低产品碳排放量。

（梁梦儒）

【公共机构节能管理】 2022年，启东市机关事务服务中心印发《启东市公共机构关于加强用能管理的实施意见》《2022年启东市公共机构能源资源节约和生态环境保护工作要点》《启东市公共机构节约能源资源工作考核评价办法》等文件。通过省公共机构能源管理系统，加强公共机构节能数据分析，联合市纪委开展现场督查，对发现问题责令限期整改。开展节能宣传周活动，牵头各公共机构开展各类宣传培训活动。推进行政中心合同能源管理和屋顶光伏建设工作。

（浦栋雁）

污染防治

【大气污染防治】 2022年，启东市PM2.5年均值为22.8微克/立方米，同比下降1.7%，位居全省第一，连续四年蝉联PM2.5全省第一；优良天数比例为84.7%，位列全省第六。制订《启东市2022年大气污染防治工作计划》，以优化产业结构、推进产业产品绿色升级等八大重点任务为主要内容，338个工程项目全部完成，实现减排二氧化硫20吨、氮氧化物78吨、颗粒物27吨、非甲烷总烃253.54吨。编制实施《启东市省控站点微环境整治专项行动方案》，着眼2个省控站点1～3千米范围内所有主次干道，核心区楼顶、住宅区内部道路以及装修作业、散煤、生物质燃烧、裸土、餐饮等10类涉气污染源，实施精细化管控。公安、城管、交通等多部门联动部署，抽查柴油货车96辆，路检路查480辆，抽测工程机械130辆。867辆国Ⅲ及以下排放标准柴油货车办理注销手续，提前完成南通下达的任务。

完成22家企业清洁原料替代,印发实施烟花爆竹禁放方案。市级建立"1+11"的禁烧组织架构,成立1个督查中心,组织11个市级部门包干驻镇督查巡查。将71家企业列入应急管控清单,累计抢回8个临界超标天,同时实施大气污染差别管控,取得省级豁免11家、南通市级豁免5家。

【水污染防治】 2022年,全市17个市考以上断面优Ⅲ比例为100%。头兴港备用水源地继续保持Ⅲ类水质。市考以上断面全面消除劣Ⅴ类。3个入海河流2022年总氮平均浓度较2020年下降6.4%~10.6%。完成20个水污染防治重点项目,分别实现总量控制与减排化学需氧量698.1吨、氨氮37吨、总氮93吨、总磷11吨。坚持水质分级预警机制,全市26个自动监测站(含预警站)共产生预警信息129条,全部推送至相关断面水质负责人和区镇、部门,及时开展巡查反馈。全面开展启东市11个核算单元第二轮水污染物平衡核算。各单元2022年度生活污水化学需氧量有效收集率为32.77%~85.69%(以初始浓度260毫克/升核算),生活污水化学需氧量有效收集率为24.35%~63.66%,较上年提升8.42%~22.03%。编制聚南大桥、大洋港桥、塘芦港闸、灯杆港桥、新三和港桥等重点断面溯源整治工作方案并开展汛期管控。

【土壤污染防治】 2022年,全市受污染地块安全利用率、受污染耕地安全利用率、建设用地安全利用率均为100%。省考地下水点位监测结果均为Ⅳ类水,达到考核要求。指导48家土壤污染重点监管单位开展自行监测,53家土壤污染重点监管单位开展隐患排查。11块高风险遗留地块中,10块完成风险管控,1块变更为道路使用。完成启东市覆盖拉网式农村环境整治试点省级验收整改,发布《"十四五"农村生活污水专项规划》《"十四五"畜禽养殖污染防治规划》,完成212家规模化畜禽养殖户的粪污资源化利用计划备案。完成5家200亩以上水产养殖企业池塘养殖生态化改造和启隆镇兴隆社区高标准农田排灌系统生态化改造。

【固体废物管理】 2022年,市编制《启东市"十四五"时期"无废城市"建设实施方案》,统筹解决固体废物管理突出问题,推进无害化、资源化、减量化统筹,构建固体废物现代化治理体系,助力经济绿色发展转型。全年出动581人次检查206家企业完成危险废物专项整治,完成609家危险废物产生单位分类及危废环境风险分级管理,完成1项小微企业危险废物收集项目建设和54家100吨以上产废单位规范化管理评估,将小微企业名单全部纳入危废全生命周期系统或小微企业收集系统。医废处置单位依规范处置1825吨各类医疗废弃物。

【核与辐射安全管理】 2022年,全市共有55家核技术利用单位。根据《南通市核与辐射安全日常监管"双随机"抽查制度实施方案》,启东生态环境局按季度抽取核辐射利用单位进行"双随机"检查,全年共检查单位16家,其中,重点单位6家、一般单位10家。该项检查任务全面覆盖《启东市核与辐射安全风险隐患排查治理三年行动方案》的相关要求。

(朱文津)

【扬尘污染防治】 2022年,市建筑工地严格落实扬尘污染防治"六个百分之百"(工地周边100%围挡、物料堆放100%覆盖、出入车辆100%冲洗、施工现场地面100%硬化、土方100%湿法作业、渣土车辆100%密闭运输),督促建筑工地各方责任主体严格落实扬尘污染防治主体责任。对存在扬尘污染问题的项目,开具隐患限期整改通知书、督促整改、移交处罚。全年共提请移交处罚扬尘污染违法违规行为14起。

(姚 辉)

【船舶污染防治】 2022年,启东海事处推进到港船舶污染物"一零两全四免费"("一零两全"指靠港和锚泊船舶污染物零排放、全接收,在航船舶污染物排放全达标;"四免费"指内河船舶免费生活垃圾接收、免费生活污水接收、免费水上交通、免费锚泊)工作,推动船舶污染防治"江苏模式"在启东辖区落实。以"一零两全"治理机制为核心,对照"港航企业动员、污染治理全覆盖,接收处置全落实、监管服务全链条"的船舶污染防治"江苏模式",督促企业落实防污染主体责任。推进船载危险货物安全监管江苏模式建设,督促码头开展岸电设备改造,基本实现靠港船舶生活污水、生活垃圾全部上岸,靠泊船舶全部使用岸电。全年接收生活污水2898艘次2272立方米,生活垃圾4056艘次24.31吨。船舶岸电用电3146艘次、用电度数859.58万千瓦时、用电时长14.06万小时,同比分别增长316.14%、250.65%和368.67%。

(彭玉章)

环境监管

【概况】 2022年,启东生态环境局发布《启东市2021年度生态环境质量报告书》,持续开展实验室内部审核和管理评审,强化对人员现场采样、实验室样品分析的全过程质量控制和监督,全年质控合格率为100%。全年对规模以上污水处理厂、涉酚/涉挥发性有机物企业、农村污水处理设施、危废处置单位等各类污染源开展例行监督性监测202厂次,完成各类稽查、信访监测93厂次。运用无人机航拍、卫星遥感分析等新技术,加密监测17个市考以上重点水质断面,累计40余次对200余个断面排查溯源监测。11月,启东生态环境局通过省市场监督管理局组织的扩项评审,新增水质铬、镉ICP法、土壤硫化物的测定,柴油发动机尾气测量等8个检测项目28个分析方法。至年底，通过资质认定的检测能力共有五大类96项，基本满足县级环境监测站开展各项环境监测工作的需要。围绕启东生命健康产业园共建设19个空气质量站点，其中1个大气超级站、18个空气质量微站，全市应联网的287家排污许可领证单位中，实现自动监测监控联网234家，联网率81.53%。启东经济开发区和吕四港经济开发区共24家企业安装自动监测在线监控设施，完成上级交办的安装联网任务。全年新增142家企业完成用电监控联网，64家企业完成视频监控联网。112家自动监控联网企业均完成验收备案，对上级交办的688条省市污染源指挥调度报警指令均完成处置。启东生态环境监测站获南通市生态环境监测技能竞赛优秀团体三等奖。

【环保执法】 2022年，启东生态环境局强化监管正向激励，推行普法式、提醒式执法，按程序对初次违法且危害后果轻微并及时改正的环境违法行为，免于行政处罚。全市以自动监控数据为线索，查处案件7件，处罚69.64万元；非现场监管通过无人机、走航监测、机动车管理平台等手段，查处案件5件，处罚10.84万元。全年共完成“双随机”日常检查任务497个，出动执法人员16296人次，办理《中华人民共和国环境保护法》配套办法及涉嫌环境污染犯罪类案件20起，其中，查封扣押17起、停产整治1起、涉嫌环境污染犯罪移送案件2起。下达处罚决定书283件，罚款1005万元，比上年下降36.1%。累计对30起轻微违法行为不予处罚，涉及金额220万元。全市参与环保信用评价企业增至2998家，其中，绿色、蓝色、黄色、黑色环保信用企业分别为6家、2981家、10家、1家，无红色环保信用企业。启动生态损害赔偿74起。定期开展排污许可证“一证式”监管专项执法行动，督促企业持证排污、按证排污。全市开展清单式执法49家次，查处环境违法行为13起，处罚金额44.22万元。

【环境隐患排查】 2022年，启东生态环境局推进核与辐射安全风险隐患排查治理三年行动，联合公安、卫健委对辖区内辐射安全重点风险单位开展隐患排查，完成Ⅴ类放射源单位和其他Ⅱ类射线装置排查。结合安全生产专项整治三年行动计划，开展“安全生产大排查大整治”“安全生产百日攻坚”，全面开展危废、环境治理设施、核与辐射隐患排查，加强六大类环境治理设施安全风险辨识。全年共排查企业1377家次，发现环境安全隐患918个，全部完成整改。

【环评许可】 2022年，启东生态环境局完成2021年度全市156家重点企业环境统计，更新确认启东市2022年度重点排污单位名录库。全年现场抽查复核环评文件、批复文件40份，核定排污许可证219份，对12家企业开展强制性清洁生产审核工作。对照《启东市加快推进工业经济高质量发展若干政策意见》，出台激励政策，对通过验收的企业实施一次性奖补，分别给予6万元补助。印发《纺织印染、医药等重点行业绿色发展实施方案》，完成20家企业转型升级，实施27个节能减排项目。

【环境信访问题受理】 2022年，市建立健全环境纠纷大调解网络体系建设，以生态环境纠纷专业调处工作站为抓手，划分三级、四级、特殊网格共297个，1006名网格员参与基层网格化环境监管。2016—2022年，中央督办、省督办启东市信访问题共163件。其中，2021年第二轮省环保督查交办信访问题19批27件、2022年中央环保督察交办信访件12批15件均办结上报。2022年，启东生态环境局受理环境信访件1742件，转乡镇办理509件。大气、噪声、水污染问题位居投诉总量前三，占比分别为40.9%（712件）、32.7%（570件）、18.5%（322件）。从具体路径看，受理省12369举报平台交办件14件，比上年下降18.8%；受理南通市级信访件31件，比上年上升1%；受理生态环境部微信平台交办件20件，比上年下降41.2%；受理“江苏生态环境—厅长我留言”交办件15件，与上年同期持平。

【环境科技帮扶】 2022年，启东生态环境局推进实施全省“百园千镇万企”生态环境科技帮扶行动计划，为77家企业提供技术培训和个性化指导。组成30个普法志愿者小组，与120余家学校、社区等企事业单位结对，开展生态普法宣传。

（朱文津）

生态建设

【概况】 2022年，启东市以城镇污水处理厂尾水生态净化工程为重点，建设生态安全缓冲区，补齐环境基础设施短板。加快打造“缤纷百里”最美江海岸线，滨江生态绿廊首开区建成开放，推动沿江沿海区域功能重塑。持续改善海洋环境质量，圆陀角段入选省首批美丽海湾省级示范项目。“以美丽海湾为载体　创建启东生态岛”的创新工作入选南通市2022年度“十佳生态环境治理改革创新案例”。启东市被命名为第五批江苏省生态文明建设示范区。

【水资源保护】 河长制工作　2022年，启东市围绕“市控以上断面水质稳定达标”目标，以水污染防治、水环境改善、水生态修复、水制度创新“四水共治”为抓手，持续推进河长制工作。出台《启东市2022年河长制工作要点》《2022年河长制工作考核办法》《2022年河长述职制度（试行）》等指导性文件，以市河道为单元，实行河长、断面长合二为一。市、镇、村三级河长累计巡河21689人次；三级河长共交办问题17170个，办结问题16754个，办结率达97.58%。印发《进一步压实河长制责任推进水环境质量提升实施意见》，集中推进城乡生活污水、农业面源污染、企业污水排放整治；全年整治河坡“四乱”（乱占、乱采、乱堆、乱建)217处,整治面积3450平方米,整治"黑臭"河道148条;加强断面河道污染源整治,市控以上17个断面水质达标率100%;推进县际、镇际110条交界河联治,"关镇关村"严防恶性水生植物蔓延;建设南通首个河长制公园——头兴港河长制主题公园。

水资源管理　围绕"计划用水总量不超过3.03亿立方米"目标,市水务局重点加强对200家公共供水用水户和69家自备水源用水户、94个取水口的管理,严格执行超计划加价收费管理机制,全年征收水资源费2276.77万元。加强节水管理,完成管理系统资料录入269份,完成率达100%。组织开展节水知识进学校、进社区、进企业单位等宣传活动。

农村生态河道建设　围绕"'十四五'期间完成建设生态河道1000条"目标,按照"河道通畅、水体清澈、岸坡绿化、景色优美、长效管护"标准,新建二三级生态河道4条70千米,二三级生态河道累计达33条520千米,覆盖率54%。新建四级生态河道200条,新建合作镇五星村、吕四港镇菜园村、惠萍镇鸿东村河湾村、寅阳镇稷字村等生态河道片区9个,累计疏浚泯沟1697条,疏浚横河46条128千米,共计疏浚土方169万立方米。严格按照省重点治理项目时序,三条港治理工程完工验收,通启运河整治工程完成总工程量的20%。

(史　璐)

【渔业资源保护】　2022年,启东市规范启东海域、长江段水生生物增殖放流行为,科学养护水生生物资源。启东沿江及内河水域放流草鱼苗种2万尾、中华绒螯蟹蟹种100万尾;启东海域放流黑鲷、半滑舌鳎、大黄鱼、黄姑鱼、三疣梭子蟹等5个品种,合计4690万尾。

(刘俊杰)

【耕地资源保护】　2022年,市自然资源和规划局坚持落实耕地资源保护举措,推进耕地流失问题专项整治,完成耕地"进出平衡"整改34720亩。加强自然资源综合执法巡查网格化管理,用足用好"预警"和"提醒",对公共服务和基础设施建设主动服务、靠前规范,形成违法用地周报制度。完成2022年部省卫片33批次1202个图斑核查,抓好三年行动、清零行动、耕地保护督察、部省卫片等违法用地整改工作,逐宗制定整改方案,科学分类处置,有力有序推进整改工作。

(蔡　敏)

【森林资源管理】　2022年,市自然资源和规划局严格落实森林防火工作制度,对重点单位定期开展森林防火检查,全年累计出动检查组20组次,检查企业(单位)21次。完成森林火灾风险普查工作县级成果报告。严抓林业有害生物防控,做好森林植物调运检疫工作,全年累计签发植物检疫证书47份,创新开展森林植物病虫害、林业有害生物防治应急预案演练工作。全年累计办理林地征占用材料审核7份,完成132个拟建设项目的林地、湿地占用情况审核。

(何　伟)

【野生动物保护】　2022年,市自然资源和规划局强化陆生野生动物疫源疫病监测,严格要求具有陆生野生动物人工繁育许可的单位场所做好疫情防控工作,严禁陆生野生动物对外扩散和转运贩卖。加强宣传,提高群众保护意识。全年共办理陆生野生动物人工繁育许可单位年审县级初审1件,救助野生动物72起。

(何　伟)

【自然保护区管理】　2022年,启东长江口(北支)湿地自然保护区管理处严格开展日常巡查管护工作,采用车巡方式,利用望远镜、无人机低空遥感等手段,排查有无违法违规采矿采砂(石)、挤占河(海)岸、侵占湿地、捕猎野生动物等行为。全年组织开展12次专项月度车巡,通过有效巡查管护,保护区范围内未出现违法违规行为。

(王晶晶)

【海洋生态环境保护】　2022年,市自然资源和规划局高标准完成2022年度海洋经济调查涉及的15大类统计工作。组织更新海洋经济活动单位名录,认定从事海洋经济活动单位141家。南通启东市海岸带保护修复项目通过省自然资源厅验收,并有序推进南通市海洋生态修复项目建设。高标准完成2021—2022年度浒苔绿潮联防联控工作,连续三年在全省率先完成紫菜养殖设施回

6月20日,整治后的三条港河惠萍段。三条港为二级河道,2021年列入省骨干河道整治计划　(潘杨/摄)

收工作。组织开展“5·12”全国防灾减灾日和“6·8”世界海洋日宣传日活动，分发传单、宣传手册1000余份，组织宣讲6场。

（施海荣）

【生物多样性观测】 启东市作为沿江沿海交汇之地，在拥有丰富滩涂、江海岸线、湿地等自然资源的同时，也面临着生态敏感、脆弱易损、生态空间遭到挤占等严峻的生态挑战。5月22日“国际生物多样性日”，市自然资源和规划局组织开展系列宣传活动，向社区居民推广“南通生物脸谱”App，引导市民群众共同参与南通生物多样性观测记录，全面推动生物多样性保护公众参与；围绕生物多样性召开新闻发布会，解读启东生物多样性本底调查内容。6月起，启东生态环境局委托南京大学环境规划设计研究院在启东全市范围内开展为期1年的生物多样性观测活动，以此识别区域内生物多样性热点区域，构建全市生物多样性观测网络，加强生物多样性观测能力建设，支撑启东生物多样性保护管理和生态质量评价。

【省级生态文明建设示范区成功创建】 2021年4月，启东市启动《启东市生态文明建设规划（2021—2025年）》（以下简称《规划》）编制工作，《规划》于2022年6月14日通过江苏省生态环境厅组织的专家评审会，8月8日印发实施。2022年4月12日，全市创建省级生态文明建设示范市动员暨深入打好污染防治攻坚战工作推进大会召开，会议强调要高水平推进省级生态文明建设示范城市创建，确保2022年创成省级示范城市。启东生态环境局指导全市8个镇4个村参与省级生态文明建设示范镇全域创建工作，新增省生态文明建设示范乡镇3个、示范村4个，启东中远海运海洋工程有限公司、江苏神通阀门股份有限公司获评江苏省2022年度绿色发展领军企业。经江苏省生态环境厅审核，启东市成功入选第五批江苏生态文明建设示范区。

在启东沿海滩涂观测到的国家“三有”保护野生动物环颈鸻
（启东生态环境局/供图）

【生态岛试验区建设】 2022年，启东生态环境局组织编制《启东市生态岛试验区建设实施方案》，全面打造全省生物多样性保护示范区、生态质量改善先行区和生态产品价值实现创新区。全市10个乡镇工业集中区和2个县级工业园区取得规划环评审查意见。推进启东经济开发区和吕四港经济开发区污染物排放限值限量管理。“以美丽海湾为载体 创建启东生态岛”的创新工作入选南通市2022年度“十佳生态环境治理改革创新案例”。印发《纺织印染、医药等重点行业绿色发展实施方案》，完成19家企业转型升级任务。编制《启东市“三线一单”生态环境分区管控管理实施细则》，建立动态更新调整机制和管理办法，深化“三线一单”生态环境分区管控及准入清单的落地应用。全年共对35家涉水企业、151家涉气企业开展总量平衡，共平衡化学需氧量30.31吨、氨氮2.31吨、总氮7.24吨、总磷0.86吨、二氧化硫2.15吨、氮氧化物7.36吨、挥发性有机物39.46吨、烟粉尘5.95吨。申报上级资金项目15个，入库项目5个，争取上级资金5983万元，位列南通生态环境系统财务与审计工作第三名。

【圆陀角段入选首批美丽海湾省级示范项目】 12月，江苏省生态环境厅公布江苏第一批美丽海湾省级示范项目，圆陀角段入选。圆陀角拥有18千米江海岸线，西起渔人码头商业街区，向东向北沿长江大堤、黄海大堤一直延伸至黄金海滩景区。为打造南通最美江海岸线示范段，江海文化景观大道沿线建成渔人码头商业街区、黄金海滩景区、郁金香花海、碧海银沙景区，其中，碧海银沙景区为国家AAAA级景区，同时建有五大观景平台、5座旅游驿站、4.5千米彩色跑道、18千米彩虹路等旅游配套设施。

【启东市入围“2022美丽中国·深呼吸小城”】 2022年，“2022美丽中国·深呼吸小城”绿色发展报告和年度入选名单公布，启东市列百名榜第31位。“2022美丽中国·深呼吸小城”高质量绿色发展报告由中国国土经济学会主办，北京全域空间规划设计研究院承办。“深呼吸小城”必须是森林覆盖率50%以上的地区，重点考量指标是“五高一低”：生态责任履行度较高，自然环境优势度较高，空气质量清新度较高，环境舒适美感度较高，综合口碑好评度较高，全境范围灰霾灾害天气影响较低。启东市大力推进生态环境建设，实施扬尘治理、餐饮油烟治理、加油站油气回收装置改造、秸秆禁烧、削减工业企业大气污染等，累计完成98个大气污染防治工程项目、644个大气污染防治工程任务；加快产业转型升级，全市关闭退出化工企业92家；实施绿化造林，全市绿化覆盖率大幅提升，推动全市空气质量持续向好。2019年起，启东市空气质量PM2.5年均浓度连续多年位居全省第一。

【崇启海生态绿色一体化发展暨毗邻共治文明联盟成立】 8月31日，崇启海生态绿色一体化发展暨毗邻共治文明联盟成立仪式在启东市举行。崇明、启东、海门三地以毗邻党建为引领，着力打破行政壁垒，丰富协作内容，组织活动有声有色，文化交流相融相通，民生事业共商共享，乡村振兴互促互进，实现区域融合发展大团结大繁荣，为长三角区域一体化发展提供生动的实践样本。会上，崇明、启东、海门三地五镇相关领导围绕“毗邻共治”开展座谈交流。

【启东海域渔民放生中华鲟】 12月9日，苏赣渔09268的渔民在船上分拣鱼获时，发现一条“怪鱼”，其外貌独特，经辨认是一条中华鲟，后被放生。中华鲟距今已有1.4亿年历史，和恐龙生活在同一时期，被称为“水生物中的活化石”，属于国家一级保护动物。中华鲟在淡水中出生，在海洋里生长，是一种溯河产卵洄游型鲟鱼，自然分布在长江上中下游和近海。因受人类活动的影响，中华鲟自然种群岌岌可危。通过渔政等相关部门持续宣传，渔民保护珍稀动物的意识提升。自12月起，近海镇渔民意外捕获6条中华鲟，均第一时间上报，并全部放生。

（朱文津）

长江大保护

【长江禁渔】 2022年，启东市沿江区镇组建45人的专职巡防队伍，实现长江沿岸24小时巡防巡查。全年出动执法人员1603余人次，出动执法船艇124艘次，查办长江流域行政案件9件，查获涉案船数8艘，查获涉案人员17人，司法移送11人。

（冯　琪）

【最美江海岸线建设】 2022年，围绕最美江海岸线“先达标、相连通、高质量、成景点”目标，按照南通市委、市政府《关于沿江沿海生态景观带建设的实施意见》，启东市加快推进二期工程“三堤五闸”项目。塘芦港新闸南侧海堤达标加固工程、红阳河闸迁建工程、中央河闸新建工程基本完工；推进十六总闸拆建工程、戤效港闸拆建工程；14千米启海界至崇启大桥段江堤、10千米高新区段海堤提标工程年底前施工队伍进场；三和港枢纽工程年底完成施工前准备工作。圆陀角旅游度假区创成首批美丽海湾省级示范项目。全面完成405个入海排污口和212个长江入河排污口排查整治。开展市、镇、村三级巡湾433次。

（史　璐）

【“守护美丽江海岸线”公益活动】 2022年，启东生态环境局与市环境保护志愿者协会常态化开展“守护美丽江海岸线”公益活动，全年共开展净滩行动15次，参与志愿者1000余人，清洁海岸线长度超3千米，清理海洋垃圾超800吨。9月17日，第六届全国净滩公益活动在全国20多个城市举行，启东作为全国主会场，首次尝试举办启动仪式、净滩活动、青年科技人才论坛等系列活动。“守护启东江海岸线”项目获江苏省志愿者交流会优秀志愿服务铜奖项目、江苏省优秀青年志愿项目、南通市十佳生态环境治理改革创新案例、南通市长江保护法特色做法典型案例。启东市被授予“全国净滩公益示范点”称号。

【《长江保护法》集中宣传主题活动】 3月2日，“同住长江尾　法护长江美”——南通市《长江保护法》实施一周年集中宣传主题活动在圆陀角旅游度假区举行。活动上，启动《长江保护法》施行一周年集中宣传暨《守护长江尾》普法志愿服务项目，发布长江大保护典型案例，“云游”沿江法治文化阵地，展示江海堤防综合治理智慧工程创新案例。为“江之尾普法志愿者联盟”代表、江豚巡护普法联盟代表发放聘书。与会人员还调研启东市沿江社区普法依法治理工作。活动上，启东市进行增殖放流活动，共放流蟹苗250公斤、草鱼苗500多公斤。

（朱文津）

3月2日，“同住长江尾　法护长江美”——南通市《长江保护法》实施一周年集中宣传主题活动在圆陀角旅游度假区举行　（姜雨蒙/摄）

责任编辑　仇赛君

科学技术

综　述

【概况】 2022年,启东市把握科技创新大局,围绕提升以科技创新为核心的全域创新能力总要求,积极培育创新主体,集聚创新要素,健全创新生态,科技创新工作取得新的进展。全年新认定高新技术企业114家,高新技术产业产值占规模以上工业产值的比重达55.4%,涉及GDP核算指标的科学研究和技术服务业营收增幅为42%、工资增幅为10.4%,全社会研发投入上报总量36.17亿元,规模以上工业企业中有研发活动企业数占比达40.14%。实施产学研合作项目256个,获评省成果转化项目2个,新增省级研发机构9家。林洋能源股份有限公司、神通阀门股份有限公司入选省创新型领军企业,南通泰胜蓝岛海洋工程有限公司和启东市人民医院(启东肝癌防治研究所)获省科学技术奖。全社会研发投入占地区生产总值比重的2.6%,比上年提高0.12%。参与长三角科创圈建设,积极融入上海科创中心建设,优化人才、技术、金融等创新资源要素配置,全力打造"研发在上海,产业在启东"模式。举办"沪联科技·启创未来"科技招商恳谈会2次,与上海高校科技园、上海科技孵化器负责人交流对接。

【科研机构和科技队伍】 2022年,全市新增省级企业工程技术研究中心3家、省级企业技术中心5家、省级企业研究生工作站1家、南通市级企业工程中心11家。全市累计拥有省级新型研发机构建设2家、省企业工程技术研究中心41家、省企业研究生工作站42家、省重点实验室1家、省重点研发机构9家、南通市研发型企业2家、南通市级工程技术研究中心200家、南通市级院士工作站1家。有"双创"博士企业创新类13个、科技类"双创"团队1个。全市规模以上企业科技人员10724人,从业人员平均数56.01万人。

2022年启东市新增各级科技创新载体一览表

表10

序号	类　别	载体平台名称	承担企业
1	省级企业工程技术研究中心	江苏省(中交三航)海上风电基础成套装备工程技术研究中心	中交三航(南通)海洋工程有限公司
		江苏省东成新型电动工具工程技术研究中心	江苏东成工具科技有限公司
		江苏省动力系统智能测试装备工程技术研究中心	江苏联测机电科技股份有限公司
2	省级企业技术中心	江苏德威涂料技术中心	江苏科本药业有限公司
		江苏华滋能源技术中心	江苏华滋能源工程有限公司
		启东东岳药业技术中心	启东东岳药业有限公司
		江苏德威涂料技术中心	江苏德威涂料有限公司
		江苏吉莱微电子技术中心	江苏吉莱微电子股份有限公司
3	省级企业研究生工作站	江苏欣捷纺织科技研究生工作站	江苏欣捷纺织科技有限责任公司
4	南通市级企业工程技术研究中心	南通市和晖电动工具工程技术研究中心	江苏和晖电动工具有限公司
		南通市丰又环境科技工程技术研究中心	江苏丰又环境科技有限公司
		南通市神通核能装备工程技术研究中心	江苏神通核能装备有限公司
		南通市盛丽光电工程技术研究中心	启东盛丽光电科技有限公司
		南通市获捷工业物流智能分拣工程技术研究中心	启东获捷工业成套设备有限公司
		南通市贯森超薄软态精密不锈钢带工程技术研究中心	江苏贯森新材料科技有限公司
		南通市美迅蜂窝纸板机械工程技术研究中心	启东市美迅机械有限公司
		南通市鑫磁磁力工程技术研究中心	南通鑫磁机械制造有限公司
		南通市博南润滑液压设备工程技术研究中心	南通市博南润滑液压设备有限公司
		南通市永安纺织纱织工程技术研究中心	南通永安纺织有限公司
		南通市金丝楠膜特种薄膜工程技术研究中心	南通金丝楠膜材料有限公司

【科技项目】 2022年,全市获省级以上立项项目15个。其中,获得中国创新创业大赛全国总决赛初创企业组三等奖项目1个;获省成果转化项目2个,省级众创空间认定1个,省创新型领军企业认定2家,省级孵化器绩效评价良好2个;列入省重点研发计划(农业科技服务后补助)项目1个,省新型研发机构奖补1个,省"科技副总"认定1个,省产学研合作项目4个。

2022年启东市获省级以上立项科技项目一览表

表11

序号	项目类别	项目名称	承担单位
1	中国创新创业大赛全国总决赛初创企业组三等奖	新体系固态电池	启东世纪新体系电池科技有限公司
2	省科技成果转化项目	绿色高效多功能LNG加注船关键技术研发及产业化	南通中集太平洋海洋工程有限公司
3		高速数据传输端口用新型ESD保护器件研制与产业化	江苏吉莱微电子股份有限公司
4	省级众创空间	南通创盒众创空间	南通创盒科技有限公司
5	省级孵化器绩效评价	启东创业科技园	启东创业科技服务有限公司
6		启东经济开发区科技创业中心	启东经济开发区科技创业中心有限公司
7	省产学研合作项目	高温气冷堆核电站用阀门及匹配驱动装置的高可靠性参数化设计技术研发	江苏神通阀门股份有限公司
8		多组分纤维有色服装辅料的节能减排关键技术开发	江苏欣捷纺织科技有限责任公司
9		生物处理技术智能平台的设计与研发	江苏晨锐环保设备有限公司
10	省产学研合作项目（揭榜挂帅）	淀粉基植物精油可降解保鲜材料的制备与产品开发	启东曦瑞新材料科技有限公司
11	新型研发机构奖补	启东中科光电遥感中心新型研发机构奖补	启东中科光电遥感中心
12	省创新型领军企业	省创新型领军企业	江苏林洋能源股份有限公司
13		省创新型领军企业	江苏神通阀门股份有限公司
14	省“科技副总”	杨鎏	启东市亿方密封科技有限公司
15	省重点研发计划	农业科技服务后补助	江苏双林海洋生物药业有限公司

【林洋、神通获评江苏省创新型领军企业】 2022年，省科技厅公示新一轮全省创新型领军企业名单，林洋能源股份有限公司、神通阀门股份有限公司入选。

江苏林洋能源股份有限公司成立于1995年，是国内知名的智能电表及用电信息管理系统终端产品、系统解决方案提供商之一，为拥有超过百家子公司、集团化运作的上市企业。至2022年年底，公司共获得各种专利授权239件，其中，发明专利86件；承担实施30多项省以上科技计划项目，其中国家级项目10多项；领衔参与制订国家及行业标准共61项。

江苏神通阀门股份有限公司是中国阀门行业协会理事长单位、国家高新技术企业、工信部制造业第一批单项冠军培育企业、国家知识产权示范企业、首届江苏省科技创新发展奖优秀企业、江苏省自主工业品牌五十强企业。至2022年年底，公司承担28个省级以上科研项目，主持和参与制（修）订45项国家或行业标准，开发9个国家重点新产品。

【启东市举办青年科技人才主旨论坛】 9月16日，主题为“助力蓝色碳汇，发展蓝色经济”的青年科技人才主旨论坛在寰宇东方国际集装箱（启东）有限公司举行。论坛上，中国海洋发展基金会副理事长兼秘书长、原国家海洋局海域综合管理司司长潘新春作海洋经济形势专题讲座。启东生态环境局介绍近年启东市生态环境保护工作。大国重器“天鲲号”总设计师陈新华、全国优秀共青团员沈佳伟、江苏省技术能手吴向荣、江苏省优秀农民工龚卫兵4位青年人才作宣讲，介绍中国海洋工程装备发展历程，科普海工装备知识，并对低碳制造作远景规划与展望。论坛还进行项目集中签约仪式；启东市海工船舶及重装备产业协同创新功能平台与同济大学、江苏科技大学签订合作协议。

【“沪联科技·启创未来”科技招商恳谈会】 2022年，启东市举办两次“沪联科技·启创未来”科技招商恳谈会，旨在大力深化北沿江沿海科创带建设，促进“上海—启东”两地科技项目孵化和研发，推动两地协同创新，加快启东全面接轨上海科创资源，进一步加速启东科技创新高速发展。11月22日，来自上海工程技术大学国家大学科技园、上海大学国家大学科技园、上海第二工业大学国家大学科技园等多家上海高校科技园负责人参加恳谈会。12月15日，来自上海苏河汇科技服务股份有限公司、上海腾讯众创空间、金地威新嘉定智造园园区、上海山谷优帮创业孵化器有限公司、上海九马科技集团、东华大学国

6月23日，位于惠萍镇的新晖测控科技有限公司内，技术人员调试设备。该公司是化学工业部标准液位计专业生产企业，2021年企业自主研发的深冷防霜（-196℃）磁性液位计和智能型控制液位控制器，可存取对过程操作至关重要的信息，该技术为国内首创（市融媒体中心/供图）

家大学科技园等多家上海科技孵化器负责人参加活动。

【全球人工智能与机器人双创大赛长三角赛区晋级赛暨启东市产业与创新环境推介会在上海举行】 12月21日，第三届“清华大学国强研究院杯”全球人工智能与机器人双创大赛长三角赛区晋级赛暨启东市产业与创新环境推介会在上海举行。此次晋级赛共有16个项目进入路演环节，分为初创组和成长组进行比赛。比赛采取线上路演和线下路演相结合的方式，主要聚焦人工智能领域，展示人工智能和机器人的创新应用。初创组“智能可穿戴上肢软体康复机器人项目”“无人车航母+舰载无人机立体安防整车制造”，成长组“车规级储能充电桩”“无屏触控智能AI机器人”“关节动态评估系统”5个项目晋级。

（胡轶忠）

科技创新

【概况】 2022年，市科技局增强招商力度，增设科技招商科和科技招商服务中心，在上海、深圳、成都举办多场科技招商活动，全年认定南通科创招引项目61个。2家企业申报南通产业创新“揭榜挂帅”攻坚计划项目，对制约产业创新的关键核心技术和关键共性技术联合攻关。林洋能源股份有限公司在产业创新“揭榜挂帅”攻坚计划项目中成功发榜并被大连理工大学揭榜，项目经费达690万元。引导企业开发新产品、新技术、新工艺，高新技术产业产值占规模工业产业产值比重达55.4%。发挥协同创新作用，开展企业技术需求征集工作，共征集有效技术项目需求300多个。根据技术需求的行业类别，以小分队的形式开展专题对接，举办“百企联百校工程”系列活动10多场，实施产学研项目256个。认定科技创新型企业32家，科技型中小企业入库评价593家。启东世纪新体系电池科技有限公司获创新创业国赛初创组三等奖。药源生物晋级创新创业国赛。组织全市重点科技型企业“三十强科创企业”评选和“争先进位”竞赛活动考评，评选出金、银、铜牌科创企业家6名。

【创新平台建设】 2022年，市科技局推进高校合作平台建设，与北大生科华东产研院开展第二轮合作，新引进高校技术转移中心2家。加强原有高校技术转移中心建设，开展产学研及人才对接活动，实施产学研合作项目256项。推进孵化平台建设，获省级众创空间认定1家，推荐北大百年生科孵化器成功申报国家级孵化器。推进企业研发平台建设，3家省企业工程技术研究中心获立项，组织申报省科技公共服务平台1家。

（张俊杰）

2022年启东市金、银、铜牌科创企业家一览表

表12

序号	企业名称	姓　名	称　号
1	南通泰胜蓝岛海洋工程有限公司	王　琛	金牌科创企业家
2	启东乾朔电子有限公司	王润鸣	银牌科创企业家
3	南通东之杰智能装备有限公司	陈　健	银牌科创企业家
4	江苏德威涂料有限公司	闫立勇	铜牌科创企业家
5	江苏林洋能源股份有限公司	陆永华	铜牌科创企业家
6	江苏华峰超纤材料有限公司	尤飞宇	铜牌科创企业家

【农业与社会发展科技】 2022年，市科技局进一步推动农业与社会发展科技创新。出台《启东市农业和社会民生科技计划实施办法（试行）》，根据该实施办法，组织申报本级农业和社会民生科技计划项目15项，经形式审查、专家评审、现场考察、立项公示，共下达10项，涉及现代农业、生态环境、食品安全、医疗卫生、碳达峰碳中和等社会民生多领域。全年组织申报省科技计划项目和南通市社会发展科技计划项目38项，其中，省重点研发计划（现代农业，包括农业科技服务后补助）项目5项、省重点研发计划（社会发展）项目1项、省碳达峰碳中和项目1项、南通市社会发展科技计划项目30项。列入省重点研发计划（农业科技服务后补助）项目1项、南通市社会发展科技计划项目26项。

【农业科技服务】 2022年，市科技局深入寅阳镇、王鲍镇、北新镇、嘉禾力、吕鲜米业、冬娟农场等镇村及企业开展送科技下乡和科技培训活动10次，邀请高校科研院所专家30人次，参加培训人员350人次；发放科技图书、科技资料1200余份；赠送农业新品种等农资1200多份；展出农业科技展板90块次。培育各类科技创新服务载体，全面推进农业产学研合作，鼓励农业科技型企业与高校科研院所建立“校企联盟”，开展科技“强农支农富农”工作。鼓励并组织农业科技型企业进行校企合作。与南京农业大学、省农科院、江苏沿江地区农科所专家开展科技合作交流，发挥江苏沿江地区农科所启东技术转移中心的辐射带动作用。组织企业申报农业科技创新创业平台，江苏双林海洋生物制品有限公司被列为南通市植物营养科创中心。

（顾旭梅）

【新体系固态电池项目获中国创新创业大赛全国总决赛初创组三等奖】 12月28—30日，第十一届中国创新创业大赛全国总决赛在深圳举办。启东世纪新体系电池科技有限公司获初创组三等奖，系全省4家获奖企业之一。参赛项目新体系固态电池按国家重点研发计划目标，做出400毫安时/克以上稳定循环正极，获得CNAS认证，并研发出600瓦时/千克以上稳定循环电池，领先美国2020—2030新能源汽车电池项目指标。

8月5日，第七届“启创杯”创业大赛沈阳城市赛成功举办

（市融媒体中心/供图）

【2022中国·启东第七届“启创杯”创业大赛】 3月20日—9月29日，启东市举办2022中国·启东第七届“启创杯”创业大赛。大赛以“梦启东方　创享未来”为主题，重点围绕生命健康科技、海工及重装备、新材料、新能源、电子信息及半导体装备、精密机械等产业领域，分4个赛区，采取城市赛（行业赛）、总决赛相结合的“N+1”大赛模式遴选获奖项目。共有1000余个海内外高层次项目报名参赛，经过4场城市赛（行业赛），有16个优质项目参加总决赛。“电子废弃物贵金属回收技术研发及产业化”“一次性内窥镜的研究及产业化”“高稳定性钠离子电池层状氧化物正极材料”3个项目获一等奖。

（张俊杰）

高新技术产业

【概况】 2022年，启东市全面实施高新技术企业倍增行动，建立梯次培育库，共申报高新技术企业165家，认定114家，通过率达69.1%，通过率列南通各县（市、区）第二；净增53家，全市累计有高新技术企业296家。开展重点科技型企业“三十强”评选和“争先进位”竞赛活动，激发企业创新积极性，入选省创新型领军企业2家、省科技企业上市培育计划入库企业1家、南通市研发型企业2家、南通科创项目培育库企业27家。开展科技型中小企业评价入库工作，严把入库企业质量关，入库企业593家，同比增幅达72%。全年全市实现高新技术产业产值692.88亿元，占规模工业产值的比重达55.4%。全年高新技术企业培育入库50家，入库通过率达67.6%。

【高新技术企业培育】 2022年，市科技局对全市企业开展筛查、走访，召开全市高新技术企业申报业务培训会、工作推进会、重点区镇专题辅导会，加强政策宣传和业务培训，“一企一策”开展帮扶指导，把好材料审核关。全年共申报企业165家，其中，新认定高新技术企业114家。加强科技型中小企业入库评价。围绕入库评价标准，加强政策解读和评价工作动员，做好知识产权申报和研发费用核算的有关辅导，引导符合条件的科技型中小企业“应评尽评”。全年科技型中小企业评价入库593家，同比增幅达72%。加强企业研发能力提升。加大企业研发费加计扣除政策宣传，引导企业加大研发经费投入力度。全市规模以上工业企业研发投入达36.17亿元。以实施科技项目为抓手,带动企业创新能力提升,获省重大成果转化项目2项,省科学技术奖一等奖1项、三等奖1项。

【高新技术企业减免税】 2022年,全市有65家高新技术企业享受减免税30676.7万元;201家高新技术企业享受研发费用加计扣除额共计14.83亿元,加计扣除金额持续上涨。

2022年启东市新认定高新技术企业名录

表13

序号	名　　称	序号	名　　称
1	江苏西欧电子有限公司	58	南通北新新能源科技有限公司
2	南通三思机电科技有限公司	59	派尔科化工材料(启东)有限公司
3	国动科技有限公司	60	南通宝凯药业有限公司
4	拓信达(启东)医药生物科技有限公司	61	江苏道明化学有限公司
5	江苏风神空调集团股份有限公司	62	启东市恒瑞电源科技有限公司
6	启东赢维数据信息科技有限公司	63	启东市阿尔法阀门有限公司
7	南通南博旺智能科技有限公司	64	启东市航新实用技术研究所
8	南通浩盛汽车科技有限公司	65	南通康业特种门窗有限公司
9	首固光电江苏有限公司	66	江苏贯森新材料科技有限公司
10	江苏恒泰自动化润滑设备有限公司	67	启东市万润机床附件有限公司
11	江苏碧松照明股份有限公司	68	南通全洲机械有限公司
12	江苏指南润滑液压科技有限公司	69	江苏天宇石化冶金设备有限公司
13	启东市海信机械有限公司	70	江苏百凌电器有限公司
14	启东张大鑫金属制品有限公司	71	南通启重润滑设备有限公司
15	江苏益捷思信息科技有限公司	72	江苏中科朗润智能科技有限公司
16	南通海鹰机电集团有限公司	73	启东市亿方密封科技有限公司
17	启东乾朔电子有限公司	74	南通市中吕齿轮有限公司
18	江苏瑞立环保工程股份有限公司	75	南通盛强机械制造有限公司
19	南通优睿半导体有限公司	76	江苏铨通印数字印刷有限公司
20	南通昶昊机电制造有限公司	77	南通永祥机电有限公司
21	南通市宏鼎新材料有限公司	78	启东市石力机电有限公司
22	大永精机(江苏)有限公司	79	江苏胜晟机械科技有限公司
23	江苏鑫涂机械有限公司	80	南通万成机电有限公司
24	江苏启灏医疗科技有限公司	81	启东市旭能电子科技有限公司
25	江苏浙南装备技术有限公司	82	江苏弗林特机电科技有限公司
26	启东育锋新材料科技有限公司	83	启东新亚电子科技有限公司
27	南通滨海活性炭有限公司	84	江苏傲勋电子科技有限公司
28	煜工(南通)环保设备制造有限公司	85	江苏玖集金刚石工具有限公司
29	盖德新材料科技南通有限公司	86	南通中集太平洋海洋工程有限公司
30	启东获捷工业成套设备有限公司	87	江苏炯强海洋装备有限公司

续表13

序号	名　称	序号	名　称
31	启东捌友精密汽车部件有限公司	88	江苏京沪重工有限公司
32	江苏沃地生物科技有限公司	89	江苏盛源燃气动力机械有限公司
33	启东市海纳精线科技有限公司	90	启东市凯尔达电器有限公司
34	江苏诺优空气净化设备有限公司	91	南通东方船用设备制造有限公司
35	江苏嘉盟电力设备有限公司	92	启东双赢电子科技有限公司
36	江苏叔伯屋门窗系统有限公司	93	恒诚航空科技(南通)有限公司
37	江苏振栋精密材料科技有限公司	94	启东利城环境工程有限公司
38	江苏启尖丝杠制造有限公司	95	启东精马液压有限公司
39	江苏龙擎动力科技股份有限公司	96	启东力然物流装备有限公司
40	启东新智造机械设备有限公司	97	江苏飞虎针业有限公司
41	上海南空通讯电器设备启东有限公司	98	南通泰尔精密机械有限公司
42	江苏图研新材料科技有限公司	99	南通大鹏光电有限公司
43	江苏易舜医疗器械有限公司	100	启东荣生机械有限公司
44	安字汽车紧固件(启东)有限公司	101	南通铂柏自动化设备有限公司
45	上海众德金属制品启东有限公司	102	江苏神通核能装备有限公司
46	上海士捷机械制造启东有限公司	103	大隆节能液压科技启东有限公司
47	点夺机电工程江苏有限公司	104	江苏悉典制药设备有限公司
48	启东盛丽光电科技有限公司	105	南通信仁润滑液压设备有限公司
49	南通寰宇博新化工环保科技有限公司	106	三众过滤技术南通有限公司
50	东一阀门制造(南通)有限公司	107	江苏新晖测控科技有限公司
51	南通晖枫新材料科技有限公司	108	南通鑫磁机械制造有限公司
52	南通力福通起重机械有限公司	109	启东安升润液设备有限公司
53	南通市煌埔机械制造有限公司	110	南通市千百艺塑料科技有限公司
54	启东市美迅机械有限公司	111	江苏恒源液压有限公司
55	启东纽昇塑胶科技有限公司	112	南通高木机械科技有限公司
56	江苏欣捷纺织科技有限责任公司	113	朗奥(启东)自动化设备有限公司
57	江苏德威涂料有限公司	114	南通立伟重工机械有限公司

（施迎东）

产学研合作

【概况】 2022年，市科技局健全政产学研政策，校企合作环境不断优化。完善激励政策，出台《“百企联百校高质量合作”工程实施办法(试行)》，将产学研合作项目补助标准调整为60%、50%、40%、30%的分档补助(产学研合作项目经费)，拓展与各高校技术转移机构的合作，尤其是和上海高校形成校地合作关系，全市设立高校技术转移机构13家，其中上海地区高校9家，常态化开展产学研对接暨协同创新工作，加快产学研协同创新及科技成果转化。举办“沪启”科技成果直通车、启东企业进北京高校院所等“百企联百校工程”系列活动12场，全年实施产学研合作项目256个。

【重点项目】 南通泰胜蓝岛海洋工程有限公司与同济大学张伦伟合作的《海上风电制氢示范系统设计》项目，合作金额为50万元，该项目获省产学研合作项目立项。上鼓透平风机启东有限公司与上海工程技术大学文永蓬合作的《透平空气压缩机振动系统的快速智能检测方法研究》项目,合作金额为30万元,该项目获省产学研合作项目立项。

(施迎东)

气象测报

【概况】 2022年,启东市气象局完善观测站网布局,推进全市观测体系建设。完成6套地面气象观测站、1套海洋气象观测站、1套全闪闪电定位仪建设,完成1套国家级区域站改造升级,推进启东S波段雷达、风廓线雷达、微波辐射计项目建设工作,稳步推进气象局异地重建工程。市气象局天气预报水平稳步提高,防灾减灾能力显著提升。

【气象灾害预报预警】 2022年,市气象局持续推进递进式预报预警服务,做好每次灾害性天气监测预警服务。着力提升气象服务体系、气象灾害防御体系建设与城乡社区网格化服务管理机制的紧密耦合,实现气象预报预警信息、气象防灾减灾管理融入网格化服务管理的目标。强化气象灾害应急联动,完善与应急、水务、农业、环境等部门间的信息共享、灾情实时反馈和联防联动机制,进一步完善气象灾害分级联动应急处置措施,规范决策气象服务产品和发布流程,强化与应急管理部门的会商研判,细化气象灾害应对工作机制。完成气象灾害风险普查、区划任务,形成风险普查成果,提升气象灾害风险评估和精细化灾害风险预警能力。

【气象服务】 2022年,市气象局共发布《重要天气预报》29期、《内部传真》9期,发布春运、中高考等重大活动期间气象服务材料56期,发布突发气象灾害预警信息123次,启动应急响应5次。通过微信、微博平台,及时发布灾害性天气预警、防御措施,气象微信、微博关注量共计1万人以上。加强与市融媒体中心合作,定期召开新闻发布会。逐步形成手机定制短信、专业用户警报器、电子显示屏、微博微信平台等新媒体、多种类的发布形式。继续探索推进供电、城市交通气象服务,加强与电力部门、电力企业的应急联动和数据共享机制建设。深入开展进企现场调研,了解沿江船舶企业对气象服务的需求,探索精细化气象服务的有效途径。拓展农业气象信息发布渠道和覆盖面,完善农业气象服务产品,更新编制《启东市气象局农业气象周年服务方案》,做好春耕春播、夏收夏种等关键农时直通式气象保障服务。

9月18日,由市气象局、市图书馆联合主办的气象科普宣传活动在少儿图书馆举行。图为孩子和家长一起制作人工影响天气作业飞机模型 (王海兵/摄)

【安全监管】 2022年,市气象局落实禁放氢气球规定,规范升放气球行政审批,严格事中事后监管。强化防雷中介服务机构监管,落实信用监管措施,定期开展报告抽检和现场复核,提高防雷检测质量。对全市防雷重点单位特别是危化、易燃易爆等场所进行全覆盖防雷安全执法检查,深化"双随机、一公开"监管要求,开展沿江大型船舶企业、文化遗址防雷安全专项检查。全年共检查企业117家,查出安全隐患4处,发出限期整改通知书3份,及时督促完成整改4处。

【气象科普】 2022年,市气象局围绕防灾减灾和应对气候变化,在世界气象日、防灾减灾日、法治宣传日等时间节点开展系列科普活动。落实《启东市全民科学素质行动规划纲要实施方案(2021—2025年)》重点任务,加强科学普及与创新文化建设。以气象科普馆为依托,规范对外开放管理,打造具有启东特色的气象科普品牌。召开汛期主要天气气候事件回顾及冬季气候预测新闻发布会,推动气象科普进校园、社区、企业、乡村"四进"活动等,满足社会各界对气象科普的需求。与折桂中学签订共建协议,新建校园气象科普基地1个。组织参与气象科普讲解比赛,1人获南通市气象科普讲解比赛第二名,1人获江苏省气象科普讲解比赛优秀奖。

(王　辉　陆鑫海)

责任编辑　陆金红

教育

综　述

【概况】 2022年,全市共有中小学校、幼儿园151所,其中,幼儿园72所,小学52所,初中17所,九年一贯制学校1所(启东市滨海实验学校),普通高中5所,十二年一贯制学校1所(启东启迪外国语学校),职业高中2所,特殊教育学校1所。有在校学生90238人。其中,在园幼儿16350人;小学在校学生40609人,其中,一年级至六年级学生数分别为6358人、6595人、6797人、7084人、7112人、6663人;初中在校学生18844人,其中,初一至初三年级学生数分别为6450人、6449人、5945人;普通高中在校学生9900人,其中,高一至高三年级学生数分别为3389人、3359人、3152人;职业高中在校学生4319人,其中,职高一年级至三年级学生数分别为1661人、1387人、1156人,四年级及以上115人;特教学校在校学生216人。全市共有在职教职工7411人,离退休教职工6130人。全市学校占地面积约331.93万平方米,校舍建筑面积约154.71万平方米。

（费雷雷）

【教育成果】 2022年高考理科文科各个分数段的学生数在南通乃至全省,继续保持高位走强态势。3名理科学生高考成绩进入省前100名,15名学生(理科13人、文科2人)进入省前500名,31名学生(理科27人、文科4人)进入省前1000名,56名学生(理科45人、文科11人)进入省前2000名。其中,3名学生被清华、北大录取,24名学生被复旦、上海交大录取。1867名学生达一本线,一本上线率达69.1%,超南通15.5个百分点,位居南通第一;2641名学生达二本线,二本上线率达93.72%,超南通6.3个百分点,位居南通第一。高考平均分534.1分,超南通全市平均分19.1分,位居南通第一。2022年中考,启东中学录取分数线685分,超过如东中学、通州中学,与录取分数最高的南通中学692分,差距缩小至7分,700分以上人数达208人。各类竞赛获奖数量和档次提升明显,在全国中学生数学奥林匹克竞赛中,1名学生获国家一等奖,2名学生获省一等奖;在全国中学生化学奥林匹克竞赛中,3名学生获国家二等奖,5名学生获省一等奖;在全国中学生物理奥林匹克竞赛中26名学生获省一等奖;在全国中学生生物奥林匹克竞赛中13名学生获省一等奖。全市42名教师在教学基本功、优课评比、实验操作大赛中获省、市一等奖。

（王晓东）

【机制创新】 2022年,市教育体育局修订完善“千分考”评价体系,完成《启东市教育体育局中小学(幼儿园)综合评估实施方案(修订稿)》,评定五星级学校(单位)46个。学段统筹岗位晋升,在市纪委监委全程监督下,随机抽取第三方专家对申报对象进行评审。探索民主科学的学校管理新思路,加快年轻校级领导的培养速度,开展“轮值校长”试点工作。10月,在教育系统全面推进“轮值校长”制度,全年共有303名后备干部作为轮值校长在学校关键管理岗位上顶岗实践。围绕教师队伍“789”工程,聘请专业导师每月制订不同研修主题,对后备干部和年轻干部进行培训。开发建设启东市教师专业发展大数据管理平台、教育系统资产管理平台、食堂财务记账系统,提高人事后勤的科学化、规范化管理水平。完善教育集团、教育共同体管理,实行捆绑考核制度。集团和共同体均由城乡学校组合构成,形成同学段集团和共同体之间的良性竞争体系,有效促进城乡教育的均衡发展和区域教育的全面提升。

（姜东泉）

【党建引领】 2022年,市教育体育局探索中小学校党组织领导的校长负责制,成为教育部首批试点,先行试点经验为中共中央办公厅印发的文件提供启东样本。局党组书记、局长陆海峰应邀在全国中小学校党组织书记网络培训班讲专题党课,参与“中国德育·明德讲堂”直播活动,《中国德育》“样本”栏目刊登启东市局长访谈及8所学校的特色做法。成立“红烛先锋”名师宣讲团,开展“学习新思想　喜迎二十大”主题宣讲进校园活动和“党的二十大报告”送学服务等。编印中小学、幼儿园“红色印迹　初心传承”党的知识自编教程,推出30多个精品党史课程。海复小学被命名为中国工农红军南通启东红军小学。打造“烛耀东疆”党建品牌,推进“一校一品”党建文化建设,新增党建品牌项目16个。至年底,共建成省市级品牌项目39个。

（施　娟）

【基础设施建设】 2022年,学华小学二期工程,长江中学食堂、风雨操场项目交付使用。推进蝶湖实验小学、蝶湖中学、少年宫新校区、建新中学二期建设,4个项目均结构封顶;新建的折桂中学综合楼、吕四中学体育馆主体工程均完工;继续做好启东中学、启东中专新校区及市一中宿舍楼建设的前期工作。投入近400万元,将学校宽带网络全面提速。数字音乐、书法教学平台及数字音乐、书法教室投入使用。70所中小学共1380间教室安装空调。开展学校食品安全守护行动,151所中小学、幼儿园食堂“互联网+明厨亮灶”覆盖率100%。开展学校食堂燃气整治排查工作,完成“瓶改电”48家、“瓶改管”10家。151所学校食堂星级评定A级食堂148家、B级食堂3家。

（薛　健）

【“6个1”亮色工程建设成果】 2022年,启东市推进“6个1”亮色工程建设,构筑启东教育高质量发展体系。《“6个1”亮色工程——启智润心的启东育人新路径》入选第六届中国教育创新成果,《“6个1”亮色工程,为了成长更精彩》入选国家教育行政学院课程资源库;《“双减”背景下“6个1+X”区域课程群建设与实践探索》被确立为江苏省基础教育前瞻性教学改革实验项目;《“6个1”亮色工程,打造多维育人启东新样态》作为南通的优秀典型案例,抄报江苏省教育工委领导小组;《教育家》杂志刊出《“6个1”亮色工程:建设面向未来的教育生态》;“学习强国”学习平台推出专栏文章《江苏省启东教育改革实践之路:聚力“6个1”,助推教育均衡》。《课后延时服务让学习更具趣味》在江苏教育网发布,

《多彩课后服务扮靓校园生活》在《江苏教育报》、"学习强国"学习平台发布。英邦小学女子排球队7战7胜，获2022年全国青少年排球夏令营暨小排球锦标赛乙组冠军。

（王晓东）

【启东市交流中小学校党组织领导的校长负责制试点经验】 8月3日，市委教育工委书记，市教育体育局党组书记、局长陆海峰应邀做客"中国德育·明德讲堂"，围绕"新时代学校党建研究"，作题为"推进体制改革　提升治理效能　以高质量党建引领区域教育现代化发展——江苏省启东市推进中小学校党组织领导的校长负责制实践与探索"的报告，交流分享启东市试点经验。2019年5月起，启东市积极探索中小学校党组织领导的校长负责制试点工作，围绕立德树人根本任务，从健全组织体系、制度体系、工作机制入手，对标新时代党的建设总要求，突出政治性、系统性和创新性，加强党对学校工作的全面领导，把党建工作融入办好人民满意的教育全过程，推动区域教育高质量发展。

【2名学生获评江苏省少年科学院院士】 8月4—5日，由共青团江苏省委、江苏省科协、江苏省少工委主办的第十届江苏省少年科学院院士评聘活动在常州举行。74个优秀科学建议项目入围展示聘任活动。经过现场作品展示、专家评委问辩和科学基础知识测试三个环节，实验小学樊奕扬、紫薇小学郭普表现突出，获"第十届江苏省少年科学院院士"称号，南通市仅4名学生入围。郭普的科学建议被评为"十佳建议"。

【中国工农红军南通启东红军小学授旗、授牌仪式举行】 12月18日，全国红军小学建设工程理事会一行到中国工农红军南通启东红军小学，举行红军小学授旗、授牌仪式。全国红军小学建设工程理事会副理事长兼秘书长、全国红办把红色基因一代代传下去工作领导小组秘书长方强，青海省委原常委、青海省军区原司令员、全国红办把红色基因一代代传下去工作领导小组副组长李松山及启东市领导参加活动。中国工农红军南通启东红军小学，前身是张謇创办的垦牧高等小学、慕畴小学。10月28日，海复小学被全国红军小学建设工程理事会命名为"中国工农红军南通启东红军小学"，是启东市唯一的红军小学。学校占地100亩，校舍建筑面积14000平方米，有34个教学班，1700多名学生，是江苏省爱国主义教育基地、江苏省学校德育基地、江苏省党史教育基地。活动宣布成立中国工农红军南通启东红军小学的决定，转赠曾飘扬在天安门广场的国旗，赠送"习近平总书记和少先队员在一起"的挂像，以及由中国人民革命军事博物馆、中国人民解放军档案馆、中国国家博物馆、中国关心下一代工作委员会、全国红办把红色基因一代代传下去工作领导小组监制的中国工农红军军旗。相关领导为中国工农红军南通启东红军小学授旗、授牌，并为学校授习近平总书记对红军小学建设工程重要指示题词牌，捐赠奖教基金。

（施　娟）

5月30日，市领导在学华小学调研课后延时服务工作，学生展示延时服务特色
（市教育体育局/供图）

学前教育

【概况】 2022年，全市有幼儿园72所，在园幼儿16350人，其中，大班207个班，中班195个班，小班198个班，托班8个班。教职工2690人，其中专任教师1291人。

【优质均衡发展】 2022年，2所幼儿园通过江苏省优质幼儿园创建，4所幼儿园通过江苏省优质幼儿园复审，6所幼儿园通过南通市优质幼儿园创建。全市共有江苏省优质幼儿园48所、南通市优质幼儿园16所。区域推进幼儿园课程游戏化项目建设，提升办园内涵，江苏省级"区域推进幼儿园课程游戏化建设"项目接受南通市级项目视导，新增南通市级建设项目2个、优秀项目2个，启东市级建设项目4个、优秀项目一等奖9个。围绕学前教育宣传月"幼小衔接，我们在行动"主题，加强幼小协同教育，实施幼儿园入学准备和小学入学适应教育，开展系列推进活动和优秀视频案例评选，获南通市首批优秀"幼小衔接"项目3个、启东市级项目一等奖3个、启东市"幼小衔接"优秀视频案例一等奖10个。发挥名师、名园长示范引领作用，提升基层幼儿教师专业素养，获江苏省信息技术优课一等奖1个、南通市优质园本课程方案一等奖3个、南通市游戏案例一等奖1个。专兼职教研员持续开展责任区幼儿园实地调研指导工作，以优质资源推动不同层级幼儿园保教质量提升，促进全市学前教育优质均衡发展。

（黄东捷）

11月25日，启东市幼儿园课程游戏化区域推进现场会在鹤城幼儿园、大洋港幼儿园举行（市教育体育局/供图）

※学校选介※

【启东市实验幼儿园】 2022年，学校有班级24个，在园幼儿786人，教职工99人。设有2个分园，经济开发区分园有幼儿200多人，教职工35人，学校通过江苏省优质幼儿园材料评审；碧桂园分园有幼儿350多人，教职工47人，学校成功创建南通市优质幼儿园。实验幼儿园是全国足球特色幼儿园、省级“幼小衔接”项目试点学校、省级课程游戏化项目单位，开展园本“礼乐课程”的架构与丰盈。班本课程活动《家乡的建筑》《一只受伤的小小鸟》《雨水落 百谷长》等被各类专业媒体转载发布。实施研究省级规划课题2个、南通市级规划课题2个和南通市级德育课题1个。教师撰写发表专业论文20余篇，80人次论文获奖。亲子活动“秋收课堂让孩子体验田埂上的快乐”被央视《新闻袋袋裤》报道；3组家庭在2022年江苏省趣味田径幼儿亲子赛中获一等奖；20多名教师获南通市、启东市级基本功、优课比赛一、二等奖。创建市级党建品牌“幸福‘实’光”。幼儿园获江苏省教科研先进集体、南通市模范职工小家、启东市第一届优秀青年教师基本功大赛先进集体、启东市十佳家庭教育优秀学校等荣誉。

（吴珏华）

【启东市和睦幼儿园】 2022年，学校有班级55个，其中，总部33个，城南分园7个，南苑分园9个，翡翠分园6个，有在园幼儿1639人，教职工225人，专任教师117人，其中，江苏省特级教师1人，南通市学科带头人、骨干教师、教坛新秀6人，启东市优秀教育人才14人。幼儿园重视教育教学，搭建各种平台促进师幼共同发展，“‘和文化’视域下的幼儿园课程游戏化建设”获市级课程游戏化建设优秀项目，“守护童真 智慧衔接”获市级幼小衔接优秀项目。翡翠幼儿园成功创建启东市优质幼儿园。1个南通市“十三五”教育科学规划课题、3个启东市级课题结题，省级重点课题“基于发展适宜性的‘三服务’课程实践研究”通过中期鉴定。另有1个省级课题、3个南通市级课题成功立项、6个启东市级课题实施研究。全年有80多篇论文获奖，20多篇论文在省市级刊物上发表，56人次在县市级活动中上公开课、讲座或比赛获奖。由“樊红名园长工作室”“陈菊名师工作室”平台，引领教师专业发展，促进幼儿全面发展。在省、市级幼儿快乐体操比赛中多次获金奖，在启东市保育教育质量评估中获启东市第一名。幼儿园获南通市文明单位、南通市“巾帼建功”先进集体、启东市十佳家庭教育优秀学校、启东市劳动教育试点学校、启东市幼儿园保教考核五星级学校等荣誉。

（樊 红）

小学教育

【概况】 2022年，全市有小学52所，其中，直属小学（含分校）9所，镇属小学43所，教学班级1085个，在校学生40609人，有教职工3134人，其中专任教师2836人。

【教研活动】 2022年，全市各直属小学成功举办“东疆之春”“长小之秋”等品牌教研活动，各镇举办“课堂高地建设三年行动”普惠乡镇行活动。全市举办“强基赋能登攀年”系列培训活动、小学生阅读素养提升系列专题研讨活动。《“双减”背景下“6个1+X”区域课程群建设与实践探索》被确立为江苏省基础教育前瞻性教学改革实验项目。

【教学竞赛】 2022年，1名教师在教育部“基础教育精品课”遴选中获奖；1名教师在江苏省小学英语优质课评比活动获二等奖；9名教师在南通市小学语文、道德与法治、体育、综合实践活动等学科比赛中获一等奖，其中1人获南通市“行知杯”中青年教师教学技能比赛一等奖第一名。

（王丽娟）

※学校选介※

【江苏省启东实验小学】 2022年，学校有班级90个，在校学生4774人，教职工259人。学校先后培养省特级教师7人、正高级教师2人；全国优秀教师1人、江苏省苏教名家1人、省“333工程”培养对象5人、省优秀教育工作者8人、省级领航名师项目成员1人、省五一劳动奖章获得者1人、李吉林卓越教师支持计划(A类)1人,南通市名校长1人,南通市“226高层次人才培养对象”7人、南通市名师培养第一梯队成员6人、南通市先进工作者4人、南通市优秀教育工作者20多人,启东市级及以上优秀教育人才190余人。新增南通市学科带头人4人、骨干教师3人、教坛新秀3人。新立项省级规划课题3项;新增省级、南通市级基础教育示范性育人模式研创工程项目各1个。教师获江苏省教学成果奖二等奖1项,10多人次获南通市、启东市教师基本功竞赛、优课评比一等奖。在省级以上刊物发表文章近300篇。1人获评南通市优秀少先队辅导员,2人获评南通市优秀教师,1人获评启东市“十佳师德标兵”。教学经验多次被“学习强国”学习平台、《江苏教育》《小学教学》等国家、省级媒体介绍。

(陈金飞)

【启东市南苑小学】 2022年,学校有班级74个,在校学生3801人,教职工183人,其中优秀教育人才54人。学校有省级重点资助立项课题2项、南通市“十四五”课题5项、启东市“十四五”课题6项。推进“童真教育”实验研究,教师专业发展成效显著,学校获评江苏省基础教育前瞻性项目实验学校、南通市首批优秀“幼小衔接”项目、启东市首批“幼小衔接”优秀项目一等奖。学生核心素养全面提升,获江苏省首届中小学生实验操作大赛优秀组织奖、“红领巾寻访党的百年足迹”第十七届江苏省少年儿童书信文化活动团体奖、南通市“五项管理”之体质健康管理单项特色学校、2021—2022学年度南通市学陶先进集体、南通市优秀少先队大队等荣誉。

(沈　杰)

初中教育

【概况】 2022年,全市有初中有19所,其中,滨海实验学校为九年一贯制,启迪外国语学校教学班412个;在校学生18844人,其中,初一6450人,初二6449人,初三5945人,有教职工2244人,其中专任教师1945人。

【教育科研】 2022年,市教育体育局继续推进“课堂高地”建设,举办启东市课堂高地建设巡礼“启润课堂长江实践”暨集体备课展示活动、启东市初中学科集体备课展示活动、启东市第一届优秀青年教师教学基本功竞赛,开展启东市“强基赋能登攀年”活动,组织全市初三潜力学科、潜力班级质量提升行动。开展全市初中分管校长跟岗培训活动。推进“双减”工作,创新优生培育方式。各学科制订《启东市初中学科教学管理标准》,优化各学科“启润课堂”操作要求。加大集体与个性的教学调研力度,履行“五三”工作制,实施一校一策精准督导。

【教学成果】 2022年,3名教师获评南通市初中学科命题组专家,1名教师获评启东市十佳教学能手,1名教师获南通市教师国家通用语言文字教学能力竞赛特等奖,6名教师获南通市教学竞赛一等奖。

(陶　慧)

※学校选介※

【启东市折桂中学】 2022年,学校有班级45个,在校学生2000余人,专任教师206人,其中,硕士14人,南通市级学科带头人、骨干教师、教坛新秀21人,启东市级优秀教育人才63人,中高级教师156人。学校推行“同心圆”党建、“同心圆”德育、“共学”课堂的改革实践,促进学校特色发展。“同心圆”党组织领导的校长负责制获评江苏省统战与群团工作“同心育人”优秀项目。以“同心圆”党建为引领,实施五大工程,实现学校管理制度创新,相关经验在全国中小学校长培训班作交流,在《中国德育》等国家级媒体展示,“同心圆”党建被评为南通市“一校一品”党建文化品牌。打造“同心圆”德育品牌,“中国梦”主题班会课在中国教育电视台展播,“同心圆”思政育人项目获评江苏省思政育人优秀项目;开展系列劳动教育,江苏省生物与环境课程基地建设特色鲜明;实施“同心圆”家校社协同育人,学校获评南通市家庭教育优秀学校。深化“共学课堂”建设,受邀参加全国第六届教育创新博览会;“共学课堂”登上《江苏教育》封面,在“学习强国”学习平台推广;提升“共学”教师素养,教师在全国语言文字教学能力大赛、南通市优课评比、基本功大赛等各类比赛中成绩优异,多人次获评南通市“226高层次人才”、南通市学科带头人。学校曾获全国青少年校园足球特色学校、江苏省健康促进学校、江苏省青少年科技教育先进学校、江苏省教科研工作先进集体、江苏省示范家长学校、江苏省五四红旗团委、南通市文明校园等称号。

(周　勇)

【启东市百杏中学】 2022年,学校有班级42个,在校学生2111人,专任教师145人,其中,硕士研究生6人、南通市级以上学科带头人及骨干教师6人、启东市学科带头人及骨干教师25人。学校坚持“素质夯基,终身发展”的教育理念,以“优化学校品牌,追求高质发展”为中心,强化党建品牌“360°融心党建”、德育品牌“360°融心德育”、“启润课堂·百杏实践”教学品牌建设。“360°融心党建”是江苏省中小学校第二批“一校一品”党建文化品牌项目。有50多人次获江苏省级、南通市级、启东市级论文评比、优课评比、基本功大赛一等级奖,有60余篇论文在省级及以上刊物发表。学校先后被评为江苏省绿色学校、江苏省体育特色学校、江苏省优秀家长学校、江苏省陶行知研究会实验学校、南通市文明校园、南通市第三批“新优质学校”、南通市科普教育基地、启东市教学管理先进集体等。

(江兴华)

【启东市长江中学】 2022年,学校有班级24个,在校学生1195人,教职工154人,其中,南通市级骨干教师1人,启东市学科带头人3人、骨干教师20人、教坛新秀4人。学校推进教育改革,形成"OK"课堂教学模式和排球传统教学两大办学特色。在2022年"启润课堂——长江实践"教研活动中,17名教师的公开课获好评。1人获南通市"领航杯"教师信息素养提升实践一等奖;在启东市初中各学科优课竞赛中,3人获一等奖,8人获二等奖;在启东市初中各学科期末命题设计比赛中,3人获启东市一等奖,5人获二等奖。教师发表省级以上教科研论文12篇,6人的启东市课题开题。学校获2022年江苏省排球特色学校、2022年度启东市文明校园、启东市"6+1"亮色工程优秀案例展示活动先进集体、全市中小学生"争做党的好少年"主题演讲比赛初中组二等奖、启东市第四届中小学生陶艺绘画节创作大赛优秀组织奖等荣誉。

(张冬健)

【启东市南苑中学】 2022年,学校有班级45个,在校学生2588人,教职工199人,专任教师177人,其中,中学高级教师50人,一级教师93人,本科及以上学历的教师185人。学校建立以"善文化"为校园文化特色,以国学经典《弟子规》作为德育品牌,以劳动特色教育为抓手,办学特色鲜明。推进南通"十二字十二条"课程改革,践行启东"启润"高效课堂模式,注重"教、学、研"相结合,以学促研,以研促教,形成南苑特色的"至学"课堂范式。拥有省级课题1个、南通市课题5个、启东市课题10个。学校获南通市教师专业成长发展优质学校、启东市文明单位、启东市德育先进集体、启东市青少年行为规范示范学校、启东市初中教学科研先进集体、启东市五星级学校等荣誉。

(管　笛)

【启东市鹤城初级中学】 2022年,学校有班级36个,在校学生1608人,教职工180人,其中,南通市学科带头人2人,南通市骨干教师3人,南通市教坛新秀2人,启东市学科带头人4人,启东市骨干教师18人,启东市教坛新秀3人。学校以"养正、行健"为核心的办学理念,全面实施素质教育,推进教育改革,提升教育质量。组织师生参加各项活动比赛,多次获奖。学校获评江苏省基础教育前瞻性项目实验学校、南通市级"五好乡村教工之家"、启东市文明校园、启东市五星级学校、启东市"最美校园"、启东市平安建设工作先进集体、启东市教学管理先进集体。

(潘银华)

【启东市大江中学】 2022年,学校有班级15个,在校学生585人,教职工127人,其中,南通市学科带头人3人,南通市教坛新秀1人,启东市级优秀教育人才14人。1人被评为南通市优秀教师,1人被评为启东市十佳教学能手。"挖掘红色资源 传承红色基因"成为市教育体育局中小学校"一校一品"党建文化品牌项目。坐落于校内的启东县首届人民政府旧址纪念馆为南通市爱国主义教育基地,学校的历史学科成为南通市德育学科基地。学校在全国发明协会中小学创新教育分会第28届年会上被评为创新教育先进集体。在第10届全国校园发明创意作品征集活动中,1件作品获金奖,1件作品获银奖,2件作品获铜奖,2名教师获得优秀科技辅导教师奖。

(施海荣)

【启东市东南初级中学】 2022年,学校有班级18个,在校学生857人,教职工87人,其中,专任教师79人,南通市教坛新秀2人,启东市学科带头人4人、骨干教师8人。学校发挥省爱国主义教育基地抗大九分校的红色教育功能,打造"四强四感,红色育人"党建品牌。学校党组织领导的校长负责制经验做法被《中国德育》推介、刊发。开设美术特色延展技能教学,促进学生多元发展,在启东市第八届中学生绘画比赛、启东市中小学生"廉洁在我心,笔墨扬清风"主题书画比赛、"个簃杯"首届启东市中小学生书法美术作品大赛中共13人次获奖。有20多篇论文在各级各类杂志发表,1个省级课题立项,2个南通市级课题立项,2个启东市级课题立项,1个启东市级课题结题。教师参加各项教学比赛,频频获奖。学校被评为南通市思政育人特色学校,通过南通市"五好乡村教工之家"建设专项检查验收和启东市"最美校园"的验收。

(施袁辉)

普通高中教育

【概况】 2022年,全市有普通高中5所,班级220个,在校学生9900人。有教职工1436人,其中专任教师1240人。

【高考成绩】 2022年,全市共有2911名学生参加高考(文科1050名、理科1861名),其中报考普通类2716人,报考艺体类195人。全市高考平均总分534.1分,高出南通市均分19.1分。理科一本上线1415人,一本率为76.03%,理科二本上线1789人,二本率96.13%;文科一本上线452人,一本率43.05%,文科二本上线852人,二本率81.14%。整体一本上线1867人,一本率64.14%,整体二本上线2641人,二本率90.72%。文理科总均分、一本二本录取率均列南通市第一。

【教育科研】 2022年,市教育体育局完善《启东市高中教育高质量发展考核方案》。实施教师培养工程,通过全员集中培训、学科专业培训、区域专项调研、通用技能比赛、专业技能比赛、年度考核评价等方式加强推进力度;实施课堂高地推进工程,依托校级教学研究课活动、"江海星光"高中各学科研训活动、质量分析会,实现"启润课堂"范式验证性迭代目标;实施拔尖人才培育工程,注重优生培育。在优课评比和基本功竞赛中,2名教师获省二等奖,15名教师获南通市一等奖。

(施忠涛)

※学校选介※

【江苏省启东中学】 2022年，学校有班级45个，在校学生2191人，教职工330多人，其中，特级教师5人，正高级教师6人，省中青年专家3人，省“333工程”培养对象4人，南通市级学科带头人9人，启东市级以上骨干教师59人，高级教师150多人。名特优教师占教师总数20%左右，具有研究生学历(学位)的教师占比超过20%。学校以省理科课程基地、教师发展示范基地校和思创课程基地为平台，依托1个名校长、8个名师、3个劳模工作室，引领年轻教师成长，在各级优课和基本功比赛中，有2人获江苏省一等奖；4人获南通市一等奖，2人获二等奖；21人获启东市一等奖，18人获二等奖。2022年高考成绩优异，文理总分进省前100名有3人，有4名学生被清华、北大录取，清华、北大、复旦、交大达线人数进入南通市前列，一本上线率达98%，本科上线率达100%。学校规范管理体育教学，制订全校学生体育竞赛计划，学生体质测试结果在南通名列前茅。实施拔尖创新人才特色培养，在各类学科竞赛中，32人获奥赛江苏省一等奖，93人获江苏省二等奖，79人获江苏省三等奖。其中，1人获全国中学生数学奥林匹克竞赛一等奖，1人获全国中学生物理奥林匹克竞赛一等奖，1人获全国青少年信息学奥林匹克竞赛一等奖。2名学生在省级现场作文大赛中获一等奖，4名学生在全国信息技术大赛中获一等奖，14名学生在启东市书法比赛中获一等奖。师生在科创方面共获奖29项，包括全国奖1项、省级奖4项。学校申报的“高中生科创能力提升的探索与实践”获评江苏省教学成果(基础教育类)二等奖。2名学生获南通市青少年科技创新市长奖。学校获江苏省文明校园、江苏省中学物理实验创新研究项目实验学校、南通市中小学劳动教育优秀学校、南通市科普教育基地、启东市常规管理优秀学校等荣誉。

(陈仲刘)

【启东市汇龙中学】 2022年，学校有班级48个，在校学生2400余人，教职工336人，其中专任教师278人。有江苏省特级教师2人，正高级教师2人，高、中级教师239人，研究生学历61人，南通市学科带头人6人，南通市骨干教师12人，南通市教坛新秀4人，启东市学科带头人28人，启东市骨干教师53人，启东市教坛新秀21人，中国美术家协会会员1人，中国合唱协会会员1人，南通市音乐家协会会员1人。化学、英语学科为全国、省级优秀学科，语文、生物、信息、体育学科为南通市级优秀学科。2022年高考，600分以上有38人，一本上线率73%，本科上线率97.8%。有近200名学生被985、211等双一流高校录取。多名学生获各级各类朗诵、演讲比赛等级奖。男子排球队获江苏省中学生排球赛第八名，女子篮球队获江苏省中学生篮球赛第八名，男子足球队获启东市中学生足球赛一等奖第一名，田径队获启东市中小学生田径运动会高中组团体总分第一。实验室获启东市实验室常规管理一等奖。学校获启东市第十七届组合比赛优秀组织奖、启东市文明校园、启东市“七五”普法先进集体、启东市“最美校园”等荣誉。

(徐　辉)

【启东市第一中学】 2022年，学校有班级54个，在校学生2438余人，教职工400人。拥有启东市级以上优秀教育人才67人，南通市级以上优秀教育人才23人。省级课题结题2个，南通市级课题立项5个、结题1个，启东市级课题立项3个、结题6个。全年57人次执教启东市级以上优课，其中，省级获奖3人，南通市级获奖6人；25人次执教公开课，其中执教南通市级公开课6人。学校教师在各级各类省级以上刊物发表论文66篇。“全真育人”德育品牌和心理健康特色教育品牌互为依托，与家庭、社会互相配合，形成教育合力。2022年高考，学校有多名学生通过小语种学习被国外名校录取，有多名学生通过传媒、艺术学习，被211高校录取。科技、素描、舞蹈、民乐、朗诵等社团在各级各类比赛中表现突出，其中在四星级学校评审中，学校学生艺术团的才艺展演得到专家评审组的好评。在江苏省第二十八届科技模型大赛(电子创意焊接竞赛)决赛中，有6名学生获等级奖，其中，一等奖1个、二等奖2个、三等奖3个。组织学生参加第八届全国青年科普创新实验暨作品大赛获江苏省二等奖，2名教师被评为“优秀辅导员”；组织编写《第一中学电子创客课程》校本教材。学生在各级各类比赛中获省级奖20人次、南通市级奖18人次、县级奖35人次。学校获江苏省教育科研工作先进集体、南通市中小学心理健康教育特色学校、南通市红十字会规范管理达标单位、南通市中小学五星级心理咨询室等荣誉，被江苏省科协评为“四星级先进集体”，成功入选南通市科普教育基地。

(宋凯东)

高等教育

【概况】 南通大学杏林学院启东校区位于启东市高新技术产业开发区，属于南通大学四校区之一，为南通大学杏林学院的主体办学校园，占地面积1231亩。2022年，校地双方合作的建设项目全部完成交付，总建筑面积达23.2万平方米，具有满足10000名以上学生的办学规模。校区有在校生12488人，教职员工699人，专业36个。有省市级立项项目38项，结题46项。2人获批江苏省高校“青蓝工程”优秀青年骨干教师培养对象，1人获批南通市第六期“226”高层次人才培养工程培养对象。2人在2022年江苏省高校微课教学比赛中获奖。

【教学管理】 2022年，根据新冠疫情防控需要，学院动态调整线上线下教学安排，落实教学督导线上线下听课，确保教学质量；2022届毕业生毕业率为98.76%，学位授予率为96.04%；制订2022年招生计划，修订完善2021级、2022级人才培养方案；跟踪校外实习专业,增设启东市妇幼保健院为教学医院、镇江市中西医结合医院为附属医院,与南通市第四人民医院建立毕业实习教学合作关系;做好实习点学生教学管理;通过工程管理专业综合评估和视觉传达设计专业建设整改复评现场考察。

【学生管理】 2022年,学院开展"永远跟党走、奋进新征程"主题教育,深入开展形势政策教育、国防教育、安全教育、毕业生文明离校教育、资助诚信教育等活动;推进学生管理进课堂、进宿舍、进网络,以学期为单位定期举办学风建设月活动,开展典型宣传、朋辈辅导、学业帮扶、四级清零、六级提升等活动,推进优良学风五级联创;倡导和鼓励学生考研,2022届毕业生升学出国率达10.24%;做好家庭经济困难、学业困难、就业困难等学生工作,按月开展心理健康状况摸排与跟踪辅导,及时发现并妥善处置学生心理问题。3名学生获国家奖学金,202人获国家励志奖学金,43人获评省、南通市"三好学生""优秀学生干部"和"优秀毕业生",8个学生集体获评省、南通市先进学生集体。

【社会实践】 2022年,学院组织开展校园文化艺术节、学生社团巡礼和班团风采大赛等活动,加强对学生社团的管理、服务与年度审核评议。组织1069名学生参加新冠疫情防控志愿服务,全院"莫文隋"志愿者累计服务时长4205小时;招募西部计划志愿者6人、乡村振兴计划34人,1个项目获2022年江苏省青年志愿服务项目大赛一等奖。开展寒暑假社会实践200余场,在"中青校园"等新闻媒体刊发报道800余篇,收到感谢信30余封,1个团队获评2022年江苏省暑期社会实践优秀团队,1人获评2022年江苏省暑期社会实践优秀工作者。1个团支部获评江苏省五四红旗团支部,有2人分别获评江苏省优秀共青团员和南通市优秀共青团干部。

【招生就业】 2022年,学院统筹开展线上线下招生宣传,组成60余个招生宣传小组,招收2022级新生3149人,报到率96.54%;开展访企拓岗、直播荐岗促就业专项行动,学院领导带队走访用人单位110余家,举办5场网络招聘会、2场线下招聘会,共有850余家用人单位参加招聘,提供就业岗位2.9万余个;定期召开就业工作交流与推进会,至12月中旬,2022届毕业生就业率达91.13%。

【校地互动】 2022年,学院与圆陀角旅游度假区、新湖集团开展"政校企"三方战略合作研讨会;赴南京江北新区调研相关高新技术企业;与启东市妇幼保健院、启东市青年商会和如东锦恒君澜酒店签订合作共建协议。

(钱唯唯)

10月17日,南通大学杏林学院与启东市妇幼保健院举行教学医院签约仪式
(南通大学杏林学院/供图)

中等职业教育

【概况】 2022年,全市共有中等职业学校2所。接轨启东支柱产业,开设机械、电子、信息技术、财经商贸、建筑等十多个大类30多个专业,共有班级121个,在校学生4319人。职业教育共有教职工510人,其中专任教师483人。2022年招收职高新生1652人,完成招生计划的127.08%,启东市第二中等专业学校招收综合高中学生8人。职高学生毕业率为100%,职高毕业生就业率为99.2%。2022年职教高考,本科上线率达85.88%,超省平均本科率74.4个百分点,蝉联南通市第一名。全市中职学生参加中级工考核通过率为97.6%。

【办学成效】 2022年,启东市实施中高职衔接,江苏省启东中等专业学校与有关高职院校进行9个专业的"3+3"中高职对接,启东市第二中等专业学校与2所高职院校进行"3+3"中高职联合培养。在2022年南通市职业学校技能大赛中获12金26银47铜,获奖数比上年增长25%;在省技能大赛中获1银6铜。参加省、南通市职业教学大赛,在南通市职业教育教学大赛中获10金8银9铜,金牌数较上年有较大增长;在省级决赛中获1金5银6铜,获奖总数创历史新高,并有1个项目进入国赛。组织学生参加省、南通市级文明风采大赛,4人获省优一等奖,19人获南通市一等奖,40人获其他等级奖。1名教师获评2022年江苏省教学名师,为启东唯一获此殊荣的教师。采用"订单培养""现代学徒制""工学结合"等方式,深化产教融合,与江苏林洋能源、神通阀门等50多家本地企业建立深层次合作关系;与启东建筑集团合作共建"启建班",校企联手培养产业急需的技能型人才。

(郁 健)

※学校选介※

【江苏省启东中等专业学校】 2022年，学校有在校学生1749人，另有开放大学成人学员474人。2022年五年制高职应届毕业生44人，初次就业率100%，本地就业率95%。专任教师270人，高级职称占比37.7%，研究生学位占比18.1%；专业教师占比57.7%，双师型教师占比80.12%。有兼职教师、外聘教师38人，占专业教师比例24.3%，均具有中级以上技术职称或技师以上职业资格。有省级名师工作室3个、南通市级2个、启东市级3个；全国黄炎培职业教育奖杰出教师奖1人，省职业教育领军人才2人，省职业教育教科研中心组成员2人，省“333工程”培养对象1人，特级教师1人，南通市“226工程”高层次人才培养对象3人，南通市优秀教育人才40多人，启东市高技能人才10多人。学校与50多家本地企业建立深层次合作关系，与启东建筑集团签订校企共育“启建班”。按照政府引导、企业为主、院校参与的原则，采取“企业与学校双主体，工作与学习一体化”的培训模式为企业培养技术技能人才，与巴兰仕机电、海生冲压件、博南润滑液压、摩多利传动机械制造4家企业合作运行企业新型学徒制项目。打造“生长”“生活”“生命”为主题的“三生”社区教育品牌，架构具有地方特色的终身学习体系。重点打造“幸福+(家)进社区”项目，根据老年人的兴趣爱好开设课程小超市。在江苏省职业院校教学能力比赛中，获一等奖1项、二等奖3项、三等奖4项，获奖率100%，获奖数位居南通市所有职业学校第一；在南通市职业学校技能大赛中获一等奖11项、二等奖17项、三等奖26项，49名师生获省赛报名资格，获奖率达68%；师生在各级创新创业大赛中获国际荣誉2项(《集装箱分布式调平激光阵列悬挂式通孔作业装置》《具有除雪除冰功能的架空线路警示球》获第五届中英STEAM创新大赛英国总决赛优秀奖)、省级奖27项、南通市级奖51项。学校获全国“‘科创筑梦’助力‘双减’科普行动”试点单位、江苏省优秀中等职业学校建设培育单位、江苏省教科研工作先进集体、第二届“江苏省社会教育百强单位”、2019—2020年度南通市文明校园、南通市职教教科研进步奖、南通市职业学校学生素质类大赛专项工作先进单位、南通市职业学校教育教学能力大赛专项工作先进单位、启东市高技能人才公共实训基地等称号。计算机应用和机电技术应用专业获评江苏省优质专业；学校科协获评南通市“4+1”工作先进基层科协组织；“我为群众办实事”群众性科普活动获评南通市“4+1”工作创新案例；江苏省“智学·智造”创客创业体验中心获评南通市示范性中小学职业体验中心。

（耿一波）

【启东市第二中等专业学校】 2022年，学校有班级58个，在校学生2267人，教职工229人，专任教师202人，其中硕士研究生44人。拥有江苏省职业教育领军人才2人，南通市学科带头人2人，南通市骨干教师7人，启东市学科带头人11人，启东市骨干教师19人。学校开设12个专业，其中有3个省级品牌专业、2个省级示范专业、1个省级现代化专业群、1个省级现代化实训基地。2022年江苏省教改课题成功立项并开题2个，启东市“十四五”规划课题开题3个，结题12个。在江苏省教学大赛中，获省二等奖2项、三等奖3项；在南通市技能大赛中，获一等奖1项、二等奖9项；在南通市级创新大赛中，获一等奖3项、二等奖2项。2022年职教高考中222人达到本科分数线，本科上线率达85.88%，蝉联南通第一，超省平均本科率74.4个百分点。学校获南通市“168”爱生先进集体、启东市最美校园、启东市文明校园、启东市十佳家庭教育优秀学校等称号。

（宋晓峰）

特殊教育

【概况】 2022年，全市有特殊教育学校1所，班级24个，在校学生216人，毕业生56人，招生49人。有在校教职工63人，其中专任教师32人。

【教育教学】 2022年，启东市特殊教育学校不断优化教育教学环境，强化师资队伍建设，全面提升特殊教育质量。学校有汽车美容实操间、陶艺室、烘培室、运动康复室、英语趣社团、学前班、种植园等，开设烘焙、陶艺、体能康复、家政、感统、计算机、英语口语等康复训练组和社团活动组。全市12个乡镇建立41家融合教育资源中心，其中，幼儿园13家、小学15家、中学12家、职业高中1家。6家融合教育资源中心被认定为2022年南通市四星级融合教育资源中心，7家被认定为2022年南通市三星级融合教育资源中心。特殊教育指导中心对全市101名少年

6月16日，南通市融合教育专题研讨会(小学专场三)在市善成小学举行
（姜新春/摄）

儿童进行随班就读鉴定、评估,46人被确定为随班就读学生。至年底,全市共计随班就读学生346人。1名教师在南通市特殊教育教师教学基本功展示活动中获一等奖;多名教师在启东市级及以上比赛中获等级奖。学校根据特殊学生的兴趣爱好,充分挖掘学生潜能,引导学生做好职业生涯规划。1名学生获"南通好少年"称号。

【2022年省特殊教育发展工程建设项目开项答辩活动在启东市举办】 7月17日,南通市教育局组织专家团队到启东开展2022年江苏省特殊教育发展工程建设项目开项答辩活动。2022年,启东市成功申报2个江苏省特殊教育发展工程建设项目,分别是市特殊教育学校的"特教学校专业能力建设"项目及大洋港小学的"融合教育示范校"项目。专家们充分肯定2个项目的设计,一致认为其立意深远,符合国家政策导向,能较好地推进区域特殊教育发展,并就如何更好地推进项目实施进行针对性指导,提出合理化建议。

(俞　蔚)

社会教育

【概况】 2022年,全市在"江苏学习在线"实名注册学习用户213个,新增166个,累计学分92366分,全年获月度、季度、年度"学习之星"共196个。市教育体育局和吕四港镇社区教育中心获评江苏省在线学习优秀组织单位。发展老年教育,全市12个乡镇老年学校均挂牌成立,并组织开展各项培训活动。

【社区教育】 2022年,启东开放大学成功创建江苏省首届社区教育课程资源共建共享联盟单位、江苏省首批社区教育智惠东疆"创客+"双创优质服务基地,获评第二届"江苏省社会教育百强单位"。"临三水交融　品江海文化"成功申报江苏省级游学基地项目。主持的《乡村振兴战略背景下农村(启东)老年教育发展的实践研究》课题被中国成人教育协会农村成人教育专业委员会列为2022年度农村成人教育科研规划课题,"启东企业新型学徒制培训模式助力乡村产业工人的实践研究"在全国"区域协同服务全民终身学习实践研究"2022年度子课题中立项。

【老年教育】 2022年,全市有老年教育机构8个,其中,4月,新创办启东市老干部党校。合计开设8个门类课程,有130个班级,学员5198人次。有专、兼职教师108人。12月8日,南通老年大学协作委员会第十三次会议在启东召开,来自南通各县市区的老年大学相关负责人共同探讨新时期推进老年大学工作的新思路、新举措。

※学校选介※

【启东市老年大学】 启东市老年大学归口市委老干部局管理。学校建筑面积2500平方米,有专、兼职教师65人,工作人员15人。2022年,学校开设8类课程,有84个班级,其中,时政文史类课程5个班、医疗保健类课程5个班、电脑摄影类课程9个班、书法绘画类课程5个班、音乐舞蹈类课程17个班、戏曲类课程11个班、器乐类课程17个班、拳操类课程15个班。学员3511人次。春季学期由于新冠疫情组织开展网课教学,有18名教师开设31个班级的网课,学员1349名。新组建戏曲协会、艺术团,至年底,有16个社团,有450多名师生参加。11月,组织"喜庆二十大、银龄展风采"教学成果展演,有12个社团参加,演出师生150人。12月,学校承办南通老年(老干部)大学协作委员会第十三次会议,向兄弟县市老年大学展示教学成果,交流经验。总结文章《疫情不停学　网课展风采》在《中国农村教育》杂志2022年10月第四期发表。全年有12篇论文经南通市第四届老年教育科研论文评选获奖,学校获组织奖。学校先后获评江苏省示范老年大学、江苏省老年大学教材建设先进单位,为中国老年大学协会会员单位。

(马伯欣)

【现代农民教育培训工程】 2022年,全市各镇社区教育中心、各职业中学实施现代农民教育培训工程。启东开放大学通过开展企业新型学徒制培训、职业技能短期培训、适应性培训、创业就业培训、以及学历提升等方式,提高企业员工职业技能水平,缓解企业用工需求。2022年开放大学职业短期培训102人,创新就业培训96人,新型学徒制培训281人。学历提升共招生131人。开展农村劳动力培训、农民实用技术培训、创业农民培训、返乡农民工培训等现代农民教育培训班助力乡村振兴,参训人数达1000多人次。

(郁　健)

民办教育

【概况】 2022年年初,全市共有民办幼儿园11家、民办中小学校1家。全市义务教育在校学生59453人,其中民办学校在校学生1251人,占比为2.1%。启东市行政审批局批准新设立启东市素天材幼儿园有限公司1家民办幼儿园。市教育体育局注销启东市春晖补习学校、启东市皇普教育施教中心2家学科类校外培训机构。至年底,全市有民办幼儿园12家、民办中小学校1家。

【校外培训机构治理】 2022年,市教育体育局牵头组织校外培训机构联合治理联席会议各成员单位持续加强对校外培训机构的监管,成立镇级校外培训机构联合治理联席会议制度,加强校外培训监管治理。探索机构进校园服务相关机制,印发《关于非学科类校外培训机构进校园服务的实施办法》,遴选29家进校园服务"白名单"机构,举办"白名单"机构优质项目推介会,推进机构进校园课后服务。市文化广电和旅游局、市科技局等主管单位分别接管文化艺术类、科技类等非学科类校外培训机构,开展机构分类审批工作。至年底,全市38家机构获批主管部门审核意见书,换取营业执照。

(郁　健)

责任编辑　陆金红

文 化

公共文化服务

【概况】 2022年,启东市级公共文化设施建设进程加快。启东保利大剧院、文化馆新馆、少儿图书馆、蓝印花布艺术馆、美术馆、版画博物馆、5家24小时城市书房常态化开放。版画艺术中心获评全国百佳公共文化空间,文化馆获评省最美公共文化空间,少儿图书馆、版画艺术中心、圆陀角碧海社区新时代文明实践站获评南通市最美公共文化空间,评选16家启东市级最美公共文化空间。文化馆剧场获评南京市示范小剧场,瀛东书厅入选南通市示范小剧场培育对象。惠萍镇、东海镇、海复镇、近海镇加大文化经费投入力度,4家文体中心建成并投入使用。吕四港镇新建集镇史馆、乡村振兴大讲堂、电商直播平台等功能于一体的文化大礼堂,基层文化阵地质量进一步提升。全市261个行政村、44个社区基层综合文化服务中心,基本具备文艺演出、读书看报、展览展示等公共文化服务功能,并常态化免费开放。有序开展送戏送展览送培训工作,共完成送戏199场次、送展览122场次、送培训246场次。

【群众文化活动】 2022年,启东市文化广电和旅游局围绕"喜迎二十大"主题,举办各类主题活动280余场次,参与群众近30余万人次。其中,5月,开展中国梦文化进万家——2022区镇街道优秀节目展演,共展演21个节目;6月,开展两场"诗画启东 越韵江海"第九届越剧折子戏专场演出和青海省黄南州同仁市党政代表团到启交流演出(同启同根同源);7月,举办乡村好声音大赛;7月、8月举办"喜迎二十大 幸福进万家"蝶湖夏夜展演;9月,举办长三角戏曲票友大赛和青年歌手大赛;10月,举办"评弹雅韵"曲艺专场展演;11月,举办"宣传二十大 奋进新征程"南通市群众文艺作品巡演;12月,举办生肖宝贝少儿才艺大赛展演。按照年度百项文体活动计划安排,举办"共乐东疆"各类活动300余场次,参与群众280万余人次。其中,"百姓自助舞台"演出42场次,少儿梦想舞台5场次,小剧场其他演出活动22场,举办各类人文讲座79场次,主题书画摄影展览25场次,各类阅读推广活动255场次。启东市"文化三送"之"送展览"共举办122场。市文化馆进一步扩大非物质文化遗产保护成果在启东的影响力,5—6月、10—11月共开展2022年民俗文化展进校园活动66场,总服务约8.1万人次。

(李慧敏)

"诗画启东 越韵江海"第九届越剧折子戏专场演出 6月22—23日,在市文化馆小剧场连演两场。抖音"启小宣"、微信"启东宣传"两平台现场直播,通过手持采访预热、横屏竖屏交叉直播等方式,吸引在线观看人数超5000人。此次演出由来自市越剧团、市文化馆、江海戏曲团、市戏剧家协会、市舞蹈家协会等专业院团协会的越剧演员担纲主演,由20人组成的乐队现场配乐。

"文艺家进千村"文艺轻骑兵进基层鹤群村专场演出 7月24日晚,演出在汇龙镇鹤群村举行。上演舞蹈、脱口秀、越剧、相声、快板书、锡剧、小品等节目,数百名村民观看演出。此次活动是南通市文联"文艺家进千村"志愿服务品牌在启东的首场演出,演出活动与启东"正能量加油站"文艺轻骑兵活动结合,旨在将高水准文艺演出与志愿服务送向村居、社区、企业。

"照见美好·启东非凡十年"主题图片展 10月8日,主题图片展在市美术馆开幕,图片通过产业发展、江海通达、城乡风貌、自然之美、文旅新城、文明风尚6个篇章共230张图片,展现中共十八大以来启东的变化。

(王思林 陆炫君)

7月1日晚,"强国复兴有我"——"悦江海 爱启东"文旅活动夏季篇启动仪式暨"蝶湖夏夜"大型群众性文化活动首场演出在启东保利大剧院举行

(王海兵/摄)

【群文团队培育】 2022年,全市有群文团队87个。市新世纪合唱团、广场协会、排舞协会3个文艺社团获评省优秀群众文艺团队,获扶持经费10万元,用于活动开展和团队建设。省、南通专业人员多次到启东指导工作。市文化广电和旅游局常态化指导开展群众文化培训工作,组织市图书馆、文化馆25名业务骨干与基层文化工作者开展结对指导;组织群众文化工作者参加"文化大讲堂"等培训。公共活动场馆免费向群众业余文艺团队开放。

(李慧敏)

【图书发行】 2022年,启东新华书店完成营业收入7540万元,同比上年增长5%,连续44年保质保量地完成"课前到书,人手一册"的任务。全年累计参与37所中小学图书馆的馆配项目,编目上架图书超5万册,累计接待读者超20万人次。做好重点主题出版物发行工作,有针对性地开展图书上门推荐、征订、发行工作。做好门店卖场展示工作,设立"阅读新时代 喜迎二十大""永远跟党走"等主题展台,重点展示党政重点学习读本,举行相关主题展销活动。全年共完成发行《习近平谈治国理政(第四卷)》《中国共产党宣传工作简史》《党的二十大报告》《中国共产党章程》《习近平关于坚持和完善党和国家监督体系论述摘编》等出版物约19万册。组织开展各类主题活动,推进全民阅读工作。以“强国复兴有我”为主题的百场阅读推广活动为主线,在书城开展“喜迎二十大　筑梦向未来”中小学生诵读比赛、“阅读de力量”线上视频征集活动、“奋进新征程,建功新时代”爱国主义讲座、“请党放心”读书沙龙等活动,吸引全市中小学生参与。开展“金秋书市”吾悦设摊惠民活动,推进全民阅读,建设书香启东;与市图书馆长期开展“你阅读,我买单”活动。持续打造“凤凰姐姐讲故事”“凤凰读书绘”等自有阅读品牌活动。组织“喜迎二十大·红心颂党恩”“童言童行,共筑绿色地球梦”“浓情中秋共欢度,情系书香你我他”等读书活动;“岁岁重阳,遍地黄花分外香”“缤纷扎染,匠心体验”等专题手工沙龙活动。公司连续四年获“南通市社会普及示范基地”称号。

（陆健美）

10月29日,市新华书店设立“中国共产党第二十次全国代表大会”重要文件出版物专题展台,做好中共二十大报告单行本和辅导读本的宣传发行工作

（沈赛男/摄）

【全民阅读】 2022年,启东市成功举办第八届全民读书节,创新实施“美丽海湾　书香岸线”建设、“文明+阅读”结对共建,培育“走启读村　阅览江海”等特色阅读品牌,开展主题阅读活动500余场,累计服务群众达30万人次。线上举办读书节启动仪式暨“美丽海湾　书香岸线”云展播,线上线下收看人数达39.8万人次,央视、新华网等中央级媒体作宣传报道。全市打造四星级书屋8个,星级韬奋书房、书吧15个。汇龙镇南郊村、东海镇云祥村农家书屋获评省五星级农家书屋。2名农家书屋管理员获评省优秀农家书屋管理员。《文明+阅读,为农家书屋升级赋能》《创新“146”工作模式　推动乡村阅读深入人心》入选省农家书屋创新案例。《创新“146”工作模式　推动乡村阅读深入人心》入选中共中央宣传部第二届全民阅读大会农家书屋创新示范案例。

（王伟玮）

【通海垦牧公司旧址展陈开放】 11月19日,通海垦牧公司旧址展陈开放仪式举行。全国工商联原常务副主席张绪武,南通市副市长、启东市委书记李玲,北京强国智库秘书长王金良,中小城市研究院院长、中国社会科学院城市发展与环境研究所原所长牛凤瑞等参加活动。全国工商联原常务副主席张绪武,鲁迅美术学院原常务副院长、中国设计艺术研究院特聘研究员、中国雕塑大师田奎玉在仪式上分别讲话。活动中,张绪武、李玲等为张謇先生铜像揭幕,张绪武为获得2022年“垦牧杯”启东市杰出企业家称号的江苏林洋能源股份有限公司董事长陆永华颁奖。2021年起,启东市在通海垦牧公司遗址上进行原址原貌复建,总用地面积59559平方米,其中,保留建筑面积3701平方米,地上新建建筑面积5728平方米。整个区域分为功能区、复原区、展陈区,通过实物、展陈、场景复原等,展现张謇建设“桃源式垦牧乡”的艰辛历程和实践“新世界雏形”的伟大决心。

【启东市图书馆(启东市少年儿童图书馆)】 启东市图书馆建筑面积8276平方米,2013年1月正式对外开放。大楼共七层,地下一层,地上六层。地上六层为读者服务区域,一层为少儿图书借阅(内含1~7岁低幼儿阅读区)、视障阅览、读者自习服务区;二层为读者办证、报刊阅览、多功能厅、展览厅、新书推荐及文化展示区;三层为

9月20日,惠萍镇“耕读传家·为乡村振兴赋能”云上阅读节暨东兴镇村“云上书屋”发布仪式在东兴镇村举行

（市融媒体中心/供图）

图书采编、成人图书阅览、成人休闲书吧、启东地方人著作陈列、读者自习服务区;四层为成人多媒体电子阅览、文化信息资源共享工程、影像放映、心理文献咨询、特种文献查阅、法律文献查询、参考资料查询服务区;五层和六层为地方文献查询、古籍文献查询服务和办公区。启东市少年儿童图书馆位于新城区蝶湖公园旁文体中心内,2021年9月30日试运行,建筑面积7000多平方米,阅览坐席1000余个。馆舍分布四层,功能以少儿借阅和活动体验为主,辅以成人借阅、数字体验、阅读交流、会议研讨等。其中,一层为读者服务中心、报告厅、展厅和数字阅读体验区;二层为少儿借阅区和低幼阅读亲子互动区;三层为成人借阅区、期刊报纸、电子阅览区;四层为阅读推广活动区。2022年,市图书馆优化馆藏结构,新增纸质图书75893册、过刊合订2205册,订阅报刊110种、杂志450种。续订14个数字资源,自建启东市地方文献特色资源库。完成第七次全国县级以上公共图书馆评估定级工作。完善总分馆建设,协调优化新城区少年儿童图书馆和总馆功能布局及活动安排,改进少儿馆内部设施、氛围布置和管理制度。负责全市325个分馆技术指导工作,维护市区5家24小时城市书房和15处漂流书屋的正常运行。协助完成星级农家书屋建设和"韬奋书吧"项目建设工作。提供咨询、外借、阅览等服务,全年办理新证11156张,服务读者187万人次,外借701158人次,内阅833856人次,图书外借711360册次。开展线上线下阅读推广活动366场,其中举办启吾大讲堂、阅阅姐姐故事坊、悦生活、少儿编程等品牌活动72场,其他展览、电影、讲座等阅读推广活动294场,线下活动占比约为61%。在寻找"最美家庭书房"摄影作品征集活动、"喜迎二十大　童心向未来"亲子朗诵大赛、红领巾读书征文等南通市级活动中,获优秀组织奖。及时发布图书馆活动和资讯,更新官网内容,"启东市图书馆"微信公众号累计关注人数超2.2万人,全年发布推送近350条,阅读量超40万次。

(姚燕杰)

启东市少年儿童图书馆　　(市融媒体中心/供图)

【启东市文化馆】 启东市文化馆建筑总面积约9500平方米(不含地下一层),主体建筑三层。2020年11月26日正式对外开放。主要用于开展公共文化服务、群众演艺活动、文艺辅导培训、群文作品编创、群文理论研究、周边文化交流、非物质文化遗产保护和宣传。主体建筑包含1个占地2820平方米,贯通三层的小剧场(378座);一层配有1个贵宾室,2个化妆间,1个排练厅,1个象棋教室,1个数字非物质文化遗产展厅;二楼东区为行政办公区,西区有1个舞蹈房,1个排练厅,5个钢琴琴房;三楼有6个培训教室,2个排练厅,1个舞蹈房,1个录音室,1个多功能会议厅。2022年,市文化馆开展群众文化活动922场,其中,线上活动92场,线下馆内活动618场,线下馆外活动212场,全年线下总服务约57万人次。其中,2022年第十届市民文体周涵盖12项活动;百姓自助舞台42场,少儿梦想舞台5场,剧场其他演出25场;全民艺术普及免费培训班春夏秋三季、34个班,服务8000多人次;刊发《启东文艺》杂志季刊4期,总用稿量约180件;《夜鹰》漫画报12期,总用稿量约240件;开展民俗文化进校园活动66场,服务学生8.1万人次。以"江苏公共文化云"为线上阵地,实现文化馆小剧场、排练厅、舞蹈房预约、签到、排练等常规化服务。平台累计注册人数超10万人。全年公众号发布推文168条,总点击量10万余次。

(江　帅)

【启东市美术馆】 2019年3月,市政府正式批准启东版画院增挂启东市美术馆牌子。主要开展艺术展览、学术研究、艺术典藏等工作。设有3个展厅,展线500米。2021年7月16日正式运行并对外开放。美术馆以版画展览为主,并开展其他美术展览活动,立足长三角洲,面向全世界。2022年,美术馆策划举办镌刻百年·全国版画名家木版画作品展、如歌的行板·全国女画家版画作品邀请展、南通市第四届摄影艺术巡展、美美与共·2022国际海报邀请展、痕·周崇涨水彩画作品展、暗香吟·南通女画家五人水墨作品联展、照见美好·启东非凡十年主题图片展、新时代颂·2022江苏美术摄影主题联展(启东市美术摄影作品展)、南通书法国画研究院采风作品展、2022江苏省小幅油画作品展巡展、大国重器·全国产行业摄影艺术大展等展览11场,参观人数近10万人次。6月,2021中国启东国际版画艺术中心全国版画名家邀请展获评江苏省美术馆馆际联盟优秀展览项目。

【启东博物馆】 启东博物馆展厅面积1584平方米,基本陈列名称为启东历史文化陈列。主题展览设计以启东社会历史文化为根基,按照序厅(华夏东疆)、聚沙成陆、移民谋业、捍海围垦、文脉礼俗、设县分治、尾厅(扬帆远航)七个部分分别讲述启东的历史文脉形成与发展。馆藏有瓷器、陶器、档案文书、名人遗物、钱币、石刻、书法、玉石器、铜器、织绣等多个类别文物，共507件/套。2022年，启东博物馆通过省文物局备案确认。全年举办临时展览3场，开展社教活动17次，接待参观6089人次。

【启东市蓝印花布艺术馆\吴元新蓝印花布艺术馆】 启东市蓝印花布艺术馆\吴元新蓝印花布艺术馆于2020年下半年开始施工，2021年7月对外开放。馆内有蓝印花布展品303件，均由吴元新无偿捐赠。2022年，蓝印花布艺术馆共开展21次社教活动，接待参观18226人次。

【启东保利大剧院】 启东保利大剧院，是启东市文化体育中心的核心组成部分，总建筑面积约3.8万平方米。2020年10月2日正式开业，每年举办100余场演出活动，年接待观众5万余人次。观众厅分两层设有1142个座位，后台设有7个普通化妆间、2个VIP化妆间以及3间排练厅、1个贵宾厅。剧院的智能舞台满足各种表演艺术的舞台展现。2022年，大剧院共演出及举办各种活动113场，观众达5万人次。

（李慧敏）

2月6日，启东实验小学学生走进吴元新蓝印花布艺术馆参观，并参与实践

（柳莉姣/摄）

文学艺术

【文艺创作】 2022年，启东市的群众文化作品大量涌现，中篇评弹《板凳姑娘》入选江苏艺术基金2022年度资助项目和南通小剧场精品剧目年度培育对象，这是市评弹团首次获得省级艺术专项资金扶持的项目。《张謇垦牧歌》入选第四届“走马杯”讲好中国故事曲艺节目网络展播、第四届“通州杯”全国曲艺小剧场新作展演节目。水彩《午后的紫微公园》入选第四届中国粉画展，书法《刘熙载艺概节录》入展第十三届中国艺术节全国优秀书法篆刻作品展览。版画《地之韵2》获第四届江苏美术奖提名奖，版画《雪原祥瑞》入选2022年全国少数民族美术作品展，朱海燕、王帅作品入选2022江苏十佳优秀青年美术家（版画）作品展，4件版画作品入选第五届南通市美术作品大展。民间工艺蓝印花布作品《靛蓝之韵》获第六届东方工艺美术之都博览会优秀作品奖。评弹《百年辉煌万年长》在南通市闹元宵精品小节目网络播出；评弹《绿岛四季歌》在南通市文广旅游局主办的“喜迎二十大，奋进新征程”中获群众文艺原创作品奖；评弹《江海景》完成录制，在新华网播出，并登上“学习强国”学习平台。评弹舞台剧《张謇》、歌曲《日出江海》、歌曲《海边姑娘》入选南通市“五个一”工程作品扶持。歌曲《忠》入选由上海音乐出版社举办的“放歌新时代——喜迎二十大”优秀歌曲展播活动。中篇小说《老大的海》在《小说月报》发表，中篇小说集《夜色也曾温柔》、长篇小说《风携伊人来》《沙地往事》、小戏小品集《我从乡间走来》等作品出版。舞蹈《梦想翅膀》参加江苏省第七届社会舞蹈大赛暨第九届少儿舞蹈展演获十佳，为南通市唯一获奖作品；舞蹈《一起来运动》《我和我的祖国》《哈达》获江苏省第二十届运动会职工排舞（广场舞）比赛第八名。在“奋进新征程　建功新时代”南通市喜迎二十大系列文艺活动中，19幅作品入选“个簃杯”首届南通市中、小学生书法美术大展。在南通市艺术舞蹈大赛中，《山楂树之恋》获优秀表演奖，《铃铛少女》获表演奖，《快乐的车间》获优秀表演奖、优秀编导奖，市文化广电和旅游局获优秀组织奖，1人获南通市演员技能大赛新秀奖。

【评弹《张謇垦牧歌》入选“走马杯”曲艺节目网络展播】 11月，启东市推荐的评弹作品《张謇垦牧歌》经中国曲艺家协会专家评选，入围第四届“走马杯”讲好中国故事曲艺节目网络展播，同年入选第四届“通州杯”全国曲艺小剧场新作展演节目。自1901年在海复创办中国最早的农业股份制企业通海垦牧公司起，张謇在当时的通海地区和崇明外沙（现在的启东境内），陆续创办成立同仁泰盐业公司、大生二厂，修闸治水，并在乡村、垦区兴办垦牧高等小学等学校，普及平民教育，躬行实践“父实业、母教育”的爱国主张，为启东留下许多宝贵的物质遗产和精神财富。《张謇垦牧歌》提炼史料，以评弹的形式歌颂张謇的垦牧精神。

【《黑瓦寨的孩子》省级研讨会举行】 4月28日，市知名作家李新勇的长篇小说《黑瓦寨的孩子》省级研讨会在南京举行，启东市设分会场参加。研讨会采取线上线下相结合的方式进行，全省20多位文学评论家共同参与研讨。《新华日报》《文艺报》《扬子晚报》《文学报》以及新华社、中国作家网等16家媒体进行专题报道，《文艺

8月31日，李素伯研究会工作会议暨《李素伯文集》《李素伯研究文集》发布会召开 （市融媒体中心/供图）

报》《西昌都市报》《宜宾日报》《南通日报》等报刊刊发专家评论17篇次。《黑瓦寨的孩子》是一部以脱贫攻坚建设小康社会为背景的长篇小说，故事紧扣少年王嘉峪的成长经历，以他从江苏启东回到西部黑瓦寨外公家为叙事线索，借少年的观察视角呈现西部乡村的脱贫致富发展之路。研讨会上，与会专家学者围绕作品的选题价值、时代意义、创作手法等话题进行探讨。

【《李素伯纪念文集》出版】 2月，《李素伯纪念文集》由作家出版社正式出版发行。李素伯，海复镇人，生前系南通师范国文教师，1937年逝世。李素伯学贯古今，工书善画，能文能诗，其大量作品分别发表于上海《艺风》《中学生》《人言周刊》《文艺茶话》《文学》等报刊杂志，或入选国文教材、课外学习资料等，所著的《小品文研究》一书，曾掀开中国新文学研究领域崭新的一页，在创立中国现代散文理论上自成一派，因而李素伯被当时南通学界誉为“南通四大才子”之首。启东市李素伯研究会搜集散落于全国各地乃至海外的有关纪念研究素伯先生的文章、诗画、书摘、剪报等珍贵资料，编辑成书。全书约58万字，分“一颗耀眼的星星”“打开尘封的记忆”和“赠诗悼诗集萃”三大部分。

【李素伯研究会工作会议暨《李素伯文集》《李素伯纪念文集》发布会举行】 8月31日，李素伯研究会工作会议暨《李素伯文集》《李素伯纪念文集》发布会召开。会上，原市人大常委会主任施仲元建议从经费、人力、设施改善方面加大对李素伯研究会的支持力度。南通大学教授徐乃为指出，李素伯故居的修建，对启东文化的传播和发展意义深远，要进一步韧度挖掘这方面的文化内涵。李素伯侄女、李素伯研究会副秘书长李品廉作7年来工作回顾。李素伯侄子、李素伯研究会副秘书长李克东发言，交流2本文集的资料收集、校勘及编辑出版工作的体会。会议选举调整李素伯研究会成员，并展示研究成果。李素伯研究会新一届会员到会并作交流。

【《我从乡间走来——晓石小戏小品集》新书发布会举行】 7月3日，由市文联、市戏剧家协会、市作家协会主办，海复镇文联承办的《我从乡间走来——晓石小戏小品集》新书发布会召开。该书是石永明(晓石)的文学剧本集，作品以地域化和个性化的方式，表现当代农民的所爱所恨、所想所求，鞭挞社会落后，颂扬社会先进，具有一定的积极意义。通过基层人民群众的生活故事表现出时代的文明风尚，折射出社会日新月异的深刻变化。晓石是海复镇退休文化站站长，曾获“中国曹禺戏剧奖”。

（王思林 陆炫君）

启东版画院

【概况】 启东版画院成立于1985年4月4日，是中国第一个版画院，故被誉为“中国版画第一院”。启东版画院的前身是1959年成立的“木屑花业余木刻小组”，已有60多年的历史。启东版画院是从事和组织版画创作、学术研究、人才培养、艺术交流的全民法人事业单位。有专兼职画家22人，其中16人为中国美协会员，其余为省级美协会员。至2022年，专兼职画师共创作作品2000余件。作品中，入选国际双年展23件，入选第七至第十二届全国美展25件，入选第十至二十四届全国版展67件，入选第五至第九届中国体育美展3件，入选省美展、版展500余件(次)；100余件(次)作品曾赴欧洲、亚洲、美洲、非洲的20多个国家展出，被各地美术馆、博物馆收藏196件，90多件作品在省级以上展览中获奖，7人(次)获鲁迅版画奖。接待中外专家、学者来访近千人次，编辑出版68册《作品集》《院刊》与海内外交流，并在中国美术馆、江苏省美术馆、四川美术馆、成都永陵博物馆、浙江赛丽美术馆、宁波美术馆、上海市松江图书馆、南通博物苑、上海朵云艺术馆、中国台湾美术院等地多次举办院展。2022年，共完成45幅版画大作、220幅小版画作品。其中，74件次作品入选全国、省和市内外的展览；市美术馆举办展览11场，参观人数达10万人次。6月，启东美术馆正式被江苏美术馆馆际联盟接纳为成员单位。

2022年启东版画院部分作品参展、获奖、发表、收藏情况一览表

表14

作　者	作　品	展览、获奖、发表、收藏情况	主办单位
章水雄	《桥》《嬉之二》《嬉》《公园小景》《游》	返本还原——小尺幅版画作品展	江苏省美术馆
	《舞者1》《大地之韵2》	江海漫游者——水韵江苏·版画精品文献展	江苏省文旅厅、江苏省美术馆
	《大地之韵2》	2022江苏省文艺大奖第四届美术奖	江苏省文旅厅
	《日新南通二建》	“新时代颂”2022江苏美术摄影主题联展	江苏省委宣传部、江苏省文旅厅、江苏省文联
	《蝶变——潘安湖新貌》	收藏	江苏省美术馆
	《烽火情缘》	第七届江苏版画院暨江苏版画新作展	江苏省美术馆、江苏省版画院
	《阅读风，阅读雨，阅读岁月》《玉珍》《大地之韵2》《起点》《大地之韵3》	中国美术南通现象南通籍书画名家新作展	南通市委宣传部、南通市文广旅局、南通市文联
	《大地之韵3》	第五届南通市美术作品大展铜奖	南通市委宣传部、南通市文广旅局、南通市文联
	《掠过家乡上空的鹰》	《江苏美术》发表	江苏美术杂志社
	《玉珍》	“喜迎二十大奋进新征程”南通市优秀书画作品巡展	南通市文广旅局
朱海燕	《醉墨之二》	“江海潮——青春志”南通市首届青年书法美术摄影作品展	共青团南通市委、南通市青年联合会
	《相生之一》《相生之三》《相生之四》《新山水之青山绿水》《浮生偷得半日闲》《道法自然》《听风》《哈尼山水之二》《秋水辋川图》《秋壑远眺图》	2022江苏省十佳优秀青年美术家作品展（版画）	江苏省文联、江苏省美术家协会
	《相生之四》	青春飞扬中国青年版画家提名展五周年特展	中国文化艺术发展促进会、江苏省委宣传部、江苏省文旅厅
	《相生之三》《相生之四》	水印江苏版画精品文献展	江苏省文旅厅、江苏省美术馆
	《哈尼山水》《秋水辋川图》	第三届长三角中青年版画家邀请展	上海市长宁区文旅局、上海虹桥当代艺术馆、江苏版画院
	《相生之一》《相生之三》《相生之四》《听风》《秋水辋川图》《秋壑远眺图》	《艺术百家》江苏省优秀青年美术家提名展	江苏省文旅厅、江苏省国画院、江苏省美术馆、江苏省文化艺术研究院
	《相生之一》《相生之三》《相生之四》《渔港风情》《哈尼山水之二》	中国美术南通现象——南通籍书画名家新作展	南通市委宣传部、南通市文广旅局、南通市文联
	《渔港风情》	“喜迎二十大奋进新征程”南通市优秀书画作品巡展	南通市文广旅局
	《虎虎生威》	新时代·2022南通书画名家作品迎春邀请展	南通市委宣传部、南通市文广旅局、南通市文联
	《虎虎生威》	壬寅印虎——2022百家生肖贺岁版画特展	中国文化艺术发展促进会
	《相生之三》	第五届南通市美术作品大展铜奖	南通市委宣传部、南通市文广旅局、南通市文联
	《相生之二》	“新时代颂”2022江苏美术摄影主题联展	江苏省委宣传部、江苏省文旅厅、江苏省文联

续表14

作　者	作　品	展览、获奖、发表、收藏情况	主办单位
王　帅	《大美启东—海风新能源》《大美启东—保利大剧院》《梦之二》《梦之三》	返本还原——小尺幅版画作品展	江苏省美术馆
	《大美中国——劳动者》《“一带一路”大美中国之三十一》	水印江苏——版画精品文献展	江苏省文化和旅游厅
	《米字格之二》《米字格之三》《米字格之四》《米字格之六》《“一带一路”大美中国之三十二》《大美新疆——月亮湾》《“一带一路”大美中国之五》《“一带一路”大美中国之十二》《“一带一路”大美中国之八》《“一带一路”大美中国之三十一》	2022江苏十佳优秀青年美术家作品展	江苏省文联、江苏省美术家协会
	《“一带一路”大美中国之三十二》	2022江苏十佳优秀青年美术家作品展收藏	江苏省现代美术馆
	《“一带一路”大美中国之三十二》	青春飞扬——中国青年版画家提名展5周年特展	中国文化艺术发展促进会、江苏省文化投资管理集团
	《把一切献给党之三》	“喜迎二十大奋进新征程”南通市优秀书画作品巡展	南通市文广旅局
	《大美启东日出圆陀角》《大美启东保利大剧院》《远山之七》《远山之八》	纸面镜像——版画作品巡展	南京美术馆
	《致敬英雄王杰》	江苏省美术馆收藏	江苏省美术馆
	《大美启东之一》《大美启东之二》《大美启东之三》《大美启东之四》	第三届长三角中青年版画作品展	上海虹桥当代艺术馆、江苏版画院
	《米格兔》	全国版画名家生肖贺岁展	中国文化艺术发展促进会
	大美启东系列	第四届南通文学艺术大展	南通市文联
丁静时	《远方(三)》《远方(二)》	南通市三月画会作品展	南通市文联
	《各莫寺的天空》	第五届南通市美术作品展	南通市委宣传部、南通市文联
	《远方(一)》	全国女画家版画作品邀请展	中国文化艺术发展促进会
	《樱落》	全国女画家版画作品邀请展	中国女画家协会
卞云凯	《雪原祥瑞》	2022年全国少数民族美术作品展览，被国家民族文化宫收藏	国家民委、中国文联、中国美协
	《渔镇》	美在致广——全国小幅美术作品展	中国美术馆
	《岁月悠长》	“青春百年心向党”江苏省青年美术书法作品联展	江苏省青年美协、江苏省青年书协、江苏省青年艺术家协会
	《跳水者》	陕西省第十七届运动会美术作品展	陕西省第十七届运动会组委会
	《疑问左转》《无题》	第三届长三角中青年版画邀请展	上海市长宁区文化和旅游局、上海虹桥当代艺术馆、江苏省版画院、中国启东国际版画艺术中心等
	《夏日长诗系列——舞》	2022年第七届江苏版画院暨江苏版画新作展	江苏省美术馆
	《港湾之声》	“新时代颂”2022江苏美术摄影主题联展暨南通美术摄影大展	南通市委宣传部、南通文化广电和旅游局、南通市文联

续表14

作　者	作　品	展览、获奖、发表、收藏情况	主办单位
卞云凯	《城市之光》	第五届南通市美术作品大展	南通市委宣传部、南通文化广电和旅游局、南通市文联
	《与昼夜有关》	2022年南通市青年美术家协会会员作品展	南通市青年美术家协会
	《舞台系列之一——初曲》	“一起向未来”南通市青年美术作品展	南通市青年美术家协会
	《渔镇》	盐城市青年书法美术家协会2022年作品展	盐城市青年联合会、盐城市青年美术书法家协会
夏水涛	《傲骨清风》	喜迎二十大妙笔会清廉廉洁版画全国名家邀请展	
陈　刚	《馨》	第七届江苏版画展	江苏省美协、江苏省美术馆
	《净土》	“实相风致”全国水印木刻版画邀请展	江苏省美术馆、江苏版画院
	《净土》	《江苏美术》2022第四期刊登	《江苏美术》杂志
	《家住长江尾》	第五届南通美术作品大展	南通市委宣传部、南通市文广旅局、南通市文联
沙金华	《午后的紫薇公园》	第四届中国粉画展	中国美协水彩粉画艺委会
	《西连岛的阳光之3》	江苏省小幅水彩画展	江苏省美术家协会
	《鲜货》	“喜迎二十大奋进新征程”南通市优秀书画作品巡展	南通市文广旅局
	《生命礼赞》	第五届南通市美术作品大展铜奖，作品被收藏	南通市委宣传部、南通市文联、南通市美协
	《南京朝天宫》	迎接党的二十大，以美育人塑菁华——庆祝国庆73周年美术作品特展	南京三江学院
	《蝶湖小夜曲》	“新时代颂”江苏省美术摄影主题联展	江苏省政府、江苏省委宣传部、江苏省美协

【中国·启东国际版画艺术中心】 中国·启东国际版画艺术中心是启东市人民政府投资建设的一项公共文化设施项目，2019年被江苏省发展改革委立为江苏省重大文化建设工程，并于当年动工建设，2021年7用正式启用。版画艺术中心建筑面积10000平方米，位于启东市黄浦江路600号，由启东版画院、启东市美术馆、启东市版画博物馆、名家工作室、水印版画实验室、休闲文创区组成，隶属启东版画院（启东市美术馆）使用和管理。版画艺术中心在2022年长三角及全国部分省市最美公共文化空间大赛中获“百佳公共文化空间奖。”

启东市美术馆　内容参见《公共文化服务·启东市美术馆》

启东市版画博物馆　属启东版画院内设机构，以普及版画知识，陈列启东87年来的版画史料和各个时期代表作品为主。通过实物、图片、多媒体等形式，全方位介绍版画历史、版画分类、版画技法知识，开展版画普及等活动；呈现传统版画历史、展示当代作品、介绍代表画家，免费对外开放。

名家版画工作室　名家版画工作

2月7日，市民在启东版画院学习版画制作　（姜新春/摄）

室一楼是开放式版画工作室，拥有铜版、石版、丝网版等专业设备，可开展版画创作、学术研究、画家驻地等项目活动。通过高等美术院校版画教育实践、驻地艺术家等项目开展艺术交流和国际间的艺术合作；二楼除部分行政办公用房外，是版画培训室，由版画院专业画家和外聘专家承担教学任务，面向大中小学生、成年人，满足社会学习版画的需要。

水印版画实验室　水印版画实验室，是与水印版画材料与技术研究文化和旅游部重点实验室、中国水印版画研究中心的合作机构，拥有独立空间，由版画院直接管理。主要以水印版画研究、创作、培养为宗旨，依托水印版画材料与技术研究文化和旅游部重点实验室、中国水印版画研究中心和省、国家艺术基金开展水印版画人才培养工作，面向海内外。

（朱建辉）

文化遗产保护

【概况】 2022年，启东市有68个非物质文化遗产项目，其中，省级4项(吕四渔民号子、色织土布技艺、沙地灶头画、洋钎说书)，南通市级5项(吕四十番、评弹北调、吕洞宾的传说、灶君菩萨的故事、启东芦编工艺)。有省级非物质文化遗产传承人1人(王晓东)、南通市级非物质文化遗产传承人5人(袁水玉、杨锦辉、高黄鑫、王莹娜、黄学斌)。有4个非物质文化遗产传承基地(启东市吕四港镇、启东市音乐家协会、启东市评弹团、启东市民间文艺家协会)，1个非物质文化遗产数字化展厅。

【文物保护】 2022年，全市共有18家文物保护单位，其中，省级1家、南通市级3家、启东市级14家。根据文物保护的需要，结合市城乡建设规划实际，市文化广电和旅游局会同市住建局等职能部门商定全市范围内各级文物保护单位的保护措施，及时制定保护规划。开展修缮工作，做好苏北抗大九分校旧址提档升级、启东县首届人民政府旧址提升改造、三清殿修缮、张謇挡浪墙遗址公园提档升级等文物保护单位的保护工作，抗大九分校提档升级项目完成投资4500万元。开展文物保护宣传系列活动，通过发放文保单位宣传书籍，制作宣传展板、横幅标语等形式扩大公众覆盖面和知晓率。落实文保单位专人负责制，建立“四有档案”，年初对市文物保护单位进行重新公布和两线划定，与所有文保单位签订2022年度安全工作责任书，并下发文物管理日常巡查日志，要求做到日日有记载、天天有检查。联合执法大队经常性开展安全检查，对存在的问题及时提出整改要求。

启东市文物保护单位名录

表15

序号	文物保护单位名称	地　址	级　别
1	苏北抗大九分校旧址	海复镇	省级文物保护单位
2	郁寿丰墓	合作镇	南通市级文物保护单位
3	通海垦牧公司挡浪墙遗址	吕四港镇	南通市级文物保护单位
4	玄妙观三清殿	吕四港镇	南通市级文物保护单位
5	吕四进士府	吕四港镇	启东市级文物保护单位
6	明井	吕四港镇	启东市级文物保护单位
7	吕四集庆庵	吕四港镇	启东市级文物保护单位
8	曹家镇天主教堂	合作镇	启东市级文物保护单位
9	曹家镇红楼	合作镇	启东市级文物保护单位
10	曹家镇寿丰石桥	合作镇	启东市级文物保护单位
11	曹家镇寿丰水泥桥	合作镇	启东市级文物保护单位
12	中天塔	汇龙镇	启东市级文物保护单位
13	石翁仲	汇龙镇	启东市级文物保护单位
14	石兽石刻群	汇龙镇	启东市级文物保护单位
15	启东县首届人民政府旧址	合作镇	启东市级文物保护单位
16	海星桥	北新镇	启东市级文物保护单位

续表15

序号	文物保护单位名称	地　址	级　别
17	沈铁公故居	惠萍镇	启东市级文物保护单位
18	启东第一桥	王鲍镇	启东市级文物保护单位

【非遗传承】 2022年，第四批启东市级非物质文化遗产项目正式公布，涵盖12个项目，为申报南通市级项目储备资源。召开打造“吕四渔号”新曲目“洋钎说书”新剧目创作会议，鼓励南通市级以上传承人和馆内工作人员围绕启东项目开展创作活动。《启东非遗漫画集》完成最终校稿，进入出版流程。完成《洋钎说书集》三校。搜集完善7位省市级非物质文化遗产传承人2021年开展传承工作的考核资料，10月31日开展启东市第三届非物质文化遗产传承人学徒技艺展示考评。市文化馆开展全民艺术免费普及培训班，其中启东剪纸技艺，2022年春夏秋连续开班3次，授课21次。市非物质文化遗产中心与市折桂中学合作，将芦编工艺和启东剪纸两个项目传承人送至校园，配合学校开展学生社团活动。

启东市第四批非物质文化遗产名录

表16

序号	类　别	项目名称
1	传统美术	启东版画
2	传统美术	启东碳晶画
3	传统美术	启东剪纸
4	传统技艺	启东传统造房技艺
5	传统技艺	启东木杆秤制作技艺
6	传统技艺	启东酱糟海鲜制作技艺
7	传统技艺	章震贺卡制作技艺
8	传统技艺	启东脆饼制作技艺
9	传统技艺	启东木刻技艺
10	传统技艺	启东烟斗制作技艺
11	民俗	接水龙
12	传统体育、游艺与杂技	造房子

※启东市第四批非物质文化遗产名录简介※

【启东版画】 20世纪50年代末，启东活跃着一支业余版画队伍——“木屑花”木刻组，1985年4月建立中国第一个版画院——启东版画院。启东版画主要包括油印黑白木刻、油印套色木刻和水印木刻，木刻用板材一般为梨木、银杏木、枣木，启东还用季青树木，也有用塑料板的，画幅大的可用椴木胶合板。在上稿前板面一般都需用砂皮纸打磨平滑。水印木刻或水印版画均需使用水性颜料印制作品，水印版画的版可用木板、纸板、布等不同材质和不同手段制成的版，比水印木刻更富有变化。工具主要是木刻刀，有大中小规格的圆口刀、三角刀，还有斜口刀、平口刀、方口刀。主要作品有：朱建辉的《瞬间·永恒》、丁立松的《炎夏乐章》、章水雄的《略过家乡上空的鹰》、陈刚的《孤山放鹤》等。

【启东碳晶画】 启东碳晶画又叫“放相”，是擦笔碳晶画，是绘画造型艺术之一，创作材料以炭精粉为主，在创造艺术活动中体现着强烈的艺术张力。“相”者，人脸也，自古中国有尊先辈，尊长之传统，也有见贤思齐的美德，明末清初到民国初期“放相”与家谱同行，均以黑白炭粉放大至数百倍，尺寸从12英寸到24英寸，再到32英寸，后来发展到蒙太奇组合和彩色粉画。20世纪，此技艺从浙江绍兴传播到江苏启东，会这项技艺的人走街穿埭，帮助大家把故去亲人的照片重新绘制，并收取一定费用。后期，创作题材从擦笔画人物放相扩展至田园风光再到城市风光,从炭精画的黑白灰到与素描、钢笔画有机结合起来。绘画人物有焦裕禄、齐白石、孙中山等,碳晶画的特点是百年不褪色,与西画相比,有制作成本低、时间短、全手工制作等特点。

【启东剪纸】 20世纪初期,启东农村出现少数窗花,多出自年长的农村妇女之手,逢年过节特别是家里喜逢嫁娶的人家,几乎每户都会用红纸和剪刀剪出吉祥图案张贴在家中墙壁或者窗户上,以表喜庆。20世纪中后期,农村妇女则几乎都会点剪纸手艺。婚嫁人家,女方"拖嫁妆"的包裹,男方家里新人的房间窗户、门上都会贴上亲友们剪的喜字和吉祥图案。春节期间,为彰显节日气氛,大红窗花成了普通人家的标配。正月十五,人们将剪纸图案贴在手工制作的灯笼上,使得原本单调的灯笼变得红火、美观。现在,剪纸图案丰富为花鸟虫鱼、莲花童子、福字、生肖等,技法上增加刻的方法,使图案更加精致、美观。

【启东传统造房技艺】 启东人在"住"的方面形成一套特有的造房技艺,从原始的环洞舍到现在的高楼大厦,中间蕴含着数代启东人的智慧和传统信仰。随着沙地生产生活的发展和改善,到20世纪五六十年代,环洞舍和草屋开始被瓦房取代。居民普遍建成"三架头""五路头"瓦房,建筑材料大多是草舍上拆下的杉木梁柱。分间墙上用黑色画出图形,山墙上还画上"三潭印月""猛虎下山"等图案。住房的空间和径深也不断扩大,逐渐发展到"七路头房子",改革开放后,沙地民居变化更快,先富裕起来的沙民纷纷造起"两楼两底"或者是"假三层"的简易楼房,尽管用料和工艺还不很讲究。20世纪90年代以来,沙地民居建筑几乎都以楼房为主,而且越盖越漂亮,越来越讲究质量,装潢也考究起来,造型新颖的小楼洋房更是比比皆是。沙地居民的造房演进,是沙地农耕文明发展的结果,也在很大程度上体现了沙地建筑文明的成就。

【启东木杆秤制作技艺】 手工木杆秤制作工艺复杂。第一步,木工使用长推刨,把木料制作成长条。第二步,用木耙子刨削木杆毛坯,制成两端由细到粗,逐渐过渡的圆柱形木杆。第三步,用小细刨打磨出光滑的圆面,做成光坯。第四步,用粗石水磨。第五步,用细石再水磨。第六步,用石灰水浸泡24小时,洗净晾干。第七步,用砂皮再次磨光。第八步,根据杠杆原理计标出力点、支点的距离,用步弓(实际上是圆规)落实刀口与铁钮的距离。第九步,用武钻打眼。第十步,做头尾铜管子(包括电焊)。第十一步,装头尾铜、刀口、铁钮,完成半成品。第十二步,用标准砝码正确落实斤两在木杆秤上的位置。第十三步,用步弓分量由大到小(由斤到两)。第十四步,用扦星钻在秤杆上钻星眼。第十五步,用工用割刀,把不锈钢丝(或铜丝)嵌入星眼中割断敲平。第十六步,用油石把秤星磨平。所有步骤结束即可制成木杆秤。启东木杆秤制作有百年历史,20世纪二三十年代在海复镇老街82号有一家陆荣顺秤店,该店第三代传人是陆燕菊。改革开放后,越来越多人用电子秤,木杆秤逐渐成为百姓乔迁新居、子女结婚时购买的一件象征性物品,寓意称心如意、幸福美满。

【启东酱糟海鲜制作技艺】 启东滨江临海,有着丰富的渔业资源。但海鲜属于易损易耗品,古时候,船老大们以帆船为家,靠风出行,打渔归来,以最传统技艺加工新鲜海鱼,其中就包括酱糟海鲜技艺。酱糟海鲜技艺分为酱制法和糟制法两种,分别以酱油和米糟作为腌制的主材料。一般黄鱼、鲳鱼、方板鱼、马鲛鱼等海鲜处理风干至八成后入缸糟制。酱汁泥螺也是启东人设宴待客的常用菜。现在的启东吕四一带,仍有许多人沿用祖传技法,同时结合现代工艺进行精制,形成独到的酱糟海鲜配方。

【章震贺卡制作技艺】 章震贺卡创始人章生勃,号章震,创办章震贺卡公司。章震自幼受徐志豪指点,后在上海外文书店受何文源、姚缝子指荐,从国外引进圣诞卡,此后,自己设计制作贺卡。中国第一家章震美术公司生产制作"章震贺卡"。公司刚开始为旧中国四大家族生产纪念贺卡,后来为毛泽东、周恩来等国家领导人制作名人卡片,也为国务院、外交部、全国人大、各中央部委办设计制作贺卡。中华人民共和国成立前公司搬迁至上海二城桥、神庙九曲桥,规模从家庭工厂到有员工十多人再发展到公司三百多人。中华人民共和国成立初期,公司设在北新镇,后搬迁至汇龙镇,性质从私人企业发展到公家办厂,再到校办厂,后又回到私人企业,流动资金从最初的几万元发展到500万元,影响范围从国内各新华书店、邮局、机关团体再到海内外各个国家。

【启东脆饼制作技艺】 脆饼制作在启东已有一百多年历史。最早,在清朝吕四地区开始有脆饼的制作。民国初年,海复镇有一家脆饼店,主人凭祖传的脆饼制作技艺,并经过长时间发展,最终定型而成启东脆饼。启东脆饼用料考究,做工精细,具有酥甜香脆、美味可口的独特风格,长期在启东、海门、崇明、南通一带流布,深受当地老百姓的喜欢。启东脆饼不同于南通脆饼,南通脆饼是长条形的,而启东脆饼是方形的,有利于在高温烤制的过程中让更多的空气进入饼中,增强口感的层次性。

【启东木刻技艺】 启东手工木刻分为两种流派,一种是家具工艺品,另一种是后续衍生出的木刻版画。启东手工木刻的家具工艺品,主要特征在于制作技艺复杂,难度高。20世纪,启海人家在嫁女儿时嫁妆里都要带一张花板木床,床的两侧,围栏布满手工雕刻的"花板”,图案有龙凤图、多子多孙图、荷花图等。优秀的木刻作品包含创作者的个人思想,也表达对新婚夫妻的祝福。

【启东烟斗制作技艺】 2012年,启东人周军去欧洲考察时路遇一家烟斗店,他被各式漂亮烟斗吸引。在参观多家烟斗工坊后萌生制作烟斗的想法。回国之后,周军开始钻研摸索,第一次制作的是一个欧梨木烟嘴。而后,周军尝试用花梨木制作第一支烟斗。如今,周军制作烟斗可以在研究木头的纹路后,直接雕刻出生动形象的图案。2021年创作的《三星堆之一(丝绸之路套斗)》在第三届南通文学艺术创作大赛中获工艺美术类三等奖。烟斗制作融合美术、雕塑元素,具有较高的艺术价值。

【接水龙】 “接水龙”是传统形式的消防演习,当时科学技术还不发达,消防器材没有如今先进,集镇上的消防设施只有这种“水龙”。每年在“接水龙”之前,活动负责人都要召开相关人员会议,进行分工,明确责任,确定实施方案。接着就是派出人员在街道上敲锣呐喊:“六月廿四接水龙!”尽管六月的天气很炎热,但当天一早就有千人以上前来喝彩助威,场面十分壮观。随着洋龙上的铃声传来,洋龙与木龙两队的交战就开始了。双方不停地利用杠杆作用将水喷射向对方,水枪喷出的水柱也十分强劲,可达四五十米远。在对抗过程中,水龙的参战人员不停地压杆、加水,枪手抱着枪头射击对方,观众不断地为两队呐喊助威。水枪手偶尔也把水枪对向观看的群众,把观众淋成落汤鸡,嬉笑声一片。比赛过程往往持续2个小时左右,方告结束。

【造房子】 造房子是启东民间流传较广的一种游戏,经历几辈人的传承,至今仍受到孩子们的喜爱。在比较平坦的长方形地面上画上楼房(一般是五层),依次将小方砖(或沙包)放入一层楼房,按照楼房格子的安排进行单脚跳、双脚跳、转身跳、投掷轻物、单双脚落地弯腰拣物品,回到起点,此为一轮完成。然后进入第二轮,小方砖随轮次的增加,逐步由一层投到五层。小方砖(或沙包)投定楼层不压线才算有效,跳跃时单双脚不得踩线,跳错楼层必须重跳,玩者人多时,一般分成两组,同组队员可接替前面队员未完成的项目,继续将游戏项目进行下去。

【非遗宣传】 2022年,市文化馆以保护为基础,以传承为重点,开放多功能非物质文化遗产展厅,开展全年性质的展览。6月11日,在人民公园开展非物质文化遗产日展览活动,以漫画形式,从历史渊源、发展历程、保存现状等角度介绍启东特色非物质文化遗产。全年以6个小分队,将“天下第一鲜”、小灶豆腐等6个非物质文化遗产主题,以交叉送展的形式送往市内63所学校。11月19—21日,配合启东文旅招商活动,开展启东特色非物质文化遗产项目展览,展览项目包括启东色织土布技艺、裸眼微雕、黄杨根雕、启东烟斗制作技艺。开展云看“非遗”——启东非遗“洋钎说书”、小灶豆腐、天下第一鲜、启东芦编工艺线上展览。市非物质文化遗产中心在春节期间依托市文化馆微信公众号发布“守护非遗　传承文化”——《吕四渔民号子》线上有奖竞答活动;8月4日发布“非遗新实践　献礼二十大”——《色织土布技艺》有奖竞答活动。

(江　帅　陈燕华)

大众传媒

启东市融媒体中心

【电视】 2022年,启东市融媒体中心开设《学习贯彻党的二十大精神》《二十大快问快答》《非凡十年·十个维度看启东》《新时代新征程新伟业》等专题栏目10多个,用综述式专题报道、系列短视频等形式,推动中共二十大精神家喻户晓、深入人心。开设《向海图强潮头立　扬帆奋进正当时》《跑好第一棒　奋进新征程》《起步即冲刺　夺取开门红》《争创全国文明典范城市系列访谈》《代言百村助力乡村振兴》等专栏,全方位、多角度展示启东新形象。做好“理响东疆”系列云宣讲活动,完成《奋进十四五　交通再提速》《精准施策稳就业》《乡村振兴暖人心》等多条云宣讲党员冬训专场视频,以及60余条惠民政策解读短视频摄制工作。全年被央视新闻频道录用29条、江苏卫视录用32条、南通台录用68条。9件作品获评

11月21日,在2022中国·启东文旅推介招商会上推荐启东非物质文化遗产启东色织土布技艺

(市文化馆/供图)

2022年度南通市优秀广电节目一二等奖，其中，一等奖2件、二等奖7件，2件作品获2022年度南通市优秀广电电视社教节目二等奖。

(袁风华　何　健)

【广播】 2022年，FM106.3围绕“奋进新征程　建功新时代”主题，做好广播对农节目宣传报道。结合“护航春播春种”“特色农业增收致富”等主题，报道在农业农村政策惠及下为乡村振兴作出贡献的农业项目及人物等，共计播出39期。《代言百村　助力乡村振兴》栏目制作“村支书走进直播室”广播直播访谈15期，拍摄“主播代言百村”系列短视频12期。紧扣“喜迎二十大”主题，开设子栏目《1063志愿益启行》《巾帼风采　奋进未来》《我的党员故事》。依托“江海歌行”大型报道策划，加强广播平台宣传，每周相关区镇、部门领导走进《政风行风热线》直播室，《一把手谈创文》栏目做好创文巩固、为民办实事宣传。自制公益广告43条(含防疫类自制内容)确保规定时段、规定时长的公益广告播出。提升节目质量，创新广播新媒形式，创优成绩名列南通县市前列，广播剧《绿化“愚公”》在“喜迎二十大　开启新征程”南通红色主题融媒体作品大赛中获音频类一等奖。

(袁风华　何　健)

【《启东日报》】 2022年，《启东日报》重点宣传启东市经济社会“非凡十年”的发展成就和美好前景。开设《喜迎二十大·文明益启行》《喜迎二十大·代言百村》《非凡十年·江海歌行》等栏目。特刊《非凡十年、出彩启东——献礼党的二十大》，全方位、多角度呈现向海图强、扬帆奋进，加快建设沪苏一体融合发展窗口城市取得的显著成就。防疫经济两手抓，新冠疫情防控的相关新闻、通告、通知等，第一时间上版面，及时策划推出专题栏目，全面报道各地各部门共同战疫、稳经济强信心的工作进展情况，推出《奋力夺取双胜利》《启东记“疫”》《在风浪中保持定力勇毅成长》等报道。开设《招商一线看“三比三争”》《满意服务在窗口》《担当有为好干部》《万事好通·益启企》《好作风是这样炼成的》《更优营商环境赋能高质量发展》等栏目。全年在《人民日报》录用25篇，《新华日报》录用53篇，《南通日报》《江海晚报》录用75篇。

(袁风华　何　健)

【新媒体】 2022年，市融媒体中心突出移动优先，加大原创生产力度，推出一系列原创推文和短视频。视频号全年总阅读量2333.1万，其中阅读量破万的300条，阅读量10万+的20条；抖音号阅读破万的363条，其中10万+的38条，粉丝突破10万人大关。新媒体发展综合实力在南通县市区处于领先位置。新华社客户端、人民网、新华网、中国新闻网等国家级重点网络媒体录用142条，“学习强国”学习平台录用30条。6篇稿件被省委网信办全网推送。4件作品获评2022年度江苏省县级融媒好新闻奖，其中，一等奖1件、二等奖2件、三等奖1件。《长江口两代人　二十年一片林》获评全国县级融媒优秀作品冬赛三等奖、2022年度全省新闻媒体践行“四力”、深化“走转改”优秀新闻作品，获奖等次和数量处于南通前列。

(袁风华　何　健)

《启东通讯》

【概况】 2022年，《启东通讯》始终坚持正确的政治方向，旗帜鲜明地与党中央保持高度一致，围绕市委、市政府中心工作，认真履行党委、政府机关内部资料发布政令、指导工作、探索思路、服务发展、传递信息、交流经验、展示风采、开拓视野等工作职责，坚持高标准、严要求，较好地完成编印、宣传等各项工作任务。

【内容设置】 2022年，《启东通讯》以乡村振兴为主题，利用“封面封二封三”以及《乡村振兴》等栏目对全市各乡镇乡村振兴工作和全市乡村振兴示范村、特色田园乡村等先进村集体作深入的介绍、宣传，涉及惠萍镇、东海镇、合作镇等11个镇和东兴镇村、云祥村等11个村。在栏目设计、内容选择上，重点围绕贯彻全市党史学习教育总结会议、市委政法工作会议、全市组织工作会议、全市宣传工作会议、市委十四届四次全体会议等重大会议精神，设置《领导要论》《重要报告》等栏目，作较大篇幅的宣传报道；围绕启东建设沪苏一体融合发展窗口城市目标，落实中央和省市关于推进乡村振兴战略的各项决策部署，设置《行家视点》《学习参考》《东疆论坛》等栏目，对标先进、找准差距、发散思维，发挥机关内部资料的“智库”作用，激发全市上下干事创业的精气神；围绕市委、市政府中心工作，设置《贯彻落实》《特别关注》《调查研究》《工作交流》等栏目，对市委、市政府推进乡村振兴、吕四大港开发、新型城镇化建设、“缤纷百里”建设、重大项目招引、最美江海岸线打造等全市重点中心工作作报道，发挥舆论宣传的指导作用，为建设“强富美高”新启东营造氛围；围绕启东沙地文化、江海地域特色等，重点办好《瀛东漫笔》《悦读江海》等特色专栏，在丰富刊物内容、提升刊物可读性上作探索；《榜样力量》等栏目报道启东优秀儿女。

(曹佳惠)

《三角洲·沙地》

【概况】 2022年，《三角洲·沙地》季刊全年出版4期、40万余字，共刊发中短篇小说14篇、散文41篇、诗歌74首。其中，11篇小说、33篇散文、65首诗歌被《绿风》《诗刊》《雨花》《扬子江诗刊》《安徽文学》等刊物转发，外发稿率达84.5%，获江苏省作协肯定，《江苏作家》封三专题介绍刊物取得的成绩。

【栏目设置】 2022年，刊物在《小说精选》《散文百家》《诗歌潮汐》等传统栏目外，增设《喜迎二十大征文选登》，精选11篇散文发表，其中2篇专栏稿在省作协组织的专题文学竞赛中获奖；增设《本土推荐》栏目，转发启东12位作家在《人民文学》《小说月报原创版》《山东文学》《湖南文学》《诗刊》等文学期刊发表的优秀中短篇小说、散文和诗歌。

【活动开展】 2022年，刊物先后组织召开编前会4次，举办读书改稿会11次，打磨出优秀文学作品，刊登于《海燕》《飞天》《青春》《诗林》《扬子江诗刊》等报刊杂志；组织杂志优秀会员主题创作采风2次，促进人才提档升级，会员中有中国作协会员4人、省作协会员40人、南通市作协会员134人；评选优秀会员并给予奖励，评选出在南通市级以上公开出版的报刊刊发3篇(首)以上文学作品的优秀会员31名，颁发荣誉证书并奖励《2022年度短篇小说精选》《2022年度散文精选》《2022年度诗歌精选》等图书。

(李新勇)

媒体+产业

【概况】 2022年，市融媒体中心突破“重广告”经营理念，依托文化、资产和信誉资源优势，深耕文创、展会、策划等经营服务市场，拓展新业态业务，增强自我造血功能。加强与工会、农业、市管、卫健、教体等部门合作，举办萌宝秀等活动，拓展创收途径。承办多场网络直播活动，完成各类短视频100多部，全年实现经营收入760万元。“村史馆里讲党史”融媒体经营案例，在全省县级融媒发展大会上作交流分享。

【平台建设】 2022年，市融媒体中心聚力打造“爱启东”App服务综合平台，打破固有党媒思维和路径依赖，聚合提供新闻资讯，以及政务服务、公共服务、新时代文明实践服务事项等40多项本地化“掌上服务”。全年累计下载量31万+，注册用户数41万+，日活跃用户逾5000。“爱启东”媒体+服务中，政务服务事项、公共服务事项、新时代文明实践服务事项、增值服务事项嵌入率均在80%以上。

(袁风华 何 健)

社会科学

【概况】 2022年，启东市哲学社会科学界联合会突出迎接、宣传、贯彻中共二十大工作主线，以“品牌提升”为目标，着力开展做精课题研究、打造特色品牌、建强活动阵地等工作。主管4家社会组织，全市29家社科基地常态化开展社科普及活动。

【课题研究】 2022年，市社科联做好2022年南通市社科研究热点课题选题推荐工作，组织申报一般课题7项，其中2项课题被立为市县专项课题。做好2022年度启东市经济与发展重点应用课题研究，收集申报课题56项。

【社科普及宣传周活动】 2022年，市社科联举办“喜迎二十大”社科普及宣传周系列活动。以地域文化知识大赛为契机，发挥大赛长尾效应，策划“地域文化知多少”线上线下活动。10月13日，“喜迎二十大 奋进新征程”2022年启东市社科普及宣传周暨地域文化“六进”活动启动，市社科联持续开展地域文化进场馆、进机关、进校园、进区镇、进村居、进企业“六进”活动。开展线上推广活动，通过有奖知识问答、金点子征集、线上知识竞答、地域文化基地申报等活动，扩大地域文化传播范围。“启东社科”公众号开设《沙地民俗文化普及》《地域文化名家说》等专栏，定期推送启东地域文化推文。开展“学习新思想 喜迎二十大”社科专家宣讲进基层活动，邀请社科理论界专家进机关、进村居、进学校，举办讲座50余场。11月3日，“学习贯彻二十大精神 传承弘扬地域文化”座谈交流会召开。

【社科阵地建设】 2022年，市社科联指导各基地开展社科普及特色活动。与心时代心理健康服务中心沟通制定“诗词歌赋话春节”“我们的节日”等系列活动方案，商讨研究创新项目，以通俗形式传播传统文化；指导并参加基地“家·印记”影像馆组织的“微心愿暖全城”公益活动；指导江天中小学研学实践教育基地以南通市级基地标准开展日常活动，并在南通社科联公众号宣传；指导策划集邮协会虎年邮票首发活动；指导九意亲子活动中心开展气象日社科知识普及活动；培育地域文化传播基地5家。

【启东市首届地域文化知识大赛】 7月，市社科联启动“如此启东，怎能不爱”启东市首届地域文化知识大赛。活动历经海选、晋级赛、总决赛，历时2个月。大赛前期首发三大征集令，向全社会征集赛题423道、主题诗257首、抖音主题短视频52个。参与海选人数达42171人，累计答题80573人次，三场晋级赛直播观看人数达22.47万人次，总决赛观看人数达13万人次。

(王香文)

史 志

【概况】 2022年，中共启东市委党史办公室(市地方志办公室)统筹推进党史研究、志鉴编纂、镇村史馆建设等史志事业发展，加大地情资源开发利用和信息化建设力度，各项工作取得新进展。《启东年鉴(2022)》编纂出版，《启东年鉴(2021)》获全省地方综合年鉴质量评定二等奖，完成《中共启东地方史(1978—2012)》(第三卷)编写工作，创新推出即时性记录《启东微实录》，《江苏名镇·吕四港镇志》获评2022年度全省史志作品质量评定优秀成果。完成《江苏新方志提要(市县志卷)》所涉及的《启东县志》《启东市志(1986—2005)》两本志书的内容提要编纂工作。对省级传统村落合作镇二效镇村的历史文化和村落特色等深度挖掘，形成1.1万字的文字材料，完成《醉美乡愁——走进南通传统村落》有关二效镇村的材料编纂。组织抗大九分校、启东博物馆等12家史志场馆加入南通史志馆联盟，做好资料报送工作。配合市委宣传部做好长江国家文化公园启东段规划建设资料的征集和梳理，参与起草江海垦牧文化展示区建设工程项目申报材料和《中国近代乡村建设先驱——张謇》临时展陈设计大纲，协助做好启东城市展览馆提升改造工程。

【年鉴编纂】 12月，《启东年鉴(2022)》由方志出版社出版。该卷设31个类目，下设209个分目、1054个条目，收录251幅图片、30张表格。卷首

12月13日,市委党史办在汇龙镇南郊村村史馆开展“有风景的思政课”主题教育活动　（陆金红/摄）

设专题图片,卷末有附录、索引。全书92.8万字。该卷年鉴与2021卷相比,在类目上有部分调整,如新设“乡村振兴”类目,将“城乡建设”更名为“城市建设与管理”、“医疗卫生”更名为“卫生健康”。2022版年鉴特色鲜明,卷首专题图片设年度聚焦、庆祝中国共产党成立100周年、对接上海门户城市、全域创新样板城市、全国文明典范城市、共同富裕幸福城市、最美江海花园城市7个板块,充分展示启东市第十四次党代会提出的“五个城市”定位以及年度经济社会发展亮点。“乡村振兴”类目,记录市委、市政府实施乡村振兴战略取得的成果;注重生态环境保护,设置“长江大保护”分目,突出启东高质量打造长江口绿色生态门户,奋力跑好长江大保护“最后一棒”所取得的成果;在“开放型经济”类目中设“口岸管理”分目,“工业”类目中设“临港产业”分目,突出启东沿海的地域特色,展示启东向海发展成果。同时,高质量完成《南通年鉴》启东部分的组稿及编写任务。

【党史资料征编】 2022年,市委党史办推进《中共启东地方史(1978—2012)》(第三卷)编写工作,全书约32万多字,完成各部门反馈意见和市四套班子有关领导及历任老领导、特邀审读专家审核意见的修改,进入终审程序。

【镇村志编纂文化工程启动】 2022年4月下旬开始,市委党史办对全市各镇及部分村实地走访调研,了解各镇及村历史沿革、人文历史、资料保存、编纂人员储备等情况,并就下阶段开展的镇村志编纂打算和修志存在的问题进行交流。5月,市政府办公室印发《关于实施镇村志编纂文化工程的通知》,全面部署启动镇村志编纂工作。至年底,全市11个镇(《江苏名镇·吕四港镇志》已编纂出版)均制定镇志编纂实施方案,组建编纂班子,拟订篇目框架,启动资料收集工作。

【《启东微实录》编纂】 2022年,市委党史办以年鉴的视角,每月编纂推出即时性记录《2022启东微实录》月刊号和年度合集《2022启东记录》,及时记录启东时事、政策、民生、文化等各类资讯,线上线下皆可即时阅览。侧重于“一题”“一图”“一码”“一表”“一册”的运用。一题指标题的制作,一图指图片的运用,一码指短视频二维码的链接,一表指当月省级以上启东外宣作品篇目统计表,一册指每期成品画册。借助微信、微博等现代传播技术,将微实录制作成PDF版本,通过“启东史志”微信公众号发布。《2022启东记录》入选启东“两会”资料。

【镇村史馆建设利用】 内容参见《乡村振兴·乡风文明》

【史志宣传】 2022年,市委党史办配合市委宣传部开展或参与党员冬训、“从冬奥看中国”云宣讲等各类宣讲活动30场次;为学校上“有风景的思政课。2人在全市“我是冬训主讲人”宣讲比赛中分别获二等奖、三等奖,1人入选南通市“老兵永远跟党走,党旗飘扬在心中”红色先锋宣讲。参与市委宣传部、社科联等单位共同举办的启东首届地域知识文化大赛活动,编辑竞赛题1000余道,内容涉及启东地名、方言、习俗、传统文化、历史变迁等知识。

（陆金红）

【新四军研究会】 2022年,启东市新四军研究会(筹)主要围绕启东新四军反清乡斗争历史进行研究,因新冠疫情,通过电话采访新四军老战士5名,撰写《血红的旗帜　嘹亮的号角　出鞘的利剑——战斗在反清乡前线的东南报》《歌谣中的反清乡斗争记忆》2篇论文,论文《浅析新四军第1师党的思想建设之特色》入选省新四军研究会出版的《跟党举旗向前进》论文集,向南通新四军研究会提供《巧打问检所》《双目失明搞侦察》《拆除竹篱笆》《活跃在北新敌伪据点的青年队》口述文章4篇。在南通《铁军》杂志上发表理论文章、工作动态等文章3篇。配合做好抗大九分校纪念馆提档升级工作,参与建设现场的调研和指导、影视宣传题材编制工作。利用抗大九分校讲好红色故事,传承铁军精神。全年为到抗大九分校纪念馆学习考察的省、南通市有关领导和部门宣讲13场次,为抗大九分校纪念馆讲解员摄制七集场景讲解视频,丰富现场教育的形式和内容。利用红色书刊开展红色教育,向社会各界赠阅《铁军》杂志250份。与市老区开发促进会联合举办学红刊心得交流会,有100多名学生参加,收到心得28篇,其中1篇在国家级网站上发表。走访慰问参加过抗战的新四军复员战士16名，发放慰问金9600元。

（张永辉）

档 案

【概况】 2022年，启东市档案馆以国家综合档案馆基础业务建设为抓手，以改革创新为动力，以局馆融合发展为保障，统筹推进档案治理、资源利用、安全体系建设。与市档案局建立局馆工作联席会议、工作会商、工作清单对接等制度，做到重要政策提前协商、重要工作协同推进、重要安排及时沟通。实施群众满意工程，拓展档案馆公共服务功能，设置档案馆开放日，举办各类专题展览、专题讲座，利用“6·9”国际档案日、“12·4”国家宪法日等时间节点，开展系列宣传活动，传播档案文化。档案宣传工作获江苏省二等奖。

【档案业务指导】 2022年，市档案馆强化对基层档案工作的监督、指导职能，利用数字档案室平台，通过线上指导与实地指导相结合，对全市各机关企事业等50余家单位的文书档案、业务档案、会计档案等进行规范建档指导。推进进馆单位档案整改工作，对历次机构改革中涉及的11家撤并单位的档案进行业务指导。突出抓好重点领域档案监管，对发改委、农业农村及卫生行业系统档案工作实施分类指导。参与重点建设项目档案的指导验收工作。对通远船务“2+2”码头8号、9号集装箱码头改建工程档案进行指导，并参加南通市交通局组织的竣工验收会议；对吕四港集团内河码头一期工程档案指导验收；对北新镇齐富、吕四港镇大圣农地合作社档案室项目进行验收等。开展档案专题业务培训，全年分别举办全市机关单位档案人员业务培训、社区档案人员业务培训及区镇农经人员土地确权档案方面的专题培训，培训500余人次。

【档案接收征集】 2022年，市档案馆共接收婚姻登记中心、文广和旅游局、人防办、供销社等单位档案51547卷51960件。开展市早期援藏工作者口述史料征集采集工作，共采访7名1963—1980年援藏的干部，拍摄7段口述视频、25张照片。征集到中共十三次全国代表大会全体代表合影、全国精神文明建设表彰大会代表合影、张謇嫡孙张绪武题词、青海同仁市赠予启东市的唐卡、“启豆之父”李锦文全部个人档案和大量启东20世纪六七十年代老照片等珍贵材料。

【档案查阅利用】 2022年，市档案馆依托数字档案馆平台，打破地域空间和部门限制，实现民生数据共享。群众除在市档案馆查询，也可以到区镇、婚姻登记中心和妇幼保健院等地进行查阅。全年共接待机关各部门、社会团体、个人查档3296人次，电话查档263人次，调阅档案2015卷5645件，复印材料近9374页。其中，查阅婚姻档案1836人次、出生医学证明档案156人次、录用档案167人次，登录长三角异地查档平台32人次、全国查档平台9人次，查档满意率达100%。编写档案利用事例42个。在经济建设、科学研究、评定职称、调整工资、离退休、编史修志、落实政策、婚姻家庭等方面提供可靠的依据，并实现查询利用零投诉。

【档案安全体系建设】 2022年，市档案馆强化档案馆库安全管理，建立库区安全“日日查、周巡查”制度，对馆库消防、电气、监控、温湿度调控等系统设备定期检修维护，与借用档案馆库房单位签订库房安全责任书。实施档案信息安全保障工程，部署网络安全设备，开展核心数据库扩容，加强上网信息审查、存储介质管理，提升国家级数字档案馆系统安全水平。落实档案查借阅审批制度，建立档案出入库台账，检查馆藏档案的数量、质量、霉变情况，保证档案实体安全。强化监管，开展全市档案安全工作专项检查，发出74份书面情况反馈，督促各单位落实整改。

【参与公共文化建设】 2022年，市档案馆发挥档案文化属性，为启东博物馆、启东吾·同心荟统一战线实践基地、张謇垦牧文化遗址公园、启东长江文化带、启隆镇镇史馆提供资料，并参与展陈脚本创作。参与通海垦牧公司复建工程建设，负责场景复原及展陈大纲撰写、设计工作及30个视频创作，收集到通海垦牧公司档案164卷，张謇各类照片843张、影像资料3部，有关特莱克的所有照片及视频资料，通海垦牧公司青砖300多块、水管大砖3块、七门闸残碑1块。接受新华日报社采访，策划、审核垦牧专题视频拍摄，该视频在通海垦牧公司展陈开放仪式上播出；接受江苏电视台采访，策划张謇专题拍摄活动；接受南通日报社专访，在《十年奋斗路》第十集《薪火相传》篇，讲述南通东部地区成陆、发展历史；接受南通电视台《总而言之》栏目采访，讲述张謇植树造林情况；接受启东电视台采访，讲述大生二厂文物源流。参与启东文物鉴定，为启东博物馆鉴定各类文物上百件。

【建成江苏省示范档案馆】 2022年，市档案馆重视江苏省市县级综合档案馆业务建设评价工作，对照建筑与设备、馆务建设、档案基础业务、开发利用4个方面70个指标项，逐一检查。检查库房内所有档案，完善缺漏部分；投入60万元，设置档案陈列室；首次正式出版档案编研书籍，并编辑整理全宗指南和档案馆指南。11月，市档案馆获评江苏省示范档案馆。

【首次在全国档案年会上作专题报告】 12月15日，在2022年全国档案工作者年会档案文献编纂学术委员会分会场上，市档案馆王建华作《基于手机端的档案微编研工作的实践与探索》专题报告。这是市档案馆人员首次在国家级平台上发言。该文被收录在中国文史出版社《档案工作与国家治理体系和治理能力现代化》一书中。

（陈银银）

文化产业

【概况】 2022年，启东市有入库南通市文化产业重点项目10个，分别是宸丞工艺品、启东新湖万豪酒店、姚记扑克技改项目、邦全会展、蝶湖公园、龙湾水镇、协兴港文旅综合开发项目、张謇垦牧故里文化项目、启东大数据中心机房及云计算平台建设项目、富冠印务，其中新建项目4个，续建项目6个。2022年，计划总投资38.64亿元，年终南通市核定完成投资36亿元。

【项目建设】 *宸丞工艺品* 项目位于启东市高新技术产业开发区，占地面积7公顷，新建办公楼、车间共5.7万平方米，添置全自动充棉流水线、全自动裁剪流水线、花样机等设备。主要生产各种垫子、毯子等宠物用品，产品畅销国内外市场。计划总投资10亿元，至2022年年底累计完成投资10亿元，项目竣工投产。

启东新湖万豪酒店 项目位于圆陀角旅游度假区，占地面积2.5万公顷，建筑面积6万平方米，包括儿童游乐设施及大型室内冲浪泳池、健身室、桑拿、唱吧、美容美发、台球、乒乓球、咖啡厅、酒吧等，打造旅游度假酒店。计划总投资10亿元，至2022年年底累计完成投资10.12亿元，项目竣工。

姚记扑克技改项目 项目位于启东经济开发区，新增两条全自动扑克牌生产线及配套调浆工艺，通过印刷、检品压纹、调浆上光、成品入库完成产品生产，使用到的原辅料与原有项目基本一致。计划总投资5000万元，至2022年年底累计完成投资8500万元，项目竣工。

邦全会展项目 项目位于启东市高新技术产业开发区，新建办公室、展示中心及研发综合大楼等共11.5万平方米，添置激光切割机、机器人自动焊机、全自动包装线等设备400台。提供给国际运动品牌客户、全球高端奢侈品客户概念设计能力及展示道具。计划总投资10.2亿元，至2022年年底累计完成投资10.5亿元，项目竣工。

蝶湖公园 项目位于汇龙镇江海路以东、民胜路以西，新建区域面积49.4公顷，建成后的蝶湖公园总占地面积约138公顷，其中水域面积52公顷。新建区域共分为四大板块“森林有氧运动板块”“森林绿廊板块”“门户形象板块”“商务休闲板块”。计划总投资3亿元，至2022年年底累计完成投资3.2亿元，项目竣工。

龙湾水镇 项目位于江海澜湾旅游度假区，占地34公顷，建有游客中心、特色酒店、主题客栈、唐秀剧院及相关配套设施。打造唐人街、民康物阜、万国来朝、诗意唐韵、江山如画、盛世雄风六大主题板块。计划总投资15.7亿元，至2022年年底累计完成投资6.06亿元。

协兴港文旅综合开发项目 项目位于东海镇，建筑面积9万平方米，一期引入招商健康、慢姑娘轰趴馆等品牌，并打造蓝鲸餐厅、颐乐中心等旅游基础配套，二期为纯文旅业态，包含特技演艺秀、亲子主题乐园、营地乐园、沉浸式航海科技馆、加勒比飞翔影院、看海摩天轮、艺术中心、剧场等文旅项目，并配套建设加勒比风情商业街以及酒店设施。计划总投资12亿元，至2022年年底累计完成投资6.82亿元。

张謇垦牧故里文化项目 项目位于海复镇，建设规模26.67公顷，包括垦牧公司总公司4.87公顷，复原四周护厂河，复原慕畴堂四合院，竹园，花园，生态河道治理，以及配套的宾馆餐饮等附属建筑以及诗词字画匾额家具内设复原。抗大九分校(高等垦牧小学)纪念馆提档升级，新建游客中心和报告厅。计划总投资2.5亿元，至2022年年底累计完成投资2.5亿元，项目竣工。

启东大数据中心机房及云计算平台建设项目 项目位于启东经济开发区。数据中心规划建设3000个机柜；云计算平台总投资1200个云主机规模，按照规划第一期新增300个云主机，第二期新增400个云主机，第三期新增500个云主机。办公用房共需7500平方米。计划总投资1.1亿元，至2022年年底累计完成投资4810.3万元。

富冠印务 项目位于王鲍镇，新建车间1万平方米，附属门卫、配电间等配套设施，新增数控车床、数控铣床、折弯机、激光切割设备、焊接机器人等设备38台套。年产印刷专用设备及配件2000台(套)。计划总投资5000万元，至2022年年底累计投资完成3366.39万元。

(徐海华)

文化市场管理

【概况】 2022年，启东市不断加强文化和旅游市场信用体系建设，激发市场活力，积极开展全省文化和旅游市场“红名单”申报工作。在全市互联网上网服务行业中，开展以“平安、文明、诚信”为内容的“平安网吧”创建活动。有序推进文化艺术类非学科类校外培训机构准入工作，保持审批、监管互通。加强行业法律法规、安全生产培训和宣传，签订安全生产主体责任承诺书。全年联合文化市场综合执法大队开展安全生产专项整治三年行动、安全生产大检查等工作，发现并整改安全问题隐患339处，确保文化市场平安有序。

【文化市场专项整治】 2022年，市文化市场综合执法大队开展寒暑假期间、文明城市创建期间网吧专项整治，出版物市场集中整治，印刷行业专项整治，旅游市场专项整治，新型业态“剧本杀”专项整治等专项行动。以净化出版物市场、清除网上有害信息、保护知识产权为首要任务，以互联网为主战场，强化日常监管，推广运用全国“扫黄打非”信息管理系统，开展“护苗”“净网”“清源”“秋风”“固边”五大专项行动，有效规范市网络文化、新闻出版市场经营秩序。全年出动检查5560余人次，检查经营单位1770余家次，收缴非法出版物1549册。全年共办理行政处罚案件14起，合计罚款9.92万元。

(袁沈涛)

责任编辑　陆金红

体 育

综　述

【概况】　2022年，启东市推动群众体育、竞技体育、体育产业协调发展，全面推进体育工作取得丰硕成果。在全省县级体育重点工作督查中以91.58分获全省第10名，较2021年上升15个位次，位居苏中地区第一名。

【体育公共设施】　2022年，启东市推动落实全民健身国家战略，持续推进"为民办实事"工程，实施全民健身公共体育设施提档升级工程。全市有1个体育馆、1个文化体育中心，规划新建启东市奥体中心。全年投入325万元为全市行政村、社区更换120套健身路径，添置2套二代健身路径和15张室外乒乓球桌，改善群众健身锻炼环境。各区镇依照市《高质量考核方案》，以提高人均体育设施面积和新建笼式五人制足球场考核为目标，开展全民健身公共体育设施建设工作，进一步提高城乡健身设施覆盖率。建立市室外全民健身设施长效管护机制，组织人员将全市各区镇室外全民健身场地设施设备等信息全部录入江苏省室外全民健身场地设施管理平台。全市人均体育场地面积达3.6平方米。

（钱忠华）

群众体育

【概况】　2022年，启东市持续推进体育社团实体化改革，规范日常管理，督促相关协会功能性党支部做好党建工作。通过政府购买体育服务等方式，调动协会办赛的积极性，组织举办体育竞赛、交流、展示等活动，提高市民体育健身热情。广场舞协会、全民健身协会等开展社团进社区、进乡镇活动，为群众现身教学，引导科学健身。至年底，全市有社会体育指导员4348人，其中，国家级7人，一级161人，每万人拥有社会体育指导员45人；体育社团31个、民办非企业10个。

启东市体育社团、俱乐部一览表

表17

序号	体育社团、俱乐部名称	地　　址
1	启东市体育总会	汇龙镇人民中路726号
2	启东市老年人体育协会	市文化宫五楼东首
3	启东市乒乓球协会	市体育馆
4	启东市钓鱼协会	南阳镇喜得利28号
5	启东市信鸽协会	汇龙镇建新路8号
6	启东市太极拳协会	汇龙镇民乐中路718号
7	启东市棋类协会	市文体中心北区11号门
8	启东市交谊舞爱好者协会	汇龙镇人民公园广场
9	启东市体育舞蹈协会	汇龙镇公园中路518号
10	启东市自行车运动协会	汇龙镇建新路18号
11	启东市羽毛球协会	中邦上海城11幢506室
12	启东市游泳协会	汇龙镇鹤群村江天生态园内
13	启东市轮滑协会	汇龙镇善成小区18号
14	启东市门球协会	汇龙镇公园北路1185号
15	启东市全民健身协会	汇龙镇人民西路1336号
16	启东市瑜伽协会	汇龙镇南苑中路869号
17	启东市足球协会	汇龙镇河南中路555号东方银座2121室
18	启东市微型马拉松跑步协会	汇龙镇城东村村民委员会
19	启东市风筝冲浪协会	黄金海滩风景区
20	启东市搏击协会	汇龙镇人民西路1977号
21	启东市篮球协会	汇龙镇亿丰商城12楼
22	启东市排舞协会	汇龙镇和平中路810号
23	启东市马拉松协会	汇龙镇幸福二村67号楼7号门面

续表17

序号	体育社团、俱乐部名称	地　址
24	启东市驴友协会	汇龙镇长江西路768号
25	启东市跆拳道协会	汇龙镇人民西路1336号
26	启东市广场舞协会	汇龙镇幸福一村1号202
27	启东市排球协会	汇龙镇启秀北路536号
28	启东市铁人三项运动协会	汇龙镇建新路10-16号
29	启东市汽车摩托车运动协会	汇龙镇南苑西路1053号
30	启东曳步舞协会	汇龙镇长龙三村23号楼306室
31	启东市武术协会	汇龙镇欣乐城11幢207室
32	启东市友谊乒乓球俱乐部	汇龙镇和平中路810号
33	启东市小神童围棋俱乐部	汇龙镇人民中路1002号
34	启东市力达乒乓球俱乐部	汇龙镇南苑工业园区恒丰路18号
35	启东市启星足球俱乐部	汇龙镇申港城7号楼140号
36	启东市善成小学青少年奥林匹克羽毛球俱乐部	汇龙镇集贤路善成小学
37	启东市海复小学青少年奥林匹克排球俱乐部	海复镇胜利西街148号
38	启东银石赛鸽俱乐部	吕四港镇海晏村328国道旁银石信鸽南通有限公司办公楼3楼
39	启东市锐腾击剑俱乐部	汇龙镇人民西路1379号(启东市体育馆)
40	启东市爱华青少年排球俱乐部	城北工业园杨沙路22号
41	启东市扬帆海钓俱乐部	吕四港镇海晏村

（龚玲莉）

【全民健身活动】 2022年，启东市深入贯彻健康中国和全民健身国家战略，促进全民健身更高水平发展，持续提高人民群众的身体素质和健康水平，发布《启东市全民健身实施计划(2021—2025)》。“共乐东疆”体育活动品牌蓬勃发展，持续开展“共乐东疆”全民健身系列赛事活动。全年举办线上、线下赛事活动，推出“共乐东疆”全民健身空中课堂25期，组织200多人参加江苏省健身气功八段锦网络公开赛，举办以健身节目展演活动为主的启东市第十六届老年人体育健身节启动仪式、启东市全民健身运动会暨《国家体育锻炼标准》达标赛和第八届国际瑜伽日公益活动，开展“共乐东疆”广场舞、太极拳、自行车、篮球、足球、气排球、羽毛球和乒乓球等30多项体育赛事活动，促进市全民健身运动的普及和发展。组织全市各区镇开展年度国民体质测试工作，完成3000多人次体质测试。

11月27日，启东市第二届太极系列、八段锦嘉年华活动在市区人民公园广场举行，全市1000多名太极拳爱好者展示42式太极拳、太极功夫扇、32式花样太极剑等16个节目　（王海兵/摄）

2022年启东市部分群众体育活动一览表

表18

活动名称	举办时间	活动地点	活动情况
2022年启东市“迎冬奥　贺新春”线上健身跑	1月20日	全市各大公园、健身步道	500余人参赛
“庆冬奥　迎新春　抗疫情”第二届江苏省健身气功·八段锦网络公开赛(启东赛区)	1月21日	自选	200余人参赛
2022年启东市“快乐运动　健康成长”线上亲子运动创意大赛	4月28日	自选	200余组家庭参赛
启东市“共乐东疆·全民健身”空中课堂	5月12日	自选	共举办25期
“喜迎二十大　同心向未来”启东市首届少数民族运动会	6月15日	东海镇文体中心	近60人参赛
2022年启东市第十六届老年人体育健身节	6月18日	市文化馆	200余人参演
2022年启东市共乐东疆第八届国际瑜伽日公益活动	6月19日	金凤凰科技园足球馆	线上、线下约500人参与
“夏日绿茵　欢乐无限”第十届启海足球邀请赛	7月2日	汇龙小学城东分校	200余人参赛
2022年启东市共乐东疆“喜迎二十大·一起向未来·幸福舞起来”第二届广场舞大赛	7月12日	市文化馆	300余人参赛
2022年第七届“泰州海陵杯”全国象棋业余棋王赛江苏赛区启东预选赛	7月16日	市文体中心	100余人参赛
2022年启东市共乐东疆第十八届“合作商会杯”男子篮球赛	7月18日	市文体中心	300余人参赛
2022年启东市教育体育系统掼蛋比赛	7月30日	江天生态园	150余人参赛
2022年启东市共乐东疆第九届“江天杯”游泳比赛	8月1日	江天生态园	160余人参赛
2022年启东市第五届教师足球联赛暨第一届“桃李杯”足球联赛	8月3日	汇龙小学城东分校	100余人参赛
2022年启东市“8·8”全民健身日健身项目公益展演活动	8月8日	人民公园广场	500余人参与
2022年启东市共乐东疆文体拥军篮球赛	8月8日	折桂中学	30余人参赛
2022年启东市“南通体育日”系列体育健身项目展演活动	8月12日	人民公园广场	100余人参与
2022年启东市共乐东疆第六届“活力寅阳”钓鱼邀请赛	9月18日	寅阳镇华寅钓场	120余人参赛
2022年启东市全民健身运动会暨《国家体育锻炼标准》达标赛	10月29日	折桂中学	300余人参赛
2022年启东市共乐东疆羽毛球比赛	11月12日	市文体中心	120余人参赛
2022年启东市共乐东疆“启晟杯”第12届环启168KM自行车赛	11月13日	圆陀角旅游度假区	300余人参赛
2022年启东市共乐东疆“YOUNG青春杯”气排球赛	11月20日	市文体中心	270余人参赛
2022年启东市共乐东疆第二届太极系列·八段锦嘉年华活动	11月27日	人民公园广场	200余人参与

(彭　冲)

竞技体育

【概况】 2022年,全市共有江苏省体育赛事活动指导员4人;等级运动员407人,其中健将级4人,一级10人;等级裁判员351人,其中国家级5人,一级24人

【青少年体育】 2022年,启东市青少年体育竞技水平得到不断增强。在青少年业余训练方面,市教育体育局采取重点推进、分散转移的方式,将部分运动训练项目向特色学校、单项体育运动协会和青少年体育俱乐部延伸。在乒乓球、轮滑、击剑、射箭和跆拳道等项目上,联合相关协会和俱乐部,推动市队青训新业态发展。依托少体校和各级体育传统项目学校,建立9个运动训练项目21支运动队。推进实施江苏省体育局青少年体育“5621”计划和南通市体育局“一校一品、一生多能”项目建设工作,运动项目布点学校数量进一步增加。与实验小学、英邦小学、善成小学、经济开发区实验小学

2月9日，市轮滑协会青少年轮滑培训基地，学生们跟着老师学习轮滑基本动作　　（叶娟/摄）

等学校联办篮球、排球、羽毛球训练项目，实现体教融合。英邦小学女排组队参加全国青少年排球夏令营暨小排球锦标赛获女子乙组冠军，实验小学女篮组队参加江苏省小篮球联赛省级决赛获U12女子组第三名。至年底，全市共有全国校园足球特色学校28个、全国青少年篮球特色学校2个、全国青少年排球特色学校1个、江苏省体育传统项目学校1个、江苏省青少年奥林匹克俱乐部3个。

【体育竞赛】 2022年，启东市以重大体育赛事为突破口，发挥体育赛事在点燃全民参与激情、提升城市影响力、带动体育产业发展等方面的作用，成功举办2022CBA夏季联赛暨长三角职业篮球俱乐部挑战赛、全国沙滩排球巡回赛（启东站）和首届中国大学生沙滩足球锦标赛等大型体育赛事。赛事期间，严格落实《国家体育总局关于有序恢复体育赛事活动的指导意见》和省、南通市体育局有关赛事承办指南，同时运用网络平台视频（照片、文字）进行同步直播。

【2022 BSK篮球争霸赛启东赛区赛】 7月17—18日，2022 BSK篮球争霸赛启东赛区赛在市文化体育中心举行。这是启东市历年来举办的水平最高的篮球赛事。来自南京、南通、盐城等地的8支队伍100多名运动员参赛，最终南京wings获冠军，获大区赛参赛资格，进入全国总决赛。2022 BSK篮球争霸赛于5月开赛，赛事贯穿全国34个城市，8个大区，近2000场落地赛。赛事分为“新生城市赛”“逐鹿大区赛”“封神全国赛”，每个城市16～32支参赛球队，通过全新的赛会制篮球规则，抢夺出线权，瓜分160万元奖金。“新生城市赛”在江苏只有启东、无锡两个赛区。

【2022年CBA夏季联赛暨长三角职业篮球俱乐部挑战赛（启东站）】 9月7—9日，2022年CBA夏季联赛暨长三角职业篮球俱乐部挑战赛（启东站）在启东举行。苏州肯帝亚、浙江广厦控股、浙江稠州金租、广州龙狮4支球队参加比赛。比赛采用大循环赛制，共进行6场比赛，以积分排定名次。最终，浙江稠州金租队获冠军，浙江广厦控股队获亚军，苏州肯帝亚队获季军，广州龙狮队获第四名。这是CBA夏季联赛首次落户启东，是启东历史上规格最高的一次篮球联赛。

【2022年全国沙滩排球巡回赛（启东站）】 9月15—18日，2022年全国沙滩排球巡回赛（启东站）在恒大威尼斯碧海银沙举行。全国多个省、自治区、直辖市及新疆生产建设兵团在内的61支代表队，其中有男子组35支、女子组26支球队，共122名选手参加比赛。比赛采用先小组循环，后交叉淘汰的赛制决出名次，历经134场比赛。最终，山东一队、上海二队、湖北一队分获男子组冠亚季军；国家队、辽宁一队、江苏队分别获女子组冠亚季军。

【2022年首届中国大学生沙滩足球锦标赛】 11月3—6日，2022年首届中国大学生沙滩足球锦标赛在启东举行。此次赛事设男子组和女子组，来自中南大学、上海理工大学、中国政法大学等16支高校代表队参加比赛。最终，中南大学、湖南师范大学、上海理工大学分获男子组冠亚季军。江苏大学获女子组冠军，湖南师范大学

9月7—9日，2022年CBA夏季联赛暨长三角职业篮球俱乐部挑战赛（启东站）在市第一中学体育馆举行　　（姜雨蒙/摄）

和湖南工商大学分获女子组第二、三名。

【“天域杯”第二届长三角围棋俱乐部擂台赛暨“启建杯”长三角围棋名人邀请赛】 11月11—13日,“天域杯”第二届长三角围棋俱乐部擂台赛暨“启建杯”长三角围棋名人邀请赛开幕式在通海垦牧公司旧址报告厅举行。来自浙江、上海、江苏的30余名围棋高手参加比赛。比赛包含俱乐部擂台赛和名人邀请赛。其中,擂台赛采用三人联棋方式,每队两组轮番攻擂、守擂;名人邀请赛采用双人联棋、单人赛方式开展比赛。对局在弈客围棋平台直播。最终,上海无极围棋俱乐部队获擂台赛冠军,南京慕道围棋俱乐部队、浙江光明顶围棋俱乐部队分获亚、季军。浙江光明顶围棋俱乐部队获名人邀请赛冠军,南京慕道围棋俱乐部队获亚军,启东队和上海队获季军。

2022年启东市举办南通市级以上部分体育活动一览表

表19

赛事名称	举办时间	举办地点	参赛情况
2022年江苏省小篮球联赛暨中国小篮球系列活动启东赛区	6月11—12日	市文体中心篮球馆	来自南通地区21支队伍200多名运动员参赛
2022年南通市第八届残疾人运动会聋人篮球比赛	7月18日	市麻蚁球馆	来自启东、海门、如东、如皋、崇川、海安6支代表队参赛
2022 BSK篮球争霸赛启东赛区赛	7月17—18日	市文体中心	来自南京、南通、盐城等地的8支队伍参赛
2022年CBA夏季联赛暨长三角职业篮球俱乐部挑战赛	9月7—9日	第一中学体育馆	来自江苏肯帝亚、浙江广厦、浙江稠州、广州龙狮4支职业俱乐部球队参赛
2022年全国沙滩排球巡回赛(启东站)	9月15—18日	恒大威尼斯	来自江苏、上海、浙江、山东、四川、福建、辽宁、新疆等地区61支队伍122名运动员参赛
2022年首届中国大学生沙滩足球锦标赛	11月3—6日	蝶湖公园	来自全国14所高校16支代表队260人参赛
“天域杯”第二届长三角围棋俱乐部擂台赛暨“启健杯”长三角围棋名人邀请赛	11月11—13日	通海垦牧公司旧址报告厅	来自浙江、上海、江苏的30余名围棋选手参赛
2022年南通市青少年轮滑巡回赛	11月26日	启东实验小学	来自如东、通州、启东的7支代表队近150名运动员参赛

(朱剑锋)

体育产业

【概况】 2022年,启东市体育产业发展环境不断优化,体育产业门类增多,形成体育健身、竞赛表演、场馆服务、体育培训、体育用品制造与销售、体育彩票等门类较为齐全的体育产业发展格局。开展产业调研,加大对相关企业指导与服务,及时了解企业生产过程中各类难题,扶持7家体育服务业企业上规,夯实体育产业发展基础。支持启东恒大酒店和启东市文体中心申报体育服务综合体、绿地长岛申报中国旅游精品项目、黄金海滩申报体旅融合项目。做好体育专项资金申报工作,启东市新城文化体育服务有限公司获2022年省级体育专项资金150万元。完善13家体育类校外培训机构和32家体育健身场馆的安全生产主体责任和行政部门监管责任,实施“双随机、一公开”。对全市15家经营游泳等高危险性体育项目单位进行常态化监管,开展全市体育系统安全生产专项整治工作,全年共开具24份整改通知书。

【体育彩票】 2022年,全市共有体育彩票销售网点100家,全年销售体育彩票1.33亿元,同比增幅41.23%。全年支出体彩公益金413.67万元。

(张娟娟)

责任编辑　陆金红

卫生健康

综　述

【概况】 2022年，启东市有各类医疗卫生机构449家，其中三级医院3家，镇卫生院(含中心卫生院)12家、分院24家、村卫生室(社区卫生服务站)264家、社会和个体医疗机构(含民营医院)141家、卫生单位5家。全市卫生技术人员5684人，每千人拥有卫技人员5.91人，执业医师(助理)2706人，注册护士2909人，每千人口执业(助理)医师数2.81人，每千人口注册护士3.02人；每千人拥有床位4.40张。人均预期寿命82.57岁。全市标准化儿童预防接种门诊建成率100%，65周岁以上老年人免费健康体检率达75.2%，居民电子健康档案建档率96.4%。启东市获评中国长寿之乡特色服务业示范城市、省爱国卫生工作先进集体。全年申报各级各类课题85项，成功立项58个，申报成功率68%。发表论文72篇，其中SCI收录7篇。15个项目获南通市医学新技术引进奖，其中，二等奖3项，三等奖12项。建成江苏省中医重点专科2个，南通市级医学重点学科2个、医学创新团队(含建设单位)4个、临床医学中心1个。

【县域紧密型医疗集团建设】 2022年，启东市发挥“技术共享”，以“基层检查、上级诊断和区域互认”为模式，两大医疗集团推进七大技术共享中心建设。全面推进“管理同质”，调整质控领导小组及20个质控中心成员，出台质控评价考核细则，完善质控体系建设，深入推进同质化管理。全年远程心电中心平台诊断58511人次，区域影像诊断34437人次，区域临检中心信息平台正式上线，逐步实现龙头医院技术资源覆盖全市所有基层公立医疗机构，为基层临床诊断有效提供县级医院技术支撑。两大医疗集团4个联合病房常态化开展工作，联合门诊实现成员单位全覆盖。探索推进中医联盟建设，构建点面结合、全专互补的医联体新模式。

【公立医院综合改革示范县创建】 2022年，启东市加快建立现代医院管理制度，人民医院达到三级医院医疗服务能力国家推荐标准；二院、三院位列全国乡镇卫生院“优质服务基层行”百强前茅；五院纳入二级医院管理，被确认为省级农村区域性医疗卫生中心基本建成单位。全市长三角名医工作室增至31家，基层名医工作室增至15家。各级各类医疗机构医疗废物信息化管理系统实现全覆盖。建立糖尿病、静疗等市级专科护理小组，推动全市护理同质化发展。中医院加强对基层医疗机构中医药技术指导和帮扶，开展中医药“三进”活动、中医中药中国行、校园岐黄行、中医药宣传月等活动，受益群众1200余人次，开展基层医疗机构星级中医馆评价工作和省级中医馆创建，建成四星级中医馆1家、三星级中医馆6家、二星级中医馆4家。

11月11日，启东市中医专科联盟成立　　（市卫健委/供图）

【三医联动改革】 2022年，启东市实施居民、职工医保统筹总额预付，严格落实实名制挂号就诊，建立医保基金积余考核留用及合理超支分担机制。开展医疗集团药品耗材带量采购，推进国家基本药物制度省级试点，稳步提升基本药物采购数量和金额占比，强化基本药物使用监管和考核。继续实施低保、五保户和70周岁以上“三类人群”基层医疗机构住院期间基本药物全免费制度，全年共计减免基本药物费用137万余元。

【人才引培】 2022年，启东市引进博士研究生1名、硕士研究生26名，人民医院有3人分别被确定为2022年江苏省“双创博士”、江苏省第六期“333高层次人才培养工程”第三层次培养对象、2022年“江海英才”启东子项暨“东疆英才计划”资助对象。基层人才队伍不断壮大，新增医疗集团“县管乡用”66人，全年编内编外录用337人，定向培养人数稳定，解决医疗卫生单位不同层次卫生人才需求。加大人才资助奖励力度，全年发放卫生人才引进及培养资助奖励1389.367万元。建立“年轻干部成长档案”，对遴选出的82名年轻干部进行考察培养。

【新型冠状病毒感染疫情防控】 2022年，启东市紧盯重点行业、重点场所、重点人群、重点环节，坚持“人、物、环境”同防，落实“五早”措施，成功处置多起输入性阳性病例，做到早发现、快处置。持续做好入境人员及国内重点地区来启人员健康管理，全年累计接驳入境人员43批次417人。组织全员核酸检测31轮、区域巡检46轮，累计采样检测6000多万人次。设置全员核酸采样点333个、便民采样点63个，其中24小时开放14个，建成“15分钟步行便民核酸采样服务圈”。储备隔离点39个、隔离房间5812间，强化集中隔离场所人员配备和管理。建强流调、消毒、转运、院感、救治、核酸采样和检测队伍，完成核酸检测基地扩容改造，PCR实验室最大日检测能力提升至4万余管，"采送检报"环节衔接不断完善，检测时效明显提升，实现20:1全员标本"自身消化"。建成救护车洗消中心、1家方舱医院、3家健康驿站，二级以上医院发热门诊和乡镇卫生院发热诊室全覆盖。组织9批次180人次采样检测人员赴天津、上海、新疆、常州、无锡、苏州等地开展增援，组织41批次5768人次增援南通市兄弟县(市、区)开展全员核酸采样、检测，接收南通地区支援上海医务人员500多人，支援海安、海门、通州湾隔离房间近2000间。持续推进新冠病毒疫苗接种，全市建成25个接种点143个接种单元，组建10支应急接种队伍，1860人培训合格并持证上岗，常住人口全程接种率达96.9%。明确分级诊疗流程，合理利用全市医疗资源，提升重症救治能力，保障紧缺药品、物资临床使用，确保新冠病毒感染患者"应收尽收、应救尽救"。实施"红黄绿"重点人群分类健康服务。重症救治床位配备扩容至182张，开设发热门诊10家，发热诊室5家，确保每个镇均有1家发热门诊(诊室)，所有发热门诊(诊室)全部配有CT或DR机，238个村卫生室氧疗服务全覆盖。启东市稳妥有序渡过新冠疫情流行高峰期。

(徐卫菊)

疾病预防控制

【概况】 2022年，启东市实行疫情报告实时监测、审核制度，报告及时率99.93%，审核及时率100%，无重卡。甲乙丙类传染病总发病率126.09/10万，甲乙类传染病报告发病率78.18/10万。开展艾滋病筛查和病例管理，全年全人群HIV抗体筛查320248人，全人群筛查率达33.71%。专题培训流调工作薄弱环节及要点，提高流调人员理论水平和实操能力，全年发表国家级普刊论文2篇。

【免疫规划】 2022年，市疾控中心管理0～7周岁儿童39772名，完成免疫规划疫苗安全接种79437剂次，以乡镇为单位，脊灰、百白破、卡介苗、流脑、乙脑、甲肝、麻风腮、白破、乙肝疫苗接种率、全程接种率95%以上；以县市为单位，乙肝疫苗首针、麻腮风三联疫苗接种及时率90%以上。报告疑似预防接种异常反应96人次，报告率超过0.5‰。新建档管理儿童2233名，建档及时率98%以上。全年无接种安全事故。制订儿童水痘减毒活疫苗和老年人肺炎球菌多糖疫苗免费接种的方案，市疾控中心完成培训工作和疫苗采购后，各个区镇11家接种门诊根据实际情况和疫情防控情况组织接种。根据江苏省预防接种信息管理系统查询情况，水痘目标儿童进行扩龄，共接种8598人，可用疫苗接种率100%。60～85岁老年人肺炎球菌多糖疫苗接种22098人，可用疫苗接种率100%。新冠疫苗接种达235.59万剂次，首针接种90.59万剂次，全程接种87.50万剂次，加强免疫57.50万剂次。累计接种首针100.30万人，常住人口首针接种率103.69%，全程接种95.45万人，常住人口全程接种率98.68%，加强免疫接种60.58万人，加强免疫接种率62.63%。60岁以上常住人口首针接种30.73万剂次，接种率89.54%；全程接种28.90万剂次，全程接种率84.21%，加强免疫接种19.30万剂次，加强免疫接种率56.23%。

【结核病防控】 2022年，市疾控中心督导管理结防体系，按现住址统计，非结防机构累计发现转诊本市肺结核病人和疑似肺结核病人795例(重卡23例，死亡5例)，转诊到位414例，追踪到位334例，总体到位率99.87%(753/754)。定点诊治医院登记活动性肺结核病人250例(单纯性结核性胸膜炎21例)中新登病原学阳性患者158例，阳性率为68.99%(158/229)，Xpert检测699例中检出阳性121例，培养痰标本534份，培养出阳性菌株32株，送南通疾控中心进行菌株鉴定和药敏试验32株。

【慢性病防控】 2022年，市卫健委推进国家级慢性病综合防控示范区创建工作，7月完成慢性病综合防控示范区支持推广平台项目——助力健康中国行动，三健科普传播。制定《启东市慢性病精准化管理实施方案》，探索慢性病精细化管理模式，期望实现慢性病管理分级诊疗、医防融合。全年全市管理高血压患者121469人，规范管理80138人，规范管理率65.97%，最后一次随访血压控制满意人数68800人，控制满意率56.64%；管理糖尿病患者40957人，规范管理26594人，规范管理率64.93%，最后一次随访血糖控制满意人数17994人，控制满意率43.93%。各医院、社区卫生服务中心持续开展心脑血管事件监测工作，全年监测报

11月16日是第21个世界"慢阻肺日"，市人民医院举办"世界慢阻肺日"义诊活动

(周健/摄)

告7251人,其中脑血管事件6508人,心血管事件743人。首次开展慢阻肺登记报告工作。开展居民慢性病与营养监测项目,10月与南通大学签订合作协议,完成约1590例常住居民营养膳食与健康状况问卷调查。

【艾滋病防控】 2022年,市疾控中心全人群筛查HIV抗体320248人,筛查率33.71%,对新确诊患者及时进行疫情报告、流行病学调查及录入、采样确认、后续随访。全年对现管病人电话及微信随访3000多人次。定期通知病人进行CD4和病毒载量检测。干预小组每月对全市娱乐场所进行高危行为干预,发放宣传资料及安全套,进行HIV抗体快速检测。全年共干预4416多人次,干预检测率100%,月均干预覆盖率96.8%。

【地方病防控】 2022年,市疾控中心监测居民户食盐碘含量、人群碘营养,随机抽检东南西北中5个乡镇8~10岁儿童200人、育龄妇女100人的盐样、尿样,盐碘均数22.09毫克/千克,盐碘0~35.73毫克/千克,标准差为8.65毫克/千克,碘盐覆盖率为87%,合格率97.32%,合格碘盐食用率84.67%。尿碘范围儿童31.35~570.2微克/升、孕妇31.6~555微克/升,尿碘中位数儿童146.45微克/升、孕妇252.55微克/升;孕妇补碘率100%;对孕妇和五年级学生分别做问卷调查,根据调查结果显示居民对碘缺乏病知识的知晓率和食用率在逐年提高。全市无疟疾病例报告。

【公共卫生监(检)测】 2022年,新冠核酸检测实验室检测335741管781962人份。完成江苏省级和南通市级食品安全风险监测采样任务共计63份样品(其中,江苏省级42份、南通市级21份;食品化学污染物及有害因素项目检测样品24份、食品微生物及其致病因子检测样品21份)。开展检测项目25项,其中食品化学污染物及有害因素18项、食品微生物及其致病因子7项。食品化学污染物及有害因素项目检测样品35份,合格率82.86%;食品微生物及其致病因子检测样品28份,合格率78.57%。全市10家乡镇医院均开展食源性疾病监测,报告率达100%,食源性风险监测全市13家医疗机构任务数为560个,完成上报574个,完成率102.5%。全年共发生9例食源性疾病暴发事件,其中,诺如病毒感染3例,副溶3例,曼陀罗中毒1例,蜡样芽孢杆菌1例,不明原因中毒1例。省系统上报2例(副溶1例,曼陀罗中毒1例)。冷链食品及环境核酸检测共采集检测食品标本肉类国产99份,进口22份;水产品类国产59份,进口10份;其他食品国产29份,进口10份;食品外包装国产12份,进口12份;环境标本254份,检测结果均为阴性。水质检测全年共采集枯水期、丰水期水样共188份,合格率100%。其中,枯水期、丰水期监测水样各94份,合格率均为100%。全年发生肠道传染病(甲、乙类)78例,其中,甲肝10例、戊肝59例、细菌性痢疾9例,均为散发病例。对37家重点企业开展工作场所职业病危害因素监测,7家合格,合格率18.9%;检测三苯(苯、甲苯、二甲苯)、乙苯34家,18家合格,合格率52.9%;检测粉尘11家,3家合格,合格率27.3%;检测噪声36家,13家合格,合格率为36.1%。中疾控信息系统审核用人单位信息56条,疑似职业病报告7例,职业性有害因素监测管理数据55条,农药中毒报告21条。1月1日至12月15日,市4家体检机构实际体检68333人次,省平台上传65038人次,上报率95.2%,发现职业禁忌证815人,疑似职业病3人。2021—2022学年下学期全市共报告学生因病缺课26204人次,31082.5人日;2022—2023学年上学期全市共报告学生因病缺课19702人次,25354人日。水痘、胃肠道疾病是缺课最多的原因,占五成左右。消毒质量监测医院样187份,合格率95.19%;幼儿园样3家70份,合格率81.43%。组建2支消杀专业队伍对全市阳性病例住址及主要活动场所进行终末消杀,共采样1865份,消杀面积8535平方米。

【健康教育与健康促进】 2022年,市疾控中心开展线上、线下多种形式的宣传活动,"启东疾控"微信公众号发布推文超百篇,印刷健康教育入户资料65000份,下发至各医疗卫生和基层单位,完成安装"江苏健康教育联播平台"245家,实现全市各镇村卫生单位(服务中心和村卫生室)全覆盖。开展居民健康素养调查工作。其中,全国农村点3个镇6个村,其余6个镇12个村共对960户居民进行素养调查。

(陈泓妤)

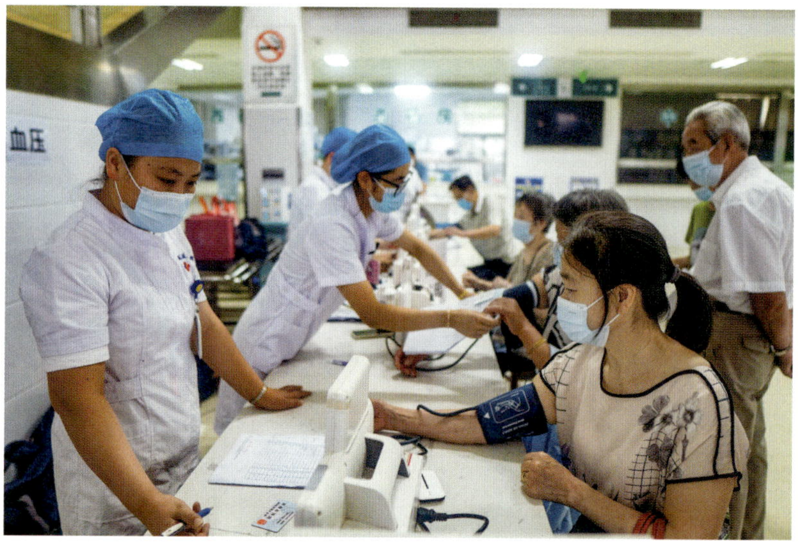

8月2日,市城区医院为老年人免费体检 (姜新春/摄)

公共卫生

【概况】 2022年,启东市公共卫生服务人均补助提高至105元,常住居民电子健康档案建档率95.69%,并逐步向签约居民开放。继续扩面提质开展老年人免费健康体检，老年人健康管理率达74.32%。前列腺癌早筛早诊早治项目获评“全国健康促进优秀案例”十佳作品。高血压、糖尿病患者规范服务管理率分别达65.97%、64.93%，结核病患者规则服药率100%，传染病报告及时率99.93%。0～7周岁儿童基础免疫接种率95%以上。完成10～17岁学生脊柱侧弯筛查46801人。“两癌”筛查超额完成，将城镇未就业女性、家政服务员、快递员、送餐员、网约司机等新就业妇女和退休女职工纳入免费检查范围。产前筛查、新生儿先天性心脏病筛查、新生儿听力筛查、新生儿遗传代谢病筛查实现全覆盖。实施儿童口腔疾病干预项目，9—11月，8个指定医疗机构共检查全市42个小学适龄儿童5673人，符合窝沟封闭治疗适应症学生1108人，窝沟封闭牙齿数3780颗。新增甲级村卫生室2家。探索构建市级医院、乡镇卫生院、疾控中心“三位一体”管理模式，全面落实全程、规范、精准慢病服务。启东市通过省慢性病综合防控示范区复审，开展国家慢性病综合防控示范区建设。启东市120急救指挥中心三网定位系统正式启用，系省内县级市中首家实现三网定位的120急救指挥中心。

【家庭医生签约服务】 2022年，市推行基层首诊式家庭医生签约服务，优先签约重点人群，将龙头医院专科医生及责任护士纳入团队，打造“63个县级专科团队+260个基层签约团队”，服务涵盖高血压、糖尿病、慢阻肺、妇幼保健、中医药管理、严重精神障碍患者管理六大类。二级以上医院371名医务人员参加家庭医生签约服务，实现签约居民、责任护士、家庭医生团队和市级医院专家“四位一体”协同新模式，进一步提质增效开展精细化管理，不断推动分级诊疗。全市重点人群签约率80.1%，上门履约服务87436人次。龙头医院为签约居民开通转诊绿色通道，建成省级家庭医生签约服务模式创新单位2家、省星级家庭医生工作室3个。建立居民电子健康档案并逐步向签约居民开放，建档率96.43%。

【重点人群健康管理】 2022年，启东市开展严重精神障碍患者管理服务排查整治专项行动，全市严重精神障碍患者规范管理率为99.20%，推行严重精神障碍患者监护人以奖代补政策。落实监护责任。一至三季度监护奖补实行原奖补政策，共奖补335人，第四季度开始实行“以奖代补”新政策，对在册严重精神障碍患者实行全覆盖分类分级奖补，共奖补3657人。推进向阳分院和残疾人托养中心改造建设，新增精神卫生应急床位100张。采取招聘、引进及在职临床医生转岗培训方式，逐步提升精神科执业（助理）医师数，全年有4名临床专科医师参加精神科转岗培训。建立激励机制，提升专业岗位吸引力。实施职业健康保护行动，通过广泛宣传、组织职业达人竞赛、开展健康企业创建等，压实企业主体责任，全市建成省健康企业5家，获评南通市优秀创建企业案例1家。寰宇东方国际集装箱（启东）有限公司申报的健康企业案例是南通唯一一家入选2022年度全国第二批健康企业建设优秀案例。

（徐卫菊）

妇幼保健

【概况】 2022年，全市活产数2671人，产妇数2647人，无孕产妇死亡病例，婴儿死亡率0.74‰，5岁以下儿童死亡率2.25‰。高危孕产妇管理率100%，危重孕产妇抢救成功率100%，危急重症新生儿抢救成功率99.09%。

【优生优育】 2022年，市卫健委利用“婚姻登记—婚检孕检”一站式服务，规范运作，推进孕前优生项目实施，全年开展孕前优生检查1417对夫妇，任务完成率101.21%，早孕人数798人，妊娠结局476例。免费婚前检查1418对，疾病发现率17.90%。

【孕产妇儿童健康】 2022年，市卫健委推进重点人群“五免”筛查提质增效工程。依托上海复旦大学附属儿科医院优质医疗资源开展新生儿先天性心脏病筛查、诊断、治疗一体化闭环管理，产前筛查率达98.37%，新生儿遗传代谢病筛查、新生儿听力筛查、新生儿先天性心脏病筛查实现全覆盖。全年全市完成宫颈癌筛查31296人，任务完成率106.54%；乳腺癌筛查32269人，任务完成率109.85%。重点加强全市0～3岁儿童健康管理检查督导，开展托幼机构卫生保健合格评审、幼儿园儿童每年一次的健康查体工作。指导基层按规范做实做好0～6岁儿童眼保健和视力检查工作，建立儿童视力档案，检查覆盖率达90%以上。加强儿童保健门诊服务质量和内涵建设，强化高危儿和体弱儿的分级管理。

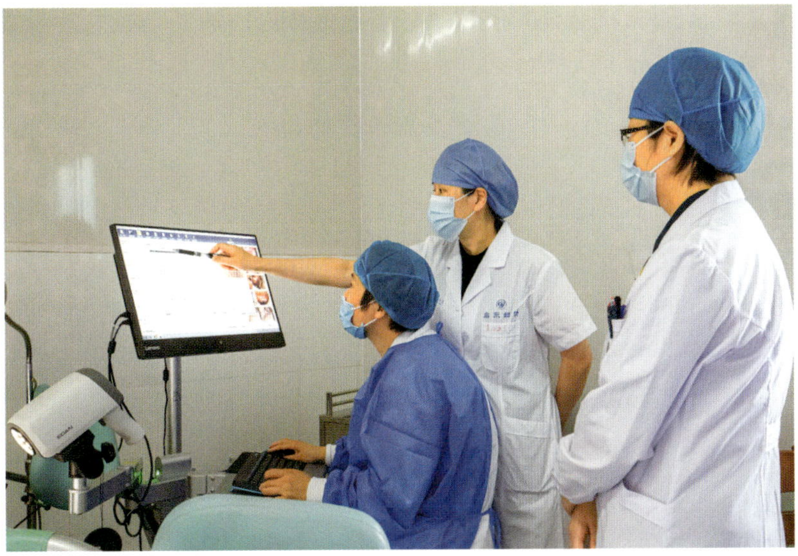

6月中下旬，市妇幼健康专科联盟组织市妇幼保健院多位专家深入基层一线，开展技术指导、专家坐诊等诊疗活动，图为6月14日，专家们在吕四港镇为当地群众开展诊疗服务

（市妇幼保健院/供图）

市妇幼保健院儿童早期发展基地完成省级初评。成立市妇幼专科联盟，推进全市优质妇幼保健医疗资源向基层延伸。全面落实孕产妇健康管理。充分利用省妇幼信息系统，每周由专人对早孕建卡，规范产检、产后访视情况进行实时查看，加强对《母子健康手册——孕册》规范性和真实性质控。全年全市产妇数2647人，早孕建卡率91.24%，规范产检率98.91%，产后访视率98.43%。

【普惠托育】 2022年，市卫健委对托育机构加强监督管理，联合教体、公安、市管、住建、消防等9部门联合印发《启东市关于对托育机构开展综合监督管理工作的实施意见》，采取基层日常巡查、相关部门抽查、组织联合检查相结合等方式，指导机构使用南通市0~3岁婴幼儿照护机构监管服务系统，提升精细化管理水平。联合市行政审批局在南通地区率先实行部门联合勘察，即托育机构在市行政审批局注册登记时，市卫健委通过核查机构楼层、房屋性质、租赁期限、法人学历等内容，对机构能否准入进行初步确认。继续开展“科学养育呵护成长”公益活动，健全志愿服务体系，提供多种服务内容。发展普惠托育服务体系，促进托育服务扩容增量，推进公办托育和普惠托育，市首家公建民营的托育园——妇幼保健院托育园开园，公立幼儿园托班（近海镇高新区幼儿园、近海幼儿园和海工园幼儿园3家）实施试点。促进托育服务扩容增量，新增托位1029个，每千人口托位数达3.4个。新增备案托育机构10家，托育机构备案率提升至65%。至年底，全市有实际提供托育服务机构29家，其中托育机构21家，托幼一体8家，基本实现“一镇一普惠”。市财政投入7.77万元为已备案托育机构工作人员和适龄婴幼儿开展免费体检服务。

（徐卫菊）

8月10日，由市残联、人社局、卫健委及特教学校相关专家组成的市残疾儿童康复服务定点机构评定专家组，对市妇幼保健院儿童早期发展中心进行智力康复服务和孤独症康复服务定点儿童康复机构评估验收　　（陆柳谚/摄）

卫生监督

【概况】 2022年，启东市卫生监督所共开展30多项专项整治行动，对各类违法行为立案查处并结案107件，罚款151.58万元，比上年增加7.35%。结案的案件中，包括公共场所72件，罚没款13.75万元；医疗卫生27件，罚没款82.93万元；职业卫生8件，罚没款54.9万元。全年发放公共场所卫生许可证348份，其中，新证268份，延续80份；发放放射卫生许可证新证1份。参与全市医疗机构常态化防控及院内感染工作专项检查，覆盖169家医疗机构，责令停业整改21家，自行停业25家。对152家各类学校及托幼机构的新冠疫情防控措施落实情况进行重点监管，覆盖率达100%。保障中高考，在中高考考前对全市2个高考考点、5个食宿点以及6个中考考点进行全面巡回检查。

【“智慧卫监”项目】 2022年，市卫生监督所新增完成3家医疗机构医院污水处置在线监测监控设备的安装调试，完成2家医疗机构放射射线剂量在线监测设备安装和2家公共场所室内空气质量在线监测设备安装，新增5家口腔诊疗机构在线监测监控设备的安装。“智慧卫监”项目涉及星级宾馆连锁酒店洗消间、放射诊疗场所受检者防护、医疗废物处置、餐饮具集中消毒单位、医疗机构医院污水处置、口腔诊疗机构器械消毒灭菌、生活饮用水水质等在线监测监控项目、环境实时监测系统、行政执法记录在线监控等多个方面。

【职业卫生监督】 2022年，市卫生监督所结合国家“双随机”、日常监督检查及投诉举报共办理职业卫生行政处罚案件18件，其中，简易程序10件（警告，责令限期改正），一般程序8件，行政处罚54.9万元。18件职业卫生行政处罚案件全过程音视频记录，刻录光盘保存于案卷中，并上传至江苏省卫生健康监督综合管理平台，信息化执法率达100%。开展职业健康宣教线上活动2次，完成4家职业健康检查机构专项监督检查及信用等级评价工作，对存在较多问题的2家单位下达卫生监督意见书，责令立即改正。

【放射防护管理专项整治】 2022年，市卫生监督所对全市47家放射诊疗单位进行放射防护管理专项检查，从职业病危害项目申报、工作人员健康体检资料及个人剂量监测资料、防护用品配备等方面开展检查，对3家放射诊断机构当场下达监督意见书，要求限期整改。

【非法行医治理】 2022年，市卫生监督所打击各种无证行医行为，依法取缔无证行医，严惩非法行医违法犯罪活动，以“黑诊所”和养生保健场所等为重要检查目标，共计受理相关投诉举报31起，出动卫生监督员100多人次，查处非法行医案件4件，对9名违法当事人处以没收相关药品器械，没收违法所得并处以罚款，罚没款34.31万元。打击非法医疗美容行为，对全市6家医疗美容机构及26起非法医疗美容举报进行监督检查及核实，立案3起，罚没款12.2万元。加强对《中华人民共和国医师法》《医疗机构管理条例》的宣传贯彻，开展新法线上培训，30余人参加培训。推进文明典范城市创建，维护校园周边秩序，对全市107家中小学校及幼儿园周边的非法行医情况进行巡查，未发现有非法行医的行为。

【投诉举报处置】 2022年，市卫生监督所共处理各类投诉举报142件，其中，直接接待受理33件，处置政府12345转办事项109件，对社会投诉举报案件及时接处，及时反馈，对经查实的违法行为，处置率100%；对留有联系方式的投诉举报，反馈率100%，无一例纠纷和信访。

（施瑛瑛）

健康启东建设

【概况】 2022年，启东市发挥市健康办牵头职责，通报2021年健康启东建设情况，制定《落实健康中国行动推进健康启东建设实施方案》和《健康启东建设2022年重点工作任务》，组织市有关部门共同推进健康知识普及等25个专项行动。开展健康中国行动、健康启东建设主题宣传活动。健康启东建设68项指标全部达到预期值，完成2022年阶段性发展指标。开展“启东市第二届太极系列·八段锦嘉年华”活动，向社区居民免费发放有关三减三健、健康素养、常见慢性病防治宣传读物600余份。开展全国第七届“万步有约”健走激励大赛启东赛区健走比赛活动，启东赛区17个参赛单位，23支队伍，共374人参加为期100天的健走比赛。开展健康知识普及行动和爱国卫生等主题宣传活动，全市居民健康素养水平保持在32%以上。

【卫生城镇村创建】 2022年，市卫健委对照国家、省卫生创建标准，梳理全市卫生创建工作、明确工作目标。组织骨干力量参加江苏省卫生创建工作业务培训，学习新办法和新标准，准确把握政策要求，科学开展卫生城镇村创建工作。巩固卫生创建成果，合作镇、王鲍镇、海复镇、北新镇申报国家卫生镇，通过南通市级评估。推进89个省卫生村的复审工作，加强对卫生城镇村的日常监管和工作指导，定期检查并督促整改，建立健全长效管理机制。

12月25日，市民在紫薇公园健身　（王海兵/摄）

【健康城市建设】 2022年，市卫健委开展2022年健康城市建设评价，巩固健康城市建设成果。推进紫薇公园健康主题公园升级改造，营造健康支持环境。持续推进卫生健康创建，加快建设健康城镇村，4个镇通过国家卫生镇南通市级评估，新增省级健康镇3个、省级健康村社区8个、省级健康机关3个。市妇幼保健院以南通地区最高分通过省级评估，建成省级健康促进医院。新增无烟学校40家，实现无烟学校全覆盖，二级以上医院主动提供戒烟咨询热线和戒烟门诊等服务。

【爱国卫生工作】 2022年，市卫健委强化爱国卫生工作体系建设，建立健全区镇、街道、社区（村）和机关企事业单位爱国卫生组织。开展以环境清理为主的病媒生物防制活动，逐步推进全市病媒生物预防控制服务机构备案管理。开展冬春季灭鼠灭蟑、夏秋季灭蚊蝇集中行动，共发放灭鼠药物近800千克、粘鼠板1万张、灭幼蚊药物800千克、灭蚊蝇药物500千克。开展“四害”密度监测，全市14个区镇共设置生活饮用水监测点60个，其中，城市水质监测点8个（包含3个二次供水监测点），农村饮用水监测点52个，监测点覆盖率100%。全年开展4次生活饮用水监测工作，共监测水样188份，样品合格率100%。

（徐卫菊）

医政管理

【概况】 2022年，市卫健委进一步健全机构自治、行业自律、政府监管、社会监督相结合的多元化综合监管体系。推进“信用+综合监管”工作，开展职业健康检查机构、游泳场馆、护理院、餐饮具集中消毒单位和医疗美容机构监督检查及信用等级评价工作，运用信用信息，创新监管方式，提升监管效能。拓展“非接触式”监管场景应用，推进“智慧卫监”在线监测项目，新增完成3家医疗机构医院污水处置在线监测监控设备的安装调试，组织开展医疗机构放射线卫生和公共场所室内空气质量在线监督监测系统平台及相关设备的采购。全面实行“双随机、一公开”监管，全年随机监督抽查任务完成率92.28%，完结率100%。开展医疗卫生等重点领域监督专项整治项目30多个，对各类违法行为立案查处且已结案146件，罚款151万多元。加强卫生健康法治宣传教育，落实“谁执法谁普法”工作责任制。推进卫生健康“放管服”改革，促进卫生健康政务服务便利化。在系统内开展廉政风险排查，加大整治“红包”力度、严厉打击回扣行为、深入整治欺诈骗保行为等，处理并答复12345热线投诉6296件、微信投诉1104件，12345热线处理的总满意度一直保持98%以上。

【“证照分离”改革】 2022年，市推进照后减证和简化审批。取消诊所设置、计划生育技术服务机构设立、部分医疗机构《设置医疗机构批准书》核发3个许可审批。取消的“计划生育技术服务机构设立许可”纳入“母婴保健技术服务许可”统一审批管理。取消对诊所执业的许可准入管理，改为备案管理。实施公共场所卫生许可告知承诺制。办理时间从承诺7日内办结缩减至告知承诺后即时取证。对5个涉企经营许可事项优化审批服务。推进“一件事一次办”改革，设置医疗机构和医护人员变更、医疗机构注册登记、“新生儿出生”一件事办理专窗，简化审批流程，压缩审批时限，推动政务服务效能持续提升。全面推行生育登记“一网通办”，共办理生育登记2268件，网上预约办理386件。

（徐卫菊）

【医保改革】 支付方式改革　围绕全市医改的总体改革目标，将医保基金总额预算纳入医共体“九合一”管理，自2021年起医保基金总额预算改革由原有的居民医保覆盖延伸至职工医保，实现基本医疗保险全领域总额预算管理。启东市的改革做法得到省市肯定。全面推行按疾病诊断相关分组(DRG)付费、按病种付费。

医药招采改革　全面实施药品医用耗材阳光采购，至2022年年底，12个批次共437个品种国家、省采购药品和8个批次共24个品种的国家、省级高值医用耗材在启东市落地，平均降幅在60%以上，采购任务平均完成率达100%以上，降低参保群众就医用药负担。

【医保基金监管】 2022年，市医保局强化医保基金综合监管体系建设。坚持惩防并举、综合监管，建立医保稽核、行政执法、协议管理、信用惩戒、行刑行纪对接等联合监督机制，对基金实施“事前、事中、事后”全过程常态化监管。开展“清源”专项行动、全覆盖检查、省市交叉检查、门诊特殊病专项检查等系列活动，严厉打击欺诈骗保。实现部门间信息共享，协同监管，加强与市管、卫健、公安等部门合作，推进协议管理与行政执法、刑事司法的有效衔接，健全欺诈骗保案件移送工作机制，共向公安机关移交案件10起，向市纪委移交10起。推进医保基金智能监控建设，开展定点医药机构全覆盖检查和打击“四假”欺诈骗保、门诊特殊病、盗刷死亡人员医保卡为重点的专项整治行动。全年共检查处理定点医药机构567家次。追回医保基金本金1129万元，收取违约金197万元，行政处罚3.65万元。追回违规费用和扣除违约金1330.51万元，暂停药店医保协议32家，解除医保协议5家，行政处罚7起，行政处罚人员7名，对19名医保医师暂停医保资质，对563名医保医师扣信用分，对7名人员计入失信名单。

（保　勇）

【医院感染监测管理】 2022年，市卫健委推进医院感染监测和医疗废物管理信息化建设。实现全市各级各类医疗机构医疗废物信息化管理系统全覆盖。3家三级医院感染监测管理系统安装率100%，7家二级医院中安装医院感染监测管理系统的有5家，安装率71.4%。完成对人民医院、二院、三院消毒供应中心的现场验收评审工作。

【医师执业能力提升】 2022年，市卫健委组织完成2022年度国家医师执业资格考试，共248名医学生报考，当年合格117名，通过率47.18%。推进基层医疗机构业务骨干人员全科医师转岗培训、住院医师规划化培训。安排3名医务人员参加省级全科医师转岗培训，37人参加国家住院医师规范化培训。开展基层卫生技术人员中医药知识与技能集中培训，组织面授6人，基层适宜卫生技术师资培训10人，省基层卫生人才能力提升培训22人。

【护理优质发展】 2022年，市卫健委制订优质护理持续发展规划，利用护理质量控制小组，建立糖尿病、静疗等全市专科护理小组，推动全市护理同质化发展，举办重症、中医、妇幼、血液净化等各类专科护理继教班，提升护理人员整体素质。

【医疗机构专项整治】 2022年，全市422家医疗机构运用自我管理系统开展医疗乱象专项自查，压实医疗机构依法执业主体责任。序时推进“双随机”工作，加强事中事后监管。组织市卫生监督所出动专项整治监督员170多人次，检查二级综合医院2家、二级以上妇幼保健院1家、乡卫生院1家、卫生室和社区卫生服务站35家、二级非公立综合医院1家、医疗美容机构5家及中医口腔等民营医疗机构37家，对医疗价格费用未公示，病人登记簿登记不全等问题下达卫生监督意见书82份。全年开展医疗卫生等重点领域监督专项整治项目30个，对各类违法行为立案查处且结案共计146件，罚款151万元。

（徐卫菊）

※医疗卫生单位选介※

【启东市人民医院】 2022年，医院门急诊服务总量559747人次，出院病人41869人，手术11809台次，实际占用总床日数313648张，床位使用率70.60%，全年平均住院日7.5天。医院固定资产87637.31万元，净资产58601.35万元。全院有职工1296人，其中，博士4人、硕士125人、高级职称248人、享受国务院政府特殊津贴3人、江苏省有突出贡献中青年专家3人、江苏省“双创”博士1人、江苏省“333”高层次人才培养工程培养对象3人、江苏省农村优秀中医临床人才2人、南通第六期“226工程培养对象”11人、南通市医学创新团队领军人才2人、南通市青年医学重点人才5人、启东市“东疆英才培养对象”2人、启东市“312”高层次人才梯队培养计划培养对象13人。有南通市临床重点专科11个、南通市临床重点建设专科2个。作为医共体建设龙头医院，将糖尿病管理、呼吸慢病管理、高血压管理、前列腺癌筛查等疾病管理辐射至集团医院。全年共申报各级各类课题58项，成功立项36个，申报成功率62%，列南通市各县市级医院第一。启东市人民医院（启东肝癌防治研究所）以第一单位获江苏省科学技术三等奖，是2022年度南通地区唯一以第一单位获奖的医疗机构。

开启长三角名医工作室2.0版合作模式，与上海、南京、南通等多家知名三甲医院合作，建有长三角名医工作室14个；推进GCP机构创建及备案工作，成功申报“国家药物临床试验机构”；引进南通大学附属医院科技处副处长陈飞担任科技副院长一职，深化两院在学专科建设、人才培养、科研等方面的合作。将医院感染管理工作纳入医院高质量发展规划，健全医院感染管理质量体系。成功开展市首例单孔腹腔镜手术；推进南通大学附属启东医院教学基地建设，对标南通大学临床教学基地建设标准，健全教学管理组织，加强师资培训，提高带教能力。加强人才引培，医院首次组织实施事业编制人员自主招聘工作。全年举办国家级继教班1期、市级继教班17期，配合各科室开展送医下乡等活动10多次。组织全院性培训109场次，牵头全院性防疫培训工作15次。医院获江苏省老年友善医疗机构优秀单位、南通市文明单位、南通市医院感染管理先进单位等荣誉。

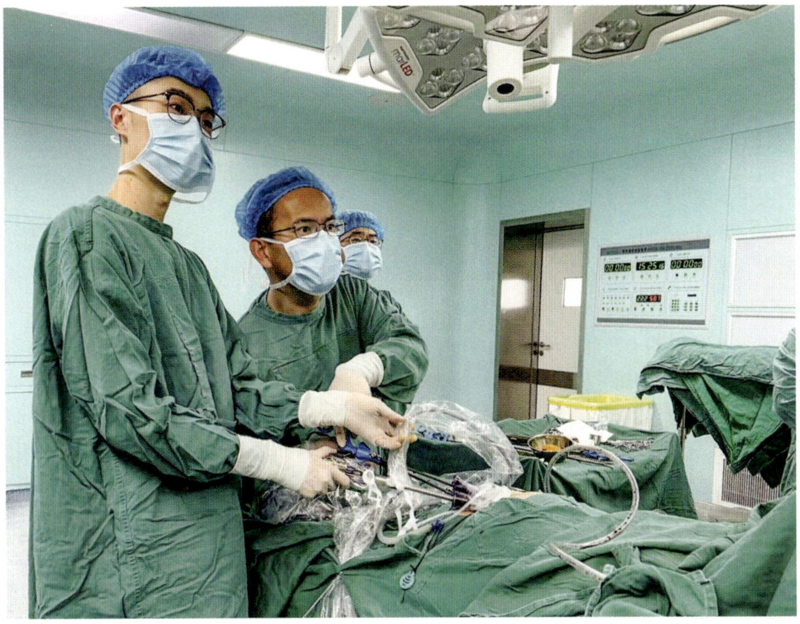

4月24日，市人民医院成功开展市首例单孔腹腔镜手术

（市人民医院/供图）

（陈　松）

【启东市中医院】 2022年，医院门急诊服务总量284732人次，出院病人20776人，手术7517台次，实际占用总床日数178192张，床位使用率83.0%，全年平均住院日8.71天。医院固定资产38868.04万元，净资产17668.94万元。全院有医务人员760多人。核编床位500张，实际开放床位585张。设有临床科室19个，医技科室8个。有江苏省中医重点专科1个（耳鼻咽喉科）、南通市中医重点专科5个（外科、骨伤科、心病科、康复科、妇科）、南通市中医重点专科建设专科1个（内分泌科）、南通市中医重点专科创建科室1个（肺病科）。医院借助毗邻上海的优势，建立肖湘生教授、寿伟臻教授名医工作室，成立县域内首家肺部肿瘤和肺结节诊疗中心。常年邀请上海第十人民医院、长征医院等专家到院指导工作。增设中医特色门诊、中医推拿科、中医护理门诊，扩建治未病科、林同舟诊室，形成完整的系列中医特色一条街。利用创建老年友善医院、健康促进医院、争创省级重点专科等契机，提升医院内涵质量。医院获江苏省最佳满意综合性医院、江苏省医疗卫生标兵示范医院、江苏省中医药宣传工作先进单位、江苏省文明单位等称号。

（王海燕）

11月18日，市中医院举行“肺部肿瘤和肺结节诊疗中心”揭牌仪式

（市中医院/供图）

【启东市妇幼保健院】 2022年,医院平均住院日5.9天,床位使用率39.6%;手术4018例,其中三四级手术占比34.86%。医疗总业务收入12927.79万元,其中,门诊收入6991.42万元。总门诊247846人次,均次费用308.13元,比上年下降6.79%;住院收入5936.37万元,住院人次7594,住院均次费用7817.18元,同比增长7.71%。

拓展亚专科建设,开设妇科内分泌、妇科盆底和妇科肿瘤三个亚专科门诊。新增长三角名医工作室7个,完成国家国谈药双通道医保医师申报工作。推进医疗类不良事件监测上报工作,全年共上报182例。加快推进电子病历升级工作,通过应用水平分级评价四级评测。

做优母婴安全项目。全年全市活产数2671人,产妇2647人,无孕产妇死亡病例。7岁以下儿童保健管理率98.84%、3岁以下儿童健康率97.00%。婴儿死亡率0.74‰,5岁以下儿童死亡率2.25‰。艾滋病、梅毒、乙肝表抗阳性母婴阻断项目检测2867例孕妇,检测率100%。做强出生缺陷干预项目。全市新增叶酸服用842人,免费服用率为98.14%。免费婚前检查率96.66%,免费孕前优生检查完成率62.75%,新生儿遗传代谢病筛查筛查率99.78%。做好"两癌"筛查服务。全年宫颈癌筛查任务完成率106.54%,乳腺癌筛查任务完成率109.85%,确诊宫颈癌21例,高级别病变157例,治疗率99.44%。免费发放避孕药具52242人次,全市上报避孕器械不良反应638例。

注重科研发展,举办第二届科技节、第二届"长三角基层妇幼发展论坛"、4个市级继续教育培训班(院感、护理、产科、儿科);6月成为南通大学杏林学院教学医院。有南通市科技局指导性课题4项、南通市卫健委项目2项、南通市妇幼联盟项目1项、上海市医院发展基金会课题1项,南通市科技局指导性课题结题3项、南通市妇幼联盟重点项目结题1项;与复旦大学附属儿科医院签订2项科研项目,其中1项为科技部重大项目子项目;完成江苏省科技厅课题申报,为医院首次申报省级课题。医院获南通市科技局科技进步奖三等奖2项。接收并完成实习生实习86人次,规范化培训医师26人次。有2人成为南通市"226"人才培养对象,成为启东"312"第三层次人才。

创新服务机制,全面推进"先诊疗后付费"项目建设,开展"云上妇幼"服务能力建设,构建5G移动远程医疗系统,引进上海、南通乃至国内专家资源。优化医保公共服务流程,专设医保服务站,自医保服务站建立起共接待近万人次医保咨询,完成异地转诊人员备案85项。创新服务项目,儿童早期发展中心成为智力康复服务、孤独症康复服务和肢体(脑瘫)市残联定点儿童康复服务机构。推进产后母婴康复中心建设,院产康中心是市首家、也是唯一一家医疗级产后母婴康复中心。建立全市首家公建民营托育园,面向社会提供全日制幼儿托管服务。推进优质医疗保障资源向基层延伸,建立以医院为龙头单位,市人民医院、中医院,以及全市各镇(中心)卫生院以业务纽带,具有医联体性质的启东市妇幼健康专科联盟,深入基层开展调研工作,在人才引进、技术指导、业务培训、双向转诊等方面开展工作。以孕产保健部、妇女保健部、儿童保健部和计划生育技术服务部四大部建制为管理导向,坚持大保健服务理念,优化服务流程。

作为启东市"黄码孕产妇及儿童"定点救治医院,全年发热门诊共接诊1120人次,完成核酸检测488.58万人次。12月,国家新冠疫情防控政策调整后,重组病区资源,调整门诊诊疗区域,集中诊治新冠病毒感染患者。开展"关注患者就医体验"三年行动计划,打造爱心小屋、设立"倾听窗口",与市红十字联合设立流动图书角、爱心小铺,启动"小星星"关爱基金项目。爱心小屋线下开放40多次,开展主题活动10余次,接待家庭200多户,满意率为100%;公益讲堂共开展34期课程,受益群众及师生1000多人;通过"倾听窗口"收集并解决问题40余条;成功创建江苏省老年友善医疗机构、江苏省健康促进医院。

(袁松辉)

11月13日,启东市"梦想改造+健康关爱"公益体检活动在市妇幼保健院举行。图为市妇幼保健院儿童保健科副主任吴娟娟向青少年们进行专场健康科普

(市妇幼保健院/供图)

责任编辑 陆金红

社会保障

社会保险

【概况】 2022年,启东市不断完善社会保险政策体系,聚焦新就业形态就业人员、灵活就业人员等重点群体,规范社会保险征缴。全市养老保险、工伤保险、失业保险参保率均稳定在98%,社会保险覆盖面进一步提高。全市城乡居民养老保险缴费人数23.67万人,企业职工基本养老保险参保人数18.27万人,比上年增长2.78%。工伤、失业保险参保人数分别为14.06万人、13.52万人,分别比上年增长3.27%、0.5%。全市城乡基本医疗保险参保人数98.27万人,生育保险参保人数14.33万人。全年12333热线共接收听市民来电52326人次,其中,人工接通总量18696人次,服务满意度达99.35%,无投诉。

【城乡居民养老保险】 2022年,全市城乡居民养老保险缴费人数达23.67万人,领取待遇人数30.42万人。城乡居民基础养老金标准从每人每月190元提高到211元。城乡居保工作以走进贫困户家庭、提供基本养老服务为主线,对全市缴费困难人员,由市财政全额为其逐年代缴最低档次的全部保险费(每人每年100元),同时享受每人每年30元财政补贴。全年共有7847人享受政府全额代缴93.76万元。归集至省财政专户委托投资资金4.85亿元,年末新增投资收益153.1万元,累计2218.91万元。

【企业职工养老保险】 2022年,全市企业职工基本养老保险参保人数18.27万人,净增参保职工4900人;参保单位8615家,新增1095家。全年征收社会保险费22.52亿元,比上年多收3.65亿元;发放社会保险金23.97亿元,比上年多支1.94亿元;企业退休人员人均养老金2576.9元/月,比上年增长4.6%。城乡居保改参加企业职工养老保险1.14万人。

【机关事业单位养老保险】 2022年,市继续实施机关事业单位养老保险制度改革,391家单位全部纳入江苏省机保处一体化信息系统。全市参保缴费人数1.59万人,实现养老保险基金收入10.64亿元(含财政补贴6.7亿元),领取待遇人数1.28万人,支付养老金10.6亿元。全年职业年金收入1.96亿元;累计归集到省职业年金组1.95亿元。完成2021年度机关事业单位411名退休人员正式养老金的发放工作。

【工伤保险】 2022年,全年办理工伤保险项目参保467个,项目参保率100%。全市工伤保险参保人数14.06万人,比上年增加4451人;征收工伤保险费7938万元,比上年增加2445万元。全年受理工伤案件1977件,认定1712件,组织劳动能力鉴定531人。工伤保险待遇支出10475万元,比上年增加3527万元。

【失业保险】 2022年,全市城镇职工失业保险参保人数13.52万人,比上年增长0.5%;实现失业保险基金征缴收入8693.44万元,比上年增长18.4%。发放失业金5928.75万元,惠及失业职工34726人次;发放医保代缴及补贴1595.68万元,惠及失业职工37680人次;发放失业补助金469.59万元,惠及失业职工6729人次。

【被征地农民保障】 2022年,市人社局全面贯彻落实《江苏省被征地农民社会保障办法》,全市新增3030人纳入被征地农民社会保障。至年底,保障对象中选择养老补助1.25万人,选择城乡居民养老保险0.6万人,选择企业职工养老保险1.54万人。全年全市共有2.44万名符合条件人员实行在退出原劳力安置费后允许其按省政府93号令规定享受被征地农民保障待遇,纳入启东市"回保"体系,从根本上解决前后政策不一致、群众待遇差距大、社会矛盾多等问题。

【退休人员社会化管理】 2022年,全市共接收4412名退休人员档案,全年新退休人员3480人、国有企业34人,全部纳入社会化管理。采取线上线下方式开展企业退休人员生存资格认证,全年完成认证77166人,认证率达90%。为898名亡故退休人员办理丧葬抚恤费,军转干部、托管人员生活费共计发放129.72万元。在敬老日慰问90岁以上退休老人735名。组织企业退休人员健康体检63921人,委托南通各县(市、区)体检336人。

【社保卡发放及应用】 2022年,全市新增制卡网点74个,所有网点制作社保卡均实行立等可取。持续推进第三代社保卡的发放,做好电子社保卡宣传和签发工作,制作发放第三代社保卡145943张,全市累计发放社保卡129.2万张,电子社保卡申领率达52.13%。采购省一体化信息系统所需的高拍仪、签批屏等配套设备,分发到各个乡镇、行政村,扩大省一体化信息系统的覆盖面。

(张明维)

【基本医疗保险】 2022年,启东市职工基本医疗保险(含生育保险)费由用人单位和职工按照规定共同缴纳。用人单位以本单位上一年度职工工资总额为缴费基数,按9%(含1%生育保险)的单位费率缴费。在职参保人员(不含灵活就业人员)以本人上一年度工资为缴费基数,按2%的个人费率缴费,由用人单位代扣代缴。灵活就业人员缴费标准为4710元/年。居民基本医疗保险筹资标准为1400元,照护保险筹资标准为100元。其中,居民个人缴纳530元(含长期照护保险30元),财政初助940元(含长期照护保险40元),长期照护保险其余30元从居民医保筹资中划转。大中专院校(含中职教育)学生个人缴费330元(含长期照护保险30元),财政补助1140元(含长期照护保险40元),长期照护保险其余30元从居民医保筹资中划转。全市城乡基本医疗保险参保人数98.27万人,其中,职工医疗保险参保人数25.68万人,居民医疗保险参保人数72.59万人,参保率达98%以上。全市生育保险参保人数14.33万人。城乡基本医疗保险基金征缴收入21.34亿元,待遇支出19.34亿元。全市参保对象中949.14万人次享受医疗保险待遇,其中,住院16.51万人次。职工医保、居民医保住院医疗费用政策范围内报销比例分别达85.19%、72.10%。国谈药品种数量大幅拓展、药品价格大幅降低、受益人群大幅增加,品种数量由2019年的36种增加到2022年年底的167种，申请人数由2019年的785人增加到2022年年底的3185人，报销比例由60%增加到72%。

【长期照护保险】 2022年，启东市加强长期照护保险体系建设，建立健全长期照护保险工作长效机制，照护保险中心、居家养老公司、护理院等服务机构组织网络高效运行，规范受理、评定、服务、稽核等工作流程，建成的启东市长期照护保险服务中心提供一站式优质服务。全市累计受理失能、失智待遇申请4075人。有8068人符合享受照护保险待遇，其中，享受居家补助待遇7542人，享受机构服务待遇526人。全年提供长期照护保险服务562万人次。15家居家服务企业、20家照护服务机构纳入照护保险定点范围。

【异地就医直接结算】 2022年，启东市实现全国医保定点住院、门诊长三角及部分地区直接结算，全年为16123名医疗保险参保人员办理医疗费用异地联网结算登记备案手续。全市医疗保险参保对象共有163052人次使用启东市外异地就医联网结算平台直接结算，总医疗费用115207万元，其中，各项基金支付75395万元(含医保南通保基金支出)。市异地就医结算平台医院，为异地参保人员直接刷卡结算医疗费用28.58万人次，总医疗费用8203万元，其中，各项基金支付5444万元(含医保南通保基金支出)。

【支持新冠疫情防控】 2022年，市医保局做好新冠疫苗和接种费用保障，医保基金累计拨付新冠疫情防控费用575.92万元。全面执行职工医保阶段性缓缴政策，支持企业复工复产，三个月共缓缴1.32亿元。及时做好核酸病毒检测价格调整和医保支付工作。在2023年3月底前，新冠感染患者在医疗机构发生的、符合卫生健康部门制定的新型冠状病毒感染治疗方案的住院医疗费用，在基本医保、大病保险、医疗救助等按规定支付后，个人负担部分由财政给予补助。对在基层医疗机构就诊的门急诊医疗费用，医保基金支付不设起付线和报销限额，报销比例为75%。执行临时医保药品目录，建立新冠疫情防控药品耗材绿色采购通道，符合阳光挂网政策的，随报随挂，第一时间供医疗机构采购使用。支持医保定点机构，提前预拨定点医疗机构2个月的医保资金、重点连锁药店1个月的医保资金、定点照护居家上门服务机构1个月的照护资金，优化医疗保障管理服务。

【医保精准扶贫】 2022年，全市建档立卡低收入人口等12类人员共4.36万人的居民基本医疗保险与照护保险个人缴费部分计2179.75万元由财政全额资助。符合大病保险待遇享受规定的，其大病保险起付标准降低50%，起付标准以上，各费用段大病保险基金支付比例提高5个百分点。

【医保公共服务】 2022年，启东全域推进区镇“15分钟医保服务圈”省市级示范点建设，建成“15分钟医保服务圈”示范点14个，19项高频医保服务事项办理下沉至区镇，6项医保服务事项办理下沉至村(社区)。建成医保便民药店12家，分布全市各区镇。示范点建设名列南通前茅，通过省市现场检查验收。持续优化医保经办服务。全面实施办理事项清单制度，畅通业务办理渠道，持续梳理简化服务流程，提升医保服务质量。针对新冠疫情发展和群众医保需求的新情况，落实长期处方医保支付政策，推动实现医保服务事项“网上办、掌上办、自助办”等“不见面”办理全覆盖。提升高质量营商环境，推动企业医保申报“网上办”，协同人社、税务等相关部门做好企业职工参保登记工作。强化医保信息化、标准化建设。医保征缴信息系统、医保信息业务编码、医保基金智能监管平台、移动支付平台、电子处方流转平台、医药招采平台等全面上线。

(保　勇)

社会福利

【老年福利】 启东市初步建成居家社区机构相协调、医养康养相结合的养老服务体系。至2022年年底，全市有养老机构50家，床位7586张；建有1个市级居家养老服务中心、11个镇级居家养老服务中心、308家村级居家养老服务站，有养老总床位11432张。

居家养老服务 通过加强政策宣传、调优服务项目、创新考核机制等方式，提高高龄困难老人居家养老服务满意度。至年底，全市享受尊老金64040人，政府购买居家养老服务63919人，其中分散特困人员中的中度、重度失能老年人181人，低保对象中的中度、重度失能老年人188人，全部纳入政府购买居家养老上门服务，享受“1+N”政府购买居家养老服务套餐(1是每月固定提供一次理发服务，N是根据老人服务类型和需求，自主选择服务清单)，服务保障覆盖率100%。组织开展空巢独居老年人专项排查，建立重点空巢独居老人探访关爱制度。依托村民小组长(网格员)对全市80名重点关注的空巢独居老人进行每周不少于3次的上门探访关爱服务，建立“一人一档”。

链式养老服务 北新镇永安村、东海镇丰利村老年关爱之家和王鲍中心敬老院3家养老机构开展链式养老服务，为周边2千米老年人提供代缴费、预约送餐、家庭基础保洁、个人清洁、衣物洗涤、医疗康复娱乐等服务，服务周边60周岁以上老人1634人次，其中分散五保174人次。采取“中心厨房+街道示范餐厅+社区助餐点+送餐入户”模式，推进城区老年人助餐服务，11月起，为城市社区80周岁以上老人提供助餐服务1226人次。

养老设施建设 建成集助餐服务、适老化产品展示、老年活动中心为一体的综合养老服务中心，建设面积1000平方米；建设锦绣华庭、幸福二村2个街道示范餐厅。全市累计建成3家特困供养失智失能专区，为失智失能老人提供专业照护服务；累计建成3家农村区域性养老服务中心，具备日托、全托、培训、评估上门服务等综合性功能。累计实施困难老年人适老化改造1138户。

养老机构监管 加大养老机构登记备案、消防安全、食品安全、日常运营等监管力度，市民政、市管、消防等部门和区镇联合开展综合监管检查4次，市民政局开展“四不两直”安全生产检查10次。完善养老机构服务质量考核机制，将服务质量评估结果与运营补贴挂

钩。对全市养老机构开展等级评定工作,2022年获评星级养老机构20家。

(倪洁颖)

【残疾人福利】 孤独症儿童基本康复服务 贯彻落实《启东市完善残疾儿童康复救助制度实施办法》,联合市妇幼保健院开展儿童健康筛查,及时转介残疾儿童进行康复训练。加强对定点儿童康复机构的指导工作,定期查看儿童康复训练流程和工作台账,听取家长和机构负责人相关意见。做好关爱孤独症儿童宣传工作,增加社会各界对孤独症儿童群体的关注与支持。至年底,全市有孤独症在训儿童56人。

残疾人托养服务 扩大残疾人受惠面,将居家托养对象调整为低保、分散五保中的精神智力类及肢体类重度残疾人,与第三方服务机构协商,从每月3次上门服务调整为每月4次,适当调整服务时长(60~75分钟),同时扩充服务力量,提升服务水平,改善残疾人的生活质量。整合市精神病防治中心的医疗资源,对全市有托养需求的困难精神残疾人实行集中寄宿制托养。托养中心与市精神病防治中心建立长期合作关系,给予专业的用药指导,开通就医绿色通道,定期为入住的残疾人安排体检,对护理员进行专业的精神护理方面培训。全年居家托养新增235人,寄宿托养新增20人,总托养人数为632人。

残疾人辅具适配 开展残疾人"数字赋能、共享提效"辅具适配项目,创新性增设辅具共享空间和镇级辅具站,该项目获评全省残联系统创新创优项目。全年为1199名残疾人适配1202件辅具。

残疾人之家标准化建设 拓展残疾人之家服务功能,为周边村残疾人提供康复、就业培训、居家托养等服务,实现由点带面助残辐射效应。新增启创、启良等优秀残疾人之家,至年底,建成残疾人之家24个,其中10个残疾人之家实现常态化运行,参加辅助性就业116人,日间照料118人。

(沈超林)

残疾人两项补贴 2022年,市民政局出台《关于进一步规范残疾人两项补贴管理制度的通知》,建立信息比对常态化机制,严格残疾人两项补贴审核审批和动态管理,做到应补尽补、精准施策。至12月底,全市享受残疾人生活补贴11005人、护理补贴8255人,全年发放残疾人两项补贴9417万元。新建王鲍镇精神障碍康复社区服务点,达省级建设标准。

(倪灵琳)

【困境儿童关爱保护】 2022年,市民政局出台《关于进一步加强困境儿童保障工作的通知》,建立健全儿童福利长效机制,抓实做细困境儿童基本生活保障,持续加强基层儿童督导员、儿童主任业务能力培训,提高其发现报告能力和关爱服务能力。至12月底,全市有困境儿童485人,全年发放生活补贴733.967万元。开展"明天计划",为9名社会散居孤儿免费健康体检。实施孤儿助学,向6名孤儿核发助学金6万元。新建汇龙镇未成年人保护工作站(关爱之家),开展"大手牵小手 一起向未来"特殊困难未成年人关爱项目,资助困境家庭未成年人81人17.07万元。

(金 烨)

【福利慈善】 2022年,市民政局落实尊老金发放工作,至12月底,共享受尊老金64050人,其中,80~89周岁老人53796人,90~98周岁老人10047人,99周岁以上老人207人,全年发放尊老金5358.2万元。完成福利彩票销售8592万元,筹集福利彩票公益金912万元。

(陈丽琴)

社会救助

【民政救助】 2022年,市民政局加强民政救助能力建设,开展2019—2021年养老服务财政资金使用管理情况自查,2019—2022年6月养老服务体系建设政策措施落实情况审计,特困供养机构突出问题专项整治工作、困难群众救助补助资金发放专项排查整治,落实省审计发现问题的整改,并建立健全民政规范管理机制。出台《关于进一步规范完善最低生活保障行政文书使用的通知》《关于进一步完善困难群众救助帮扶规范化管理的通知》,进一步规范行政文书、完善社会救助动态管理等机制。通过建立完善社会救助和保障标准与物价上涨挂钩联动机制、提高标准、加大投入等措施,提升救助水平。全年启动社会救助和保障标准与物价上涨挂钩联动机制5次,共向困难群众发放补贴资金216.81万余元,累计受益33572人次。

家庭经济状况核对 2022年,市组织开展特殊困难群体专项排查整治,救助帮扶措施有效落实。建立健全崇明、启东、海门三方合作机制,完善申请救助家庭经济状况核对系统,加强信息比对和动态核查。全年比对各类救助对象22879户29363人次,持续深化低保专项整治。至年底,全市有城乡低保对象3563户4592人、特困供养人员1806人。全年核发城乡低保资金3722.9万元、特困供养资金2296.1万元。全年支出型贫困家庭基本生活救助49户90人81万元。

特殊困难群体专项排查整治 2022年,全市梳理已纳入保障服务范围家庭(个人)名单20453条,其中,低保5289户、特困1317人、独居空巢老人629人、困难残疾人12749人、困境和留守儿童469人,梳理未纳入保障但可能存在特殊困难或风险对象名单478条。梳理排查出的4个问题,全部整改到位。市民政局组建15个抽查小组、4个督查组,对"两清单"[需要整治的问题清单、需要跟踪帮扶的重点户(人员)清单]对象100%核查,对其他纳入保障的困难群众按10%比例抽查到位,共计抽取3100户。至年底,全市有重点关注对象928人。

临时救助 市民政局继续开展优化临时救助申请、受理、核查、审批、标准确定、制度衔接、监督管理等工作,提高救助效率。加大特殊时期社会救助工作力度,落实落细各项兜底保障措施,全年共计实施临时救助1781人次,支出149.2万元。

普惠活动 1月,开展针对城乡低保对象、城乡特困供养人员、孤儿等困难群众的节前普惠活动,共核发144.4万元,惠及7220人。深入基层开展走访慰问活动,拨付春节走访困难群众慰问资金18.61万元,惠及2100余人。配合市住建部门,推进特困家庭安装燃气泄漏安全保护装置。

全市特困家庭(低保和特困供养)5498户,使用燃气4605户。

“低补保”项目　全年市筹资175.45万元为14621名城乡低保、特困供养、低保边缘家庭、支出型困难家庭、困境儿童和未纳入低收入人口范围的原建档立卡低收入人口六类困难对象实施重大疾病及意外伤害补充医疗险。

(陈凯鸣)

流浪乞讨人员救助　市民政局实行常态巡查与重点巡查相结合的方式、每逢重要节日及高温天气、寒冷天气牵头开展流浪乞讨人员救助联合行动。建立市、镇、村三级救助平台,及时发现及时救助。至年底,市救助管理站共救助流乞人员90人次,护送回家7人,帮助购票自行离站25人。

(王陈栋)

【红十字会救助】　2022年,市红十字会累计投入60多万元,纾解群众困难。红十字“小星星”关爱基金正式启动,重点救助14周岁以下发育迟缓、孤独症、脑瘫、白血病和先天性心脏病、先天畸形患儿等,为14名儿童发放救助金7.3万元;继续开展“启东博爱光明行”项目,投入资金19.78万元,有65名困难眼疾患者通过免费手术获得光明;在汇龙镇南郊村等3个博爱家园建成红十字爱心洗衣坊,支持南阳镇武陵村成立爱心理发站,提升老年人生活质量。“小儿郎”爱心伴读项目继续扩大规模,常态化资助困难学生37人,发放助学款12.21万元。建设红十字学校,关爱救助困难学生,在启迪外国语学校开展爱心义卖活动,支持合作小学、启东中专开展“微心愿”圆梦活动,为28名孩子圆了微心愿;向省红十字示范学校启东中学、汇龙中学36名困难学生发放助学金7.2万元。

(张倩倩)

【慈善救助】　2022年,启东市慈善总会、启东市慈善基金会慈善募集收入5306万元,支出2845万元。其中,慈善博爱、助残济困“一日捐”活动共计募集善款1804万元,是上年的4倍;接收冠名基金753万元,新增设立“吕四中学教育发展基金”、“天平慈爱·法润东疆”慈善基金、“江海检爱·启吾东疆”慈善基金、“情暖红石榴”慈善基金、“南阳奖教基金”“清平慈善基金”“祖杰爱心基金”7个冠名基金;接收定向捐赠资金624万元,主要用于奖教助学、新冠疫情防控、乡村振兴等方面;接收认捐款882万元。

助困　出资203万元,开展“慈善春天·温暖启东”春节慰问活动,针对低保家庭、重特大疾病患者的家庭、突发重大事故的家庭、重残家庭、特困失独家庭、孤儿等十类困难对象,给予每户1000~2000元的帮扶。出资25.12万元,参与南通市慈善总会“情润众家”活动,向全市城镇低保户发放爱心包。

助医　出资190万元,购买10台血透机、2台血滤机捐赠给第三人民医院。出资153.6万元,联合市农业农村局在东海镇、圆陀角开展乡村公益医疗互助项目试点,对村民住院医疗费用按病种进行公平补助。出资78.72万元,实施对低保、低收入患病家庭的临时救助和儿童大病救助,56人受助。出资5.81万元,为全市三级以上计划生育手术并发症人员购买“江苏医惠保1号”。出资6.5万元,联合市妇联慰问农村“两癌”妇女。

助老　出资69.23万元,实施“携手养老”项目,为低保、重残人员参加养老保险提供资助,5446人受助。出资30万元,与市老龄协会联合实施“慈善惠老”志愿服务项目。出资12.91万元,开展“情暖敬老院”慈善敬老项目。

助学　出资67.51万元,开展“金秋助学”活动,655名中小学贫困生受助。出资15万元,开展“慈善圆梦大学”助学活动,26人受助。出资40万元,资助开发区中学晨曦班。出资61.93万元,联合市文明办、民政局等相关部门开展“太阳花”——困境儿童“四位一体”关爱活动。出资17.07万元,联合市文明办、教育体育局、关工委等部门实施“大手牵小手　一起向未来”特殊困难未成年人关爱项目,81人受助。

助残　出资25万元,资助市特教学校改善聋哑智残学生生活、学习条件,奖励特教优秀教师。出资15万元,联合市残联、千帆儿童康复中心,开展“慈善丰翼”儿童康复项目,45人受助。出资12.42万元,会同市卫健委、医疗保障局、残联开展白内障患者“光明行动”项目,207人受助。

道德扬善　出资51.6万元,会同市文明办表彰奖励道德模范、年度“启东好人”、“最美家庭”等。

对口协作　赴青海同仁市考察调研,与林洋集团、中集太平洋、启安集团共同出资捐赠给同仁市救护车2辆、教育设备66套,价值108万元。

定向支出　按照捐赠者的意愿,定向、冠名支出1366.1万元,用于高龄老人、困难群众的生活补助,贫困学生的学习资助以及相关的社会公益事业建设。

(陆成璐)

【老区开发扶贫】　2022年,启东市老区开发促进会、市乡村振兴促进会确立“稳固养羊扶贫项目基础、光伏扶贫配合乡村振兴集中布点、助学扶贫扩面以镇为主、加强募资壮大基金实力、扩大红色宣传阵地”的工作思路,推进老区建设和乡村振兴事业。

基金筹募　5月,市政府专项拨款500万元,增大政府投入的扶贫基金盘子,全额用于启东老区开发和乡村振兴项目建设。江苏神通阀门股份有限公司、祝桥金属材料启东有限公司从2022年起,每年各捐赠10万元,连续捐赠10年,建立南通老区扶贫基金江苏神通专项、祝桥专项,用于启东革命老区振兴发展、资助农村低收入户等困难家庭和经济薄弱地区的社会帮扶开发项目,包括产业项目、助学项目、文化帮扶、健康帮扶等。启东市化学医药工业商会每年组织会员企业向南通市老区扶贫基金捐赠22万元,建立启东化医工业商会定向助教基金,捐赠时间暂定3年,定向用于汇龙中学奖教奖学。

项目建设　明确“巩固传统养羊项目,重点倾斜光伏扶贫,适度协助医疗互助保险”项目扶贫总基调,安排传统养羊项目11个,安排资金32.1万元,占整个项目资金总额的26%。选择4家农业龙头企业、2个家庭农场、5个经济合作社作为项目平台。全年饲养量共3410头,平均每户饲养33头,出售成羊899头、小羊608头,共收益175.5万元,平均每户收益1.69万元。重点安排15个乡村振兴示范村、先进村光伏电站建设,全年申报项目金额74.85万元,占年度项目扶贫资金总额的61.38%,实际需支付项目资金128万元,全年支付74.85万元(2023年项目资金53.15万元)。与示范村、先进村签订共建光伏电站协议书。至11月底,15个示范村、先进村全部并网发电。15个电站装机容量共721.05千瓦,投资总额301.4万元,其中市老促会投资120万元。配合市农业农村局在东海镇、圆陀角旅游度假区开展医疗互助保险试点,2个试点单位参保人数15360人,筹资总额153.6万元,平均参与率39.9%,市老促会出资10万元,至11月,2个试点单位有近300人受益,受益金额23.41万元。开展种子扶贫,向市财政申请1.2万元种子扶贫资金,在近海镇新阳村向100户退役军人、困难户、净农户发放优质玉米种子400斤,种植面积100多亩,户均青玉米收入近2000元。

助学扶贫　继续建立镇级老区教育扶贫专项资金,全年发放补助36.05万元,受益学生360人,其中,小学生226人、中学生110人、大学生24人。开展2022携手助老区·南通行启东“星耀东疆助学行动”,共筹措专项资金12.5万元,资助贫困学生55人。开展专项助教活动,共对111名优秀教师发放奖金13.186万元。与市农商银行联合开展“滴水·筑梦”扶贫助学工程,资助农村建档立卡低收入家庭、城市低保户家庭或因病因灾困难家庭贫困生,完成非义务制教育高中阶段学业。市农商银行捐赠6万元,共资助学生20人。开展职教基地扶贫。资助第二中专贫困学生20人,共6万元;继续向黄桥老区人才培训中心(海安中专)扶助贫困生,共发放1.8万元。

老区宣传　做好红色资源普查工作,出刊《启东市红色资源实录》。推进红军小学建设,市老促会拨付15万元用于海复小学红军小学设施完善。10月28日,全国红军小学建设工程理事会发文南通市委,批准启东市海复小学增设“中国工农红军南通启东红军小学”。

(刘和生)

【三峡移民管理】　2022年,市水务局完成2021年度水库移民监测评估和绩效考核工作;完成2021年度水库移民资金后期扶持购置商铺项目的尾款支付,并办理不动产证;对1个商铺进行网上拍租,拍租成交并签署租赁合同;完成2022年度水库移民资金后扶项目(南阳镇移民村基础设施建设)主体工程建设;完成2022年度水库移民资金第二批后扶项目(北新镇移民村河道整治工程)计划和实施方案;完成2023年度后扶项目计划书和计划表的上报工作。及时发放后期扶持直补资金,春节、中秋期间走访慰问202名原迁移民,对3个移民镇9户移民困难户发放慰问金,困难补助4人,组织移民自主培训5人次。

(史　璐)

住房保障

【概况】　2022年,市住建局规范公共租赁住房、经济适用房上市交易、人才公寓的申请与审核工作。印发《关于调整2022年度启东市公共租赁住房保障标准的通知》,调整中等偏下收入准入线,由2021年的3349元调整至3661元。将环卫工人、公交司机纳入公共租赁住房保障范围,实现城市中等偏下收入住房困难家庭“应保尽保”的目标。

【公租房保障】　2022年,市住建局联合市不动产登记中心、车管所、民政局等职能部门,对28户在保家庭住房、车辆、收入证明等基本情况进行年度审核,对12户不满足现行公共租赁住房保障标准的家庭停止发放租赁补贴。完善住房保障档案管理,做到规范化管理。全年累计发放租赁补贴41户,发放金额12.53万元。公租房实物配租11户,全年进行一次大规模统计公租房维修,以及零星维修工作。规范经济适用住房上市交易行为,保障经济适用住房购房家庭户的合法权益,全年审批经济适用住房上市交易申请共计23户,全部通过审核。根据市委、市政府人才强市的战略目标,与市人才办、发展改革委、人社局等相关单位联合审批人才公寓入住申请89人,全部通过审核。

【棚户区改造】　2022年,市住建局积极争取中央和省级保障性安居工程建设资金,共获中央保障性安居工程建设资金6365.16万元,主要用于棚户区改造项目、老旧小区改造及住房租赁补贴。充盈市保障性安居工程资金池,保障安居工程建设。全年棚户区改造新开工1628套。

【安置房建设】　2022年,市城区新开工建设汇泰嘉园三期、南郊家园D区、东疆雅苑二期3个安置房项目,计54.2万平方米。竣工东郊二期、三美街安置区、惠萍家园三期3个项目,计27.9万平方米。

【物业管理】　2022年,全市共有住宅小区319个,城区(南北街道、开发区、汇龙镇、惠萍镇)238个,城区以外81个。其中,老旧小区92个(集中在南北街道),安置房小区63个(开发区锦汇集团管理23个、城投集团管理40个)。南北街道范围内成立业主委员会和物业管理委员会的有87个,其中,业委会69个、物管委18个,业委会和物管委中党员比例过半数45个,占比52%。市住建局持续提升物业行业管理水平,开展老旧小区提档升级试点,指导成立业主委员会推动落实社区居委会、物业服务企业、业主委员会“三位一体”共管模式和重大事项事先磋商机制。推进业委会(物管委)成立或换届,开展老旧小区物业管理提档升级,推动高端小区创建示范智慧小区。强化工作督查和指导,推选年度“优秀党建示范点”,全市1个物业服务企业党支部获评江苏省党建引领示范点,4个物业管理有限公司支部委员会获评南通党建引领示范点。1个小区获评江苏省级示范物业管理项目,4个小区获评南通市级示范物业管理项目。开展“物业服务满意度提升年”活动,实施物业服务收费专项整治、小区消防设施整治、公共收益专项清查、推进管家式服务等举措。

(姚　辉)

【住房公积金管理】　2022年,全市住房公积金新增缴存单位244个,新建13710人,归集总额18.58亿元;窗口受理提取14216笔,提取总额6.77亿元;发放个人住房公积金贷款542户,合计2.44亿元。公积金贷款20年零逾期。

(邵建飞)

责任编辑　黄亦美

社会事务

人口家庭

【概况】 2022年,启东市有育龄妇女20.26万人,比上年减少0.89万人,其中,已婚育龄妇女13.29万人,比上年减少0.84万人。生育登记2268人,其中,一孩1535人,二孩652人,多孩81人。全市出生人口3576人,出生率3.32‰。出生婴儿男女性别比为106;全年死亡人口11354人,死亡率10.53‰;人口自然增长率-7.21‰。

(徐卫菊)

【家庭文明建设】 2022年,市妇联开展"最美家庭"选树和宣传展示活动,评选45户启东市最美家庭(文明家庭)、10户启东市书香家庭、12户教子有方最美家庭;15户家庭获评南通市级各类示范家庭;1户家庭获评江苏省最美家庭,1户家庭获评江苏省书香家庭;倪伯苍家庭、杨凌捷家庭获评全国"五好"家庭。倪伯苍家庭获评2022年全国"最美家庭",家庭事迹先后在中央电视台《新闻联播》《新闻直播间》《人民日报》《中国妇女报》等国家级媒体展示。

【家庭教育指导】 2022年,市妇联做深做实家庭教育十百千万工程,成立启东市家庭教育指导委员会、家庭教育指导中心、倪伯苍家庭教育指导工作站、东疆法暖家庭教育指导工作站等家庭教育工作阵地,新建9家省级"三全"示范社区,位列全省第一。加强与市人民检察院、教育体育局等部门的深化合作,南通首创在涉未成年人案件中联合开展家庭教育指导工作,全年共发放责令接受家庭教育指导通知书2份、督促监护令13份。全年依托46个家长学吧、313个家庭教育指导站等阵地,线上线下开展"书香飘万家　亲子共阅读"亲子共读、"疫情下的心理健康"线上课堂、"阅读决定家庭的软实力"家庭教育分享会、"从容应对,积极备战中高考"心理健康讲座、"家庭教育的十大误区"直播课等主题活动500余场,参与近5万人次。对南阳镇受性侵少女家庭、早教机构受害儿童家庭实施精准关爱,组织家庭教育专家、心理老师对家庭成员进行辅导。建立婚姻家庭法学研究会,开展婚姻家庭法学理论与实践研究。

(黄丽佳)

【老龄服务】 2022年,市卫健委开展"智慧助老"行动,全年开展老年人运用智能技术培训9580人次。开展"安康关爱行动",全市17.75万人次参加老年人意外保险,理赔率75.3%,市卫健委获评省"安康关爱行动"先进单位。海复镇安东村获评2022年全国示范性老年友好型社区,北城区绿城花园居委会、近海镇大圩村获评2022年省老年友好型社区。医疗卫生机构与养老机构规范化签约率100%。

5月30日,市正式成立家庭教育指导委员会　　(市妇联/供图)

【计生家庭关心关爱活动】 2022年,市卫健委落实计生家庭关心关爱活动,计划生育手术并发症三级对象补助从200元/月提高至260元/月,新增年老计划生育奖励扶助对象约2万人,全年向17.5万人发放各类计生奖扶资金约2.16亿元。联合市人社局落实企业退休人员一次性奖励审批优化事宜,做到企退人员独生子女奖励相关待遇提前审核。以生育关怀"太阳岛"关爱服务活动为重点开展系列关爱帮扶活动。开展对计生特殊家庭的传统节日走访慰问活动,全年投入慰问资金42万多元;开展对计生特殊家庭生产生活帮扶系列活动,扶助1户家庭进行危房改造,扶助5户家庭开展养羊项目;与社会公益组织合作,日常开展公益讲座、便民服务、暖心助农、重病慰问等关爱活动;财政投入保费61万多元为独生子女死亡家庭成员办理综合医疗保险;做好2021年度2644户计生特殊家庭档案录入归档工作,录入归档率、家庭医生签约服务、就医绿色通道协议医院、双岗联系人落实率均为100%。

(徐卫菊)

民政事务

【区划地名】 2022年,全市辖12个镇、261个村委会和54个城市社区居委会。严格执行《江苏省命名更名管理办法》《启东市地名管理办法》,加强地名源头治理,规范地名命名,核查新建住宅名19个,公示住宅区19个,办理地名条37个,其中,道路33条,小区1个,建筑物群3个。苏北抗大九分校旧址成为江苏省第二批红色地名。

【启东市首批地名文化遗产评定】 2022年,启东市开展首批地名文化遗产评定工作。评定范围为专名沿用时间较长、地名文化内涵丰富、有重要传承价值、知名度较高的古镇、古村落,名录的评定有利于加强市地名文化建设,确保地名文化遗产得到有效保护、合理利用和传承发展。海复镇搬场村、合作镇二效镇村入选首批地名文化遗产名录。

※入选启东市首批地名文化遗产名录村简介※

【搬场村】 位于海复镇中北部，东临小沙洪河，南至通海界河，西靠221省道，北靠蒿枝港河。垦牧初期，堤岸屡遭海水冲垮，百姓苦于经常搬场得名。为立体化呈现垦牧历史风貌和自然人文景观，村里建立启东农村文化遗产博物馆、垦牧文化馆、沙地民居民俗馆、传统农具馆，以及陈列着200多种沙地优质农作物品类标本的种质资源馆等。

【二效镇村】 位于合作镇中部。清乾隆二十五年(1760)，海门沙姓地主在现二效镇西南建仓房，当时称沙家仓，后来有人迁入经商，取名“二效”。几年后，有一群镇江、扬州人到此做生意，在镇的东面另建市房，称“永安镇”，不久后败落，并入二效镇。镇街全长约300米，代表性的商号有周源兴，恒丰泰、朱祥泰的京南货店，蓝裕春的茶食店，汪银和银楼，曹太和的铁店等。二效镇中心村为江苏省级传统村落。

（周　洁）

【殡葬管理】 2022年，市民政局制订祭扫服务保障工作应急预案专项工作协调会制度，推动殡葬改革，加强殡葬宣传，推进文明祭扫，全市公墓区域禁止燃放鞭炮、焚烧纸钱，倡导“网上祭扫、文明祭祀、绿色殡葬”。新建的吕四港镇培根村安息堂投入使用。巩固和深化“活人墓”等突出问题专项整治行动。自2022年1月1日起，全市惠民殡葬基本服务补贴统一调整为1350元/具，全年惠民殡葬火化量11040具，发放惠民殡葬补助1177.7万元。

（倪灵琳）

【婚姻收养】 2022年，市婚姻登记处推进“结婚一件事”，实现内地居民结婚登记、户口登记信息婚姻状况变更全过程“一件事”联办，试行婚姻登记“跨区域”办理、结婚登记“跨省通办”、离婚登记“省内通办”工作。全年共办理结婚登记6178件、离婚登记1387件、补领结婚证4880件、补领离婚证458件，出具婚姻登记记录证明15件，为群众查档5300余件；办理收养登记65件。

江苏省级传统村落二效镇村二效镇中心村　（合作镇二效镇村/供图）

（汤卫兵）

【社会组织发展】 社会组织孵化培育　采取政府购买服务的方式，运用“社区、小组、个案”三大工作法，开展第五届慈善公益创投活动，培育“汇声汇色”育新苗、桃园武陵扬公益、沙地文化传承东疆、议启童行向未来等8个项目，涉及传统文化传播与传承、儿童友好社区建设、社区组织助力乡村振兴服务、社区社会组织(志愿者队伍)培育等。全年全市办理社会组织名称核准10件、成立登记5件、变更登记36件，办理注销登记27件、换届登记28件、撤销登记9件。至年底，全市有社会组织2422家，其中，注册登记251家，备案社区社会组织2171家，每万人拥有社会组织约22家。

社会组织监管　坚持党建工作与社会组织登记、年检、评估“三同步”，全市注册登记社会组织建立党组织或者指派党建指导员242家，覆盖率96.4%。“双随机”抽查10家社会组织，行政约谈不按规定年检、换届登记等社会组织21家，查处“僵尸型”社会组织28家。全市有等级社会组织96家，其中，AAAA级组织4家，AAA级16家，AA级60家，以及A级组织16家。市养老服务行业协会、合作镇商会、在外企业家联谊会3家社会组织被评为南通市优秀社会组织，苏晓琳、刘伟、陆也、宋建辉被评为南通市优秀社会组织工作者。

（马天灵）

劳动就业

【就业创业】 惠企纾困政策落实　2022年，启东市持续实施支持灵活就业行动，强化就业优先政策，落实《启东市就业困难人员灵活就业社会保险补贴实施意见》，抓好政策宣传和补贴审核发放工作，减轻就业困难人员社保缴费负担。落实企业用工补贴、减免降费等就业奖补政策，支持企业稳定用工吸纳就业。全年发放稳岗补贴3156.12万元，享受稳岗返还企业4683家；发放社保补贴6811.07万元，惠及13522人；减免各项社保费17386.88万元，缓缴养老保险费383.90万元、失业保险费12万元、工伤保险费19.22万元。全年实现城镇新增就业9413人，城镇登记失业率控制在4%以内。

鼓励和扶持创业带动就业　围绕富民创业担保贷款及贴息、个人创业商业贷款贴息、初创补贴等重点,抓好创业扶持政策宣传和资金落实。全年发放创业贷款1330万元,惠及127人;支持成功自主创业2363人,创业带动就业9341人。推荐4名选手参加第五届“中国创翼”创业创新大赛初赛,获南通市级专项赛(乡村振兴专项赛)一等奖。

重点群体就业　重点援助和帮扶高校毕业生、农民工、城镇就业困难人员、退役军人等群体就业。做好失业动态监测,加强失业登记管理系统维护,实名制登记率与就业服务率均达100%。

企业用工服务　市人社局开展挂钩重点产业、“千人千企”结对服务、重点企业用工需求调查等活动,推行“一企一策”,解决企业难题。加强农村劳动力监测统计,做好用人单位用工需求调查。开通线上线下招聘平台,分群体、分主题、分时段开展覆盖全年的就业服务活动。举办“百企千岗促就业,海纳百川汇才智”新春招聘会、就业援助月、春风行动、“服务攻坚促就业　筑梦青春赢未来”系列招聘活动、大中城市联合招聘高校毕业生专场活动、民营企业招聘月等招聘活动。全年累计举办各类招聘会93场,其中,线上51场、线下42场,累计参会企业1039家,提供岗位38501个,达成就业意向9757人。

【职业技能培训】　2022年,市人社局完善职业技能培训激励措施,发挥企业技能人才培养主体地位,鼓励引导企业开展岗位培训,提升劳动力职业技能水平。全年发放培训补贴1197.01万元,开展补贴性职业技能培训13056人次,其中,城乡劳动者就业技能培训5258人次,新生代农民工职业技能培训2944人次,企业新型学徒制培训166人次。全市新增高技能人才1865人,累计有高技能人才53707人。职业技能鉴定取证(含职业技能等级认定)9000人。

【劳动关系调处】　2022年,市有序推进根治欠薪工作,全年检查用人单位1386家。开展女职工劳动保护检查、清理整顿人力资源市场秩序、劳动保障书面审查等各类专项检查工作。全年“双随机一公开”执法抽查检查企业230家,受理劳动争议仲裁案件1111件,处理各渠道举报投诉6532件,发出限期改正指令书36份,行政处理、处罚15件,申请法院强制执行1件,拒不支付劳动报酬罪移送公安8件,案件按期结案率100%。通过劳动保障监察执法,责令用人单位为3246名劳动者追发工资等待遇3564万元。创新开展劳动人事争议调解仲裁,指导江苏和晖电动工具、江苏嘉盟电力设备、启东广汇新能源3家企业建立劳动人事争议基层调解组织。寰宇东方国际集装箱(启东)有限公司劳动争议调解委员会因2022年度工作突出被人社部、全国总工会、全国工商联、中国企联联合通报表扬。至年底,全市建成并运行企业劳动争议调解委员会12家,分布在各个工业集中区,自主完成劳动争议调解106起,涉及142人,争议金额达414.35万余元。全年接待、调处、答复各类信访举报230件,办理行政复议案件15件、行政诉讼案件35件。

(张明维)

民族宗教事务

【概况】　2022年,启东市共有45个少数民族,少数民族人口共8998人,散居在全市各地。其中,启东户籍少数民族40个,共2475人,比上年增加105人,占全市户籍人口的0.22%。在常住少数民族人口中,苗族、壮族、土家族分别以393人、329人、259人位列前三。有流动少数民族人口6523人,比上年增加1701人,其中人数排名前三的为彝族、苗族和土家族,分别有2485人、1279人、861人。有依法登记的宗教活动场所33处,其中,佛教7处、道教1处、天主教10处、基督教15处。有教职人员64人,其中,佛教僧尼32人、道教1人、天主教14人、基督教17人。全市信教人口约1.4万人。

【民族事务】　2022年,启东市民族宗教局严格落实基本公共服务均等化要求,搭建村居民族工作服务站等平台,全市300多个村(居)和所有基础网格,全面参与民族事务管理。成立16支民族团结志愿服务队,全年开展新冠疫情防控、邻里互助、关爱帮扶、矛盾协调、政策宣传等志愿服务活动近50次。在乡镇、学校、村居等不同类型单位建成民族工作阵地10个,其中,东海镇获评江苏省级“红石榴家园”,圆陀角碧海社区、滨海实验学校、汇龙镇南郊村获评南通市首批“红石榴家园”。推进民族地区建设,加强东西部协作,与青海省黄南藏族自治州同仁市建立东西协作关系,紫薇小学、人民医院、启东亦大通自动化设备有限公司、启东市汇通螺丝厂四家单位分别与当地相关学校、医院、企业签署结对协议,开展实质性帮扶工作。推进“红石榴就业行动”,至年底,吸纳近1000名少数民族人员到启东创业就业。设立专门面向少数民族困难群众的“情暖红石榴”基金项目,25户少数民族困难家庭受益,发放第一批救助资金1.01万元。全年共解决20多名外来少数民族随迁子女就近入学问题。开展普通话宣传教育活动,覆盖全市10个少数民族群众人口较多区镇,涉及近千余名群众。针对各族群众需求开展群众性文体活动近30场次,举办少数民族体育运动会、民族风采文艺会演、“火把节”等少数民族节日庆典活动。

【宗教事务】　2022年,市民宗局实施中华优秀传统文化学习教育工程,挖掘吕四当地文化内涵,建成吕祖文化主题公园,为南通市唯一的道教文化主题公园。在佛教协会办公大楼建成“同心圆梦”爱国文化基地。开展“三爱五认同”活动,举办“讲爱国故事,聚同行力量”演讲比赛、“同心跟党走,喜迎二十大”书画作品展各一场次。引导宗教界承担社会责任,在新冠疫情防控工作中,各教积极参与防控志愿活动50余次,捐款捐物近5万元。帮助宗教界加强自身建设,做好佛教协会换届工作,对4个宗教团体及重点宗教场所开展财务检查,加强财务培训。全面推进宗教领域安全专项整治三年行动,落实“百团进百万企千万员工”“百日攻坚”等工作，全年共排查宗教活动场所近200次，执行“清单管理、动态销号”措施，彻底整改隐患59个。开展宗教场所既有建筑排查鉴定工作，共检测宗教场所既有建筑3.7万平方米，完成1007平方米C级危房修缮加固，该项工作在南通领先。9月，承办南通市宗教领域三年安全工作专项整治暨既有建筑专项整治推进现场会。宗教工作调研信息《宗教团体作用发挥情况调研》《基层宗教执法工作调研》被中央统战部《每日汇报》录用，建议信息《推进乡村振兴，农村宗教工作不容忽视》被中央统战部专刊《零讯》录用。

【宣传教育】 2022年，市民宗局举办民族团结“六进”(进机关、进乡镇、进学校、进企业、进村居、进宗教活动场所)活动、法律法规进宗教活动场所10余次。开展民族团结进步宣传月、民族政策法规宣传月等系列活动，组织民宗界人士近5万人次参与网上民族宗教法律知识答题，制作民族团结宣传环保袋500个，印制各类宣传标语、横幅等200余件，发放《民族团结进步知识解读》宣传折页近1000份。开展“喜迎二十大·同心跟党走”主题系列宣传教育活动6次，全年推送民族宗教理论文章和经验做法近300篇。

(杨润兰)

退役军人事务

【概况】 2022年，启东市退役军人事务局全面深化基层基础建设，对全市16个镇级退役军人服务站、312个村(社区)退役军人服务站进行规范化建设，16个镇级服务站全部获评南通市五星级服务站，近海镇和寅阳镇服务站获评省级优秀退役军人服务站。完成享受抚恤补助优抚对象年度确认、2022年度退役军人移交安置工作。落实优待抚恤政策，支持退役军人就业创业。江苏林洋能源股份有限公司获评2022年度江苏省优秀“戎耀之家”建设单位。全市326支退役军人“红色先锋”志愿服务队开展各类志愿服务5000多场次。市退役军人事务系统在南通市岗位练兵比武中获优秀团队一等奖。

【优抚优待】 2022年，全市有享受抚恤补助的优抚对象11397人、老复员军人遗属1458人。全面落实优抚对象抚恤补助自然增长机制，提高各类重点优抚对象补助标准，全年发放各类优抚补助约11355万元。联合市卫健委开展优抚对象健康体检活动，8510名优抚对象参加健康体检；受理残疾军人和带病回乡退伍军人体检鉴定材料38份；为33户优抚对象进行宜居改造。完成优抚对象年度确认工作，为退役军人及其他优抚对象办理优待证。

【移交安置】 2022年，市退役军人事务局整合部门资源、优化业务流程，提供军人退役“一件事”一站式联办、一体化服务，完成接收自主就业退役士兵工作。发放2021年度自主就业退役士兵一次性经济补助金。对符合政府安排工作条件的安置对象，实行“积分选岗、阳光安置”，接受市纪委监委监督指导，接收安置军队转业干部、转业军士、随调家属，发放待安排工作期间生活补助，帮助缴纳待安排工作期间社保、医保。全年发放企业军转干部生活补贴及春节、“八一”期间慰问金。为企业军转干部办理大病医疗救助，为企业退休“两参”军转干部发放专项慰问金。

【军休服务】 2022年，市退役军人事务局共接收军休干部2名、军休士官3名。至年底，全市共有入所军休人员36人，其中，离休干部1人、退休干部23人、退休士官12人；分散安置军休干部2人，分散安置无军籍退休退职职工8人。开展走访慰问52人次，组织军休干部参观、竞赛、交流活动6次、军休疗养1次、健康体检1次。

【就业创业】 2022年，全市共开展退役军人专场招聘会3场次、网络招聘会4场次，通过局微信公众号发布招聘公告26次，参与用工单位340家，提供岗位2600个，退役军人及军属参与招聘约370人次，150人签订意向协议。2月，与陕西西乡退役军人事务局联合举办退役军人网络专场招聘会，17家拥军企业提供900个岗位，百余人签订意向协议。11月，举办自主就业退役军人适应性培训班。创建首家村级退役军人创业基地近海镇新阳村退役军人创业园。在第二届江苏省退役军人创业创新大赛中，1人获传统产业及生活服务业组二等奖；在第二届南通市退役军人创业创新大赛中，参赛的项目获2个二等奖、

9月1日，退役军人到社区现场报到　　(市融媒体中心/供图)

7月26日，市老龄协会在市社会福利中心举行以“展二十位寿星风采　迎二十大胜利召开”为主题的百岁寿星摄影作品巡展活动　（市老龄协会/供图）

1个三等奖和单位特别贡献奖；在南通市组织的“就（创）业故事”征文中，获1个二等奖、2个三等奖、5个优秀奖。

【退役老兵创办红色展览馆受到央视关注】 6月13日，央视国防军事频道《国防军事早报》栏目播出《军地合力　国防教育走进校园长驻校园》，报道市退役老兵陈正兴创办的红色展览馆。陈正兴自费创办的老兵·红色印记展览馆位于市公园道文化广场，馆内是其收集的老物件。老兵·红色印记展览馆于2021年9月底开馆。

【市首家村级退役军人创业基地】 2020年6月，近海镇新阳村集中流转137亩土地，建成市首家退役军人创业园。创业园以股份制的形式运作，退役老兵入股募集资金36万元。实施以果蔬互补为主体，兼以林下及水面生态畜禽放养为辅助的产业经营模式，成立果香园果蔬专业合作社，提前落实销售渠道，制订严格的管理制度。创业园种植桃、梨、枇杷和弥猴桃等果树130.27亩，其中橘子40.13亩、桃子39.33亩、梨29.02亩、枇杷13.77亩、柿子3.15亩、猕猴桃4.87亩，林下及水面则放养鸡、鸭、鹅等1580多只，其中鹅600只、鸡700只、鸭280多只，并培育特色农品。2022年，创业园实现收入25万元。

（茅金如）

老龄事务

【概况】 2022年，启东市有16个镇级老龄协会，常态化开展慈善惠老志愿服务、为老维权、敬老活动、课题调研等活动，参与“银发驿站”建设、“安康关爱行动”“寿乡联盟”等工作。宣传老龄工作成效，“启东市老龄协会开展‘东疆喜迎二十大乐龄欢歌夕阳红’系列活动”“构建‘三化四网五有’格局，推动品牌建设”等工作，分别在《江苏老龄》、江苏《银潮》杂志、全国《长寿探秘》杂志、“南通发布”和“寿乡联盟”网站、公众号推介。市老龄协会被全国寿乡联盟评为信息工作先进单位。与市民政局联合开展首届“最美养老工作者”评选活动，评选出10位“最美养老工作者”。

【慈善惠老】 2022年，市老龄协会与市慈善基金会联合开展“情暖夕阳慈善惠老”志愿服务活动。全市共建立志愿者队伍341支，有志愿者6784人，结对助老18531人，开展志愿服务活动20394次。市老龄协会《创新“三化四网五有”工作格局铿亮“慈善惠老”志愿服务品牌》的经验和做法，获中国老年学和老年医学学会的肯定。

【为老维权】 2022年，全市各级老龄协会加强与公安、司法、调解等部门沟通和协作，宣传相关涉老法律知识。全市共组织“送法到村”506场次，惠及2万多人，发放宣传册近3万册。全市16个镇级老龄协会，有14个完成80%行政村的宣讲任务，其中10个完成率达100%。健全“三级联动，四位一体”的为老维权网络机制，全年为老年人维护合法权益调解矛盾224起，成功率达98.9%。

【“敬老月”活动】 2022年，市老龄协会与中国人寿启东支公司联手，会同市卫健委、慈善基金会、残联等部门，在重阳节和“敬老月”期间，重点对老党员、百岁老人、失独、残疾以及孤寡、困难老人和敬老院老人进行慰问送温暖，全市三级老龄系统发放慰问金70多万元，在“敬老月”活动中开展为老志愿服务活动超过1.3万人次，共惠及老年人3万多人次。自编自演舞蹈、快板、小品等文艺节目，举办“展二十位寿星风采　迎二十大胜利召开”为主题的百岁寿星摄影作品巡展活动、“百村百姿同歌同庆”——全市基层老龄协会欢庆二十大主题活动，组织老年人观看村史馆、红色电影和近郊旅游等。《江苏老龄》杂志对启东开展的系列活动作重点报道。开展“银龄健康关爱行动”，组织镇村医务人员志愿者进村（居）为老年人提供义诊服务，举办健康知识讲座。

【“银发驿站”建设】 2022年，各级老龄协会助推“银发驿站”建设，全市共建成“银发驿站”270多个。汇龙镇光荣村“银发驿站”成功建设经验，得到南通市委老干部局的肯定。近海镇大圩村试点拓展“银发驿站”功能，成功创建省级“老年友好型社区建设单位”。

【安康关爱行动】 2022年，各级老龄协会助推“安康关爱行动”，老年人自费参保和子女为父母投保的人数不断增加，部分乡镇安排财政出资为高龄或“五保”困难老人投保，“安康关爱行动”的公益性和可持续性愈加凸显。全市老年人意外伤害综合保险累计1775.32万元，参保177532万人，参保覆盖率为49.88%；理赔12776人次，金额1385万元，赔付率在78%以上。保费规模、参保人数和理赔受益人数均实现增长。

【"安康通"测评】 2022年，市民政局修订新的《政府购买居家养老服务绩效考核办法》，各级老龄协会按照新的测评内容和标准，落实专人负责，按时完成测评任务。全市各级老龄协会全年承担政府购买居家养老服务满意度测评1600人次，为民政部门考核专业服务团队履行合同情况提供依据。

【建言献策】 2022年，市老龄协会会同市民政局开展老年助餐服务专题调研，并形成调研报告提交市政府及其相关部门，为推进老年助餐工作提供决策参考。汇龙镇汇龙片区老龄协会起草《关于居民社区试点长者午餐饭堂的建议》，得到市十八届人大一次会议的采纳，并在东郊村创新探索"互联网+社区居家养老"模式，成立"惠老服务 爱暖夕阳"项目团队，参与东郊村"夕阳食堂"建设。食堂于6月22日正式启用，为247人提供助餐服务。

【参与"寿乡联盟"工作】 2022年，市老龄协会依托"寿乡联盟"平台，宣传启东的经济社会发展成果和老龄工作的经验做法。全年被"寿乡联盟"网站、公众号和《长寿探秘》杂志录用稿件120多篇，发稿量和录用率在全国县级长寿之乡中名列首位。联手市漫画协会参与联盟组织的"漫画"大赛，报送作品20多幅；完成全市名特优产品、旅游等相关社会经济发展的上报工作；会同市卫健委组织迎接"中国长寿之乡健康养生示范城市"的专项评审，并以高分通过验收；协助市卫健委以市政府名义落实"寿乡联盟"组织的"长寿之乡回头看"资料报送等工作。

【安东村获评2022年全国示范性老年友好型社区】 11月，国家卫生健康委、全国老龄办公布2022年"全国示范性老年友好型社区"名单，海复镇安东村上榜。安东村占地4000多亩，耕地面积3168亩，有总人口2665人，总户数1159户，辖区内60岁以上老年人1100多人。村以"让老人幸福，打造和谐安东"为目标，开展创建工作，从老年人的居住环境、出行设施、社区服务、社会参与、孝亲敬老、科技助老、管理保障七个方面巩固提高。安东村曾获全市老龄协会系统先进集体、南通市五星级村（社区）党组织、江苏省民主法治示范村、江苏省和谐社会建设示范村等称号。

（季丽英）

关心下一代工作

【概况】 2022年，启东市有关心下一代工作组织853个。其中，区镇（街道）关工委16个、村（社区）关工委315个、市级机关关工委13个；中小学校关工委88个、企业关工委389个、派出所关爱工作站15个、医疗单位关工委17个。全市参与关工工作的"五老"（老干部、老战士、老专家、老教师、老模范）1.05多万人。启东市关心下一代工作委员会获评《中国火炬》杂志宣传工作先进单位、全省"党的光辉照我心，童心喜迎二十大"主题征稿活动优秀组织奖、南通市宣传工作先进单位、南通市校外教育辅导站工作先进集体、南通市主题教育系列活动组织奖单位一等奖。市关工委撰写的《启东市镇村关工委班子队伍建设现状及对策》获南通市关工委调研报告特等奖。1人被评为南通市最美老干部志愿者。

【主题教育】 2022年，市关工委推进全市各级关工委开展喜迎二十大青少年主题教育活动。各区镇（街道）关工委结合"七彩夏日"等活动，编排经典诵读、红色追寻、情景剧、歌舞表演、音诗画、乐器演奏、小品联动、知识问答等节目，呈现在主题教育活动中。北城区街道幸福一村关工委与紫薇小学合作编排的情景剧《春泥》，参加南通市关工委老少同台主题教育文艺节目展演，获一等奖。参加省关工委开展的"党的光辉照我心，童心喜迎二十大"主题征稿活动，1323篇参赛作品有81篇获奖，其中，一等奖3篇、三等奖24篇、优秀奖54篇，市关工委、市教育体育局关工委、实验小学、长江小学、合作小学、新义小学、百杏中学获评全省"党的光辉照我心，童心喜迎二十大"主题征稿活动优秀组织奖。

【校外教育指导中心建设】 2022年，市关工委加强校外教育指导中心建设，投入3万多元建成网络教育视频直播室。编写印发《中共党史知识百题》小册子1000多册，并在"启东关工"微信公众号分5期推出；组织党史宣讲团骨干成员及骨干教师集中辅导备课，制作30个精品宣讲视频课件；开展《中华人民共和国未成年人保护法》《中华人民共和国预防未成年人犯罪法》《中华人民共和国家庭教育促进法》学习竞赛活动，在"启东关工"微信公众号分5期推出各地活动开展情况；开展校外教育辅导站优秀教案征集评选、中小学生党史知识竞赛、老少

11月10日，市关工委调研全省先进校外辅导站——合作镇五星村永继家庭辅导站（市关工委/供图）

同台文艺节目展演等活动。在南通市关工委组织的全市校外教育辅导站优秀教案征集评选、全市中小学生党史知识竞赛、老少同台文艺节目展演三项活动中,启东市获优秀教案一等奖1篇、三等奖4篇;获党史知识竞赛小学组三等奖1名、初中组三等奖1名;获老少同台主题教育文艺节目展演一等奖1家。

【中小学生心理健康教育】 2022年,市关工委继续推进青少年心理健康教育,依托校外教育辅导站开展每月至少一次心理健康教育讲堂活动;依托"崇德少年法学苑",每学期至少开展一次有关青少年学生心理健康的法治教育活动;编制9个心理健康教育课件(幼儿、小学生、初中生各3个),供各地各级学校和校外教育辅导站开展中小学生心理健康教育。市关工委推进中小学生心理健康教育工作做法及经验,得到南通市关工委肯定并推广。

【校外辅导站暑期公益班】 2022年,市关工委采取线上线下相结合的办班形式,制发24个视频课件。7月2—12日,"校站结合"暑期公益班在全市53所小学举办,共开设144个高年级辅导班,496名辅导老师、245名"五老"及志愿者参与辅导,5600余名学生参加学习。江苏教育、江苏少年网、《南通日报》《江海晚报》、南通发布、启东融媒体中心对此次活动作专题报道。

【网吧管理监督】 2022年,全市有营业性网吧24个、"五老"网吧义务监督员60人。除新冠疫情防控等重要时段网吧暂停营业外,"五老"网吧义务监督工作正常开展。7月29日,市关工委与市文广旅局联合召开网吧管理监督工作会议,南北城区街道、启东经济开发区、吕四港镇、近海镇关工委作工作汇报和经验交流,网吧业主代表作表态发言。12月2日,网吧管理监督工作座谈汇报会召开,表彰慰问全市50余名优秀网吧义务监督员。

【"爱伴童行"关爱行动】 2022年,市关工委与市文明办、教育体育局、妇联等部门联动,开展"太阳花"四位一体"爱伴童行"关爱行动,建立困境儿童关爱帮扶机制。全市组织217名"五老"点对点排查核实,对218名困境学生开展"一人一档"精准结对关爱困境儿童活动。运用银洲集团关心下一代爱心基金6.5万元,对50名中小学生发放助学金,并赠送江苏省医惠保1号保险。

(钮伟钢)

社会矛盾调解

【概况】 2022年,启东市共有市、镇、村三级调解组织337个,共受理调处矛盾纠纷1181件,成功调处1180件,调处成功率99.9%,防止"民转刑"案件22件。《江苏法治报》《南通日报》等媒体多次报道启东市推进公调对接、访调对接和基层矛盾化解等创新举措和经验成效。市调委会获评南通"十佳"调委会,倪伯苍、陈宇虹获评南通市"十佳"调解员,南阳、东海、合作、吕四港等镇调委会获评南通市优秀调解组织。

【社会矛盾大排查大起底大化解专项活动】 2022年,市调解中心与市委政法委、市司法局联合下发《关于在全市推进社会矛盾隐患拉网式大排查大起底大化解专项活动的实施意见》《关于在全市开展社会矛盾纠纷大排查大化解大和谐专项活动的工作方案》等文件,制定《市调解中心全力护航党的二十大工作预案》。3月28日至10月23日,由市调解中心领导带班,实行全员24小时轮班值班和工作日全天候接访。以市、镇、村三级调解组织和市级机关部门为主体,以各专业调处站、行业调委会及平安法治联盟工作站、访调对接、纪调对接、公调对接等平台为补充,织细织密排查网络。牵头协同相关部门、区镇(街道)成功调结重特大纠纷案件19件。建立班子成员分片挂钩督查制度,不定期不间断对基层大排查大起底大化解开展情况开展督查。全年全市三级调解组织共排查重大社会矛盾隐患470件。编发《重大矛盾纠纷调解专报》4期。

【社会矛盾纠纷多元非诉化解体系建设】 2022年,市调解中心坚持和发展新时代"枫桥经验",多措并举,不断健全优化社会矛盾纠纷多元非诉化解体系。不断创新人民调解、行政调解、司法调解"三调"衔接联动机制。8月,赴浙江安吉,学习考察矛盾纠纷非诉化解综合服务机制工作经验。针对启东市实际,开展专题调研,研究改革措施,向市委政法委报送有关加强调解组织建设的专题报告和建立市社会治理综合服务平台的改革方案。结合侵害妇女儿童合法权益排查整治专项活动,与市妇联成立市妇女儿童权益纠纷专业调解站,为妇女儿童提供法律维权服务29次。参与平安法治联盟工作站建设,搭建公调对接新平台。修订完善《启东市人民调解个案补贴实施方案》,强化调解个案补贴奖补激励机制,共审核发放调解个案补贴13.2万元。

【专业调解队伍建设】 2022年,市调解中心探索党建引领专业调解,促进专业调解工作提质增效。在有党员的行业调委会,设立"党员先锋岗"或"党员责任区"。有3名以上党员的专业调委会,建立临时党支部。组织开展调解业务培训,组织调解骨干,累计29次到区镇(街道)、村(社区)和专业调处工作站开展业务辅导培训,受训360人次。部署开展个人金牌调解室创建、典型调解案例征集等活动,调动基层调解员工作积极性。

(徐建平)

责任编辑 仇赛君

公共安全

应急管理

【概况】 2022年,启东市应急管理局推进各类预案的修编工作,完善应急值守制度,严格执行领导到岗带班、关键岗位24小时值班制度,落实应急音视频指挥调度值班与日常应急值班两套值班制度。加强与“110”“119”“120”平台及相关单位的沟通联络,完善信息互通机制,实现一般以上险情和事故快速准确报送,第一时间响应。

【应急管理体系建设】 2022年,全市共有各类专兼职应急队伍40支,其中社会救援队伍2支。修订完善1个总体预案和44个市级专项预案,全市20个区镇(街道)按照“1+13+X+Y”应急体系的要求全部完成预案编制,村居(社区)突发事件现场处置方案编制315个,覆盖率100%。全市中小学、幼儿园修编应急预案593个;50家医院修编应急预案222个;企业修编应急预案4619个,建立覆盖各地、各行业、各单位的应急预案数据库,形成完善的预案体系。针对各个行业领域在各个时期有可能发生的突发事件,组织开展相应的应急演练。全年共开展28次政府层面的专项应急演练,1246家企业开展应急演练2336次。

(龚佳琳)

7月9日,市红十字赈济救援队队员参加南通市应急救援综合演练

(市红十字会/供图)

【卫生应急】 2022年,市疾控中心制定全年度应急工作规划,并根据工作规划制订细则发放至各个乡镇卫生服务中心,在半年度和年度考核中用考核作为方向标指导完善工作内容。开展新冠疫情防控全流程全场景的应急演练工作1次,支援海门与通州的流调溯源工作。兼具部分传染病检测工作,参与抽血约1200余人次。其中,艾滋病抗体检测1141人次、确认艾滋病抗体检测34人次;梅毒非特异性抗体、梅毒特异性抗体、丙肝抗体检测各1000余人次。

(陈泓妤)

【红十字会应急救援】 2022年,市红十字会与大型商超欧伟仕签订合作互助框架协议。发展应急救援队伍规模,共有救援队员41人。完善救援队规章制度,加大对队员综合素质的培养力度。常态化开展消杀技能、应急救护技能、帐篷搭建、给养单元搭建、通讯模块使用等赈济救援所需技能演练、考核。与其他社会救援队对接,开展联合实战演练,参加南通市组织的应急救援训练、演练和省级演练活动,全年开展专题培训4次、综合演练2次。与博爱家园建立互动机制,参与志愿服务55次。

(张倩倩)

【突发环境事件应急管理】 2022年,启东生态环境局指导181家企业开展突发环境事件应急预案备案工作,全市有效备案企业达373家。联合南通国启环保科技有限公司开展突发环境事件应急演练,督促环境风险企业开展应急演练71次。成立生态环境消防救援应急联合队,制定《启东市突发水污染事件应急防范体系建设实施方案》,推动启东经济开发区电镀中心、启东生命健康产业园建成突发水污染事件三级防范体系。全年共出动执法人员736人次,检查环境风险企业327家次,发现环境隐患218个,全部督促完成整改。查处环境应急违法行为12起,处罚22.38万元。

(朱文津)

【海事应急处置】 2022年,启东海事处发挥启东快反一中心两单元全要素水上“大交管”效能,加强应急值守,完善辖区港口安全配套设施站点布局,提升水上应急反应能力。保障中共二十大、全国“两会”、进博会等重大活动及春运等重点时段水上安全无事故。全年开展防风40次,其中,防抗强对流天气5次,成功防抗台风“轩岚诺”“梅花”正面影响辖区沿江沿海,特别是成功化解“9·15”台风“梅花”影响期间启东中远码头6艘船舶(海工平台)断缆漂移碰撞崇启大桥重大险情,做好船舶(海工平台)台风后移泊归位现场监管维护工作。全年共组织实施水上救助行动3起,出动救援人员52人次,调用社会船舶28艘次,出动车辆26车次,发送安全信息16000条,救助船舶3艘,救助遇险人员21人,挽回直接财产损失近千万元。11月上旬,协助上海洋山海事局和启东市事故善后处置组做好“10月31日‘苏启渔05108’轮与‘裕耀’轮碰撞”事故调查,善后处置中沟通、协调相关工作,实现最短时间成功处置。

(彭玉章)

【防汛防台应急管理】 2022年,市水务局强化防汛防台预警,完善防汛防台2个应急预案,储备防汛块石4.9万吨、防汛编织袋15万条、铁丝1.4万公斤、土工布2.5万平方米。组织开展防台风紧急撤离应急演练及闸门反事故抢险演练,加强基层闸站及巡堤人员的防汛应急技能培训，成功防御台风“烟花”“轩岚诺”。

（史　璐）

防灾减灾

【概况】 2022年，市应急局坚持“以防为主、防抗救相结合”的工作方针，遵循“以人为本、政府主导、社会互助、灾民自救”原则，以“常态减灾备灾和非常态救灾”为重点，做好防灾减灾工作。整合各类信息资源，与气象、水务、自然资源、农业农村等部门共同加强对极端天气、汛情旱情、渔船遇险等突发事件的监测预警，建立预警信息统一发布机制，对可能发生的突发事件及时预警，快速、真实、准确报送相关信息。

【气象灾害防御】 2022年，市应急局共发布灾害天气应对工作提示单65份，处置大风、强对流等灾害天气27次，未造成人员伤亡和较大财产损失。发挥基层力量，成立一支市、镇（园区）、村三级共计703人的灾情信息员队伍，对镇级灾害信息员培训3次，对村级灾害信息员全覆盖培训，规范灾情统计、汇总、上报流程。全市建成3个镇级应急救灾物资储备库、10个村级应急救灾物资储备室，累计采购救灾物资80余万元。

（龚佳琳）

9月5日，为抵御台风“轩岚诺”，中央河泵站及时排水，筑牢防汛防台安全屏障

（潘杨/摄）

※2022年主要气象灾害※

【寒潮】 全市共出现2次区域性强寒潮天气。11月28日至12月2日，全市48小时最低气温降幅为14.9℃，过程最低气温0.8℃，出现在12月2日早晨。12月16—19日，全市48小时最低气温降幅为9.7℃，过程最低气温-4.1℃，出现在12月18日早晨。

【暴雨】 全市暴雨日为2天，国家站日最大降水量68.6毫米，出现在9月15日。7月17日受冷暖空气交汇影响，出现强对流天气，普遍出现大到暴雨。9月15日受台风“梅花”影响，普遍出现大到暴雨，局部大暴雨天气。

【高温】 全市高温日数多，强度强，共出现35℃以上高温日34天，比上年多26天，最长连续高温日13天。其中，最高气温39.2℃，共3天，分别出现在8月5日、8月11日和8月12日。

【台风】 全年有2个台风影响启东市，分别为11号台风“轩岚诺”、12号台风“梅花”。受台风“轩岚诺”影响，9月3日8时至9月6日8时，全市普遍出现大到暴雨，并伴有8～9级大风（最大风速25.2米/秒，东元滩涂）。受台风“梅花”影响，9月13日8时至9月16日8时，普降大到暴雨，并伴有8～10级大风（最大风速29.1米/秒，近海镇塘芦港）。

【大风】 全年共出现16次大风天气，其中，11次为冷空气影响，2次为地面气旋影响，1次为冷空气和地面气旋共同影响，2次为其他系统影响。受江淮气旋和冷空气共同影响，3月24日夜里至3月25日，出现大风天气，最大风力出现在圆陀角，为9级（23.2米/秒）；4月13日受冷空气影响，出现偏北大风，最大风力出现在近海镇塘芦港，为8级（18.2米/秒）。受冷空气影响，10月4日出现偏北大风，最大风力出现在近海镇塘芦港，为8级（18.1米/秒）；11月29—30日受强冷空气影响，普遍出现7～8级偏北大风，最大风力出现在近海镇塘芦港，9级（21米/秒）。

【雾和霾】 全年共出现12次大雾天气。浓雾天气造成高速公路封闭、长途客车停运，对交通运输造成不同程度影响，给运输和公众出行造成极大不便。霾天气明显变少，仅1月10日出现一次中度霾。

（陆鑫海　王　辉）

【公共安全救助保险】 2022年，市应急局进一步健全和完善防灾减灾救灾工作体系，出资255万元，在中国人民财产保险公司为启东市户籍居民及在抢险救灾、见义勇为中受到人身伤害的非启东户籍人员投保公共安全人身意外伤害保险，为启东市户籍家庭在启东市范围内自住房投保公共安全居民家庭财产损失保险。全年共办理理赔案件435件，理赔金额286.41万元。

（龚佳琳）

【防灾减灾宣传】 “5·12”全国防灾减灾日期间，市住建局（地震局）采用线上和线下同时进行的方式，开展防灾减灾

5月12日,市应急局联合北城区街道、御河湾社区举办防灾减灾主题活动
(市应急局/供图)

宣传周活动。线上通过住建局微信公众号、抖音平台发布相关防灾减灾宣传短视频,向市民普及防灾减灾知识。线下进社区通过电子屏投放宣传视频、制作展板、悬挂宣传条幅、观看防灾减灾节目等形式,投入宣传经费1.1万元,发放人防知识宣传手册1300多份。借助“5·12”“9·18”等重大节点,向全市中小学生发放人防知识读本1700册,提升全民灾害风险防范意识和能力。市应急局联合南北街道、御河湾社区开展防灾减灾主题活动。

(姚 辉)

食品药品安全

【食品安全监管】 2022年,市市场监管局牵头做好全市食品安全监管工作。进口冷链食品监管仓提质扩容、休仓转型等各项阶段性工作顺利推进。聚焦“一老一小”食品安全,“互联网+明厨亮灶”覆盖全市45家养老机构、152家学校食堂,实施率达100%;食堂量化分级管理良好以上等级比例达100%;全市学校、养老机构食堂检查实现全覆盖。聚焦网络餐饮安全问题,将网络餐饮“你点我查”“你我同查”等活动引入群众共治;约谈美团、饿了么两家外卖平台,立案查处网络餐饮安全问题2起。聚焦农村集体聚餐治理,出台《启东市规范农村集体聚餐管理实施方案》,保障农村集体聚餐78场次,涉及3760多人次;全市区镇食品安全事故应急演练全覆盖。食品安全群众满意度达98%。启东市获评第六批江苏省食品安全示范市。

【药品安全监管】 2022年,市市场监管局牵头做好全市药品及医疗器械安全监管工作。高效构建药品零售领域保供应急体系,做好涉疫药品保障工作,统筹调度防疫药品14461盒。全市新冠病毒检测PCR实验室和疫苗接种点检查实现全覆盖。开展全市药械化经营使用专项检查暨“雳剑2022”专项行动,全年针对非法渠道购进药品,经营劣药、过期医疗器械、不合格化妆品等药械化类违法行为共立案53起,涉及药品、医疗器械经营单位22家、医疗机构10家、美容馆6家、其他个体经营单位12家,其中围绕医疗美容等新消费领域查处违法行为10起,曝光典型案例7例。全年全市未发生药械安全事件。

(陈率芸)

农产品质量安全

【农产品质量监管】 2022年,启东市开展规模农产品生产主体入网行动。全年新增农产品质量安全追溯主体927家,累计3084家;新增可追溯产品3625个、生产批次4059批、溯源产品5517批、追溯标签367.49万张;开展基地巡查16229次,产品速测81248批次;出具食用农产品合格证321.95万张。开展农产品质量安全定量监测1503批次,合格1465批次,农产品质量安全合格率达97.47%。

(顾洪生)

3月24日,市市场监管局合作分局在商场超市检查,严把食品疫情防控关卡
(市场监督管理局/供图)

【水产品质量安全】 2022年，市农业农村局加强水产品质量安全建设，组织开展水产品质量监督检查，全年完成省级水产品质量抽检36批次、启东市级水产品质量抽检500批次。开展国家级水产健康养殖示范场创建活动，全市共有国家级水产健康养殖示范场5家。南阳镇农产品质量安全监管服务所获评江苏省农业农村厅公布省第二批五星级乡镇农产品质量安全监管机构。

（刘俊杰）

安全生产

【概况】 2022年，市应急局持续抓好全市安全生产专项整治三年行动目标任务的推进和落实，深入开展全国安全生产大检查、百日攻坚行动，全面开展危险化学品风险集中治理、工业企业安全生产风险辨识管控报告、安全生产行政执法、“百团进百万企千万员工”宣讲等重点工作，全市安全生产形势总体稳定向好。

【专项整治】 2022年是“三年大灶”收官之年，启东市对32个重点行业领域存量隐患集中开展整治，2021年发现的27655个问题全部完成整改。制定印发《启东市关于深化提升安全生产专项整治三年行动的实施意见》，形成《全市2022年安全生产专项整治重点工作任务清单》22项。围绕2个专题（学习宣传贯彻习近平总书记关于安全生产重要论述专题和落实企业安全生产主体责任三年行动专题）、7个专项（危险化学品、消防、道路运输、交通运输和渔业船舶、城市建设、经济开发区和危险废物）以及相关重点行业领域，明确47项重点任务，抓好专项整治。全年累计发现行业隐患5654个，整改5534个，挂牌南通市级重大隐患督办5个、启东市级督办9个，全部整改完毕。

【安全生产大检查】 2022年，市应急局严格按照国家、省和南通统一部署，全面对照和落实国务院安委会加强安全生产工作15条硬措施、细化的安全生产大检查49项检查重点、130项检查细则要求，开展安全生产大检查。各牵头单位和区镇（街道）共派出检查组3583个，检查企业18394家，发现整改一般隐患14463个、重大隐患1个，行政处罚749.29万元。聚焦危化品企业、自建房、城镇燃气等14个重点行业领域，开展安全生产百日攻坚行动。全市派出检查组374个，检查企业4381家，发现整改隐患3693个。

【监管执法】 2022年，市应急局优化执法检查方式，全面推行“三会一单”（事前执法告知会+事中现场启动会+事后警示教育会，执法事项清单）执法模式，将重点风险突出、管控能力不足、发生事故概率较高的企业作为重点执法对象。持续推进安全执法“一案五制”工程（安全生产检查执法清单提醒制度、安全生产违法行为执法典型案件警示通报制度、安全生产执法被罚企业承诺制度、安全生产监察执法回访企业制度、安全生产监察执法重点监管制度），与市检察院联合制订《安全生产监管与检察监督联动机制》，强化重点行业领域安全治理。全年全市安全生产事前行政处罚立案318起，罚款643.85万元。

【工业企业安全生产风险报告】 2022年，市应急局督促工业企业严格落实主体责任20项重点清单和80项主体责任清单，持续推进全市工业企业安全生产风险报告工作。在2021年完成首次填报的2976家企业基础上，增销结合，完成3048家工业企业的安全生产风险填报工作，填报率达102.9%，较大以上安全生产风险填报率达85.3%，重点行业领域企业较大以上风险填报率达100%，全面完成工作目标。

【宣传宣讲】 2022年，市应急局持续推进“百团进百万企千万员工”宣讲工作，全市各级约200名领导干部深入基层一线开展宣讲317场，覆盖企业3000余家，覆盖人数近12万人。依托“安全生产月”活动，开展“学重要论述 促安全发展”网络学习平台推广宣传，组织动员全市各级各部门和社会公众，特别是各企业主要负责人参与“新安法知多少”网络知识竞赛活动。制作有关燃气使用、电瓶车充电等安全警示教育片，共计放映500余场次。组织全市的文艺工作者创作编排安全文化节目，累计开展文艺巡演活动25场。会同市地方金融监管局、市检察院召集50余家重点企业负责人座谈，宣传企业安全生产政策法规和标准规范。

【培训教育】 2022年，市应急局累计组织高危企业主要负责人、安全管理

7月，市委常委、常务副市长蔡毅检查高新区柳工建工安全生产情况

（市应急局/供图）

人员培训考核6期共859人次，其中考核合格的主要负责人345人次、安全管理人员491人次；一般企业主要负责人、安全管理人员培训考核30期共4885人次，其中，培训合格的主要负责人1906人次、安全管理人员2979人次；培训考核特种作业人员(特种设备除外)16期共2654人次。围绕培训中心、考试点及生产经营单位3类主体开展安全生产培训“走过场”专项整治，组建服务团队对19家拟上市企业提供现场服务与指导。

(龚佳琳)

消　防

【概况】 2022年，启东市消防救援大队共接处警1296起，其中，火灾748起，抢险救援212起，社会救助及其他警情336起。成功处置“1·25”恒大威尼斯突发事件、“7·2”道明化学有限公司化工装置火灾事故、“10·22”沃太新能源储能电箱火灾事故、“12·31”吕四大洋港船舶火灾事故等。完善“区镇街道统一领导、监管机构分工负责、基层组织自我管理、网格力量全面排查”的基层消防监管工作体系，推动派出所整治火灾隐患4000余处，基层网格排查处理消防安全事件2.7万起。持续加大消防练兵力度，开展岗位练兵竞赛，在南通上半年、全年执勤岗位练兵竞赛中分别获团体第二、团体第一。在年度综合工作考评中，市消防救援大队位列南通第一，获评全省“基层建设标兵大队”。开展品牌创建活动，打造“东疆红+”“沙地蓝+”特色群团组织和工作品牌，拓展“红色先锋”志愿服务队职能，联合团市委开展“梦想改造+火焰蓝”关爱计划，帮助困境儿童家庭建设“梦想小屋”。

3月2日，市消防救援大队针对辖区高层建筑开展无预案拉动演练

(徐燕燕/摄)

【消防安全治理】 2022年，市消防救援大队组织开展重点行业领域消防安全治理专项整治行动。全市共排查重点行业领域单位3000余个、居民住宅小区239个，督促整改火灾隐患5000余处。消防监督检查单位1769家次，发现火灾隐患1170处，督促整改1109处；临时查封13家，责令“三停”33家，罚款283.56万元；挂牌督办重大火灾隐患单位8家，其中，省级挂牌1家，整改销案7家。

【执法服务水平提升】 2022年，市消防救援大队持续深化消防监督执法改革措施落实落地，加强消防行政审批“一次性”告知、“一件事”服务工作，提升行政审批服务效能，全面落实助企纾困加强消防安全服务保障十二条措施。帮扶300余家复工复产企业开展消防安全自查，为20余家上市、入轨等重点企业提供消防监督执法服务，深入在建工地服务保障重点项目40余个，为10余家重点涉疫场所开展消防安全技术指导。强化消防安全重点单位管理，深化社会单位管理系统应用培训，所有重点单位全部完成系统信息完善，并规范化开展消防巡查工作，督促指导单位更新落实“三自主一公开”制度。开展消防宣传活动，完成10个消防主题影院、1个消防主题公园、1个省级消防科普教育基地建设。

(秦薇薇)

责任编辑　仇赛君

镇　街道

汇龙镇

【概况】 2022年,汇龙镇行政区域面积104.2平方千米,耕地面积3665公顷。总人口25万人,其中农村人口8.4万人。有27个行政村、3个居委会。全年实现地区生产总值265.7亿元,比上年增长1.12%,其中,第一产业增加值4.6亿元、第二产业增加值93.2亿元、第三产业增加值167.9亿元。新增规模以上工业企业6家,规模工业企业总数达68家;实现规模工业产值41.1亿元,比上年降低57.4%;实现工业应税销售29.8亿元,比上年降低65.9%。新增规模以上服务业、贸易企业36家,全年实现规模以上服务业重点行业营业收入12.3亿元、限额以上消费品销售额63.3亿元、服务业应税销售166.03亿元。完成一般公共预算收入5.1亿元,比上年降低62.2%;全社会固定资产投资50.11亿元,比上年降低7.8%;外资实际到账585万美元,比上年降低48%。在《中国镇域高质量发展报告2022》高质量发展500强镇榜单中,汇龙镇列全国第71名,全国综合实力千强镇排名跃升至81名。获江苏省生态文明建设示范镇,2022年度南通市勇当全省"争当表率、争做示范、走在前列"排头兵先进集体,南通市综合执法改革暨指挥中心建设示范镇,南通市推进基层三整合审批服务执法力量工作先进镇街等荣誉。鹤群村、临江村获评江苏省文明村,圩南村获评江苏省民主法治示范村,南郊村获评2022年全省"扫黄打非"进基层示范点。

【工业园产业质态优化】 2022年,镇制订城北工业园空间和产业规划,关注园区土地成片规划申报工作,科创园片区(可利用土地面积360亩)开发规划获省批文。完成221省道沿线的冷库、大理石加工厂等7家低效工业用地企业的退出工作,腾出工业用地115亩。

【项目建设】 2022年,镇在南昌、西安、杭州等地累计举办各类招商推介活动7场,共邀请参会企业200余家、客商300余人次;拜访接待各类企业及机构100余家,接洽储备高质量项目信息60余条。成功签约丰树工业综合体、丰树智能物流2个10亿元以上项目,贯森新材料二期、华值电气、巴斯德尼消毒用品等亿元以上产业项目7个,挖掘、储备远景储能产业园、金宏气体等一批重大在手在谈项目。全年开工天宇石化、迪博西电子、帝威电器、江海润液等亿元以上项目8个;对在建项目强化全过程管理,竣工硕赢新能源、沃润传动科技等亿元以上项目3个,转化达产龙之海四腾医疗科技、神通阀门等亿元以上项目3个。

2022年,汇龙镇首次入选全国百强镇。图为汇龙镇城河村一景

(市融媒体中心/供图)

【科技创新】 2022年,镇培育创新主体,完成落地科创项目4个,新增发明专利申请360件、授权93件,完成申报科技型中小企业84家,技术合同成交额10.46亿元,企业研发投入2.6亿元。举办第七届"启创杯"创业大赛城市赛,储备创新创业优质项目。

【城市建设】 2022年,镇完成新开工项目累计腾房913户,交付五四村整组拆迁、士清村中群一路、天龙路东段等净地15块;结转地块累计腾房276户,交付汇东村灵秀公园北侧,南郊村北侧39、41、42组,折桂中学东侧等净地8块。汇东新村南侧、城北科创园等10个地块成功出让,完成土地出让金40.87亿元。加快配套设施建设,全年回迁安置拆迁户近2000户,东郊二期、士清二期、台角六期等安置区稳步推进,进入收尾阶段。实施惠丰、永阳、圩角3个集镇的新型城镇化建设,完成惠丰集镇停车场、滨江步道、转角小游园等工程,累计拆除违章建筑、破落建筑和"三棚"(畜棚、禽棚、杂物棚)70余处。策应最美江海岸线建设,完成滨江森林公园区域内农户和企业的搬迁工作。突出亮点培育,以东汇线、志圩线、汇圩路、新兴线4条集镇主干道为示范,开展拆违攻坚和景观提升行动。推进治水工程,高标准完成圩角镇620米和惠丰镇1100米生态河道建设。结合公共安全"三清"专项行动和经营性自建房排查,推进富康花园区域环境整治,完成友谊小区污水改造工程,增设充电桩、立体音柱等设施。推进城东街角公园和南郊游园建设,重点配置游乐、观赏、活动等方面基础设施。高标准铺设爱新一路沥青路面1.5千米,建成青年东路60吨小型污水处理设施,推进总计9.2千米的污水支管网建设。

【乡村振兴】 2022年,镇坚持产业振兴引领,积极发展现代高效农业、特色农业,培优扶强龙头企业。全年新建(扩建)乾励食品、佳百味宠物饲料、光荣瓜果采摘休闲园和2000亩大棚瓜果种植基地4个重大农业项目，完成投入3.2亿元。招引丰靓实业（启东）有限公司10亿元项目1个。加强高标准农田改造提升和管护利用，冬藏村160亩水稻试验项目丰收，实现亩均产出1000斤，亩均收入1300元；正诗村全面建成1500亩水稻绿色高质高效种植基地、2200亩玉米大豆小麦种植基地和500亩优质蔬果基地。开展农村人居环境提升行动，对全镇主要道路沿线的违章建筑、破落建筑和“三棚”进行专项整治，共完成整治点位760处。以大陆村、光荣村整村推进改厕为先行示范，完成改厕240户。落实污水净化工程，协调推进农村生活污水片区化治理，完成1600户，实现应接尽接。规划治理黑臭水体13条，排摸清理等级河道四乱22处，完成镇级河长总巡河1122次、村级河长总巡河1079次，发现问题2204处，问题处理率100%。开展“文明清洁户”和“文明家庭”评选活动。开展亚光村特色田园乡村创建、光荣村等7个村的美丽宜居乡村建设。实施五四村、光荣村、万英村等村的农路改建工程。加强农田水利建设，完成小型水利泯沟疏浚48条8054米，疏浚土方32126立方米；泯沟填埋107条12224米。完成15条横河生态河道建设，光荣村护岸工程板桩预制、小淑河生态整治工程、中央河圩角段生态河道示范片建设工程全部完成。

10月11日，汇龙镇华山路专属网格五星级服务驿站挂牌启用

（汇龙镇/供图）

【社会民生】 2022年，镇继续做好新冠疫情防控工作，组建防疫数据专班、百人接驳转运队、核酸检测、卡口执勤、隔离点驻守等队伍。提升社会救助保障水平，系统做好低保、“五保”等相关对象的提标工作，平均每月完成7000人次动态管理。为112名服用精神病药物残疾人申请免费服药项目，100多名残疾人进行辅助器具适配，10多名残疾人提供辅助性就业。城乡居民社会养老保险收缴15956人次，完成率位列全市第一。强化食品安全监管，落实农村集体聚餐报备制度，开展食品安全宣传周活动，发放宣传资料1500余份。组织开展老年人智能技术专项普及培训，全镇744名60周岁以上老人参与培训。加强安全监管，组建26个行业网格、6个重点企业片区网格、27个行政村网格，形成“领导挂点、各村包片、部门包线、专人包点”的机制。开展事前执法，全年共开出责令限期整改指令67家次，事前处罚立案查处27起，罚款53.71万元。开展公共安全重大隐患“三清”和危险化学品使用安全治理专项行动，共排查整改安全隐患114条。常态化推进违法违规“小化工”专项整治工作，查处永阳村、合兴镇村2起危化品非法经营存储案，对涉案个体分别予以5万元和10万元的行政处罚。

【社会治理】 2022年，镇便民服务中心提升政务服务环境，连续4个季度获市政务服务流动红旗，创建的“医保15分钟服务圈”在南通市医保局考核中列南通市第1名。搭建“镇—村—网格—微网格”四级网格体系，探索微网格治理模式，推进南郊村第一网格等各村网格服务驿站建设，挂牌启用华山路专属网格五星级服务驿站。加强智能建设，推行“云上”答复，全年镇12345工单满意率超99%。开发智能程序，核酸检测报告查询从28秒缩至2秒。以东郊村“东郊爱老”系统为试点，创新探索“互联网+社区居家”公益养老模式。推行法治建设，与东疆律师事务所签署合作协议，在机关工作人员中选任公职律师2名。行政服务网上权力公开有效运行，及时公开政务信息42条。创建汇东、南郊平安法治联盟工作站，“综治网、警务网、普法网、调解网”多网合一，镇微网格工作经验被市委政法委选为优秀案例在全市推广。推进“援法议事”“有事好商量”协商议事制度，协商解决环境整治、文明祭扫等难点问题32个。开展公共法律服务，为162名困难群众提供法律服务。

【南郊村获评全省“扫黄打非”进基层示范点】 汇龙镇南郊村地处启东市新城区核心位置，全村占地5.75平方千米，总人口6000多人，有53个村民小组，共划分7个网格。辖区内建有启东市第一中学、蝶湖中学、南苑小学城南分校、和睦幼儿园城南分园等教学场所，蝶湖公园、启东市文化馆、启东市文体中心等文化休闲场所。南郊村打造“扫黄打非”特色品牌，把“扫黄打非”重点工作同党建、新时代文明实践、综治、公共文化等结合，构筑政府、社会、学校、家庭多方联动的工作机制。与新时代文明实践站等基层文化场所结合，全面布局工作站点建设。组建“扫黄打非”志愿服务队伍，聘请各条战线先进模范人物担任站点辅导员，成立“扫黄打非志愿联盟”。配合文化、教育、市场监管、新闻出版等部门，开展“护苗”“秋风”“净网”等专项行动，严密查处违法违规行为。完善督查考核，将“扫黄打非”纳入党建考核范围;签订工作责任制,发动全体村民参与常态巡查、案件线索举报等,对发现线索者进行积分奖励。开展各类宣传教育活动,与阅读活动融合;利用村文体中心,打造乡村“复兴少年宫”;以“扫黄打非”为主题,承办文艺展示活动10余场;创作“扫黄打非”系列文艺节目。全村未发现非法出版物。

(陈倩钰)

吕四港镇

【概况】 吕四港镇行政区域面积152.8平方千米,耕地面积7149公顷。辖35个行政村、5个居委会。2022年,镇实现地区生产总值295亿元,比上年增长6%;一般公共预算收入3.87亿元,比上年下降35.5%;完成规模工业应税销售127.3亿元,比上年下降13.4%;实现财政总收入24亿元,比上年增长100%;完成全社会固定资产投资20.1亿元,比上年下降22.5%。2022年全国综合实力千强镇排名跃居第78位。加强道德典型培树引领,获评“中国好人”2名、“江苏好人”1组。办理人大代表建议意见144件,办复率均达100%,满意率达99%。

【功能布局优化】 2022年,镇科学推进规划编制,完成12个片区规划,其中6个获省批复,6个上报待批中;完成6.1平方千米高端商务新城区、5平方千米宜居生活老城区、156亩电动工具产业城规划。优化土地资源配置,完成5宗土地出让,实现收益13.3亿元。上报入库项目及举证785亩,完成占补平衡217亩,超额完成全年目标。开展征地拆迁,完成港城国际东侧、洋吕铁路、335省道大洋港桥等16个地块13.5万平方米的签约腾房工作,329亩土地顺利征收。

【工业经济】 2022年,镇完成规模工业产值121.4亿元,规模以上工业应税销售127.3亿元。实现新增规模以上工业企业24家(含月度新增3家),新增规模以上服务业企业7家(含月度新增3家),新增限额以上企业12家(含月度新增3家)。赴浙江、山东、安徽等地开展招商推介、实地考察、对接洽谈等活动5次,接待来访和外出拜访鑫磊空压机、力达集团、浙江国贸数字科技等重大项目10个。成功引进亿元以上项目10个,其中,10亿元以上1个、5亿元以上1个、超亿美元1个、亿元以上5个、3000万美元以上2个。新开工产业项目12个,其中,亿元以上9个,总投资超16亿元,新开工建筑面积达18万平方米。完成盘活存量项目7个。

【电动工具业】 2022年,东成、弗林特、中吕齿轮、磊阳、东泰5家企业入选2022年度启东市工业百强,东成公司列百强首位。成功举办中国·启东第21届天汾科技五金交易会(线上+线下),吸引全国各地参展商近400家,展出产品2000余种。邀请全球知名会计事务所普华永道为吕四港镇电动工具产业做规划。承办全省工业互联网标识应用百场区县行(启东站)活动,鼓励企业加快推进“智改数转”。天汾电动工具产业园获评第一批南通市现代服务业高质量发展集聚示范区,“启东电动工具制造工匠”获评南通市级劳务品牌。至12月底,吕四电动工具企业达690家。1—12月,吕四港镇全部电动工具企业完成应税销售135.62亿元,同比增幅-8.75%,实现工业税收2.9亿元;电动工具规模以上企业完成应税销售112.08亿元,同比增幅-13.67%,实现工业税收2.6亿元。

1月27日,吕四港镇电动工具行业企业家座谈会暨一季度产业项目集中签约仪式成功举办

(吕四港镇/供图)

【农业经济】 2022年,全镇共有在建农业项目8个,其中千万元以上项目7个,完成投资3.5亿元。发展现代示范农业,推进高标田示范区结余资金项目和高标田补建项目建设,吕复片区入选全省首批高标准农田示范项目。发挥启东稻米产业联盟优势,共有成员30家,年种植面积稳定在1万亩以上,年产量约5000吨,带动3500余户增收240万元。如意村“一环一带八点”文旅项目区和吕复村“稻田公园”农旅项目区成为网红打卡点。做强海洋产业,全镇共有渔船479艘,实现水产品总产量27万吨,创造渔业经济产值54亿元。

【科技人才】 2022年,全镇申报高新技术企业19家,认定12家;认定科技型中小企业58家。鼓励企业加大创新力度,成功落地科创项目7个。新增发明专利申请360件,授权70件。加强与高校、科研院所、人才中介机构对接,成功举办第七届“启创杯”创业大赛沈阳赛区城市赛、合肥人才政策推介会,申报符合国家海外引才计划条件的人才27名,入选2名。引进符合申报“双创计划”人才5名。申报并入选“东疆英才”项目2个。完成产学研项目落地35个。

【生态环境建设】 2022年，镇以创建省级特色田园乡村、市级美丽宜居乡村为契机，累计投入5000余万元，实施50余个项目，其中总投入2000万元的范龙村特色田园乡村创建待省级验收。全域推进农村人居环境整治，拆除违章建筑29处、破落建筑246处、"三棚"2930处。完成14条黑臭水体及14处河道"清四乱"（清乱占、乱堆、乱建、乱采）整治。推进国省考断面涉及的3个片区近5000户农村分散式污水管网建设。推动农田水利建设，疏浚整治河道154条37.5千米，清淤土方20.2万立方米，建成生态河道39条6.3千米。范龙村、如意村通过省级"三美一高"示范创建验收，范龙、垦北、巴掌、如意、通兴镇5个村入围启东市人居环境三星级行政村。

【城镇建设】 2022年，镇加大旧城改造力度，完成24个老旧小区改造、镇区12千米污水管网新建修复及天汾集镇整治，实现镇区500余个商铺"十个必接"动态监管，新增500余个公共停车泊位。开展市容市貌、交通秩序、背街小巷、农贸市场等重点领域专项整治，整治流摊、占道经营等4500余起，清理横幅、破损广告76处，拖移（锁定）乱停放非机动车2300余辆。深化违建治理，拆除交办卫片31起、新增违建100起、存量违建2696起。加快完善城乡路网，启动新（改）建道路16条18千米，8条8.5千米镇区道路及天汾、鹤港2座大桥竣工通车。实施商住配套，重点推进6个安置房小区建设，海港花苑、鹤南苑全部完工，兴港嘉苑、桂林苑主体工程竣工，渔港嘉苑开工建设，洋吕新村待挂牌出让，镇区人才公寓、老气象站商住地块以及港城国际西南侧等商住地块开工建设。重点打造沿鹤城路6.8千米环线美丽街区工程，完成10万平方米建筑立面更新以及8千米绿化、亮化，新（改）建完成鹤城文化广场、护城河公共艺术景观节点。与市委统战部编制吕祖文化主题公园分步实施方案，依托鹤城公园原有基础进行改造提升，增添吕祖文化主题内容和特色。完成省级美丽试点镇建设。

吕四港镇鹤城公园 （市融媒体中心/供图）

【社会民生】 2022年，镇社会保障提质扩面，城乡居保、合作医疗、失地农民补助等各类政策性保障覆盖到位。关爱弱势群体，救助各类困难群众1532户2457人次，发放救助金78.81万元。坚持教育优先，出台《吕四港镇促进教育事业高质量发展若干措施（试行）》。打造"同乐港城"群众性文体活动品牌，开展各类新时代文明实践活动40余场次，巴西村农家书屋获评南通市四星级示范农家书屋，镇新时代文明实践所获评启东市新时代文明实践示范所。

【社会治理】 2022年，镇排查受理纠纷207件，调处成功率99.5%，涉及2569万元；接访群众500余批次，受理信访诉求100余件，9件国治件结案。拓展现代化治理领域，在城市管理、信息网络、自然资源、工程建设等重点行业开展智能化、常态化监管，创新打造的"吕四港镇智慧城市管理云图"平台获评南通市市域治理现代化县（市、区）创新应用优秀案例、启东市2022年度大数据创新应用一等奖。

【安全生产】 2022年，镇排查整治各类安全隐患1102处，检查各类企业（单位）396家，行政处罚30家，罚款43.5万元。完成5万栋既有建筑摸排、2688栋经营性自建房隐患排查及26栋危房整治。落实各级渔业安全生产要求，开展渔业安全生产专项整治，检查渔船1926艘次，发现隐患439个，全部整改完成。组织浮子筏专项整治行动20次，清理浮子筏75只、快艇2艘、"三无"船舶1艘、非法捕捞网具90余口。

【吕四港镇示范区建设项目入选全省首批高标准农田示范项目】 内容参见《农业·高标准农田建设》

【范龙村创建江苏省特色田园乡村】 内容参见《乡村振兴·乡村建设》

【"港城管理云底座"上线运行】 9月12日，吕四港镇"港城管理云底座"正式上线运行，标志着吕四港镇智慧城市建设正式启动。该平台是吕四港镇在镇域指挥中心原有系统基础上，构建自主实用的新一代云智一体城市管理底座，形成全镇交通状况、建筑工地、企业生产、突发事件以及网格服务等时空大数据"一张图"，达到数字化分析研判、迅捷化实时指挥效果。

（彭焕倩）

【社区建设】 2022年，吕四港镇有5个社区，659名在册党员，16696名社区居民。改善社区服务条件。开展便民服务工作，调剂社区用房，晓明、公园社区党群服务中心迁至文体中心办公，仙鹤社区通过接收碧桂园北区社区用房建成居家养老服务室。社区文体设施不断完善，将原吕四中学改建成集文化、体育、社区服务、镇史展览、教育培训、教育管理为一体的近1万平方米的吕四文体中心;退役军人服务站、家庭医生工作站等各项社区配套功能不断完善。菜园路沿河建成健身步道。

(印　静)

北新镇

【概况】 2022年,北新镇行政区域面积97.2平方千米,耕地面积6091公顷。全镇有户籍总人口7.6万人,下辖24个行政村、2个居委会。全镇实现地区生产总值10.43亿元,比上年增长4%;完成一般公共预算收入0.37亿元,比上年减少3.95%;完成规模工业总产值7.77亿元,比上年增长19.5%;完成规模工业应税销售5.36亿元,比上年增长9.39%;实现限额以上消费品销售额5.64亿元,比上年减少24.8%;实现进出口总额0.39亿元,比上年增长38.79%。首次入选全国综合实力千强镇,位列第885名。

【工业经济】 2022年,镇紧盯重点区域,加强招商队伍建设,深化与商会协会、第三方机构合作,挖掘在外乡贤社会资源,提升招商精准化水平。上报亿元以上项目信息36条,邀请市领导拜访项目6次,举办招商引资推介会4场。全年新引进亿元以上签约项目4个,其中5亿元以上1个;新引进亿元以上注册项目2个,其中5亿元以上1个;完成新开工亿元以下制造业项目3个,新开工亿元以上制造业项目0.5个;完成500万元以上技改项目设备投资目标任务,实际完成15550万元。

【农业经济】 2022年,镇加大农业招商,至年底,有重大农业项目9个,合计投入约2.4亿元。红阳村秸秆等农业农村有机废物综合利用中心项目、安联村高标准农田智慧农业示范区2021年开工建设,2个项目2022年投入约5500万元。其余7个项目是新招引的农业重大项目,分别是雨露精品蔬菜产销一体化项目、双仙无土栽培二期项目、普东智能温室项目、智慧种植农业和育种基地建设项目、安联及建新绿色高效稻麦示范项目、苏如农产品加工项目、启东市展宏粮油项目。高质量完成2021年度8000亩建设目标任务,2022年8月通过省、南通和启东市三级验收,并被南通评为值得推广的样板工程;完成2022年3000亩新建项目,总投资1250万元。高标田建设面积占总耕地面积的99.6%。全年全镇村集体经济收入共计1950.73万元,与上年同期相比增收500多万元,24个行政村全部实现增收并达到不低于每村60万元/年的标准,最高为343.65万元,村均81.28万元。推进普东(产业兴旺)和邦道(治理有效)乡村振兴先进村的培育工作,2个村共计规划建设7个项目。其中,普东村重点围绕产业发展,投入近300万元,建设规模化塑料薄膜智能日光温室项目,打造特色果蔬种植、冷链和加工产销运一体化产业。

【科技创新】 2022年,镇申报高新技术企业4家,全年高新技术企业新增1家。落地科创项目5个,企业研发经费投入3500万元,科技型中小企业评价入库18家,技术合同成交额登记51296万元,知识产权质押融资完成3笔2170万元,产学研合作项目完成10个。

【镇村建设】 2022年,镇完成北新镇国土空间规划的初步方案、中心镇镇区及民主工业园区成片开发方案的控制性详细规划初步方案编制,实施方案评审;完成中心镇镇区综合文化中心平面布置图和民主工业园区的工业综合体规划初步工作。完成道路、排水管网、绿化、美丽乡村建设等项目18个,黑色化改造道路15221平方米,改造危桥4座,新建镇区污水管道3906米,新建雨水管道2400米,新增绿化面积10390平方米,实施农村生活污水治理9个村3645户。北沿江高铁(北新段)搬迁签约305户,主线拆迁腾房率100%,完成征地组卷任务。创建美丽宜居乡村7个,农房解危整治54户。根据红阳村特色田园乡村规划文本要求,累计对红阳村投资约700万元,实施农村公路、村委会改造、村域指挥中心、景观节点、文化广场、秸秆综合处理中心等项目建设。全年完成违章建筑整治510宗,拆除违章面积8.03万平方米。

【生态环境建设】 2022年,镇治理黑臭水体11条,打造生态河道15条,清理泯沟240多条;推进绿化补植,道路绿化种植超过农路总长的90%;强化村级农膜回收点建设,推进垃圾分类收集处理,累计清理各类垃圾1万多吨;推进畜禽养殖治理和无害化收集点建设,农村养殖污染得到有效治理;推进无害化卫生厕所普及,完成户厕改造600多座,新建农村三类公厕7座。

【社会民生】 2022年,镇累计发放低保、五保、残疾人、尊老金及优抚费等各类补贴2372.3万元,为计划生育家庭发放各类奖励扶助资金1880多万元。新农保参保率达98%,为220多人次就业困难人员办理社保医保补贴,共计800余人次享受社保医保补贴。完成居保转社保646人,名列全市前茅。开展"一日捐"活动,共募集资金30余万元。严格落实新冠疫情防控各项措施,保持平稳态势,未发生聚集性疫情。

【社会治理】 2022年,镇通过网上平台采集基础信息4万余条,办理民生实事3537件,发现并上报问题事件541起,协调处理矛盾纠纷441件。镇调解中心全年接待来访168批次、来信7批次,调处矛盾纠纷20起,涉及90人次,矛盾调处成功率100%;村调处矛盾纠纷80起,涉及161人次,调处成功率达99%。

【公共服务】 2022年,镇开展"窗口服务效能提升年"暨"五度"承诺服务创建系列活动;完成便利店"一件事"专窗和"15分钟医保服务圈"示范点建设;永安、双仙2个村创成市级便民服务站示范点;试行镇、村两级省市县政务服务平台联动综合运用、全面推行"全科代办制"服务方式,实现窗口"全科办"、惠民"家里办"、不见面"网上办"。全年共受理办结各类事项2.3万多件。推进网格代办工作,全年代办尊老金、居家养老、低保五保评残申请等事项9000多件。运用市限额以下智能交易平台和镇限额以下储备库，完成工程建设招投标和采购项目65个。镇便民服务中心获评2022年度“南通市十佳政务服务大厅”。

【“三色课堂”品牌创建】 2022年，镇依托施简烈士纪念馆打造“红色课堂”。开展展馆“云宣讲”、展览参观、情景课堂展示等活动100余场，以及承办南通市网上红色展馆及红色导览电子地图上线仪式活动，让红色阵地入驻网络空间。依托穗心园党员教育示范基地，打造“金色课堂”，培养农业技术人才。深挖于冬娟、春笋、三毛等家庭农场带头人资源，组建农业技术专家及志愿服务队，通过“线上+线下”的方式，进村开展种植管理、技术培训，累计举办培训班3期，培训200余人次；开设线上先锋党员理论授课20余场，现场直播教学农业技术。依托党群服务综合体培育“绿色平安卫士”，打造“绿色课堂”。以创建网络安全特色示范镇为目标，发挥网警、网红、志愿者、村干部、网格长、宣传工作人员等作用，组建联盟团队，开展网络安全宣传。承办市级网络文明现场会，开展“清朗”“净网”“护苗”等专项整治行动50余场次。针对不同群体，举办网络安全知识宣讲、网络安全线上接力、警网联动反诈进小区等活动20余场，录制各类主题视频20余部。

（施群英）

6月14日，“青年马克思主义者思想教育基地”成立暨“启东市北新镇轶昌村团校”揭牌仪式在北新镇施简烈士纪念馆举行　（北新镇/供图）

东海镇

【概况】 2022年，东海镇行政区划面积85.4平方千米，耕地面积5421公顷，有总人口61058人，辖18个行政村。镇实现地区生产总值43.24亿元，完成一般公共预算收入3140万元；完成规模工业应税销售6.8亿元，比上年增长7.6%；服务业应税销售24.16亿元，比上年增长378.4%；固定资产投资15.96亿元，比上年增长23.5%，其中，工业投资10亿元，服务业投资5.96亿元。实际利用外资250万美元，新增规模工业企业2家，新增规模服务业企业3家，新增限额以上批零住餐企业6家。镇成功创建江苏省健康镇、江苏省文明镇、江苏省放心消费示范区域、江苏省级生态文明建设示范乡镇、江苏省基层党员冬训工作示范乡镇、南通市首批新时代文明实践示范所。

9月26日，位于东海镇锦绣村的绿亭苗木专业合作社，工人正在给罗汉松剪枝整形。该村采取“党支部+合作社+农民”模式，种植罗汉松、美国紫薇、广玉兰、红枫等近10多个苗木品种，销往苏州、杭州等地，带动周边村民共同致富　（王海兵/摄）

【项目建设】 2022年，镇新开工项目4个，分别为总投资1.2亿元的协兴港文旅望海酒店、1亿元的拓尔奇光电、8000万元的品宏机械、1.2亿元的恒源液压二期；有技改项目2个，分别为总投资1000万元的欧瑞食品、3000万元的华能风电。年内竣工项目1个，为总投资1亿元的龙建轻质墙材项目。盘活原新安粮站地块12亩，引进韩国烤鳗项目；盘活原仲辉小学地块9亩，完成欧瑞食品调味品项目落地。全年签约项目6个，分别为总投资20亿元的中储粮、3亿美元的安启新材料、5亿元的信瑞产业园、1亿元的欧瑞食品、3000万美元的泓鳗食品和250万美元的风光金食新能源。重点在手在谈项目6个，分别为总投资3亿元的深圳智能家电、3亿元的深圳电子元器件、2亿元的上海智能移动公共卫生间、2亿元的苏州改性材料、1亿元的昆山智能化教学仪器、1亿元的常州医疗耗材。

【农业经济】 2022年，星宏村、兴旺村新建智能化蔬菜保鲜储存仓库，为增加村级收入打开渠道。出台《东海镇对村干部盘活村级资产性、经营性收入的奖励激励办法》,推动村营收入转型升级。高度重视规模农业发展,全年在建规模农业项目10个,累计完成投资额5.77亿元。大力发展高效生态农业,推动绿亭苗圃及静心、企通等休闲农庄创新发展,促进一产和三产深度融合。用好用活产权交易平台,农户承包地土地流转达1.4万亩。

【科技创新】 2022年,镇成功引进高层次人才1名,申报国家海外人才项目22个,通过"东疆英才"计划项目2个,林孝蔚的芯片封装用导电胶黏剂的研发和产业化项目通过"江海英才"计划。加大本土科创项目培育扶持力度,引进科创项目1个,完成科技型中小企业评价入库21家,签订产学研合同8个,技术合同成交额达8.8亿元。江苏恒源液压有限公司通过高新技术企业复审和省专精特新小企业认证,南通高木机械有限公司通过高新技术企业认定。

【镇村建设】 2022年,云祥村盘活原先进小学建设用地,投资650万元新建4000平方米标准化厂房,完成招投标程序。新东公路全线通车,沿线绿化全部完成。惠安北桥、新安大桥改建项目开工建设,镇政府前新丰街"白改黑"改造完成。镇西路提档升级、老疆河7座桥改造完成并交工验收,镇区所有空置地块均完成绿化改造。改造盘活供销社、粮站地块,至年底,供销社建筑外立面完成改造。盘活原华森纺织13亩土地,新建1万平方米厂房、办公楼及研发中心,至年底,施工进入收尾阶段。盘活原永安纺织38亩土地,完成厂房、办公楼建设。

【生态环境建设】 2022年,镇实施生态河道示范村建设、活水畅流、村庄河塘整治三大工程,新建生态河道11条,累计疏浚河道土方47.05万立方米,其中,疏浚泯沟552条,疏浚横河1条,填埋泯沟257条,填埋宅坨272条,治理黑臭水体19条。全面完成兴旺村、云祥村无害化户厕改造,累计完成主干道沿线破落建筑和"三棚"整治161处,完成18个村非主干道沿线破落建筑和"三棚"整治1085处。

【社会民生】 2022年,镇新冠疫情防控精准有力,共计接种疫苗111358剂次,组织完成各类社会面核酸检测70次,完成率均为100%。城乡居民养老保险参保缴费率达94.87%,符合条件的退役军人和其他优抚对象申领优待证,就业困难人员灵活就业社保补贴191人次。在9个村推行乡村公益医疗互助试点,参与9329人,筹集资金93.29万元,互助金额达22.57万元,惠及291人次。投入110万元为新安、大丰幼儿园购置设备,划拨100万元支持新安卫生院购置B超机及门诊大楼改造。建设新安派出所,完成镇政府老小区改造,消防站投入使用,全镇公共服务设施日趋完善。

【社会治理】 2022年,镇开展社会矛盾风险隐患拉网式大排查大起底大化解专项行动,累计排查调处各类矛盾纠纷176件,接待和受理群众来信来访186件,受理办结率达98%。创新推进法治宣传、反诈宣传,培育"法律明白人"170名、"学法用法示范户"85户,拍摄普法短视频14部,举办专题讲座、宣讲200余次,开展法治宣传活动10余场,发放法治宣传资料2万余份。兴旺村获评南通市"七五"普法先进集体,星宏村高雁获评南通市"倪伯苍式"法律明白人。全年累计检查生产经营单位476家次,共排查出隐患1043处,下达责令限期整改指令书24份、整改复查意见书24份,处罚企业9家,收缴罚金10万余元,整治浮子筏40只、"三无"船舶2艘、非法快艇1艘。

（陈佳杰）

惠萍镇

【概况】 2022年,惠萍镇行政区域面积82平方千米,耕地面积4586公顷。全镇有户籍人口6.75万人,其中常住人口5.82万人;辖15个行政村和2个社区。全年实现地区生产总值111亿元,比上年增长4%;实现规模工业总产值12.8亿元,比上年增长4%;实现规模工业应税销售9.3亿元,比上年增长34.6%。镇在全国综合实力千强镇中位列第893位,并获2022年度全省基层党员冬训工作示范乡镇、江苏省农村人居环境"三美一高"示范镇等荣誉,东兴镇村获评江苏省特色田园乡村、南通市基层党建工作示范点。

【工业经济】 2022年,镇有新开工工业项目5个,其中亿元以上项目2个,分别为白兔轻型输送带制造项目、振赋林智能数控机床制造项目,白兔和振赋林项目为"拿地即开工"项目。工业综合体项目推进开工手续办理。全年智改数转项目目标7个,完成16个。有5亿元以上、3000万美元以上在手在谈项目5个;新引进5亿元以上签约注册项目1个(东城智造产业园项目);新引进亿元以上签约注册项目2个(智能数控机床制造项目、高端笔尖制造项目);制造业实际利用外资到账125万美元。

【农业经济】 2022年,镇有规模农业建设开工项目19个,其中,种植业5个、养殖业9个、加工业5个,全年竣工项目19个,总投资额3.8亿元。开展高标准农田建设养护,完成临河村1500亩、鸿西村1300亩高标准农田流转,全部用于种植连片优质稻麦。保护农村土地资源,控减大葱种植面积,完成海鸿村、永胜村、惠安村南美白对虾整治清理,开展耕地轮作试点,其中50亩以上大豆面积达6838.19亩。强化农业全链条管理,建成四星级农产品安全监管站,实行合作社、家庭农场数字化建设,成功申报飞海谷物种植农民专业合作社绿色基地项目。

【科技创新】 2022年,镇引进16名高层次人才申报国家"启明计划",1人入选南通市"江海英才计划",1人入选启东市"东疆英才计划",引荐26个人才项目参加第七届"启创杯"创业大赛。招引3个科创项目落地；培育雏鹰企业2家、瞪羚企业1家；指导9家企业申报高新技术企业。

【镇村建设】 2022年，镇配合开展奥体中心片区和妇幼保健院片区开发规划编制，交付第二污水处理厂、新气象站、四号地块、启东中学新校区、汇泰嘉园三期5块净地，完成惠阳南路、华山路等7个项目地块的土地征收工作。推进基础设施建设，完成农村生活污水治理以及建设年代较早、基础设施相对滞后的农联小区雨污水管网改造等工程，累计受益农户近3600户。实施5条主干道沿线破落、违法建筑、堆场等专项整治，推进三条港河治理工程，实施主入口及主干道沿线美化亮化绿化改造和镇区空地、街头转角“口袋公园”建设。完善镇区公共服务功能，提升公共服务能力，大兴集镇农贸市场对外开放。

【生态环境建设】 2022年，镇以打造“三清四绿”（网格清洁、风貌清爽、职能清晰；河水碧绿、街岸植绿、家园铺绿、“四废”还绿）品牌为契机，有效落实人居环境整治五年行动计划。全域开展违法、破落建筑整治，“无违建村”创建成效显著，累计拆除破旧（违章）建筑224处，干道沿线“三棚”整治230处。干道沿线整治通过市级验收，所有村整村推进“三棚”整治，消除农村各式破落棚舍9600多处，10个村争创市人居办三星级行政村。省“三美一高”示范镇及东兴镇、南清河两个示范村建设通过南通、省评估。围绕河长制工作要求，集中开展“两违”“三乱”“四清”（违法圈圩、违法建设；乱占、乱建、乱排；清乱占、清乱堆、清乱建、清乱种）等专项整治行动。完成户厕改革排摸，建立完善农村入户调查基础信息采集一人一档，全年改厕任务为481座，完成539座，全部通过验收。集中纠正出店经营、占道经营、乱堆乱放、乱拉横幅等现象，发放并签订市容环卫三包责任书242份。检查户外广告和店招标牌52处，清理道路两侧有安全隐患的大型户外广告1起。开展打击跨区域偷运偷倒建筑垃圾专项行动，发现4起乱倒建筑垃圾行为并发出整改通知。

7月25日，惠萍镇东兴镇村村民在辣椒基地采摘辣椒。该基地种植泡椒、线椒、薄皮椒，平均亩产可达6000元 （姜新春/摄）

【社会民生】 2022年，镇完成士连村变电所、惠阳南路（世纪大道—沿江公路）、华山路（世纪大道—新安江路）、惠萍幼儿园、惠萍派出所、第二污水处理厂、奥体中心、启东中学地块保障安置；完成蝶湖东侧片区123、工业综合体、北沿江地块的安置人员产生和保障衔接工作。建立社会救助工作联席会议制度，实施新修订的低保工作规程，重点抓好“单人保”、收入豁免、缓退渐退等政策的落实。全面推进养老服务，发放尊老金4149人28.75万元，完成38户空巢独居失能、半失能困难老人家庭适老化改造。31名困境儿童全部纳入保障，完成困难残疾人生活补贴自然增长和重度残疾人护理补贴提标工作。创建“15分钟医保服务圈”省级示范点，推动实现医保公共服务向基层延伸。

【社会治理】 2022年，镇开展“全民反诈行动”宣传教育，张贴发放各类海报、宣传单页6万余份。全年调处各类矛盾纠纷82起，调解成功82起，庭调6起，纠纷受理率、调处成功率均为100%，未发生一例因涉黑涉恶引起的“民转刑”案件。推进社会稳定风险评估工作，完成稳评13件。推进安全生产，累计检查各类单位121家，排查隐患240条，全部完成整改。推进事前执法，完成事前执法8件，罚款总额13.04万元。开展道路交通、群租房及出租厂房、基层消防领域“三清”（底数清单、隐患清单、任务清单）行动，排查出隐患41条。发挥线上网格微信群+线下网格团队“铁脚板”力量，常态化助力新冠疫情防控、小化工排查、消防安全、拆违控违、平安建设等工作，全年全镇网格处置事件1.1万条，其中，提级上报处置3002条，提级率达27%，办结率100%。贯彻落实综合行政执法新模式建设，推动跨部门、跨职能、跨层级的处置效能，全年处置12345联动诉求4000余件，其中，国务院交办工单3件、省级工单70件，群众满意率达98%。

【东兴镇村东兴二村获评江苏省特色田园乡村】 内容参见《乡村振兴·乡村建设》

（王丹旎）

南阳镇

【概况】 2022年，南阳镇行政区域面积126.86平方千米，总耕地面积7746.24公顷，总人口92463人，辖29个行政村、1个居委会。全年实现地

5月5日，在南阳镇耕南村苏沪农业园夏广超果蔬种植基地，负责人夏广超在采摘试种成功的番茄新品“法国红” （罗春燕/摄）

区生产总值72.05万元，完成一般公共预算收入8932万元，完成年初预算105.6%；全社会固定资产投资10亿元；规模工业产值21.2亿元，比上年增长9%；规模工业应税销售16.8亿元，比上年增长5.2%；新增规模以上工业企业3家、规模以上服务业企业5家、限额以上批零住餐企业9家；新增南通综合金融服务平台企业注册100家；新增企业上市（挂牌）后备企业2家、省股交中心挂牌企业1家。镇在全国综合实力千强镇中位列898位；以南通唯一、全省第一入选国家农业产业强镇创建名单。镇被省委、省政府授予江苏省乡村振兴先进集体，获评江苏省生态文明建设示范镇、江苏省五星级乡镇农产品质量安全监管机构、南通市平安法治示范乡镇、南通市统计规范化建设五星级乡镇等称号。启东市现代农业产业示范园通过第二批省级现代农业产业示范园认定。

【项目建设】 2022年，镇签约注册亿元以上项目8个，其中，5亿元项目4个、百亿元项目1个。重视本土新上项目、扩大投资，总投资5亿元的启东·吴江高端制造产业园首开区工业综合体项目签约，建设高标准厂房5.9万平方米；总投资6.5亿元的神通高端装备专精特新项目签约立项；总投资5亿元的恒源泰食品精深加工项目签约，对南阳油厂旧址进行保护与再开发利用。工业企业设备投资技改项目6个，有效投资3450万元。总投资5亿元的中锻新能源项目签约落地高新区。新开工亿元以上项目1.5个，致微机针项目主体工程封顶，科琅膜核电型陶瓷纳滤膜及其智能应用装备制造项目落户启东经济开发区。华工机电2栋厂房建成，东奥新能源地块项目完成司法拍卖，新开工亿元以上项目力湃芯片项目实施桩基施工。

【科技创新】 2022年，镇招引落地科创项目2个，科创项目培育雏鹰企业3家，高新技术企业申报11家，实现产学研项目合作10个，新增发明专利申请100件，授权27件。符合海外人才有效申报18人，“312”计划申报25人，符合省“双创计划”条件人才引进1人，举办人才政策推介活动9场。市“东疆英才计划”入选1人，获奖补资金100万元。嘉禾力农业创客汇（众创空间）、神通高端装备孵化器、喆瀚数码孵化器三大孵化器启动申报工作。推动低效企业和存量资源盘活，全年盘活土地146.7亩，原少直缫丝厂24亩土地引进华工机电新上项目，原朗峰新材料有限公司30亩土地新建2万平方米工业厂房，原神通锻造厂8.7亩土地建设嘉鸿阀门项目，原海鹰阀门厂22亩土地引进豪胜起重设备、阿米利自动化科技公司，原南阳油厂54亩土地用于发展粮油精深加工项目，原永和福星棉机8亩土地新上华东润滑扩建技改项目。

【农业经济】 2022年，全镇主导产业标准化种植基地面积达5.5万亩，实现产量4.2万吨，农业总产值13亿元，其中主导产业全产业链产值4亿元。以现代规模农业发展为主方向，全年共实施千万元以上农业项目8个，总投资达2.6亿元。全面提升农田基础设施承载能力，投资1500万元高标准农田建设项目通过南通市级验收，全镇共建成高标田8.8万亩。元祥村获评省级文明村、省美丽家园建设示范点，推进小塘沙村乡村振兴示范培育工作，乐庭村特色田园乡村建设工作启动，34个美丽宜居乡村完成创建。统筹10个市级人居环境三星级村整治工作，共计拆除违法建筑3362平方米、破落建筑4920平方米，完成“三棚”拆除整改1667处；其余村完成“三棚”拆除整改646处。完成1121座农村户厕改造验收、18条黑臭水体整治、23条生态河道建设，疏浚泯沟66条，填埋泯沟18条，疏浚横河1条。

【城镇建设】 2022年，镇对镇区3.34平方千米进行整体控制性详细规划编制和1.7平方千米城市设计，编制澳兴棉业、文体中心等多个重点地块控规。完成启东·吴江高端制造产业园区及其配套服务区开发平衡方案研究，编制综合开发项目实施方案，确定建设项目和实施年限。获批中友海鲜城、产业园首开区2个征地成片开发方案，共计1059亩。启动启东·吴江高端制造产业园首开区及其配套区拆迁工作，完成412户拆迁任务；首开区工业综合体项目土地征用手续获批，完成场地平整工作。“弃宅进镇”安置区完成拆迁，做好征地材料组卷工作。南阳镇为民服务中心和文体中心图纸设计完成，土地证办理到位。人民路西延道路工程完成招标，确定施工队伍。澳兴棉业、中友海鲜城2个地块启动收储。

【生态环境建设】 2022年，全镇空气优良天数比例达93.3%，地表水水质达Ⅲ类标准。镇区污水处理"厂站网"一体化建设方案通过南通评审，完成方案编制，施工图完成深化设计。有机肥利用率达68%，开展废旧农膜和农药废弃物回收工作，全年回收农膜3.3万公斤、农药包装物26.3万件。推进危险废物专项整治，工业企业、建筑工地等领域废气扬尘治理协同开展，做好秸秆禁烧、禁抛工作，加大秸秆综合利用，回收秸秆4000余吨。加大对中央、省环保督察回头看交办问题整改力度，全年完成6个点位问题整改工作，《生态南阳　攻坚有我》宣传片获省2022年攻坚宣传作品优秀奖。

【社会民生】 2022年，镇民生支出达6157.5万元，占全年支出的37.4%。全市首创设立启东市慈善总会南阳镇奖教基金，总规模达100.8万元，定向用于镇教育资助和帮扶。承办市级气排球比赛1场，举办"蝶湖夏夜·南阳专场"，全年累计开展"文艺轻骑兵""共乐东疆""书启南阳"全民阅读等文化活动228场，启兴村新时代文明实践站入选南通市首批新时代文明实践示范站。策应"德润东疆·好人之城"建设，全年获评南通市"五好"家庭1户、"南通好人"1位，启东市文明家庭1户、启东市道德模范提名奖2位、"启东好人"5位。开展中共二十大"强国复兴有我"群众性主题宣传教育活动54次。推进文旅融合发展，依托省级现代农业产业示范园，投资1000万元，打造启东首个现代农业科普体验综合基地。

【社会治理】 2022年，镇创新实践"精网微格"社会治理模式，共建共治共享的社会治理格局持续深化。成功调解各类矛盾纠纷62起，化解疑难信访矛盾140起，受理并办结各类信访件73件。镇人民调解委员会获评南通市十年调解光荣榜优秀组织。持续推进平安法治建设，镇连续三年被评为南通市平安法治示范乡镇，2家法治文化园被评为南通市级法治文化建设示范点。实施全民反诈攻坚行动，全镇电信网络诈骗案件比上年下降37.1%。全面提升治安防控体系水平，投资60万元在中农批建设平安法治联盟工作站。开展安全生产专项整治"三年大灶"行动，重点开展危化品、出租厂房、城镇燃气等重点行业领域百日攻坚行动，352条隐患问题全部完成整改。开展全镇公共安全重大隐患"三清"专项行动，所有问题隐患均整改到位。该项工作连续8个月排名全市第一，4篇经验文章被《南通应急管理》《江苏安全生产》录用。

【南阳镇入选2022年农业产业强镇创建名单】 内容参见《乡村振兴·乡村产业》

（孙天乐）

海复镇

【概况】 2022年，海复镇行政区划面积73.8平方千米，耕地面积4069.01公顷，户籍总人口49767人，辖17个行政村、1个居委会。全年实现地区生产总值39.06亿元，完成一般公共预算收入1142万元，比上年减少20.64%；完成全社会固定资产投资9.65亿元，比上年减少10.93%；完成规模工业增加值1.3亿元，比上年增长53.96%，完成规模工业总产值8.4亿元，比上年增长62.98%；完成规模工业应税销售6.58亿元，比上年增长64%。全年完成服务业应税销售1.38亿元，比上年增长9.77%；完成规模以上服务业营业收入3750万元，比上年减少57.32%；完成限额以上（含大个体）消费品销售额4.25亿元，增幅9.3%。新增规模以上工业企业3家、规模以上服务业企业3家、限额以上批发零售和住宿餐饮业企业2家。安东村获评全国示范性老年友好型社区。均里村获评省文明村，搬场村获评2021年度南通市勇当全省"争做表率、争做示范、走在前列"排头兵先进集体。

【项目建设】 2022年，镇分别在上海、苏州、昆山、深圳举办投资环境恳谈会。全年新签约注册亿元以上项目3个，总投资3.1亿元；在手在谈项目14个，其中重点项目信息7个。推进项目建设，总投资5亿元的欧伯朗数控机床核心功能部件生产项目、总投资1.05亿元的舒众工业设备特种空调生产项目、丹迪特流体设备加工项目均开工建设。盘活原昌顺制衣厂房7780平方米、原海复塑料厂6732平方米、原南通食汇冷链厂房2351平方米、原南通欧兴纺织品有限公司厂房4500平方米，累计盘活项目用地18.35亩。

【人才科技】 2022年，镇协同举办科创比赛1场，引荐人才项目获"启创杯"西安赛区三等奖、"启创杯"总决赛二等奖，引进符合省"双创计划"条件人才1名。全年完成企业研发经费投入2070万元，比上年增长13%。新增发明专利申请70件、授权发明专利5件。完成产学研合作项目10个。完成18家科技型中小企业评价入库。澳亚新兰、茂顺船舶、铂莱德等5家企业开展申报高新技术企业前期准备工作。

【乡村振兴】 2022年，镇项目农业投资稳中向上，重大农业项目共投资6.2

海复镇均里村一景　　（海复镇/供图）

亿元,新引进农业项目5个。粮食产能稳定提升,小麦播种面积达1万亩,其中村集体领办经营的新型合作农场播种面积5000亩,平均亩产干麦达350公斤。粮食作物的播种面积、产量均为近三年来最高水平,三大主粮作物农业保险覆盖率达100%。高起点做好片区开发规划,根据市委全委会要求,将抗大九分校、通海垦牧公司、沙地圩田系统特色节点串联成线,打造垦牧农旅特色镇。推进道口节点景观提升改造工作,围绕垦牧文化及镇产业特色营造标志景观,在主要道口设置标识指引、小品景观,提升沿线绿化景观,建设有海复特色的街角公园等。至年底,通海垦牧公司入口道路建设工程、铁路安置区南出口绿化、街角公园、富民路亮化工程均完成施工。均里村申报创建省级特色田园乡村。

【生态环境建设】 2022年,镇污染防治攻坚项目持续推动,完成5个学校厨房油烟治理项目,超额完成国Ⅲ排放柴油货车淘汰任务,共完成45辆,完成率全市第一。开展农村畜禽粪污资源化利用试点,新开工建设4个粪污综合利用发酵床项目。海复镇生活污水处理厂完成提标改造并通过环保竣工验收,镇区建成复兴路、富强路、环城南路、康复路、兴海路等道路沿线污水主管6千米,沿线“十个必接”纳入主管68家,海复一片区二片区完成农村分散式污水设计。加快市考断面沿线农村污水管网方案设计编标。农村人居环境整治深入推进,制定镇人居环境整治工作方案,累计整治主干道沿线“三棚”692处、破落建筑96处及违章建筑231处18690平方米。推进搬场村、五圩村厕所革命,改厕占比均达95%以上。全年完成生态河道建设20条,完成黑臭水体整治15条。北固村、五圩村创建生态河道示范村。

【社会民生】 2022年,镇提供精准临时救助38人次73535元,共募集慈善资金约51.81万元。在册享受分散“五保”84人、集中“五保”26人、农村低保278户398人、城镇低保8户11人,在册享受残疾人“两项”补贴702人。政府购买居家养老服务工作持续开展,新增办理政府购买居家养老服务对象384人,村级居家养老服务站和银发驿站建设实现全覆盖;规范养老惠民专项资金的发放使用。排摸困境儿童17人,享受困境儿童补贴17人。强化民生配套服务,做好市第五人民医院保障工程建设,完成配套设施建设工程招投标,进场施工。在四堤村建设镇级守灵中心,并检查整改各村安息堂安全问题。打造“垦为民”服务品牌,完善镇村便民服务设施和优化服务流程,实施“网上办”“掌上办”“一次办”“帮办代办”等服务。

【社会治理】 2022年,镇培育政法文化,其中“人民警察节”等多项活动被江苏网和启东融媒体报道。“老邱工作室”启用,建成示范法治联盟工作站,首创铁路护路“三路三融”机制(知路爱路护路,融学融法融常),平安小站顺利竣工,网格工作站建设实现全覆盖。全年12345热线话务量1886件,完成连线演练10余次。启东市首家法治驿站在倪伯苍网格成立。推行法治文化阵地“村村有、村村优”工程,提档升级法治文化园4家,至年底,全镇有省级法治建设示范点1家、南通市级法治建设示范点2家。开展平安专项行动,镇村化解矛盾117起、积案12件,“三三五三”(突出三个工作举措,落实三项工作法,聚焦五个关键点,打好三张信访牌)工作经验在全市信访会议上介绍。倪伯苍被评为全国平安卫士。镇获评南通市“七五”普法先进集体、南通市“法律明白人”培育工作成绩突出集体。

(顾婕嫆)

合作镇

【概况】 2022年,合作镇行政区划面积88.7平方千米,耕地面积4574.92公顷,有总人口56494人,辖17个行政村。全年实现地区生产总值35.90亿元,完成一般公共预算收入完成2030万元,还原留抵退税,累计完成一般预算收入2437万元。实现规模以上工业应税销售5.33亿元,比上年增长4.7%;服务业应税销售1.14亿元,比上年增长34.81%;外贸进出口总额1.1亿元,超额完成年度目标任务。

【双招双引】 2022年,镇举办在外招商推介会4次、线上“云招商”10余次,新签约项目5个,其中,10亿元以上项目2个(陶铝新材料、3D视屏落户于高新区)、5亿元以上项目1个(工业综合体)、亿元项目1个(固特金属)。拓宽人才引荐渠道,引进海外人才26名,引进符合省“双创”人才条件1名,新增科技型中小企业22家、高新技术企业1家。推进存量地块的腾笼换鸟、二次嫁接。盘活存量土地10亩,为旺顺化工地块引进固特金属项目;盘活存量厂房3个,分别为力霸机电、坤杰箱包和荣大科技;完成技改项目2个,为东益电动工具配件和华悦纺织;培育规模以上工业企业2家。

【农旅融合】 2022年,镇新增规模流转土地5000亩,退林还耕2400亩,不断完善以稻麦、果蔬为主体的区域种植体系。小麦、蚕豆等3.1万亩夏粮实现稳产,水稻、大豆、玉米等6.07万亩秋粮丰收。新增家庭农场10家,累计有家庭农场206家。锦荣农作物合作社成功创建南通市农事综合服务中心,推动传统农业向现代农业转型发展。十里阳光葡萄园种植面积800亩,亩产2500~3000公斤;芳菲小筑拓展基地,万颐乡墅项目休闲区完成项目设计,圣合项目盘活嫁接稳步推进。串联红楼、启东第一个中共支部诞生地、县人民政府旧址等红色文化遗址,形成“红色初心”旅游线路,累计接待市内外参观3000余人次。推进新义村、洋桥村、曹家镇村创建南通市乡村振兴示范村、先进村。曹家镇村、周云村、无畏村获评省级绿美村庄;新义村、臣义村获评南通市级“三美一高”行政村;曹家镇村获评南通市乡村旅游重点村。

【城镇建设】 2022年,镇在“六横四纵”道路框架全面拉开、府前路商圈基本形成的基础上,推进消防训练基地、工业综合体等重点项目建设。投入475万元，新建沿线2.19千米海启高速便道。争取上级资金100万元，对志圩线沿线绿化提档升级，阳光玫瑰葡萄园、铁强公园等原有景点完成升级改造。投入1500万元，完成曹家镇菜场、水果路沿线等街心公园、口袋公园布点和音乐公路两侧水生态片区建设。完成曹家镇府前路“白改黑”及路标设置；实施东环路、近王线路口改造及周边景观绿化补植。重点推进竖河镇镇区人民路段沿街整治改造、道路中央设置隔离花箱、人民路两侧停车线设置和沿街破损板块的修复。完成拆旧复垦234亩，违章拆除232宗15800平方米。

【生态环境建设】 2022年，镇通过疏浚清障、岸坡整治、绿化种植、河道保洁等措施，成功整治黑臭水体15条，疏浚三级河道2条，总长17千米；四级河道17条，总长25683米；提前完成5个村10条生态河道建设任务并通过市级验收，总投资1400多万元打造生态河道示范片1个，生态河道覆盖率位列全市第一。推进“厂、站、网”一体化城镇污水治理系统化提升工程，完成工程量的30%。落实夏、秋两季秸秆综合利用和禁烧禁抛工作；设置农药农膜废弃物回收点17个，回收废旧农膜约1.53吨。全镇排摸“三棚”整治点位9628个，主干道沿线点位742个通过市级验收，各村点位完成整治6752个，整治率达77.8%。采取就近接入污水管网、配套建设三格式化粪池等方式，改造户厕15968户，其中7个村改厕率达95%以上。

【社会民生】 2022年，镇严格落实新冠疫情防控工作要求，常态化开展核酸检测、人员排查、疫苗接种等工作，首针18周岁以上接种总人数达35184人，接种率达93.5%。完善防止返贫长效机制，为全镇低收入人口购买防贫保险679份，完成危房改造12户。新建慈善村级工作站3个，新增慈善基金82.8万元。建成“15分钟医保服务圈”，对辖区65周岁以上老年人和慢性病患者健康免费体检1.45万人。

合作镇生态河道示范片 （合作镇/供图）

推进文明典范城市创建和国家卫生镇创建工作，镇获评南通市最美家庭1个、“启东好人”2人、启东市书香家庭1个。

【社会治理】 2022年，镇完善镇领导每日接访、“3+X”舆情处置等制度机制，共排查化解矛盾纠纷205件，处置舆情11个，调解成功率100%。深化“袁”法议事品牌效应，梳理调解经验26条，培育“法律明白人”“法治带头人”162人。推进安全生产专项整治三年行动，开展安全隐患大排查大整治行动，累计排查隐患1813个，完成整改1797个，整改率达99%。完成事前执法9起，罚款14.43万元。

（朱　茜）

王鲍镇

【概况】 2022年，王鲍镇行政区域面积126平方千米，耕地面积10.32万亩，总人口80565人，辖22个行政村。全年实现地区生产总值58.54亿元，完成一般公共预算收入4447万元，同比增幅-16%；完成固定资产投资15.69亿元，同比增幅-2.2%；完成规模以上工业总产值21亿元，同比增幅8.2%，其中高新技术产业产值3.6亿元。完成规模以上工业企业应税销售14.88亿元，同比增幅-10.7%。实现社会消费品零售总额2870万元，比上年增长3.9%。完成进出口总额1.65亿元，同比增幅20.43%。新引进亿元以上签约、注册项目2个，新签约3000万美元项目2个。实施产学研合作项目10个，开展引才活动9场。

【项目建设】 2022年，镇新开工5亿元以上项目1个、亿元以上项目1个、亿元以下项目2个。对已开工的沂桂、派尼克斯等6个项目开展“回头看”，督促加快建设进度，提高项目竣工率和转化率。全年3个项目竣工，2个项目转化。新培育规模以上企业7家、入库科技型中小企业32家，新招引落地科创项目3个。成功培育瞪羚企业海隆磁业1家。有效盘活存量闲置低效用地35.13亩。新引进建设农业项目2个，分别是总投资3000万元的高端果蔬无土栽培项目和总投资1500万元的秸秆综合利用项目。

【乡村振兴】 2022年，镇建成2.6万亩全国绿色食品原料（大豆）标准化生产基地，完成康成食品2.5万亩绿色食品青毛豆申报。长久、亚妹等4家合作社绿色“五有”（生产有标准化、管理有规范化、过程有记录化、产品有追溯化、宣传有标识化)规范化建设加快推进。实施退林还耕3478亩,占补平衡284.8亩,拆旧复垦295.7亩,北沿江高铁王鲍段征拆全面完成。四星级农产品质量安全监管站有序创建,初步建设2家村级服务站点。畜禽粪污资源化利用、病死畜禽无害化处理率均达100%。示范创建巩固提升。久西村被列为南通市乡村振兴先进村创建单位,中施村在上年乡村振兴示范村创建基础上继续深化提升。编制完成11个美丽宜居乡村创建规划文本,相关创建工作同步开展。

【镇村建设】 2022年,镇新建、拓宽、提升镇区及周边道路9条,合计约24千米。更新一桥、新港三路西桥2座农村公路宽路窄桥改造竣工。推进镇区污水处理“厂、站、网”一体化整治项目,实施久隆镇区2.6千米雨污管网建设。完成2641户农户污水管网改造。强化镇区公共配套建设,久隆农贸市场完成提档升级,聚南农贸市场实施原地重建。新建小型停车场2个,新增停车泊位226个。打造镇区景观节点,完成吕北公路主入口、御龙路节点、久隆河景观工程。加强干道沿线违章建筑、破落建筑和“三棚”排摸整治,累计整治2141处。新建生态河道58条,覆盖率达70.39%。推进农路绿化美化,共种植红叶石楠19.4万株、金森女贞1万株。深化厕所革命,共改造厕所452户。严格管控违建,累计拆除违建71宗,面积3342.48平方米。完成大气污染防治项目7个,淘汰国Ⅲ以下柴油货车52辆。

【社会民生】 2022年,镇构筑人群免疫屏障,推进60岁以上老人新冠疫苗接种;重点人员返乡健康监测管理累计1.1万人次;加强流调溯源,在重点场所张贴核验“二维码”515个;完成全员(区域)核酸检测47场次,累计采样157.6万人次。落实民生兜底保障政策,动态调整惠及人员,共计发放补助资金1615.76万元,发放尊老金补贴144.15万元,政府购买养老服务惠及5711人;发放各类优抚金1161.41万余元;助残300余人;城乡居保缴费17792人,参保率99.03%,农保转社保880人。全年受理各类办理事项1.2万余件,按时办结率达100%;镇村两级共办理帮办代办事项7.95万余件。实施文化惠民,开展“我们的节日”、纳凉晚会、文艺走亲等活动100余场。承办启东市“新时代乡村阅读季”启动仪式暨械彩主题阅读示范活动,“学习二十大 械彩润东疆”启东市礼遇道德模范、身边好人主题实践活动。新桥镇村“扫黄打非”基层示范点通过省复评,王鲍镇扫黄打非办公室获评2022年度南通市扫黄打非先进集体,久西村新时代文明实践站入围南通市首批新时代文明实践示范站。

12月15日,市文明办会同王鲍镇在奥林苗木园艺场开展“学习二十大 械彩润东疆”启东市礼遇道德模范、身边好人主题实践活动 (王鲍镇/供图)

【社会治理】 2022年,镇平安法治持续深化。“网上+网下”常态化开展扫黑除恶专项斗争、防范电信网络诈骗和养老诈骗宣传等专项行动。累计处理阳光信访平台交办件37件。依托“庭所共建”新模式,构建六方协调机制,推动“三官一律”(法官、检察官、警官、律师)下沉到网格,形成矛盾纠纷多元化解合力。严格落实安全生产监管责任,开展多领域安全生产专项隐患排查整治,排查整治各类隐患1076条。提高镇域治理现代化水平,全年办结12345工单超4000件,回复和办结率达100%。

(钟春婷)

南城区街道

【概况】 2022年,南城区街道辖区总面积8.21平方千米,辖21个基层党组织,有党员3137名;18个社区居委会,常住居民36964户98034人,驻区门店单位8000多家。街道获南通市退役军人事务局五星服务站称号。1人获评2021年度南通市勇当全省“争当表率、争做示范、走在前列”排头兵先进个人。

【社区党建】 2022年,南城区街道办打造“南城有理”理论品牌,创新“区区讲、月月谈”模式,银发驿站、梧桐树党史学堂等载体特色鲜明,工作经验做法等在“学习强国”学习平台录用10篇,在省、南通级媒体报道120次。推进“红网格·通通建”工作,常态开展“双报到·通通在”活动,创新“红管家,通通优”载体,“红新驿站”做法在央视新闻报道,“党建引领城市基层治理”经验在启东市作经验交流。实施老旧小区党建引领物业试点提升工程,城南物业管理的南苑新村被列为启东首家省级红色物业党建引领示范点。

【文明创建】 2022年,南城区街道办做好全国文明典范城市创建工作,完成国测省测市考,在12个小区实施雨污分流管网改造,在22个小区推行垃圾分类,在9个社区部分小区实施老旧小区改造;拆除违章建筑49宗1500多平方米;完成和平南桥断面水质达标摸底登记12713户。指导组建小区业委会,在未申请政府财政补贴的前提下,协调解决天工花苑和建都新村无物业服务的难题,这在街道属首次。推进“德润东疆”志愿服务驿站标准化建设,南苑二村社区志愿服务驿站在南通市志愿服务推进现场会展示,工作做法被央视新闻等媒体报道。

【社会民生】 2022年,南城区街道办做好疫情防控工作,60岁及以上老年人新冠疫苗首针接种率达96%,全程接种率达94.7%。开展安全生产“百日攻坚”、公共安全重大隐患“三清”专项行动,排摸处置安全隐患200多处。做好弱势群众困难帮扶,保障各项资金足额及时发放,全年发放各类补贴保障金700多万元。深化养老服务工作,锦绣华庭居家养老服务站助餐点完成升级改造。加强退役军人和优抚对象服务保障工作,街道、社区两级站点规范化建设率达100%,6个社区获评南通市“五星级”站点。

【社会治理】 2022年,南城区街道办依托86个综合网格、752个微网格、258名网格联络员、752名微网格员和1244名网格信息员,持续构建“网格+N”融合机制。全年累计受理、流转入格事件21501起,办结率100%,其中,获评市网格典型案例6个,获评市优秀网格事件23件,城河新村第六网格专职网格员获评首届南通市文明城市代言人。

(陆 洁)

9月9日,南城区街道在翡翠苑社区红色庭院开展“满怀新期待 喜迎二十大”——《习近平谈治国理政》第四卷进社区宣讲活动 (南城区街道办/供图)

北城区街道

【概况】 2022年,北城区街道辖区总面积9.46平方千米,北城区街道办事处辖19个基层党组织,有党员2917名;辖19个社区,有常住居民44319户,总人口11.7万人。北城区街道办被南通市委、市政府授予南通市“平安法治乡镇(街道)”称号,绿城花园社区被国家减灾委员会、应急管理部、中国气象局、中国地震局授予全国综合减灾示范社区称号,长龙二村社区被省委全面依法治省委员会办公室、省司法厅、省民政厅授予江苏省民主法治示范社区称号。

【社区党建】 2022年,北城区街道办推动“红网格·通通建”项目,做好网格党支部“五化”(明晰组织架构,体系建设标准化;凝聚骨干力量,作用发挥示范化;搭建平台阵地,服务功能可视化;健全运行机制,联系群众常态化;建立评价体系,责任目标清单化)建设,完成84个网格党支部选举工作,成立331个微网格党小组,排摸党员中心户426户,推进社区党建“网格化”管理。建立党建网格协同治理机制,组织动员网格内党员参与助力新冠疫情联防联控、维护社会稳定、社区环境治理、政策巡查等工作,常态化开展入户活动。打造“红物业 红港湾”,全年成立红色物业党支部4个、功能型支部2个、小区业委会红色支部10个、小区物管会红色支部5个。整合在职党员、社区党员志愿者、“红色管家”等力量,联合驻区单位、结对共建单位、物业、公安等资源,定期召开协商议事会、党群联席会,引导社区事务共商,解决突出问题80余件。创新“新就业红驿站”,关注新就业群体,引导其参与社区基层治理,有8人担任小区微网格员,53人担任社区志愿者。开展在职党员“双报道·通通在”活动,共有2282名在职党员完成线上线下报到,并参与社区建设、助力新冠疫情防控、服务居民等活动。

【文明创建】 2022年,北城区街道办加强文明城市创建,街道对社区、社区对物业累计交办各类环境问题清单1.2万余件,均在规定时限内有效整治。落实长效管护机制,定期、及时清理居民小区楼道堆积物,着重开展小区停车秩序、流摊、非法小广告、建筑垃圾袋装化等专项治理行动,开展各小区物业企业“创先争优”评比,设立创建工作“红黑榜”。实施1个居民小区高品质旧城改造、17个社区城镇污水处理提质增效、12个居民小区生活垃圾清运点撤桶并点、2个居民小区物业管理工作提升试点等民生工程。树立身边好人、道德模范典型,举办2022年度“北街好人”“文明家庭”颁奖典礼,授予20人“北街好人”称号、16人“北街好人”提名奖、200户家庭“文明家庭”称号,万豪花园社区杜青青家庭获评第三届江苏省文明家庭。打造一批新时代文明实践站示范点,开展文明教育实践专项行动,推进志愿服务常态化、制度化,丰富“小老帮老老”银龄志愿服务品牌内涵。

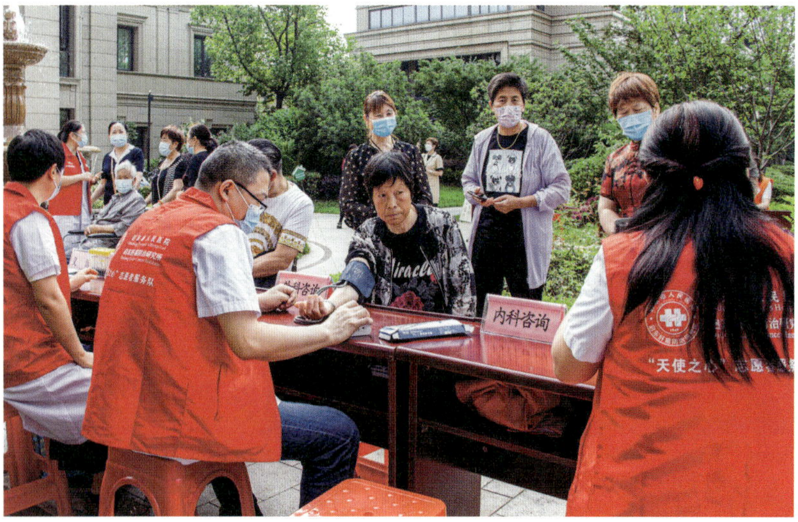

6月14日,北城区绿城花园社区组织开展"志愿微光 点亮绿城"公益活动
(王海兵/摄)

【社会民生】 2022年,北城区街道办做好新冠疫情防控工作,累计排摸国内重点地区回启14581人,排摸入境人员回启92人;排摸各类风险人群1175人,密接53人、次密接288人;分类施策、高标准做好重点人群管理工作;推进新冠疫苗接种,完成全员核酸检测、重点人群和重点行业核酸检测工作;推动便民采样点及核酸采样小屋等建设和运营;推进"场所码"应用工作,联合公安、市管等部门组建"场所码"督查专班,对辖区公共场所、门店等"场所码"张贴使用落实情况进行督查检查。推进街道退役军人服务站规范化建设,国家级示范化服务站、南通市级退役军人服务站均创建成功;服务站常态化开展摸排工作,做好退役军人及其他优抚对象信息采集工作,完成辖区建档立卡和优待证申领工作,优抚对象申领率达100%,整体申领率达90%。全年共发放城市最低生活保障165人次12.94万元,城市"三无"对象36人次6.18万元,困境儿童生活补贴226人次32.17万元。救助城镇重残1420人次101.33万元,低保家庭中重度残疾人116人次2.65万元。发放贫困家庭重度残疾人居家护理补贴2071人次27.07万元,尊老金20398人次153.92万元。全年发放计划生育特别扶助251人120.42万元;持证企业退休职工一次性奖励578人,持证老年居民一次性奖励41人,共计发放198.08万元。慰问困难家庭2.5万元。补贴土地保养工527人次52.90万元;农保533人次8.43万元。

【社会治理】 2022年,北城区街道办开展防范非法集资集中宣传月活动,实施"全民反诈1+6"公益宣传片投放工作;做好社会面稳定工作,联合市打非办、市法院、市金融监管局等部门,开展防范非法集资宣传,共开展讲座15场、广场式宣传1场。做好信访接待工作,全年共召开信访工作联席会议28次,街道班子成员共接待来访群众113批135人次,下访谈心58次;做好阳光信访平台信访件的受理、答复、评价工作,信访件"四率"(受理率、办结率、参评率、满意率)均达100%;街道信访办接待来访群众36批47人次,与重点人员沟通谈心50多次;为信访群众约见市领导7次,联合相关职能部门召开协调会7次。推进普法工作。以北街法律讲堂、法治文化阵地建设、法治宣传教育为载体,推进民主法治社区建设。开展"民法典宣传月""全民反诈""防灾减灾周""防范养老诈骗"等法治宣传;发挥平安微课堂作用,微信公众号"北街之窗——平安课堂"开设"民法典每日一学",每周转发以案说法,推送法治宣传推文近200篇;向上级部门推送法治宣传类信息36篇;开展"厚植为民情怀,提高执法水平"主题教育活动。推进法律明白人培育工程,全年共培育"网格法律明白人"166名、"学法用法示范户"19户;在和平、文汇社区试点法律明白人"青蓝结对工程",每季度做好"一对一"社区法律顾问的考核工作。推动网格化服务管理工作。对辖区84个网格的网格知晓率和满意度开展电话抽查考核,指导各社区加强网格联络员队伍建设、推进网格工作站标准化建设。组织网格员加强网格常态化巡查走访,网格基础数据及时更新,各网格累计维护数据14万余条。其中,人口数据11.53万余条,房屋数据1.96余万条,标准地址数据5206余条。全年累计上报事件16243起,其中,提级上报事件4323起,解决矛盾纠纷846起,排查消防安全隐患5018起。

(茅菊花)

责任编辑 仇赛君

人 物

新闻人物

顾俊杰 男，2001年出生，江苏启东人。上海出版印刷高等专科学校印刷实训中心指导教师。2022年，在瑞士举办的世界技能大赛特别赛印刷媒体技术项目比赛中，顾俊杰与来自瑞士、德国、日本、法国、印度、芬兰6个国家的选手展开角逐，在胶印、数字印刷、附加任务三大模块中完成21项工作，比赛时长共计21个小时。最终获得金牌，实现中国队在该项目上金牌零的突破。

王　元 女，药源生物科技(启东)有限公司执行董事。制药工艺与创新药物制剂领域专家，曾在加拿大德尔玛制药有限公司任研发经理。2017年在启东创办药源生物科技(启东)有限公司，任公司法定代表人、执行董事。她带领团队致力于制药工艺的研究、开发，主导建立包括难溶药物增溶技术、缓控释制剂技术、创新半固体制剂等五大核心技术平台，获评2018年启东市"东疆英才"、2020年江苏省"双创"人才，共在国际权威刊物上发表论文15篇，授权国内发明专利15项、国际专利7项。2003年起，王元带领团队完成上百个创新药的处方前研究、临床产品供应及提供CMC注册文件。她创办的创新药物事业为中国医药行业、大健康事业培养了大批优秀的专业技术骨干与商业管理人才。2022年，中国科协发布《2022年中国科协海智计划特聘专家入选名单》，王元入选。

(启　鉴)

先进人物

丁祖耀 男，1986年8月出生，启东市曹家镇天主教堂主任司铎。丁祖耀在任职期间，坚持学习、宣传有关政策、法规和天主教的教义教规，积极开展启东市天主教爱国会工作，树立爱国爱教正确工作理念。2017年3月起任曹家镇天主教堂主任司铎期间，加强所在堂区的环境建设，新增消防设施，开展消防演练。曹家镇天主教堂有神父、修女各1人，在丁祖耀的带领下全部按照天主教的教义教规进行正常的宗教活动，通过微信等平台将时事信息转发给信教群众学习，传播正能量。在防疫期间，号召广大信教群众参与一线抗疫工作。经常性关爱家庭困难教友，响应市民宗局"我为群众办实事"号召，在教堂增加便民设施，增设意见箱、免费饮水点等，获附近村民一致好评。2022年，丁祖耀获评全国宗教界先进个人。

(李朱雰)

施红波 男，1982年7月出生，江苏启东人。2000年9月入伍，海军某部空中机械师，中校军衔。曾立三等功2次，多次获得嘉奖。施红波刻苦钻研、任劳任怨，参加2008年汶川大地震抢险救灾任务，多次担任科研试飞任务。在2021年军事训练中成绩突出，荣立个人二等功。

汤伟炜 男，1985年10月出生，江苏如皋人。2003年9月入伍，空军某部副部队长，中校军衔。曾荣立三等功1次，多次获得嘉奖。在2021年度工作中因表现突出，成绩优异，荣立个人二等功。

(茅全如)

5月13日，倪伯苍同志先进事迹宣讲报告会上宣讲者在讲述
(市融媒体中心/供图)

道德楷模

刘金如、曹小如、刘金海、梁国荣 刘金如，男，1962年6月出生，中共党员，江苏启东人，苏启渔02266号船长。曹小如，男，1970年10月出生，江苏启东人，苏启渔02211号船长。刘金海，男，中共党员，1954年5月出生，江苏启东人，苏启渔02255号船长。梁国荣，男，1968年10月出生，江苏启东人，苏启渔02299号船长。2022年2月19日晚10点左右，在射阳黄沙港正东约120海里作业的闽连渔运60778船船舱进水即将侧翻沉没，在附近编组作业的启东籍渔船苏启渔02266最先接收到求救信号，后苏启渔02211、02255、02299也接连收到信号，第一时间前往救援。苏启渔02266船及时救援13人，苏启渔02211救援了3人。2月21日中午，16名落水获救的福建渔民乘坐启东应急救援船抵达启东吕四渔港。2月22日，经过十多个小时、近千千米的长途跋涉，16名渔民平安返抵福建省连江县。3月，刘金如、曹小如、刘金海、梁国荣获评"江苏好人"。10月，刘金如、曹小如入选"中国好人榜"，获评见义勇为"中国好人"。

倪伯苍 男，1948年出生，中共党员，海复镇庙基村第一网格的网格联络员。倪伯苍从2012年担任网格联络员后，自筹资金，创建南通市第一个网格版的“平安法治护航站”。先后开展理论宣讲活动200余场，受教育村民超2万人次；为民办实、做好事1000余件；向各级党和政府提建议近百条，大多被采纳；记下民情日志37本，共80余万字。在新冠疫情期间，倪伯苍积极投身到防疫一线，日守“疫”线15小时，在平凡的岗位上做出不平凡的业绩。曾获评江苏省第四届“十大法治人物”、全国模范人民调解员、江苏省“最美家庭”、南通市优秀共产党员、2021年度全国法治人物、全国平安卫士等荣誉。2022年，倪伯苍获评敬业奉献“江苏好人”。

宋春胜　男，1970年9月出生，王鲍镇九令村干部。宋春胜10多年来一直负责着村里的大小事务，小到身份证办理，大到拆迁征地，村民的事情到了他这里总能全部解决。作为村委会里唯一的男同志，宋春胜总是把“我来”“我上”放在嘴边，默默地把能干的都干了。2022年新冠疫情防控工作开展后，他组织核酸检测、排摸外地回村人员、高速路段和卡口巡逻、上门运送物资。4月17日上午，在疫情防控一线连续奋战40多天的宋春胜全身僵硬地倒在防疫排摸的路上，将生命定格在抗疫一线。启东市委追授宋春胜“启东市优秀共产党员”称号，并发出《关于开展宋春胜同志学习活动的通知》，央广网、新华网、交汇点、澎湃网、现代快报网、《启东日报》等新闻媒体报道其先进事迹。2022年，宋春胜获评敬业奉献“江苏好人”。

秦　英　女，1960年1月出生，汇龙镇明珠新村社区居民。她从事废品回收生意20多年，累计捡到现金30多万元，但她每次都选择拾金不昧，将现金交到公安局，物归原主。工作之余，她还热心公益活动，参加社区志愿活动，2021年防疫期间捐出爱心善款200元。2022年，秦英获评诚实守信“南通好人”。

朱云飞　男，1966年4月出生，中共党员，金鑫家庭农场主。自幼患小儿麻痹症，又因两次意外导致双腿重残，只能依靠拐杖艰难行走。但朱云飞不仅没有被生活打倒，还成功创办金鑫家庭农场。他守信重诺，不管是土地流转费用，还是村民的工资，创业十年，从不拖欠一分钱；无偿为10多位困难村民缴纳农村合作医疗保险，一交就是7年；从2017年至今朱云飞累计帮助63个残疾家庭走上致富道路。他曾获南通市劳动模范、启东市助残先进个人等荣誉。2022年，朱云飞获评诚实守信“南通好人”。

邵彩平　女，1968年10月出生，江苏省苏通建工项目管理有限公司总监。邵彩平家住惠萍镇东兴镇村，她八年如一日地照顾中风的丈夫，同时，刻苦学习，通过江苏省监理工程师资格考试。2018年，在她50岁的时候，考得“国家级监理工程师”资格，创造全省获取此项资格的最年长纪录。2022年，邵彩平获评孝老爱亲“南通好人”。

茅赛赛　男，1989年10月出生，中共党员，南通市第十六届人大代表，启东市第十四届党代表，启东市第十七、十八届人大代表。启东市嘉禾力农业发展有限公司总经理。茅赛赛大学毕业后先后在革命老区江西省赣州市的于都县和兴国县2个县城投资扶贫项目，新建1万余亩的连栋大棚农业园区。按照乡村振兴和脱贫攻坚的要求，茅赛赛同时在家乡启东积极落实当地现代农业发展规划，建设高标准智能化连栋大棚40000平方米，开始绿色有机农产品种植事业。公司发展成为江苏省综合科技示范基地、南通市龙头企业。公司成立经济合作社，吸纳56户农民成为股东，带动他们开展果蔬生产和经营；为当地富余劳动力提供工作岗位，帮扶数百名贫困户脱贫致富，几年间共发出员工薪酬3000余万元。他曾获南通市创业之星、江苏省农村致富带头人、江苏省创业之星、启东市好青年、江苏省乡土人才三带新秀、南通市新锐青年企业家、南通市新型职业农民标兵、启东好人、第九届“南通市十大杰出青年”等荣誉。2022年，茅赛赛获评敬业奉献“南通好人”。

卞春健　男，1986年1月出生，启东市北新派出所特勤队副队长。工作以来，他一直注重学习，始终把提高自身素质、提高业务技能作为标准，尽心尽职地做好派出所的各项工作。2020年5月，卞春健在对长江沿线例行巡堤时，救下一名喝农药轻生男子并及时送医；2021年11月，下班途中，在北新镇永济村路段宽心河救助落水老人。卞春健服务为民，展现北新特勤的良好形象。2022年，卞春健获评启东市道德模范。

邢建兵　男，1968年5月出生，南阳镇红星村村民。2022年正月十五那天，他不顾寒冷跳入河中，救助一位落水老太，又与随后赶来的村民对陷入昏迷状态的老人进行施救。在众人的帮助下，老人被送往医院，得到及时救治。2022年，邢建兵获评启东市道德模范。

袁卫忠　男，1946年8月出生，惠萍镇惠安村乡村保洁员。袁卫忠重情重信，多年来照顾周边10多位老人。村民龚正龙突发急病，他送去就医；邻组张老太无力搬运油菜秸秆，他一帮忙就是小半天；年过八十岁的施玉兰、黄步珍行动不便，他代买药品，一帮就是六七年；工作时捡到手机，他联系村干部寻找失主。2022年，袁卫忠获评启东市道德模范。

施忠云　女，1971年8月出生，汇龙镇合兴镇村人。2022年8月4日傍晚施忠云开车回家经过华石路路段时听到车胎下发出声音，回到家后发现4个轮胎上都卡了钉子，其中一个轮胎已被扎破。她补了轮胎后担心其他车主经过该路段时车胎被扎，便骑电瓶车从合兴镇村到华石路捡拾散落在路面的螺丝钉。六年前，施忠云为了照顾重病的父亲、中风的公公及体弱的婆婆，毅然辞去工作。她生性乐观开朗，将生活的点点滴滴通过拍摄短视频的方式加以记录。她的视频发布后收获了很多关注,网友们被施忠云的乐观所打动,为她孝老爱亲的举动点赞。2022年,施忠云获评启东市道德模范。

吴　昊　男,1990年5月出生,中共党员,东海镇星生代家庭农场场主、南通市党代表。2022年,吴昊在新闻上了解到上海部分小区管控升级、多个蔬菜运输司机确诊,不少居民为不能及时买到新鲜绿叶菜而犯愁,恰逢田里的西兰花正是丰收时,吴昊便想着捐些蔬菜。经过多方努力协调,上海市闵行区莘庄镇人民政府连夜派车前来运菜。吴昊的行为体现他的社会责任感,彰显了他回馈社会和共同抗疫的大爱情怀。吴昊的星生代家庭农场先后被评为省、南通市、启东市示范家庭农场,他也先后获评南通市新型职业农民优秀标兵、南通市优秀共产党员、南通市青年岗位能手。2022年,吴昊获评启东市道德模范。

陈　燕　女,1967年3月出生,东海镇戴祥村村民。2017年,陈燕的侄女侄婿不幸身故,留下一个3岁的女儿,哥嫂年纪已大无力抚养教育,陈燕将侄孙女抱到自己家中,视如己出,供她上学。多年来,在陈燕的悉心教导下,孩子活泼开朗,成绩优异。虽是姑婆,但更似母女。陈燕的善举成为邻里乡亲茶余饭后的佳话。2022年,陈燕获评启东市道德模范。

景燕子　女,1995年3月出生,甘肃天水人,家住合作镇中央镇村。结婚多年,她细心照顾公公的日常生活,没有因为语言不通和生活习惯不同而红过脸。她用300多个抖音短视频记录了一家四口和谐相处、其乐融融的温馨画面。同时,她还积极参加志良幼儿园家长助教活动,助力幼儿园共同关心幼儿成长。2022年,景燕子获评启东市道德模范。

张念兵　男,1962年12月出生,中共党员,寅阳派出所第三警务区社区民警。张念兵管辖范围包括寅阳镇农武村、步梯村、和丰村3个村,常住人口7000余人。工作内容包括维护社会治安稳定、开展人口调查登记、进行法制宣传教育、了解重点行业基本情况、负责辖区矛盾纠纷调解、提供便民服务等,工作烦琐细碎,但每一件都是维护社会稳定、守护人民安全不可或缺的事项。张念兵36年如一日,用实际行动,诠释什么是人民的“好警察”。2022年,张念兵获评启东市道德模范。

曹丽娟　女,1978年11月出生,中共党员,启东市市域社会治理现代化指挥中心联动指挥科副科长,负责12345热线运行管理。自2014年从事12345热线工作以来,曹丽娟切实帮助群众解决各种问题。2020年10月,她全面负责12345热线管理和运行,将热线接通率从90%提高至95%以上,群众满意率达98.9%。开通“一企来”专席,成立政策专员队伍,推动热线从服务民生为主到服务民生和服务企业并重的转变。2022年3月新冠疫情期间,曹丽娟第一时间组织制定应急响应方案,确保热线接通率始终保持在95%以上。同时,主动对接疫情防控指挥部,了解最新防控政策,编印《12345热线涉疫信息日报》,报市委、市政府领导和疫情防控指挥部。她深度参与“南通百通”App启东频道建设和江海堤防综合治理智慧工程,为启东市获得“南通百通”App区县频道建设和推广竞赛综合奖、南通市域治理创新奖做出重要贡献。2022年,曹丽娟获评启东市道德模范。

张海英　女,1974年4月出生,中共党员,启东市疾病预防控制中心检验科科长。2020年,启东开展新冠疫情防控以来,张海英便带领科室同事站在第一线,承担着启东所有疑似患者和确诊病例密切接触者的采样送检工作,为当时启东相关病人的治疗和疫情防控等工作提供第一手资料,成为启东首批与新冠病毒距离最近的逆行者。张海英积极学习,收集整理新冠肺炎病毒资料,结合扎实的专业知识和丰富的工作经验,多次开展卫生系统相关人员新冠病毒核酸采样培训。带领科室同事完成核酸检测实验室的筹建工作,2020年,启东市疾控中心建成江苏省苏北和苏中地区第一家县级新冠核酸检测实验室。2022年,张海英获评启东市道德模范。

(袁雨澄)

责任编辑　黄亦美

附　录

文献资料

稳进提质　奋楫争先
以实际行动迎接党的二十大胜利召开

——在市委第十四届四次全体会议上的讲话

南通市副市长、启东市委书记　李　玲

(2022年8月12日)

同志们:

这次全会的主要任务是,坚持以习近平新时代中国特色社会主义思想为指导,深刻领会习近平总书记在省部级主要领导干部专题研讨班上的重要讲话精神,按照省委工作会议、南通市委十三届四次全会的工作部署,总结上半年工作,明确下阶段任务,动员全市上下进一步坚定信心、锚定目标,稳进提质、奋楫争先,以实际行动迎接党的二十大胜利召开。

现在,我根据市委常委会讨论的精神,讲四个方面意见。

一、直面挑战、克难奋进,高质量发展取得新进展

今年以来,面对疫情延宕反复的挑战和不断加大的经济下行压力,我们在中央和省市委坚强领导下,有力统筹疫情防控和经济社会发展,统筹发展和安全,高质量发展承压前行、回稳向好。

*一是疫情防控抓早抓实。*坚定贯彻"外防输入、内防反弹"总策略和"动态清零"总方针,以"坚持就是胜利、坚持才能胜利"的韧劲和执着,团结一心、众志成城,全力筑牢人民群众生命健康的坚强防线。作为南通最先受上海疫情影响的地区,我们第一时间进入"战时状态",在实战中不断完善应急指挥体系,流调溯源、转运隔离迅速高效,区域全员核酸检测率先实现18小时内出结果。1.7万名微网格员参与"敲门行动""巡街行动",172名"最美逆行者"驰援上海、苏州等地,"1234复式车辆分流法"南通推广,"微网格"防疫模式被央视专题报道。强化平战衔接转换,统筹做好医学观察、核酸检测、疫苗接种等常态化疫情防控工作,建成"15分钟便民核酸采样服务圈",方舱医院、全省首个进口非冷链货物集中监管仓投入使用。

*二是经济运行企稳向好。*全力打好保供稳产、刺激消费、稳定就业等组合拳,切实为企业纾困解难,千方百计稳住经济基本盘。深化"千人千企"挂钩帮服机制,出台"万事好通·益启企"营商环境优化提升举措66条、惠企政策100条,为各类市场主体"减免缓退"税费33.3亿元。上半年,实现地区生产总值690亿元,增长2.3%,高于省、南通0.7个百分点。完成一般公共预算收入32.7亿元,获评全省财政重点工作绩效考核先进县市。高技术产业投资增长44.2%,列南通第一。实际利用外资2.65亿美元,完成率列南通第一,利用外资提质增效工作受省政府通报表扬。获评省级现代服务业高质量发展集聚示范区1个、省级现代农业产业示范园1个。吕四港进靠国际航行船舶47艘,实现开港即繁忙。

*三是项目建设推进有力。*全市招商队伍在严格落实防疫措施的前提下,主动"走出去",精准"请进来",新增项目信息352个,新签约产业项目73个,重大项目新签约数量列南通第一。建立重大项目管家制度,推行"拿地即开工",新开工制造业项目53个,其中10亿级6个、百亿级2个。精准帮服六个培育库在库企业,持续推动103家低效用地企业提质增效,深入开展项目"回头看",新增转化达产项目27个。培育科创企业32家,获省科学技术奖2个、省科技创新发展奖2个。林洋能源成为南通首个国家3A级两化融合管理体系贯标认证企业。世界首艘3000吨级自升式风电安装船、全球最大LNG加注船等一批"大国重器"在启东制造交付。出台"人才新政26条",升级"启创无忧"2.0版,引进高层次创新创业人才93人,新增高技能人才950人。

*四是城乡环境不断优化。*开展城市环境洁化、美化、亮化、序化行动,文明城市常态长效管理水平不断提升,获评省文明乡镇3个、文明村(社区)20个。城市更新进展有序,第二污水处理厂开工建设,滨江生态绿廊首开区主体工程完工,市文化馆获评省最美公共文化空间。"一镇一策"加快小城镇改造提升,在配套设施完善、资源盘活利用等方面取得新成效。开展干道沿线破落建筑和"三棚"整治专项行动,新增省生态文明建设示范镇3个、示范村4个、省特色田园乡村1个。江海澜湾海岸带保护修复项目通过省级验收。河长制工作实现南通"三连冠",区域治水经验全省推广。PM2.5浓度、优良天数比率全省第一。

*五是民生福祉持续改善。*坚持把有限的资金优先保障民生,85%的民生实事项目达到或超过序时进度。新增城镇就业4936人、就业困难人员就业1595人。"双减"工作扎实推进,新增第六届中国教育创新成果1项,实现中小学教室空调全覆盖。出台支持居民刚性和改善性住房需求新政。完成二手房交易等7个"一件事"改革,政务服务综合标准化试点获省优秀等次。聚力建设"德润东疆·好人之城",新增"江苏好人"3组6人。全省首个新时代文明实践服务标准化项目获批试点。抗大九分校成为省首批文化遗产旅游精品点。统筹推进打击整治养老诈骗、妇女儿童权益保障等专项行动,倪伯苍荣获"全国平安卫士"称号。创成省食品安全示范市。

*六是党的建设更加严实。*持续做靓"五大东疆"子品牌。市委理论学习中心组获评2020—2021年度南通市理论学习示范中心组,党员冬训工作列南通第一。深入开展"党旗飘在一线、堡垒筑在一线、党员冲在一线"突击行动,6.1万名党员支援社区防疫。开展基层网格党支部"五化"

建设，成立驻宁流动党员联合党委，选优培强专职党建指导员，实现新业态新就业群体党建全覆盖。推进“三个五五”好班子创建工程，构建“五式考核”机制，建立不胜任现职干部“管理池”，激励干部担当作为做法被中组部专题推介。扎实开展机关作风建设提升年活动，标本兼治一体推进“三不腐”，运用“四种形态”处理799人次，立案336件，移送司法机关4人。全面加强党对人大、政协工作的领导，积极探索全过程人民民主“启东实践”，“有事好商量”协商议事工作全省领先。爱国统一战线不断壮大，党管武装、群团、老干部等工作取得新成效。

回顾这极不寻常的上半年，我们多项工作位列南通第一方阵，多项经验在省市推广，多个板块、多个领域在央视等重要媒体频频亮相，彰显了启东作为，提升了启东形象，展现了全市上下喜迎二十大、奋进新征程的昂扬姿态，形成了干部群众同心同德、同向同行的生动局面，值得倍加珍惜。在肯定成绩的同时，也要清醒地看到，我市部分高质量发展指标未达序时，财政收支平衡压力加大；省级重大项目数量偏少，文化产业发展短板突出；“土地三项”工作成效不大，新型城镇化建设进展不快；党员干部攻坚克难、担当作为、争先进位的精气神还需进一步激发，等等。对此，我们必须高度重视，切实加以解决。

二、深刻领悟习近平总书记重要讲话精神，坚决把思想和行动统一到中央、省市委的决策部署上来

习近平总书记在省部级主要领导干部专题研讨班上发表的重要讲话，洞察世情和国情，把握历史和现实，鲜明提出了一系列具有开创性的新思想新观点新论断新要求，深刻阐明了关系党和国家事业发展的一系列重大理论和实践问题，是一篇闪耀着马克思主义思想光辉的纲领性文献，为党的二十大胜利召开奠定了重要的政治基础、思想基础、理论基础，对于全党统一思想、统一意志、统一行动，在新征程上走好新的赶考之路，具有重大而深远的意义。要深刻领悟总书记关于国际国内大势的科学判断，坚定不移办好自己的事。世界百年未有之大变局加速演进，我国发展面临新的战略机遇、新的战略任务、新的战略要求、新的战略环境。要进一步增强忧患意识，坚持底线思维，坚定斗争意志，增强斗争本领，以正确的战略策略应变局、育新机、开新局，保持定力做好自己的事，以一域之发展为省和南通勇挑重担、多作贡献。要深刻领悟总书记关于过去5年工作和新时代10年伟大变革的系统总结，坚定不移拥护“两个确立”、做到“两个维护”。伟大变革的取得，最根本在于有习近平总书记作为党中央的核心、全党的核心掌舵领航，在于有习近平新时代中国特色社会主义思想科学指引。要深刻领悟“两个确立”的决定性意义，更加坚定做到“两个维护”，发自内心拥戴核心，毫不动摇信赖核心，始终不渝忠诚核心，进一步坚定紧跟总书记、奋进新征程的信心决心。要深刻领悟总书记关于不断开辟马克思主义中国化时代化新境界的政治要求，坚定不移用新思想武装头脑、指导实践、推动工作。习近平新时代中国特色社会主义思想是当代中国马克思主义、二十一世纪马克思主义，是中华文化和中国精神的时代精华。要以高度政治自觉加强党的创新理论武装，把学习成果转化为服务“国之大者”的创新思路、有效举措和过硬本领，让马克思主义中国化时代化最新成果在东疆大地上展现出强大的真理伟力。要深刻领悟总书记关于不断推进拓展中国式现代化的郑重宣示，坚定不移扛起打造沪苏一体融合发展窗口城市的光荣使命。中国式现代化道路的形成和拓展，彰显了中国特色社会主义的强大生命力和巨大优越性。要紧抓未来5年现代化建设开局起步的关键期，着力解决不平衡不充分的发展问题，更深层次接轨上海、融入苏南，更大力度江海联动、向海发展，加快建设沪苏一体融合发展窗口城市。要深刻领悟总书记关于持之以恒推进全面从严治党的重要要求，坚定不移以自我革命精神推进新时代党的建设。全面从严治党永远在路上，党的自我革命永远在路上。要从伟大建党精神中汲取强大力量，永葆“赶考”的清醒和坚定，深入推进新时代党的建设新的伟大工程，把各级党组织锻造得更加坚强有力，以“最美江海党建带”凝聚起全市上下攻坚克难、奋勇争先的强大合力。要深刻领悟总书记关于坚持党的根本宗旨的重要论述，坚定不移践行以人民为中心的发展思想。为人民谋幸福，是共产党人始终不渝的初心。要时刻牢记“江山就是人民、人民就是江山”，自觉站在人民立场上想问题、作决策、干事业，全力办好民生实事，努力让全市人民获得感成色更足、幸福感更可持续、安全感更有保障。

“疫情要防住、经济要稳住、发展要安全”，是以习近平同志为核心的党中央统筹国内国际两个大局、统筹发展安全两件大事，在关键时刻作出的重大决策部署、提出的明确要求。党的二十大即将召开，贯彻落实好这一重大要求，保持平稳健康的经济环境、国泰民安的社会环境、风清气正的政治环境，至关重要、意义重大。必须把握大局大势，夯实“稳”的基础。当前，国内疫情呈现多点散发、多地频发态势，需求收缩、供给冲击、预期转弱三重压力持续显现，统筹发展和安全面临新的挑战。我们要准确把握外部形势的复杂性、稳定增长的艰巨性，把风险思考得更深入，把措施制订得更周全，守牢底线、保持定力、稳扎稳打，不断筑牢“稳”的支撑、巩固“稳”的实力。必须抓牢第一要务，坚定“进”的信心。无论形势如何变化、挑战如何严峻，既定的目标任务绝不能降低，发展的信心决心绝不能动摇。我们要锚定年初制订的目标任务，坚持议而决、决而行、行必果，聚焦科技创新、项目建设、城乡融合等重点工作，增强“时时放心不下”的责任感和“事事落实到位”的执行力，持续丰沛“进”的动力、拓展“进”的空间，确保全年工作圆满收官。必须勇于实干担当，激昂“争”的斗志。当前，启东已进入向海图强的窗口期、产业升级的加速期、城镇建设的突破期、民生福祉的提质期。越是起势时，越要鼓足士气、乘势而上。我们要树立高标准的追求、展现争一流的气魄，找准关键补短板，聚焦重点求突破，发挥优势创特色，切实把抗疫中焕发出来的战时作风、奉献精神转化为推动高质量发展的强大动力，以“争当表率、争做示范、走在前列”的使命担当奏响奋进现代化新征程的最强音。

三、坚定信心、稳中求进，确保完成全年目标任务

做好下半年工作，全市上下要坚决贯彻习近平总书记重要指示精神和中央、省市委决策部署，坚持稳中求进工作总基调,完整准确全面贯彻新发展理念,认真落实“疫情要防住、经济要稳住、发展要安全”的重大要求,深入实施向海发展战略、接轨上海战略,全力巩固经济回升向好趋势,稳进提质,奋楫争先,努力把耽误的时间抢回来、把造成的损失补回来,力争实现最好结果,为南通发展大局勇挑重担、多作贡献,以实际行动迎接党的二十大胜利召开。重点抓好以下八个方面工作。

(一)以精准高效为原则,抓牢疫情防控。坚持人民至上、生命至上,坚持总策略总方针不动摇,严格落实第九版防控方案要求,科学精准、快速高效防控好疫情。

一要有效落实防控举措。压实“四方责任”、落实“五早”措施,完善多点触发的预警机制,科学确定核酸检测的人群、区域范围和频次,坚决守住不发生规模性疫情的底线。坚持人、物、环境同防,加强重点人群、重点场所、重点领域防控,持续开展“巡街行动”“敲门行动”,切实把牢重要关口。坚决防止简单化、“一刀切”,保障人流、物流有序畅通。

二要提升应急处置能力。完善平战结合、平战转换长效机制,保持指挥体系始终处于激活状态。加快健康驿站、集中隔离房间等储备建设,提高流调溯源和核酸检测能力。坚持以快制快、并联推进、日清日结,确保突发状况应对及时、处置快速。

三要增强全民参与意识。普及公共卫生和健康知识,倡导主动扫码、排队“一米线”等防疫新风尚,引导群众加强自我防护。完成疫苗接种任务,加快构筑人群免疫屏障。全方位宣传疫情防控政策,形成党员干部示范带动、广大群众积极参与的群防群控坚固防线。

(二)以项目建设为支撑,稳定经济增长。坚持接轨上海不停步,咬定高质量产业项目“双百”目标,全力突破项目招引,全速推进项目建设,全面提标项目服务,让经济发展稳有“压舱石”、进有“动力源”。

一要抓落地,招商引资再精准。紧紧围绕招商引资突破年的要求,聚焦先进制造业项目,深入研究后疫情时代产业发展趋势,抢抓上海、苏南优质企业战略转移、布局调整的机遇,加快启东·吴江高端制造产业园规划建设,导入更多扩产、搬迁及配套项目。发挥区位、港口等独特优势,紧盯央企国企、世界500强、上市企业和外商投资企业,坚持驻点招商和中介招商相结合、基金招商和以商引商相联动,用足商会、乡贤、校友等资源,全年储备有效项目信息不少于500个,新签约亿元以上制造业项目不少于100个。突出求真务实导向、单位贡献水平、绿色安全要求,推动招商更准、项目更优,让“以质取胜”成为招商引资新常态。

二要抓进度,项目建设再提速。加快推进益海嘉里、卫华港机等重特大项目建设,实现投资量、实物量、工作量“三量齐增”。按照力量调度、问题协调、要素保障“三个优先”的原则,“一企一策”做好全流程跟踪服务,全年开工建设制造业项目不少于100个。坚持分类指导、动态管理,扎实开展低效产业用地再开发专项行动,强力推进2018年以来认定新开工的亿元以上工业土建类项目“回头看”,通过追加投资、上规入库、兼并重组、淘汰收储等方式,优化资源配置,实现效益最大化。

三要抓服务,营商环境再优化。深入实施营商环境提升年行动,高标准建设三级政务服务体系,启用新市民服务中心,打响“万事好通·益启企”品牌。深化重大项目建设审批“一件事”改革,优化项目全生命周期服务。深入开展“千人千企”挂钩帮服活动,用“终身制”压实服务企业责任,推动惠企政策即申即享、免申即享。深化政银企对接合作,动态更新企业融资“白名单”,在增信贷、降成本、缓期限上下功夫,扩大中小微企业受惠面。实施市场准入负面清单制度,审慎处理涉企案件,营造公平正义的法治化营商环境。开展“垦牧杯”杰出企业家评选,营造尊重企业家价值、弘扬企业家精神的良好氛围。

(三)以港口开发为引擎,推进江海联动。锚定向海发展不动摇,放大港口辐射带动效应,不断拓展对外开放空间,全力打造沿海加速崛起的“蓝色引擎”。

一要高标准提升港口能级。加快与中外运、上港集团合作开发进程,推进港口支持系统、综合服务区等配套设施建设,确保内河转运码头和集装箱码头投入使用、东港池重装码头具备使用条件、东港区市政道路全面贯通。抢抓上海港集疏运体系调整优化契机,组建吕四起步港区集装箱合资运营公司,积极开发吕四至东南亚等地集装箱班轮航线,争取升级版“沪太通”通关模式落地,全年集装箱吞吐量达30万标箱、件杂吞吐量180万立方。积极推进卫华码头、粮油专用码头等岸线报批工作,完善新渔港水产冷库等配套,推动先进制造、粮油加工、冷链物流等产业集聚,打造临港产业“强磁场”。锁定现代国际港口城市定位,加快街区更新、功能完善、业态重塑,推进东部新城中央商务区、新型人才社区建设,强化对港口发展和产业集聚的服务支撑,全力打造大通州湾核心城核心区。

二要全方位深化开发开放。加快北沿江高铁启东段征地组卷、拆迁安置等工作,保障长江北支大桥、客整所等先行点开工建设。推进S11通沪高速及北延工程建设前期工作,确保G228启东段工可研获省批复。加快保税物流中心申报建设,推进吕四港进境粮食等指定口岸资质申报工作,提升启东港水运口岸开放水平。引导电动工具等产业与跨境电商融合互动,支持更多企业“扬帆出海”。鼓励重点外资企业增资扩股,全年引进3000万美元以上制造业外资项目不少于12个。

三要大力度推动园区更新。加大对征而未供、供而未建等闲置土地处置力度,加快生产、生活、生态空间有机更新,全面提升园区要素集聚力、产业承载力。启东经济开发区要咬定企业总量“五年达千家”目标,聚力空间重构、资源重组、品质重塑,深化“沿江科技新城”概念规划,强化企业梯度培育,壮大主导产业集群,全年新开工10亿元以上重大项目不少于8个。吕四港经济开发区要聚焦项目质效、产业规模、功能配套“三个大提升”,全力招引更多行业龙头型、技术领先型、产品引领型企业,加快华峰可降解新材料项目落地,以园区快速崛起为向海图强提供硬核支撑。高新区要加快空间再造,推进万洋众创城等重大项目建设,致力打造配套浦东首选地,不断提升企业“高新含量”、做大园区“高新份额”,净增规上企业超40家。海工园要坚定不移

"腾笼换凤",推进5个功能配套区建设,建好海工船舶及重装备产业协同创新功能平台,打造更多海工产业的世界"首艘""首台""首批"。生命健康科技园要坚定"协同张江"定位,加快片区综合开发,确保首开区建成运营。生命健康产业园要着力推动原料药和制剂一体化布局,加快存量项目转型升级,以"二次创业"过硬成果推动实现"二次振兴"。

(四)以全域创新为引领,提升发展能级。全力守护实体经济基本盘,推动创新活力更澎湃、产业结构更优化、企业集群更壮大,为高质量发展增强后劲、增添动能。

一要赋智赋能,增强科技创新驱动力。鼓励企业加强技术创新和产品攻关,用创新赢得行业发展主动权。瞄准上海、苏南、广深等创新高地,跑好科技招商"新赛道",让更多成长性好、爆发力强的"创新种子"落户启东,全年引进科创项目不少于100个。加快推进高新技术企业五年倍增计划,强化分类培育,壮大雏鹰、瞪羚、独角兽培育企业集群,全年净增高新技术企业不少于60家。纵深推进创新平台建设提升行动,深化与北大生科华东产业研究院新一轮合作,加快建设复旦大学启东基础医学创新研究院等校地合作平台,推动同济大学等高校在启设立技术转移中心,让更多科技成果落地生"金"。释放"人才新政26条"红利,深入实施"凤还巢"工程,开展"东疆工匠"评选,推动南通大学杏林学院、启东中专与园区、企业有效对接,引育一批科技领军人才、技术技能人才和创新创业团队。深入实施新生代企业家领航工程,培育壮大青年企业家队伍。统筹推进现代农业、社会事业、市域治理等各领域创新,加快构建"如鱼得水、如鸟归林"的一流创新生态。

二要提质提效,增强主导产业竞争力。加大部门对挂钩产业的研究和服务力度,积极融入南通产业协作平台建设,推动主导产业提速发展、量质齐升。电子信息及半导体产业要发挥集成电路产业专项基金作用,加快推进捷捷电子封测、启微高纯工业设备等重点项目建设,加大企业增产激励力度,打造长三角有知名度的集成电路产业集聚区。生命健康产业要引龙头、强配套、建平台,挖掘药明康德、拜耳等重点企业生态圈资源,培育壮大产业集群。新能源产业要抢抓风电、光伏、储能、氢能等发展风口,依托广汇、林洋、泰胜蓝岛等龙头企业,引育一批产业链供应链关联企业。电动工具产业要坚持精密化、智能化、锂电化发展方向,拓展品类品种,加快电动工具产业园规划建设,在企业数量、产业体量上加快突破,形成企业规模梯次合理的发展格局。高端机械装备产业要强化数字驱动、服务增值,加强关键核心技术攻关,打造更多"单打冠军"。建筑业要主动应变,加快向重大基础设施领域和高端市场布局。生产性服务业要突出启东经济开发区、生命健康科技园、汇龙镇等重点板块,加快研发设计、检验检测、金融服务等企业集聚,提升在全市经济总量中的占比。

三要做大做优,增强重点企业支撑力。建立企业资源利用效率科学评价体系,推动资源向优质企业倾斜。强化分层梯队扶持、分类靶向施策,不断壮大"1521"工业龙头企业规模,打造既有高原又有高峰的大企业集群。狠抓规上企业培育,强化退规风险企业监测帮服,形成储备一批、培育一批、入规一批的良性循环,净增规上工业企业120家、规上服务业企业60家。实施"智改数转"三年行动计划,支持企业智能化技改、星级上云、两化融合,完成"智改数转"项目250个。扎实推进上市挂牌企业倍增行动,强化拟上市挂牌"白名单"企业动态管理,确保吉莱、爱普完成报会,久正、腾安新三板挂牌。

(五)以宜居宜业为目标,加快城乡融合。协同推进镇区改造和乡村振兴,聚焦品质提升、产业兴旺、环境整治,匠心勾勒"都市乡村""田园城市"。

一要打好城市品质升级战。优化城市设计,精雕细琢重要节点、重点片区,让城市更显海派风范。加快城市有机更新,推进老旧小区改造精品示范工程,通过小规模、渐进式的"微改造",持续提升城市品质。深入实施活水畅流、河道景观提升、城市绿道贯通等工程,以"水"增添城市灵气,以"绿"彰显城市生机。完善城市综合体商业业态,打造更多消费新场景新体验。扎实推进"1549"文明典范城市创建工程,健全城市精细管理常态长效机制,营造"全城尚德、全民育德、全力润德"良好氛围,让文明成为最美风景。

二要打好乡村振兴持久战。严格耕地保护,推进科技强农、机械强农,加快全国绿色食品原料(大豆)标准化生产基地建设,确保粮食生产稳面积、提产量。大力引进科技型、融合型农业产业化龙头企业,不断提升吕四海鲜、四青作物、地产三宝等品牌知名度。整合各类对农支持政策,加大乡村振兴示范村先进村、特色田园乡村等创建力度,大力发展乡村观光、农事体验等农旅融合业态,带动农业增效、农民增收。积极拓展物业经济、资源经济、服务经济等村集体经济发展路径,将"土地三项"工作与高标准农田建设有机融合,推动集体经济创收增收。完善镇区功能配套,盘活存量资源,落地一批优质制造业项目,不断做强镇域经济,提升镇区吸引力,引导农民就近就地城镇化。

三要打好环境整治攻坚战。深化人居环境整治提升,突出示范引领,实现一村一品、一村一韵。加快推进"四好农村路"全国示范县创建,高质量整村推进"厕所革命",持续完善污水管网、生活垃圾收运处理等配套设施,让环境更宜居、生活更舒适。动员农户积极参与"四清一治一改"常态化村庄清洁行动,合力打造"家门口"的优美风景。

(六)以"缤纷百里"为抓手,建设美丽启东。坚持生态优先,赋能绿色发展,以"生态金边"扮靓"缤纷百里",塑造全域全时全景的旅游格局,建设多姿多彩多元的美丽启东。

一要做靓文旅品牌,推动"全域美"。锚定国家全域旅游示范区创建目标,持续完善"乐游启东"服务体系,加快城市旅游集散中心建设,深化与环沪旅游圈融合互动,吸引更多游客畅游启东、旅居启东。持续做靓碧海银沙、黄金海滩、江海文化景观大道等景点,推动龙湾水镇尽早运营,提标打造追江赶海、文化研学、乐享美食等旅游线路,开展"悦江海·爱启东"文旅主题活动,让启东成为彰显江风海韵的"诗和远方"。推动旅游业和文化体育、高端制造、休闲农业等产业共融共兴,不断拉长旅游消费链、提升产业贡献度。研究通海垦牧公司、沙地圩田农业系统、抗大九分校等节点的整合,强化规划统筹,打造特色鲜明的垦牧文旅品牌。圆陀角、江海澜湾、启隆等旅游板块要聚力招引文旅头部企业，完善功能配套，提升运营能力、服务水平，形成动静结合、业态互补的联动发展格局。

二要建设最美岸线，塑造“缤纷美”。高标准打造最美江海岸线五大特色风貌区，推动沿江沿海区域整体面貌焕新和功能重塑。加快推进美丽岸线二期工程建设，实现沿江沿海堤顶路全线畅通，串联城镇、港口、滩涂，形成多元景观交织、江海特色彰显的缤纷画卷。加快推进果园生态经济发展区、长江文化公园启东段规划建设，建成开放滨江生态绿廊，以各具特色的景观节点“点亮”最美江海岸线。

三要厚植生态本底，守护“自然美”。争创省级生态文明建设示范市，扎实做好中央生态环境保护督察“后半篇文章”。毫不放松抓好“长江大保护”，打好“十年禁渔”持久战，巩固沿江1千米范围内化工企业安全环保整治提升成效，让一江碧水成为助力高质量发展的重要源泉。强化空气质量精准智能监控，突出抓好扬尘管控和臭氧污染防控，保持空气质量全省领先。严格落实河长制，拓展区域治水成效，系统整治黑臭水体易反弹、截污纳管不到位等问题，确保市考以上断面水质优Ⅲ比例稳定达100%。建设无废城市，强化危废全生命周期监管，实现产废、处废平衡。落实“双碳”要求，加快建筑、交通、农业等领域低碳转型，让绿色成为美丽启东的鲜亮底色。

（七）以民生关切为导向，增进群众福祉。聚焦百姓富裕富足、服务普及普惠、保障更全更优，精准务实办好民生实事，倾力将民生愿景变成幸福实景。

一要推动民生保障更完善。把保就业放在更加突出的位置，围绕企业用工、重点群体就业，强化供需对接、技能培训，探索企业用工余缺调剂机制，促进就业扩量提质。健全全民参保精准扩面长效机制，推进基本养老保险“居转企”工作，提升职工医保参保比例，实现15分钟医保服务圈南通市级示范点区镇全覆盖。完善新时代社会救助体系，引导全社会积极参与公益慈善事业，提高托底帮扶的精准率、暖心度。多渠道解决新市民、青年和低收入群体住房问题，交付安置房3306套。

二要推动公共服务更健全。统筹抓好“双减”“双创”工作，加快蝶湖中学、蝶湖实验小学等建设，强化优秀教育人才梯队培养，巩固教育质量持续攀升态势，争当南通教育排头兵、领头雁。纵深推进紧密型医共体建设，加快人民医院改扩建、第二人民医院异地新建，打造区域性医疗中心，让群众享受更高质量、更加便捷的医疗服务。持续关爱“一老一小”，推动养老、托育服务多元化供给，统筹发展老龄事业和“银发”产业，完善三孩生育政策配套措施，让老人安享幸福晚年、孩子拥有快乐童年。丰富公共文化产品供给，开展“正能量加油站”文艺轻骑兵走基层活动，推动文化服务“沉下去”、群众幸福“提上来”。

三要推动社会治理更高效。大力开展“精网微格”工程，强化机制建设、科技赋能、多元共治，以小单元精细化治理提升市域治理现代化水平。推进物业服务融入基层社会治理，打造“小事居民治、大事物业办、难事社区商”的基层治理新格局。围绕“一高两提三入”目标，推动“有事好商量”协商议事工作常态长效、提质提效。深化全面依法治市，让行政执法既有尺度又有温度，全力压降行政诉讼案件败诉率。深入开展信访突出问题攻坚化解年行动，解决好群众合法合理诉求，努力实现“事心双解”。

（八）以风险防控为关键，筑牢安全屏障。全面贯彻总体国家安全观，深入打好防范化解重大风险攻坚战，为党的二十大胜利召开营造安全稳定环境。

一要坚决捍卫政治安全。坚决维护国家政权安全、制度安全，严密防范和坚决打击各种渗透破坏、污名抹黑等活动，严防其他领域风险向政治领域传导。压紧压实意识形态工作责任制，健全舆情监测预警、应急处置、源头治理机制，深入开展“清朗2022”“净网2022”等专项行动，推进宗教活动场所专项排查整治，防止错误价值观念渗透蔓延挑动社会负面情绪。

二要有效保障经济安全。稳妥做好大型企业债务、涉众型非法金融等领域风险化解，守牢不发生系统性金融风险的底线。深入推进债务“瘦身”三年攻坚计划，加强国有企业经营性债务和大额资金管控，持续压降融资成本，全力化解存量、遏制增量。支持重点房企“保交楼”，促进房地产业健康发展。

三要全力守护公共安全。深入推进夏季治安打击整治“百日行动”，常态化开展扫黑除恶，严厉打击电信网络诈骗等违法犯罪行为，建设更高水平的平安启东。落实安全生产“十五条硬措施”，开展安全生产大检查、百日攻坚行动，打好安全生产专项整治三年行动收官战。立足本质安全，加强城市基础设施安全运行监测，提升防汛防灾和应对极端天气能力，打造韧性城市。

四、凝心聚力、担当勇进，营造实干争先浓厚氛围

全面落实新时代党的建设总要求，大力弘扬伟大建党精神，更高质量打造“最美江海党建带”品牌，推动党建工作与业务工作深度融合，引领广大党员干部为全局发展勇挑重担、多作贡献。

（一）捍卫“两个确立”，让理想信念更加坚定。坚持用习近平新时代中国特色社会主义思想铸魂固本，把学习贯彻习近平总书记重要讲话精神作为党委（党组）理论学习中心组第一主题、党员干部培训轮训第一主课，真正学出捍卫“两个确立”、践行“两个维护”的坚强党性，学出胸怀“两个大局”、心系“国之大者”的担当情怀。把学习宣传贯彻党的二十大精神作为首要政治任务，推出更多红色调、接地气、有温度的理论宣传产品，不断擦亮“理响东疆”品牌，在润物细无声中筑牢信仰之基。深入推进党史学习教育常态化长效化，持续开展“强国复兴有我”群众性主题教育活动，让初心薪火相传，把使命永担在肩。

（二）建强组织体系，让战斗堡垒更加牢固。深入贯彻全省基层党建“五聚焦五落实”深化提升行动部署要求，推动基层党建全区域建强、全领域过硬、全面走在前列。完善基层党组织带头人“三化”管理体系，持续开展“赛马东疆”绩效比拼活动，锻造硬核“头雁集群”。落实“支部建在网格上”要求，深化网格党支部“五化”建设，推进“红网格、通通建”工作，打造“红色物业”党建品牌，切实把党的政治优势、组织优势转化为基层治理效能。深化拓展党组织服务功能，健全“为群众办实事、为企业解难题、为基层减负担”长效机制，持续推进在职党员“双报到、通通在”，把服务群众“最后一公里”打造成“最实一公里”。突出做好“党建+”文章，不断深化产业链党建、新业态新就业群体党建等实践探索，扩大“红新驿站”覆盖面，让党的旗帜在每一块阵地高高飘扬。

（三）激励担当作为，让干部素质更加过硬。坚持为发展配干部、在一线炼干部、凭实绩用干部，破除论资排辈、平衡照顾、求全责备观念，推进“5115”培养选拔计划，让更多立说立行的“干将”、攻坚涉险的“猛将”、开拓创新的“闯将”脱颖而出。实施新时代干部现代化建设能力提升工程，做强干部教育“名师大讲堂”，健全与上海、苏南等地干部联合培养机制，不断锤炼“八项本领”、铸就“七种能力”，用“铁肩膀”挑起改革发展“重担子”。充分释放“三项机制”效能，用好用活“五式考核”，优化完善不胜任现职干部“管理池”机制，让能者上、优者奖、庸者下、劣者汰。

（四）严明纪律规矩，让政治生态更加清朗。巩固拓展落实中央八项规定精神成果，持续开展“三比三争”主题实践活动、向倪伯苍同志学习活动，深化不担当不作为不落实专项整治，把想干事、会干事、干成事和不出事统一到“挑重担、作贡献”的火热实践中去。建优用好智慧督查平台，紧盯事关全局的重大项目、重点工程、重要事项，开展“小切口”专项治理、机动巡察，确保政令畅通、执行有力。强化“四项监督”统筹衔接，突出加强“一把手”和领导班子监督，精准运用“四种形态”，形成全面覆盖、常态长效的监督合力。放大“廉润东疆”品牌效应，以警示教育敬畏知止、以廉洁文化涵养正气，让党员干部因敬畏而“不敢”、因制度而“不能”、因觉悟而“不想”，全面营造正气充盈、政通人和的清朗生态。

同志们，向海图强，破浪者领航；千帆竞发，奋楫者当先。让我们更加紧密地团结在以习近平同志为核心的党中央周围，在省市委的坚强领导下，锚定目标、稳进提质，勇毅前行、奋楫争先，加快建设沪苏一体融合发展窗口城市，以实际行动迎接党的二十大胜利召开！

深入学习贯彻党的二十大精神 全面推进中国式现代化启东新实践

——在市委第十四届五次全体会议上的讲话

南通市副市长、启东市委书记　李　玲

（2022年12月28日）

同志们：

这次全会的主要任务是，坚持以习近平新时代中国特色社会主义思想为指导，深入学习贯彻党的二十大和中央经济工作会议精神，按照省委十四届三次全会、省委经济工作会议、南通市委十三届五次全会的部署要求，回顾总结今年工作，研究部署今后一个时期和明年工作任务，动员全市上下锚定高质量发展，奋进新时代新征程，全面推进中国式现代化启东新实践。

现在，我根据市委常委会讨论精神，讲四个方面意见。

一、深刻领悟“两个确立”的决定性意义，自觉用党的二十大精神统一思想、统一意志、统一行动

党的二十大是在全党全国各族人民迈上全面建设社会主义现代化国家新征程、向第二个百年奋斗目标进军的关键时刻召开的一次十分重要的大会，是一次高举旗帜、凝聚力量、团结奋进的大会，为新时代新征程党和国家事业发展、实现第二个百年奋斗目标指明了前进方向、确立了行动指南。学习宣传贯彻好党的二十大精神，是当前和今后一个时期的首要政治任务。全市上下要坚决贯彻习近平总书记“五个牢牢把握”和“全面学习、全面把握、全面落实”的重要指示，按照党中央和省市委部署要求，深入学、反复学，读原文、悟原理，持续拓展深度、延伸广度，自觉把思想和行动统一到党的二十大精神上来。要深刻认识党的二十大的主题和主要成果，更好地理解把握我们党在新征程上举什么旗、走什么路、以什么样的精神状态、朝着什么样的目标继续前进，深刻感悟党的政治立场和指导思想、党的初心使命和目标任务、党的政治本色和精神风貌。要深刻认识新时代十年伟大变革的深远历史意义，坚定中国特色社会主义道路自信、理论自信、制度自信、文化自信，坚持道不变、志不改，坚定不移沿着习近平总书记指引的方向奋勇前进，为夺取全面建设社会主义现代化国家新胜利贡献力量。要深刻认识习近平新时代中国特色社会主义思想的世界观和方法论、贯穿其中的立场观点方法，牢牢把握“两个结合”和“六个必须坚持”，做到学思用贯通、知信行合一，更加自觉用马克思主义中国化时代化最新成果武装头脑、指导实践、推动工作。要深刻认识中国式现代化的中国特色和本质要求，把推进中国式现代化的重大原则贯彻落实到各项工作中，准确把握历史规律、时代大势、发展条件，科学谋划、积极作为、顺势而为，在新征程上全面推进中国式现代化启东新实践。要深刻认识党的中心任务和未来五年统筹推进“五位一体”总体布局、协调推进“四个全面”战略布局的重大部署，全面对标对表、创新思路举措，坚决扛起“争当表率、争做示范、走在前列”的光荣使命，奋力谱写“强富美高”新启东现代化建设新篇章。要深刻认识以党的自我革命引领社会革命的重要要求，坚持全面从严治党永远在路上、党的自我革命永远在路上，永葆“赶考”的清醒和坚定，把各级党组织建设得更加坚强有力，为启东现代化建设提供坚强政治保证。要深刻认识江山就是人民、人民就是江山的根本政治立场，更加自觉践行以人民为中心的发展思想，把为民造福作为最大政绩，扎实推进共同富裕，团结带领群众开创更加美好的未来。要深刻认识统筹发展和安全的重大原则，深入贯彻总体国家安全观，把安全发展贯穿经济社会发展各领域和全过程，增强忧患意识、树牢底线思维，牢牢守住安全稳定的底线。要深刻认识“三个务必”的谆谆教导和团结奋斗的时代要求，弘扬伟大建党精神，坚定理想信念，坚守初心使命，坚持艰苦奋斗，增强斗争精神、提高斗争本领，埋头苦干、真抓实干，依靠顽强斗争、团结奋斗打开事业发展新天地。

学习贯彻党的二十大精神，最重要最根本的是要深刻领悟“两个确立”的决定性意义。“两个确立”是党的十八大以来发生伟大变革、取得历史性成就的决定性因素，是新时代十年最大政治成果、最重要历史经验、最客观实践结论；对全面建设社会主义现代化国家、全面推进中华民族伟大复兴、实现党的第二个百年奋斗目标具有决定性意义，是我们应对一切不确定性的最大确定性、最大底气、最大保证；是走好新的赶考之路必须始终坚持的重大政治原则，也是必须全面贯彻的重大实践要求。我们要深刻理解其历史逻辑、理论逻辑、实践逻辑，切实增进政治认同、思想认同、理论认同、情感认同，以实际行动和实际成效坚定拥护“两个确立”、坚决做到“两个维护”。

*一要在全面学习上下功夫，切实做到学深学透。*坚持全面准确，深入理解内涵，精准把握外延，既要熟悉牢记新提法、新概念，又要学懂弄通其中的思想精髓、核心要义、战略部署，做到知其言更知其义、知其然更知其所以然。要把学习贯彻党的二十大精神与学习习近平新时代中国特色社会主义思想紧密结合起来，原原本本学、融会贯通学、系统跟进学、联系实际学，切实学出坚定信念、学出为民情怀、学出使命担当、学出科学方法。

*二要在全面把握上下功夫，切实做到入脑入心。*坚持历史和现实、理论和实践、国际和国内相结合，紧密联系我国发展面临的新的战略机遇、新的战略任务、新的战略阶段、新的战略要求、新的战略环境，从整体到局部、再从局部到整体，反复揣摩、全面把握，做到至信而深厚。要贴近实际、贴近生活、贴近群众，善于运用群众乐于参与、便于参与的方式，采取富有时代特色、体现实践要求的方法，推动党的二十大精神深入人心、家喻户晓。

*三要在全面落实上下功夫，切实做到见行见效。*对照中国式现代化建设的新坐标系、两步走战略安排，把握启东具备的优势和基础，找到大会精神与市情实际的铆合点，找到伟大事业与普通百姓的连接点，聚焦关键重点，分清轻重缓急，战略性布局、整体性推进各项工作。要锚定“沪苏一体融合发展窗口城市”定位，以舍我其谁的担当、激情满怀的干劲，集中精力办好自己的事，让中国式现代化在东疆大地充分展现可观可感的现实图景。

二、全面落实“疫情要防住、经济要稳住、发展要安全”的重大要求，经济社会发展承压而上、稳中有进

今年以来，面对严峻复杂的外部发展环境、超出预期的多重压力挑战，全市上下以迎接党的二十大、学习宣传贯彻党的二十大精神为主线，认真落实省市委决策部署，深入实施向海发展战略、接轨上海战略，鼓足“勇挑重担、多作贡献”的精气神，稳进提质、奋楫争先，经济社会发展取得来之不易的成绩，列全国综合实力百强县市第23位，比去年跃升4位。

*（一）积极应对挑战，织牢疫情防控网。*毫不动摇坚持“外防输入、内防反弹”总策略和“动态清零”总方针，及时有效扑灭零星散发疫情，守护了群众的生活秩序和身体健康。动态优化来返启人员查验管控措施，强化重点人员“应检尽检”、一般人员“愿检尽检”、重点区域“需检尽检”，建立混管阳性病例4小时锁定机制。统筹做好生产生活保畅保供工作，用心用情解决企业和群众实际困难。新冠疫苗首针接种达100.2万人，全程免疫率达98.4%。面对疫情形势的变化，落实“二十条”优化措施、执行“新十条”要求，搭建“分级诊疗、患者分流”平台，建立家庭医生团队258个，实现由防治到救治的迅速平稳转换。

*（二）全力攻坚克难，稳住经济基本盘。*坚持提前谋划、以快制胜，高效统筹疫情防控和经济社会发展，全力推动复工复产、挂钩帮服企业，主要经济指标企稳回升、逐月向好。全年预计（下同）实现地区生产总值1400亿元，增长2.4%；完成一般公共预算收入84.35亿元。工业应税销售增长8%，高于南通平均水平。实际利用外资历史性突破4亿美元，制造业外资占比提升20个百分点。建立完善政府投资基金体系，撬动社会资本投资超10亿元。完成省委涉粮问题专项巡视反馈问题整改，夏秋两季粮油作物总面积创15年之最，吕四港镇高标准农田建设项目成为省首批示范。村集体经济持续壮大，村营收入超百万元的达38个。

*（三）坚持提质增效，强劲发展源动力。*吕四港集装箱码头开港运营，重装码头、内河转运码头、港口支持系统即将投入使用，与上港集团、省港集团、中外运开展全方位、深层次合作，港口集聚辐射能力和产业带动优势更加凸显。深入开展招商引资突破年活动，新签约亿元以上制造业项目103个，其中10亿元以上30个、3000万美元以上外资项目12个。推行项目建设领域“一件事”改革，深化“拿地即开工”机制，新开工制造业项目105个，其中百亿级项目2个，省市重大项目全部开工。强化六个企业培育库建设，新增国家级专精特新“小巨人”企业3家、两化融合管理体系3A级认证企业2家，招引科创项目61个，净增规上企业147家，净增高新技术企业51家。成立市人才学会，入选国家级人才计划14人。开展“东疆工匠”评选，新增省特级技师2名。列全国科技创新百强县市第10位、投资潜力百强县市第10位。

*（四）突出宜居宜业，提高城市美誉度。*成功举办2022中国中小城市发展高峰论坛，城市知名度、影响力显著提升。完成“三区三线”划定，城镇开发边界新增31.6平方千米。北沿江高铁启东段开工建设，S11通沪高速及北延纳入省高速路网规划。最美江海岸线五大特色风貌区加快打造，滨江生态绿廊首开区建成开放，圆陀角段美丽海湾建设获评首批省级示范。完成通海垦牧公司旧址复建，渔人码头获评省级旅游休闲街区，新增国家AAA级旅游景区3家。久久为功推进小城镇建设，列全国新型城镇化质量百强县市第18位，吕四港镇、汇龙镇首次迈进全国百强镇行列；启隆镇“增存挂钩”工作获省批复，全省唯一。深化农村人居环境整治提升，干道沿线“破落建筑”和“三棚”专项整治取得显著成效。城市第二污水处理厂加快建设，农村河道长效管护获省第一等次，农田水利工程管护获省优秀等级。中央环保督察交办信访件全部办结，PM2.5浓度、优良天数

比率保持全省领先，市考以上断面水质优Ⅲ比例达100%。创成省生态文明建设示范市，列全国绿色发展百强县市第13位。

（五）持续改善民生，增强群众获得感。城乡居民人均可支配收入分别达57200元、32600元，增长4.2%、6.2%。十大类26项民生实事项目基本完成。新增城镇就业9800人。在南通率先完成2000年前老旧小区改造，城乡D级危房全部解危。“15分钟医保服务圈”示范点实现区镇全覆盖。中高考再创佳绩，学科类培训机构清零等“双减”工作走在全省前列，成立中国工农红军南通启东红军小学。成功承办2022年CBA夏季联赛、全国沙滩排球巡回赛等重大体育赛事。“中国好人”数量保持全省领先，“每户每月奉献一小时”志愿服务工作经验全省推广。获评省示范档案馆。政务服务标准化试点获批国家级社会管理和公共服务综合标准化试点项目。实施老旧小区党建引领物业试点提升工程，制订“一标准五清单”，形成“小事居民治、大事物业办、难事社区商”的社区治理新格局。深入开展社会矛盾风险隐患大排查大起底大化解活动，创新打造平安法治联盟工作站，社会大局保持和谐稳定。

（六）全面从严治党，涵养政治好生态。扎实开展学习宣传贯彻党的二十大精神系列活动，“理响东疆”宣讲团获评省基层理论宣讲先进集体，蝉联省基层党员冬训工作示范市。全力推进“红网格·通通建”工作，深化网格党支部“五化”建设，全面建立“四位一体”村级组织体系。开展“双报到·通通在”活动，机关党员实现全报到。坚持“三个一线”用人导向，对在疫情防控等重点工作中表现突出的38名干部提拔重用、晋升职级。升级智慧督查平台，扎实开展不担当不作为不落实问题专项整治，机关作风持续优化。精准有效用好监督执纪“四种形态”，“红脸出汗”成为常态，“利剑高悬”震慑常在。人大及其常委会依法行使职权，监督更加精准有效；政府依法行政，重点工作推进有力；政协协商民主建设不断加强；统一战线、党管武装、群团、老干部等工作取得新成效。

回顾这一年，我们共同经历了非常之时、非常之难，拿出了非常之策、非常之举，更取得了非常之成绩、鼓舞了非常之斗志。但也要清醒看到，我市高端制造业培育力度仍需加大，生产性服务业发展短板突出；新型城镇化建设进展还不快，乡村产业振兴的动力还不足；少数党员干部攻坚克难、创新突破的真本领还不强，等等。对此，我们必须高度重视，切实加以解决。

三、牢牢把握高质量发展首要任务，全面推进中国式现代化启东新实践

党的二十大向全党全国发出了全面建设社会主义现代化国家、全面推进中华民族伟大复兴的动员令。站在新的历史起点上，我们要全面对标对表党的二十大精神，牢牢把握高质量发展这一首要任务，更好地“扛起新使命、谱写新篇章”，更高水平展现中国式现代化启东图景。奋进现代化新征程，要坚持“打牢基础、深谋长远”的战略定力。现代化建设是一个不断演进、不断迭代的长期过程，需要坚实的基础、持久的动力。要更好统筹经济与社会、发展与安全、当前与长远、质量与总量，加强前瞻性思考、全局性谋划，不好高骛远、不急于求成，真正沉下心从关乎长远发展的重点领域着手，做大经济体量，提升质量效率，涵养发展后劲，不断扩大优势、累积胜势。奋进现代化新征程，要强化“问题导向、系统思维”的推进方法。踏上现代化新征程，发展格局之变、驱动力量之变、竞争态势之变和人民需求之变深刻发生。要始终坚持系统思维，善于“弹钢琴”、把握时度效，在最为薄弱、最是迫切、最需破题的领域打好“主动仗”，在最有条件、最具特色、最能发挥优势的领域下好“先手棋”，有机统一“有守”与“有为”，推动现代化建设破浪前行、行稳致远。奋进现代化新征程，要弘扬“敢于斗争、勇立潮头”的工作作风。把现代化美好愿景变为现实图景，始于坚定、基于发展、成于拼搏。要善于辨机、敏于择机、勇于抢机，在实践中积累斗争经验、增强斗争智慧、提高斗争本领，把“争当表率、争做示范、走在前列”作为不懈追求，切实提升经济能级、创新能级、开放能级、城市能级，打造充满活力、独具魅力、更强实力的现代化新启东。

做好下阶段工作，全市上下要坚持以习近平新时代中国特色社会主义思想为指导，深入学习贯彻党的二十大和中央经济工作会议精神，按照省市委部署要求，坚持稳中求进工作总基调，完整、准确、全面贯彻新发展理念，更好统筹疫情防控和经济社会发展，更好统筹发展和安全，牢牢把握扩大内需这个战略基点，深入实施向海发展战略、接轨上海战略，锚定高质量发展，奋进新时代新征程，加快建设沪苏一体融合发展窗口城市，推动中国式现代化启东新实践开好局起好步。

明年经济社会发展的主要预期目标是：地区生产总值增长6%左右，一般公共预算收入增长16%以上；全社会研发投入占比2.75%；规模工业增加值增长5.5%，固定资产投资增长6%，制造业投资增长8%，社会消费品零售总额增长3%以上，实际利用外资4.6亿美元，外贸进出口保稳提质；居民人均可支配收入增长与经济增长保持同步，新增城镇就业1万人。

围绕上述要求和目标，纲举目张抓好六个方面重点工作：

（一）聚力推进跨江融合，锻造现代化建设的关键引擎。对接全省“1+3”重点功能区建设，落实南通融入长三角一体化发展“五大行动”，推进资源共享、产业协同、功能互补、多元融合，持续为现代化建设聚势赋能。

更高质量全面接轨上海。策应上海大都市圈“1+8”空间协同规划确立我市全球功能支撑性节点的定位，深化全方位对接，加快打造上海向北辐射的首选城市。全力服务保障北沿江高铁启东段建设，加快实施承接上海资源溢出的配套工程，推动沪启通勤更加便捷快速。力争沪崇启城际铁路纳入国家和省市铁路建设规划，研究兼顾货运功能的可行性，推动实现上海航运中心和洋吕铁路直连，S11通沪高速及北延取得工可批复并完成初步设计，更高水平融入长三角物流圈。聚焦上海大都市圈“4+2+2”产业集群，加快嵌入上海高端产业链，提升产业匹配度。深入对接上海教育、医疗、文化等高端资源，在商事登记等领域完善“沪启互认”代办联办机制，推动对接上海取得更多突破性成果。

更快速度推动沿海崛起。持续完善吕四港内外集疏运体系，确保益海大道、东港区道路建成通车，通用码头二期开工建设。强化以资本为纽带的港口合作，全面发挥江海联运优势，研究港口在拓展货源、开辟航线、参与市场竞争等方面新的服务产品供给，提升港口运营质效，集装箱吞吐量达40万标箱。融入国家级通泰扬海工装备和高技术船舶产业集群建设，加快临港智能制造产业、高精尖技术企业集聚，推动重装物流码头投入运营，卫华港机、中储粮等项目竣工投产。全力对接南通沿江化工园区沿海拓展区建设，推动华峰可降解新材料项目早日落地。加快吕四港新城CBD首开区、西港区综合服务中心、东港区商业综合体等配套建设，集聚一批结算中心、交易中心、人力资源管理中心，夯实港产城融合发展基础。全力化解围填海历史遗留问题，完成3000亩海域证申领。加快专用码头岸线报批和进境粮食口岸、保税物流中心B型申报，深化与上海通关一体化合作，确保启东港扩大开放获批。成立跨境电商中心，引导企业抢抓RCEP政策机遇，推动更多“启东制造”走出国门。高新区要成为沿海崛起的有力支撑，完善功能配套，提升产业层次，加速集聚一批科创型企业，确保万洋众创城竣工投产项目超30个。

更实举措做强园区平台。各园区要主动挑起稳经济、促增长的重担，推动产业结构、综合环境、载体运营“三优化”，实现产出效益、创新能力、管理水平“三提升”，对内比贡献、对外争位次，加快向现代产业园区转型。推动高速口与各园区由互联互通向快联快通提升，更好支撑要素流动，带动企业集聚、就业扩容、人口导入。强化空间再造，全面推行工业企业资源集约利用差别化政策，加强已开工项目“回头看”，努力让资源发挥更大效益。完善内部管理体制、运行机制，专注于招商引资、项目建设、企业服务等主责主业。加快启东·吴江高端制造产业园、电动工具产业园、东晟智造产业园等载体建设，推动城北工业园、民主工业园、惠和工业园加速蝶变，不断优空间、聚项目。

（二）聚力加快科技创新，激活现代化建设的强劲动能。把教育、科技、人才工作摆在更加突出位置，持续激发创新创造活力，让科技创新“关键变量”转化为现代化建设的“最大增量”。

坚持创新驱动发展，建设科技强市。把科技招商作为创新驱动发展的关键一招，设立科技人才招商中心，瞄准符合我市产业导向、拥有自主知识产权的“硬科技”企业，招引科创类项目不少于100个。梯次培育科技型中小企业、高新技术企业和创新型领军企业，净增高新技术企业55家。鼓励企业参与“揭榜挂帅”、加大研发投入，组织实施“东疆科技计划”攻关，借力上海科研力量，通过政府牵线，为企业自主开展技术攻关、科技攀升提供支撑。启东经济开发区、生命健康科技园要规划建设科创项目集聚发展区，加快北大生科华东产业研究院二期、启东复旦医学创新研究院等平台建设。深入实施“百企联百校高质量合作”工程，新增产学研合作项目超200个。统筹推进现代农业、医疗卫生等领域创新，加快构建“如鱼得水、如鸟归林”的创新生态。

坚持人才引领驱动，建设人才强市。完善以“人才新政26条”为引领的“1+N”人才政策体系，以产业升级、政策集成促进人才集聚。深化产才融合发展，持续开展“东疆工匠”评选活动，引进高层次创新创业人才180名，引育高技能人才1500名，形成“产业吸附人才、人才支撑产业”良性互动。扎实推进青年发展型城市建设省级试点，实施“优智、优创、优居、优享、优越”五大行动，让城市年轻态、青年更出彩。推行“启创无忧”人才服务工程3.0版，优化一站式服务，健全一卡通保障，推进一体化安居，让“首站启东、首选启东”成为各类人才的共识。

坚持教育优先发展，建设教育强市。落实立德树人根本任务，把科技创新理念贯穿各类教育全过程，锚定创建全国学前教育普及普惠市、国家义务教育优质均衡发展市目标，推进学前教育普惠健康发展、义务教育优质均衡发展、高中教育内涵特色发展、职业教育产教融合发展，争当南通教育排头兵领头雁。前瞻布局教育资源，开工建设启东中学新校区，确保蝶湖小学、蝶湖中学新学年投入使用，推进两所中专学校合并建设、一体发展，持续打造名师名校集群。实体化推进集团办学改革，深化义务教育教师“县管校聘”管理，优化教育评价机制，构建教育高质量发展新生态。扎实推进“双减”工作，实施课后服务2.0工程，增强青少年身体素质，护佑青少年心理健康。强化继续教育培训，浓厚全民学习、终身学习氛围，建设学习型社会。

（三）聚力提升项目质效，夯实现代化建设的实体根基。坚持把发展经济的着力点放在实体经济上，推进项目建设再提速、营商环境再优化，加快构建质态和效益全面提升的现代产业体系。

注重量质并举，打造项目矩阵。开展招商引资提升年行动，全力拼抢高端制造业项目、突破重大外资项目，新签约亿元以上制造业项目不少于100个，其中3000万美元以上外资项目不少于15个。加大招商队伍考核奖惩力度，培养一批“产业专家”“谈判高手”。抢抓全球产业经济格局重构机遇，设立境外招商机构，拓展全球招商合作“朋友圈”，着力招引一批欧洲、日韩和“一带一路”沿线国家地区的制造业外资项目。用好上海、苏南等“家门口”资源，持续加强专业招商、市场化招商、以商引商，借助校友会、商会、老乡等多方力量，导入更多扩大产能类、科技孵化类、技术转移类项目。推动资源招商与资本招商形成合力，打造“政府资金引导、市场化基金撬动、专业化管理人运作”的基金招商模式，集聚更多高科技、高成长性的初创型企业。深入考量项目带动力、科技含金量、环境友好度，更加注重亩均投入、亩均税收等关键指标，实现环境容量、能耗指标、空间资源精准投向。紧扣项目开工率、投产率、达效率，强化全生命周期服务，新开工设备投资2000万元以上制造业项目超100个、竣工设备投资500万元以上项目超100个。

立足特色优势，壮大产业集群。深入推进产业倍增三年行动计划，完善产业规划引领、配套政策支撑、挂钩帮服推进、金融服务保障的工作体系，全力打造现代产业集群。深耕临港产业、特色产业、战略性新兴产业，在企业数量、产业体量上全力突破，推动产业层次能级不断攀升。着力推动产业数字化、数字产业化,加大企业数据上云、设备上云、业务上云,完成智能化改造、数字化转型项目超200个。支持建筑业转型发展,持续拓展高附加值领域。围绕信息技术、新能源、生物医药等前沿科技、高端技术、新型业态,前瞻谋划、提早布局,开拓未来产业新蓝海。实施生产性服务业攻坚突破行动,聚焦研发设计、软件开发、检验检测、金融服务等领域,强化业态研究,加大招商力度,加快现代金融集聚区建设,大力发展总部经济、楼宇经济,打造“垂直园区”,引进入驻楼宇项目不少于50个。把恢复和扩大消费摆在优先位置,营造便利消费环境,培育消费新增长点。持续抓好六个企业库培育,净增规上工业企业100家、规上服务业企业60家,上市挂牌企业3家,形成既有“企业高峰”又有“产业高原”的格局。

突出便捷高效,优化营商环境。坚持“两个毫不动摇”,推进营商环境提升年成果制度化,确保进入全省前20名。深入推进政务服务标准化国家级试点,扩容省内通办、跨省通办、一件事一次办事项,启用新政务服务中心。提升“千人千企”挂钩帮服、服务企业畅聊会、部门挂钩重点产业发展等机制实效,实现“企业找政策”向“政策找企业”转变,有效解决企业融资难、融资贵、用工紧等痛点难点,打响“万事好通·益启企”品牌。严格规范公正文明执法,建立完善首违不罚、免罚轻罚和企业行政合规指导等制度,让企业经营发展更安心、更暖心。推动综合金融服务平台扩面增效,加大对小微企业、个体工商户的金融帮扶力度。发挥“垦牧杯”杰出企业家引领作用,实施新生代企业家“薪火相传计划”,支持企业家以恒心办恒业。

(四)聚力深化城乡融合,彰显现代化建设的功能品质。协调推进新型城镇化和乡村振兴战略,着眼城乡均衡发展、功能互补、共同繁荣,加快建设人民满意的现代化品质城市。

让城市更有品位。融入上海大都市圈规划建设,完善国土空间总体规划(2020—2035),优化“一主两副”空间布局,科学绘制城市发展蓝图。深入推进“有温度的城市更新”,实施特色风貌提升、老城更新改造、公园城市添绿、城市水岸活化、绿道网络塑造等五大行动,启动庙港河片区首开区工程,让城市更加宜居。坚持“房住不炒”,引进优质头部房企,支持刚性和改善性住房需求。提升城市综合防护与急救抗灾能力,强化“看见”“预见”和应急调度功能,建设更有“免疫力”的韧性城市。强化数字赋能,拓展智慧城管、智慧交通、智慧水务、智慧文旅等场景应用,建设数字政府、智慧城市。统筹推进文明培育、文明实践、文明创建,打造新时代文明实践服务标准化启东样板,深入实施“1549”创建工程,强力补短板、打基础,久久为功提升城市形象、人文素养、文明程度。

让城镇更具特色。按照“三区三线”划定成果,完成各区镇新型城镇化专项规划,加快实现错位发展、各美其美。探索政策扶持方式,因地制宜打造产业平台,做强特色产业,集聚商机人气,推动镇域经济高质量发展。围绕“一镇一策”,坚持项目化推进,完善污水处理等基础设施配套,强化公共服务供给,建设现代化新型城镇。锚定“土地三项”工作三年3万亩目标,开展土地复垦整村推进试点,优化弃宅进镇(城)政策,全力盘活闲置和用而不足工业用地,变“低质存量”为“优质增量”。

让乡村更富活力。落实最严格的耕地保护制度,新建、升级高标准农田2.78万亩,争创省级农业生产全程全面机械化示范市,夯实粮食安全根基。坚定走好科技农业、精品农业、品牌农业之路,放大省级现代农业产业示范园和农业龙头企业带动集聚效应,加大对家庭农场政策支持、技术服务力度,健全精深加工、仓储保鲜、冷链物流、电子商务等产业链条,提升启东农产品区域公用品牌在上海等大都市中的知名度。健全“龙头企业+基地+农户”机制,拓展土地管理、资源经济、乡村旅游等创收增收路径,变补贴式“输血”为多渠道“造血”,实现村集体经济收入均超65万元。持续推进农村人居环境整治提升,推动环境从“一时美”向“持久美”转变。完善乡村治理体系,让文明乡风、良好家风、淳朴民风吹遍乡村。高效整合各类资金、政策,做大乡村建设“资金池”,建成省特色田园乡村2个,南通市级乡村振兴示范村、先进村23个,将“盆景”串联成“风景”。

(五)聚力打造缤纷百里,涵养现代化建设的生态本底。树牢生态资源是最宝贵财富的理念,推进全域旅游发展,让“生态绿”与“江海蓝”交相辉映、“文旅兴”与“环境美”相得益彰。

以文旅共兴绘就全域之美。坚持“城市即景区、旅游即生活”理念,强化旅游资源全域整合、产品全域优化、市场全域营销,创成省级全域旅游示范区,让游客留得住、玩得好、还想来。加大旅游头部企业招商力度,打造一批热门打卡地、文旅新地标。高水平运营龙湾水镇,扎实推进通海垦牧公司旧址、抗大九分校纪念馆、黄金海滩争创国家AAAA级旅游景区,创成省级乡村旅游重点村1个。高标准打造张謇垦牧文化片区,推动沙地圩田农业系统、挡浪墙遗址、垦牧高等小学等历史遗迹串珠成链、融合互动,塑造有故事、有记忆的“垦牧文旅”特色品牌。深化与上海旅游协会联盟、长三角一体化旅游联盟等互动合作,深入实施“引客入启”计划,接待游客超600万人次。

以江海岸线勾勒缤纷之美。落实沿江沿海特色风貌塑造暨总体城市设计成果,匠心打造长江入海口、锦绣江岸等五大特色风貌区,尽显多姿、多彩、多元的独特魅力。完成美丽岸线二期工程,实现全线贯通。加快海洋生态保护修复项目建设,依托“缤纷百里”沿线资源禀赋,立体彰显大江大海大港、产业城镇乡村的特色风貌,全线打造阅江亲海的诗意空间。提档升级滨江生态绿廊,规划建设长江文化公园启东段,做好留白增绿文章,以点带面、绵绵用力,让“缤纷百里”一步一风景、处处皆风光。

以绿色生态彰显自然之美。围绕创建国家生态文明建设示范市、“两山”实践创新基地目标,精心呵护“一江碧水、一片蓝天、一方净土”。持续抓好长江大保护,加快建设国家级美丽海湾,创成省级生态岛试验区。开展夏季臭氧污染、秋冬季PM2.5污染专项整治,保持空气质量全省领先。完善水质分级预警机制,对重点断面落实针对性管控措施,促进活水畅流、活水保质。推动固废由末端治理向前端管控转变,建设无废城市。加大绿色低碳科技攻关和推广应用,在吕四港经济开发区探索规划建设“零碳园区”,以生态“含绿量”提升发展“含金量”。

(六)聚力百姓富裕安康,展现现代化建设的幸福图景。坚持人民至上,循序渐进推进共同富裕,努力让更均衡、更可及的民生供给成为启东现代化建设的“标配”。

用心用情优化公共服务。认真落实新阶段疫情防控各项举措,保障好群众就医用药,重点抓好老年人和患基础性疾病群体的防控,确保顺利渡过流行期。稳步实施健康启东专项行动,完善县域医共体建设,推进人民医院改扩建、基层医院提级创建,加快北部区域医疗中心、高新区医院建设,努力让群众在家门口就能看得上病、看得好病。积极应对人口老龄化少子化,探索开发养老服务新场景新应用,推进普惠托育机构标准化建设,减轻家庭生育、养育、教育负担,让全龄友好的幸福场景不断呈现。推动“文艺轻骑兵”“蝶湖夏夜”等文化惠民活动拓展形式、丰富内涵,建设“书香启东”,创建“中国曲艺之乡”,新增省市级最美公共文化空间3家,让先进文化浸润东疆大地、丰富群众生活。

兜住兜牢民生保障底线。落实落细就业优先政策,加大援企稳岗力度,做好重点群体、困难群体就业保障,支持新就业形式和多渠道灵活就业。推动社保扩面提标,扩大社保补贴范围、完善转保补贴政策,积极引导农民工、灵活就业人员、新业态从业人员等重点群体参保,新增就业参保1.4万人、城乡居保转企保1.2万人。深化医保支付方式改革,建成省级“15分钟医保服务圈”。加快推进安置房建设,实现房等人、零过渡。拓展慈善救助方式,营造“人人做慈善、慈善为人人”的浓厚氛围,把社会救助、社会福利、社会优抚等民生保障网织得更密、兜得更牢。

坚定坚决维护安全稳定。全面落实总体国家安全观,夯实国家安全和社会稳定的基层基础,以新安全格局保障新发展格局。树牢过“紧日子”思想,压缩政府一般性支出,压降政府性债务,确保财政资金用在刀刃上。发挥风险预警监测机制作用,加强对重点区域、重点领域风险研判和防范,守牢不发生系统性风险底线。增强全民法治观念,全面压降行政诉讼案件败诉率,加强新时代司法所建设,使法治成为启东现代化建设的显著优势。深入实施“精网微格”工程,用好平安法治联盟工作站,强化社会治安整体防控,常态化开展扫黑除恶斗争,让城市更安宁、群众更安乐。整合信访、调解、12345热线等民生诉求反馈渠道,加强矛盾纠纷滚动排查,把矛盾解决在萌芽状态,持续擦亮启东大调解金字招牌。深入整治海洋渔业、食品药品等领域安全生产风险,持续提升本质安全水平,争创省安全发展示范城市。

四、持续打造最美江海党建带,为推进中国式现代化启东新实践提供坚强保证

全面落实党的二十大对深入推进新时代党的建设新的伟大工程新部署新要求,弘扬伟大建党精神,持续提升“最美江海党建带”品牌影响力凝聚力。

(一)拥护“两个确立”,把政治建设抓得更牢。深刻领悟“两个确立”的决定性意义,坚定拥护“两个确立”、坚决做到“两个维护”,更加坚定地忠诚核心、信赖核心、紧跟核心、维护核心。牢记“国之大者”,自觉在大局下思考和行动,坚决落实好党中央、省市委决策部署,做到政治上绝对忠诚、思想上高度统一、意志上更加坚韧、行动上坚决有力。牢固树立党章意识,严明政治纪律和政治规矩,恪守“五个必须”,严防“七个有之”。坚持理论武装同常态化长效化开展党史学习教育相结合,建好用好“理响东疆”工作室,将理论武装嵌入肌体、红色信仰融入血脉。严格落实意识形态工作责任制,深入推进媒体融合发展,擦亮“五心融合”网络文明品牌,让正能量更强劲、主旋律更高昂。

(二)严密组织体系,把基层基础夯得更实。贯彻落实“五聚焦五落实”深化提升行动,统筹抓好村(社区)、机关、“两新”组织等各领域党建,更高质量推动“有形覆盖”和“有效覆盖”。深化“赛马东疆”绩效比拼,完善基层党组织带头人“三化”管理体系,锻造服务群众有感情、推动共富有本领、作风行为有正气的硬核“头雁集群”。以党建引领基层治理,深入推进“红网格·通通建”“红色物业”建设,扎实开展“双报到·通通在”活动,实现党建网、治理网、服务网“三网融合”,让基层治理的根系扎得更深,服务群众的效能不断提升。深入实施行业党建“五大行动”,壮大产业链党建联盟,完善“红新驿站”服务保障新业态新就业群体功能,推动党在基层的“神经末梢”更加健全完善、坚强过硬。

(三)提升能力素质,把干部队伍建得更强。坚持新时代好干部标准,健全“五位一体”知事识人体系,深化“三个五五”好班子创建,打造政治过硬、专业过硬、担当过硬、斗争过硬、纪律过硬的干部队伍。深入实施干部现代化建设能力提升工程,依托党校等阵地,开展红色党性、蓝色经济、绿色生态“三色”教育轮训,练就敢于斗争、善于胜利的宽肩膀、硬本领。健全年轻干部常态化储备机制,深化年轻干部“菁鹰启航”工程,加强女干部、党外干部和专业紧缺型干部培养选拔,保证使用上有梯队、选择上有空间。坚持正向激励和反向鞭策并重,持续完善“五式”考核,深化运用不胜任现职干部“管理池”机制,做到下之有据、容之有度、奖之有力,推动党员干部在现代化新征程上跑起来、干起来、拼起来。

(四)强化正风肃纪,把政治生态塑得更好。持之以恒落实中央八项规定精神,实施“治庸促能、治懒促为、治散促效”专项行动,完善常态化基层减负机制,推动作风建设不停步、再出发。深化运用监督执纪“四种形态”,以全周期管理一体推进“三不腐”,既让铁纪“长牙”、发威,又让干部醒悟、知止。抓好关键少数、关键岗位、关键领域制度建设,推动纪检监察“四项监督”和审计监督、统计监督等融合贯通,落实巡视巡察上下联动要求,以大监督保障大发展。加强警示教育精准滴灌,深耕“廉润东疆”品牌,让正气充盈、清风更浓。

(五)坚持团结奋斗,把发展合力聚得更足。坚持市委总揽全局、协调各方,严格执行民主集中制,不断改进和创新领导方式,提高把方向、管大局、作决策、保落实的能力。支持人大及其常委会依法履职,发挥人大工作研究会作用,不断丰富发展全过程人民民主启东实践。支持政府依法行政,集中精力抓好重大决策贯彻落实,推动经济社会高质量发展。加强人民政协专门协商机构建设，持续做靓“有事好商量”品牌，提高深度协商互动、意见充分表达、广泛凝聚共识水平。深化双拥共建，推动军地融合发展。深化工会、共青团、妇联等群团组织改革和建设，更好发挥桥梁纽带作用。完善大统战工作格局，最大限度汇聚共同奋斗力量，团结一心在现代化建设新征程上奋勇前行。

同志们，新时代眷顾所有奋斗，新征程呼唤担当实干。让我们更加紧密地团结在以习近平同志为核心的党中央周围，深入学习贯彻党的二十大精神，在省市委坚强领导下，坚定信心、同心同德，踔厉奋发、勇毅前行，为推进中国式现代化启东新实践竭智尽力、作出更大贡献！

政府工作报告

——2023年1月11日在启东市第十八届人民代表大会第二次会议上

启东市人民政府市长　杨中坚

各位代表：

现在，我代表市人民政府向大会作工作报告，请予审议，并请市政协各位委员和其他列席人员提出意见。

2022年工作回顾

刚刚过去的2022年，是新一届政府的起始之年，面对复杂严峻的外部环境影响和多重超预期的困难挑战，我们坚持以习近平新时代中国特色社会主义思想为指导，以迎接党的二十大、学习宣传贯彻党的二十大精神为主线，在市委的正确领导和市人大、市政协的监督支持下，团结和依靠全市百万人民，紧紧围绕“建设沪苏一体融合发展窗口城市”目标定位，全面落实“疫情要防住、经济要稳住、发展要安全”重大要求，牢牢扛起“勇挑重担、多作贡献”重大责任，坚定实施向海发展战略、接轨上海战略，高效统筹疫情防控和经济社会发展，统筹发展和安全，实现了本届政府的良好开局。

全年预计（下同）实现地区生产总值1400亿元，增长2.4%。完成同口径一般公共预算收入84.4亿元，增长8.5%。完成全社会固定资产投资580亿元。实现社会消费品零售总额476亿元。完成进出口总额340亿元。城乡居民人均可支配收入分别达57200元、32600元，增长4.2%、6.2%。列全国综合实力百强县市第23位，较上年跃升4位。

这一年，我们坚定不移战疫情，防控屏障在大战大考中进一步筑牢。

严格执行国家第九版防控方案和优化防控“二十条”“新十条”举措，建立扁平化、高效率指挥体系，因时因势优化防控措施，健全平急转换机制，以最小范围、最短时间、最低成本控制住突发疫情，最大程度保障了人民群众生命安全和身体健康。发动3000多名机关党员干部、11000多名微网格员奋战一线，开展“敲门”“巡街”行动，有效筑牢群防群控、联防联控的严密防线。统筹做好生产生活保畅保供，动态优化交通卡口查验措施，“1234复式车辆分流法”全省推广。全力支援上海、天津、新疆以及省内兄弟城市抗击疫情，医护人员累计驰援外地880多人次。加快构建免疫屏障，新冠疫苗首针接种100.2万人，全程免疫率达98.4%。加强核酸检测、物资储备、医疗救治等能力建设，建成便民核酸采样服务圈，方舱医院和3家健康驿站投入使用，中心卫生院以上医疗机构发热门诊实现全覆盖，建立家庭医生团队258个，实现了从防控感染到医疗救治的平稳转变。

这一年，我们坚定不移稳经济，发展根基在攻坚克难中进一步夯实。

产业质态得到新提升。工业经济稳中向好，完成应税销售1270亿元，增长8%；主导产业支撑有力，临港产业、特色产业、战略性新兴产业占比达83.5%。加强“1521”工业龙头企业、规上工业企业培育，实现超10亿元企业21家、超50亿元企业4家，新增规上工业企业129家，新认定国家两化融合贯标企业14家。建筑业稳健发展，完成总产值1450亿元，增长3.5%，荣获鲁班奖1个、国优奖1个、詹天佑奖3个。现代服务业稳进提质，完成应税销售604.9亿元，新增规上服务业企业62家。全域旅游示范区加快创建，创成国家AAA级旅游景区3家，抗大九分校入选省首批文化遗产旅游精品点，渔人码头获评省级旅游休闲街区，通海垦牧公司完成原址复建。

招商引资实现新突破。扎实开展“招商引资突破年”活动，深化产业项目质量综合评估，实行在手在谈项目三级动态管理，举办专题招商推介活动105场次，新签约亿元以上制造业项目103个，其中10亿元以上重大项目30个、“专精特新”等高质量项目62个。外资到账历史性突破4亿美元，引进3000万美元以上外资项目12个，制造业外资占比提升20个百分点，利用外资提质增效工作获省政府通报表扬。

项目建设取得新成效。强化重大项目全生命周期管理，健全重大项目集中观摩、市领导挂钩联系等制度，项目推进效率不断提升，新开工制造业项目105个，其中百亿级2个、5亿元以上31个，20个省市重大项目全部开工。投资结构持续优化，高技术产业投资占比达20%。完善全流程帮办、全链条保障服务体系，21个项目实现“拿地即开工”。卫华港机、药明康德研发中心二期等项目开工建设；宇盛电缆、易事特储能等项目加快推进；亿纬林洋、金丝楠膜等项目竣工投产。

这一年，我们坚定不移增动能，内生动力在改革开放中进一步集聚。

创新驱动不断发力。科技创新能力持续提升，全社会研发投入占比达2.7%，高新技术产业产值占比达56%，万人发明专利拥有量41件，列全国科技创新百强县市第10位。招引科创项目61个，新认定高新技术企业114家，新增国家级专精特新“小巨人”企业3家，入选省创新型领军企业2家，获省科技创新发展奖2个、中国专利优秀奖1个。实施产学研合作项目256个，完成技术合同成交额128亿元，获评省成果转化项目2个，新增省级企业研发机构8家。

出台“人才新政26条”,做优“东疆英才计划”品牌,入选国家级人才计划14名、省级人才培养工程17名,建成人才公寓342套。

开放合作不断深入。通州湾新出海口吕四起步港区集装箱码头开港运营,通用码头吞吐量达185万方方。港口集疏运体系和功能配套不断完善,重装码头、内河转运码头、港口支持系统即将投入使用。北沿江高铁启东段征地组卷全省率先完成,长江北支大桥、新三和港特大桥、启东客整所3个先行点开工建设;洋吕铁路启东段完成工程量的75%。433省道改造全面完工,鹤港大桥建成通车。更深层次对接上海、融入苏南,积极承接优质企业转移和产业溢出,引进上海、苏南亿元以上项目72个;全方位深化共建平台建设,启东·吴江高端制造产业园首开区开工。开通医保事项“跨域通办”崇启专窗,建成长三角名医工作室14家。

营商环境不断优化。深入实施“营商环境提升年”活动,扎实开展“千人千企”挂钩帮服行动,出台营商环境优化提升举措66条,列全国投资潜力百强县市第10位。深化“一件事一次办”改革,101个事项平均办结时长缩减60%。推行“住所登记”“集群注册”改革,政务服务标准化项目获国家级试点。实现减税降费47.7亿元,新增制造业贷款38.5亿元,市场活力有效激发。探索集体经营性建设用地租赁利用新模式,盘活低效用地4800亩。

这一年,我们坚定不移优品质,城乡面貌在统筹融合中进一步提升。

城市建管有序推进。城建交通指挥部实体化运行,四级联席会议制度落地见效,城市建设全面提速。功能布局日臻完善,“三区三线”划定成果获批,“一主两副”国土空间总体规划、市域快速路网专项规划完成编制。滨江生态绿廊首开区建成开放,城市绿道贯通工程二期完工,新增城市绿地70万平方米。高标准完成紫薇一村老旧小区改造,多层住宅加装电梯数量居全省前列。征地拆迁大力推进,签约腾房2260户,交净地16块,新开项目拆迁完成率达95.2%。深化全国文明典范城市创建,扎实开展扬尘管控、机动车尾气治理等行动,拆除违章建筑2.2万平方米、违规广告牌1.3万平方米,建筑垃圾处置中心投入运营,市容市貌不断改善。

乡村振兴有力实施。全面夯实农业发展基础,新建高标准农田2.5万亩,粮食生产全程机械化率达91%。坚决遏制耕地“非农化”、防止“非粮化”,粮油种植面积突破130万亩。现代农业产业园获批省级示范园区,新增全国农村创业基地2家、省股交中心“农业板”挂牌企业15家。农村人居环境持续优化,干道沿线破落建筑和“三棚”专项整治成效明显,河道长效管护获评全省第一等次,建成村庄污水处理设施1.9万户,新增省级特色田园乡村1个、生态宜居美丽乡村14个。新型城镇化建设扎实推进,城乡基础设施不断完善,农村公路提档升级45千米,改造危桥40座;吕四港镇、汇龙镇首次入选全国百强镇。村级集体经济持续壮大,实现村营总收入2.1亿元;集体产权流转市场不断规范,交易总额9339万元。

生态环境有效改善。深入打好污染防治攻坚战,第二轮中央环保督察信访交办问题全部销号。PM2.5浓度降至22.9微克/立方米,列全省第一。市考以上断面水质优Ⅲ类比例达100%,第二污水处理厂、江海澜湾海洋生态保护修复工程开工建设,江海污水处理厂尾水生态缓冲区投入使用,建成二三级生态河道4条、四级生态河道200条,完成海岸带修复6千米。强化土壤污染风险管控,受污染地块安全利用率达100%。成功创建省级生态文明建设示范市,新增省级美丽海湾示范项目1个、绿色发展领军企业2家、生态文明建设示范镇村7个。

这一年,我们坚定不移惠民生,群众生活在共建共享中进一步改善。

民生保障更有温度。扎实办好民生实事,民生投入占财政支出比重达80%。坚持把稳就业摆在更加突出位置,发放就业补贴1.98亿元,新增城镇就业9800人。社会保障体系不断完善,基础养老金、低保标准分别提高至211元、780元,居民医保筹资标准提高至1400元,为六类困难群体购买“低补保”1.5万份。深入开展特殊困难群体救助帮扶专项排查整治,救助低保、特困、困境儿童等对象6883人。完成农房改善提升1000户,D级危房全部解危。工会、慈善、红十字、老龄、残疾人等事业获得新提升。

公共服务更趋均衡。优质教育资源持续扩容,学华小学二期建成投用,蝶湖中学、蝶湖小学、少年宫新校区结构封顶。学科类培训机构实现清零,获评省教学改革实验项目1个。“健康启东”加快建设,县域紧密型医疗集团实现同质化管理,人均基本公共卫生服务补助提高至105元。开展老年人社区助餐服务试点,提升改造农村敬老院3家,新增护理型床位120张。“15分钟医保服务圈”实现全覆盖,示范点建设南通领先。文体事业蓬勃发展,承办CBA夏季联赛、全国沙滩排球巡回赛等重大赛事;大力开展文化惠民活动,保利大剧院高质量承办各类演出50余场,文化馆获评省最美公共文化空间,建成省示范档案馆。妇女儿童、青少年、关心下一代、老区开发等事业实现新发展。

社会治理更富成效。全面推进“德润东疆·好人之城”建设,市民文明素养和城市文明程度持续提升,获评全国最美家庭1户、中国好人1组、江苏好人3组。市镇两级社会治理现代化指挥中心实现规范化、标准化运行,“红网格·通通建”工作深入开展。平安法治联盟工作站建设扎实推进,获评全国平安卫士1人。引导群众有序参与村居公共事务,“有事好商量”协商议事品牌不断擦亮。信访突出问题攻坚化解成效显著,信访事项及时受理率、按期办结率均达100%。社会治安防控体系不断完善,群众安全感持续提升。民族宗教、外事、双拥、反走私、见义勇为、人民武装等工作取得新成效。

安全底线更加稳固。扎实做好省安全生产巡查反馈问题整改,深入开展安全生产“百日攻坚”、公共安全重大隐患“三清”等专项行动,安全生产专项整治三年行动顺利收官,事故起数和死亡人数实现“双降”。南通首个县级消防训练保障基地启动建设,综合应急救援能力有效提升。刚性落实政府债务管控,防范涉众金融风险专项行动纵深推进,金融生态环境不断优化。食品药品安全监管体系持续完善,创成省食品安全示范市。

这一年，我们坚定不移转作风，政府效能在担当作为中进一步增强。

深入学习宣传贯彻党的二十大精神，坚决捍卫“两个确立”，增强“四个意识”、坚定“四个自信”、做到“两个维护”，政治判断力、政治领悟力、政治执行力不断提升。深入开展“机关作风建设提升年”活动，大力弘扬“马上就办、真抓实干”工作作风，政府系统担当奉献、创优争先的氛围日益浓厚。法治政府建设加快推进，修订出台市政府工作规则、重大行政决策程序实施细则等制度，完善市镇权责清单管理体系，区镇法治建设议事协调机构实现全覆盖。自觉接受市人大及其常委会法律监督和工作监督，主动接受市政协民主监督，高质量办理人大代表议案建议390件、政协委员提案372件。树牢过“紧日子”思想，“三公”经费和一般性支出有效压降。严格落实全面从严治党主体责任，聚焦权力运行风险点，切实强化重点领域审计监督，政府系统党风廉政建设不断深化。

各位代表，回顾过去一年，困难大于预判，结果好于预期；成绩殊为不易，值得倍加珍惜。这是市委统揽全局、坚强领导的结果，是市人大、市政协有效监督、鼎力支持的结果，是全市人民团结拼搏、共同努力的结果。在此，我谨代表市人民政府，向奋斗在各条战线的广大干部群众，向各位人大代表、政协委员和离退休老同志，向驻启部队、武警官兵、公安干警、消防救援指战员，向所有关心支持启东发展的社会各界人士和海内外朋友，致以崇高的敬意和衷心的感谢！

在看到成绩的同时，我们也清醒地认识到，全市经济社会发展仍存在不少问题，主要表现在：有效投资缺乏后劲，经济持续稳定增长的基础还不牢固；创新驱动力不够强劲，发展的质量和效益还需提高；城市功能配套有待完善，优质公共服务供给与人民群众的期盼尚有差距；少数干部的担当意识、创新精神、攻坚意志还有待进一步提升，等等。对此，我们将采取更加有效的措施，切实加以解决。

2023年目标任务

党的二十大擘画了全面建设社会主义现代化国家、以中国式现代化全面推进中华民族伟大复兴的宏伟蓝图，为新时代新征程党和国家事业发展、实现第二个百年奋斗目标指明了前进方向、确立了行动指南。学习宣传贯彻好党的二十大精神，是当前和今后一个时期的首要政治任务。我们要坚决贯彻“五个牢牢把握”和“全面学习、全面把握、全面落实”的重要指示，深刻领悟“两个确立”的决定性意义，全面推进中国式现代化启东新实践，奋力开辟高质量发展新境界，让中国式现代化在东疆大地充分展现可观可感的现实图景。

2023年是全面贯彻落实党的二十大精神的开局之年，是实施“十四五”规划承上启下的关键一年，做好今年的政府工作事关全局、意义重大。当前，外部环境动荡不安，区域竞争日趋激烈，需求收缩、供给冲击、预期转弱三重压力仍然较大，经济恢复的基础尚不牢固。但也要看到，我国经济韧性强、潜力大、活力足，长期向好的基本面没有变，支撑启东高质量发展的积极因素也在不断增多。尤其是随着长三角一体化发展等重大战略更大力度推进，上海大都市圈“1+8”空间协同规划赋予我市全球功能支撑性节点的定位，省内区域协调发展布局更高水平实施，通州湾新出海口吕四起步港区开港运营，北沿江高铁加快建设，启东高质量发展的空间愈发广阔、前景更加光明，我们理当积极作为，也应当大有所为。我们要不断增强“朝受命、夕饮冰”的事业心和“昼无为、夜难寐”的责任感，抢抓机遇、苦干实干，努力在格局重塑中抢占先机，在区域竞争中勇立潮头，在新的赶考路上交出新的优异答卷。

今年政府工作的指导思想是：坚持以习近平新时代中国特色社会主义思想为指导，深入学习贯彻党的二十大精神和中央经济工作会议精神，全面落实习近平总书记对江苏工作重要指示精神，按照省、南通和启东市委决策部署，坚持稳中求进工作总基调，完整、准确、全面贯彻新发展理念，服务构建新发展格局，以推动高质量发展为主题，更好统筹疫情防控和经济社会发展，更好统筹发展和安全，牢牢把握扩大内需这个战略基点，深入实施向海发展战略、接轨上海战略，全力推动产业提质、项目引领、开发开放、城乡融合、绿色发展、普惠共享、共建共治，加快建设沪苏一体融合发展窗口城市，推动中国式现代化启东新实践开好局起好步。

今年全市经济社会发展的主要预期目标是：地区生产总值增长6%左右，完成同口径一般公共预算收入85.5亿元，全社会固定资产投资增长6%，制造业投资增长8%，规模工业增加值增长5.5%，全社会研发投入占比达2.75%，社会消费品零售总额增长3%以上，进出口总额增长5%以上，居民人均可支配收入增长与经济增长保持同步，生态环境质量持续改善，单位地区生产总值能耗、二氧化碳排放量降幅达到上级下达目标。

实现上述目标，我们将重点抓好七个方面工作：

一、聚焦产业提质，聚力转型升级，持续壮大实体经济

坚持把发展经济的着力点放在实体经济上，持续优化产业结构、激发创新活力、做强市场主体，打造更具支撑力的现代化产业体系。

*增强现代产业竞争力。*深入推进产业倍增三年行动计划，实现规上工业应税销售1350亿元，增长20%。加快海工重装、港口机械、冷链物流等产业集聚，临港产业规模超750亿元。壮大电动工具等传统特色产业腰部企业规模，应税销售达320亿元。大力发展生物医药、新材料、电子信息及半导体等战略性新兴产业，应税销售增长30%以上。推动建筑业工业化、智能化转型，引导本地企业与央企、头部企业深度合作，建筑业总产值突破1500亿元。加快现代服务业繁荣发展，应税销售超800亿元。推动生产性服务业向价值链高端延伸，积极培育研发设计、金融服务等新兴业态，大力发展总部经济、楼宇经济，引进入驻楼宇项目不少于50个。推动生活性服务业高品质、多样化，顺应消费升级趋势，常态化举办房产、汽车等展销会，全面激发消费活力。加快推进文旅融合发展，龙湾水镇投入运营，新增国家

AAAA级旅游景区1个,创成省级全域旅游示范区,进一步提高"日出江海、美丽启东"旅游品牌影响力。

增强科技创新驱动力。深入实施高企培育五年倍增计划,新认定高新技术企业150家、科技型中小企业600家。加大科技招商力度,规划建设科创项目集聚发展区,新招引科创项目不少于100个。高水平打造科创平台,加快北大生科华东产业研究院二期、启东复旦医学创新研究院等平台建设,新增省级以上孵化器2个。支持企业加大创新投入,新增省级以上企业研发平台5家,万人发明专利拥有量达43件。加强与科研院所、高等院校合作,组织实施"东疆科技计划"攻关,提高成果转化和孵化能力,新增高校技术转移中心5家,实施产学研项目超200个。加快成立科创集团,设立科创项目及产业扶持基金,不断健全创新创业投融资服务体系。完善"1+N"人才政策体系,扎实推进青年发展型城市建设省级试点,入选省级以上人才计划15名,引进高层次创新创业人才180名;持续开展"东疆工匠"评选,引育高技能人才1500名。

增强市场主体硬实力。深入推进"1521"工业龙头企业三年双倍增计划,实现应税销售10亿级企业25家、20亿级企业13家、50亿级企业5家、百亿级企业2家。扎实开展第五次全国经济普查,加快"个转企""小升规"和"四上"企业培育入库,净增规上工业企业100家、服务业企业60家。鼓励中小企业加强与龙头企业的协同创新、配套合作,打造更多细分行业单打冠军、隐形冠军,培育省级以上专精特新中小企业20家。加快数字赋能,推动传统制造业智能化、数字化转型,实施"智改数转"项目超200个。深入实施上市挂牌企业倍增计划,强化拟上市企业"白名单"动态管理,支持更多企业进军资本蓝海,新增报会企业2家、上市挂牌企业3家。大力弘扬张謇企业家精神,持续开展"垦牧杯"杰出企业家评选,打造一支具有战略思维、家国情怀和持续创新能力的企业家队伍。

二、聚焦项目引领,聚力攻坚突破,持续扩大有效投资

坚持项目为王、投资为要,推动更多要素资源向重大项目、优质项目倾斜,以项目大突破带动发展大提升。

全力招商引资。积极开展"招商引资提升年"活动,深耕上海、苏南、浙北、广深等区域,深化与龙头企业、央企国企、大型民企交流合作,建设专业化招商队伍,广泛开展以商引商、基金招商、市场化招商,新签约亿元以上制造业项目100个,其中10亿元以上25个、100亿元以上2个。完善项目质态考核评价机制,提高项目综合研判效率,着力引进一批投资强度大、技术层次高、产出效益好的优质项目。探索设立驻境外招商办事处,引进3000万美元以上外资项目15个,实际利用外资4.6亿美元。

提速项目建设。发挥重大项目"压舱石"作用,用足用好一揽子高效推进机制,全力提升项目竣工率和转化率。健全重大项目代办帮办服务制度,畅通联审通办绿色通道,全面推行"拿地即开工""竣工即交付"模式,新开工设备投资2000万元以上制造业项目超100个、竣工设备投资500万元以上项目超100个。推进欧圣气动工具、融科钒液电池等项目尽快开工,加快京沪重工、捷捷车规级功率半导体等项目建设,推动卫华港机、药明康德研发中心二期等项目竣工投产。

优化营商环境。巩固"营商环境提升年"成果,深化"放管服"改革,扩大政务服务"一件事一次办"事项范围,完善市、镇、村规范化标准化政务服务体系,不断擦亮"万事好通·益启企"品牌,确保营商环境评价进入全省前20名。持续优化惠企政策直达服务机制,切实提振市场主体信心。完善金融信贷服务体系,深化政银企对接合作,推广"税e融""税易贷"等税银互动产品,着力化解小微企业融资难题,确保制造业贷款增长15%以上。加强水电气热等要素保障,建成投运天楹环保二期供热项目、220千伏丁仓变。完成土地增减挂钩、工矿废弃地复垦和耕地占补平衡1万亩,盘活低效用地2100亩。深化职业教育产教融合、校企合作,为企业输送更多技术技能型人才。

三、聚焦开发开放,聚力动能积蓄,持续释放发展活力

坚持以开放合作促发展、拓新局,统筹用好区位、交通、载体等优势资源,推动高质量发展向更大范围、更宽领域、更深层次拓展。

放大互联互通效应。高标准提升港口能级,开放运营东港池重装码头,开工建设通用码头二期,完成粮油专用码头等5个泊位岸线报批。高水平打造江海联运新枢纽,加强与上港集团、中外运合作,提升港口运营质效,加快进境粮食口岸、保税物流中心B型申报,集装箱吞吐量达40万标箱。大力建设"轨道上的启东",全力服务保障北沿江高铁启东段建设,开工启东西站站前广场、站前路等配套工程;推动洋吕铁路开通运营。加快启东客整所建设,推进宁启二期工程复线改造,进一步加密优化运行线路。积极对接上海轨交崇明线建设,力争沪崇启城际铁路项目纳入国家规划,确保S11通沪高速及北延项目取得工可批复并完成初步设计。

拓宽开放协作空间。全方位融入长三角一体化发展,积极对接上海大都市圈空间协同规划,全面促进对外开放合作提质增效。深化与上海、苏南等地在产业协同、园区共建等方面的合作,引进亿元以上产业项目60个,推动启东·吴江高端制造产业园加快建设、早出形象。大力引进上海高端文体、教育、康养等资源,一体化推进"跨域通办",推动沪启社会治理互促互进、便民事项互联互办,构建更加完善便捷的同城"生活圈"。加快提升口岸功能,力争启东港扩大开放获批。成立跨境电商孵化中心,支持企业参加广交会、华交会和重点境外展会,形成一批外贸新增长点。大力支持龙头企业"走出去",引导建筑、电动工具等优势产业向"一带一路"沿线布局。

提高平台载体能级。持续推进开发园区优化整合提升,完善管理和运行机制,着力打造产业发展引领区、创业创新集聚区、营商环境示范区。启东经济开发区围绕"省内排名三年进前十",聚力空间重构、资源重组、品质重塑,新开工5亿元以上重大项目不少于8个。吕四港经济开发区加快提升产业规模、完善功能配套,推动华峰可降解新材料项目落地,努力建设沿海智造产业带、现代国际新港城,确保百亿项目再突破、10亿项目超8个。高新区加快专精特

新企业集聚和培育，打造配套浦东首选地，应税销售增长30%以上，万洋众创城竣工投产项目超30个。海工园致力打造更多世界“首艘”“首台”“首批”，建设极具影响力的海工及重装备产业基地，应税销售突破300亿元。生命健康科技园着力提高片区综合开发水平，全力打造绿色现代化生命健康科技新城，净增高新技术产业企业超20家。生命健康产业园深化原料药和制剂一体化布局，以“二次创业”推动“凤凰涅槃”，产值超120亿元。圆陀角旅游度假区围绕创建国家级旅游度假区，持续招引文旅行业领军企业，打造国内知名的海滨度假胜地。江海澜湾旅游度假区加快海粟湾等重大文旅项目建设，扮靓最美海岸带，争创省级旅游度假区。启隆生态科技园积极盘活要素资源，突出生态、星空、农道等主题元素，创新旅游业态，深度融入崇明世界级生态岛建设。

四、聚焦城乡融合，聚力协调并进，持续提升城市品质

坚持城乡一体化发展，全面优化城乡空间布局，促进优势互补、共融共进，加快构建城乡高质量融合发展新格局。

*稳步推进城市有机更新。*尊重城市发展规律，积极稳妥实施城市更新行动，科学有序实现城市空间结构优化和品质提升。不断完善城市功能配套，建成启用新市民服务中心、金融建筑产业园；开工建设钱塘江路、林洋南路等4条道路，完成丁仓港南路改造；新增城市绿地5万平方米。持续提升城市品质内涵，加快沿街建筑美化靓化，推动中心城区特色风貌塑造，彰显城市海派风格。深化蝶湖片区规划设计，优化景区功能布局，打造南部“城市客厅”。实施庙港河片区首开区开发工程，创新商业文旅街区建设，激发老城内在活力。深入推进全国文明典范城市创建，以绣花功夫、工匠精神抓好城市精细化管理，大力实施农贸市场周边、老旧小区、背街小巷等重点区域市容环境综合治理，开展电梯智能梯控装置加装试点，解危C级房屋9幢，增设电动自行车充电棚300个。

*加快推进乡村全面振兴。*优化高质量种养殖基地建设布局，新建、升级高标准农田2.8万亩，推进区域化农技服务中心建设，争创省级农业生产全程全面机械化示范市，加速农业由增产向提质转变。做大做强“四青作物”产业，种植面积达35万亩；发挥产业强镇示范效应，推动特色渔业、食品加工、休闲农业等产业能级扩张，提升启东农产品区域公用品牌知名度，绿色农产品占比达73%。加快乡村品质升级，深化农村人居环境整治，持续开展“三棚”整村治理，统筹推进农村生活垃圾清运、农业废弃物处置、厕所革命；培育南通市级乡村振兴示范村、先进村23个，建成省级特色田园乡村2个、生态宜居美丽乡村15个，全力打造有景致、有故事、有乡愁的“江海田园”。完善村营收入可持续增长机制，拓展“互联网+农业”利用路径，鼓励农家乐、农村电商等业态发展，村集体经济收入均超65万元。

*扎实推进城乡功能完善。*高质量编制市镇两级国土空间规划、实用性村庄规划、新型城镇化专项规划，不断优化城镇功能分区布局。坚持“一镇一业”，因地制宜建设特色产业发展集聚区，做强镇域经济，推动更多人口向城镇集聚。完善镇区功能配套，推动城镇基础设施向农村延伸、公共服务向农村覆盖。深入开展集镇环境整治行动，生活垃圾分类镇村比例达80%以上，完成农村生活污水治理1.2万户。提档升级农村公路20千米，改造危桥10座，实施农村公路交通设施隐患治理500千米，争创省级城乡物流一体化达标县、城乡公交一体化达标县。积极争取政策性开发性金融工具资金和专项债券，鼓励和吸引更多民间资本参与新基建项目建设。

五、聚焦绿色发展，聚力和谐共生，持续扮靓美丽启东

坚持“绿水青山就是金山银山”理念，严守生态保护红线、环境质量底线、资源利用上限，让绿色成为启东的城市底色、鲜明特色。

*深化污染防治。*突出齐抓共管、协同并治，扎实推进长江经济带生态环境警示问题、第二轮省环保督察交办问题整改销号，深入打好蓝天、碧水、净土保卫战。加强重点园区空气异常预警和专项监测，推动企业技改升级，落实错峰生产，全力压降氮氧化物、挥发性有机物排放，确保空气质量保持全省领先。加快实施水污染防治重点工程，巩固入江入海排污口整治成效，市考以上断面水质优Ⅲ类比例保持100%。持续推进危废安全专项整治，重拳打击违规掩埋和跨区域转运，形成对破坏生态、污染环境等违法行为的强大震慑。

*擦亮生态名片。*更高站位推进长江大保护，从严抓好长江禁渔禁采工作，规划建设长江国家文化公园启东段。实施江堤海堤达标加固工程24千米，实现最美江海岸线全线贯通，打造蓝绿交织的“缤纷百里”。巩固提升区域治水成效，推动智慧水利系统建设，加速构建现代河网体系。加大生态河道建设力度，建成农村生态河道100条、生态河道示范片2个。启动国家生态文明建设示范市创建，深入开展海洋生态保护修复工程，争创省级生态岛试验区、国家级美丽海湾，高标准打造极具魅力的生态净土、江海绿廊。

*厚植绿色基底。*深入践行绿色、循环、低碳发展理念，持续提升发展含金量、含新量、含绿量。严格落实能耗“双控”，严把“两高”项目准入关；积极开展单位能耗产出效益评价，推进重点行业绿色发展，探索规划建设“零碳园区”。深入实施可再生能源替代行动，完成整市屋顶分布式光伏开发试点，新增装机规模超30万千瓦。创新绿色金融服务，支持更多企业打造绿色产品、创建绿色工厂。加强工业固废、建筑垃圾全过程管理，提升减量化、资源化、无害化利用水平，加快建设无废城市。大力倡导生态文明理念，全面推广绿色出行、绿色消费，让绿色低碳成为生活新风尚。

六、聚焦普惠共享，聚力民生保障，持续增进百姓福祉

坚持以人民为中心的发展思想，推进基本公共服务均等化、优质公共产品供给多元化，让发展实绩更有“温度”、民生答卷更有“厚度”。

*织密社会保障网络。*强化就业优先导向，实施高校毕业生就业促进、重点群体就业援助暖心工程，新增城镇就业1万人。纵深推进全民参保计划，新增就业参保1.4万人、城乡居保转企保1.2万人，基本医疗保险参保率稳定在98%以上。深化医保支付方式和医疗服务价格改革，持续减轻群众就医负担；建成省级“15分钟医保服务圈”示范点3个。

完善最低生活保障、临时救助等政策,健全困难群体主动发现和动态救助预警机制,切实兜牢民生底线。积极探索多元安置方式,竣工安置房43万平方米,交付2570套。持续深化与陕西西乡、青海同仁对口支援协作合作。

优化公共服务供给。聚焦"一老一小"问题,开展养老机构功能化改造提升,改建区域性养老综合服务中心1家,完成适老化改造400户,建成农村养老睦邻点18个;加强常态化全流程监管,新增普惠托育机构2家。落实立德树人根本任务,深化教育集团化改革,加强教师梯队建设,实施课后服务2.0工程,争创全国学前教育普及普惠市、国家义务教育优质均衡发展市。开工建设启东中学新校区,建成投用蝶湖中学、蝶湖小学、少年宫新校区。深入推进紧密型县域医共体建设,强化中医传承创新,持续开展国家基本药物制度省级试点。加快人民医院改扩建,推进北部区域医疗中心、高新区医院建设,更大力度引培医疗卫生人才,不断提高基层医疗服务水平。

推动文化事业繁荣。围绕学习宣传贯彻党的二十大精神主线,创作一批具有江海文化特色、群众喜闻乐见的时代文艺精品。统筹推进张謇垦牧文化片区建设,组建张謇企业家学院乡村振兴分院,打造垦牧文化特色风貌区。坚持以文兴业,大力发展文化创意、网络视听等新业态,新增南通市级以上重点文化产业项目10个。加快推进镇村志编纂文化工程,完成首届县政府旧址提档升级,启用历史文化陈列馆、城市展览馆,新增省市级最美公共文化空间3家。传承发展"吕四渔号""洋钎说书"等民俗文化,力争入选省级以上非物质文化遗产名录2个。稳步开展国有文艺院团改革,深入实施"文化幸福365"行动,放大"共乐东疆"活动品牌效应,开展文化惠民活动300场以上,让群众在文化滋养中享受美好生活。

七、聚焦共建共治,聚力风险管控,持续稳定社会大局

坚持底线思维、红线意识,完善风险闭环管控的大平安机制,实现高质量发展和高水平安全的良性互动。

毫不松懈强化安全生产。常态化开展安全生产专项督导,严格目标考核和责任追究,切实巩固安全生产专项整治三年行动成果。聚焦危险化学品、城镇燃气、海洋渔业、消防安全等重点领域,深入开展安全生产大排查、大整治,坚决遏制重特大事故发生。强化工业企业风险辨识管控,大力开展安全宣传"五进"活动,全面提升本质安全水平。完善消防综合救援、应急避难、防洪排涝等基础设施建设,建强专业救援队伍,全面提升防灾减灾救灾能力。

一着不让防范重大风险。认真落实新冠病毒感染"乙类乙管"新阶段防控举措,加强医疗救治能力建设,推进分级分类诊疗,有效保障群众就医用药需求,重点抓好"一老一幼"、患基础性疾病群体的防护救治,全力守护人民生命安全和身体健康。加强政府性债务管理,完善常态化监测和风险评估预警机制,确保债务规模有效控制、债务率稳步下降、债务综合成本持续压降。完善重大风险处置和长效防控机制,切实防范化解金融、房地产、大型企业等领域重大风险,坚决守住不发生区域性、系统性风险的底线。扎实做好粮食和物资储备工作,牢牢把住粮食安全主动权。

持之以恒保障平安稳定。深入推进新时代文明实践服务标准化省级试点,加快打造文明风尚新高地。实施"精网微格"工程,全力提升市域社会治理现代化水平。深入开展涉稳涉众突出风险攻坚治理行动,常态长效推进扫黑除恶斗争,不断完善立体化智能化社会治安防控体系。促进"有事好商量"协商议事活动走深走实,持续提升基层社会治理水平。强化社会矛盾和诉源访源治理,及时就地解决群众合理诉求。深化双拥共建,创成省市五星级退役军人服务站8个。加强食品药品安全监管,确保"舌尖上的安全"。

全力建设人民满意政府

全面推进中国式现代化启东新实践,对政府自身建设提出了新的更高要求。我们将唯实唯先、善作善成,扎实推进政府治理体系和治理能力现代化,以更加昂扬的姿态迈向新征程。

着力打造政治坚定的忠诚政府。更加自觉地用习近平新时代中国特色社会主义思想武装头脑、指导实践,深刻领悟"两个确立"的决定性意义,树牢"四个意识"、坚定"四个自信"、做到"两个维护",始终沿着习近平总书记指引的方向奋勇前进。严守政治纪律、政治规矩,胸怀"两个大局"、牢记"国之大者",不折不扣贯彻中央、省和南通决策部署,深入落实市委工作要求,切实把党的领导贯穿政府工作全过程、各领域。严格落实意识形态工作责任制,不断筑牢思想阵地防线。

着力打造依法规范的法治政府。全面学习贯彻习近平法治思想,尊崇宪法和法律权威,常态化推进政府常务会议和部门学法,更加自觉运用法治思维和法治方式深化改革、推动发展。严格执行民主集中制和重大行政决策程序,规范、科学、民主履行政府职能。主动接受市人大及其常委会法律监督、工作监督和市政协民主监督,高质高效办好人大代表议案建议和政协委员提案。加快政务公开标准化规范化便利化建设,保障人民群众的知情权和监督权。严格规范公正文明执法,提高行政复议应诉工作质量,推动行政诉讼案件数和败诉率实现"双下降"。

着力打造高效勤政的效能政府。巩固拓展"机关作风建设提升年"活动成果,推进作风建设常态化、长效化,全力推动政府治理提质提速、政府服务提能提效。实施项目化管理、清单式交办、节点式督查,确保各项部署快落地、见实效。加快数字政府建设,深度融合线上线下政务服务,不断提升公共服务与社会治理数字化、智能化水平。大力发扬斗争精神,拿出实招硬招,持续攻坚克难,更大力度解决好群众关切的"急难愁盼"问题,用政府的"辛苦指数"换取群众的"幸福指数"。

着力打造风清气正的廉洁政府。纵深推进政府系统全面从严治党,严格执行中央八项规定及实施细则精神,严查严治"不作为、慢作为、乱作为"等问题,持之以恒整治形式主义、官僚主义,驰而不息推进正风肃纪反腐。牢固树立过"紧日子"思想,突出绩效导向,强化预算约束,严控"三公"

经费和一般性支出，把有限财力和资源更多用到促发展、保民生、补短板上。规范政府权力运行，加强工程建设、国资管理、国企经营等重点领域监管和廉政风险防控，推进审计监督全覆盖，始终保持清正廉洁的政府形象。

各位代表，征程万里阔，奋进正当时。让我们更加紧密地团结在以习近平同志为核心的党中央周围，在市委的坚强领导下，在市人大、市政协的监督支持下，矢志不渝、笃行不怠，踔厉奋发、勇毅前行，为推进中国式现代化启东新实践而团结奋斗！

※附※

名词解释

1.“1234复式车辆分流法”：指2022年3月，根据新冠疫情防控形势，为有效守牢入启通道，在高速卡口创新实施的闭环管控模式。“1”指一套闭环管理机制；“2”指客车、货车两类车辆；“3”指交通运输、公安、卫生健康三个部门组成专班；“4”指预检、交通查验、核酸检测、区镇（街道）接驳等四道程序。

2.“拿地即开工”：指在项目用地挂牌出让的同时，同步开展项目从立项至施工许可的全链预审，在相应建设工程用地批准手续完成后，3个工作日内实现建设用地规划许可证、不动产权证、工程规划许可证、审图合格证、施工许可证等“多证齐发”。

3.“一件事一次办”：指从群众、企业办事维度出发，突破传统审批管理模式，将涉及2个及以上政务服务事项，需到不同部门、不同层级或不同窗口办理的“一揽子事”，整合为“一窗一次”办理。

4.“住所登记”改革：指市场主体主要办事机构所在地，经自主申报承诺后，可作为市场主体法律文书通信地址和送达地。市场主体对申报信息的真实性、合法性、安全性、有效性负责，无需再提交权属证明等场所使用证明材料，简化了营业执照办理手续。

5.“集群注册”改革：指多个市场主体以一家托管机构提供的住所（经营场所）地址，作为其住所（经营场所）办理注册登记，并由该托管机构提供住所（经营场所）托管服务，形成企业集群集聚发展的登记管理模式，实现“一址多照”，即在同一个地址可以办理多张营业执照，有效降低创业门槛，节约创业成本。

6.“三区三线”：“三区”指城镇空间、农业空间、生态空间三种类型的国土空间；“三线”指在城镇空间、农业空间、生态空间划定的城镇开发边界、永久基本农田、生态保护红线三条控制线。

7.“红网格·通通建”：指健全村（社区）组织体系，全面推行“一网格一支部”，把党组织覆盖到基层各个“神经末梢”，推动党建工作向基层治理一线延伸、人员力量向基层治理一线汇聚，全面筑牢党建根基，提升网格化服务管理水平。

8.“五个牢牢把握”：2022年10月17日上午，习近平总书记在参加党的二十大广西代表团讨论时强调，学习贯彻党的二十大精神，要牢牢把握过去5年工作和新时代10年伟大变革的重大意义，牢牢把握新时代中国特色社会主义思想的世界观和方法论，牢牢把握以中国式现代化推进中华民族伟大复兴的使命任务，牢牢把握以伟大自我革命引领伟大社会革命的重要要求，牢牢把握团结奋斗的时代要求。

9.“竣工即交付”：指通过提前指导、主动服务、联合验收、告知承诺等方式，对质量安全、规划核实和消防验收已完成的项目工程，先行开展主体工程或单体建筑的竣工验收，支持主体工程或单体建筑尽快投入使用。

10.“文化幸福365”行动：指通过广泛开展市民文体周、新春文化节、乡村舞蹈秀、民俗文化进校园、纳凉晚会等文化活动，做到日日有活动、周周有亮点、月月有主题，让广大群众每天都能享受到多姿多彩的文化活动，提升文化参与度和幸福感、获得感。

11.“精网微格”：指全面加强微网格建设，构建“区镇（街道）—村（社区）—网格—微网格—户”工作体系，强化精准赋能、细微感知，打通基层治理“最后一米”，打造具有启东特色的微网格治理品牌。

（市委办　市政府办）

组织机构及负责人名录

市级领导机构

中共启东市第十四届委员会

书　记　李　玲(女)
副书记　杨中坚
　　　　龚心明
常　委　蔡　毅
　　　　张晓峰
　　　　唐海兵
　　　　彭晓红(女)
　　　　高广军
　　　　王裕兵
　　　　崔晓勇
　　　　郭　建
注:书记、副书记在常委中不重复列名

启东市第十八届人民代表大会常务委员会

主任、党组书记　顾云峰
党组副书记　石光辉
副　主　任　石光辉
　　　　　　潘国红
　　　　　　黄松涛(1月14日免)
　　　　　　潘双林(1月14日任)
　　　　　　吴永东(1月14日任)

启东市第十八届人民政府

市　　　长　杨中坚
党组副书记　蔡　毅
副　市　长　蔡　毅
　　　　　　袁圣菊(女,1月14日免)
　　　　　　杨　斌
　　　　　　王春华
　　　　　　黄　晨
　　　　　　曹　阳
　　　　　　秦广荣
　　　　　　李昌浩(挂职)
　　　　　　郁丽春(女,1月14日任)
　　　　　　羊改吉(女,挂职,2月18日任)
　　　　　　崔生林(挂职,6月2日任)

政协启东市第十六届常务委员会

主　　　　席　孙建忠(1月14日免)
主席、党组书记　邵茂华(1月14日任主席)
党 组 副 书 记　孙建忠(1月22日免)
　　　　　　　　彭晓红(女)
副　主　席　蔡建平(1月14日免)
　　　　　　宋　逵(1月14日免)
　　　　　　袁圣菊(女,1月14日任)
　　　　　　龚建涛
　　　　　　潘双林(1月14日免)
　　　　　　徐永辉
　　　　　　张海荣(1月14日任)
　　　　　　龚海燕(女,1月14日任)
秘　书　长　陆建新(1月14日免)
　　　　　　郁豪杰(1月14日任)
副 秘 书 长　张卫华(12月26日免)

中共启东市纪律检查委员会、监察委员会

启东市纪律检查委员会

书　记　郭　建
副书记　王峰华(6月2日免)
　　　　薛　海(6月2日任)
　　　　郁向辉
常　委　倪　雄(7月16日免)
　　　　郭卫东
　　　　单　华
　　　　吴洪燕(女)
　　　　柏永辉(7月16日任)
注:书记、副书记在常委中不重复列名

启东市监察委员会

主　任　郭　建(1月14日任)
副主任　王峰华(6月20日免)
　　　　薛　海(6月20日任)
　　　　郁向辉
委　员　郭卫东
　　　　单　华
　　　　蔡海伟
　　　　柏永辉(7月16日免)
　　　　张　兴(7月16日任)

中共启东市纪律检查委员会机关内设机构
办公室
　主　任　沈　锋

纪检监察干部管理监督室
　主　任　刘　佩(女)

宣传教育室
　主　任　周　蕾(女)

党风政风监督室
　　主　任　梁　超(10月28日免)
　　　　　　姜　维(12月26日任)

信访室
　　主　任　张发贤

案件监督管理室
　　主　任　范春华

案件审理室
　　主　任　沈　建

第一纪检监察室
　　主　任　匡井征(3月18日任)

第二纪检监察室
　　主　任　施挺峰

第三纪检监察室
　　主　任　张　兴(7月16日免)
　　　　　　张迪华(7月16日任)

第四纪检监察室
　　主　任　茅赛花(女,3月18日任)

第五纪检监察室
　　主　任　侯昌标

第六纪检监察室
　　主　任　汪　涛(12月26日免)
　　　　　　陈思帅(12月26日任)

第七纪检监察室
　　主　任　沈　慧(女,3月18日任)

第八纪检监察室
　　主　任　施风华
　　副主任　张天容(女)
　　　　　　印　春
　　　　　　姜　维(12月26日免)

第九纪检监察室
　　主　任　蔡海伟
　　副主任　顾海东
　　　　　　江军辉

第十纪检监察室
　　主　任　施宇飞
　　副主任　高建华
　　　　　　陆永健
　　　　　　谢黎明(3月18日任)

第十一纪检监察室
　　主　任　黄　华
　　副主任　曹东兵
　　　　　　顾洪涛
　　　　　　黄　锋

启东市党风廉政建设教育中心
　　主　任　施海荣

派驻第一纪检监察组
　　组　长　庄健辉

派驻第二纪检监察组
　　组　长　刘东波

派驻第三纪检监察组
　　组　长　陈拥军

派驻第四纪检监察组
　　组　长　郁　卫

派驻第五纪检监察组
　　组　长　马雄华

派驻第六纪检监察组
　　组　长　李　涛(女)

派驻第七纪检监察组
　　组　长　马传林

派驻第八纪检监察组
　　组　长　陆志江

派驻第九纪检监察组
　　组　长　施迎春(女)

派驻第十纪检监察组
　　组　长　张　健(女)

派驻第十一纪检监察组
　　组　长　姜建涛

派驻第十二纪检监察组
　　组　长　董　琰(女)

派驻第十三纪检监察组
　　组　长　吴　凯

派驻第十四纪检监察组
组　长　陈汉平(1月22日免)
施丽华(女,7月16日任)

派驻第十五纪检监察组
组　长　顾蓉玲(女)

派驻第十六纪检监察组
组　长　朱双群

派驻第十七纪检监察组
组　长　黄　林

派驻第十八纪检监察组
组　长　宋　飞

启东市人民法院

院长、党组书记　吴勇军
党组副书记　陆艾华(女)
副　院　长　龚建涛(兼)
陆艾华(女)
季洪涛
樊　涛(1月22日免)
陈南松(3月18日任)
专职委员　陈南松(3月18日免)
林　辉
周喜春(3月18日任)

启东市人民法院政治部

主　任　吴启飞

启东市人民法院执行局

局　长　周喜春(3月18日免)
陈　杰(3月18日任)

启东市人民法院和合法庭

庭　长　沈　辉

启东市人民检察院

检察长、党组书记　何　玮(1月14日任)
党组副书记　刘小荣(7月16日任)
副检察长　刘小荣
沈红华(女,5月28日免)
陈　美(女)
姜莉莉(女,7月16日任)
专职委员　张丽华(女)
周　楠(10月28日任)

启东市人民检察院政治部

主　任　张利国

启东市委工作机构及直属单位

中共启东市委办公室

主　　任　黄　健
副　主　任　陆琛杰(7月16日免)
陈　忠
吕　满(女,12月26日免;挂职,12月26日任)
单剑峰(7月16日任)
何淑峰(挂职,5月28日任)

中共启东市委、启东市人民政府接待办公室
主　任　何淑峰(4月22日免)
黄黎黎(女,8月26日任)
副主任　王东华(8月26日免)
黄黎黎(女,8月26日免)
梁　超(10月28日任)
包金金(12月26日任)

中共启东市委机要局、市国家保密局、市国家密码管理局(挂牌)
局　长　陆琛杰(兼,1月22日任,7月16日免)
单剑峰(兼,10月28日任)
副局长　顾烨烨

启东市档案局(挂牌)
局　长　黄　健(兼,5月28日任)
副局长　潘荣华

启东市委国家安全委员会办公室(设在)(根据《关于加强全市党委国家安全机构编制队伍建设的实施方案》(通编办发〔2022〕11号),市委国安办设在市委办公室,市委国安办主任由市委副书记或分管市委办公室的常委担任,设置1名常务副主任(正科职),专门负责国家安全工作)
主　　任　吴胜昔(4月22日免)
龚心明(4月22日任)
常务副主任　何淑峰(4月22日任)
副　主　任　郁裕娟(女,4月22日免)

启东市人民政府驻外办事处
主　任　李　菁(女,7月16日任)

启东通讯杂志社
社　长　朱元元(5月28日免)
范宏艳(女,7月16日任)

启东市档案馆

馆　长　王建华
副馆长　杨　琴(女)

李新勇

中共启东市委组织部

部　　长　彭晓红（女）
常务副部长　施元凯（1月16日任）
副 部 长　陈晓燕（女）
　　　　　徐　俊
　　　　　俞盛盛（4月26日任）
部务委员　华富刚
　　　　　俞盛盛（4月26日免）

中共启东市委非公有制企业和社会组织工作委员会（挂牌）
书　记　陈晓燕（女，兼）
副书记　水冰峰（8月26日任）

中共启东市委市级机关工作委员会（挂牌）
书　　记　徐　俊（兼，4月22日免）
　　　　　华富刚（5月28日任）
副 书 记　沈钱丰（3月18日免）
　　　　　张帅帅（4月22日任）
纪工委书记　张帅帅（4月22日免）
　　　　　陆海军（5月28日任）

中共启东市委党建工作领导小组办公室（挂牌）
主　任
副主任　水冰峰（8月26日免）

启东市人才工作办公室（挂牌）
主　任　徐　俊（兼，4月22日任）
副主任　陈青青（4月22日任）

启东市考核工作委员会办公室（设在）
专职副主任　刘岳峰

启东市公务员局（挂牌）
局　长

启东市干部人事档案管理中心
主　任　俞岑罡（7月16日免）

启东市党员干部现代远程教育管理中心
主　任　黄国华

中共启东市委宣传部

部　　长　崔晓勇
常务副部长　顾永辉
副 部 长　陆红琴（女，7月16日免）
　　　　　沈　杰（7月16日免）
　　　　　张建昌（1月22日任）
　　　　　朱咏梅（女，7月16日任）

启东市精神文明建设指导委员会办公室（挂牌）
主　任　顾永辉（兼，7月16日免）
　　　　朱咏梅（兼，女，7月16日任）
副主任　梁俊锋

启东市哲学社会科学界联合会
主　席　陆健伟
副主席　倪东华（女，7月16日免）
　　　　周逸亭（女，7月16日任）

启东市新闻出版局（市版权局）（挂牌）
局　长　陆红琴（女，兼，7月16日免）
　　　　张建昌（兼，7月16日任）
副局长　王伟玮（女）

启东市互联网信息办公室（挂牌）
中共启东市委网络安全和信息化委员会办公室（设在）
主　任　沈　杰（兼，7月16日免）
　　　　顾永辉（兼，7月16日任）
副主任　汤　璘

启东市互联网舆情中心（挂牌：市网络安全应急指挥中心、互联网违法和不良信息举报中心）
主　任

中共启东市委统一战线工作部

部　　长　彭晓红（女）
常务副部长　周红丹（女，5月28日免）
　　　　　徐　霞（女，7月16日任）
副 部 长　徐　霞（女，7月16日免）
　　　　　江海龙
　　　　　周敏华
　　　　　刘锦华（7月16日任）

中共启东市委台湾工作办公室（挂牌）
主　任　周敏华（兼）
副主任　王红忠（1月22日免）
　　　　孙　林（3月18日任）

启东市民族宗教事务局（挂牌）
局　长　徐　霞（女，兼，7月16日免）
　　　　刘锦华（兼，7月16日任）
副局长　陆峤松
　　　　龚海涛

启东市政府侨务办公室（挂牌）
主　任　周敏华（兼）
副主任　黄伟杰

江苏省吕四台湾渔民接待站
站　长　杨峻琳(女)

中共启东市委政法委员会
书　　记　唐海兵
常务副书记　朱卫忠(1月22日免)
陆旭辉(1月22日任)
副 书 记　陈燕飞
吴胜昔
金海荣
政治处主任　周喆羽(女)

启东市法学会
副会长　高　峰

中共启东市委研究室
主　任　彭红辉
副主任　李世大
李菲菲(女)

中共启东市委全面深化改革委员会办公室(设在)
副主任　汪琛华

启东市委机构编制委员会办公室
主　任　施元凯
副主任　沈峻峰
董翠花(女)

启东市事业单位登记管理局(挂牌)
副局长　王　佳(女)

启东市机构编制研究评估中心
主　任　唐　沛(1月22日任)

启东市委巡察工作办公室
主　任　倪　雄(兼,7月16日免)
郁向辉(兼,7月16日任)
副主任　袁　博

中共启东市委第一巡察组
组　长　单　华
副组长　彭雪滨
顾恬恬

中共启东市委第二巡察组
组　长　陈　霞(女)
副组长　季冬云(女)
张卫华(12月26日任)

中共启东市委第三巡察组
组　长　刘　辉
副组长　王新裕
徐沈蔚(女,7月16日免)
田　磊(女,7月16日任)

中共启东市委第四巡察组
组　长　樊指南
副组长　陈　菊(女,1月22日免)
蔡卫如
丁雪琴(女,1月22日任)

中共启东市委老干部局
局　长　张海兵
副局长　施建琴(女)
龚　辉

中共启东市委离退休干部工作委员会
书　记　张海兵
副书记　沈冬云(女)

中共启东市委党史办公室
启东市地方志办公室
主　任　钱菁菁
副主任　钮伟钢(1月22日免)
印雪平(1月22日任)

中共启东市委党校
校　长　龚心明(兼)
常务副校长、校务委员会主任　赵凯旋(3月18日免)
黄　寅(3月18日任)
副校长　黄云峰
张丽芬(女)

注:市委部门与市政府部门系两块牌子、一套班子的,只在市委部门下列出机构名称

启东市人大常委会工作机构

启东市人大常委会办公室
主　　任　沈衍冰
副 主 任　顾健红
杨锦花(女)
唐卫卫
党组成员　吴风云(女)
邓卫星
杜国华
姚锦涛
陈　飞
郁锦标
张海兵

陈张贤(女)

研究室(与办公室合署)

主　任　吴风云(女)
副主任　滑　雪(女,10月28日免)
　　　　刘宏杰(10月28日任)

财政经济工作委员会

主　任　邓卫星
副主任　陈玲玲(女)

监察和司法工作委员会

主　任　杜国华
副主任　范雪飞

人事代表工作委员会

主　任　姚锦涛
副主任　施敏霞(女)

环境资源城乡建设工作委员会

主　任　陈　飞
副主任　郭鉴生

教科文卫工作委员会

主　任　郁锦标
副主任　朱镟瑜(女)

农业和农村工作委员会

主　任　张海兵
副主任　沈晓宏(女,7月16日免)
　　　　滑　雪(女,10月28日任)

民宗侨台工作委员会

主　任　陈张贤(女)
副主任　李爱玲(女)

启东市人民政府工作机构及直属单位

启东市人民政府办公室

主　任　张海荣
副主任　方　俭(挂职,1月22日免)
　　　　朱晓辉
　　　　黄　寅(3月18日免)
　　　　朱卫强
　　　　陈燕飞
　　　　张　熹
　　　　樊　哲
　　　　万　平(3月18日任)
　　　　陆一锋(挂职)
　　　　王兴建(挂职)

启东市政府研究室(挂牌)

副主任　印雪平(1月22日免)
　　　　张冬雨(3月18日任)

启东市政府外事办公室(挂牌)
启东市委外事工作委员会办公室(设在)

副主任　李　佳

启东市发展和改革委员会

主　任　吴永东(1月22日免)
　　　　王峰华(1月22日任)
副主任　丁尹霞(女,副书记)
　　　　孙国兵
　　　　陆一锋
　　　　曹文伟
　　　　倪　帅
　　　　顾　炜

启东市工业和信息化局(挂牌)

副局长　严　樱(兼市发展改革委党组成员)

启东市粮食和物资储备局(挂牌)

启东市教育体育局

局　长　陆海峰
副局长　倪玮蔚(女)
　　　　袁飞天
　　　　施　超
　　　　陆向前(1月22日任)

市委教育工作委员会(与市教育局合署)

书　记　陆海峰
副书记　倪玮蔚(女)
委　员　袁飞天
　　　　徐正辉
　　　　陆向前(1月22日任)

启东市人民政府教育督导室(设在)

副主任　徐正辉(兼局党组成员)

启东市教师发展中心

主　任　王晓东(兼局党组成员)
副主任　季　萍(女)
　　　　王　平(1月22日免)
　　　　吴春华
　　　　施忠涛(8月26日任)

启东市高等学校招生委员会办公室

主　任　陆云辉

启东市教育服务中心
　主　任　薛　健

启东市科学技术局
　局　长　黄　坤
　副局长　王建斌
　　　　　张晓卫(女,1月22日免)
　　　　　黄建东
　　　　　杨　芳(女,1月22日任)
　　　　　吴　杰(挂职)

启东市公安局
　局长、督察长　杨　斌
　政委、党委副书记　黄兴华(10月28日任)
　副 书 记　潘海华(女,10月28日任)
　副 局 长　黄兴华(10月28日免)
　　　　　　蔡红辉
　　　　　　陈　斌
　　　　　　姚友华
　　　　　　邢　健
　党委委员　沈雪飞
　　　　　　范兴辉
　　　　　　张海涛
　　　　　　潘海华(女,10月28日免)
　　　　　　倪爱东(7月16日任)

启东市民政局
　党组书记　虞　星
　局　　长　虞　星(5月28日免)
　　　　　　赵雨玉(女,5月28日任)
　副 局 长　虞　星(5月28日任)
　　　　　　季祖辉
　　　　　　陈　飞(8月26日免)
　　　　　　赵雨玉(女,5月28日免)
　　　　　　周建伟(8月26日任)

启东市司法局
　局长、党组书记　郭海健
　副　局　长　李　斌(副书记)
　　　　　　　姜莉莉(女,7月16日免)
　　　　　　　王　涌(女)
　　　　　　　陆小勇
　　　　　　　郁欢欢(女,12月26日任)

中共启东市委全面依法治市委员会办公室(设在)
　副主任　蒋建东(兼局党组成员)

启东市社会调解服务中心(市非诉讼服务中心)
　书　记　王兴建(4月22日免)
　　　　　郭海健(4月22日任,7月16日免)
　　　　　吴胜昔(7月16日任)
　主　任　周凌峰
　副主任　田　磊(女,7月16日免)
　　　　　邓正映
　　　　　李　忠(7月16日任)

启东市财政局
　局　　长　郁丽春(女,1月22日免)
　党组书记　陈　阳(女,1月22日免)
　局长、党组书记　陶卫新(1月22日任)
　副 局 长　谢旦英(女,副书记)
　　　　　　顾荣芬
　　　　　　宋　健
　　　　　　周红九(女,3月18日任)

启东市财政国库集中支付中心
　主　任　陆庆辉(兼局党组成员)

启东市政府国有资产监督管理办公室(挂牌)
　主　任　郁丽春(女,1月22日免)
　　　　　陶卫新(1月22日任)
　副主任　方　豪(兼任局党组成员)

启东市人力资源和社会保障局
　局　长　杨海燕(女)
　副局长　陆婧婧(女,副书记)
　　　　　林　泉(5月28日免)
　　　　　王敬珠
　　　　　朱元元(5月28日任)

启东市人才服务中心
市委高端人才服务站(增挂)
　主　任　龚　华(兼局党组成员)

启东市人力资源和社会保障综合执法大队
　大队长　管　笙

启东市住房和城乡建设局
　局长、党组书记　朱海荣
　副 局 长　黄建平(副书记)
　　　　　　郑荣辉
　　　　　　施建生
　　　　　　沈海闽(女)
　　　　　　曹　亮
　　　　　　倪培华
　总工程师　张晓峰

启东市人民防空办公室(挂牌)
　副主任　倪培华

启东市房屋征收管理办公室
主　任　施俊英(女,兼局党组成员)

启东市城市管理局
局　　长　黄海荣(5月28日免)
　　　　　沈红华(女,5月28日任)
党组书记　黄海荣(12月26日免)
副 局 长　黄海荣(5月28日任,12月26日免)
　　　　　席庆晟
　　　　　顾向华
　　　　　陆炳华
　　　　　曹永华
　　　　　沈　江(7月16日任)

启东市城市管理综合执法大队
大队长　胡　勇
教导员　霍旅美(女,兼局党组成员)

启东市交通运输局
局　　长　龚磊磊
党组书记　方　俭(1月22日免)
　　　　　龚磊磊(1月22日任)
党组副书记　龚磊磊(1月22日免)
副 局 长　周　尧(12月26日免)
　　　　　杨建辉
　　　　　黄东健
　　　　　翟春红(女)
　　　　　王永刚(12月26日任)
总工程师　严隽逸

启东市交通运输综合执法大队
大队长　陆念东(兼局党组成员)
教导员　金　华

启东市水务局
局　　长　宋亚昌
副 局 长　龚　英(女,副书记)
　　　　　管向华
　　　　　季　亮(3月18日任)
总工程师　陆海群(女)

启东市水务局堤闸管理所
所　长　管向华(兼局党组成员,3月18日免)
　　　　何　卫(兼局党组成员,3月18日任)

启东市农业农村局
局长、党组副书记　陆　健
党组书记、副局长　任松德
副 局 长　杨晓华(8月26日免)
　　　　　施建辉
　　　　　杨　芳(女,1月22日免)
　　　　　王晓峰
　　　　　沈永泉(7月16日免)
　　　　　张晓卫(女,1月22日任)
　　　　　陈　飞(8月26日任)
总农艺师　王小军

启东市乡村振兴局(挂牌)
局　长　陆　健
副主任　陈同行(女,4月22日免)
　　　　陈金洲(4月22日任)

启东市委农村工作领导小组办公室(设在)
主　任　陆　健
副主任　黄海英(女,1月22日免)
　　　　陈同行(女,4月22日任)

启东市农业技术推广中心
主　任　吴幸民(3月18日任)

启东市农业综合执法大队
大队长　陈晓峰

启东市渔政监督大队
大队长　袁　华(兼局党组成员、人武部部长)

启东市商务局
局　长　姚赛花(女)
副局长　施　亮(12月26日免)
　　　　高一新(1月22日免)
　　　　茅伟辉
　　　　蒋海泉(3月18日免)
　　　　王红忠(1月22日任)
　　　　王幸运(3月18日任)
　　　　郁艳艳(女,12月26日任)

启东市口岸办公室(挂牌)
副主任　姚晓波

启东市投资服务中心
主　任　施　亮(12月26日免)
　　　　祝风祥(兼党组成员,12月26日任)
副主任　郁艳艳(女,12月26日免)
　　　　李　磊
　　　　李海东
　　　　吕　满(女,12月26日任)

启东市文化广电和旅游局
局　　长　陈　娟(女)
副 局 长　徐张禄(副书记)

施黄捷
姚　斌
崔卫刚
总工程师　樊　燕(女)

启东市文化市场综合执法大队
大队长　张珍桢(女)

启东市卫生健康委员会

主　任　陆健泉(5月28日免)
苏高飞(5月28日任)
副主任　苏高飞(5月28日免)
秦海松(副书记)
林思敏
茅东华
施　惠(女,5月28日任)

启东市退役军人事务局

局　长　沈裕辉
副局长　宋卫兵
黄　健
仇卓辉

启东市应急管理局

局　　长　施伯新
副 局 长　黄慧聪
樊　杰
黄　挺
总工程师　徐　磊
安委办专职副主任　张海兵

启东市应急管理综合行政执法大队(根据省、南通市和启东市关于深化应急管理综合行政执法改革有关文件精神,在市安全生产监察执法大队的基础上,整合原承担地质灾害、水旱灾害、森林火灾等有关应急抢险和灾害救助、防震减灾等方面力量,组建市应急管理综合行政执法大队)
大队长　李　旻

启东市审计局

局长、党组书记　陈　阳(女)
副 局 长　施　勇
陶　郁(女)
沈晓燕(女)
总审计师　陈　燕(女)

启东市委审计委员会办公室(设在)
副主任　范人天(兼局党组成员)

启东市行政审批局

局　　长　陈卫丰
副 局 长　陈爱东(1月22日免)
朱允如(8月4日免)
朱成竹(女)
蔡晓荣
朱海滨
范　飞
周　尧(12月26日任)
总规划师　翟小华(女)
总工程师　彭春华(12月26日免)

启东市政务服务管理办公室(挂牌)
副主任　张建驰(女,兼局党组成员)

启东市公共资源交易中心
主　任　陆　杰(女)

启东市市场监督管理局

局长、党组书记　陈　玲(女,12月26日免)
黄海荣(12月26日任)
副 局 长　陈爱东
黄琛琛(1月22日免)
朱曙晴(女,7月16日免)
蔡栋梁
高鑫鑫(1月22日任)
丁　杰(1月22日任)
彭春华(12月26日任)
食品安全总监　陈　惠
总 工 程 师　黄　汉

汇龙分局
局　长　高鑫鑫(1月22日免)
范敏鸣(1月22日任,兼局党组成员)

开发区分局
局　长　陈　杰(3月18日免)
顾凯丰(3月18日任)

惠萍分局
局　长　周　琴(女)

寅阳分局
局　长　黄　飞

南阳分局
局　长　胡乔樨

王鲍分局
局　长　施　辉

吕四分局
局　长　袁　杰

北新分局
局　长　顾凯丰(3月18日免)
傅炜炜(女,3月18日任)

高新区分局
局　长　范敏鸣(1月22日免)
姚金辉(3月18日任)

海复分局
局　长　施　标

东海分局
局　长　周晓宇

合作分局
局　长　金黎明

启隆分局
局　长　宋建荣

圆陀角分局
局　长　陈艺丹(女)

市综合检验检测中心
主　任　袁鑫梅(女)

启东市统计局
局长、党组书记　赵　琛(女)
副 局 长　蒋海泉(3月18日任,副书记)
秦海宁
周红九(女,3月18日免)
陆　婷(女)
总统计师　陈建伟(1月22日免)
杨　红(女,1月22日任)

启东市医疗保障局
局　长　倪凯权
副局长　张　焱(女,3月18日免)
朱建新
俞井杰(女,3月18日任)

启东市医疗保险基金管理中心
主　任　姚　雷(兼局党组成员)

启东市信访局
启东市委信访局(合署)
局　长　王兴建
副局长　顾丽华(女)
蒋勤荣
袁　玲(女)
信访督查专员　朱　进(兼局党组成员)
沈　健(兼局党组成员)

启东市地方金融监督管理局
启东市政府金融工作办公室(挂牌)
局　长　张笑慰
副局长　周春雷
龚宝妹(女)

启东市机关事务服务中心
主　任　吴　杰
副主任　徐　惠(女,副书记)
张建华
蔡永健

启东市政府投资项目工程建设中心
党组书记　王　忠(12月26日免)
苏　俊(12月26日任)
主　　任　苏　俊
副　主任　李　忠(7月16日免)
陆庆华
宋小花(女)
顾春华(7月16日任)

启东市供销合作总社
主　任　陆　松
副主任　曹　卫
许永新
黄　凯
朱海慧(女)

启东市融媒体中心
主　任　陈　飞
总　编　张旦前
副主任　袁风华(副书记)
陆一冬(女)
朱蓓毓(7月16日免)
朱伟光
夏永红(女)
张春雨(女,7月16日任)

启东市市域治理现代化指挥中心
主　任　陈燕飞
副主任　周建伟(8月26日免)
王东华(8月26日任,副书记)
朱雄伟
徐长林

江苏省启东经济开发区

书　记　高广军
主　任　宋海华
副书记　龚锦兵
　　　　陶卫新(挂职,1月22日免)
　　　　黄豪杰(挂职)
　　　　顾向东(挂职,1月22日任)
副主任　王必伟
　　　　张　杰
　　　　周赛雷
　　　　高　峰
　　　　张国政
挂职副主任　赵　萍(女,8月26日免)
　　　　　　秦江华(8月26日任)
　　　　　　孔　雷
　　　　　　洪　峰
党工委委员、人武部部长　唐　杰
挂职党(工)委委员　蒋威武(7月16日免)

中共江苏省启东经济开发区人大工作委员会
主　任　龚锦兵
副主任

江苏省启东经济开发区启东科技创业园(留学人员创业园)管理办公室
主　任　陈健勇
副主任　董　蓉(女)

中共江苏省启东经济开发区纪律检查工作委员会
书　记　黄海燕(女)
副书记　倪炳辉

江苏省启东经济开发区党政办公室(党群工作局)
局　长　陈卫菊(女,1月22日免)
　　　　徐天晴(女,3月18日任)

江苏省启东经济开发区经济发展和科技局(统计局)
局　长　顾　超

江苏省启东经济开发区投资促进局
局　长　宋飞驰

江苏省启东经济开发区住房和城乡建设局(生态环境办公室)
局　长　周　利

江苏省启东经济开发区综合行政执法局
局　长　钱永华

江苏省启东经济开发区财政局
局　长　成国华

江苏启东经济开发区政法和社会事务管理局
局　长　李　鹏

江苏省启东经济开发区行政审批局
局　长　徐天晴(女,3月18日免)
　　　　夏　辉(3月18日任)

江苏省启东经济开发区安监局
局　长　徐　健

江苏启东吕四港经济开发区

书　记　王裕兵
主　任　沈　捷(6月20日免)
　　　　李荣昌(6月20日任)
副书记　郭建辉
　　　　陆旭辉(挂职,1月22日免)
　　　　陆燕飞(挂职,3月18日免)
　　　　施灵马(挂职,1月22日任)
　　　　任锴胜(挂职,3月18日任)
副主任　汤国军
　　　　顾政伟
　　　　江　昱
　　　　李　军(12月26日免)
　　　　陈　李
　　　　彭新华(12月26日任)
　　　　金　明(挂职)
　　　　孙　涛(挂职)

中共江苏启东吕四港经济开发区纪律检查工作委员会
书　记　陈　舰
副书记　陆颖颖(女,5月28日免)
　　　　张　徐(女,7月16日任)

江苏启东吕四港经济开发区党政办公室(党群工作局)
主　任　陆颖颖(女,5月28日任)

江苏启东吕四港经济开发区经济发展和科技局(统计局)
局　长　蔡凯凯

江苏启东吕四港经济开发区投资促进局
局　长　李海江

江苏启东吕四港经济开发区住房和城乡建设局(生态环境办公室)
局　长　黄　丹

江苏启东吕四港经济开发区财政局
局　长　黄卢兵

江苏启东吕四港经济开发区港口管理局
局　长　李成盛

江苏启东吕四港经济开发区安全生产监督管理局
局　长　张　坤

江苏启东吕四港经济开发区综合行政执法局
局　长　钱　剑

江苏启东吕四港经济开发区行政审批局
局　长　高忠华

江苏省启东圆陀角旅游度假区
书　记　樊天勇
主　任　杜文华(女)
副书记　戎　武(3月18日免)
陆正明
沈钱丰(3月18日任)
副主任　董　波
张燕峰(女)
朱张勇
胥宏锋
挂职党(工)委委员　陈广辉(9月24日免)

中共江苏省启东圆陀角旅游度假区纪律检查工作委员会
书　记　陆正明

启东圆陀角旅游度假区党群工作局
局　长　龚红宇

启东圆陀角旅游度假区旅游事业发展局
局　长　王　宁(10月28日免)

启东圆陀角旅游度假区规划建设局
局　长　倪振淮(10月28日任)

启东圆陀角旅游度假区财政局
局　长　李　俊

启东圆陀角旅游度假区社会建设管理局
局　长　顾伟忠

启东圆陀角旅游度假区综合执法局
局　长　周海城

启东圆陀角旅游度假区安全生产监督管理局
局　长

启东圆陀角旅游度假区便民服务中心
主　任　徐乾程

启东江海产业园
书　记　陆燕飞(3月18日免)
任锴胜(3月18日任)
主　任　任锴胜(3月18日免)
戎　武(3月18日任)
副书记　陈　辉
副主任　冯　俊
石　磊
陆海华(7月16日免)
王凯杰(10月28日任)
刘鹏涛(挂职)
纪工委书记　黄海荣

启东生命健康科技园
书　记　陶卫新(1月22日免)
顾向东(1月22日任)
主　任　顾向东(1月22日免)
段长虹(1月22日任)
党工委副书记　唐　凯
党工委委员、副主任　陈相东
邓　单
段长虹(1月22日免)
张敏敏(7月16日任)
挂职副主任　宋志强
马晓华(女)
纪工委书记　黄海霞(女)

启东生命健康产业园
书　记　郁建峰
主　任　郁建峰
党工委委员、副主任　彭雄辉
毛雪斌
施泽明
秦施豪
纪工委书记　黄海霞(女)

政协启东市委员会工作机构

启东市政协办公室
主　任　陈　樊(5月28日免)
顾东磊(女,5月28日任)
副主任　张卫华(12月26日免)
钱周全(5月28日免)
黄亮亮(5月28日任)
包鑫华(12月26日任)

提案和委员工作委员会
主　任　赵凯旋
副主任　顾东磊(女,5月28日免)
陈永生(5月28日任)

经济科技委员会

主　任　陈　飞
副主任　周玉婷(女)

农业农村委员会

主　任　陆燕飞(7月16日免)
　　　　沈　杰(7月16日任)
副主任　尹国华

教文卫体和文史委员会

主　任　徐建军
副主任　陈永生(5月28日免)
　　　　钱周全(5月28日任)

环境资源和城乡建设委员会

主　任　李　斌
副主任　俞井杰(女,3月18日免)
　　　　张　焱(女,3月18日任)

社法民宗和港澳台侨委员会

主　任　王　忠
副主任　顾　英(女)

群众团体

启东市总工会

主　席　张东霞(女)
副主席　陈素伟(女,7月16日免)
　　　　陆建辉(7月16日免)
　　　　倪永利
　　　　顾悦捷
　　　　李灵瑶(女,7月16日任)

中国共产主义青年团启东市委员会

书　记　祝凤祥(12月26日免)
副书记　吴苏豫
　　　　周佳益(女,挂职,科员级,7月20日免)
　　　　陈佳俊
　　　　蔡亦珩(女,挂职,科员级)
　　　　郁佳倩(女,挂职,科员级,8月26日任)

启东市妇女联合会

主　席　杨丽华(女)
副主席　李红燕(女)
　　　　顾春燕(女)

启东市科学技术协会

主　席　袁素群(女)
副主席　黄永琴(女)
　　　　葛明泉

启东市文学艺术界联合会

主　席　张建昌(7月16日免)
　　　　倪东华(女,7月16日任)

启东市归国华侨联合会

主　席　陈　辉(7月16日免)
　　　　沈晓宏(女,7月16日任)
副主席　仇英莺(女)

启东市残疾人联合会执行理事会

理 事 长　薛　峰
副理事长　盛中华
　　　　　许水红(女)
　　　　　曹　健(女)

启东市红十字会

常务副会长　王　虹(女)
副　会　长　朱柳柳(女)

启东市工商业联合会(总商会)

会　长　袁圣菊(兼,女)
党组书记、常务副会长　江海龙
副会长　朱蓉艳(女)
　　　　孙　林(3月18日免)
　　　　龚庆庆(3月18日任)

垂直管理单位

启东市自然资源和规划局

局　　长　陈　玲
副 局 长　陈　兵
　　　　　张振兴
　　　　　朱炫炫
　　　　　徐永华
总规划师　刘坚勇

启东市土地储备中心
主　任　郁洪刚

启东市不动产登记服务中心
主　任　施天海

启东市自然资源和规划局开发区分局
局　长　顾建华

启东市自然资源和规划局吕四港经济开发区分局
局　长　黄海斌

启东市自然资源和规划局圆陀角分局
局　长　顾卫华

南通市启东生态环境局

局　长　戴威威
副局长　黄　辉
　　　　陆　杰
　　　　蔡红辉
　　　　赵建群
　　　　黄　辉

国家统计局启东调查队

党组书记、队长　徐永泉
党组成员、副队长　宋　宁
党组成员、纪检组长　范蓓蓓
一级主任科员　周洪斌

中华人民共和国启东海关

关　长　徐　刚
副关长　顾　耘
　　　　刘振华

南通海事局启东海事处

处　长　黄永华
副处长　郑占鳌
　　　　陈红飞

启东出入境边防检查站

站　　长　吕永军
政　　委　张　杰
副 站 长　施　峰
办公室主任　孙国华

国家税务总局启东市税务局

党委书记、局长　尤小辉（11月11日免）
　　　　　　　　叶青松（11月11日任）
党委委员、副局长　季红全（8月19日免）
　　　　　　　　林海平（8月19日免）
　　　　　　　　黄聚奇
　　　　　　　　唐新华
　　　　　　　　袁　静（11月28日任）
党委委员、纪检组长　蔡　丹
党委委员、副局长　龚存岳（11月28日任）

国网江苏省电力有限公司启东市供电分公司

总经理、党委副书记　张圣健
党委书记、副总经理　唐　俊（女，11月1日免）
　　　　　　　　　周建华（11月1日任）
副总经理　朱华雄
　　　　　李　俊
　　　　　郭士明
纪委书记、工会主席　杨正雨

中国电信股份有限公司启东分公司

总 经 理　钱　乐
副总经理　李　斌
　　　　　刘　健
纪委书记、工会主席　李　斌（兼）

中国邮政集团公司江苏省启东市分公司

党委书记、总经理　朱永蕙
副总经理　李梦洁
纪委书记、副总经理　黄海泉

启东市烟草专卖局、南通市烟草公司启东营业部

局长、经理　秦亚忠
副 局 长　刘　兵（5月免）
　　　　　姚建华（5月任）
副 经 理　李　军（7月免）
　　　　　王力立（7月任）

启东市气象局

局　长　张革新
副局长　谢　鹏

吕四国家海洋基准气候站

站　长　张春雷
副站长　周　超

南通市港航事业发展中心启东分中心

主　任　陆　忠
副主任　吴　健

南通市公路事业发展中心启东分中心

主　任　赵庆辉
书　记　周陈钢

江苏渔船检验局吕四分局
江苏渔港监督局吕四分局

局　长　吴玉恒（2月18日免）
　　　　江海啸（3月15日任）
副局长

国家海洋局东海分局吕四海洋环境监测站

站　长　施东生
副站长　陆　飞（6月免）
　　　　吴程阳（6月任）

启东市盐业公司

经　理　张卫利
书　记　缪　能

中国人民银行启东市支行

行　　长　樊雄辉
副 行 长　李何靖
　　　　　陆中海
纪检组长　李何靖(兼)
副主任科员　陆红伟

中国工商银行启东市支行

行　长　袁施萍
副行长　曹伟杰
　　　　凌海燕(女)
　　　　薛勇健
纪委书记　卢雪燕(女)

中国银行启东市支行

行　长　卢晓燕(女)
副行长　王春华
　　　　周　嵩
　　　　陆　伟(7月免)
　　　　刘晓燕(女)
　　　　马红艳(女,4月任)
　　　　黄　晖(5月任)

中国建设银行启东市支行

行　长　蒋松波(10月免)
　　　　计　磊(10月任)
副行长　吴　卫(2月免)
　　　　洪　耀
　　　　包国龙

中国农业银行启东市支行

党委书记、行长　陆建兵
党委委员、纪委书记　陈劲松
党委委员、副行长　宋　蕾
　　　　陆璟璟
　　　　彭　杰

中国农业发展银行启东市支行

行　长　曹海栋
副行长　喻中华
　　　　黄敏华

江苏启东农村商业银行股份有限公司

董事长、党委书记　顾曙光
行长、党委副书记　朱海洲
监事长、纪委书记　宋　毅
副行长　姜加勇
　　　　朱春花(女)
　　　　张卫平
　　　　张　锋
　　　　陆　威
　　　　姚健峰

中国人民财产保险公司启东市支公司

经　理　臧鹏程
副经理　王　勇

中国人寿保险公司启东市支公司

经　理　徐陟勋(2月23日免)
副经理　吉迎春(主持工作,2月23日任)
　　　　黄欣欣(4月24日免)
　　　　孙建东(4月24日免)
　　　　蔡娟娟(5月6日任)

区镇、街道

高新技术产业开发区(近海镇)

党(工)委书记　陆旭辉(1月22日免)
　　　　施灵马(1月22日任)
党(工)委副书记、镇长　朱德新
党(工)委副书记、主任　施灵马(1月22日免)
　　　　朱德新(1月22日任,12月26日免)
　　　　施　亮(12月26日任)
人大主席　施洲春
党(工)委副书记　王华伟
党工委委员、副主任、副镇长　施向东
　　　　张敏敏(女,7月16日免)
　　　　沈春华
　　　　项　羿
　　　　褚风光
　　　　陈　毓(7月16日免)
　　　　黄东华(7月16日任)
　　　　丁佳佳(7月16日任)
挂职副镇长　陈　俐(5月28日免)
　　　　陆永刚(5月28日任)
挂职副主任　陈胜文
　　　　杨俊峰
　　　　李　皓
党(工)委委员　黄东华(7月16日免)
　　　　虞雪华(1月22日免)
　　　　丁佳佳(7月16日免)
　　　　黄天宇
　　　　陈金燕(女)
　　　　梁松波
　　　　顾赟赟(女,3月18日任)
　　　　黄威霖(7月16日任)
　　　　吴柳柳(女,7月16日任)
纪(工)委书记　黄天宇
综合服务中心主任　黄　雷(4月22日任)

挂职党(工)委委员　黄威霖(7月16日免)
王一聪(9月24日任)

海工船舶工业园(寅阳镇)

党(工)委书记　黄豪杰
党(工)委副书记、主任　姚海燕(3月18日免)
杨本发(3月18日任,12月26日免)
李　军(12月26日任)
党(工)委副书记、镇长　杨本发
人大主席　单剑峰(7月16日免)
党(工)委副书记　袁雪松
党工委委员、副主任、副镇长　徐向军
李海东
沈春健
殷　雷
宋水花(女)
邢豪杰
挂职党(工)委副书记　冯　强
挂职副主任　黄海健
王潜龙
党(工)委委员　曹圣伟
朱慧华(10月28日免)
黄松岳
聂伟鹏
施春雷
林　健
秦珊珊(女,11月30日任)
纪(工)委书记　黄松岳
综合服务中心主任　卞红梅(女,4月22日任)
挂职党(工)委委员　李　远(9月24日免)
仇人杰(9月24日任)

启隆生态科技产业园(启隆镇)

党(工)委书记　薛　海(7月16日免)
倪　雄(7月16日任)
党(工)委副书记、主任、镇长　梅凤清
人大主席　刘锦华(7月16日免)
俞岑罡(7月16日任)
党(工)委副书记　陈　宇
副主任、副镇长　赵建群(5月28日免)
包俊花(女)
张莉莉(女)
彭晓华
张惠淋(7月16日任)
挂职副镇长　季锡石
党委委员　龚　辉
付琳琳(女)
徐焕焕
袁峻峰
综合服务中心　杨玲燕(女,4月22日任)

汇龙镇

党委书记　龚　健
党委副书记、镇长　沈　波
人大主席　严颖熠
党委副书记　张燕华(女)
李雷兵(3月18日任)
党委委员、副镇长　陆　里
副镇长　李雷兵(7月16日免)
何　旭
陈小茂(女)
张冬宇
陈　程
张红华(女,7月16日任)
挂职副镇长　陆海华
李　鹏
钱旦敏(女)
刘鹏涛
杜国平
韩远飞
人大副主席　施群忠
党委委员　曹远江
赵件华
袁允兰(女)
葛于波
龚帅帅(7月16日免)
蒋　涛
陆佳鑫(7月16日任)
纪委书记　赵件华
综合服务中心主任　秦　健(4月22日任)
挂职党委委员　崔裕沣(9月24日免)
袁　野(9月24日任)

北新镇

党委书记　朱　静(女)
党委副书记、镇长　陈　威
人大主席　谢石磊(7月16日免)
杨晓华(8月26日任)
党委副书记　陈　辉
副　镇　长　马骁骏
黄　皓
杨志勇
沈赛兵
挂职副镇长　陆钦炜(5月28日免)
高晓华(8月26日任)
党 委 委 员　毛孙房
陈　利
马　昕
冯　洁(女,7月16日免)

彭佳泽(女)
施健华
黄向前(7月16日任)
纪委书记　马　昕
综合服务中心主任　龚卫华(4月22日任)
挂职党委委员　姜　晨(9月24日免)
马　轩(9月24日任)

惠萍镇

党委书记　顾明霞(女)
党委副书记、镇长　黄海彬
人大主席　杨　林(女)
党委副书记　黄　宇
副镇长　吴永华
施江平
施豪杰
蔡　敏
挂职副镇长　赵悦帆(5月28日任)
党委委员　黄春江
张　驰(7月16日免)
汤林波
顾海风
蔡敏敏(女)
王瑞雯(女)
周博伟(女,7月16日任)
纪委书记　蔡敏敏(女)
综合服务中心主任　龚淑慧(女,4月22日任)
挂职党委委员　张天宇(7月16日免)
王俞龙(9月24日任)

东海镇

党委书记　陈卫东
党委副书记、镇长　张　健
人大主席　施海彬
党委副书记　陈奕璀
副镇长　王向辉
贾　瑞
赵凯华
陆红磊
挂职副镇长　黄　卓
党委委员　彭凤雁(女)
张惠淋(7月16日免)
陈凯敏
包金金(12月26日免)
沈　凯
薛泠凤(女)
龚帅帅(7月16日任)
纪委书记　陈凯敏
综合服务中心主任　宋　豪(4月22日任)
挂职党委委员　薛晨阳(7月16日免)
沈赛娜(女,9月24日任)

南阳镇

党委书记　金陆健
党委副书记、镇长　张俞华
人大主席　沈剑刚
党委副书记　陈卫华(女)
沈石东
党委委员、副镇长　吴　杰
副镇长　黄　健
潘垠皞
王欢欢
朱晓玮
朱金华(女)
挂职副镇长　施东辉
人大副主席　杜燕萍(女)
党委委员　陈曙光
黄　琳
倪忠兵
龚丹丹(女)
吴奇蒙(女)
徐章迪(女)
纪委书记　龚丹丹(女)
综合服务中心主任　龚媛媛(女,4月22日任)
挂职党委委员　蒋允如(女,9月24日免)
陆泉伟(9月24日任)

启东市现代农业产业示范园管理办公室
主　任　张俞华(兼)
副主任　朱江华

海复镇

党委书记　张　丹
党委副书记、镇长　李永生
人大主席　蒋林健
党委副书记　车红兵
副镇长　张红华(女,7月16日免)
高　源
高赛昆
殷丽华(女)
魏　超(7月16日任)
挂职副镇长　秦江华(8月26日免)
卫凯凯(8月26日任)
党委委员　陆海军
魏　超(7月16日免)
管俊喆
沈　浩
唐俊凯
姚　舜(7月16日免)
蒋威武(7月16日任)

张天宇(7月16日任)
纪委书记　魏　超(7月16日免)
张天宇(7月16日任)
综合服务中心主任　姚雁丹(女,4月22日任)
挂职党委委员　郎　玮(9月24日任)

合作镇

党委书记　李荣昌(7月16日免)
陆琛杰(7月16日任)
党委副书记、镇长　施宇力
人大主席　沈　辉
党委副书记　施海荣
副　镇　长　龚黄健
王永刚(12月26日免)
沈春雅(女)
董贤能(女)
汪　涛(12月26日任)
挂职副镇长　陶　勇(5月28日免)
黄春华(5月28日任)
党委委员　黄　为(7月16日免)
周博伟(女,7月16日免)
陆　方(女)
陆健东
陆赛男(女)
田　华(女)
陈　超(7月16日任)
朱慧华(10月28日任)
纪委书记　陆　方(女,7月16日免)
陈　超(7月16日任)
综合服务中心主任　黄新辉(4月22日任)
挂职党委委员　陆长慧(9月24日任)

王鲍镇

党委书记　陈天明
党委副书记、镇长　陆建兵
人大主席　张卫飞
党委副书记　王蘖冰
副　镇　长　朱　芳(女,7月16日免)
施华伟
蔡朝新
董志松
黄　为(7月16日任)
挂职副镇长　邸大年
党委委员　李亦珠(女)
费海荣
施丽华(女,7月16日免)
顾婧琦(女)
刘松华
施鹏程
吴福明(7月16日任)
纪委书记　施丽华(女,7月16日免)
吴福明(7月16日任)
综合服务中心主任　杨　柳(女,4月22日任)
挂职党委委员　张　琛(9月24日免)
钱丽辉(9月24日任)

吕四港镇

党委书记　陈红飞
党委副书记、镇长　黄红春
人大主席　沈向东
党委副书记　张雨华
查春威
副　镇　长　田卫菊(女,10月28日免)
陆慧慧(女)
朱芳芳(女)
徐　浩
杨　娟(女)
卢　华
李国强(10月28日任)
挂职副镇长　周一奇
章文俊
余小宇
张　旺
人大副主席　李国强(10月28日免)
田卫菊(女,10月28日任)
党委委员　丁雪琴(女,1月22日免)
顾海峰
彭颜艳(女)
周黎晖(女)
姚舜禹
张　驰(7月16日任)
杨　帆
挂职党委委员　李文付(9月24日免)
钱丽辉(9月24日免)
陈嘉文(9月24日任)

吕四港镇党政办公室(党建工作办公室)
主　任　宋丽娟(女)

吕四港镇社会事业局
局　长　印　静(女)

吕四港镇政法和社会管理局
局　长　王　宇
副局长　施冰开
薛晨阳(7月16日任)

吕四港镇经济发展局
局　长　朱炜巍

吕四港镇财政局
局　长　奚巍杰

吕四港镇建设局(生态环境办公室)
局　长　黄海伟

吕四港镇农业农村工作局(渔业渔港局)
局　长　吴建华

吕四港镇镇域治理现代化指挥中心(网格化服务管理中心)
局　长　宋建辉

吕四港镇综合行政执法局(安监局、综合行政执法管理办公室)
局　长
副局长　花凯凯
纪賨峰
严叶朵(女)

吕四港镇为民服务中心
主　任　周　勤
副主任　潘玉芬(女)
保峥嵘
吴天虹(10月28日免)
曹军华(10月28日任)
综合服务中心主任　施凯健(4月22日任)

汇龙镇南城区街道党工委、办事处
书记、主任　朱咏梅(女,7月16日免)
谢石磊(7月16日任)
党工委委员、副主任　顾培源
虞祖伟
李灵瑶(女,7月16日免)
朱　芳(女,7月16日任)
党工委委员、纪工委书记　沈海华

汇龙镇南城区人大工作委员会
主　任　朱咏梅(女,7月16日免)
谢石磊(7月16日任)

汇龙镇北城区街道党工委、办事处
书记、主任　陆江华(女)
党工委委员、副主任　陈　忠
李　忠
袁晔晔(女)
王凯杰(10月28日免)
党工委委员、纪工委书记　施海霞(女)
挂职副主任　黄海荣(5月28日免)
陈　俐(5月28日任)

汇龙镇北城区人大工作委员会
主　任　陆江华(女)

其他市属企事业单位

江苏启晟集团有限公司
党委书记、董事长　范　斌(3月18日免)
姚海燕(3月18日任)
党委副书记、副董事长、总经理　黄　凯(10月28日免)
龚耀辉(10月28日任)
党委委员、副董事长、副总经理　张天峰
董事、副总经理　张亮亮
党委委员、董事、副总经理　龚耀辉(10月28日免)
王　栋
党委委员、纪委书记　张永贵
党委委员、副总经理　王　宁(10月28日任)

启东城投集团有限公司
党委书记、董事长　周　兵
副董事长、总经理　仇春雷
党委委员、董事、副总经理　钮向东
党委委员、副总经理　杨　勇(10月28日任)
吴敬东(10月28日任)
党委委员、纪委书记　杨　勇(10月28日免)
何和平(10月28日任)
党委委员、董事　吴敬东(10月28日免)
何和平(10月28日免)
董事、副总经理　顾　妍(女)
党委委员、副总经理　张　勇

江苏吕四港集团有限公司
董 事 长　陈一峰
董事、总经理　蒋　涛
董事、副总经理　曲延超
顾凯杰
黄楷铧
副总经理　黄小华(3月18日任)

江苏锦汇集团有限公司
董 事 长　龚海勇
董事、总经理　朱国威
董事、副总经理　施龚人
顾卫锋
施海泉

江苏省启东中学
书　记　邵茂华
校长、党委副书记　陈仲刘
副校长、党委委员　李　俊
党委副书记、纪委书记　陈宏杰

副校长　朱圣辉(6月2日免)
副校长、党委委员　徐晓勇
殷宝霞(女,11月22日任)

江苏省启东中学办公室
主　任　殷宝霞(女)
副主任　汪　霞(女)
陆盛杰
袁芬花(女,8月4日任)

江苏省启东中学政教处
主　任　钱　辉
副主任　黄柳华
陈海东(8月4日免)
宋黄华

江苏省启东中学教务处
主　任　张玉萍(女,8月4日免)
黄群力(8月4日任)
副主任　陆海峰
黄群力(8月4日免)
陈金春(10月27日免)
王凌华(女,10月27日任)
沈小如(10月27日任)

江苏省启东中学教科室
副主任　胡　勇(8月4日免)
王凌华(女,10月27日免)
陈金春(10月27日任)
马春笋(8月4日任)

江苏省启东中学总务处
主　任　施晓辉
副主任　邹德敏
钱　峰

江苏省启东中学团委

江苏省启东中学工会
主　席　李　俊(兼)
副主席　陈新健(女)

江苏省启东中学奥赛中心
主　任　黄鹤松(10月27日任)
副主任　杨晶晶
文云全(10月27日任)

启东市汇龙中学
校长、党委书记　徐　辉
副校长、党委委员　陆曙斌(8月4日免)
顾永超(8月4日免)
李圣华
徐东生
陈必伟
副校长　胡　勇(8月4日任)
朱寒义(8月4日任)

启东市第一中学
校　长　宋凯东
副校长　赵裕花(女)
陆　健
陈志慧
茅红钢(8月4日任)

启东市大江中学
校　长　江兴华(8月4日免)
施海荣(8月4日任)

启东市东南中学(江苏省启东中学分校)
校　长　钱　辉
副校长　耿一波(挂职,8月4日免)
刘雨忠
朱海东
陈晓雷(8月4日任)

启东市吕四中学
校　长　高德群
副校长　袁冬晖
袁永辉
葛东华
秦　卫(8月4日任)

启东市江海中学
校　长　王忠辉
副校长　徐菊美(女)

江苏省启东中等专业学校
校长、党委书记　耿一波
副校长　彭卫东
端木玲玲(女)
徐浩亮
王　华

启东市第二中等专业学校
校　长　宋晓峰

启东市人民医院
院长、党委书记　樊　健(5月28日免)
党委书记　陆健泉(5月28日任)
院长、党委副书记　樊　健(5月28日任)

党委副书记、纪委书记　倪向阳(7月16日免)
周　健(10月28日任)
副院长　唐红萍(女)
张风雷(5月28日免)
施海滨
周春华(7月16日免)
副院长、党委委员　陆永刚(5月28日任)
蔡春岳(7月16日任)
党委委员、总会计师　顾凯宏

启东肝癌防治研究所

所　长　樊　健

启东市中医院

院长、党委书记　韩雪华(5月28日免)
党委书记　韩雪华(5月28日任)
院　长　张风雷(5月28日任)
党委副书记、纪委书记　魏　洪
副院长、党委委员　蒋　辉(7月16日免)
周　健(10月28日免)
陆永刚(5月28日免)
周春华(7月16日任)
汤继磊(5月28日任)
张红健(女,10月28日任)
党委委员、总会计师　陈　晶(女)

启东市妇幼保健院

党委书记　黄凤华(女)
院长(聘)、党委副书记　仇万山
副院长、党委委员　丁　逵
盛凯华(女)
陈卫兵
张红健(女,10月28日免)
孙新华(10月28日任)

启东市卫生监督所

所　长　李伟彬

启东市疾病预防控制中心

主　任　施殿刚(兼市卫生健康委党组成员)

(市委组织部)

年度荣誉

先进集体

2022年启东市获国家部委(协会)表彰的部分先进集体一览表

表20

荣誉称号	获得单位	授予单位
全国巾帼文明岗	市人民医院急救中心护士站	全国妇联
2022年“肿瘤登记工作杰出贡献奖”	启东肝癌防治研究所	国家癌症中心
2022年国家级农业产业强镇	南阳镇	农业农村部
2022年度全国避孕药具不良反应监测工作先进单位	市妇幼保健院	国家卫生健康委计划生育药具不良反应监测中心
全国综合减灾示范社区	北城区街道绿城花园社区	国家减灾委员会、应急管理部、中国气象局、中国地震局
全国“四好”商会	汇龙镇商会	全国工商联办公厅
全国红十字模范单位	江苏南通二建集团有限公司	中国红十字总会
一星级全国青年文明号	市人民法院立案庭	最高人民法院
全国示范性老年友好型社区	海复镇安东村	国家卫健委、全国老龄办
第八批社会管理和公共服务综合标准化试点项目	市行政审批局	国家标准化管理委员会
2022政务服务和优化营商环境示范单位	市行政审批局	数字政务发展年会组委会

续表20

荣誉称号	获得单位	授予单位
2022政务服务标准化规范化便利化建设先进单位	市行政审批局	数字政务发展年会组委会
2021—2022年度公共资源交易科技创新成果奖	市公共资源交易中心	中国公共资源交易跨区域合作联盟
2021—2022年度全国公共资源交易综合竞争力百强机构	市公共资源交易中心	中国公共资源交易跨区域合作联盟
一星级全国青年文明号	市人民法院、中国银行启东支行营业部	共青团中央
2022年度工作突出基层劳动人事争议调解组织	寰宇东方国际集装箱(启东)有限公司劳动争议调解委员会	人社部、全国总工会、全国工商联、中国企业联合会
老区宣传工作优秀奖	北新镇老促会	全国老区宣传工作会议组委会
全国检察宣传先进单位	市检察院	检察日报社

2022年启东市获省级表彰的部分先进集体一览表

表21

荣誉称号	获得单位	授予单位
对2020年落实有关重大政策措施真抓实干成效明显地方予以督查激励的通报(河长制湖长制工作推进力度大、河湖管理保护成效明显)	启东市	省政府办公厅
2019年水库移民扶持资金绩效评价获“优秀”等次	启东市	省水利厅办公室、省财政厅办公室
2020年度农村河道长效管护绩效评价获“第一”等次	启东市	省水利厅、省财政厅
2020年度农田水利工程管护绩效评价获“优秀”等次	启东市	省水利厅、省财政厅
2020年全省防汛抗洪工作先进集体	市水务局	省委、省政府
“七五”普法工作先进单位	市司法局	省政府
2019—2021年度江苏省文明单位	市人民医院、市中医院、国网启东市供电公司、市行政审批局、中国银行启东支行、市图书馆、市税务局、市检察院	省文明委
江苏省文明乡镇	东海镇	省文明委
江苏省文明村	东海镇云祥村、海复镇均里村	省文明委
巾帼文明岗	市人民医院急救中心护士站	省城镇妇女“巾帼建功”活动领导小组、省妇女“双学双比”竞赛活动领导小组、省妇联
工商联与公安机关沟通联系合作机制建设示范单位	市工商联、市公安局	省工商联、省公安厅
2021—2022年度江苏省基层党员冬训工作示范乡镇	东海镇	省委组织部、省委宣传部
江苏省“四好”商会	惠萍镇商会、寅阳镇商会、市渔业商会	省工商联
2022年公益助残项目推进奖	市残联	省残疾人福利基金会

续表21

荣誉称号	获得单位	授予单位
2022年公益助残网络募捐工作优秀奖	市残联	省残疾人福利基金会
江苏省健康镇	东海镇	省爱卫办
江苏省健康村	东海镇云祥村、东海镇兴旺村	省爱卫办
江苏省卫生镇	北新镇人民政府	省爱卫办
江苏省放心消费示范区域	东海镇	省放心消费创建活动办公室、省市场监督管理局
江苏省"红石榴"家园	东海镇	省民族宗教事务委员会
江苏省"六好"离退休干部示范党支部	东海镇新安离退休干部党支部	省委老干部局、省委离退休干部工委
全省优秀党支部品牌	市人民法院第八党支部	省高级人民法院
江苏省巾帼文明岗	市人民检察院未检团队	省妇联
新领域"最美妇女微家"	寰宇东方妇女微家	省妇联
江苏省女大学生就业创业实践基地	江苏昂彼特堡能源有限公司	省妇联、省人社厅、省女企协
集体二等功	市公安局交警大队	省公安厅
全省优秀公安基层单位	市公安局指挥中心	省公安厅
江苏最美警队	吕四港海防派出所	省公安厅
2020—2021年度江苏省"安康杯"竞赛优胜单位	市供电公司	省总工会、省应急管理厅
2021年度江苏省青年安全生产示范岗	市供电公司设备部变电修试二班	团省委
2022年度江苏省青年志愿服务事业贡献奖	市消防救援大队	团省委
科技统计工作成效突出单位	市科技局	省科学技术厅
2022江苏省"全国科普日"优秀组织单位	市科协	省科协
2022—2023年度江苏省全民科学素质大赛网络赛优秀单位	市科协	省科协
江苏省乡村振兴先进集体	南阳镇	省农业农村厅
南阳镇农产品质量安全监管服务所	南阳镇	省农业农村厅
第二批省级现代农业产业示范园	南阳镇	省农业农村厅
2021—2022年度全省社会保险基金预算绩效管理工作考核先进地区二等奖	市财政局、市人社局	省财政厅
江苏省"农业保险政策调查年"活动二等奖	市财政局	省财政厅
2021年财政监督工作表现突出市县:内控建设	市财政局	省财政厅
全省公调对接工作成绩突出单位	市平安法治联盟汇东工作站	省司法厅、省公安厅
"法律明白人"培育工作成绩突出集体	市司法局	省司法厅
第九批"省级法治文化建设示范点"	市法治宣传教育中心	省司法厅

续表21

荣誉称号	获得单位	授予单位
江苏省模范职工之家	市消防救援大队工会委员会	省总工会
江苏省工人先锋号	启东农商银行滨海新城支行、江苏林洋能源股份有限公司生产二部国际表中心	省总工会
全省律师行业先进党组织	苏东晋律师事务所党支部	省律师行业委员会
先进货车司机党支部	市货车司机流动党员第一党支部	省交通运输行业委员会
全省交通行业先进基层党组织	市交通运输综合执法大队	省交通运输行业党委
先进基层标兵大队	市消防救援大队	省消防救援总队
江苏省巾帼示范家庭农场	北新冬娟家庭农场	省妇女“双学双比”活动领导小组
江苏省巾帼新业态助农创新基地	南通京海申水产有限公司	省妇女“双学双比”活动领导小组
江苏省美丽家园示范点	东海镇云祥村	省妇女“双学双比”活动领导小组
江苏省民主法治示范社区	北城区街道长龙二村社区	省委全面依法治省委员会办公室、省司法厅、省民政厅
全省工信系统先进集体	市发展和改革委员会工业科	省人社厅、省工信厅

2022年启东市获南通市委、市政府表彰的部分先进集体一览表

表22

荣誉称号	获得单位	授予单位
2020年度实行最严格水资源管理制度考核优秀	启东市	南通市政府办公室
南通市“平安法治乡镇(街道)”	北城区街道	南通市委、市政府
2021年度南通市勇当全省“争当表率、争做示范、走在前列”排头兵先进集体	东海镇兴旺村、海复镇搬场村、合作镇、汇龙镇、市发展和改革委员会、	南通市委、市政府
五星级村党组织	东海镇兴旺村	南通市委、市政府
南通市乡村振兴示范村培育村	东海镇兴旺村	南通市委、市政府
南通市2019年度高质量发展先进单位	市发展和改革委员会	南通市委、市政府
2020年度全面建成小康社会暨决战“过万亿”先进集体	市发展和改革委员会	南通市委、市政府
成功处置突发事件表现突出集体	市公安局	南通市委、市政府
2022年度“强富美高”新南通现代化建设先进集体	市统计局	南通市委、市政府
南通市2022年安全生产先进集体	市应急管理局	南通市委、市政府
2022年度“强富美高”新南通现代化建设先进集体	市商务局	南通市委、市政府
南通市安全生产目标管理责任制考核先进县级部门	市交通运输局	南通市政府
南通市2021年度安全生产目标管理责任制考核先进县级部门	市住建局	南通市政府

（启　鉴）

先进个人

2022年启东市获国家部委(协会)表彰的部分先进个人一览表

表23

姓　名	单　位	授予称号	授予单位
陆春烨	市疾病预防控制中心	全国消除疟疾工作先进个人	国家卫健委、海关总署、国家中医药局
朱　健	市人民医院	“中国居民心血管及其危险因素监测2020”项目工作先进个人	国家心血管病中心
丁　逵　杨开宇	市妇幼保健院	2022年度全国避孕药具不良反应监测工作先进个人	国家卫生健康委计划生育药具不良反应监测中心
倪伯苍	海复镇庙基村	全国五好家庭	全国妇联
倪伯苍	海复镇庙基村	全国最美家庭	中宣部、全国妇联
倪伯苍	海复镇庙基村	全国年度“平安之星”	中国长安网、中央政法委长安剑
杨凌捷	市税务局	全国五好家庭	全国妇联
袁华健	市公安局	全国公安机关“昆仑2021”专项行动成绩突出个人	公安部
王林萍	市人民法院	2022年度人民法院司法宣传和通联工作先进个人	人民法院新闻传媒总社
丁祖耀	启东市曹家镇天主教堂	全国宗教界先进个人	中央统战部

2022年启东市获省级表彰的部分先进个人一览表

表24

姓　名	单　位	授予称号	授予单位
张振兴	市自然资源和规划局	全省自然资源系统先进工作者	省人社厅、省自然资源厅
顾红时(侨眷)	南通联福工贸有限公司	江苏省归侨侨眷先进个人	省人社厅、省侨联、省侨办
薛　峰	市残联	公益助残工作先进个人	省残疾人福利基金会
陈南松	市人民法院	全省法院执行裁判工作先进个人	省高级人民法院
张红丽	市人民法院	全省法院立案信访工作先进个人	江苏省高级人民法院
许　浩	市人民法院	全省法院优化法治化营商环境执行年1+4专项行动先进个人	省高级人民法院
王　靓	市税务局	江苏省书香家庭	省妇联、省全民阅读办
袁　红	王鲍镇久西村	江苏省绿色家庭	省妇联、省文明办、省生态环境厅、省农业农村厅
钱圣冲	海复镇复南村	江苏省最美家庭	省妇联
杨　斌　赵晟琰　刘忠光　倪爱东	市公安局	个人二等功	省公安厅
邱允辉　倪爱东	市公安局	全省优秀人民警察	省公安厅
陆钦炜	市公安局	首届江苏公安优秀青年卫士	省公安厅

续表24

姓　名	单　位	授予称号	授予单位
李　巍	市公安局	全省公安机关庆祝建党100周年安保维稳工作成绩突出个人	省公安厅
赵悦帆	市公安局	全省公安机关党的二十大安保维稳成绩突出个人	省公安厅
王兴发	市公安局	全省公安机关扫黑除恶专项斗争成绩突出个人	省公安厅
戴佳良	市公安局	全省“三非”外国人专项治理和集中打击妨害国(边)境管理犯罪专项斗争成绩突出个人	省公安厅
龚卫东	市公安局	全省公安信访突出问题攻坚化解专项工作成绩突出个人	省公安厅
赵继东	市供电公司	江苏省文明职工	省文明委、省委宣传部、省总工会
倪伯苍	海复镇庙基村	江苏最美法治人物	省委宣传部
倪伯苍	海复镇庙基村	江苏好人	省委宣传部、省文明办
倪伯苍	海复镇庙基村	全省百佳法律明白人	省司法厅、省法律援助基金会
陆晓凤	合作镇曹家镇村	省统计调查工作“优秀调查员”	国家统计局江苏调查总队
施海东	东祺危险品运输公司	最美货车司机	省交通运输行业委员会
陈　旦	市交通运输局	深化货车司机试点工作先进个人	省交通运输行业委员会
姜　华	市交通运输综合执法大队	全省交通运输行业优秀党务工作者	省交通运输行业党委
周陈钢	南通市公路事业发展中心启东分中心	表现突出个人	省交通运输厅公路事业发展中心
袁宁峰	市邮政业发展中心	全省邮政管理标兵	省邮政管理局
陆　松	市委老干部局	全省老干部工作先进工作者	省委组织部、省委老干部局、省人保厅
岳蒙蒙	南阳镇	江苏省农产品质量安全监管员	省农业农村厅
王　辉	市气象局	2022年度江苏省气象局重大气象服务先进个人	省气象局
陆鑫海	市气象局	2022年度江苏省气象局观测网络业务质量先进个人	省气象局
王　靓	市税务局	江苏省最美书香家庭	省妇联
顾　莉	市税务局	优秀职工领读员	省总工会
张克伟	市司法局	行政复议体制改革表现突出个人	省司法厅
黄海燕	北城区街道办事处政法综治科科长	全省“法律明白人”培育工作成绩突出个人	省司法厅
李　岩	江苏省江海明珠律师事务所	“全省村(社区)法律顾问巩固提升工程”一等奖	省司法厅
张美琴	启东市惠萍法律服务所	“全省村(社区)法律顾问巩固提升工程”一等奖	省司法厅

续表24

姓　名	单　位	授予称号	授予单位
张善兵	老张调解室	全省公调对接工作成绩突出个人	省司法厅、省公安厅
樊　健	市人民医院	江苏省五一劳动奖章	省总工会
黄施颐	启东建筑集团有限公司	江苏省五一劳动奖章	省总工会
温昉凯	市委办	全省委办公室(厅)、研究室系统先进工作者	省委办公厅、省委研究室、省人社厅
陈际全	市委办	2022年度信息工作先进个人	省委办公厅
施柳柳	启东生态环境局	2022年度核与辐射执法专项比武个人奖	省生态环境厅
陆泳全	启东生态环境局	2022年度全省生态环境系统最美家庭	省生态环境厅
陈小锦	启东生态环境局	2022年全省生态环境系统污染防治攻坚专项行动标兵	省生态环境厅

2022年启东市获南通市委、市政府、南通军分区表彰的部分先进个人一览表

表25

姓　名	单　位	授予称号	授予单位
施殿刚	市疾控中心	2021年度南通市勇当全省“争当表率、争做示范、走在前列”排头兵先进个人	南通市委、市政府
陆红梅	北城区街道办	2021年度南通市勇当全省“争当表率、争做示范、走在前列”排头兵先进个人	南通市委、市政府
严春华	市公安局	2021年度南通市勇当全省“争当表率、争做示范、走在前列”排头兵先进个人	南通市委、市政府
黄新辉	合作镇人民政府	2021年度南通市勇当全省“争当表率、争做示范、走在前列”排头兵先进个人	南通市委、市政府
史瑞瑞	南城区街道办	2021年度南通市勇当全省“争当表率、争做示范、走在前列”排头兵先进个人	南通市委、市政府
宋徐玲	市地方金融监督管理局	2022年度“强富美高”新南通现代化建设先进个人	南通市委、市政府
施迎东	市科技局	2022年度“强富美高”新南通现代化建设先进个人	南通市委、市政府
徐卫菊	市卫健委	2022年度“强富美高”新南通现代化建设先进个人	南通市委、市政府
杨　斌　姚友华 郭其明　施东辉 王　峰　黄华聪	市公安局	成功处置突发事件表现突出个人	南通市委、市政府
陶　奇	市市场监督管理局	南通市安全生产先进个人	南通市委、市政府
苏　杰	市安全生产委员会办公室	南通市安全生产先进个人	南通市委、市政府
张小鹏	市应急管理局	南通市安全生产先进个人	南通市委、市政府
朱　凯	市安全生产监察执法大队	南通市安全生产先进个人	南通市委、市政府
朱卫强	市地方金融监督管理局	南通市安全生产先进个人	南通市委、市政府
陆健东	合作镇人民政府	南通军分区先进典型	南通军分区
赵　勇	市人武部	人武部建设优秀个人	南通军分区

（启　鉴）

统计资料

2022年启东市地区生产总值在全省各县(市)位次表

表26

地　区	绝对量		速　度		地　区	绝对量		速　度	
	实绩(亿元)	排位	实绩(%)	排位		实绩(亿元)	排位	实绩(%)	排位
昆山市	5006.66	1	1.8	34	仪征市	1002.93	21	4.6	10
江阴市	4754.18	2	2.3	28	宝应县	881.65	22	4.6	10
张家港市	3302.39	3	1.3	37	新沂市	826.34	23	4.7	8
常熟市	2773.97	4	2.0	33	句容市	754.62	24	1.0	38
宜兴市	2236.72	5	3.2	25	建湖县	710.40	25	4.9	5
太仓市	1653.57	6	2.2	30	射阳县	709.67	26	4.1	18
如皋市	1479.31	7	2.3	28	涟水县	700.37	27	4.1	18
溧阳市	1416.22	8	6.2	1	阜宁县	700.17	28	4.8	6
丹阳市	1407.88	9	4.1	18	东海县	684.49	29	4.2	16
启东市	1391.14	10	2.2	30	睢宁县	682.56	30	0.4	40
海安市	1379.75	11	1.8	34	泗阳县	676.39	31	3.2	25
泰兴市	1366.67	12	5.3	2	泗洪县	651.81	32	3.8	22
如东县	1314.61	13	1.5	36	滨海县	605.93	33	4.3	13
沭阳县	1308.45	14	3.6	24	扬中市	585.99	34	5.0	4
靖江市	1226.18	15	5.3	2	丰　县	540.68	35	1.0	38
邳州市	1157.16	16	4.2	16	盱眙县	525.08	36	3.8	22
兴化市	1085.19	17	4.3	13	响水县	480.55	37	4.3	13
东台市	1050.52	18	4.7	8	灌南县	480.42	38	2.2	30
高邮市	1014.81	19	4.8	6	灌云县	451.48	39	3.0	27
沛　县	1012.23	20	4.0	21	金湖县	411.51	40	4.5	12

2022年启东市固定资产投资在全省各县(市)位次表

表27　　单位:%

地区	速度		地区	速度	
	实绩	排位		实绩	排位
靖江市	24.5	1	射阳县	7.5	21
涟水县	21.9	2	如东县	7.1	22
金湖县	20.1	3	如皋市	6.4	23
滨海县	17.0	4	昆山市	5.2	24
宝应县	16.9	5	常熟市	3.8	25
兴化市	16.6	6	邳州市	3.3	26
建湖县	15.9	7	沛　县	3.2	27
盱眙县	15.5	8	启东市	3.2	27
丹阳市	13.4	9	新沂市	3.1	29
扬中市	13.0	10	丰　县	3.0	30
仪征市	11.9	11	灌南县	1.1	31
高邮市	11.9	11	响水县	1.0	32
东台市	11.2	13	灌云县	0.9	33
宜兴市	10.9	14	东海县	0.4	34
阜宁县	10.8	15	睢宁县	0.2	35
泗阳县	10.5	16	张家港市	-1.7	36
溧阳市	10.1	17	太仓市	-4.6	37
泗洪县	9.6	18	江阴市	-8.4	38
泰兴市	9.5	19	句容市	-16.6	39
沭阳县	9.1	20	海安市	-19.9	40

2022年启东市实际使用外资在全省各县(市)位次表

表28　　单位:亿美元、%

地　区	绝对量		速　度		地　区	绝对量		速　度	
	实绩	排位	实绩	排位		实绩	排位	实绩	排位
昆山市	17.32	1	80.8	2	金湖县	1.20	21	-15.9	18
张家港市	6.97	2	57.1	3	灌云县	1.18	22	-2.0	10
常熟市	6.55	3	10.5	6	射阳县	1.05	23	-4.4	12
江阴市	5.83	4	-28.5	22	句容市	0.90	24	-7.4	14
太仓市	5.56	5	26.1	4	新沂市	0.88	25	-61.8	33
溧阳市	4.03	6	11.3	5	睢宁县	0.79	26	-46.2	29
泰兴市	3.85	7	-0.9	8	东海县	0.76	27	-36.4	25
启东市	3.60	8	-6.5	13	盱眙县	0.64	28	-11.9	16
如皋市	3.22	9	-0.9	8	兴化市	0.61	29	-73.2	36
如东县	3.12	10	-17.9	20	泗阳县	0.56	30	-31.1	23
海安市	2.73	11	-24.3	21	东台市	0.48	31	-60.6	32
仪征市	2.03	12	-3.7	11	扬中市	0.45	32	-40.9	27
宜兴市	2.00	13	-58.1	31	滨海县	0.44	33	-35.3	24
邳州市	1.90	14	-41.3	28	沭阳县	0.40	34	-66.7	34
涟水县	1.61	15	-8.2	15	灌南县	0.32	35	-73.5	37
丹阳市	1.37	16	-17.5	19	建湖县	0.24	36	2.4	7
沛　县	1.37	17	-39.4	26	丰　县	0.22	37	-85.6	39
靖江市	1.36	18	-48.8	30	宝应县	0.18	38	-72.7	35
高邮市	1.26	19	-13.5	17	响水县	0.13	39	-73.7	38
阜宁县	1.23	20	110.1	1	泗洪县	0.02	40	-90.0	40

2022年启东市一般公共预算收入在全省各县(市)位次表

表29 单位:亿元、%

地区	绝对量		速度		地区	绝对量		速度	
	实绩	排位	实绩	排位		实绩	排位	实绩	排位
昆山市	430.20	1	-2.1	29	新沂市	46.07	21	5.4	11
江阴市	226.83	2	-6.8	36	邳州市	43.28	22	-8.6	37
常熟市	220.00	3	4.4	13	睢宁县	42.25	23	-1.0	27
张家港市	219.10	4	-5.8	34	扬中市	40.66	24	4.6	12
太仓市	177.80	5	2.1	18	高邮市	40.09	25	2.8	16
宜兴市	131.72	6	0.5	23	建湖县	37.65	26	9.0	3
泰兴市	90.01	7	-3.3	33	丰　县	33.25	27	0.7	20
溧阳市	81.09	8	6.0	9	射阳县	30.76	28	-9.2	38
丹阳市	77.49	9	6.9	7	阜宁县	30.50	29	0.2	25
如皋市	73.50	10	6.1	8	东海县	30.03	30	2.2	17
靖江市	67.99	11	0.7	20	泗阳县	30.03	30	-6.1	35
启东市	67.16	12	3.6	15	涟水县	30.02	32	18.2	1
海安市	66.02	13	5.9	10	滨海县	28.96	33	9.0	3
沭阳县	60.71	14	-2.1	29	泗洪县	27.57	34	-13.3	39
东台市	60.60	15	0.6	22	金湖县	27.28	35	15.2	2
如东县	52.72	16	7.1	6	响水县	25.35	36	0.2	25
沛　县	50.01	17	-1.4	28	宝应县	24.48	37	-2.6	31
句容市	49.20	18	-17.7	40	灌云县	23.78	38	0.3	24
兴化市	48.02	19	4.0	14	灌南县	23.61	39	1.7	19
仪征市	46.65	20	-3.2	32	盱眙县	20.47	40	8.0	5

2022年启东市居民人均可支配收入在全省各县（市）位次表

表30　　　　单位：元、%

地　区	绝对量		速　度		地　区	绝对量		速　度	
	实绩	排位	实绩	排位		实绩	排位	实绩	排位
江阴市	70515	1	4.4	36	建湖县	37208	21	5.8	9
昆山市	70269	2	3.5	40	金湖县	36539	22	5.8	9
张家港市	68681	3	3.9	38	盱眙县	35152	23	5.8	9
常熟市	68421	4	4.1	37	邳州市	34557	24	5.5	17
太仓市	67392	5	3.9	38	射阳县	34381	25	5.5	17
宜兴市	58401	6	4.6	34	宝应县	34342	26	6.2	3
扬中市	56310	7	4.8	30	沛　县	34015	27	5.5	17
溧阳市	51904	8	4.8	30	滨海县	32475	28	5.5	17
丹阳市	50386	9	4.8	30	东海县	32370	29	4.7	33
靖江市	50252	10	6.0	5	阜宁县	32162	30	5.5	17
句容市	46507	11	4.5	35	新沂市	31360	31	5.6	16
启东市	46337	12	4.9	28	响水县	31291	32	5.7	14
泰兴市	45210	13	6.1	4	沭阳县	30353	33	5.8	9
海安市	45116	14	5.0	24	涟水县	30145	34	5.9	6
如皋市	43656	15	5.1	22	泗阳县	30119	35	5.9	6
如东县	43645	16	5.0	24	泗洪县	29358	36	5.8	9
仪征市	42859	17	6.5	1	睢宁县	28942	37	4.9	28
东台市	41914	18	5.7	14	丰　县	28934	38	5.0	24
兴化市	40112	19	5.9	6	灌南县	28105	39	5.0	24
高邮市	37775	20	6.3	2	灌云县	27549	40	5.1	22

2022年启东国民经济主要指标占南通全市比重一览表

表31

指标名称	单位	南通市	启东市	启东占南通的比重(%)
年末常住人口	万人	774.35	95.70	12.4
城镇人口	万人	555.90	58.71	10.6
地区生产总值	亿元	11379.60	1391.14	12.2
第一产业	亿元	510.04	92.96	18.2
第二产业	亿元	5611.06	685.87	12.2
第三产业	亿元	5258.50	612.30	11.6
农林牧渔业总产值	亿元	950.63	188.19	19.8
粮食产量	万吨	340.95	32.88	9.7
棉花产量	吨	588	45	7.7
油料产量	万吨	21.30	4.91	23.0
规模以上工业企业数	个	6536	684	10.5
规模以上营业收入	亿元	12015.53	1174.43	9.8
规模以上利润总额	亿元	740.89	39.33	5.3
房地产开发投资	亿元	966.9	117.8	12.2
社会消费品零售总额	亿元	3956.87	477.24	12.1
进出口总值	亿元	3665.25	338.36	9.2
出口总值	亿元	2350.38	271.11	11.5
新批协议注册外资	亿美元	50.79	3.46	6.8
实际到账注册外资	亿美元	29.52	3.60	12.2
一般公共预算收入	亿元	613.00	67.16	11.0
各项税收	亿元	412.59	48.32	11.7
一般公共预算支出	亿元	1147.22	126.26	11.0
金融机构本外币存款余额	亿元	18293.56	2105.27	11.5
住户存款	亿元	10688.51	1453.24	13.6
金融机构本外币贷款余额	亿元	16059.54	1706.73	10.6
从业人员平均工资	元	106937	102712	96.0
城镇居民人均可支配收入	元	59605	57106	95.8
农村居民人均可支配收入	元	30819	32501	105.5

（市统计局）

责任编辑　仇赛君

索　引

说　明

一、索引采用主题分析法编制,依据首字汉语拼音字母同音字同词语顺序排列。

二、分目(副分目)标题用棕色字体标示,"特载""大事记""附录"3个部分,"综述"类分目、"概况"类条目、表格、图片等未编入索引。

三、主题词后的数字表示内容所在的页码,数字后面的a、b、c分别表示从左至右主题词所在栏别。

A

B

C

D

E

F

G

H

K

L

R

S

T

W

X

责任编辑　黄亦美

部门和单位主审人员

（排名以首次出现文稿先后为序）

彭红辉	施元凯	顾永辉	徐　霞	龚　辉	周敏华
张丽芬	沈峻峰	吴风云	龚磊磊	徐长林	朱海滨
陆婧婧	顾丽华	熊家伟	王峰华	郁豪杰	郭　建
张东霞	吴奇蒙	李红燕	黄永琴	沈晓宏	江海龙
倪东华	薛　峰	朱柳柳	陆旭辉	王健永	张利国
林　辉	王中华	张晓峰	施俊英	宋卫兵	谢旦英
周　兵	张天峰	陈一峰	朱国威	吴震宇	周春雷
沈晓燕	蒋海泉	陈爱东	郁艳艳	顾　耘	孙国华
陈　李	徐天晴	顾政伟	张燕峰	林　健	吴柳柳
付琳琳	陈　辉	段长虹	毛雪斌	王晓峰	朱海慧
陈　娟	陆中海	李梦洁	陈晓燕	朱炫炫	霍旅美
张圣健	翟春红	龚　英	陆　杰	杨　芳	王　辉
陆海峰	黄永旺	龚锦兵	李新勇	钱菁菁	印雪平
王建华	苏高飞	朱建新	王　英	刘锦华	金海荣
洪善宽	袁裕丽	周凌峰	施伯新	戴启和	陆佳鑫
周黎晖	黄向前	陈奕璀	王瑞雯	徐章迪	姚雁丹
陆　方	王蘋冰	顾培源	陆江华		

保密专审：单剑峰